公共生活的世界

哲学与公共事务研究（下）

哲 学 卷

陈振明 著

中国社会科学出版社

目　　录

哲　学

◈ Ⅰ　"新马克思主义" ◈

1-1　重视对"新马克思主义"的研究 …………………………（961）
1-2　青年卢卡奇对马克思主义哲学的解释和重建
　　　——《历史和阶级意识》新评 ………………………（968）
1-3　青年卢卡奇的"新马克思主义"辩证法理论 ……………（977）
1-4　青年卢卡奇的阶级意识理论 ………………………………（988）
1-5　青年卢卡奇的"新马克思主义"自然观 …………………（997）
1-6　青年卢卡奇的"物化"理论评析 …………………………（1006）
1-7　卢卡奇的"批判的科学哲学"理论 ………………………（1014）
1-8　科尔施的"实践社会主义"理论评析 ……………………（1024）
1-9　科尔施对列宁哲学的批判及后期的"马克思主义观" ……（1033）

◈ Ⅱ　法兰克福学派 ◈

2-1　法兰克福学派社会批判理论的形成及其特征 ……………（1043）
2-2　法兰克福学派的"新马克思主义"自然观 ………………（1054）
2-3　法兰克福学派关于自然与历史关系的理论 ………………（1066）
2-4　法兰克福学派的"批判科学哲学" ………………………（1075）
2-5　法兰克福学派的科学技术社会学理论 ……………………（1085）

2-6　法兰克福学派的批判理性观 ………………………………（1101）
2-7　霍克海默对实证主义的批判 ………………………………（1113）
2-8　走向一种科学技术政治学理论
　　　——法兰克福学派关于科学技术政治效应的观点 ………（1125）
2-9　当代资本主义社会变化了的文化模式
　　　——法兰克福学派对大众文化的批判 ……………………（1136）
2-10　马尔库塞对发达工业社会意识形态的批判 ………………（1145）
2-11　法兰克福学派论理论与实践关系 …………………………（1156）
2-12　当代资本主义社会的危机趋势
　　　——评哈贝马斯的《合法化危机》 ………………………（1163）
2-13　历史唯物主义还是资产阶级社会学
　　　——评哈贝马斯的"批判社会学" ………………………（1178）
2-14　科学技术进步与马克思主义"过时论"
　　　——评法兰克福学派的观点 ………………………………（1188）
2-15　法兰克福学派的"新马克思主义"理论批判 ……………（1196）
2-16　自然辩证法不容否定
　　　——评施密特的《马克思的自然概念》 …………………（1205）

◈ Ⅲ　科学技术哲学 ◈

3-1　科学发现逻辑的几个重要问题 ……………………………（1215）
3-2　科学进步与合理性 …………………………………………（1226）
3-3　科学定律的形成、结构和功能 ……………………………（1241）
3-4　科学技术与意识形态 ………………………………………（1266）
3-5　科学中的真理与价值 ………………………………………（1276）
3-6　科学与社会的关系网络 ……………………………………（1286）
3-7　科学、文化与价值 …………………………………………（1311）
3-8　科技知识分子的社会角色 …………………………………（1332）
3-9　西方科学哲学之我见 ………………………………………（1359）
3-10　一种另类的科学技术哲学理论 ……………………………（1374）

Ⅳ 逻辑学

4-1 评黑格尔关于逻辑思想发展阶段的理论 …………………（1389）
4-2 批判理论家眼中的形式逻辑和辩证逻辑 …………………（1401）
4-3 工具理性与辩证理性
　　——韦伯、卢卡奇和法兰克福学派的理性观 ……………（1406）
4-4 类比推理与假说 ……………………………………………（1415）
4-5 评《公孙龙子论疏》 ………………………………………（1431）
4-6 中国逻辑史大事年表 ………………………………………（1434）
4-7 西方逻辑传入初期汉译作品中英汉词语对照表 …………（1453）

哲　学

Ⅰ "新马克思主义"

1-1

重视对"新马克思主义"的研究*

"新马克思主义"思潮的存在是一个不容否认的客观事实。加强对这一自称为马克思主义定向的并且具有广泛影响的思潮的研究,有助于我们分清是非,坚持和发展马克思主义;有助于我们科学认识当代资本主义和探索社会主义的道路;有助于我们掌握当代社会科学发展的某些新趋势。下面拟对这些要点分别加以论述。

一、"新马克思主义"与马克思主义

"新马克思主义"的共同立场是"重新发现"马克思主义、"重新解释"或"重建"马克思主义。以此,他们往往自我标榜为"马克思主义者",宣称要"创造性"地发展马克思主义,为马克思主义的"现代化"做出"贡献";他们的理论也往往被贴上了"发达资本主义社会的马克思主义"。当然,判断一个人或一个学派的理论是不是马克思主义的,不能只相信他(们)自己口头上说什么,而要看他(们)的理论观点及其实质。"新马克思主义"与马克思主义的关系如何?它的各种流派及代表人物的理论中的马克思主义成分的比重有多大,这是一个需要经过长期艰苦的研究才能定论的问题。但是,从总体上看,"新马克思主义"的理论与马克思主义是存在着很大距离的,与其说是马克思主义,倒不如说是"非马克思主义"。即使如此,研究"新马克思主义"仍然具有重要的借鉴意义,有助于我们更加全面、深入地掌握马克思主义,分清是非,坚持和发展马克思主义理论。这有三点主要的理由:

第一,"新马克思主义"所研究和提出的许多问题,并不是关于马克思主义的枝节上的问题,而是涉及马克思主义的本质或基础的问题。例如,马

---

* 原载《岭南学刊》1992年第5期。

克思主义究竟是一种世界观（本体论），抑或仅仅是一种历史观？在马克思主义那里，人与自然、自然观与历史观究竟处于什么样的关系？马克思本人思想发展的过程是连续的，还是断裂的？他的早期思想与后期思想关系如何？马克思的思想与恩格斯、列宁及其后的所谓的"正统的马克思主义"存在什么样的区别与联系？马克思主义是一种科学理论，还是一种批判方法？什么是马克思主义的实践观的实质？如何发挥人的主观能动性？应该如何结合当代资本主义的发展来研究和丰富马克思主义？如此等等。新马克思主义者提出并在一定程度上探索了这些问题。尽管他们给出的未必是正确的答案，但毕竟是一种在当代资本主义条件下，"发展"马克思主义的一些尝试，他们所提出的这些问题也是我们今天坚持和发展马克思主义所不能回避的重大问题，他们的解答也具有参考价值。

第二，"新马克思主义"的理论中不乏合理或正确的见解。尽管许多"新马克思主义"者往往是从共产党内的"左"倾激进派的政治立场或资产阶级"左"倾激进分子的政治立场出发来看待马克思主义的，但是，他们在探索马克思主义的理论过程中，往往能够采取比较严肃认真的科学研究态度来对待马克思主义，认真研究马克思、恩格斯及列宁的著作，探讨马克思主义的实质。这就使他们往往能得出一些符合马克思主义本身的合理或可取的见解。例如，卢卡奇关于判断马克思主义的标准是它的方法即辩证法的观点，对于资本主义物化结构的分析，关于马克思主义的自然观和历史观的统一性观点；科尔施、葛兰西及卢卡奇等人对第二国际修正主义及其机械论的批判，强调意识能动性的观点；法兰克福学派对资本主义思想文化的分析，尤其是对工具理性和实证主义的批判；阿尔都塞对马克思和黑格尔所使用的"矛盾"概念的区分，关于科学与意识形态关系的理论以及"问题体系"或"理论框架"的观点；普兰查斯等人的国家和阶级的学说，等等，都包含有某些合理的见解或正确的理论因素。对于"新马克思主义"理论的合理因素的提炼，有利于我们丰富和发展马克思主义，因而是一项不容忽视的工作。

第三，"新马克思主义者"的"重新解释"或"重建"马克思主义的尝试为我们提供了深刻的教训。为什么"新马克思主义者"往往从"发展"马克思主义的主观愿望出发，最终得出非马克思主义甚至反马克思主义的结论？他们失足在哪里以及是如何失足的？通过对这些问题的分析，可以使我们吸取"新马克思主义者"的教训，在马克思主义研究中少走弯路，避免理论上重蹈覆辙。在这一点上，可以将卢卡奇作为一个典型来加以解剖。作为一个共产党员，青年卢卡奇的《历史和阶级意识》的写作愿望是为了将当时的革命实践经验提升为理论，探讨马克思主义的本质，在某些方面他的确是从马克思主义的立场出发的，他用了许多马克思主义的命题，然而却赋予这些马克思主义的命题以非马克思主义尤其是黑格尔主义内容，对马克思主义做出非马克思主义的解释，最终在客观上开创了"新马克思主义"的理论传统。卢卡奇后来对他《历史和阶级意识》错误的自我批评及逐步克服，向马克思主义的逼近，对我们也同样具有启发意义。

二、"新马克思主义"与当代西方社会

"新马克思主义"主要形成和发展于当代西方，对于当代资本主义的批判，对于苏联模式的社会主义的批评以及对"新社会主义"即所谓的"第三条道路"的探索，构成了"新马克思主义"理论的一个基础部分。尽管这些理论在总体上是不正确的，但他们的确看到了当代资本主义发展的某些新趋势和特点，在一定程度上揭露和批判了这一社会的一些矛盾异化现象；他们也看到了苏联模式的社会主义的种种弊端，提出了在西方实现社会主义的某些合理的设想。显然，对这一理论进行客观的评说，有助于我们更客观、全面、科学地认识当代资本主义，更好地探索社会主义发展的规律性，建设具有中国特色的社会主义。

许多"新马克思主义者"将当代资本主义社会称为"后期的资本主义社会"或"发达工业社会"，将这一社会看作科学技术进步基础上形成的"技术社会"。对于许多"新马克思主义者"来说，当代科学技术进步创造了一个富裕的社会，然而这却是一个异化或畸形的社会。因为：第一，在经济上，科学技术创造了一体化的生活方式，大大促进了生产力的提高，带来了丰硕的经济成果，使人们满足了物质上的需要。但是，这种生活方式却潜移默化地将人们整合到现存的制度中，它通过满足人们物质上的虚假需要来支配人们的生活和意识，窒息了人们对理性的追求和对自由解放向往的真正需要。第二，在政治上，科学技术进步给人们带来了一个封闭的政治领域。它成功地实现了对立面的一体化，消除了各种对立的力量，使无产阶级和资产阶级同化。在这一社会中，野蛮的暴力统治已经让位给技术统治，经济剥削和人身压迫让位给巧妙的心理操纵。第三，在思想文化或意识形态上，在发达工业社会中，思想文化中原有的想象和批判的向度已经丧失，变成了一种肯定或单面的文化；文学、艺术、哲学等都变了样，成为文化商品；一切

思想文化的成就本应成为人们解放的前提，现在都成了统治的工具。这就是"新马克思主义者"给我们描绘的当代资本主义的总画面。

尽管"新马克思主义者"尤其是20世纪60年代末期以后的一些"新马克思主义者"对资本主义的政治经济各结构进行了一定程度的分析，但是他们批判的重点却主要放在它的科学技术、思想文化、社会心理等方面上。从这些方面来批判当代资本主义既是"新马克思主义"的发达工业社会理论的独特性和力量之所在，又是这一理论的失足和虚弱之处。一方面，"新马克思主义者"在总体上并未正确揭示当代资本主义社会的本质，他们因当代资本主义社会出现的新情况、新特点便断言当代资本主义社会的性质改变了，资本主义的基本矛盾不存在了；他们不把对当代资本主义的政治经济制度的批判放在首位，反而用对这一社会的思想文化及科学技术的批判来取代政治经济批判；同时，他们对于时代发展所提出的某些重大的且往往对马克思主义的发展带有挑战性的经济学和政治学问题并未加以认真研究，而往往与资产阶级学者同流合污，宣称马克思主义有关的经典理论"过时"或"失效"。

但是，另一方面，"新马克思主义者"的"发达工业社会理论"建立在对当代资本主义社会的经验观察基础上，他们的确看到当代资本主义发展的某些新趋势和出现的某些新变化和新特点，看到了当代资本主义的许多弊端，揭露了它的种种矛盾、异化现象。诚然，当代资本主义较之于马克思所处的自由资本主义时代有了很大的变化，这种新变化和新特点主要表现在：科技革命给资本主义注入新的活力，使生产力得到极大的发展，工人阶级的生活水平得到提高；资本主义的社会生产结构和阶级结构也有所变化，资本更加集中，垄断加强，第三产业部门扩大，职员（白领）阶层的力量不断增长；在资本主义的高生产、高工资、高消费政策引导下，社会朝着消费主义发展，出现非政治化倾向；国家暴力统治减弱，管理职能加强；科学技术的资本主义使用带来了思想文化危机和生态危机；如此等等。因此，对当代资本主义进行深入的分析，揭示其新情况和新特点，暴露其新矛盾，是坚持和发展马克思主义的一项重要任务。"新马克思主义者"对此进行了探索性尝试，形成了系统的理论观点，提出了一些合理的见解或一些值得认真讨论的问题，这对于我们正确认识当代资本主义社会的本质无疑具有借鉴作用。

同时，"新马克思主义"致力于对苏联模式的批评以及"第三条道路"的探索。他们往往将苏联的现实与马克思"原来的理论"加以比较，"发现"这一现实与马克思所设想的社会主义模式不相符合，他们批评苏联模式过于狭隘，认为在这种模式中，只强调政治上夺权，经济上改变所有制的性质，片面强调经济方面，忽视思想领域和心理领域的革命；强调人消极服从纪律，忽视人的创造性以及人的自由解放；他们抨击苏联的无产阶级专政，认为它是一种官僚制度。因此，"新马克思主义者"往往将苏联和西方社会看作当代发达工业社会的两个榜样加以同等的对待和批判。在这种批判的基础上，提出了"新社会主义"或"第三条道路理论"（马尔库塞），这是一种不同于资本主义或社会主义的"第三选择"，要点是通过所谓的"总体革命"，尤其是意识或文化革命，依靠工业社会的知识精英、青年学生等，确立一种人道主义的社会主义。

显然，"新马克思主义"对苏联模式的批评及"第三条道路"理论基本上是错误的。最突出的表现是：在对这一模式的批评中，抹杀了社会主义和资本主义这两种制度的根本区别，否定列宁所建立和领导的苏联是真正的社会主义国家，将之视为极权的国家，把列宁之后的苏联社会主义模式看成是实践列宁关于政党、国家和革命的理论的结果；在"第三条道路"理论方面，他们在以错误地估计当代资本主义社会特别是该社会的阶级关系变化的基础上，提出了一系列不切合实际的乌托邦理论，否定了马克思主义关于无产阶级革命的科学社会主义学说。但是，另一方面，其理论也含有某些合理因素。他们对苏联模式的批评有不少是切中要害的。如提出其正在形成一个官僚主义者阶层，其体制过分强调权力集中和纪律，而忽视分散和自由，等等；在"第三条道路"理论中，提出关于根据当代资本主义的特点而制定新的策略问题，关于意识革命或思想文化革命的重要性问题，关于社会主义是人的全面解放和全面发展问题等，都有可取之处。因此，分析"新马克思主义"这些方面的理论，有助于我们探索社会主义发展的规律性，坚定走社会主义道路的信心和决心，建设具有中国特色的社会主义。

三、"新马克思主义"与当代社会科学

"新马克思主义"不仅是一种哲学社会思潮，它在当代社会科学、人文科学中也做出了显著的贡献。当代社会科学的各个领域都深深地渗透着"新马克思主义"影响的因素，因此，研究"新马克思主义"，有助于我们了解当代社会科学的成就、发展趋势、困难和前景，等等。这里我们主要以社会学、政治学、经济学为例来加以说明。

在社会学领域，"新马克思主义"有着重大的影响。卢卡奇的物化—异化理论成为社会学中人所共知的论题；"奥地利的马克思主义者"曾经对经验社会学研究下过功夫，尤其以马克思主义的一些观点对国家、法律、金融资本、帝国主义、民族主义、语言文学等做过社会学分析。然而影响最大的要属法兰克福学派的社会批判理论和结构主义的马克思主义的社会学理论。法兰克福学派批判实证科学、社会科学的片面专业化及社会学的经验研究，主张从各个学科结合的角度综合研究当代资本主义社会，把握这一社会的"总体性"；霍克海默批判实证科学及工具理性，尤其指出工具理性如何从对自然的控制导致对人的控制；马尔库塞分析发达工业社会的意识形态；哈贝马斯分析"进行的资本主义的危机趋势"；奥菲研究后期的资本主义社会政治权力与干预性国家的结构。法兰克福学派在研究过程中往往从抽象、概括的哲学批判落实到具体、个别的事实研究。阿尔都塞的"结构主义的马克思主义"社会学则试图解释人际关系背后的逻辑，他将"社会形态"看作一个由三个阶级结构——经济、政治和意识形态——所组成的结构复杂的整体，这三个阶级结构彼此相互发生作用，但它们各拥有独立发展的韵律和持续性，他的目的是反对庸俗马克思主义将上层建筑和结构基础割裂的观点。

总的来说，当今新马克思主义者在社会学中探讨的课题主要有：当代资本主义或发达工业社会的趋势、特征；科学技术的社会作用（尤其是消极方面）；国家如何沦为资产阶级的工具；当代资本主义社会阶级关系的新变化（尤其是中高阶级问题）；社会主义国家生产力发展不快的原因；官僚主义、特权和异化现象盛行的原因；发展社会学或发展中日益走向现代化问题；人类成长的极限以及人身环境的关系；等等。

在政治学领域，"新马克思主义"的势力也是相当强大的。在20世纪60年代末以前，"奥地利马克思主义"对国家学说的研究，卢卡奇关于阶级意识理论和组织方法理论，科尔施关于意识形态斗争的重要性观点，葛兰西的领导权，知识分子及革命战略和策略理论，马尔库塞等人的争取社会主义革命的新战略——总体革命理论等，在当代政治理论发展中都有一定的影响。从60年代中后期开始，"新马克思主义者"加强了对国家及阶级问题的研究，出现了一批颇有成就的人物。哈佛大学政治学家斯科波尔将"新马克思主义"的国家学说分为三派：法人自由说、政治功能说、阶级斗争说。法人自由说认为资本主义的国家是资产阶级的工具，并进而认为有远见而开明的资本家利用国家功能的扩大来解决资本主义的危机。政治功能说认为资本主义国家的功能在于保持和增进资本主义式的经济活动的条件，资本家没有直接搞政治操纵国家机器的必要。而布洛克等人则认为资本家追求的是短期利润，因而没有直接控制国家机器，相反，透过分工合作的方式让国家经理去进行管理政治的工作。

在国家学说方面，新马克思主义者的研究课题主要有：为什么资本主义的所谓民主国家会偏袒资产阶级利益？由于官员激增、行政业务扩大、国家干预的加剧，引起了国家权力膨胀，国家能否独立于资产阶级的控制而成为自主的？发展中国家能否不受制于发达资本主义国家而得到充分而独立的发展（华勒斯坦的"依赖发展理论"就属于这一问题）？等等。

"新马克思主义"在经济学方面也有一定的影响。早、中期的"新马克思主义"的经济学说成就并不显著。早期法兰克福学派的主要经济著作有《积累规律与资本主义制度的崩溃》（H. 格罗斯曼）、《中国的经济和社会》（K. A. 维特福格尔）、《苏联1917—1927年的经济计划实验》（F. 波洛克）；奥地利马克思主义者希法亭的《金融资本》则是一本颇有名气的经济学著作。60年代以后一些新马克思主义者（激进经济学家）包括梅迪欧、布雷维曼、巴兰和斯威尔、马格道夫等加强了在经济学方面的研究，课题主要有：劳动价值论的复活与发展，揭露资本主义劳动过程的枯燥乏味与愚钝化，探讨现代资本主义社会的本质，考察垄断资本主义的内在矛盾，等等。

此外，"新马克思主义"在人类学、历史学、心理学、文学和艺术等领域也有一定的影响，这里不一一加以列举。总之，"新马克思主义"对当代社会科学的影响是广泛的，因此，为了更好地了解当代社会科学的理论成就及局限性，有必要研究"新马克思主义"。

1-2

青年卢卡奇对马克思主义哲学的解释和重建*

——《历史和阶级意识》新评

《历史和阶级意识》是一本论文集，它收入了卢卡奇 1919—1922 年在维也纳写成的八篇重要的哲学论文，1923 年首次由柏林马里克出版社出版。其中《物化和无产阶级意识》《什么是正统的马克思主义》《罗斯·卢森堡的马克思主义》《历史唯物主义职能的变化》等对本文来说是比较重要的文章。该书的中心主体即是它的副标题"马克思主义辩证法研究"，他围绕辩证法这一核心，对马克思主义哲学的一系列重大或基础的理论问题进行了新探索或作了新解释，提出了许多引起激烈争论的论点。我们先简述这些论点，然后加以评价。

一、《历史和阶级意识》一书的基本观点

1. "正统的马克思主义指的只是方法"

《历史和阶级意识》一书的中心论题是强调马克思主义辩证法的极端重要性，主张通过对黑格尔的辩证法和方法论的革新和扩展来恢复马克思理论的革命性。在《什么是正统的马克思主义？》一文的一开头，卢卡奇便指出："正统的马克思主义并不意味着不加批判地接受马克思的一些研究成果，它不是对这个或那个命题的'信奉'，也不是对圣书的解释。与此相反，正统的马克思主义指的只是方法。"① 也就是说，马克思主义的核心或实质就是它的方法，即辩证法。他认为这一点并没有被第二国际的修正主义

---

* 原载《中国人民大学学报》1993 年第 5 期（收入本书时文章的结构和标题有所改动）。

① ［匈］卢卡奇：《历史和阶级意识》，重庆出版社 1989 年版，第 2 页。

者所掌握，相反，马克思主义往往被他们庸俗化为一种经济学说，马克思主义研究也被一种科学主义和自然主义的倾向所左右。因此当务之急是"理解马克思的方法的实质并加以正确的运用"①，"使辩证法问题作为现存的紧迫问题而成为讨论的热点"。② 而为了做到这一点，必须考察马克思主义辩证法与黑格尔辩证法的关系，以此恢复马克思主义理论的革命批判精神，他说："如果我们不对这种方法的奠基人以及他和马克思的关系加以详细考察的话，我们就不能全面地对待具体的、历史的辩证法。"③

卢卡奇正确地指出了马克思主义的实质是其方法，将是否坚持辩证法作为判断马克思主义"正统性"的标准，提醒人们不要把马克思主义变成教条，这有合理性。遗憾的是，卢卡奇在这里有将马克思主义的方法与马克思主义的基本原理割裂的倾向。在他看来，似乎只要坚持马克思主义的方法，而不须坚持马克思主义的基本原理也可以成为"正统的"马克思主义者。卢卡奇坚持正确评价德国古典哲学对马克思主义有重要意义的立场，这使他成为"严肃地估价黑格尔在马克思思想形成中的作用，并恢复马克思主义中的黑格尔的方面的第一个马克思主义思想家"。④ 卢卡奇的这种对马克思主义辩证法及其与黑格尔辩证法关系高度重视的立场和观点，对于回击当时马克思主义理论阵营内蔑视辩证法的风气具有积极意义，对于恢复和发展马克思主义辩证法、弘扬辩证法的革命批判精神也具有一定的合理性。问题是，卢卡奇并没有完全掌握和接受马克思主义的观点，他不但没有对黑格尔辩证法进行唯物主义的批判改造，反而使马克思主义辩证法黑格尔主义化了。

2. "总体性范畴在马克思著作中的中心位置"

卢卡奇认为，"总体性"是马克思主义及黑格尔的辩证法的"核心概念"，他说，《历史和阶级意识》一书的伟大成就之一就是"恢复总体性范畴在马克思著作中的中心位置"⑤。在他看来，所谓总体性指的是将所有存在的东西特别是社会存在看作一个相互联系的总体，个别的东西寓于整体之

---

① ［匈］卢卡奇：《历史和阶级意识》，第48页。
② 同上书，第52页。
③ 同上书，第49页。
④ ［美］戴维·麦克莱伦：《马克思以后的马克思主义》，中国社会科学出版社1986年版，第214页。
⑤ ［匈］卢卡奇：《历史和阶级意识》，第27页。

中，寓于那种揭示矛盾关系的范畴之中。总体性主要指的就是一种强调联系、发展和矛盾运动的认识方法，卢卡奇又将总体性范畴归结为主体客体的相互作用。他说："总体性范畴不仅决定着认识的客体，而且也决定着认识的主体……只有假定主体本身是一个整体，客体的整体才能够被假定，如果主体想要了解自身，那么必须把客体看作是一个整体。"① 他认为，关于历史中主体与客体统一的思想，是马克思从黑格尔那里继承过来的珍贵遗产。在黑格尔那里，主体与客体的同一性缺乏客观基础，黑格尔最终将主体客体统一于精神，使"同一的主体—客体"变成历史的绝对主体，而马克思从黑格尔那里继承了寻求同一性的主客体的相互作用，但他坚持理解世界和改造世界的同一过程的辩证法，使主体和客体、自由和必然真正辩证地统一起来了。

应该说，总体性及主体客体关系的确是辩证法的中心问题之一，卢卡奇在一定程度上接触到了马克思主义辩证法的某些主要原理，如突出了辩证法的相互联系和矛盾运动、发展的观点，他从辩证法的立场上来反对那种片面夸大总体中个别因素作用，而忽视社会总体本质的机械论和自然主义倾向，这具有积极意义。但他对总体性观点的强调是离开历史决定论尤其是离开经济基础起决定作用这一马克思主义基本原理的，他把总体性概念对庸俗经济决定论的否定错误地扩大到对经济优先性、历史决定论的否定；卢卡奇主要是从黑格尔的立场上来解决总体性及主体客体关系问题的，他用了黑格尔关于"存在着的东西"是"思维的主体"的客观唯心主义命题，接着根据黑格尔在《精神现象学》中关于"所有问题的关键在于，不仅把真实的东西或真理理解和表述为客体，而且同样理解表述为主体"的论述，断言"具体的总体性即是主体"，将客体融于主体之中，重蹈了黑格尔纯逻辑的主体客体关系辩证法的唯心主义覆辙。

卢卡奇还按照"总体性"观点解释实践概念，主张所谓的"实践广义性"，认为在人们生活中的一切都是实践，此外无他。他将智力劳动、精神活动也包括到实践范畴中，对实践作了主观主义的理解。在他看来，实践就是主体的主动性被用于由这主动性所产生的、同主体分离开的对象化的介质。他并未把人们的劳动、生产实践当作他们一切实践活动的基础来分析，并且反对恩格斯关于实验和工业形式的实践是认识标准的原理，宣称实验和工业是"直观的"活动。

---

① ［匈］卢卡奇：《历史和阶级意识》，第32页。

3. "自然是一个社会范畴"

卢卡奇在阐发人与自然或社会与自然关系的理论时，提出了"自然是一个社会范畴"的著名观点，将辩证法限制在社会历史领域的主体客体关系中，将马克思主义归结为一种社会理论或社会哲学，并由此出发批评恩格斯的自然辩证法。

卢卡奇认为，人与自然关系作为主体客体相互联系最基本的形式，从一开始就是一个社会范畴。因为在主体客体、人与自然的辩证关系中，客体已被主体所笼罩，自然已为人所影响。人与自然的关系具有一般社会性，在其社会性的主体客体的相互联系中，人与自然相互依存，即在现实、社会的人与自然的关系中，人不能脱离自然而存在，自然也不能外在于人的活动。因此，他说："自然是一个社会范畴，在任何特定的社会发展阶段上，无论什么被认为是自然的，那么这种自然是与人相关的，人所涉及的自然无论采取什么方式，也就是说，自然的形式、自然的内容、自然的范围和客观性总是被社会所决定的。"① 卢卡奇进而把辩证法限制在社会领域的主体客体相互作用，他说："无论讨论的主体是什么，辩证法所涉及的总是同样的问题：对整个历史过程的认识。"② 这样，他也就将马克思主义归结为一种社会理论或社会哲学。他说《历史和阶级意识》全书的中心点就是"说明只有对社会和生活在其中的人的认识才和哲学有关联"③。他把自然观排除在马克思主义的范围之外。由此出发，他批判恩格斯的自然辩证法，说恩格斯采取了与形而上学相对比的方法来叙述辩证法，恩格斯没有提到历史过程中的最重要的相互作用，即主体与客体的辩证关系。④ 又说恩格斯错误地追随黑格尔将辩证法扩展到自然界，而辩证法的关键性决定因素，即主体与客体的相互作用，理论和实践的统一，现实中历史的变革等是对自然的认识中所没有的。⑤

在这里，卢卡奇强调人和自然或自然和社会的不可分割的联系或统一性，突出了现代社会中人的问题的重要性，强调人在改造自然界中的作用，他的某些看法接近于马克思关于"人化自然"的理论。但是卢卡奇却走到

---

① ［匈］卢卡奇：《历史和阶级意识》，第252页。
② 同上书，第39页。
③ 同上书，第21页。
④ 同上书，第4页。
⑤ ［匈］卢卡奇：《历史和阶级意识》，剑桥1971年英文版，第24页页下注6。

了另一个极端,他因为人或社会与自然的联系而否定了自然界的客观性或自然界的优先地位,他也否定了自然与人、自然与社会关系的物质前提,排除了客观的自然辩证法,对恩格斯的自然辩证法进行了错误的批判;他排除了马克思主义哲学的本体论基础,取消了它作为一般哲学世界观的意义,而仅仅成为一种没有客观基础的社会理论。这是《历史和阶级意识》的最重大的错误之一。

4. 阶级意识决定历史过程

在《历史和阶级意识》中,卢卡奇还考察了阶级意识、物化及历史的问题,他力图证明真正的无产阶级意识是从无产阶级在资本主义生产方式条件下的物质状况中自己产生出来的。他在分析无产阶级意识时,将"物化"作为中心的范畴来加以使用。他从马克思的"商品拜物教"概念以及韦伯的"合理化"概念等引申出"物化"概念,用以表示人与人的关系变成物和物的关系。他将资本主义解释为物化的世界,把人类历史描述为"物化史",从而也将无产阶级的任务规定为"扬弃物化"。依照他的看法,无产阶级意识是资本主义生产关系"物化"的直接反映,由此应得出结论,无产阶级意识同时是资本主义社会关系的自我意识。也就是说,它拥有正确而深刻地认识资本主义社会发展过程和发展趋向的力量和能力。他的错误在于,他在解释社会意识问题时从黑格尔主义的思维与存在、主体和客体、理论和实践的同一立场出发,将无产阶级看作自我认识和历史过程的"主体—客体",这事实上是把客观实在(历史过程)融化在意识中,而把意识看作革命行动的唯一尺度和标准。因此,在他那里,历史和阶级意识这两个概念又是同一的,因为他认为在现代资本主义社会中,阶级即是直接的历史现实本身,因而阶级意识可以通过制约阶级而驾驭整个历史过程,而社会的斗争则表现为争取意识,掩盖或揭露社会阶级性质的意识形态斗争,由此推论,历史过程将由阶级意识所决定。

二、对《历史和阶级意识》一书的评价

综上所述,卢卡奇在《历史和阶级意识》中围绕"辩证法"这一核心,对马克思主义哲学的一系列重大的理论问题做出新解释或进行新探索,形成了较系统的"新马克思主义哲学理论"。《历史和阶级意识》所讨论的不是马克思主义哲学的枝节或部分的问题,而是马克思主义的基础和根本的问题,涉及哲学唯物主义、辩证法、自然观、实践观、认识论、历史观,等

等。卢卡奇向人们提出了一系列事关马克思主义哲学本质的问题,如马克思主义哲学的各个方面的关系问题,它只是一种历史观,抑或还是一种世界观?马克思主义有没有独立的自然观?如何看待马克思主义与黑格尔哲学的关系?实践、异化、总体性等范畴在马克思主义哲学中占有什么地位?如何看待意识的能动性,等等,卢卡奇对这些问题几乎都做出了回答,提出了自己许多独特而又很有争议的见解。

《历史和阶级意识》具有鲜明的两重性特征,其成就和失误都是引人注目的。而且书中的积极的方面和消极的方面往往交织在一起。例如,一方面,《历史和阶级意识》试图通过对黑格尔辩证法和方法论的革新和扩张来恢复马克思理论的革命性,尤其是要以此抵消第二国际的修正主义者所崇拜的新康德主义的影响;另一方面,卢卡奇并未真正理解马克思主义哲学与黑格尔哲学的本质差别。他实际上将马克思主义哲学尤其是辩证法黑格尔主义化。又如,卢卡奇强调人或社会的相互联系,把人的问题放在马克思主义哲学的中心地位,通过对人的关注和颂扬来打击脱离人的形而上学本体论,通过对阶级意识的创造性和能动性作用的强调来抗议宿命论和经济主义,但是,卢卡奇却走到另一极端,他用社会吞并自然,用历史观吞并自然观,把辩证法限制在社会领域,将马克思主义仅仅归结为社会理论,并否定自然辩证法。

如果我们考虑到《历史和阶级意识》中的这种精华和糟粕并存、新见和谬误杂陈的鲜明的两重性,那么,对于该书出版后所引起的长期而又激烈的争论就不会感到奇怪了。在对该书的讨论中,长期以来一直存在两种极端观点:一种是片面夸大该书的成就,将该书看成卢卡奇最杰出的著作(甚至看作20世纪马克思主义思想史上最伟大的著作),而否定后来卢卡奇思想的发展及卢卡奇后来对该书的批判和超越,用青年卢卡奇否定成熟时期的卢卡奇。显然,这是西方"新马克思主义者"、修正主义者、资产阶级的"马克思学家"的一般看法。另一种是,否认该书中有合理的或积极的成分,全盘否认其价值,将它当作修正主义或异端邪说来加以批判,不承认该书在当代马克思主义思想史中占有一席之地,甚至不承认它是卢卡奇本人思想发展的一个必然的环节或阶段。显然,在很长一段时间中,这是苏联东欧的马克思主义者的普遍看法。我们认为,为了更客观、公正地评价《历史和阶级意识》,必须将它放到特定的历史背景,放到卢卡奇本人思想的发展过程以及当代整个马克思主义思想史的发展过程中来加以考察。

首先,《历史和阶级意识》是特定历史时代(20世纪20年代前后)的产物,是这个时代的社会思潮的反映,带着时代的深深的烙印。或许可以说,这本书是俄国十月革命及随后的匈牙利革命的一种理论上的回音,一种对这些革命事件的不正确总结的理想化理论。匈牙利革命失败后,卢卡奇和一大批匈牙利及波兰的革命者流亡到维也纳,继续从事革命活动,当时当务之急是总结革命的经验教训,并将之理论化,给匈牙利的革命的工人运动输入新的生命,并使它继续发展。而在政治立场和政治路线上,卢卡奇并未站在正确的列宁主义一边,而是站在极"左"思潮的前列,他所主编的《共产主义》则成了极"左"思潮的焦点,代表着一种极"左"的政治路线,并汇集成一种新的实践和理论形式。《历史和阶级意识》正是这一时期的产物。因此,卢卡奇在"新版序言"中说,《历史和阶级意识》的理论错误不能归于作者个人的癖性,而有它的历史根源,"那时,一场重大的、历史性的世界转变已在努力寻求一种理论上的概括。即使这个理论并没有能正确地概括说明了这个重大危机的客观性质,它仍是表述了一种典型的观点,从而获得了一定的历史合法性,我现在认为《历史和阶级意识》就属于这种情况"①。

其次,《历史和阶级意识》是青年卢卡奇由黑格尔主义向马克思主义过渡时期的产物,它代表着卢卡奇本人思想发展的一个阶段或环节。该书的两重性的根源必须到卢卡奇本人当时的思想矛盾中去寻找。按照卢卡奇自己的说法,该书的观点是他初学马克思主义时代的认识和体会,这些观点带有尝试性,既阐明他个人思想发展的阶段,也揭示了他思想活动所采取的途径;它们反映了他在由黑格尔主义向马克思主义过渡时期思想的内在矛盾。这个矛盾就是:一方面,他渴望得到马克思主义和政治行动主义,同时吸收马列主义的过程在迅速进行;另一方面,他的唯心主义的道德偏见,黑格尔主义的倾向,也在不断加强。这种矛盾促使他转向经济学,并且出于寻找理论基础的需要,最后使他转向马克思主义哲学。《历史和阶级意识》正是这一时期的总结和结论,它表现出鲜明的两重性特征就不足为怪了。所以,卢卡奇说:"如果浮士德的胸膛能包括两个灵魂,为什么一个正常的人,当他发现自己在世界危机当中正从一个阶级转向另一个阶级的时期,不能在他的内心中兼备各种思想倾向的冲突呢?"② 卢卡奇在以后的岁月中,由于不断学习研究马列主义,逐步认识、批判和克服《历史和阶级意识》中的错误观点,

---

① [匈]卢卡奇:《历史和阶级意识》,第30页。
② 同上书,第13页。

他的马克思主义理论也逐步成熟。他后期的《理性的毁灭》《社会存在本体论》等则是他成熟的马克思主义著作。因此,《历史和阶级意识》是卢卡奇青年时代思想的总结,是他走向马克思主义道路上的一个环节。

最后,必须将《历史和阶级意识》看作当代马克思主义思想发展史上的一个环节。这里的理由是多方面的:其一,本书具有历史的必然性和合法性,对于当时反对将马克思主义庸俗化的经济主义、科学主义和自然主义有积极意义,尽管书中有很多问题或错误,但毕竟是发展中的问题,更何况他写该书的主观动机还是为了推动革命运动;其二,该书提出了一系列涉及马克思主义哲学的重大问题,促使人们探索并解决这些问题,同时,书中还提出了许多正确的、有创见的马克思主义观点;其三,更重要的,《历史和阶级意识》为马克思主义者提供了深刻的教训,卢卡奇在书中所犯的错误以及他后来对失足原因的分析、对错误的克服为后人提供了前车之鉴,使人们可以不至于在理论上重蹈覆辙,如此等等。因此,无论如何,《历史和阶级意识》在当代马克思主义思想发展史中理当占有重要的一席之地。

沿着卢卡奇的《历史和阶级意识》的不同方向,可以导致极不相同的理论后果。从他的思想往左发展,即批判和克服书中的错误的和非马克思主义观点,将导致一种真正严肃的马克思主义理论,这正是卢卡奇本人后来所经历过的道路;从他的思想往右发展,即继承和发挥他书中的错误的观点,则可导致一种非马克思主义甚至反马克思主义的理论,这是后来的"新马克思主义者"、修正主义者及西方"马克思学家"所遵循的路线。《历史和阶级意识》因此在客观上成了西方"新马克思主义"的奠基性著作,成了他们眼里的"圣经",几乎所有的"新马克思主义者"以及新左派理论家、修正主义者、资产阶级的"马克思学家"都求助于《历史和阶级意识》。从客观上讲,《历史和阶级意识》的确构成了"新马克思主义"的一个主要理论来源。"新马克思主义"特别是法兰克福学派与《历史和阶级意识》具有着师承关系,这种关系主要表现在如下几个方面:

第一,法兰克福学派继承了卢卡奇"通过革新和扩张黑格尔辩证法和方法论来恢复马克思主义理论的革命性",将马克思主义黑格尔主义化的传统,加强了对马克思主义哲学的"黑格尔渊源"的研究,进而宣称将马克思主义与现代各种资产阶级思想学说结合,通过这两条途径重新"发现""创造"马克思主义。

第二,《历史和阶级意识》所包含的将马克思与恩格斯对立起来的倾向,将辩证法限制在社会历史领域,将马克思主义归结为社会理论的观点被法兰克福学派及其他新马克思主义者大大地推进了。他们从卢卡奇的立场出发，不但制造了马克思与恩格斯根本对立的神话，而且进一步制造了青年马克思和老年马克思、马克思主义与列宁主义及苏联东欧哲学对立的神话，他们彻底抛弃了马克思主义的哲学唯物主义基础和辩证唯物主义自然观（自然辩证法），将马克思主义仅仅归结为一种历史观即历史唯物主义，进而又将历史唯物主义归结为马克思早期著作的人道主义观点。

第三，在实践观和认识论方面，法兰克福学派及其他新马克思主义者承袭并发挥了《历史和阶级意识》的错误的实践观和反对反映论的观点。他们对实践作了唯心主义的理解，进一步将实践主观化，抹杀理论和实践的界限。

第四，法兰克福学派、存在主义的马克思主义者等继承和发挥了《历史和阶级意识》中的物化或异化观，将异化看作历史唯物主义的最基本的范畴，看作贯穿在马克思所有著作中的一条红线。

由此可见，《历史和阶级意识》中的基本的错误观点几乎都被所谓"新马克思主义者"所继承、利用、发挥或推进了。尽管"新马克思主义者"及西方"马克思学家"整个地将卢卡奇当作"新马克思主义"或"西方马克思主义"的创始人是站不住脚的，但是，卢卡奇的《历史和阶级意识》的错误观点或倾向对新马克思主义思潮的形成有重大影响，这一点是无可置疑的。青年卢卡奇无意中变成了"新马克思主义"的始祖。我们必须对卢卡奇的《历史和阶级意识》进行马克思主义的客观的分析和评价，既要指出它的错误，找出失足的原因，又要肯定其中某些合理的理论部分，这对于我们坚持和发展马克思主义具有现实理论意义。

1-3

青年卢卡奇的"新马克思主义"辩证法理论[*]

辩证法理论研究是青年卢卡奇哲学探索的一个重要课题，这种研究的成果集中地体现在他那本引起激烈争论的著作《历史和阶级意识》之中，卢卡奇将该书看作他青年时期不成熟的马克思主义哲学理论的概括和总结。该书的主题就是其副标题："马克思主义辩证法研究"。他在书中对马克思主义辩证法的一系列重要问题都进行了探索并做出了"新"解释，提出了一系列引起争论的观点，形成了比较系统的"新马克思主义"辩证法理论，对后来的"新马克思主义"思潮的形成，尤其是对法兰克福学派和"存在主义的马克思主义"的辩证法理论产生了重大影响。本文试图运用马克思主义的立场、观点和方法来评述卢卡奇的"新马克思主义"辩证法的主要论点，指出他的辩证法理论的成败得失及失足的原因。

一、作为马克思主义的实质或核心的辩证法及其黑格尔哲学的渊源性

卢卡奇在《历史和阶级意识》一书中认为，马克思主义的核心或实质就是它的方法，即辩证法，这一点并没有被马克思以后的马克思主义者所理解或掌握，相反，马克思主义往往被庸俗化为一种经济主义，并且马克思主义的研究日益被一种科学主义和自然主义气氛笼罩。因此他在书中序言给自己规定的急迫任务是："理解马克思的方法的实质并加以正确的运用。"[①] 他

---

[*] 原载《理论学习月刊》1993 年第 1、2 期（中国人民大学复印报刊资料《马列主义研究》1993 年第 4 期转载）。

① ［匈］卢卡奇:《历史和阶级意识》，重庆出版社 1989 年版，序言第 48 页。

认为，为了达到这一目的，必须考察马克思主义辩证法与黑格尔辩证法的关系。他说："如果我们不对这种方法的奠基人以及他和马克思的关系加以详细考察的话，我们就不能全面地对待具体的、历史的辩证法。"① 他强调《历史和阶级意识》的主要目的不在于系统性和完整性的对辩证法的学术研究，其真正的目的是"使辩证法的问题作为现存的紧迫问题成为讨论的焦点"②。换言之，与各种对马克思主义解释的经济主义、科学主义及自然主义的立场相反，他要探讨马克思主义辩证法及其与黑格尔辩证法的关系，恢复马克思主义理论的革命批判精神。

卢卡奇强调马克思主义辩证方法的极端重要性。在《历史和阶级意识》的第一篇文章《什么是正统的马克思主义》开头，他便指出："正统的马克思主义并不意味着不加批判地接受马克思的一些研究成果，它不是对这个或那个命题的信奉，也不是对圣书的解释。与此相反，正统的马克思主义指的只是方法。"③ 他认为，唯物主义的辩证法是一种革命的辩证法，这个命题或定义对理解辩证法的实质极为重要。卢卡奇正确地指出了马克思主义理论的实质核心，将是否坚持辩证法当作判断马克思主义"正统性"的标准，提醒人们不要把马克思主义变成教条，主要是掌握其方法，这有合理之处。但是卢卡奇在这里却有将马克思主义方法与马克思主义的原理割裂的倾向。他说，即使新的研究驳倒了马克思的所有命题，每个严肃的正统马克思主义者仍可以毫无保留地接受所有现代的新发现，可以放弃马克思的全部命题，而无须放弃他的马克思主义正统。④ 这种将马克思主义的方法和它的理论分离的做法，是不符合他一再强调的唯物辩证法的精神的。因为马克思的方法同构成它的基础的那些理论原理和结论，同具体的分析则是这种方法的检验和证实；理论和方法是不可分割地联系在一起的。

卢卡奇高度重视辩证法的作用并坚持正确评价德国古典哲学对马克思主义有重要意义的立场，这使他成为"严肃地估价黑格尔在马克思思想形成中的作用，并恢复马克思主义中的黑格尔方面的第一个马克思主义思想家"⑤。

---

① ［匈］卢卡奇：《历史和阶级意识》，第49页。
② 同上书，第52页。
③ 同上书，第2页。
④ 同上。
⑤ ［美］戴维·麦克莱伦：《马克思以后的马克思主义》，中国社会科学出版社1986年版，第214页。

卢卡奇的这种重视辩证法的立场和观点，对于回击当时马克思主义思想阵营内外蔑视或攻击辩证法的风气（尤其是对于第二国际的修正主义者采用新康德主义和实证主义的立场而抛弃马克思主义辩证法，将历史唯物主义进行教条化的歪曲的错误思潮）具有积极作用。卢卡奇根据马克思的告诫，不再把黑格尔当作一条死狗来看待，并试图把黑格尔思想中方法上的硕果当作服务于现实的有生气的精神力量拯救出来。他倡导通过对作为马克思主义哲学渊源的黑格尔辩证法研究来丰富马克思主义辩证法，弘扬马克思主义的革命批判精神，这就是他自己在"新版序言"中所说的："《历史和阶级意识》表达了也许是这方面最激进的尝试，它试图对黑格尔辩证法和方法论的扩展来恢复马克思理论的革命性。"①

但是，卢卡奇并没有把握或完全把握并接受马克思主义的观点，并没有真正明白马克思主义辩证法和黑格尔辩证法的根本区别，不懂得黑格尔的辩证法就其原有的形式上是不能成为革命批判工具的。的确，马克思和恩格斯高度评价了黑格尔的辩证法，他们依据黑格尔辩证法的一切有价值的因素。马克思写道："我要公开承认我是这位大思想家的学生，并且在关于价值理论的一章中，有些地方我甚至卖弄起黑格尔特有的表达方式。辩证法在黑格尔手中神秘化了，但这决不妨碍他第一个全面地有意识地叙述了辩证法的一般运动形式。在他那里辩证法是倒立着的。必须把它倒过来，以便发现神秘外壳中的合理内核。"② 马克思和恩格斯高度评价了黑格尔辩证法的主要方法论原则，如客观观察各种事物的过程、逻辑和历史一致等，但他们批判其绝对唯心主义。因此，他们接着指出，必须使黑格尔辩证法摆脱其神秘的形式。马克思写道："将近三十年以前，当黑格尔辩证法还很流行的时候，我就批判过黑格尔辩证法的神秘的方面。"与黑格尔相反，马克思和恩格斯制定了以哲学唯物主义为基础的唯物辩证法，不仅使辩证法"站立起来"，而且在批判地改造黑格尔辩证法的基础上，创立了彻底的唯物辩证法（包括自然辩证法），使辩证法成为解释自然、社会和人类思维发展的学说，成为革命的批判工具。可见，卢卡奇对待黑格尔辩证法及其与马克思主义辩证法的关系的态度和观点是与马克思主义经典作家有很大不同的。对此，他在"新版序言"中说：本书的一个失败的结果是"缺乏对黑格尔的遗产进行彻底的唯物主义再解释，从而超越和保留它，列宁沿着马克思恩格斯的正确方

---

① [匈]卢卡奇：《历史和阶级意识》，新版序言第25页。
② 《马克思恩格斯全集》第23卷，人民出版社1972年版，第24页。

向前进了,我们努力却导致一种黑格尔主义的歪曲"①。

二、作为辩证法中心内容的"总体性"范畴及主体客体关系理论

青年卢卡奇将"总体性"看作马克思主义辩证法的中心范畴。他说:"马克思主义与资产阶级思想的根本分歧并不在于从历史来解释经济动机的首要作用,而在于总体性观点,总体性范畴,总体性之于部分的完全至高无上的地位,这是马克思从黑格尔那里吸取的方法论的精华,并把它出色地改造为一门崭新学科的基础……总体性范畴的重要性在于它在科学中是革命原则的承担者。"② 卢卡奇强调说辩证法所面临的中心论点是"正确理解总体性概念的统治地位"③。

何谓"总体性"?按照卢卡奇的看法,总体性是指一种从整体、全面看问题的辩证认识方法,它强调部分与整体的联系,强调事物的中介性。卢卡奇对"总体性"有许多论述,其含义主要包括:(1)"总体性"将存在的东西看作一个相互联系的整体,强调总体对于局部的优越性,或局部对于总体的从属性,要求从与总体的联系中认识局部或个别;(2)"总体性"应理解为一个动态的现实,社会的总体现实不是一种特定时间内包括现实的一切细节的事态,不是拼凑的现象或静止的结构,总体指的是一定趋向,它的方向及其结果,是一个活动的过程;(3)"总体"是先行于事实的,事实必须放在它同总体性的联系中才有意义,"具体的总体性"不是直接的事实,"具体之所以具体,因为它是许多规定的综合";(4)"总体性"强调现实只有在一种复杂的中介过程才能实现、理解和描述,同时,总体性观点将中介性与直接性理解为辩证的统一;(5)总体性主要是一种认识社会历史的方法,它主张在社会生活各方面上总体相互作用中所呈现出来的关联作为考察对象,从而从整体上把握社会,反对单纯把社会的某一方面从整体上剖裂开来而加以考察,因此,辩证法和它的总体性概念能提供给我们对社会的真正认识;(6)把总体性应用于科学方面,就将得出反对把各门科学割裂开来,"马克思主义并没有承认法律、经济或历史等的科学是独立存在的:作

---

① [匈]卢卡奇:《历史和阶级意识》,新版序言第25页。
② 同上书,第30—31页。
③ 同上书,第38页。

为一个整体，这里只有一种唯一的、统一的——辩证的和历史的——社会发展的科学"①。总之，辩证的"总体性"观点反对孤立片面地看待事实及问题的观点，它坚持"整体的具体统一"。

卢卡奇进而将"总体性"范畴归结为主体客体的相互作用。他说："总体性范畴不仅决定着认识的客体，而且也决定着认识的主体……只有假定主体本身是一个整体，客体的整体才能够被假定，如果主体想要了解自身，那么必须把客体看作是一个整体。"②他认为，关于历史中主体与客体统一或关系的思想，是马克思从黑格尔那里继承过来的珍贵遗产，在黑格尔那里，主体与客体的同一缺乏客观的基础，他最终将主体客体统一于精神，使"同一的主体—客体"变成了历史的绝对主客体的另一概念。也就是说，在黑格尔那里，主体—客体同一性缺乏真正的历史基础，他把这种同一性转移到了超历史的理性领域，把历史发展过程中创造者的作用赋予了精神，因此不能最终克服主体客体的对立；而马克思从黑格尔那里继承了寻求同一性的主体客体的相互作用，但他坚持理解世界和改造世界同一过程的辩证法，使主体与客体、自由和必然真正辩证地统一起来了。卢卡奇认为，马克思对黑格尔辩证法的主体理论的独创的深刻的批判，却被第二国际的修正主义者加以歪曲，而弄成一种排除历史过程的主客体统一的、排除实践辩证法的庸俗化的哲学。因此，卢卡奇主张恢复"同一的主体—客体"的概念图式。

卢卡奇主张把主体客体限于历史领域，试图通过把无产阶级作为同一的主体客体来克服黑格尔方法的唯心主义。在他看来，物化世界中的无产阶级，主要被归结为经济过程中的客体，它残存着的主观性是一个只是消极的和直观的旁观者的主观性。任务在于要创造一个能够变成主体、历史中的"我们"，其自觉的实践能够改造世界的阶级的无产阶级，也就是说，要使无产阶级成为同一的主客体与活动的主体。同时，卢卡奇沿着古典哲学的方向强调主体性的作用，他把马克思在《关于费尔巴哈的提纲》中所说的唯心主义对客体的"唯心主义"能动地理解的客体的历史归结成一种对于能够产生和包摄存在的总体的主体进行不成功探索的历史，强调无产阶级作为主体和自觉意识的作用。他认为，只有把真正的东西不仅理解为实体，而且也理解成"主体"，只有当主体（意识、思维）既是辩证过程的生产

---

① ［匈］卢卡奇：《历史和阶级意识》，第31—32页。
② 同上书，第32页。

者又是其产品,只有当结果是主体在一个自我创造的世界运动以及只有当世界以充分的客观性把自己加之于它,只有那时,辩证法的问题,连同主体和客体、思维和存在、自由和必然的对立的废除,才能说已经得到解决。

即使到了晚年,卢卡奇还坚持认为,对总体性范畴的探讨是他的一大成就,在"新版序言"中,他说:"《历史和阶级的意识》的伟大成就之一就是恢复了总体性范畴在马克思著作中的中心位置。"① 在他那里,"总体性"范畴的意义在于它可以用来对社会生活的所有过程和现象的相互联系和相互作用的系统的研究来克服第二国际及形形色色的机会主义者对现实的实证主义、科学主义和折衷主义的描述。卢卡奇通过总体性及主客体的相互作用来反对第二国际的机会主义者,尽管论述的方法及观点方面有严重问题,但在当时"却起到了重要而且在许多方面是很进步的作用"②。第二国际的机会主义者和改良主义抛弃了辩证法及总体性观点,将资本主义分成"好的方面"和"坏的方面",企图保留好的方面,而医治其坏的方面,并把资本主义经济的特殊规律看作似乎是不可改变的事实,将工人现在的政治斗争的重要性全部归结为其直接结果,机会主义者总是从总体和联系中割离某些"事实"来为其所用,忽视了事实与整体的联系及其中介性。卢卡奇则指出,在马克思主义那里,实际斗争的每个片断,包括工人为改善目前经济状况的斗争,只是从革命的前景中获得其意义的,总体性的观点证明资本主义是一种暂时的历史现象,总体性是革命原则,革命见证的运载工具,它要求将个别事实放在与总体的联系,从中介的观点去考察,只有这样,事实才有意义。卢卡奇力图把握辩证法的核心内容,突出辩证法从总体、中介、联系和矛盾的观点看问题的重要性,他对总体性范畴的观点并不是简单地取之于黑格尔辩证法,而是吸取了马克思辩证法思想中的某些因素(特别是马克思《资本论》中关于矛盾分析,从抽象到具体、逻辑和历史一致的方法论片段),他对一些辩证法范畴的探索和解释也包含着某些合理的见解。例如关于"中介"范畴,他反对实证主义将"事实"看作"直接的所予",强调事实为思想理论,为事物的总体所中介。

但是卢卡奇的"总体性"观点从总体上来说并不是真正的马克思主义的,它与马克思主义辩证法的从矛盾、运动、发展、联系看问题的观点是有

---

① [匈]卢卡奇:《历史和阶级意识》,新版序言第25页。
② 同上书,第25页。

很大差别的。首先,卢卡奇对总体性范畴的强调离开了历史唯物主义的基本立场,卢卡奇将这个范畴变成一个方法论原则,实质上是用这个范畴来掩盖社会过程中的矛盾的决定性的客观的方面。他把总体性范畴对庸俗经济决定论的否定错误地扩大到对经济优先性、社会决定论的否定,因为在他看来,决定马克思主义与资产阶级思想的区别,不是经济动机的首要地位,而是总体性观点。这归根到底是针对着历史唯物主义的最根本的原理的,因为历史唯物主义在解决哲学基本问题时,是从经济居首要地位的原理出发的。后来,卢卡奇对这个问题作了自我批评说:"当列宁的研究造成了马克思主义的方法的新生时,我们努力的结果反而导致了一种黑格尔主义的歪曲。在我们这种理解中,我把总体性范畴置于马克思主义体系的中心,并让其超越了经济的优先性。"① 其次,卢卡奇是以黑格尔主义的方式来解决总体性及主体客体关系问题的。尽管黑格尔"总体性"范畴有着极其深刻的辩证内容,但它毕竟是用唯心主义的方式来加以解决的,归根到底是为在最高的精神综合中调和矛盾服务的,卢卡奇不但没有从马克思主义的立场上来看待黑格尔的这些辩证法观点,反而使马克思主义辩证法的相关思想降低到黑格尔的水平上。后来,卢卡奇自己承认,"就这个问题实际被论述的方式来说,今天我们不难看出,它是纯粹黑格尔主义的方式进行的,特别是,它最终的哲学基础是历史的发展过程中实现自身的主体—客体的统一"②。例如,在讨论主客体关系时,卢卡奇沿用了黑格尔关于"存在着的东西"是"思维的主体"的客体唯心主义命题,接着又根据黑格尔在《精神现象学》中关于"所有问题的关键在于:不仅把真实的东西或真理理解和表述为主体,而且同样理解和表述为主体"的论述,断言"具体总体性即是主体",这种论证方式不可避免地重蹈了黑格尔纯逻辑的主客体关系辩证法的唯心主义覆辙。卢卡奇最终由强调主体能动作用走到了用主体或意识吞并客体的唯心主义中去了。最后,卢卡奇缺乏正确的实践观,不懂得实践尤其是生产劳动是主体客体关系的真正中介和基础。这一点,他在《自传》中说,由于作为主体客体或社会与自然之间物质变换的中介的"劳动"被遗忘了,这就意味着马克思主义的最重要的支柱消失了。

---

① [匈] 卢卡奇:《历史和阶级意识》,第 25 页。
② 同上书,第 27 页。

三、辩证法是一种历史方法的观点及对自然辩证法的批评

这是卢卡奇的"新马克思主义"辩证法理论的一个中心内容。在他看来,辩证法涉及的总是主体客体的相互作用,它只适应于社会历史领域。他说:"无论讨论的主题是什么,辩证法所涉及的总是同样的问题,对整个历史过程的认识。"① 他认为,辩证法源于历史,是历史过程本身固有的东西,它通过逻辑证明,在发展的特殊阶段上被认识。② 卢卡奇不承认脱离人而存在的独立的自然界什么意义,在他那里,自然是一个社会范畴,他说:"自然是一个社会范畴,在任何特定的社会发展阶段上,无论什么被认为是自然的,那么这种自然是与人相关的,人所涉及的自然无论采取什么形式,也就是说,自然的形式,自然的内容,自然的范围和客观性总是被社会所决定的。"③ 从这种观点出发,他断言只有社会辩证法,在社会历史范围内才有主体客体的辩证运动,因而辩证法仅仅是认识社会现实的方法,他进而把辩证法的基础归结为人,说人本身是历史辩证法的客观基础。④

卢卡奇认为,这种将辩证法看作历史方法的观点是马克思批判地改造黑格尔辩证法的积极结果,他说马克思把黑格尔哲学中的历史倾向推到他的逻辑的顶端,从根本上把社会和社会化的人这两方面的所有现象转变成历史的问题的马克思具体地揭示了历史进化的真正基础,并在这个过程中发展了一种崭新的方法即历史辩证法。⑤ 卢卡奇因此批评恩格斯的自然辩证法说:"恩格斯采取了与形而上学相反的对比方法论述辩证法概念的构成……但是黑格尔甚至根本没有提到历史过程中的主体和客体之间的辩证的关系这种最重要的相互作用,更不必说给它以应值得重视的地位了。但是,如果没有这个因素,辩证法就不再是革命的。"⑥ 又说:"重要的是认识到这种方法在这里只限于历史和社会领域,恩格斯对辩证法说明中所产生的误解,主要可以

---

① [匈]卢卡奇:《历史和阶级意识》,第39页。
② 同上书,第201页。
③ 同上书,第251页。
④ 同上书,第215页。
⑤ 同上书,第20—21页。
⑥ 同上书,第4页。

归之于这样一个事实,即恩格斯错误地追随黑格尔,将辩证法扩展并应用于自然。然而辩证法的关键性决定因素,即主体和客体的相互作用、理论和实践的统一,作为范畴——思维中变化的根本性原因——的基础的现实中的历史变革等等,在我们对自然的认识中却是没有的。"① 显然,他将马克思和恩格斯对立起来了。

在这里,卢卡奇在强调人与自然或社会与自然、主体与客体相互联系的基础上,突出了马克思主义中历史观的重要性,在他看来,历史唯物主义是马克思的最主要的哲学成就,将它看作马克思主义区别于以往哲学的根本标志,他强调历史辩证法作为一种认识社会及改造社会的革命工具的作用。以此对抗种种使马克思主义"自然主义"化的倾向,这有一定的合理性,但是,正是在这个问题上,卢卡奇犯了重大的理论错误。他强调自然和社会或历史的统一,却走到了极端,用社会或历史吞并自然,否定了自然界的优先地位,他强调马克思主义历史观的重要性,却由此断言辩证法只是一种历史方法,用马克思主义的历史观吞并马克思主义自然观,将马克思主义仅仅归结为一种社会理论或社会哲学,排除了它的本体论基础,否定了马克思主义作为一般世界观的意义。他的错误还在于,他实际上制造了马克思和恩格斯在哲学理论尤其是自然辩证法问题上的对立,在他看来,似乎马克思是一个历史主义者,而恩格斯则是一个自然主义者,恩格斯离开马克思的真正立场而错误地追随黑格尔,弄出了自然辩证法,导致将自然与社会、将人和人创造的世界对立起来。

卢卡奇失足的一个原因在于他没有正确地理解马克思主义的有关论点。他对马克思的"人化自然"的理论作了错误的发挥,并且曲解了恩格斯的理论。诚然,马克思和恩格斯总是十分明确强调历史的自然和自然的历史之间的联系,他们指出人总是面着"历史的自然"和"自然的历史",这两方面是不可分割地联系着,又是彼此相互制约着,马克思自己也反复指出,关于脱离人的活动的、脱离实践的存在(包括自然界)的辩证或非辩证结构的问题是烦琐哲学问题。但是马克思和恩格斯一样不断告诫人们,尽管人的实践活动无疑是整个现存感性世界的非常深刻的基础,然而不能因为人的活动和实践而忘记自然界的客观存在,忘记人出现以前的自然的历史,他一直强调自然界的优先地位,也赞成恩格斯的自然辩证法;而恩格斯在创立自然辩证法时也并未违背他和马克思早年关于自然和社会辩证统一以及实践作为

---

① [匈]卢卡奇:《历史和阶级意识》,剑桥1971年英文版,第24页页下注9。

人与自然客体感性的、对象的、具体历史的统一中介的观点。卢卡奇既没有正确理解马克思，也没有正确理解恩格斯，他对恩格斯自然辩证法的批评是站不住脚的，正因如此，他后来承认《历史和阶级意识》一书的主要错误是否定自然辩证法，否定或排除了马克思主义的本体论基础而使之仅仅成为一种历史理论。

综上所述，卢卡奇对马克思主义辩证法的一系列根本性问题做了探索和解释，他强调马克思主义中辩证方法的核心地位；主张通过对黑格尔辩证法的恢复和扩张来弘扬马克思主义的革命批判精神；他对作为辩证法主要内容的总体性范畴、主体与客体关系、中介范畴等做出了规定；他将自然看作一个社会范畴，将辩证法限制在历史领域并由此出发批评恩格斯的自然辩证法……；通过这些问题的探讨，形成了较系统的"新马克思主义"的辩证法理论。他的辩证法理论不乏合理的见解，但也包含着许多重大的理论失误，而且在他那里，合理的因素和错误的东西往往是交织在一起的。他正确地指出了马克思主义的实质是辩证法，却错误地将马克思主义的方法和马克思主义的理论成果相割裂；他倡导通过对黑格尔辩证法的研究来丰富马克思主义辩证法，从此抵抗第二国际的修正主义者的新康德主义观点和机械论，但是他并没有对黑格尔辩证法加以正确的唯物主义改造，反而用黑格尔主义的精神来论述辩证法的基本理论和范畴；他强调人与自然或自然与历史、马克思自然观和历史观的统一，却错误地用历史合并自然，用马克思主义的历史观吞并马克思主义自然，制造马克思和恩格斯在辩证法问题的对立，攻击自然辩证法。因此，从根本上说，卢卡奇的辩证法理论并不能算是真正的马克思主义的，而应当恰当地称之为"新马克思主义"的。

卢卡奇的辩证法理论，构成了后起的"新马克思主义"各种流派的辩证法理论的出发点或基础。"新马克思主义"的各种流派尤其是法兰克福学派和"存在主义的马克思主义"大大的发挥和推进了卢卡奇的错误观点。一方面，"新马克思主义"尤其是法兰克福学派加强了马克思主义辩证法的"黑格尔渊源性"的研究，将马克思主义辩证法看作黑格尔辩证法的简单延续，宣称要从黑格尔哲学中寻找马克思主义学说的"真正的诞生地和秘密"，以此恢复马克思主义辩证法的批判性和否定性；他们进一步将马克思主义辩证法黑格尔主义化。另一方面，法兰克福学派、存在主义的马克思主义者等新马克思主义者更加热衷于发挥和推进卢卡奇将自然看作一个社会范畴，将马克思主义辩证法归结为历史方法和批判自然辩证法的错误观点。他们将马克思和恩格斯完全对立起来（应该说，卢卡奇并没有完全否定恩格斯的功绩),彻底抛弃唯物辩证法尤其是自然辩证法,不但将马克思主义归结为一种历史观即历史唯物主义,进而将马克思主义的唯物史观的基础归结为资产阶级的人道主义。因此,卢卡奇在《历史和阶级意识》"新版序言"检讨说:"这本书最突出的特点是:它同作者自己的主观愿望相反,在客观上,它已屈从于在马克思主义历史上已发生过的不同形式的倾向。所有这些不同的形式,无论它们是愿意还是不愿意,并且不管它们的哲学起源和政治影响,所有这些有一点是相同的,即它们动摇了马克思主义本体论的基础。我说的是这样一种倾向,它认为马克思主义只是作为一种关于社会的理论,关于社会的哲学,从而忽略和否定了它关于自然的理论。"① 尽管卢卡奇不断地为他的关于马克思主义哲学及辩证法尤其是否定自然辩证法做了自我批评,并且在以后的马克思主义研究中尽力克服这些错误,特别是他在最后一本著作《社会存在本体论》中力图从马克思的思想出发,对黑格尔的辩证法进行批判并且为自然辩证法恢复名誉。但是,后起的新马克思主义者却无视卢卡奇本人思想的进步,继续利用《历史和阶级意识》中关于辩证法的错误观点进行投机。由此可见,卢卡奇的"新马克思主义"辩证法理论的确起过很大的消极作用。当前,正确对待青年卢卡奇的辩证法遗产,批判其错误并指出其失足的原因,吸收他某些合理的见解,对于我们坚持和发展马克思主义辩证法,无疑具有借鉴作用。

---

① [匈]卢卡奇:《历史和阶级意识》,新版序言第20页。

1-4

青年卢卡奇的阶级意识理论*

青年卢卡奇被誉为"西方马克思主义"或"新马克思主义"的奠基人。他的《历史和阶级意识》相应地成为"新马克思主义"的经典著作。卢卡奇以"历史和阶级意识"作为他的论文集的书名并不是偶然的、随意的,而是对他的八篇论文的中心主题的提炼。阶级意识理论是他的"新马克思主义"理论的一个重要组成部分。本文将对卢卡奇的阶级意识理论做出评述,力图从理论和实践的结合上指出这一理论的合理性和有限性,指出其失足的根源。

一、何谓"阶级意识"

卢卡奇在《阶级意识》《物化和无产阶级意识》《罗莎·罗森堡的马克思主义》等论文中专门探讨了阶级意识问题。在《阶级意识》一文中,卢卡奇一开始便指出,阶级意识是马克思没有完成的理论课题,当马克思在《神圣的家族》中正要给阶级及阶级意识下定义的时候,却突然中断了,这就给无产阶级的理论和实践带来一系列恶果,造成了种种不同的理解,这些理解或者基于马克思恩格斯的只言片语,或者由他们的方法推出,当务之急是适应无产阶级革命实践需要,建立一个完整的阶级意识理论,阐明阶级意识尤其是无产阶级的阶级意识的形式、含义和实际的职能。

卢卡奇首先考察阶级意识的含义。他声称要从马克思停顿的地方开始。虽然马克思并没有十分完整的阶级意识理论,但是马克思在《路易·波拿巴的雾月十八日》中曾区分了阶级的客观因素(与生产资料的共同关系)

---

* 原载《社会主义研究》1992年第5期,中国人民大学复印报刊资料《出版工作、图书评价》1993年第1期转载(收入本书时删去了副标题"评《历史和阶级意识》的中心论题",并为每小节加了标题)。

和主观因素（不同利益的意识等）。卢卡奇超出了无产阶级的现实的主观意识，而谈论"被给予的"阶级意识，即一个阶级如果完全意识自身的利益便应具有的意识。他认为，阶级意识既不是组成这个阶级的每个人的思想和情况的总和，也不是他的平均数。① 他认为必须将阶级意识同凭经验做出的判断、同心理学意义上的个人意识区别开来，但这还不够，必须进而指出这种差别在不同阶级身上是否相同或差别有多大，尤其必须发现"阶级意识实际的、历史的职能"②。卢卡奇指出，阶级意识尽管往往以"虚伪"的形式表现出来，但它们是客观经济结构在思想上的反映；如果阶级意识从个别阶级的利益出发，它就不能发现社会存在的总体。在卢卡奇看来，一个阶级统治的成熟意味着它的利益和意识能够使它根据这些利益把整个社会组织起来；"在阶级斗争处于你死我活的情况下，阶级意识的问题被证明具有决定性的意义；一个阶级的命运取决于它解释和解决历史的面临问题的能力。"③

卢卡奇考察了阶级意识的发展史尤其是资本主义产生四百多年来阶级意识的发展及其局限性。他认为，阶级意识仅仅是随着工业革命和资本主义的出现产生的，而在前资本主义时期，阶级意识并未达到清晰及自觉影响历史进程的地步。他从过去的社会形态中阶级意识和社会结构的关系来说明这一点。他指出，在前资本主义到封建主义时代，社会的各部分是自给自足的，缺乏紧密的相互联系和内聚力，人的关系主要还是自然关系，人不能把自己看作社会存在，社会还远未组织到使自己在意识中显得是人的现实程度，还远没有控制人与人之间关系的总体性；在这种社会中，阶级利益（在经济上）从来没有充分明确的表达，社会等级和阶层的划分意味着经济因素和政治、宗教的因素不可分割地混合在一起，因而并不能产生明晰的阶级意识。

在资本主义社会中，情况就不同。资产阶级实现了社会化的过程，资本主义已摧毁了不同地域之间的时空阻碍，也摧毁了不同等级之间在法律上的区分。在它的天地显有一切人在形式上的平等，直接决定人与自然之间代谢作用的经济关系逐渐消失，人成了真正的社会存在，社会变成了人的现实，阶级本身则构成了"最接近的、特定的历史现实"，因此，自觉的阶级意识

---

① ［匈］卢卡奇：《历史和阶级意识》，重庆出版社1989年版，第58页。
② 同上。
③ 同上书，第60页。

的出现便成为可能，或者说，"阶级意识达到了它将成为自觉的程度"①。

卢卡奇具体地考察了资本主义社会中的各个阶级的阶级意识。他认为，在这个社会中，并非所有的阶级都有自觉的阶级意识，只有无产阶级和资产阶级才具有这种自觉的阶级意识，目前只有这两个阶级才是纯粹的阶级。对于农民和小资产阶级来说，他们在生产中的地位和由此产生的利益妨碍着他们阶级意识的产生；他们对于资本主义的反抗是无希望的，他们的自我利益是相互矛盾的；因此，他们的阶级意识就无法在密切相关的特定的历史现实中发展。② 对于资产阶级来说，尽管它的阶级意识同它的阶级利益相对立，但这种对立并不是矛盾的，而是辩证的，在资产阶级那里，它在生产过程的地位和由此产生的利益结合而产生阶级意识，这种意识由于其力量的顶峰，具有一种不可解决的矛盾悲剧命运性质，所以它是一种祸因的阶级意识，作为这种矛盾的结果，它必然是自取灭亡。卢卡奇指出，资产阶级所处的地位，决定了在争夺社会控制权中它的阶级意识的作用，它的盟主地位真正掌握了全社会，它也赋予了个人一种前所未有的重要性，为了自身的利益，它的确试图把整个社会统一起来，为了达到这一目的，它一方面被迫发展经济、社会和政治理论；另一方面又被迫形成了意识，以支撑它把控制和组织社会作为自己使命的信念。但是，资产阶级的统治是少数人的统治，资本主义的社会化是同个人企业主相对立的，在这种社会中个人被隶属的经济条件所扼杀，被商品生产所创造出来的物化所毁灭。因此，资本主义生产的界限成了资产阶级意识的界限。因而，在资产阶级的阶级意识中，"理论和实践之间也发生了不可调和的对立"③。随着资本主义的发展，资产阶级"虚伪"意识中的这种矛盾变得越来越尖锐，终于被转变为一种"谎言意识"。

卢卡奇着重讨论了无产阶级意识，他分析了无产阶级意识的含义、特征和作用等问题。他指出，正如无产阶级和资产阶级经济上相互依存一样，它们在意识形态上也相互依存。无产阶级区别于资产阶级及其他阶级的特点在于：它超越了历史的偶然性并成为这种偶然性的动力，推动社会变化的进程；它所具有的"唯一的优势在于它能够从根本上把社会看作是一个统一的整体"④；只有无产阶级才能够具有改造现实的能力，它能以自己的行动

---

① ［匈］卢卡奇：《历史和阶级意识》，第66—67页。
② 同上书，第69页。
③ 同上书，第73页。
④ 同上书，第78页。

影响历史的天平。无产阶级意识不是别的,正是无产阶级对自己的历史地位和历史作用的自觉意识。① 而阶级意识的现实性则是通过解释无产阶级漫长而痛苦的历程而被证实的。②

卢卡奇认为,无产阶级和资产阶级的阶级意识的区别在于无产阶级意识体现了历史的必然性,它超越了直接性,是对社会总体性的渴望。一方面,无产阶级的意识强调对现实的改造,它自身是理论与实践的统一,它从自己的观点出发,自我认识和对整体的认识相一致;另一方面,在无产阶级的意识中,最明显的分化及其结果是政治斗争和经济斗争的分离;由于无产阶级被赋予了改造社会的任务,它的阶级意识就必定会在直接性利益和长远利益之间、孤立和整体之间产生辩证的矛盾,但无产阶级的阶级意识必然能超越资产阶级意识的局限性,总是渴望着真理。因此,"真实的阶级意识的优势在于它能够把眼光放到比经济过程中的关键症候更遥远的总体社会制度的统一的基础之上"③。

卢卡奇论证无产阶级意识在社会历史过程中的巨大作用。他指出,对于无产阶级来说,它的意识形态既不是什么在斗争中高举着的旗帜,也不是掩盖其真正目的的帷幕,而是多种斗争的目的本身和武器,无产阶级的非原则性策略会把历史唯物主义降低到一般的意识形态的水平上,从而把资产阶级的斗争方法强加给无产阶级。卢卡奇认为,在无产阶级为克服对象化、物化,争取自由的过程中,对它自身的历史使命的理解就变得越来越迫切,无产阶级的阶级意识将越来越有力和直接地决定它的每个行动。因此,"只有无产阶级的自觉意志才能把人类从即将来临的灾祸中解放出来。换言之,当资本主义最终的经济危机爆发时,革命的命运(与此相关的人类命运)将依赖于无产阶级意识形态的成熟,也就是依赖于无产阶级的意识"④。这正是无产阶级意识所独有的职能,只要无产阶级不能消灭阶级社会,无产阶级就不能解放自己。为此,无产阶级的意识,作为人类历史上最后的阶级意识,必须揭示出社会的性质,并且肯定完成理论和实践的内在结合。⑤ 卢卡奇还认为,只有无产阶级意识才能指明超出资本主义困境的道路,它是无产

---

① [匈]卢卡奇:《历史和阶级意识》,第83页。
② 同上书,第86页。
③ 同上书,第84页。
④ 同上书,第79页。
⑤ 同上。

阶级成熟的标志①；一个发达的阶级意识应该使无产阶级既成为历史的主体，又成为历史的客体②。归根结底，在卢卡奇那里，历史进程，尤其是无产阶级的革命斗争实践在很大程度上将是由（无产阶级的）阶级意识所决定的。

在《历史和阶级意识》中，卢卡奇并没有详细讨论无产阶级自觉阶级意识是如何形成的。但他强调这种自觉阶级意识与自发意识的区别，强调党作为阶级意识体现者的作用。他认为，无产阶级的生存方式，它的生活环境，它所经受的非人的和异化的遭遇，必然在它的生活和意识中留下深刻的痕迹。由于这些原因，它经常陷入经验主义或乌托邦。因此，在阶级意识及其实现的可能性方面，不应该有任何幻想，也不应该忽视现存的力量。在卢卡奇看来，在实际的工人意识同无产阶级自觉的阶级意识之间总是存在着距离，前者将永远赶不上后者；推动历史发展的原动力是无产阶级自觉的阶级意识，而这种自觉的阶级意识的载体或现实的形式就是共产党。"党是阶级意识的所明显的有组织的体现"③，"共产党被赋予肩负着历史使命所具有的无产阶级意识这种崇高的职能"④。他将党看作社会存在的一种特殊形式，看作自发的工人运动和历史总体性的一个必要中介。一般而言，个别工人所想的东西，对无产阶级的阶级意识的内容来说，是没有多大的意义的，它是体现在党内的，只有在党内，而且通过党，自发的运动才能理解它自身的意义；因为它本身无力上升到整体的概念，所以，主体与客体，理论与实践、必然与自由的统一，只有在党的革命意志中才能得到体现。

二、阶级意识理论评价

我们已经勾画了卢卡奇《历史和阶级意识》中的阶级意识理论的梗概，那么，应当如何评价这一理论呢？

首先，必须肯定卢卡奇的阶级意识理论的合理的方面，这主要表现在如下的几点：（1）他根据无产阶级革命的经验教训和无产阶级革命实践发展的需要，将考察和发展阶级意识理论当作历史唯物主义的一个课题，这无疑

---

① ［匈］卢卡奇：《历史和阶级意识》，第 224 页。
② 同上。
③ 同上书，第 48 页。
④ 同上书，第 47 页。

是当时一个重要而迫切的理论和实践的问题。卢卡奇相信,他强调阶级意识在他写作的年代里是有其生命力的,因为那时对世界无产阶级革命来说,客观条件将是成熟的,因此,革命的成功依赖于无产阶级意识这样的无形的因素。我们暂且不谈卢卡奇所取得的理论成果如何,他力求从实践的需要来看待马克思主义的态度是有可取之处的,比起那些僵化的教条主义要高明得多。(2)卢卡奇似乎是站在与机会主义者尤其是第一国际修正主义者直接对立的立场上来看待阶级意识问题的,他坚决反对机会主义者忽视意识的能动性、忽视无产阶级的自觉阶级意识的巨大作用的观点,反对他们将无产阶级自觉的阶级意识降低到或等同于工人的自发意识或心理状态,揭露他们忽视无产阶级革命斗争的根本目标或总体目的,而用经济斗争取代政治斗争的企图。卢卡奇处处将自己的观点与机会主义者的观点对立起来。他合理地指出,意识在无产阶级的斗争中的唯一作用自始至终被机会主义者或庸俗的马克思主义者所忽略,他们以微小的"现实对立"取代重大的原则斗争;他们不懂得,无产阶级与资产阶级及其他阶级的根本区别正在于它推动社会变化的过程,忽视了意识在这一过程中的作用,这就将自己置于资产阶级意识的水平上,从而破坏了无产阶级理论和行动的统一,将理论变成纯科学、将实践变成了盲目的行动。因此,机会主义忽视了无产阶级革命的总体目标,用经济斗争代替政治斗争,将改善工人阶级当下的生活环境当作唯一目的,用经验主义、工联主义一类的斗争取代无产阶级的革命理论。应该说,卢卡奇对机会主义的这些批评是基本正确的。(3)卢卡奇的阶级意识理论包含着某些合理的见解或提出了某些值得讨论的问题。例如,卢卡奇提出了考察或发展着历史唯物主义阶级意识理论的任务,他从历史的角度较详尽地考察了四百多年来资本主义社会的阶级意识发展史,对于阶级意识的发展与社会发展水平及社会结构的关系,对于资产阶级、农民、小资产阶级等的阶级意识的局限性做出了较深入的论述;他提出的关于阶级意识随着工业革命及资本主义的出现,关于资本主义社会只有资产阶级和无产阶级才能自觉的阶级意识等观点是有某些根据的,值得认真讨论的。又如,卢卡奇致力于考察无产阶级意识,对无产阶级意识的含义、特征及作用做出一定程度的说明。他指出无产阶级意识与资产阶级意识、无产阶级意识与工人的实际的心理状态的区别,认为无产阶级的意识产生于无产阶级在资本主义生产方式条件下的物质状况,并用物化范畴当作分析无产阶级意识的中心范畴;他将无产阶级的意识看作资本主义生产关系、物化的直接反映,看作资本主义社会关系的自我意识,他更将它定义为对无产阶级历史地位感的意识;他特别强调无产阶级意识的作用，认为革命的命运多在资本主义总危机到来时，取决于无产阶级的意识形态的成熟程度，取决于它的阶级意识，他实际上把这种阶级意识看成革命成败的关键因素和必要的前提。

但是，卢卡奇的阶级意识理论有着严重的缺陷或局限性。这主要表现在如下几个方面：（1）尽管卢卡奇表面上承认历史唯物主义的某些基本原理，并运用它来分析阶级意识的问题，承认阶级意识受经济结构的制约并取决于某阶级地位，但是，他却不能坚持历史唯物主义的立场，他主要是从黑格主义的立场，尤其是思维与存在、主体与客体、理论与实践同一性的观点，来看待阶级意识问题的。（2）与前一点密切相连，卢卡奇过分强调意识的能动性和无产阶级意识的创造作用，忘记了意识是对客观现实的反映、受客观内容及规律的制约，忘记了无产阶级意识的作用以历史条件为转移；他把无产阶级看作认识自身历史过程的"主体—客体"，实际上把客观现实融化到意识中，他把意识看作革命行动的唯一尺度和标准。他甚至断言，随着无产阶级"总体性"斗争的发展，发生了排除必然性的情况，主观因素变成了无所不能的力量，因此，任何社会力量实质上都是精神的力量。（3）尽管卢卡奇反复说明了无产阶级自觉的阶级意识与工人实际的心理状况或自发意识的区别，但是，他实际上并没有说明这种自觉的阶级意识是如何产生的，他也忽视了马克思主义对日常的、经验的知识与理论的、科学的意识之间所规定的区别，在他那里，似乎无产阶级在资本主义的地位使它能自发产生自觉的阶级意识，产生洞察历史发展倾向的深刻本质的能力。但是根据马克思主义，尤其是列宁在《怎么办》中的观点，自发产生的无产阶级意识是小资产阶级的工联主义的意识，社会主义意识只能在科学的基础上产生，它是走上无产阶级立场的学者们所制定的，并由工人阶级政党灌输到工人群众中的。卢卡奇也认识到了《历史和阶级意识》中阶级意识理论的这方面的缺陷。在该书1967"新版序言"中，他对自己的错误作了一定的自我批评，承认他的观点与列宁的正确观点的差距。他说："我主观上曾打算做的事情，列宁已经作为一个真正的马克思主义者对实际运动分析的结果而达到了，但在我的描述中，却被转变成纯粹的理论的结果，成了某种思辨的东西，如果这种'归属'意识将能变成革命实践的话，那将真是一个奇迹。"①

显然，卢卡奇的阶级意识理论具有鲜明的两重性特征，即精华和糟粕并存、新见和谬说杂陈。他往往从马克思主义的立场或命题出发而得出非马克

---

① ［匈］卢卡奇：《历史和阶级意识》，新版序言第23页。

思主义的结论。他的理论的这种两重性特征主要并非是他个人的理论偏好所致，而是与当时时代背景、他的政治立场和思想理论立场有很大的关系。一方面，卢卡奇《历史与阶级意识》中阶级意识理论并非他一时心血来潮的产物，而是特定历史时代（1920年前后）的产物，是1918年匈牙利革命一种理论上的回音，一种对这次革命经验教训的不正确的理论总结，是一种理想化的理论。在政治立场上，卢卡奇当时并未站在正确的列宁主义一边，而是站在极"左"思潮的前列，他所主编的《共产主义》代表着一种极"左"的政治路线，并汇集成一种新的实践和理论形式（他1920年在《共产主义》第6期发表的《论议会前问题》受到列宁的批评，列宁说它"左得很""坏得很"）。《历史和阶级意识》中的阶级意识及其他方面的理论正是这一时期的产物。因此，卢卡奇自己后来反复强调说，《历史和阶级意识》的理论错误不能归于作者个人的癖性，而有它的历史根源，并取得了一定的历史合法性。① 他的激进的"左"倾政治立场可以解释他为什么会导致片面夸大意识能动性和无产阶级意识的创造作用的错误观点：按照他当时的阶级立场，他认为当时资本主义正处在全面危机时期、无产阶级革命的时机已经成熟，革命的进行和成败关键取决于无产阶级的意识形态是否成熟，取决于无产阶级政党能否用正确的理论来指导革命运动。因此，意识或阶级意识具有压倒一切的力量，决定着历史的进程。

另一方面，《历史和阶级意识》是当年卢卡奇由黑格尔主义向马克思主义过渡时期的产物，他的阶级意识理论的两重性的根源必须到卢卡奇本人当时的思想矛盾中去寻找。按照卢卡奇自己的说法，该书的观点是他初学马克思主义的认识和体会，带有尝试性，既阐明他个人思想发展的阶段，也揭示了他思想活动所采取的途径；它们反映了他在由黑格尔主义向马克思主义过渡时期思想内在矛盾。这些矛盾表现为：一方面，他渴望得到马克思主义和政治行动主义，同时吸收马克思主义的过程在迅速进行；另一方面，他的唯心主义的道德偏见，黑格尔主义的倾向也在不断加强。他的阶级意识理论的两重性正是这种内在思想的深刻反映。这就可以说明为什么卢卡奇会往往似乎是从马克思主义的观点出发，而最终导致非马克思主义尤其是黑格尔主义的结论，或者说，赋予马克思主义的命题以黑格尔的内容。

如同《历史和阶级意识》中的其他重要理论一样，卢卡奇的阶级意识的理论引起了很大的争论，获得了截然不同的评价。有两种对立的极端观

---

① ［匈］卢卡奇：《历史和阶级意识》，新版序言第30页。

点：在苏联东欧，卢卡奇的阶级意识理论在很长的一段时间内被当作修正主义理论来批判，认为它违背了历史唯物主义的基本原理，是黑格尔主义的产物；而在西方，一些资产阶级学者和"新马克思主义者"则对这一理论推崇备至，认为它是对马克思主义理论的创造性发展，恢复了意识能动性和阶级意识创造作用理论。显然，这两种极端的评价——全盘否定或完全肯定——都是错误的。对待卢卡奇这一精华和糟粕并存的理论，正确的态度应该是从马克思主义的立场、观点和方法出发，实事求是地加以分析、评价，要注意结合当时的历史条件并从他本人思想的发展和马克思主义思想发展上去看待它，指出其成败得失，尤其是失误的根源，借鉴其合理的理论见解，吸取其经验教训。

1—5

青年卢卡奇的"新马克思主义"自然观[*]

自然概念（或更恰切地说人与自然或社会与自然关系问题）是青年卢卡奇的《历史和阶级意识》中探索的中心主题之一。卢卡奇通过对马克思的自然概念的解释，阐发了他自己的自然理论，提出了"自然是一个社会范畴"的著名观点，将辩证法限制在社会领域的主体客体的相互作用，看作一种历史的方法，并由此出发批评恩格斯的自然辩证法，从而形成较系统的自然理论。尽管他的自然理论是以解释马克思的自然概念为基础的，但实际上基本观点是严重背离马克思主义的。他的错误观点对后起的"新马克思主义者"特别是法兰克福学派产生了重大的影响，这些后起的"新马克思主义者"的自然观是以卢卡奇的观点作为出发点的。因此，我们可以将卢卡奇在《历史和阶级意识》中的自然理论称为"新马克思主义"自然观。本文试图从马克思主义的立场、观点和方法出发来评述卢卡奇的这种"新马克思主义"自然观。

卢卡奇《历史和阶级意识》中的"新马克思主义"自然观的基本内容主要包括如下三个密切联系着的观点。

（1）"自然是一个社会范畴"。这是他的"新马克思主义"自然观的核心论点，也是他的《历史和阶级意识》的一个中心论题。在他看来，人与自然关系是主体客体相互联系的最基本的形式，在主体与客体，人与自然的辩证联系中，客体已被主体所笼罩，自然已为人所影响。人与自然的关系具有一般的社会性质，在其社会性的主体客体的相互联系中，人与自然相互依存，即在现实、社会的人与自然关系中，人不能脱离自然而存在，自然也不能外在于人的活动。因此，卢卡奇说："自然是一个社会范畴，在任何特定

---

[*] 原载《福建论坛》（文史哲版）1991年第6期。

的社会发展阶段上，无论什么被认为是自然，那么，这种自然是与人相关的，人所涉及的自然无论采取什么形式，也就是说，自然的形式、自然的内容、自然的范围和客观性总是被社会所决定的。"① 卢卡奇的"自然是一个社会范畴"这一命题有着丰富的含义：其一，人的感性、自然的东西是不能同理性的、社会的东西分割开来的，这就是说，任何把理论和实践分开的做法都是错误的；其二，对自然界进行客观的考察是多余的，因为这违背了"任何部分的观察都是机械主义的"这一原则；其三，自然界只有作为已被包括进社会关系范围的、被改造了的产物，对社会过程说来才有意义。

卢卡奇追溯了近代以来"自然"概念的含义的演变，他认为在马克思主义将自然理解为一个社会范畴以前，人们已对自然概念作了多种理解：①作为"自然规律之和"的自然，即从开普勒和伽利略开始的现代数学和自然科学的自然概念；②作为情绪和作为被社会所造成的一种"毁灭的"人性的"自然"，即"自然"变成了所有反对不断增长的机械化、非人化和物化内在倾向的容器，这是卢梭和康德伦理学的"自然"概念；③"表示真正的人性、表示人从社会的虚假、机械的社会形式中解放出来的人的真正本质——人作为尽善尽美的总体"的"自然"，这是席勒等人所理解的"自然"概念。② 在卢卡奇看来，这些对自然概念的理解并未认识到自然和社会的统一性。他认为，将自然看作一个社会范畴是辩证哲学的必然结果，在黑格尔那里已包含着这样的思想了，因为黑格尔"已清楚地认识到自然规律的资产阶级特征"；③ 马克思则对自然作为一个社会范畴做出了正确的规定，早在其博士论文中，马克思就已经比黑格尔更具体更严密地实现了由存在（包括自然）和它的意义层次到历史现实和具体实践的转变，以后马克思强调"人化自然"，在实践的基础上解决了主体与客体、人（社会）与自然的辩证统一问题。他说："马克思强烈地要求我们把'感性世界'、客体、现实理解为人的感性活动。这就意味着人必须认识到自己是社会的存在，同时是社会过程的主体和客体。"④

（2）辩证法只是一种历史方法。这是卢卡奇对"自然是一个社会范畴"观点加以引申的必然逻辑结果。他将辩证法限制在社会历史领域，把主体客

---

① ［匈］卢卡奇：《历史和阶级意识》，重庆出版社1989年版，第252页。
② 参见［匈］卢卡奇《历史和阶级意识》，第152—153、255页。
③ ［匈］卢卡奇：《历史和阶级意识》，第145页。
④ 同上书，第23页。

体的相互作用的辩证法看作是在总体性原则指导下的历史辩证法的中心内容。在他看来,只有存在(包括自然)的核心开始被揭示为一种社会的过程时,存在及自然才能被看作人类活动的产物。因此,他说:"无论讨论的主题是什么,辩证法所涉及的总是同样的问题:对整个历史过程的认识。"①他强调辩证法起源于历史,是历史过程中固有的东西。他说:"我们可以在历史过程中找到辩证法,因此,辩证法并不是从外面注到历史本身中的,也不是依靠历史而解释出来的,而是起源于历史,通过其逻辑证明在发展的特殊阶段中被认识的。"② 在他看来,只有在社会历史范围内才有主体客体的辩证运动,或相互作用。因此,辩证法仅仅是认识社会现实的方法,并且"唯一能够掌握住辩证法的并唯一能使其免除僵化的是马克思的具体的历史辩证法"。③

卢卡奇实际上将马克思主义归结为一种社会理论或社会哲学,即历史唯物主义,他进而将人看作历史的根基,将人本身看作历史辩证法的客观基础。他认为费尔巴哈将人看作哲学的基础,所以他才能对历史唯物主义的起源有决定性影响,但是,他把哲学变成了"人类学",忽视了人的辩证的历史的统一;而马克思则批判地继承费尔巴哈的论点,强调人的历史辩证的方向,与费尔巴哈"抽象的、绝对的人"不同,马克思总是认为人同具体的总体性同社会相互联系着;在马克思那里,"人本身是历史辩证法的客观基础,主客体处在它的根基之中"。④

(3) 自然辩证法是恩格斯错误地追随着黑格尔的产物。卢卡奇认为,这种将辩证法看作历史方法的观点是马克思批判改造黑格尔辩证法的积极结果。他说,马克思把黑格尔哲学中的历史倾向推到它的逻辑的顶端,从根本上把社会和社会化的人这两方面转变成历史的问题,马克思具体地揭示了历史进化的真正基础,并在这个过程中发展了一种崭新的方法即历史辩证法。⑤ 而恩格斯则背离了马克思的真正立场,错误地追随黑格尔,将辩证法变成一种自然本体论。他说:"恩格斯采取了与形而上学相反的对比方法论述了辩证法的概念的构成……但是,恩格斯甚至没有提到历史过程中的主体

---

① [匈]卢卡奇:《历史和阶级意识》,第39页。
② 同上书,第201页。
③ 同上书,第235页。
④ 同上书,第215页。
⑤ 同上书,第20—21页。

和客体之间的辩证关系这种最重要的相互作用,更不必说给它以值得重视的地位了。但是,如果没有这个因素,辩证法就不再是革命的。"① 又说:"恩格斯对自然辩证法的阐述所产生的误解,本质上根源于恩格斯——追随黑格尔这个坏的先例——把辩证法的方法也扩展到自然界的认识之中。归根到底,辩证法的各个根本规定,例如,主体和客体的相互作用、理论与实践的统一、现实中历史变化作为构成思维变化的基础范畴等,在对自然界的认识中并不存在。"② 显然,卢卡奇将马克思和恩格斯在自然辩证法问题上对立起来了。

总之,卢卡奇认为,马克思将自然看作一个社会范畴,马克思强调人与自然或社会与自然的相互作用和统一,在马克思那里,自然只有与人的活动或社会实践相联系才有意义,没有离开人或社会、历史的纯粹客观的自然;同时,将辩证法限制在主体客体关系领域,看作一种历史方法则是马克思批判改造黑格尔辩证法的积极结果,因而,马克思主义本质上是一种社会理论,而不是一种自然本体论;恩格斯则离开了马克思的真正立场,错误地追随黑格尔把辩证法推广到自然领域,使辩证法变成了一种自然本体论。这就是卢卡奇的"新马克思主义"自然观的全部要点。

那么,究竟应当如何理解马克思的自然概念,或他关于人与自然、社会与自然的关系理论呢?卢卡奇对马克思的自然概念的解释尤其"自然是一个社会范畴"的观点究竟在多大程度上符合马克思的原意?是否如卢卡奇所说的,马克思主义只是一种历史观,而恩格斯的自然辩证法是错误追随黑格尔的产物呢?要回答这些问题,唯一的出路是回到马克思和恩格斯本人的著作中去认真地、实事求是地研讨。

马克思的自然观萌发于他在学生时代对古代自然哲学的研究。在这一时期,他讨论了人与自然相互关系的辩证法,自由意志与客观实在性的关系问题。早期的马克思的自然观带有强烈的无神论色彩,但尚未摆脱黑格尔的唯心主义束缚。马克思真正的辩证唯物主义自然观形成于 19 世纪 40 年代,在《巴黎手编》《神圣家族》《德意志意识形态》《关于费尔巴哈的提纲》等著作中,马克思批判黑格尔等人的唯心主义自然观和费尔巴哈等人的机械唯物主义的自然观,用人与自然在劳动或实践中的历史的辩证统一的唯物主义观点代替黑格尔的主体客体在理念中统一的唯心主义观点,代替了费尔巴哈关

---

① [匈]卢卡奇:《历史和阶级意识》,第 4 页。
② 转引自 A. 施密特《马克思的自然概念》,商务印书馆 1988 年版,第 56 页。

Ⅰ "新马克思主义"

于人与自然或社会与自然分离和对立的机械的、非历史的和抽象的唯物主义观点。在这一时期,他使自然观摆脱哲学思辨而把它放在社会历史和经济学上去考察,自然观开始立于经济学的基础之上。在晚期成熟的经济学著作尤其是《资本论》中,马克思的自然观与经济学密切结合,自然和历史、自然观和历史观相互联系、相互印证是成熟的马克思自然观的显著表现。的确,在马克思那里,自然概念和历史概念、自然观和历史观往往是交织在一起的。

马克思从实践或生产劳动的基础上强调自然与历史或人与自然的相互联系。他说:"从前的一切唯物主义——包括费尔巴哈的唯物主义——的主要缺点是:对事物、现实、感性,只是从客体或直观的形式去理解,而不是把它们当作人的感性活动,当作实践去理解,不是从主观方面去理解。"① 马克思奠定了自己的自然观的社会历史性基础,把实践、劳动作为人(社会、历史)与自然关系的中介,用以证明人与自然的相互作用和相互联系。他认为自然既不能理解为纯粹的主观意识,也不能理解为纯粹的客观自然。必须从实践或生产劳动的方面来理解,因为"这种活动、这种连续不断的感性劳动和创造、这种生产,是整个现存感性世界的非常深刻的基础"②。他认为,关于脱离人的活动,脱离实践的存在的辩证或非辩证的结构问题,纯粹是经院哲学的问题。马克思把实践或劳动评价为"人以自身的活动来引起、调整和控制人和自然之间的物质变换的过程"③。马克思的确把自然界看作由人的劳动间接表现出来的东西,他着重指出,人的生产活动是整个感性世界的基础,人们在生产过程中改变着自己对自然界的态度,改变着自己关于自然界等的概念。④ 在历史的过程中,由于劳动的产生和发展,人才摆脱自然的局限性,导致人(社会、历史)与自然的真正统一。人通过实践或劳动创造对象世界,并使自己成为社会存在物。

可见,马克思在社会实践或生产劳动的基础上,历史地再现了人与自然或社会(历史)与自然、自然观与历史观的辩证统一关系,马克思反对将这些关系割裂开来,他的自然观具有社会历史性的本质特征。然而,马克思在处理这些关系时,没有忘记唯物主义的基本原则,没有忘记自然的客观实

---

① 《马克思恩格斯全集》第 3 卷,人民出版社 1960 年版,第 3 页。
② 同上书,第 50 页。
③ 《马克思恩格斯全集》第 23 卷,人民出版社 1972 年版,第 201—202 页。
④ 《马克思恩格斯全集》第 3 卷,第 49—50 页。

在性或自然作为物质的先在性。① 他在强调实践作为自然与社会、人与自然统一的中介时，并没有因为自然是实践的对象或实践的因素而用人的主体性去吞并自然的客体性，他并没有把自然仅仅看作一个社会范畴；在强调自然观和历史观统一的时候，并没有用历史观去吞并自然观，否定自然观独立存在的合法性。毋宁说，他的历史观是以正确处理人（社会）与自然关系的辩证唯物主义自然观作为前提的，而他的自然观则结合着唯物史观和经济学的理论成分。

同马克思一样，早期的恩格斯坚决抛弃了法国唯物主义者们的形而上学的直观传统，他和马克思一道指出，人周围的感性世界并不是某种"开天辟地以来"就已经存在的东西，而是工业和社会关系发展的产物，自然现象是人的生活和活动的一个组成部分；他认为这种"不以实践和工业为基础"的"纯粹自然科学"是站不住脚的，没有工商业，就没有科学。② 他盛赞黑格尔的"伟大的历史观"，认为马克思主义比任何一个学派都要重视历史。同马克思一样，恩格斯十分明确地强调历史的自然和自然的历史之间的联系。在同鲍威尔进行论战时，马克思恩格斯指出，人所面对的"历史的自然和自然的历史"这两个方面是密切联系在一起的，相互制约的，人的实践无疑是整个现存感性世界的非常深刻的基础，但不能因此忘记自然界的客观存在，忘记人出现以前的自然的历史。

在晚年创立自然辩证法时，恩格斯并没有忘记他早年和马克思共同奠定的原则，仍强调人类实践作为人与自然客体的具体历史的相互作用的意义，认为"人的思维的最本质和最切近的基础，正是人所引起的自然界的变化，而不单独是自然界本身"③。他把实践、劳动、人对自然的反作用当作人和动物的根本区别，说："动物仅仅利用外部自然界，单纯地以自己的存在来使自然界改变；而人则通过他所做出的改变来使自然界为自己的目的服务，来支配自然界。……这便是人同其他动物的最后的本质区别，而造成这一区别的还是劳动。"④ 恩格斯明确反对自然主义的历史观，认为这种历史观的错误在于认为只是自然作用于人，只是自然界到处决定着人的历史发展，而看不到人也作用于自然界，改变自然界，为自己创造新的生存条件，在自然

---

① 《马克思恩格斯全集》第 3 卷，第 50 页。
② 参见《马克思恩格斯全集》第 3 卷，第 48—50 页。
③ ［德］恩格斯：《自然辩证法》，人民出版社 1971 年版，第 209 页。
④ 同上书，第 158 页。

界中，没有人干预而发生的变化是微乎其微的。① 恩格斯还不断地提醒人们注意历史与自然或环境因素的相互作用，例如他在给梅林的信和给英国地质学家兰普卢的信中就强调了这一点。②

显然，恩格斯同马克思一样，在强调自然界的客观性、自然界的辩证发展的时候，并没有忽视人（历史、社会）与自然的辩证统一，他总是提醒人们"历史的自然"和"自然的历史"是密切联系、相互制约的，他反复强调人类实践作为人与自然客体的具体历史的相互作用的意义。因此，卢卡奇指责恩格斯忽视了自然与历史的联系、忽视了历史中的主体客体的相互作用等因素是没有根据的；所谓恩格斯背离了马克思的立场，错误地追随黑格尔而把辩证法推广到自然界的说法更是错误的，因为：

第一，尽管恩格斯高度重视黑格尔自然哲学中的自然辩证法的某些天才思想，如黑格尔所发挥的关于原因、结果、相互作用力等的思想，但是，恩格斯的自然辩证法绝不是黑格尔自然哲学的简单翻板，他绝非用黑格尔主义的精神来看待自然辩证法。恩格斯对黑格尔的自然哲学思想进行了根本的唯物主义的改造，并使这些思想同自然科学成果联系起来。恩格斯坚决批判了黑格尔存在和思维同一性的唯心主义原则。在黑格尔那里，外部世界（自然界和人类社会）仅仅是绝对精神的异化，是概念自己运动的痕迹。恩格斯则指出，实际上，人的概念是现实的实际对象的反映，"概念的辩证法本身就变成只是现实世界的辩证运动的自觉的反映"。③ 恩格斯还着重指出："对我来说，事情不在于把辩证法规律硬塞进自然界，而在于从自然界中找出这些规律并从自然界出发加以阐发。"④

第二，尽管自然辩证法是恩格斯系统论述的，但是，它并不仅仅是恩格斯本人的思想，而是马克思和恩格斯共同的思想结晶。恩格斯反复强调说，他的世界观大部分是马克思所论证和发展的，只有少数是他本人的。马克思熟悉并赞成恩格斯的自然辩证法；马克思读了《反杜林论》的手稿，并没有表示反对意见，他赞成恩格斯自然辩证法的基本思想。恩格斯对马克思不断地谈到当时的自然科学的辩证法，以三大发现为例揭示自然界发展的辩证法。马克思赞同恩格斯对当时自然科学成果的评价，例如，对于进化论，马

---

① ［德］恩格斯：《自然辩证法》，人民出版社1971年版，第209页。
② 参见《马克思恩格斯全集》第39卷，人民出版社1974年版，第95—96页。
③ 《马克思恩格斯全集》第21卷，人民出版社1965年版，第337页。
④ 《马克思恩格斯选集》第3卷，人民出版社2012年版，第387页。

克思认为"它为我们的观点提供了自然史的基础"。① 还应当指出，马克思对自然界发展过程的研究也是辩证的，他得出的结论与恩格斯的结论是吻合的，如他对地球的形成的观点，对作为商品细胞研究的观点等，都体现出他肯定了客观的辩证法。

将卢卡奇与马克思和恩格斯加以对照，我们可以发现卢卡奇的"自然观"的主要观点并不是真正的马克思主义的。卢卡奇的主要错误在于，他形而上学地理解马克思关于人与自然、自然与历史（社会）、自然观与历史观统一的思想，只强调统一，而忽视了差别。在强调人与自然或社会与自然的统一时，用社会、历史吞并自然；在强调实践在人与自然关系中的地位时，用实践主体吞并实践客体；在强调自然观和历史观的统一时，又用历史观（社会本体论或社会辩证法）否定自然观（自然本体论或自然辩证法），否定马克思主义作为一种世界观的意义，否认有独立的马克思主义的自然观，将承认自然的客观性和自然辩证法看作旧哲学的残余，从而将马克思主义仅仅看作一种社会理论（历史唯物主义）；进而又将历史唯物主义的基础仅仅归结为人，把历史唯物主义看作只是一种关于资本主义的历史哲学，否定它作为一种人类社会发展普遍规律之学说的意义。卢卡奇片面夸大马克思自然观的社会历史性的方面，而否定了其强调客观实在性一面；他局限于社会辩证法的范围去解决主体与客体、人与自然的关系，排除了历史观或社会辩证法的客观性，使历史观或社会辩证法失去了唯物主义基础，陷入抽象化和主观化。因此，不能正确地、全面地理解和领会马克思和恩格斯观点的一致性，不能坚持马克思主义自然观的唯物主义立场，不能正确掌握马克思主义实践观的实质，是卢卡奇在自然观问题上常常违背马克思主义的主要失足之处。对此，卢卡奇自己后来作了自我批评，说《历史和阶级意识》的主要错误是否定了客观的自然辩证法，"动摇了马克思主义的本体论基础"，"忽略和否定了它关于自然的理论"。

当然，卢卡奇的"新马克思主义"自然观并不是一无是处，它还包含着一些合理的因素，提出了某些有益的见解或值得认真讨论的问题。卢卡奇在解释和发挥马克思的自然观过程中，重视在实践基础上理解人（社会）与自然的相互联系和相互制约，这在一定程度上恢复了马克思主义自然观的社会历史性和实践性，揭示了马克思的自然观和历史观的相互联系，并突出了历史唯物主义在马克思主义理论中的重要地位；他提醒人们将人的问题作

---

① 《马克思恩格斯全集》第30卷，人民出版社1975年版，第131页。

为哲学研究的中心，通过对人的关注来批判脱离人的形而上学本体论；反击种种割裂马克思主义自然观和历史观的内在联系的机械主义、自然主义观点。卢卡奇也提出了一些事关马克思主义哲学的基础和性质的重大问题。例如，马克思主义哲学究竟有没有自己的本体论？它是一种世界观，还是一种社会理论？马克思主义哲学有没有自己的自然观？如何理解马克思的实践概念和历史概念？它们在马克思主义哲学中占有何种地位？尽管卢卡奇自己对这些问题并没有给出正确答案，但毕竟在一定程度上启发了人们的探索和研究，他自己失败地尝试也为人们提供了前车之鉴。

青年卢卡奇的自然观对后起的各种新马克思主义派别尤其是法兰克福学派和存在主义的马克思主义产生了重大影响，可以说，法兰克福学派和存在主义的马克思主义者的自然观是直接建立在卢卡奇自然理论的基础上的。他们特别推进了卢卡奇的错误观点，进一步制造了马克思与恩格斯、青年马克思和老年马克思、马克思主义和列宁主义在自然观问题上的根本对立的神话，将马克思主义仅仅看作一种社会理论或社会哲学，并彻底抛弃自然辩证法，进而又将历史唯物主义归结为资产阶级的人道主义；他们将马克思改扮成历史主义者和资产阶级人道主义者，将恩格斯诬蔑为自然主义者和形而上学家；他们不断地重复并扩大卢卡奇在《历史和阶级意识》中的错误论调，无视卢卡奇本人后来对自己的错误观点的自我批评和改正。关于《历史和阶级意识》这方面的错误观点对于后起的"新马克思主义"的影响，卢卡奇在"新版序言"中说："这本书的最突出的特点是，它与作者的主观愿望相反，在客观上，它已经屈从于在马克思主义历史上已发生过的不同形式的倾向，所有这些不同的形式，无论它们是否愿意，并且不管它们的哲学起源和政治影响，所有这些有一点是相同的，即它们动摇了马克思主义本体论的基础。我说的是这样一种倾向，马克思主义只是作为一种社会的理论，关于社会的哲学。"[①]

---

① ［匈］卢卡奇：《历史和阶级意识》，新版序言第20页。

青年卢卡奇的"物化"理论评析[*]

"物化"或"异化"理论问题是当代哲学的一个中心论题,是东西方学者长期争论的一个共同热点。促使这种局面出现的契机是,1922年卢卡奇的《历史和阶级意识》的问世和十年后马克思青年时代的重要著作《1844年经济学—哲学手稿》的正式出版。作为当代哲学史上第一本系统地论及"物化"或"异化"的著作,《历史和阶级意识》继承和发挥了马克思、黑格尔等人的"异化"理论,将"物化"(在卢卡奇那里,物化=异化)首次当作哲学的一个中心论题来加以考察,从而形成了系统的物化理论,开了现代哲学史上关于异化问题的争论的先河。本文将评述青年卢卡奇《历史和阶级意识》中的物化(异化)理论,力求客观公正地评价他这一理论的成败得失,指出它与马克思主义异化理论的联系和区别,揭示它在当代异化理论发展史上的地位。

何谓"物化"(reification)?从一般的意义上说,"物化"表示一种原不具有物或存在方式的东西转变成为一种"物"。卢卡奇在《历史和阶级意识》中从哲学、社会学的角度来刻画这一概念,按照他的看法,"物化"也就是人与人之间的关系变成了物与物之间的关系,物的世界通过似乎不依赖于人的客观规律统治着人,人因而不再是历史过程的主人,而是变成历史过程的消极悲观者。

卢卡奇的"物化"范畴吸取了黑格尔、韦伯、齐美尔等人的思想成分,它植根于黑格尔哲学的传统,并与黑格尔的"异化"或"外化"的概念紧密相联。但是卢卡奇主要是从马克思《资本论》第一卷中的"商品拜物教"

---

[*] 原载《学术论坛》1993年第5期(中国人民大学复印报刊资料《外国哲学与哲学史》1993年第11期转载,入选1997年中共中央党校与北京大学合编的《中国特色社会主义理论文库》)。

理论来推论他的物化理论的。他认为,马克思的"商品拜物教"理论表明,马克思将物化概念当作理解资本主义社会中个人劳动的实质的基础,亦即当作理解个人为什么会成为资本主义经济系统的构成要素的基础,卢卡奇由此出发进一步推论说,商品结构和人的劳动的物化渗透到所有的社会领域,以至于它是资本主义时代的"普遍的社会存在范畴"。他认为,我们社会的交换价值的统治产生了人的活动的千篇一律性,这些活动由交换的原则亦即由个体交换性所统治;交换价值的生产代表着实在的标准,似乎它是人类事务的外在规律,它预示着人无法逃脱的命运;然而,交换价值深深地植根于意识形态上被掩盖了的人的劳动的物化,无产阶级为了创造不属于他的产品,不得不像出卖一件外在于他的东西一样出卖自己的劳动。因此,物化就是一个双重异化的事实,即工人既与自己劳动的本质相分离,又与自己的劳动产品相分离,物化的结果是劳动者个体人性、目的等特征的丧失。他说,由于物化,"人自身的活动、他自己的劳动变成了客观的、不以自己的意识为转移的某种东西,变成了依靠背离人的自律力而控制了人的某种东西"①。卢卡奇进而辨别了物化的客观的方面和主观的方面。从客观的方面看,一个充满客体和事物之间关系的世界拔地而起,控制这些客体的规律的确逐渐为人们所认识,即使如此,人们仍然将它视为与自己力量相对立的异在的隐蔽的力量。尽管人们能掌握规律的知识,但他无法通过自己的活动来改变客观的过程。从主观方面看,在市场经济充分发展的地方,一个人的活动成了与他自己相疏远的东西,这种活动变成了附属于社会自然规律的人类以外的客观商品,人的活动肯定是按消费品那样独立于人的方式。②

卢卡奇将"物化"变成了哲学的一个中心范畴,变成批判当代资本主义的一个主要武器,他创造了一种类似黑格尔的精神现象学的"物化现象学"。卢卡奇宣布物化现象遍及资本主义社会的所有方面,他特别指出物化在对工人的意识、心理方面的影响。他指出,一方面劳动的过程逐渐分化为抽象的、合理的、专门的操作过程,以致工人失去了同最终产品的接触,工人的工作被归结为一个专门的固定动作的机械重复;另一方面,生产过程的机械化和合理化一直扩展到工人的"心灵"中,工人的心理特性被归结为统计学上的可行性概念当中去,工人心理特性被这种合理的机械化过程从他

---

① [匈] 卢卡奇:《历史和阶级意识》,重庆出版社1989年版,第96页。

② 同上书,第96—97页。

的总体人格中分离出去,并使这种心理特性与其人格相对立。① 卢卡奇认为,生产客体分离必然造成生产主体的分裂;由于劳动逐渐地被理性化和机械化,随着人在这个过程中活动力的减少,他的热情越来越少,他的意志日益沦丧。②

卢卡奇还指出,物化过程的标志是把"合理的机械"和"可计算性"应用于生活的每个方面,合理化过程和劳动分工一起发展着,技术的专门化则导致整体想象的毁灭;合理的可计算性日益弥漫于社会生活的各方面。于是在政治领域,现代国家被看作"商业康采恩";法官或多或少是自动的法令分配机器;而官僚政治则表明了类似于在机械工业中发现的那个非人的标准化的劳动分工的同一原则。在科技和社会文化及意识形态方面,科学技术已经由征服和控制自然的工具变为资产阶级统治的思想武器,成了物化的一种主要形式。资产阶级的文化尤其是哲学意识形态同样产生于并服从于物化的结构。因此,资产阶级的哲学社会思想"一方面对其社会存在的详细情况获得了越来越大的控制,使它们屈从于它的需要。另一方面,它也同样逐渐地丧失了思想上控制作为整体的社会的可能性,因而也丧失了它自身领导社会的资格"③。总之,在卢卡奇看来,物化无所不在、无处不有,现代资本主义是一个物化的世界。

显然,作为《历史阶级意识》的一个中心论题,卢卡奇的物化理论有其合理的方面。首先,卢卡奇以其敏锐的理论洞察力,从马克思的晚期著作尤其是《资本论》中推导出与马克思的异化理论相似的"物化"理论,并将这一问题首次作为现代哲学的中心问题来考察。卢卡奇自己称,《历史和阶级意识》的理论功绩之一是使"异化问题自马克思以来第一次被当作对资本主义进行革命性批判的中心问题来看待"④。其次,卢卡奇抓住了时代发展的某些紧迫问题,认识到"人的异化问题是我们生活的这个时代的决定性问题",看到了当代资本主义社会中阶级对立的加剧和各种矛盾的加深,目睹了这个社会的种种异化现象。为适应现实情况和阶级斗争的需要,他试图从黑格尔的哲学、马克思的理论中找寻批判资本主义的思想武器,借助于"物化"范畴来作为对资本主义社会批判的概念工具,并使之为建立

---

① [匈] 卢卡奇:《历史和阶级意识》,第 97—98 页。
② 同上书,第 99 页。
③ 同上书,第 135 页。
④ 同上书,新版序言第 26 页。

一种克服了物化的无产阶级的自觉的阶级意识服务。换言之，他赋予"物化"以革命批判意义。再次，卢卡奇的"物化"理论作为一种催化剂，引发了后来哲学家对异化问题进行热烈的讨论，促使人们去思考探索现实中提出的这一问题，加深了对这个问题的哲学认识，这在当代哲学史上也是有贡献的。

虽然卢卡奇的"物化"理论主要来源于马克思的"商品拜物教"理论，但它并不就是马克思的异化理论，它的基本要点与马克思的异化理论并不一致，甚至是对立的，他的"物化"理论尚有较大的缺陷，这主要表现在下列几点：

第一，卢卡奇错误地趋随黑格尔，将物化、异化与对象化混淆起来。《历史和阶级意识》的许多哲学问题尤其辩证法理论问题是用黑格尔主义的方式来解决的。物化问题更是如此。作为一个客观唯心主义者，黑格尔把任何对象化的形式都当作异化，把自然界和人类社会的一切现象都看作绝对观念的异化形式，将异化普遍化和绝对化，把异化变成了人类生活的永恒的和不可消除的范畴。卢卡奇错误地沿着黑格尔的思路，将物化或异化这一特定社会的现象变成了存在的基本范畴，等同于人类通过劳动实现对象化这一人与自然关系的一般形式。后来卢卡奇自己也认识到了这一点，在"新版序言"中，他说："《历史和阶级意识》步黑格尔的后尘，因为它把异化和对象化等同起来了。"①

在这个问题上，马克思的看法与卢卡奇的看法是大相径庭的。马克思批判地克服了黑格尔异化理论的唯心主义错误，赋予"异化"范畴以新的社会历史意义；他把异化与对象化严格区别开来，在马克思看来，异化是指劳动产品作为一种异己的对象同劳动者相对立②，而对象化则是指劳动的实现，劳动物化在对象中"是劳动的对象化"③。马克思认为，只有在一定的社会历史条件下，对象化才会成为异化，并非一切对象化都是异化。马克思反对"把一切现实的关系和现实的个人都预先宣布为异化的"，反对"把这些关系和个人都变成关于异化的完全抽象的词句"④。他将异化看作一个社会历史范畴，反对将它等同于对象化，反对将它普遍化和绝对化，卢卡奇的

---

① ［匈］卢卡奇：《历史和阶级意识》，新版序言第28页。
② 《马克思恩格斯全集》第42卷，人民出版社1979年版，第91页。
③ 同上。
④ 《马克思恩格斯全集》第3卷，第316—317页。

"物化"理论显然没有抓住马克思异化理论的这一精神实质。

第二,卢卡奇用存在主义的精神来看待物化问题,将物化或异化理论人本主义化。卢卡奇不是把物化或异化理解为特定历史阶段的产物,而是抽象地看成了根源于人的本质的普遍情况;他把马克思的劳动异化说成是"马克思从人的本性中得出的"。又把资本主义描述为异化或异化了的世界,把人类历史说成了"异化了的物化史",是"日益扩大的异化的历史",从而把无产阶级的任务规定为在获得自觉阶级意识基础上的扬弃物化。卢卡奇在"新版序言"中说,由于《历史和阶级意识》将异化(物化)与对象等同起来,也就相应地产生了这样一种结果,即"把一种社会批判提高为一种纯粹的哲学批判的问题,也就是把一个本质上是社会异化的问题变换成为一个永恒的'人类状况'的问题"①。这就与资产阶级哲学文化批判没有本质区别了,"因为当我把异化概念和对象化概念等同时,这就表明我是把异化作为一个社会范畴的——社会主义将最终废除异化——但目前在阶级社会中,它不会减少,并且它的存在的基础是在哲学上的,这样就使我的这种理解与资产阶级把异化作为'人类状况'的认识近在咫尺了"②。针对卢卡奇的物化理论的人本主义化特征,有的西方学者评论说卢卡奇的"物化"成功地把马克思的经济思想改造成为一个充满着黑格尔思想色彩的"哲学人类学"或"人道主义的社会哲学"范畴。说卢卡奇成功地改造了马克思的经济思想显然是不足信的,但说卢卡奇将物化或异化范畴人道主义化则是有道理的。

卢卡奇这种将异化或物化理论人本主义化的思想也是背离了马克思主义的异化理论的,他倒转了马克思异化理论发展的轨迹。诚然,马克思青年时期的著作《1844年经济学—哲学手稿》中的异化理论受到费尔巴哈的人本主义观点的影响,他从作为主体的"人"的立场来阐明政治、经济领域中的人的自我异化现象,还沿用了费尔巴哈的"类""人的本质"等术语。马克思既指出劳动异化就是劳动产品作为一种异化的对象同劳动者相对立,对指出异化劳动使人的劳动这种有意识的生命活动,人的这种类本质,变成人的异己的本质,他说:"异化劳动使人自己的身体,以及在他之外的自然界,他的精神本质,他的人的本质同人相异化。"③但从一开始,马克思便

---

① [匈]卢卡奇:《历史和阶级意识》,新版序言第29页。
② 同上。
③ 《马克思恩格斯全集》第42卷,第97页。

与费尔巴哈分道扬镳：他从物质生产出发，主要研究经济领域中的异化现象，他从劳动异化中找到了其他一切异化的根源，并从中引出要克服异化就须改变生产资料私有制，进行无产阶级的社会主义革命的结论。在后来的著作中，马克思不断消除费尔巴哈的抽象人本主义对他的劳动异化论的影响的痕迹，尤其是从《资本论》中，马克思进一步发展了他的劳动异化理论，并使它立足于坚实的历史唯物主义和政治经济学说的基础上，按照马克思的观点，异化是一种社会历史现象，是资本主义的特有产物，它并不是根源于所谓的"人类本性"；异化并非是永恒的、不可改变的事实，通过社会主义革命可以消除异化现象。卢卡奇并没有掌握马克思主义异化理论的这个要点，他将物化或异化植根于"人的本性"之中，将物化看作人类永恒的普遍条件，这就在客观上掩盖了资本主义异化的社会条件。

第三，卢卡奇的"物化"理论中尚有不少模糊含混之处。在他那里，如何从马克思的"商品拜物教"这一主要是经济学范畴过渡到一般的哲学"物化"范畴，物化是不是当代（资本主义）世界特有的事实，资本主义的物化现象的流行与资本主义的社会政治制度的关联等问题在卢卡奇那里是不明确的，甚至是矛盾的。在他要将"物化"当作批判资本主义的概念工具的时候，他宣称，物化是资本主义的独有的、普遍的现象，而当他将物化的根源归之于人的本质的时候，他又不得不宣称，物化现象自古有之，将来也不可能克服。他的这种动摇不定在一定程度上可以归因于他的物化理论结合了不同的理论传统。

《历史和阶级意识》一发表便受到马克思主义阵营理论家的批判。这些理论家特别将矛头指向卢卡奇的物化理论。在以后的岁月中，卢卡奇通过研究马克思主义异化问题的著作尤其是《1844年经济学—哲学手稿》，不断对《历史和阶级意识》中的"物化"理论的错误观点进行自我批评，并力图加以克服、纠正。他在20世纪40年代末的《存在主义还是马克思主义》中坚决抗议存在主义者尤其是萨特对他的物化理论的歪曲利用；而在1967年为《历史和阶级意识》新版写序时，则对书中的错误进行较全面、深入的清算。他特别强调必须将物化、异化与对象化区别开来，他说："对象化的确是一个在社会中才能从人的生活中消除的现象。如果我们记住，在实践中（因而也在劳动中）任何事物的客观化都是一个对象化，人类的每一种表现方式包括讲话都是把人的思想和情感对象化了。那就很清楚，我们在这里论述的是人和人之间普遍的社会交往方式，就这种情况来说，对象化是一个中立的现象；真和假、自由和奴役都是对象化。只有在这种对象的形式在社会中获得了一种这样的功能：人的本质受到了他的存在的倾轧，人的本性遭到了损坏、摧残，此时，作为一个无情的结果，我们才能谈及异化的客观的社会条件，才能讲这种人的内在异化的所有主观表现。"① 卢卡奇还说，尽管物化和异化紧密相关，但既不能从社会现象的高度，也不能在概念上将它们混同起来②。尽管在这里卢卡奇将异化定义为"人的本质受到他的存在的倾轧""人的本性遭到破坏、摧残"，与马克思所讲的人的本质并不是单个人所固有的抽象物而是一切社会关系的总和的观点尚有差距，但卢卡奇毕竟已将物化、异化与对象化区别开了。

作为促成异化问题成为现代哲学的中心议题的一个契机，卢卡奇《历史和阶级意识》中的物化理论对现代西方人本主义哲学思潮及"新马克思主义"思潮（特别是存在主义和法兰克福学派）产生了重大影响，成为他们的异化理论的直接的思想渊源。例如，可以说存在主义者是直接从卢卡奇的"物化"出发，来确定他们的异化理论的。正因此，卢卡奇的学生戈德曼在《辩证法新探》中称卢卡奇是"现代存在主义哲学诞生中的一个重要阶段"。卢卡奇的观点不仅影响了存在主义的始祖海德格尔，而且也影响了存在主义的大师及"存在主义的马克思主义者"萨特。海德格尔的《存在和时间》（该书比《历史和阶级意识》晚出 4 年）中的异化观明显地带有卢卡奇思想的烙印，尽管海德格尔自己并不承认这一点。海德格尔认为人的异化并不是进步的发展过程中所能克服的一个历史阶段，而是人的存在的必要的构成契机，人作为人必然被异化，在真正的存在以外通过一种非真正的存在的生活。人的存在的方式从他自身异化，沉沦于世界。显然，这与卢卡奇关于异化在人的本质上有其根源的论点是一致的。如萨特在《辩证理性》中讨论了物化的本质。他接受了卢卡奇关于物化的说明，如同卢卡奇一样将物化与可计算性（即所谓的"总体化加和律"）相联系，差别只在于卢卡奇认为这种可计算性与哲学理论和文化趋势相关，而萨特则将它看作一系列复杂的社会经济事件所产生的结果；同时，尽管萨特将个体看作一种牺牲品，但他仍强调个体是完整的以自由实践为特征的，个人以经历在萨特那里保持着相对的重要性。

实际上，当代的人本主义者及"新马克思主义者"所继承和发挥的往往是卢卡奇物化理论的错误方面，他们无视后来卢卡奇所做的自我批评和直

---

① ［匈］卢卡奇：《历史和阶级意识》，新版序言第 29 页。

② 同上书，新版序言第 30 页。

接的抗议，将他的错误方面的观点推向了极端，特别推进了他的物化理论的本体泛化和人本主义化的倾向。他们将"异化"变成一个彻底的本体论的范畴，捧上了至高无上的地位，使之变成哲学的核心范畴；他们主张以卢卡奇和马克思的异化理论作为基础，发展一种具体的批判主义。法兰克福学派和"存在主义的马克思主义者"将"异化"作为批判当代资本主义的主要的概念工具，特别发展出一种科学技术异化论，以对当代科学技术和资本主义文化的批判来取代对资本主义的批判，并将克服异化当作他们争取新社会主义的纲领的一个中心问题。在他们眼里，科学技术是极权主义者，它们造就了单向性的发达工业社会，而"新社会主义"革命的任务就是克服人的本质的异化，使人获得自由解放。以马尔库塞、弗洛姆和萨特为代表的西方"新马克思主义者"还特别主张从马克思早期的异化及人道主义的思想出发来重建历史唯物主义。马尔库塞宣称《1844年的经济学—哲学手稿》中的异化及人道主义才是马克思主义理论的本来的实质和基础，弗洛姆断定马克思主义哲学代表了一种对人的异化、对人失去自身而变成物的抗议。因此，他们将青年马克思与成熟时期的马克思，将马克思与恩格斯及苏联和东欧的所谓"正统的马克思主义"对立起来，用前者否定后者，将马克思成熟的历史唯物主义政治经济学评定为"经济决定论"而加以抛弃。因此，利用"异化"问题进行投机，用它来修正甚至伪造马克思主义，这是西方"新马克思主义"的多数流派（尤其是所谓的"批判的马克思主义"定向的流派）的一个共同的特征。

总之，卢卡奇《历史和阶级意识》中的物化理论引发了当代西方哲学和马克思主义思想史上的一场旷日持久的关于异化问题的讨论。作为当代"异化"思想史上的一个重要环节，卢卡奇的物化理论精华和糟粕并存，成就和失足兼有，其错误的方面往往为资产阶级学者及"新马克思主义者"所利用和发挥，成为他们歪曲或反对马克思主义的论据。因此，分析卢卡奇《历史和阶级意识》的物化理论，对于在异化问题上批判资产阶级思想，正本清源，消除思想混乱，坚持和发展马克思主义无疑具有现实的理论意义。

1−7

卢卡奇的"批判的科学哲学"理论[*]

卢卡奇是当代西方人本主义哲学思潮的著名代表人物之一,"西方马克思主义"的奠基人,他的名著《历史和阶级意识》已被人们从不同的角度或方面加以广泛而深入的研究、评论。但是,迄今为止,很少有人从科学哲学的角度去看待它。其实,科学哲学是其中的一个重要论题。卢卡奇在对形式理性、实证主义和科学技术本身的批判的基础上形成独特的科学理论,用哈贝马斯在《认识与人的旨趣》一书所使用的恰当术语来表达,就是"批判的科学哲学"。因为卢卡奇以及后来的法兰克福学派使用了诸如物化(异化)、总体性、批判理性等一类的辩证哲学的术语来论述科学哲学问题。卢卡奇的"批判的科学哲学"几乎涉及当代西方科学哲学的所有中心问题,包括科学技术与理性的关系、经验事实与理论的关系、科学方法论、社会知识的自主性、哲学与科学、各门科学之间的关系、科学与社会以及人与自然的关系,等等。本文将详述卢卡奇"批判的科学哲学"几个主要的理论,力求指出其特点及成败得失,以此提醒人们重视卢卡奇及其他人本主义哲学家在对科学技术及其哲学的批判中所提出的某些合理的论点或值得认真讨论的问题。

一、科技与理性——对形式理性的批判

对形式理性的批判可以看作卢卡奇的"批判的科学哲学"的深层或基础问题。在《物化和无产阶级意识》这篇长文中对形式理性或科技理性的

---

[*] 原载《科学技术与辩证法》1992年第4期(这里删去了副标题"《历史和阶级意识》的一个论题")。

批判是在他的"物化"理论的框架中展开的。卢卡奇吸取了马克斯·韦伯、齐美尔、黑格尔等人的有关思想因素,从马克思的"商品拜物教"中推导出"物化"范畴,用以表示原初不具有物的形式的东西如意识、理性等转变成物,表示物与物的关系掩盖着人与人之间的关系。在"物化"关系中,关键的或基本的东西是"建立在被计算和能被计算基础上的合理化原则"[①],即"形式(合)理性"或科技理性。

卢卡奇将形式理性或科技理性看作科学技术发展和理性观念演变的产物,看作一种思维方式或理解世界的方式。在这种思维方式下,人类理性被归结为数学上的可计算性、逻辑上的形式化和机械上的可操作性。具体说,形式理性具有如下几个基本特征:(1)它与数学和精确科学的发展同步,反过来又同越来越变得合理的技术、同生产的发展发生相互作用;(2)它将一切东西都看作工具,将生产的各方面孤立开来,导致了各种形式规律的出现,依次被归结为建立在因果关系基础上的可计算性和可操作性;(3)它表现为一个合理的资本主义生产的现实过程,换言之,资本主义的合理化过程就是形式理性的物化或异化过程。

卢卡奇指出,在当代,形式理性或科技理性已渗透到社会生活的各个方面,渗透到人的身体和灵魂,成了组织化的统治原则,它造成了资本主义的种种矛盾异化现象,它用物的关系掩盖人与人之间的关系,使工人同自己的劳动、自己的产品相异化;工人被归结为一种抽象的量,一种没有多少价值的机械化和合理化的工具;形式理性也日益深入到人的心理、意识中,导致人们独立的人格、独立的思想的丧失。因此,作为一种占主导地位的思维方式,形式理性带来了极大的危害。卢卡奇在批判形式理性的基础上,致力于辩证理性亦即辩证法的重建,他将辩证法看作一种正确、合理的思维方式,用辩证法反对形式理性。

可见,卢卡奇力图揭示形式理性或科技理性的形成含义、特征和危害,探索作为科学技术及其哲学的深层基础——人类理性观念问题,把握科学技术的发展与人的理性观念演变的关系,揭示资产阶级是如何利用形式理性来为自己统治的合理性辩护的,即揭露资产阶级是如何用抽象的形式理性及可计算性原则来充当统治的组织原则,用表面上的公平合理来掩盖实质上的不平等的阶级压迫和剥削的事实。他在一定程度上看到了资产阶级思维方式及其意识形态的消极特征,用辩证思维尤其是马克思主义辩证法来反对形式理

---

① [匈]卢卡奇:《历史和阶级意识》,重庆出版社1989年版,第98页。

性或资产阶级的思维方式。但是，在形式理性问题上，卢卡奇的一些看法是很成问题的。例如，他实际上将科学技术当作形式理性或非辩证的思维方式的基础来加以拒绝，而实际上，科学技术的精神实质是求实求真的，它本质上与辩证理性或辩证思维相联系。又如，卢卡奇错误地追随黑格尔，将资本主义的合理化过程当作形式理性的异化过程，这就陷入观念创造现实的唯心主义之中。

卢卡奇对形式理性批判的一个主要思想来源是马克斯·韦伯的观点。韦伯曾对现实理性的特征，形式（合）理性和实质（合）理性的区别，以及资本主义、（合）理性与统治三者之间的关系做出了规定和说明。韦伯指出了当代科技进步对理性观念所产生的影响，认为经验和知识存在着的一种数学化倾向以及科学和生活行为中对理性经验和理性证据的追求是当代理性观念的主要特征。他将理性划分为形式的理性和实质的理性两种：形式理性意味着可计算性，效率性和非人性，即理性还原为它的形式的或工具的方面；实质的理性则是一个有多种意义的概念，它并不限于纯粹的形式事实，即行为不只是以理性的可计算性为基础，而且包含了人的伦理、政治及其他方面的需要。韦伯还认为，资本主义、（合）理性和统治三者之间存在着必然的联系，这种联系表现为：西方特有的理性观念在一个物质和精神的文化传统中实现自身，而这个文化系统在工业资本主义之中得到全面的发展，这个文化系统旨在于一种特殊的统治类型，这种统治已成为现阶段的命运，这就是总体的官僚政治。[①] 显然，卢卡奇关于形式理性的含义、特征的观点，他关于形式理性成为一种统治的组织原则，资本主义的合理化过程是理性的物化过程的观点与韦伯的观点是十分相似的。当然，他们两人的观点还是有差别的，例如，卢卡奇关于形式理性的观点吸取了马克思关于"商品拜物教"的思想；韦伯讨论形式理性是要说明资本主义尤其是所谓的科层制产生的必然性，卢卡奇讨论这个问题的出发点则是为了批判资本主义制度。

卢卡奇批判形式理性的观点反过来对后来的法兰克福学派产生了重大影响。沿着卢卡奇的思路，这个学派进一步展开对形式理性的批判的讨论。对形式理性或工具理性的批判实际上构成法兰克福学派社会批判理论的一个中心主题，贯穿于法兰克福学派的一系列基本著作，如《启蒙的辩证法》《理性之蚀》《单面人》《认识与人的旨趣》等之中。在法兰克福学派思想家的眼里，工具理性是现代发达工业社会的矛盾异化现象的深层根源，它造就发

---

① 参见《现代文明和人类困境——马尔库塞文集》，上海三联书店1989年版，第78页。

达的单面的社会和单面人，它带来了"一个合理的极权社会"。因此，他们加强了对工具理性的含义、特征、形成与危害的探讨，特别是追溯了工具理性战胜批判理性而取得统治地位的历程，揭示它形成的基础及造成的种种危害。由此可见，在形式理性问题上，从韦伯、卢卡奇到法兰克福学派形成了较为一致的思想理论，他们的观点具有明显的师承关系。

二、事实、理论与科学方法——对于实证主义方法论的批判及"总体性"的科学方法论问题

事实与理论的关系及科学方法论问题是卢卡奇"批判的科学哲学"的一个重要内容。卢卡奇致力于对于实证主义方法论的批判，并在与其对立中，论述了作为一般科学方法论尤其是社会科学方法的"总体性"辩证法，并对事实与理论提出独到的见解。

在《什么是正统的马克思主义？》和《罗莎·卢森堡的马克思主义》这两篇重要文章中，卢卡奇围绕"所谓的事实方法论内涵"这一核心，展开对实证主义方法论的批判及"总体性"辩证法的论述。卢卡奇批判实证主义的经验主义原则尤其是所谓的"事实中立性"观点，揭露它的方法的局限性。他指出，所有的认识无疑都是从事实开始的，问题在于究竟哪类生活的事实与认识及前后相连的方法相关。实证主义者或经验主义者从孤立、片面、抽象和静止的观点来看待事实，在他们看来"从经济生活中来的每一体事实证据，每一统计材料，每一原始资料都已构成一个重要的事实"①；狡猾的机会主义者则进一步在自然科学方法中寻求庇护，在这种方法中，科学借助于观察，抽象和实验提取出"纯粹"的事实，并把它们放在相关的内容中。用这种方法对抗辩证的认识方法。卢卡奇着重从三个方面驳斥实证主义关于事实中立性观点及其一般的方法论：第一，事实只有被放到一定的概念体系的框架才能成为事实，不管怎样简单地列举"事实"，无论怎样不加解释，都已经意味着对它的一种解释，这时的事实已被一种理论、一种方法所领会，用当今标准的科学哲学的语言来说，就是经验或事实为理论所渗透或污染；② 第二，事实是人类社会历史实践的产物，它们是不断变化的，

---

① ［匈］卢卡奇：《历史和阶级意识》，第7页。
② 同上。

而不是一成不变的,实证主义者对待事实的态度表明,他们没有看到、更没有去说明"事实的历史特性";① 第三,实证主义对待事实的态度和方法有着深刻的社会历史根源,其抽象化和孤立化的方法是与资本主义的物化结构和社会分工密切相关的,反过来,这种方法起着消极的社会作用,它将资本主义现存的东西都当作事实来加以接受,让人们只注意其表面现象,使科学在永远有效的范围内去理解资本主义的制度,要人们不去透过现象揭露其矛盾和真正的倾向。

《历史和阶级意识》在很大程度上可以看作反对实证主义思潮以及反对修正主义者的将马克思主义实证主义化倾向的产物。卢卡奇对实证主义的事实中立性观点及其方法论的批判是颇为中肯有力的。实证主义者坚持经验主义原则,他们不把事实、经验看作受理论所渗透的东西,不是看作社会实践的产物,而是看作纯粹客观、中立的东西;不是看作彼此联系、相互制约着的东西,而是看作孤立、片面的东西。卢卡奇看到了实证主义的经验主义原则及其方法论的致命要害之处。他提出了事实为理论和方法所"领会"、事实是社会历史实践的产物等合理的观点来驳斥实证主义及其方法论,这是很有见地的。实证主义以后的各派科学哲学对实证主义的批判首先也是将矛头指向其经验主义原则特别是事实中立性观点的;卢卡奇在1920年前后就已经明确提出于60年代科学哲学历史学派所提出的"观察透理论""证据受理论污染"的观点,而且卢卡奇从社会历史实践、从辩证法的角度对实证主义的批判是继实证主义之后的各派科学哲学所缺少的,这说明卢卡奇对实证主义及其方法论的批判是相当深刻的。

但是,卢卡奇对实证主义及其方法论的批判并不是十全十美的,而是有缺陷的,这主要可以从两方面来看:一方面,他似乎将自然科学的方法与实证主义方法等同起来批判。在他看来,自然科学所采取的似乎是一种片面、孤立、抽象的研究事实的方法,简言之,采取一种排除矛盾的方法,他说:"构成每一种拜物教科学和每一种修正主义典型方法的自然科学方法,都否认在它的学科中有矛盾和对抗的观念。"② 显然,这是不正确的,因为自然科学方法是揭露自然界以及社会矛盾运动和辩证发展的正确方法。后面我们将看到,卢卡奇因此反对把自然科学的方法运用到社会研究上。另一方面,卢卡奇似乎也没有正确评估经验研究及事实的作用。其实,在恰当的方式

---

① [匈]卢卡奇:《历史和阶级意识》,第9页。
② 同上书,第12页。

下，经验研究起着双重作用，它既可以提供新的事实的知识，以此丰富我们关于总体的综合知识；又可以让我们将一般的预设付诸检验，并纠正我们对总体性的预定概念。同时，经验和理论并没有决然分明的界限，实证主义的中立的经验事实固然站不住脚，然而，这并不意味着经验事实可以消解于理论之中；经验事实仍然保持着它的相对独立性，它的作用是证实或证伪理论。这一点，卢卡奇似乎没有注意到，他过分推崇理论思辨的作用，而忽视事实在检验理论中的重要性。

在批判实证主义方法的基础上，卢卡奇提出了他的"总体性"方法。在他看来，辩证法是与实证主义根本对立的，"辩证法不顾所有这些孤立的和导致孤立的事实以及片面的体系，坚持整体的具体统一"①。它从事的矛盾、发展、联系及中介的观点看问题，只有在这样的联系中，把社会生活孤立的事实看作历史过程的各个方面，并且把这些方面结合到总体性中，关于事实的认识才有希望变成现实的认识。这种认识是从上述简单的、纯粹的、自然描述的限定出发，从这种认识发展到具体的总体认识，也就是达到现实概念的再现。这种具体的总体性对思维来说绝不是直接的事实。如马克思说的："具体之所以具体，因为它是许多规定的综合，因而是多样性的统一。"② 这种总体性的方法也就是矛盾分析方法、坚持直接性和中介性统一的方法，是由抽象到具体的方法。卢卡奇赋予这种方法以极端的重要性，说它是"马克思主义和资产阶级思想分歧之所在"③，是"能够理解和再现实在的唯一方法"④。

当然，卢卡奇那里，"总体性"是一种哲学上的辩证认识方法，但是他也赋予它以特殊的科学方法尤其是社会科学的方法的含义（这后一方面一般不为人们所注意）。作为他讨论"事实的方法论"内涵问题的产物，总体性方法可以看作他反对实证主义方法的一种表达，他要用这种方法来对抗实证主义方法（在他看来，亦即自然科学方法），以此确立一种无产阶级的社会科学的可能性。卢卡奇由资产阶级古典政治经济学和马克思《资本论》的对比中得到启示。他认为资产阶级政治经济学家采用实证主义或自然科学的方法来看待资本主义社会的"事实"，他们不可能揭示资本主义本质，建

---

① ［匈］卢卡奇：《历史和阶级意识》，第 8 页。
② 同上书，第 10—11 页。
③ 同上书，第 30 页。
④ 同上书，第 12 页。

立起科学的政治经济理论；相反，马克思在《资本论》中则运用辩证的总体性方法来看待资本主义社会的各种事实及其联系，揭示了资本主义的发展规律，建立起科学的政治经济学理论。由此他断言总体性方法是唯一适应于社会领域认识的科学方法。

从哲学认识论的角度看，卢卡奇在实证主义横行、马克思主义辩证法受到资产阶级哲学家的非难和修正主义的歪曲的时候，以辩证法的捍卫者自居，为辩证法呐喊，力图通过黑格尔辩证法的扩张来恢复马克思主义理论的革命批判精神，这是十分难能可贵的。从具体的科学方法论的角度看，卢卡奇力求使总体性辩证法成为具体的科学方法尤其是社会科学的方法，他充分评价马克思在《资本论》中所使用的辩证方法对于社会科学研究的普遍意义，认为辩证方法是社会科学的唯一正确的方法论，以此对抗社会科学研究中的实证主义方法。当然，辩证方法适应于一切认识领域，包括自然领域、社会领域和精神领域。在社会领域辩证法无疑比资产阶级学者所片面推崇的实证主义方法更正确得多，有效得多。现代科学方法论发展的成果表明，孤立、片面看待作为科学研究对象的经验事实是错误的，事实是相互联系的，没有孤立存在的单独的"事实"，没有不受理论所渗透的"事实"，实证主义的方法论具有极大的局限性。科学方法论的发展也反复证实联系、运动和发展、矛盾的观点的正确性。值得一提的是，随着解释学的流行或普及，现在人们很容易说明，任何观察事实、经验研究只有在更广泛的意义范围才能得到理解。任何观察测量和实验的结果若被当作需要解释的数据，那么，只有将它们放到更广泛的意义范围，才能得以理解。卢卡奇强调在科学研究中尤其是社会科学研究中运用辩证的方法是正确的。但是，卢卡奇似乎将总体性辩证法看作社会研究领域唯一正确适应的方法，否定了社会科学自身有其特殊的方法，也否定自然科学方法可以应用于社会研究领域；他混淆了不同的方法论层次，用辩证方法去取代各种特殊的科学方法；而且在将总体性方法当作社会科学的方法论看待时，卢卡奇并没有按照一般的科学方法论标准或规范，给予它以某些可操作性的内容，即未将它转变为实践的程序，因此，在卢卡奇那里，总体性辩证法离具体的科学方法尚有不小的差距，它仍然是一种哲学上的认识方法。

三、科学技术的社会功能——对科学技术本身的批判

卢卡奇考察了近现代科学技术的社会根源，即当代科学技术与资本主义

社会的关系问题，他认为，近现代科学技术是资本主义发展的产物，科学技术与资本主义社会之间有一种亲和关系，这种亲和关系意味着，资本主义以相同方式产生了实在领域的现象和认识领域的作为自然科学研究对象的"纯粹的事实"，从而产生出自然科学。在卢卡奇看来，自然科学代表了一种合理性的类型，而这种合理性则是资本主义社会组织的历史产品。问题是，说自然科学是资本主义的产物，是指资本主义为自然科学的发展提供了外部的条件或实现的可能性，还是指资本主义为自然科学的有效性提供逻辑上的先决条件？如果指前者，那没有错；但如果指后者，那就错了。在卢卡奇那里，既然科学的"事实"类似于物化世界的"事实"，那么消除物化不也意味着消除了自然科学的态度吗？假如自然科学是一种特殊社会形态的产品，它自身能够是充分有效吗？或许卢卡奇的本意只是说资产阶级由于其阶级立场和观点，不能派生出一种充分有效的自然科学及其方法，因而也不能理解自己的社会关系。显然，在《历史和阶级意识》中，卢卡奇没有明确地提出并回答这些问题，他有时似乎又同意传统的或实证主义的科学发展观，即科学的发展是渐进的，发展的结果是更一般的理论的出现，早期的理论被归约到后期的理论中，成为其组成部分；他也承认自然科学的有效性，将自然科学看作知识的一个源泉。

卢卡奇着眼于对当代科学技术的消极作用的剖析，他实际上对当代科学技术持批判态度。他认为，现代科学越发展，它的方法对自然理解得越好，就离人本身越远，越成为片面的、封闭的、与人无关的东西。技术的情形也一样，"技术的专门化破坏了整体的形象"，"它把现实世界撕成碎片，使整个世界的美好梦幻烟消云散"①。卢卡奇实际上将科学技术当作物化的形式来加以批判，认为资产阶级一方面将科学技术当作征服和控制自然的工具；另一方面又将之变成人对人统治的有效手段；科学技术成了资产阶级的帮凶，在资本主义社会，科技越发达，工人受压迫剥削就越厉害，科学技术是资本主义种种矛盾异化现象的一个祸根。

卢卡奇特别论及科学技术与意识形态的关系问题，他坚持一种二元论的科学观，严格地将自然科学和社会科学区别开来。在自然科学与意识形态关系方面，尽管他并未明确断言自然科学是意识形态，但他认为自然科学执行着某些意识形态的功能，掩盖社会矛盾，并阻止社会变革。在社会科学与意识形态关系方面，卢卡奇将社会科学等同于意识形态，坚持社会科学的自主

---

① ［匈］卢卡奇：《历史和阶级意识》，第13页。

性，反对用自然科学模式或实证主义的科学理想来塑造社会科学。他认为，将自然科学知识的理想推广到社会研究是典型的资产阶级企图。他说："当科学认识的观念被应用于自然时，它只是推动科学的进步，当它被应用于社会的时候，它反转过来成为资产阶级的思想武器。"① 这种企图的实质是"把资本主义社会说成预先就和科学方法相符合的，甚至说它构成科学方法的精确性的社会前提，然而，这是不能自圆其说的"②。

显然，卢卡奇注意到了科学技术在资本主义社会中所具有的消极社会功能，揭露资产阶级将科学技术变成统治工具的事实，指出了科学技术与意识形态的某些方面的联系，提出了科学技术的政治效应问题。但是，他却错误地将科学技术的资本主义应用所产生的种种消极性或局限性归纳于科学技术本身，对科学技术持否定的态度，他的科学技术观具有浓厚的反科学主义和浪漫主义的色彩。卢卡奇的观点是与马克思主义的基本原理相违背的。按照马克思主义经典作家的观点，科学技术是推动社会历史前进的决定性的革命力量，是历史的"有力杠杆"；他们反对抽象地考察科学技术的社会功能和政治效应，而是从具体的社会经济形态或生产关系来考察这些问题。马克思说，在资本主义社会"科学分离出来并成为与劳动对立的服务于资本的力量"。③ 科学技术的消极性与资本主义的应用方式分不开；即使这样，在资本主义社会中，科学技术也还是为新社会的出现创造了必要的物质基础。

在科学（技术）与意识形态关系问题上，卢卡奇存在着将科学与意识形态等同起来的错误倾向，而按照马克思主义的观点，尽管科学是一种社会意识形式，它与意识形态存在这样或那样的关系，但科学属于生产力，而不是意识形态。④

总之，卢卡奇在《历史和阶级意识》中，通过对形式理性、实证主义和科学技术本身的批判，确立了一种以辩证哲学和人本主义作为基础的"批判的科学哲学"理论，提出了不少有益的论点或值得科学哲学认真讨论的问题。在科技与理性的关系问题上，批判形式理性或资产阶级的非辩证的思维方式，探索科技发展与人类理性演变的关系；在科学方法论及事实与理论的关系问题上，反对实证主义方法论，指出自然科学方法论在社会科学应

---

① ［匈］卢卡奇：《历史和阶级意识》，第13页。
② 同上书，第9页。
③ ［德］马克思：《机器、自然力和科学的应用》，人民出版社1978年版，第233页。
④ 这一点，可参看陈振明《科学技术与意识形态》，《哲学研究》1990年第6期。

用上的局限性问题，主张将辩证方法（总体性方法）运用于科学认识尤其是社会科学认识中，并提出了经验事实为理论或方法所"领会"，事实是历史发展着的和相互联系着的论点；在哲学与科学关系及社会科学的自主性问题上，强调哲学与科学尤其是社会科学的联系，强调各门具体社会科学的统一性；在科学与社会关系问题上，力求把握近现代自然科学的发展与资本主义社会的联系，揭露了资产阶级利用科学技术为自己的统治服务的事实，提出（资本主义社会中）科学技术的局限性及政治效应问题；如此等等。显然，正是因为卢卡奇超出科学哲学的范围限制，从辩证哲学和人本主义的角度去看待科学哲学的理论问题，使他能提出某些高于正规科学哲学家的深刻见解和一些值得科学哲学家深思的问题。因此，我们在考察西方科学哲学的发展时，不仅要考察属于科学哲学内部各派的理论发展及它们之间的争论，而且要考察如卢卡奇这样的处于科学哲学思潮之外的人本主义哲学家对科学技术及其哲学的批判，重视他们所提出的与科学技术哲学相关的理论。这有助于更客观、全面地评价西方的科学技术哲学，有助于坚持和发展马克思主义的科学技术哲学理论。

科尔施的"实践社会主义"理论评析[*]

作为"西方马克思主义"或"新马克思主义"的主要奠基人之一,科尔施在他早期的理论活动或"走向马克思主义道路"的过程中,形成了一种社会政治理论,即所谓的"社会化"或"实践社会主义"理论,这实际上是一种作为建立社会主义委员国的"第三条道路",它掺和了费边主义、工团主义和马克思主义等方面的思想因素,与"民主社会主义"的鼻祖 E. 伯恩斯坦的思想在许多方面有着密切的联系(科尔施自己早期在费边主义的影响下成为"民主社会主义者")。在这里,我们将从马克思主义的立场、观点和方法出发来评述科尔施的"社会化"或"实践社会主义"理论。这对于我们了解科尔施本人的"新马克思主义"思想的演变,对于批判"民主社会主义"、捍卫科学社会主义理论,无疑具有现实的理论意义。

一、"实践社会主义"理论要点

科尔施的"社会化"或"实践社会主义"理论并不是他一时冲动而提出的,它有其理论前提和实践基础,并经历了十余年的孕育、成熟的发展过程。尽管 1912 年他赴英国之前已经接触并同情社会主义了,但是,1912—1914 年他参加费边社的活动对其"实践社会主义"的孕育和形成具有重要影响。费边主义的影响使他"从社会主义的好友变成民主社会主义者",并使他大大加深了对"社会主义"的认识;而 1918 年德国十一月革命则可以看作他的这一理论成熟的催化剂。革命刚结束,科尔施就将在实践和理论上

---

[*] 原载《社会主义研究》1991 年第 6 期,中国人民大学复印报刊资料《社会主义研究》1992 年第 2 期转载(收入本书时各小节加了标题)。

参与制订德国经济新组织的积极的建设形式看作自己的任务，认为当务之急是生产的社会化和培养为实现这一任务所需要的新人。此后几年尤其是1919年和1920年，他写出了一系列的论述"社会化"的论著，包括1919年的《什么是社会化？》《社会主义和工团主义的社会化纲领》《革命前后的社会化问题》，1920年的《关于社会化的原则》《社会主义和社会改革》，以及1922年的《工厂委员会的工作权利》，等等。其中《什么是社会化？》系统集中地论述了"社会化"或"实践的社会主义"理论要点（该论著的副标题就是"实践社会主义的纲领"）。

从《什么是社会化？》及其他相关的论著来看，科尔施的"实践社会主义"纲领实际上是一种全国性的社会主义经济体制的设想，这种经济体制以政治上的"委员会制度"为基础，以"工业自治"为核心。他明确提出了"社会政策"与"社会化"、生产资料的"社会化"和"国家化"之间的区别，认为经济上的和政治上的工人委员会的建立是社会主义革命的基本意义所在；他主张"工业自治"，提倡由参加生产的人掌权和管理生产过程，这就是科尔施的"实践社会主义"的基本内容，他自认为这种"实践社会主义"既区别于第二国际的"纯科学"性质的"正统的马克思主义"，又区别于只看到日常斗争琐碎事务的修正主义观点。

科尔施首先提出了"社会化"的目的。他说："社会主义所要求的'社会化'的意思就是对生产进行新的调节，以达到社会主义公有制代替资本主义私有经济的目的。社会化的第一阶段在于生产资料的社会化和由此而引起的劳动的解放，社会化的第二阶段在于劳动的社会化。"[①] 在科尔施看来，在对社会化的要求中所包含的问题是资本主义经济制度转变为社会主义公有经济。如果说资本主义的本质在于私人占有剩余价值的权利，在于资本家统治生产的权利，那么，生产资料社会化的形式必须满足以下两点：（1）工人完全占有全部劳动成果；（2）工人对劳动过程进行自主的控制。因此，他又说："社会主义所反对的资本主义私有经济的结构是由以下事实决定的：在资本主义经济制度中，生产的社会进程主要被看成是个人的私人事务，相反，社会主义所要达到的目的是实行社会主义的公有经济，也就是说，实行这样一种经济制度，它把生产的社会进程看作进行生产和消费的全体人员的公共事务。

科尔施将"社会化"和"社会政策"明确区别开来，批判改良主义者尤其是伯恩斯坦的"社会政策"理论。他认为，实现"生产资料的社会

[①] ［德］科尔施：《什么是社会化？》，《马列主义研究资料》1983年第3期，第219页。

化",消除生产资料的资本主义私有制,原则上有两条不同的道路:"一条道路是,从单个资本家的权力范围中夺取生产资料(没收),把生产资料置于公职人员的权力范围内(国家化,市镇化以及其他还需要讨论的形式)","另一条道路是,在不没收所有者的生产资料的情况下,从内部改变生产资料私有制的内容,也就是说,把按照迄今为止的私法的观点是属于资本主义所有者的私人财产的生产,以后当作公法的事情来对待,对生产的调节不再是私法的所有者单单根据自己私人权利才有权去做的事情,而是一定的、公法的机构如按专业和地区划分的工人,企业主以及联合的工人和企业主的协会(工作集体同业公会)都有权去做的事情"①。科尔施认为伯恩斯坦所主张的是第二条道路,科尔施肯定了第一条道路,以此,他批判伯恩斯坦的"社会政策"理论,认为伯恩斯坦把"社会政策"和"社会化"等同起来,企图通过对私有主的权力在社会政策方面逐步加以限制,而使私有制转变为公有制。他指出了这种"社会政策理论的改良主义实质:社会政策按其概念来说是以资本主义的私有制为前提,并且只是调解资本家自己的权利与公众要求之间的冲突,所以,不发生飞跃和激烈的转变,社会政策是永远也不可能转变为真正的社会化的。"简言之,"不一下子或逐步地把私有主从社会生产过程中完全排除出去,就没有生产资料的社会化"②。科尔施据此提出了社会化的任务:在社会主义公有经济中,需要对这样一些问题做出决断,即哪些人员能够和应该把现有的生产资料用于生产,生产应该在怎样的劳动条件下进行,生产成果应该以什么方式在全体生产者和消费者当中进行分配,在社会主义公有经济中,有对社会生产关系的调节,有一个财产制度,规定这个制度是社会化的任务。③

科尔施明确区分生产资料的"社会化"和"国家化",反对当时德国社会民主党人中流行的所谓"国家化"或"国家社会主义"理论,这种理论主张将资本家的企业收归国有,由国家派人经营。科尔施认为,在资本家被排除出生产领域之后,任何社会化计划必须考虑到存在着两种对立的利益,即"一方面是每一单个生产部门中进行生产的工人的利益,另一方面是其余的生产者和消费者全体的利益,简言之,生产者和消费者的利益的冲突"④。如果

---

① [德]科尔施:《什么是社会化?》,《马列主义研究资料》1983年第3期,第224页。
② 同上书,第225页。
③ 同上书,第226页。
④ 同上。

只顾到一方而忽略另一方,就会造成一种新型的资本主义。"国家化"只顾及消费者利益,不能为直接参加生产的生产者造成新的社会条件,实际上只是一种"国家社会主义"。这种"国家化"一般都会导致官僚主义、公式化,从而扼杀个人的积极性和导致僵化。① 因此,他特别强调说:"社会主义的公有制与国家所有制绝不是一码事。对于我们来说,国家化只是社会化的一种形式,社会化的所有形式只有在起到了我们认为是'工业自治'形式的调节社会生产关系的作用时,我们才承认它们是真正的,社会主义的'社会化'。"②

因此,科尔施将"工业自治"看作"社会化"的核心问题。何谓"工业自治"?用科尔施自己的话来说:"工业自治在于,在任何工业(这里的'工业'是英文'Industry'的意思,所以是任何有计划的经济活动,包括农业在内)中,一切从事劳动的生产参加者的代表,取代迄今的私有主或由私有主指定的生产领导者,成为生产过程进行统治的执行者,与此同时,由国家的'社会政策'强迫生产资料私人资本主义所有制接受的对所有制的限制,则继续向着有效的全体人员的所有制发展。"③ 可见,"工业自治"是通过对生产进行的新调节而使生产者成为生产过程的掌管者。至于它是指国有化,是指为了消费者的利益而对生产者团体的特殊所有制实行法律限制,还是指为了生产者的利益而对公职人员的权力加以限制,则是无关紧要的。科尔施认为"工业自治"也可以作为一种有效的形式加速"社会化"的实现。他说:"对于目前情况具有更大意义的是这样一种可能性,即用工业自治的方法可以使很多尚未成熟到、并且也许永远不会成熟到实行集体的'国家化'的工业立即社会化,立即转变为社会的公有制。"④ 科尔施将"工业自治"分成如下三种形式:(1)包括有关工业部门一切企业的辛迪加,与国家中央管理相比,具有只由对消费者利益的必要照顾所限制的自治权;(2)单个企业,与包括各个企业的、并且部分集中地对它们进行管理的辛迪加相比,具有有限的自治权;(3)在管理部门和辛迪加内部,正如在单个企业内部一样,与最高的业务领导(工厂领导)相比,其余的生产者(比较狭义的职员和工人)的各个不同阶层具有有限的自治权即独立调

---

① [德]科尔施:《什么是社会化?》,《马列主义研究资料》1983年第3期,第236页。
② 同上书,第237页。
③ 同上书,第234页。
④ 同上。

节特别涉及他们的事务的权力。①

科尔施当时假定,在社会化的第一阶段或社会主义的第一时期,需要一种"自上而下的监督",需要由社会有计划地指导生产,这种指导可以具备不同的形式,甚至国家的形式,但是重要的是辅之以"自下而上的监督"。国家化本身不是社会主义的根本含义所在,而"自上而下的监督"和"自下而上的监督"(经过直接参与者)这两个今天导向社会化要求,就是今天人们讲及很多却没有被理解的"委员会制度"。在科尔施看来,只有把社会建设成为(工人或工厂)委员会制度的社会,才能避免始终还是政治的社会主义社会发生的深刻冲突和分裂。因此,他将工人或工厂委员会制度当作"实践社会主义"的基础,看作"工业自治"的政治上的保证。他的这一论点与当时的历史背景有关。1918年德国十一月革命前后,在欧洲尤其是德国各种各样的马克思主义和工团主义的观念激发了一种积极而广泛的工人委员会的思想和运动,科尔施积极参加了这一运动,并认为这个运动正在实现他战前在伦敦提出的大部分观念。他将这种工人委员会的思想吸收到他的"社会化"或"实践社会主义"的理论中。科尔施尖锐地强调作为阶级权利的权利的性质,认识到资本主义随着所带来的一定程度上进一步的自由,同时他反对韦伯夫妇的费边观点和"庸俗马克思主义的大裁判官"考茨基,反对他的那种认为不必摧毁资本主义制度就可以实行社会主义的观点,认为他们强调工人参与生产组织的权利即奥地利社会民主党人所特别推崇的那种权利,却看不到这种现象的真正界限。他同样批评了玩弄这种革命权利的做法以及改良主义的社会民主党的全部手腕。科尔施强调工人委员会或工厂委员会的历史意义。在《工厂委员会的工作权利》这一论著中,他指出,工厂委员会不再仅仅是工会现存资本主义社会的阶级社会内部,为保持"佣工"的生活地位进行斗争的"辅助机关",而是工会在工厂中,进而在工业部门中扎根的一个"前哨",这些工厂和部门还掌握在阶级敌人的手里,必须通过革命斗争从这个阶级敌人那里把它们夺过来,交给经济上和政治上有组织的无产阶级监督并最终地进行统一的管理。

科尔施还讨论了社会化的第二阶段即劳动的社会化和劳动的解放问题。他认为在社会化或公有经济的第一阶段,生产资料的社会化,以前不自由的、在生产中受"资本"剥削的"雇佣劳动"只是获得了自由,但还没有社会化。这一阶段"劳动者将不会比在今天资本国家得到更差的报酬,而

---

① [德]科尔施:《什么是社会化?》,《马列主义研究资料》1983年第3期,第234—235页。

是得到更好的报酬";同时,"生产资料的社会化根本不会把个人私利的动机从生产中排除出去,从而引起生产力的减弱,社会生产劳动的生产率的下降,实际上,在公有经济的这个第一阶段,只会在大得多的生产参加者的范围内,促进劳动的解放,从而促进经济私利动机的扩大"。① 那么,如何发展到"劳动的社会化"呢?科尔施认为,"只有逐渐地随后在自治的、由于有产的资本家和一切所有的无产者之间的阶级斗争停止而净化了的生产中,才会产生构成建立公有经济的第二个、较高的阶段的先决条件的那种公德心,在这一阶段中,物质的生产资料和每个人的劳动力将成为公有财产,同时,每个人按照自己的能力对社会生产做出贡献,为此,他按照自己的需要参加分享共同生产的成果。"② 科尔施还提出促进公有经济的第一阶段向第二阶段过渡的措施步骤,即"进行社会主义教育",通过"教育的社会化"的措施来"有效地促进向社会主义公有经济的过渡。"③

二、"实践社会主义"理论批判

上面,我们已经勾画出科尔施的"社会化"或"实践社会主义"理论的大概轮廓,那么应当如何看待、评价他的这一理论呢?

应当指出,科尔施的"社会化"或"实践社会主义"理论包含着某些合理的因素或值得我们参考的思想材料。其一,他的这一理论是特定历史时期的产物,在一定程度上可以看作1918年十一月革命前后德国的社会主义运动的一种回音,一种政治理论方面的总结。科尔施力图结合革命的实践经验,探索社会主义运动和新社会关系的性质,提出一种面向现实的"社会主义"纲领。他所提出的"社会化"及委员会制度问题,其实是那个时期的马克思主义的基本理论和实践问题之一,因此,科尔施的"实践社会主义"理论具有了某种历史的合理性。其二,科尔施在他的"实践社会主义"的纲领中对一些修正主义或改良主义的观点进行了一定程度的批判,他特别批评了以伯恩斯坦和考茨基为代表的第二国际的一些改良主义观点,认为这些"空想的"、纯粹修正主义——改良主义的"现实政治家"缺乏对现实关系的认识,企图在资本主义制度内实现社会化,指出了他们的"社会政策"

---

① [德]科尔施:《什么是社会化?》,《马列主义研究资料》1983年第3期,第238页。
② 同上。
③ 同上书,第240页。

和"国家化"理论的错误。他用"实践社会主义"来反对社会民主主义的"没有纲领的、取得政权的当时的旧制度的反对者"的政策,又反对那些认为社会主义会自行产生的机械主义的"马克思主义者"。其三,科尔施的"实践社会主义"包含着某些马克思主义的思想成分,提出了一些合理的见解和值得认真讨论的问题。科尔施认识到掌握马克思主义理论中最重要的东西对社会主义的重要意义,认为这是无产阶级的社会主义革命的前提;他强调将马克思主义的唯物史观与革命实践结合,反对第二国际单纯将之看作一种"科学理论";他指出必须根据马克思的理论,用社会主义公有制来取代资本主义私有制,对生产关系进行根本的改造,而且要实现社会化必须通过阶级斗争;他指出"社会政策"与"社会化"生产资料的"社会化"和"国家化"之间的区别,认为经济上和政治上的工人委员会的建立是社会主义革命的基本意义所在,主张实行"工业自治",提倡由参加生产的人掌权和管理生产过程;他指出"劳动本身的社会化"及对工人进行社会主义教育的重要性问题;如此等等,这些观点具有可供参考的价值。

但是,从总体上看,科尔施的"实践社会主义"理论是错误的,它在许多方面是与马克思主义的科学社会主义理论对立的。首先,科尔施的这一理论是以费边主义作为立足点的。科尔施早期曾一度是英国费边社的成员,费边主义对于科尔施的"实践社会主义"理论的形成有着重大的影响。我们知道,费边主义鼓吹在现存的资本主义范围内走缓进的、和平的,通过议会道路走向社会主义,它从一开始就抛弃革命的马克思主义,鼓吹扩大公有制、阶级合作,由一批优秀人物规规矩矩地探讨社会主义问题,提供技术研究和宣传。费边主义的基本原理是,以李嘉图地租论为宗旨,只是在达尔文进化论思想下承认社会进化,企图借助国家对社会生活所有领域的改良主义调节影响来限制资本主义竞争的无政府状态,在摧毁资本主义社会的基石而使其民主制度完善化。科尔施高度评价费边主义的观点,认为它是对抗"国家资本主义"思想和资本主义达到的"生产假社会化"的重要力量。他特别推崇费边主义取消政党的组织模式,他说费边社"是非无产阶级性质的社会主义联盟","它不是政党也不想成为政党"。在科尔施看来,"不管政党多大,它是无法取得国家的社会主义形式的"。因此,在他的"社会化"或"实践社会主义"纲领中,他只强调(工人)委员会制度的作用,而闭口不谈无产阶级政党的作用。科尔施实际上也接受了费边主义的"专家治国论"的观点,他非常赞赏费边社的阶级成分,即"新的中产阶级"(工商业从业人员、技术人员、城市和国家雇员、大学生、新闻工作者,等等)。他将这些人看作社会主义的中坚力量或领导力量,认为依靠这些人,沿着"政治渗透"的道路,即教育、科学化和传播知识的道路前进,即可以实现"社会化"。科尔施受费边主义的影响还在于这样一个事实:在德国社会民主党党内,科尔施首先是倒向新康德主义派和伯恩斯坦派一边的,他强烈抨击"物欲社会主义""原始的"无产阶级运动,似乎这种无产阶级运动威胁着德国社会民主党的"理智分子"。很明显,科尔施的"实践社会主义"的这种费边主义立场与马克思恩格斯的科学社会主义立场毫无共同之处。马克思恩格斯早就揭穿了费边主义的社会实质。例如,恩格斯在1893年1月18日给费·左格尔的信中写道:"在伦敦这里,费边派是一伙野心家,不过他们有相当清醒的头脑,懂得社会变革必不可免,但是他们又不肯把这个艰巨的事业交给粗鲁的无产阶级单独去做,所以他们惯于自己出来领导无产阶级。害怕革命,这就是他们的基本原则。""他们之所以疯狂地仇视马克思和我们大家,就是因为阶级斗争问题。"①

其次,科尔施的"实践社会主义"理论也掺杂着无政府工团主义的思想因素。科尔施特别看重工人在争取建立工人委员会时的自发行动,企图把它同"社会化"的纲领结合起来,他将工人委员会看作"社会化"的政治组织形式,认为工人委员会是工人自主行动的体现,"直接"工业民主的表现。他反对马克思主义关于无产阶级政党作用的学说,把委员会的作用远远置于政党之上,这正是他受无政府工团主义的影响的表现。同时,按照科尔施的无政府工团主义的极左立场,他甚至否认从资本主义到社会主义之间可能有一个过渡时期。他理解的无产阶级革命是一次完成的,一下子不仅建立起无产阶级的政治统治,而且建立起无产阶级的经济统治。因为在科尔施看来,生产资料社会化的事实本身就已经意味着无产阶级的经济统治。他认为社会化标志着实现历史发展过程和革命批判活动的同一,委员会是唯一可以接受的,能保证经济和政治统一的革命的活动方式的。

再次,尽管科尔施对伯恩斯坦的某些观点尤其"社会政策"理论进行了批判,但是,科尔施的"实践社会主义"与伯恩斯坦的"民主社会主义"有着共同的费边主义根源,两者在许多方面有着相当密切的联系。将他们两人作一个简单的比较是很有必要的。伯恩斯坦和科尔施是"在旅居英国期间吸收费边主义,然后到德国传播"的两个代表人物。伯恩斯坦是以马克思主义者和工人阶级的德国社会民主党党员的身份于19世纪90年代初期到

---

① 《马克思恩格斯选集》第4卷,人民出版社1995年版,第718页。

英国去的，起初他由于费边社的小资产阶级性质及空谈的社会主义而避免与之接触，但不久伯恩斯坦改变了态度，与费边主义开始密切来往，费边主义成了他对马克思主义进行实证主义和渐进主义修正的一个极重要的组成部分。科尔施则是以一个独立的社会主义的知识分子而不是马克思主义者的身份于1916年末去英国的，他一到伦敦便被费边社的风气所吸引，他在那里找到了他一直努力寻求的东西，即围绕一个教育社会和启迪社会的纲领，用非教条主义的大胆实践的态度来对待社会主义改革。伯恩斯坦和科尔施从费边主义中移来了同样的幼苗——能动主义和哲学上的折衷的反宿命论观点，对它加以不同的培养。伯恩斯坦和科尔施的社会主义理论中的共同之处主要地还在于，他们都反对马克思恩格斯的科学社会主义理论尤其是关于无产阶级暴力革命以及无产阶级政党等方面的理论。

最后，尽管科尔施的理论是对德国1918年十一月革命前后的社会主义运动的一种回音或总结，但却是一种错误的总结，特别是对这一时期的社会主义运动做出了唯意志论的或主观主义的解释。关于1918—1920年革命失败的原因，许多马克思主义者正确地强调主要是由于缺乏一个掌握政权的革命组织，科尔施却认为主要是由于这次革命缺乏意识形态准备和政治领导，尤其是缺乏夺取政权的理论和文化前提。他说："由于缺乏夺取政权的社会—心理前提，在1918年11月之后那关键的数月中，当资产阶级有组织的政权被粉碎而且表面上从资本主义向社会主义的过渡不再有什么障碍时，却未能把握这一有利时机。我们在任何地方都找不到对于立即实现社会主义经济制度的决定性信仰，而正是这种信仰才能带领群众一道前进，并使人们明确认识到应迈出的最初几步的性质。"① 科尔施试图通过这次革命的总结，提供关于革命的主观前提的理论，他将在意识形态战线展开斗争看作无产阶级革命的一个主要任务。他的这种强调主观性的观点成为他的《马克思主义和哲学》的主观性理论的一个先导。

总之，"社会化"或"实践社会主义"理论是早期科尔施的最高的理论成就，也是他的社会政治理想。然而，这种理论主要是费边主义及工团主义的产物，离科学社会主义理论有很大的差距。它虽然提供了某些可供参考的思想资料，但在总体上是错误的、不可取的，因此必须从马克思主义的观点来加以认真的批判、分析。

---

① 转引自［德］科尔施《马克思主义和哲学》，重庆出版社1989年版，英译版序言第11页。

1-9

科尔施对列宁哲学的批判及后期的"马克思主义观"*

"新马克思主义"思潮的本质特征是鼓吹"重新发现"马克思,"重新解释"或"重建"马克思主义,以此与恩格斯、列宁及其后的所谓的"正统马克思主义"相对立。青年卢卡奇和科尔施最早确定了"新马克思主义"的这种基调。卢卡奇的《历史和阶级意识》一书批判的矛头主要指向恩格斯尤其是他的自然辩证法及认识论,科尔施的《马克思主义和哲学》(特别是其中的《关于"马克思主义和哲学"问题的现状》一文)则把批判的矛头主要指向列宁主义尤其是《唯物主义和经验批判主义》中的哲学思想。科尔施对列宁哲学的批判可谓是"全面的""系统的",涉及哲学唯物主义、认识论、辩证法、历史观等各个方面。在 20 世纪 30 年代以后,科尔施更进一步从批判列宁主义发展到背弃马克思主义,这从他后期的一些关于马克思主义的论著(如:《我为什么是马克思主义者》1934 年;《卡尔·马克思》1938 年;《关于今日马克思主义的十个论点》1950 年)可以明显地看到这一点。本文将剖析科尔施对列宁哲学思想批判的主要论点及他后期的"马克思主义观"。

科尔施从下列几个方面展开对列宁的哲学思想的批判:

1. 说列宁是从政治上的实用主义方面考虑哲学问题,因此列宁的哲学思想没有什么重要性

科尔施认为,尽管列宁的唯物主义哲学具有荒唐的不一致和引人注目的矛盾,列宁的追随者仍在细节上都遵循着它。其实,同列宁的唯物主义哲学明确论战本身是次要的,因为列宁本人并没有把这种哲学建立在基本的理论

---

* 原载《理论学习月刊》1992 年第 4 期(中国人民大学复印报刊资料《马列主义研究》1992 年第 6 期转载)。

公式基础上，他并不关心唯物主义哲学是否正确这个理论问题；相反，他在实践的和政治的基础上把这种哲学说成是"有利于革命的无产阶级的唯一哲学"，他所关心的是将它应用于无产阶级革命斗争实践；科尔施说："列宁的主要哲学著作的真正重要性并不在于他反对和驳斥现代资产阶级哲学的各种唯心主义派别的哲学论点"，"而在于他力图在实践中反对和粉碎这些当代哲学倾向时所具有的那种极端严厉性"。① 因此，科尔施断言："列宁只是根据非哲学的考虑和结果来决定哲学问题，他并不是根据这些哲学问题的理论内容和哲学内容来判断它们。"②

的确，列宁处处坚持理论和实践、马克思主义的党性和科学性的高度统一，从无产阶级斗争的实际需要、从无产阶级及其政党的利益出发来考虑问题，强调哲学的党性和意识形态性。应该说，科尔施是看到这一点的。然而他却将马克思主义的党性和科学性分割开来，由此错误地断言，列宁只考虑哲学理论在政治或实践中的利害关系，而不关心哲学上的唯物主义是否正确的问题。科尔施把列宁歪曲成实用主义者。他想以此来否定列宁在哲学理论方面的贡献及他在发展马克思主义过程中举足轻重的地位。实际上，列宁所探讨的哲学问题，不仅具有实践意义，同样具有巨大的"纯"理论意义。例如他在《唯物主义和经验批判主义》中不仅把反马赫主义问题看作与政治或实践不可分割的问题，而且也将它作为特殊的哲学问题斩钉截铁地提出来；列宁坚持党性和科学性的统一，认为理论要有效地指导实践，首先必须是科学的、正确的，他的名言是"马克思的学说之所以万能，就是因为它正确"。

2. 说列宁错误地估计当代哲学发展趋势，因为实际上并不存在他所说的哲学斗争焦点由辩证法向唯物主义的转变

我们知道，列宁在《唯物主义和经验批判主义》中曾分析了当代哲学斗争焦点的变化或"思想气候"的变化。列宁说："马克思和恩格斯的学说是从费尔巴哈那里产生出来的，是在与庸才们的斗争中发展起来的……他们所特别注意的不是唯物主义认识论，而是唯物主义历史观。因此，马克思和恩格斯在他们的著作中特别强调的是辩证唯物主义，而不是辩证唯物主义，特别坚持的是历史唯物主义，而不是历史唯物主义。我们的那些想当马克思主义者的马赫主义者是在与此完全不同的历史时期接近马克思主义的，这时

---

① ［德］科尔施：《马克思主义和哲学》，重庆出版社1989年版，第76—77页。
② 同上书，第79页。

候资产阶级哲学已经专门从事认识论的研究了,并且片面地歪曲地接受了辩证法的若干组成部分(例如,相对主义),把主要的注意力集中于保护或恢复下半截的唯心主义,而不是集中于保护或恢复上半截的唯心主义。"① 简言之,哲学斗争的焦点已由辩证法转向唯物主义了。

科尔施认为,列宁所说的这种变化是虚构的,实际上不存在这种情况。因为"当代资产阶级哲学和科学有一些与此相矛盾。当然也有一些倾向确实如此。然而,当代资产阶级哲学、自然科学和人文科学的占统治地位的基本倾向与六七十年前是一样的。这种基本倾向不是由唯心主义世界观造成的"②。也就是说,列宁所说的整个思想气候的变化,使马克思主义的研究必须强调唯物主义,以反对各种形式的唯心主义的情况并不存在。科尔施还说,列宁所提出的哲学斗争焦点变化的论点与他关于"帝国主义"的政治经济理论有密切的意识形态关系。两者都在俄国特定的经济和社会环境中,在看来短期内实际上必须完成俄国革命的特定实践和理论的政治任务中,有其物质基础。

我们认为,列宁对帝国主义时代哲学斗争的新情况和新特点的估计是正确的。当代资产阶级哲学确实在拼命保护其"下半截的唯心主义",一起反对哲学唯物主义,尽管它的许多流派都标榜"中立""超越唯物主义与唯心主义的对立",然而实质上都是唯心主义定向的;不仅新黑格尔主义、存在主义、新托马斯主义、法西斯哲学都是唯心主义,就是自称"科学哲学"的马赫主义、新实证主义也是属于唯心主义家谱的。列宁所说的20世纪的资产阶级哲学的基本动向,今天看来还是正确的,而科尔施自己并没有了解当代资产阶级哲学发展的事实。

3. 说列宁根本不了解从黑格尔的唯心主义辩证法向马克思恩格斯的辩证唯物主义转变的实质,否定了辩证唯物主义的批判性和革命性

科尔施宣称,列宁歪曲了马克思恩格斯的辩证唯物主义世界观,列宁很严肃地想成为一个马克思主义者,同时保留黑格尔的哲学,他因此轻视马克思和恩格斯在他们革命发展开始时发现的辩证唯物主义世界观;列宁把从黑格尔的唯心主义辩证法到马克思和恩格斯的辩证唯物主义的转变仅仅看作这样一种转变:由不再是"唯心主义的"而是"唯物主义的"新的哲学世界观取代植根于黑格尔辩证法的唯心主义世界观。在科尔施看来,列宁根本不

---

① 《列宁全集》第14卷,人民出版社1957年版,第378页。

② [德]科尔施:《马克思主义和哲学》,第80页。

了解这种转变的实质,列宁根本没有意识到,对黑格尔唯心主义哲学的这种"唯物主义的颠倒"至多只涉及术语上的变化——用"物质"取代"绝对精神";更为严重的是,列宁不仅取消了马克思恩格斯对黑格尔辩证法的唯物主义的颠倒;而且他把唯物主义和唯心主义的全部争论拖回到从康德到黑格尔的德国唯心主义已经超越了的历史阶段,即倒退到了17、18世纪关于思维与存在、精神与物质的绝对对立。① 科尔施还认为,列宁这种对哲学理论的理解,必然导致他不理解辩证法和革命批判性,因此,"列宁的唯物主义哲学不能成为适应今天需要的革命的无产阶级的哲学"。②

显然,将马克思主义的辩证法与黑格尔辩证法的本质区别首先界定为唯物主义与唯心主义的不同,将思维与存在、精神与物质中哪一个为世界本原当作划分唯物主义和唯心主义的分水岭,并不仅仅是列宁的观点,而且也是马克思恩格斯本人的观点。马克思在《资本论》第一卷二版跋和1868年3月6日给库格曼的信中都明确指出他的辩证法与黑格尔辩证法的区别在于一个是唯物主义的,另一个是唯心主义的;恩格斯在《费尔巴哈论》中则将全部哲学问题特别是近代哲学的重大基本问题是思维和存在的关系问题,而承认物质、精神哪个为第一性便划分了哲学唯物主义和唯心主义两大阵营。因此,科尔施的批评不单纯是对列宁的,而且是对着马克思的;他从根本上就不承认哲学基本问题的重要性,反对将承认物质和精神何者为先作为划分唯物主义和唯心主义两大阵营,反对用唯物主义和唯心主义来区分马克思主义的辩证法和黑格尔的辩证法。在他看来,"马克思和恩格斯对黑格尔唯心辩证法的唯物主义颠倒只不过在于把辩证法从它的最后的神秘外壳中解放出来。在'观念'辩证的'自我运动'下面发现历史的现实的运动,并把这一历史的革命运动宣布为唯一'绝对的'存在。"③ 科尔施错误地抛开马克思恩格斯对黑格尔辩证法的唯物主义改造,说马克思恩格斯把历史现实宣布为"唯一'绝对的'存在"。在这里,科尔施实际上也将辩证法归结为历史领域的东西。

4. 说列宁片面地把辩证法变成客体、自然和历史,把认识仅仅描绘成主观意识对客观存在的被动的镜子式的反映

与前一点密切相关,科尔施认为,由于列宁回到思维与存在的对立,他

---

① [德]科尔施:《马克思主义和哲学》,第81—82页。
② 同上书,第80页。
③ 同上书,第81页。

的唯物主义哲学就不再是完整意义上的辩证法，更不是辩证唯物主义了，列宁和他的追随者片面地把辩证法变成客体、自然和历史，把认识仅仅描绘成主观意识对客观存在的被动的镜子式的反映。这样一来，他们既破坏了存在和意识的辩证的相互关系，又破坏了理论和实践的辩证的相互关系；他们还放弃了历史存在的整体和所有在历史上流行的意识形式之间的关系，列宁等人以一种倒退的形式通过把这个问题变成主体客体关系这样一个更狭义的认识论而修正了它。科尔施还说，列宁等人把认识论说成是一种根本协调的进化过程，一种趋向绝对真理的无限上升，抛弃了马克思的辩证唯物主义关于理论和实践统一的理论，使马克思主义衰变为资产阶级哲学的二元论。①

这里，科尔施所涉及的主要是辩证唯物主义认识论问题。首先，科尔施说，列宁背叛马克思主义认识论是不能成立的。显然，辩证唯物主义认识论的基本原理也是马克思和恩格斯奠定的，马克思说："观念的东西不外是移入人的头脑并在人的头脑中改造过的物质的东西而已。"② 恩格斯也说："一切观念都来自经验，都是现实的反映——正确的或歪曲的反映。"③ 因此，实际的情形并不是如科尔施所断言的那样，是列宁用主客体之间的关系的狭义认识论去取代马克思恩格斯关于历史存在的整体性和意识形式之间的关系，倒退到二元论的立场的问题，而是列宁坚持和发展了反映论问题。其次，指责列宁割裂了存在和意识、理论和实践的关系，这是难以成立的。因为列宁在他的著作尤其是《唯物主义与经验批判主义》中都反复强调它们的统一，既指出思维是存在的反映，认识或理论以实践为基础，又强调思维对存在、理论对实践的能动作用。科尔施在这里是从他的《马克思主义和哲学》一文中的错误观点——唯心主义地理解思维与存在的同一，将理论看作实践的一部分——出发来反对列宁的。再次，科尔施指责列宁把认识看作消极反映与和谐一致的发展也是不符合事实的。因为列宁反复地强调认识是一个辩证的发展过程，认为反映过程是复杂和充满矛盾的，认识的机械论和朴素观点正是他反对的。列宁在《哲学笔记》中有一段话专门讲到认识过程的辩证法："认识是思维对客体的永远的、没有止境的接近。自然界在人的思想中的反映，应当了解为不是'僵死的'，不是'抽象的'，不是没有运动的，不是没有矛盾的，而是处在运动的永恒过程中，处在矛盾的产生和解决的永

---

① ［德］科尔施：《马克思主义和哲学》，第82—83页。
② 《马克思恩格斯全集》第23卷，第24页。
③ 《马克思恩格斯全集》第20卷，人民出版社1971年版，第661页。

恒过程中的。"① 因此，怎么能说列宁将认识看作消极的反映呢？

5. 说列宁的"唯物主义哲学"成了过去、现在和将来评判个别科学发现的至高无上的评判权威，导致了某种意识形态的专政

科尔施认为，列宁将哲学的重点从辩证法转移到唯物主义必然带来这样一种结果，即它使唯物主义哲学无法促进经验的自然科学和社会科学的进一步的发展。本来，在辩证法中，方法和内容不可分割地联系着，而列宁的重点转移的结果却完全违反了辩证法尤其是唯物辩证法，它使辩证唯物主义的"方法"同把这一方法运用于哲学和科学所获得的主观结果对立起来。科尔施断言，列宁的观点与恩格斯的观点，是根本对立的；恩格斯认为，唯物辩证法的决定性的任务是"从德国唯心主义哲学中拯救自觉的辩证法并且把它转为唯物主义的自然观和历史观"；列宁的做法则相反，他的主要任务是坚持和维护谁也没有严格地去质疑的唯物主义主张。恩格斯进而要求同科学的进步和发展相一致，而列宁却明显地对"哲学上的背叛"吹毛求疵，他在朋友、敌人、甚至大多数有创造性的自然科学家中也看到了这种"哲学上的背叛"。这样，列宁的唯物主义哲学成了过去、现在和将来评价个别科学发现的至高无上的权威，这种哲学的统治覆盖了全部的科学，包括自然科学、社会科学、文学艺术等，列宁的追随者又把这种统治推向极端，导致了某种意识形态的专政，列宁的唯物主义成为同民主相对立的东西。

的确，苏联在列宁逝世后，曾经发生过科尔施在这里所说的"用唯物主义哲学"去控制一切科学和文化，从而造成了某种意识形态专政的局面。然而，科尔施却把这种情况归咎于列宁哲学本身，归之于列宁使哲学重心由辩证法向唯物主义的转变，这是没有道理的。作为无产阶级科学的世界观，辩证唯物主义当然是衡量资产阶级哲学唯心主义、形而上学观点的荒谬性的尺度。但是，列宁并不主张把哲学变成评价科学发现的最高权威。他号召科学家运用正确的世界观和方法论（唯物辩证法）去指导自己的科研工作；号召哲学家和科学家结成联盟，以便促进哲学和科学的发展。

由此可见，科尔施对列宁的哲学思想的批判并不是针对他的枝节问题和个别方面，而是对着它的整个体系，它的一系列的基本原理，尤其是列宁在《唯物主义和经验批判主义》中的基本哲学思想，他认为列宁非但不是对马克思主义的继承和发展，反而是对马克思主义的歪曲。然而，不管科尔施如何拼命攻击，列宁主义及列宁的哲学思想是马克思主义在帝国主义时代的丰

---

① 《列宁全集》第38卷，人民出版社1959年版，第208页。

富和发展这一点是不容否定的。列宁在帝国主义时代进一步发展了由马克思和恩格斯已经确立了的马克思主义,并奠定了向更高阶段的马克思主义哲学发展的基础,而作为这种马克思主义哲学正发展到列宁阶段的标志是列宁1908年所写的《唯物主义和经验批判主义》这一重要著作(科尔施之所以把批判的矛头主要指向《唯物主义和经验批判主义》的道理也正在于此)。在这本著作中,列宁分析了帝国主义时代哲学斗争的发展趋势及其新特点,集中批判了作为当代资产阶级哲学普遍倾向的体现的马赫主义,阐述了马克思主义哲学的基本原理,尤其是哲学唯物主义的基本观点,即(辩证)唯物主义是如何解决哲学的基本问题的,包括自然在人类之前就存在;人的意识是物质发展的最高产物;感觉是知识的唯一源泉,但感觉是对客观世界的主观映象,它以客观实在为前提;生活的观点、实践的观点是认识论的第一的观点;以及关于"物质"概念的科学的规定。列宁给马赫主义以及其他形形色色的资产阶级唯心主义予以致命的打击,捍卫和发展了马克思主义哲学及一般的唯物主义传统。因此,在今天看来,列宁在《唯物主义和经验批判主义》中所阐述的马克思主义哲学的基本原理仍然是正确的。这些基本原理仍旧是我们反对各种唯心主义及形而上学的有力武器,也是我们分析批判包括科尔施在内的"新马克思主义者"的错误观点的立足点或出发点之一。

20世纪30年代以后,科尔施对马克思主义的看法发生了很大的变化,他实际上从反对列宁主义发展到背弃马克思主义。从他的《我为什么是马克思主义者》《卡尔·马克思》《关于今日马克思主义的十个论点》等论著中可以看出他后期的"马克思观"的大致轮廓。在1934年所写的《我为什么是马克思主义者》中,他把马克思主义的最本质的东西归结为如下四点:"1. 马克思主义的全部原理,包括那些表面上带有普遍性的原理,都带有特殊性;2. 马克思主义不是实证的,而是批判的;3. 马克思主义的主题不是现在处于肯定状态的资本主义社会,而是显得日益分崩离析和腐朽的正在衰亡的资本主义社会;4. 马克思主义的主要目的不是观赏现存的世界,而是对它进行积极的改造。"① 科尔施所总结的这几条特征,表面看来似乎是马克思主义的,但是实际上并不然。例如关于第一个特征,他似乎是在强调马克思主义基本原理的具体适应性,然而实际上却否认了马克思主义的普遍真理

---

① [德]科尔施:《我为什么是马克思主义者》,《马列主义研究资料》1983年第3期,第246页。

的作用。又如第二个特征，他似乎是要强调马克思主义的革命批判意义，然而实际上却把马克思主义的科学性（实证性）与批判性割裂开来。

1938年，科尔施出版了他的《卡尔·马克思》一书，进一步发展了他上面的有关论点。他认为马克思主义不包括任何关于"经济基础"和"上层建筑"的一般理论，恩格斯关于经济基础和上层建筑的相互作用的理论没有价值，因为不能确立任何具体的衡量标准。他认为马克思主义中唯一有效的东西，是对一定历史阶段的具体现象的具体描写。他说，马克思是从市民社会的历史特殊性来理解这个社会的一切制度和关系的，这为科学批判这一特殊的社会形态以及为它的实际变革提供了基础。因此，马克思主义是关于资产阶级社会的理论、无产阶级革命理论，它不能推广应用于资产阶级以前的或以后的社会形态。这样，马克思主义的范围就被限制于资本主义社会形态，它只是一种社会理论和革命理论；马克思主义的普遍真理性，它的世界观功能便被排除了。

科尔施后期的反马克思主义立场更明确地体现在他1950年所写的《关于今日马克思主义的十个论点》一文中。他一开始便宣称"问马克思和恩格斯的学说今天在何种程度上在理论上有效和在实践上可行的，再也没有意义了"；他认为，要把马克思主义学说作为整体，而且像原来那样作为工人阶级革命的理论重新建立起来，一切这样的企图都是反动的空想。他断言，虽然马克思主义学说基本上是含糊的，然而它有些重要的方面，以其不同的职能用于不同的场合，至今还是有效的。在他看来，重建革命理论和实践的第一步，在于同马克思主义对革命主动性、对理论上和实践上的领导地位的垄断要求决裂。科尔施甚至贬低马克思，将他与空想社会主义者相提并论，说"马克思今天只是工人阶级社会主义运动的许多先驱者、奠基者和后继者当中的一个"[①]。对于马克思主义在苏联和亚洲的发展，科尔施认为这是将马克思主义的革命理论变成一种为各种不同目的服务的意识形态（而按他的理解，意识形态＝虚假的意识）。从这些论点可以看出，科尔施实际上已公开地背弃了马克思主义了。

[①] ［德］科尔施：《我为什么是马克思主义者》，《马列主义研究资料》1983年第3期，第246页。

II 法兰克福学派

2-1

法兰克福学派社会批判理论的形成及其特征[*]

法兰克福学派将它自己的哲学——社会学理论称为"社会批判理论"或"批判理论"。这一名称是霍克海默（M. Horkheimer）在1937年发表的《传统的和批判的理论》一文中确立的，它较好地概括出法兰克福学派理论尤其是20世纪30年代《社会研究杂志》所发表的文章的特点。马尔库塞（H. Marcuse）曾对社会批判理论做出这样的说明："批判理论是《社会研究杂志》的阐述性论文中以辩证哲学和政治经济学批判为基础而提出的一种社会理论。"[1]

起初，霍克海默用"唯物主义"一词作为自己理论的标签，因此，他在20世纪30年代初期的文章中竭力为"唯物主义"辩护。后来他为什么要用"批判理论"来取代"唯物主义"呢？阿多尔诺（T. Adorno）有一个说法："霍克海默的'批判理论'一词并非要使唯物主义成为可接受的，而是用它来使人们从理论上意识到它与唯物主义的区别。"[2] 这种解释是可信的。因为霍克海默显然感到"唯物主义"一词过于模糊，不能反映出他自己的激进的政治立场和他自己理论的本质特征。事实上，批判理论往往被霍克海默当作马克思主义的代名词，他认为，"批判理论"派生于马克思的政治经济学批判的描述，这里的"批判"是马克思主义的"批判"，而不是古典唯心主义的"纯粹理性批判"中的"批判"。下面，我们将考察社会批判理论的形成并揭示出它的基本特征。

---

* 原载《社会学研究》1990年第6期。
① ［德］霍克海默：《论快乐主义》，载《否定》，1972年英文版，第282页。
② ［德］阿多尔诺：《否定的辩证法》，伦敦1937年英文版，第197页。

一、社会批判理论的最初纲领

社会批判理论的形成经历了一个较长的孕育时期。法兰克福社会研究所的创立尤其是威尔（F. J. Weil）起草的两个备忘录就已包含着社会批判理论的雏形。霍克海默、威尔和波洛克（F. Pollock）这几位年轻的同事关于研究所创立所设想的目标是当时没有明确界定的社会领域的综合性研究。1922年，威尔的第一份备忘录，即《关于创立社会研究所的备忘录》是社会批判理论初步设想的明显证据。威尔所规定的研究所的目标是：从经济基础到体制和观念的上层建筑上认识和理解总体性的社会生活。他列出的当时迫切需要研究的问题有：革命、党组织、摆脱苦难等。由此可见，他所关心的是历史唯物主义。但是，在格林伯格（J. H. Greenberg）20 年代担任研究所所长期间，威尔的设想并没有得到应有的重视。

1929 年，在格林伯格离任后，威尔为挑选新的所长起草了第二个备忘录。在这个备忘录中，他总结了研究所此前所取得的进展，确立了任何一位新所长所应遵守的传统。他列出的研究所应做的工作有如下六个方面：（1）历史唯物主义和马克思主义的哲学基础；（2）理论政治经济学；（3）计划经济问题；（4）无产阶级的地位；（5）社会学；（6）社会学说史与政党。备忘录把被格林伯格长期忽视了的科学社会主义与哲学的关系问题列在首位。这实际上奠定了社会批判理论的基础，预示了霍克海默的批判理论的基本方向。

1931 年霍克海默任研究所所长的就职演说和次年为《社会研究杂志》创刊号所写的序言，可以看作社会批判理论的最初纲领。在题为《社会哲学的现状和社会研究所的任务》的就职演说中，他强调把"社会哲学"放在中心地位，要求从哲学、社会学等方面对资本主义社会的总体进行综合性的研究。他宣称："社会哲学的最终目标是对作为群体成员的人的命运做出哲学解释"；其对象则是"整个人类全部的物质文化和精神文化"；社会哲学的主要研究领域是以下三个方面及其相互关系：社会经济结构、个人的心理发展和文化现象。霍克海默把这种社会哲学看作与经验社会学相结合的历史唯物主义理论，他要用这种社会哲学与资产阶级社会科学的片面专业化和实证性相对抗。他指出，在当代，社会科学已被分割成一系列互不联系的学科，它们的成果已不能给人以任何关于社会整体的观念，而社会学也降低到局部科学的水平，从而失去了将处于运动中的社会作为历史地发展着的整体加以描述的可能性。要把握这种总体性，需要一种社会—历史哲学。黑格尔（G. W. F. Hegel）以及他以后的历史哲学无疑是一种可能的形式，但是它们实际上也不能满足这种要求，因为它们使历史从属于观念或范畴，而这些范畴又是从哲学的思辨中炮制出来的，而不是从具体的社会和人的研究中得出的。社会哲学需要一种把握物质现实和精神现实的辩证的或相互作用的方法，当务之急则是哲学和其他专门学科的富有成果的紧密合作。

在1932年《社会研究杂志》创刊号的序言中，霍克海默进一步将"社会哲学"的思想具体化。他指出，社会研究的目的在于促进当代总体性的社会理论在各不同抽象层次上的各个特殊领域的研究，它要把握总体性的社会过程，理解隐藏在社会现象背后的社会规律。《社会研究杂志》的工作应当以此作为基础，历史地关心所有决定社会生活的经济、心理和全社会的因素。他又强调社会哲学在综合地研究历史现实过程中实现着哲学理论与关于社会和人的经验科学的结合。社会哲学具有直接研究性，它不想建立先验的公式，因而它与以往的传统学术社会学相一致，而与唯心主义的社会——历史哲学相区别。但是，它不同于学术社会学，它把研究扩展到非社会学的现象上，处理各种特殊文化领域的相互作用以及它们的变化规律。它的一个主要任务是"历史取向的社会心理学的创造"。强调完全受社会状况所制约的认识主体以及强调主体的心理学方面是后来社会批判理论的一个显著的特征，这从一开始就决定了它将走上与弗洛伊德（S. Freud）的深层心理学相结合的道路，沿着这一方向努力的主要是弗洛姆（E. Fromm）和马尔库塞（H. Marcuse）。实际上，弗洛姆将弗洛伊德的思想运用于社会心理学上的论文，就刊登在《社会研究杂志》最初的几期上。

与此同时，传统理论（实证主义、实用主义、资产阶级社会学等）从一开始便成为霍克海默攻击的对象。1934年，他从一种黑格尔式的立场上对传统理论作了如下的批判："个别科学只是为历史过程的理论构造提供一些因素，并且这些因素一旦淹没在后者的构造中，就不再是它们在个别科学中所有的东西，它们获得了以前所未被提及的新意义。因此，这种思想包含着一种批判的因素，或像黑格尔所说的，一种怀疑的因素。"① 1935年，他在与实用主义的争论中指出，作为促进生活和真正思想报偿的真理论包含着一种"和谐的幻想"，除非这种认识论是一种在更好的、真正促进生活的趋势中得到表达的总体性理论。

---

① ［德］霍克海默：《理性主义的论争》，《社会研究杂志》1934年第3期。

但是，对传统理论的批判也包含着对德国古典唯心主义哲学的批判。资产阶级社会的原则以及它与现实之间的矛盾只能通过一种唯物主义的理论来揭示。因此，霍克海默最初才把自己的理论称为"唯物主义"，并竭力为唯物主义辩护，强调唯物主义与实证主义及各种唯心主义的区别，这主要见于他的《唯物主义与形而上学》一文。在这篇长文中，他批判了种种对于唯物主义的歪曲、误解和庸俗化，指出唯物主义并不仅仅意味着对现实本身成问题的看法，它还代表着一系列的观念和实践的态度；① 唯物主义的兴趣并不在世界观或人的灵魂，它关心的是变革人由之受苦受难的具体条件，这种关注可以用心理和历史的方式去理喻，而不能建立在抽象的基础上。② 霍克海默还强调对唯心主义的扬弃，他认为，黑格尔和康德把理性看作主体和客观的统一，但是这种统一的实现必须从哲学引向政治经济学的批判。因此，唯心主义怀疑论变成一种实践的怀疑论。这种理论是正确行动的前提，辩证的意识形态批判是理论自我超越的一个阶段。从黑格尔到马克思的转变是法兰克福学派的批判理论的关键的东西，黑格尔的辩证哲学和马克思的政治经济学批判成了它的一个重要的思想来源。

总之，在《传统的和批判的理论》发表以前，霍克海默已经对批判理论的对象、性质、方法、思想来源以及它与各种传统理论的对立等问题作了初步的论述。《传统的和批判的理论》不过是以前思想的系统化和进一步的发挥。

二、社会批判理论与传统理论的区别

可以把霍克海默1937年所写的《传统的和批判的理论》看作社会批判理论的"宣言"，它最清楚、全面、系统地概括说明了什么是社会批判理论，规定了这种理论的对象、性质、特征、方法、思想来源，等等。同年由他和马尔库塞合写的《哲学和批判的理论》（发表于《社会研究杂志》1937年第6期）则是前一篇文章的进一步补充。

《传统的和批判的理论》一文的中心思想，是发展欧洲哲学史上的批判传统，借助于马克思在政治经济学批判中的某些观点和方法，达到对传统理

---

① ［德］霍克海默：《唯物主义与形而上学》，见《批判理论》，重庆出版社1989年版，第15页。

② ［德］霍克海默：《唯物主义与形而上学》，《批判理论》，重庆出版社1989年版，第30页。

论和一般的社会文化哲学认识的批判,并在与马克思政治经济学的对照中,规定社会批判理论的对象、性质及其基本特征。

霍克海默的文章开门见山地提出"理论是什么"的问题,并回答说,在大多数人眼里,理论是由基本命题和推出命题组成的有逻辑联系的推理系统;理论的真正有效性取决于命题是否符合实际;理论是假说,又是储备起来的认识。正如胡塞尔(E. Husserl)所说的:理论是"一个封闭的科学命题的体系"。霍克海默认为,上述这些看法,正是传统的理论观点,这种对理论的看法与现代哲学的开端相一致,符合笛卡儿(R. Descartes)和穆勒(J. S. Mill)等人的逻辑或方法论的精神。[①] 他处处将传统理论和批判理论加以对照来说明什么是社会批判理论。在霍克海默看来,批判理论与传统理论的对立表现在下列几个方面:

首先,批判理论和传统理论对待理论的基本态度不同。传统理论把研究与价值、知识与行动(即事实与价值、理论与实践)分割开来。"在传统理论思想里,个别事实的起源、思想借以把握事实的概念系统的实际应用以及这类系统在活动中的地位,都被看作是外在于理论思想本身的东西。这种异化用哲学术语表达就是价值与研究、知识与行动及其他极端之间的分离。"[②] 它力图通过纯粹的智力劳动来达到一个没有矛盾的理论,而对现实即资本主义的生产方式采取一种非批判的态度。然而,"大凡理论被弄成自主的东西确立起来,这概念就变成一种具体化的意识形态范畴"[③]。实际上,传统理论把自己置身现代社会据以再生产自身的专门化劳动之中,它屈从于社会的保存和渐进的改革,以使社会实现整合的功能,它倾向于消除社会的不安定和功能失调的因素,所以,传统理论"发挥着肯定的社会作用"[④]。

相反,批判理论则将价值与研究、知识与行动统一起来。批判理论与其说是一种特殊的理论,倒不如说是政治实践的智力部分。在批判理论家看来,理论研究活动,包括事实的整理以及理论的发现、证明、修改和接受等,并不纯粹派生于逻辑和数学即智力上的源泉,它们是一般的社会活动的组成部分,只有把它们放到社会过程中才能得到理解。[⑤] 批判理论是专门为

---

① [德] 霍克海默:《传统的和批判的理论》,《批判理论》,第181—183页。
② [德] 霍克海默:《批判理论》,第199页。
③ 同上书,第187页(译文略有改动)。
④ 同上书,第196页。
⑤ 同上书,第187、196页。

揭露资本主义社会的矛盾而设计的,它是对现存社会的批判,这种批判是通过把自身置于再生产的过程和现行的劳动分工之上来实现的;而批判理论家所关心的是改变现实苦难的条件和加速未来公正社会的实现。因此,批判理论首先是一种立场,其次才是一种特殊的理论。霍克海默还将批判理论和无产阶级联系起来,认为批判理论和无产阶级的关系在于它对社会矛盾的揭示是社会历史的一个促进性和改造性的因素,批判理论成为一种解放性、攻击性和推进性的力量。但是,霍克海默并不把批判理论归属于无产阶级;反之,他认为"即使无产阶级在这个社会的状况,也不是正确认识的保证"①。理论的形成是一回事,思想的对象——无产阶级又是另一回事。若把批判理论归属于无产阶级,则它就变成一种具体的科学了。②

其次,批判理论与传统理论对主客体关系的看法不同。传统理论采取一种主体—客体的认识模式,在这里,主体和客体是严格分开的。作为理论研究主体的人是与社会生活过程相分离的研究者或学者,他们也是彼此孤立的个人,就好像是彼此分离的数学上的点;作为研究客体的事实则纯粹是客观的东西,它们既不受社会实践的影响,也不受主体的理论所渗透或"污染"。所以,霍克海默说:"科学专家研究的客体根本不受他人理论的影响。主体和客体是严格分开的。即使事实证明现实事件最后终究会受人类干预的影响,对科学来说,这也不过是另一个事实而已。客观事件是不依赖于理论的,而这种独立性正是它的必然性的组成部分:观察者不能在客体中造成变化。"③ 这就是传统理论对主体客体关系的看法。

相反,批判理论否认认识主体和客体的决然分离,它主张用一种更广泛的认识模式来代替传统理论的主体—客体模式,在这种模式中,主体和客体被看作是在实践总体内的相互制约和相互转化着的东西。在批判理论看来,作为认识客体的感知的世界是人类活动的结果,是人化的自然,甚至主体的感知方式也是人类生活实践长期发展的产物。人类的意识活动不仅仅是主观的,而且在很大程度上规定着客体。因此,一般说来,批判理论与传统理论的对立,与其说产生于客体的不同,倒不如说产生于主体的不同,对于具有批判思想的人来说,事实并不是纯粹的客观性或外在的东西,而是社会劳动

---

① [德]霍克海默:《批判理论》,第204页。
② 同上书,第205页。
③ 同上书,第217页。

的产物;① 认识的主体不是资产阶级的自我或数学的点,而是处于社会和自然的关系脉络中的特定的个人,主体的活动构成整个社会。②

由此,霍克海默得出批判理论的下述要求:(1)要理解任何专业活动的局限性,尤其是认识活动的局限性,必须把这种认识活动看作整个社会历史实践的一部分;(2)要把整个人类的本质以及人以外的本质,也即社会和自然的相互作用的整个体系看作社会批判理论的对象;(3)认识的主体不是孤立的个人或学术团体,而是作为社会成员的人,而社会则是由这些人组成的有各种规定性的总体;(4)对于认识主体来说,认识的客体不是某种外在的东西,不是纯客观的、不能被主体所中介的东西,而是主体活动的产物。③

再次,两种理论反映了两种不同的认识方式,它们的认识基础和认识方法不同。传统理论以自然科学为基础,并以笛卡儿的演绎逻辑作为方法论。传统理论来自于而且实际应用于专门化的科学,尤其是自然科学。它的目标是建立一个数学符号系统;传统理论要求科学方法论的统一,人和社会的科学以自然科学作为榜样,它致力于预测和结果的有效性。④ 传统理论以笛卡儿的《方法论》作为基本的认识方法,"由笛卡儿创立并广泛运用于特定学科研究的传统意义上的理论,依据产生于当代社会生活的诸种问题组织着人们的经验。得之于各门学科的框架使得知识获得了一种形式,这种形式使得知识在任何特定的情形下都能够为尽可能多的目的服务。而问题的社会根源、科学运用于其中的现实情境以及科学欲以效力的诸种目的,都被科学看作是处于它自身的东西"⑤。

与此相反,批判理论则以古典哲学尤其是形而上学的人本主义作为认识基础,并以马克思的政治经济学批判作为认识方法。它把在其整体性中作为他们自身生活方式的生产者的人作为研究对象,作为科学之出发点的现实情景并不仅仅被看作依照或然律去证实和预见的原始材料,每一原始材料不仅仅依赖于自然,而且还依赖于人类对它施加的力量;批判理论从作为主体或

---

① [德]霍克海默:《批判理论》,第201页。
② 同上。
③ 参见苏联科学院社会学研究所《现代资产阶级理论社会学批判》,中国人民大学出版社1981年版,第201—202页。
④ 参见[德]霍克海默《批判理论》第183—184页。
⑤ [德]霍克海默:《哲学和批判的理论》,参见《批判理论》第230、230—231页。

历史创造者的人开始,并将现实的人的活动与人的内在的可能性加以比较;批判理论无论在其概念形成还是发展的任何阶段上,都极为清醒地将自己对人类活动的合理组织,看作是应以展开和使其具有合法地位的任务。①

霍克海默进而宣称,这种把事实或物质与人类劳动方式联系起来的观点,使得批判理论与从康德开始的德国唯心主义相一致,因为古典唯心主义强调人的能动性,反对对事实的崇拜以及由此带来的社会调和主义。所以,批判理论不仅仅是德国古典唯心主义的后代,而且是从柏拉图和亚里士多德开始的全部哲学的传人。无论批判理论与具体科学的联系有多么广泛,它的目的决非仅仅是增加知识本身,它的目标是把人从奴役中解放出来。这种辩证哲学又使人们清楚地认识到,个人的自由发展依赖于社会的合理建构,它在对当下的社会条件的深刻分析中转化为政治经济学的批判。②

这种从辩证哲学向政治经济学的转变是批判理论形成的一个关键因素,因为霍克海默认为,马克思的政治经济学批判为批判理论提供了根本的方法。他将黑格尔的逻辑学和马克思的政治经济学批判看作辩证方法的两种形式,后者保留了前者方法的革命批判精神,并使之奠定在唯物主义的基础上。政治经济学批判显示出主要的经济学概念转向它们的反面:公平交换变成社会不平等的深化,自由经济转化为垄断的控制,社会财富的日益增长转化为人民的贫困化等。总之,人的确创立了世界,但却是一个异化的世界、资本的世界,唯物主义的理性批判因而变成了对合理公正社会的革命要求。批判理论成为一个关于资本主义社会中人的生活的独特的存在判断。

因此,从认识基础上看,批判理论与传统理论的区别变成了古典哲学或形而上学人本主义与现代科学尤其是自然科学的区别;从认识方法上看,这两种理论的区别则变成辩证方法尤其是政治经济学批判方法与笛卡儿思维逻辑方法的区别。

三、社会批判理论的基本特征

依照霍克海默等人对批判理论的说明以及后来批判理论发展的实际情况,我们概括出批判理论的几个基本特征并加以简要分析。

第一,社会批判理论是以辩证哲学和政治经济学批判为基础而确立起来

---

① [德]霍克海默:《哲学和批判的理论》,参见《批判理论》第230、230—231页。
② 参见[德]霍克海默《批判理论》,第232页。

的社会理论。它既不是纯哲学,又不是纯社会学,而是把哲学与具体科学尤其是社会学、经济学、心理学等学科结合起来的综合性社会理论或社会哲学。按照马尔库塞的说法,法兰克福学派理论是用交叉学科方法探讨当时重大的社会问题和政治问题,它打破学术分工,将社会学、心理学、哲学运用于认识和提出当时的各种问题,并试图做出回答。[①] 法兰克福学派因此批判资产阶级人文科学和社会科学的片面专业化,也批评资产阶级的社会学,认为它已降低到局部科学的水平,难以对社会知识的其他领域起到整体化作用。批判理论采取了以往唯心主义社会—历史哲学尤其是黑格尔的历史哲学的"总体性"研究社会的形式,但它反对唯心主义社会—历史哲学将历史过程从属于先验的哲学范畴,主张以政治经济学批判作为基础,将抽象的理论反思与具体经验研究统一起来,它在综合地研究历史与现实的过程中,实现着哲学理论与人和社会的经验科学的"结合"。因此,从一个角度说,批判理论既不是哲学,又不是社会学;从另一角度讲,它既是哲学,又是社会学。这两种说法都成立。

但是,法兰克福学派对于资产阶级社会—历史哲学的抽象性、普遍性和关于具体的人文和社会科学的片面性和个别性的二律背反,并没有提出具体的解决办法。这个二律背反一直困扰着批判理论家们,这使他们所提出的理论一个个地宣告失败,最后,即使阿多尔诺把这个问题作为他的《否定辩证法》的中心,试图把否定辩证法确定为一种普遍的社会科学方法也无济于事。他们失败的一个主要原因是他们并不真正懂得马克思的政治经济学批判的伟大意义,不了解马克思主义辩证法的实质及其与黑格尔辩证法的联系和区别。他们更不愿承认历史唯物主义是一种真正科学的社会理论,是哲学理论和个别经验科学的辩证统一。

第二,社会批判理论的主要功能是"批判",即从人本主义的立场对现存资本主义制度尤其是它的意识形态以及科学技术进行批判和否定。批判理论家们认为,"批判"乃是黑格尔特别是马克思的理论的实质和主线,但马克思理论的批判的革命实质被恩格斯和第二国际的头头们所掩盖了,他们使马克思主义从批判性和否定性转向实证性和科学性,因此,法兰克福学派的首要任务是恢复马克思主义的批判精神。"真正的理论是批判性的,而不是肯定性的",因为人类的未来依赖于对现存东西的批判态度。[②] 批判理论主

[①] 参见[英]麦基《思想家》,生活·读书·新知三联书店1987年版,第70页。

[②] 参见[德]霍克海默《批判理论》,第250页。

张对现存的东西加以批判，致力于发展批判的辩证思维，"哲学的社会功能在于批判当下普遍流行的东西"①。批判理论要以控制和压迫为主题、以人的自由解放为目标，对当代资本主义社会加以全面的批判，它的任务是深入物的世界去揭示人与人之间的深层关系，从非人的事物下面发现人的根基。这种批判既是政治和经济上的，更重要的是文化和意识形态方面的，后者是更基础的东西。因为批判理论家们认为，在发达的资本主义社会，外在的压迫已被内化，意识形态通过直接欲望的嫁接导致了对个人的欺骗，因而阻止了人的真正的自由发展。对不合理社会的批判，主要不在于人对人的统治，而在于统治自身。因此"批判的主要目的在于防止人类在现存社会组织慢慢灌输给它的成员的观点和行为中迷失方向"②。对发达资本主义意识形态的批判是法兰克福学派社会批判理论最基本的或核心的部分，而对实证主义、工具理性和科学技术的批判则是它的重要内容。

然而，在批判与继承这一二律背反面前，批判理论家却显得束手无策，他们不懂得批判和继承是辩证的矛盾统一关系，他们的批判或否定带有浓厚的形而上学否定观即全盘否定的色彩，而且批判理论家们往往是只破不立，或破多立少，这是整个批判理论的一个重要特征。同时，尽管批判理论家们对资本主义尤其是它的意识形态进行了尖锐的批判，但是，从根本上说，他们只是用批判的武器去代替武器的批判，即用思想批判去代替物质批判，在后期他们逐步将对资本主义制度的批判转移到对科学技术本身的批判。

第三，社会批判理论是一种现代乌托邦理论。批判理论家力图将事实与价值、理论与实践统一起来。他们认为，理论研究活动是整个人类社会实践的一个组成部分，研究客体（事实）是社会实践的产物，研究主体（人）则是处于社会关系和人与自然关系中的社会成员；批判理论不是纯粹的理论，而是政治实践的组成部分，它与无产阶级相联系。在此基础上，批判理论家们力图通过对资本主义的批判，为人们提供一种解放的理论。他们声称，关心人类的未来、致力于人类解放条件的研究、加速合理公正社会的实现是批判理论的最终目标。他们从资产阶级人道主义的立场出发来理解马克思主义的社会主义理论，为人们提供了一幅未来社会的现代乌托邦图画。

但是，事实与价值、理论与实践的关系远比法兰克福的理论家们所理解的要复杂得多，一种真正的革命理论包含着一种关于组织和政治行动的理

---

① 参见［德］霍克海默《批判理论》，第229页。
② ［德］霍克海默：《哲学的社会功能》，见《批判理论》，第250页。

论，所需要的是一种实践—批判的理论。这一点正是批判理论家们所缺乏的。更由于批判理论家抛弃了作为科学社会主义两大基石的唯物史观和剩余价值学说，拒绝把批判理论归属于无产阶级，这就使他们的解放理论失去了可靠的基础和理论的历史依托而显得软弱无能和自相矛盾。后期的批判理论家们离理论和实践统一的道路越来越远，他们最终把异化和不幸归咎于文明的发展，认为人类无法改变自己的悲惨命运，陷入了悲观主义，导致对实践的绝望和戒除，最终与左派造反运动彻底决裂。有人把法兰克福学派称为资产阶级的马克思主义知识分子的终结，一种纯理论的个人事业的终结，这种说法不无道理。总之，批判理论是以资产阶级人道主义为基础的现代乌托邦理论，它从属于整个西方哲学的人本主义思潮。

第四，社会批判理论是以西方"新马克思主义"的传统为导向的。早期的法兰克福学派以马克思主义理论自居，将批判理论和马克思主义看成同义语。在批判理论中的确包含着一些马克思主义的理论成分，但实际上，法兰克福学派对马克思主义的理解是以卢卡奇（G. Lukacs）和科尔施（K. Korsch）等人所开创的西方"新马克思主义"的传统作为基础的。正如研究法兰克福学派的学者戈兰所说的："由霍克海默的纲领所勾描的批判理论和被法兰克福理论家们从20世纪30年代到目前所发展起来的理论，无论如何并不是一种全新的智力的形式，毋宁说它是一种对马克思主义的最哲学化的自我意识形式——青年卢卡奇和科尔施的哲学的极端发展，而卢卡奇和科尔施的哲学又是19—20世纪德国社会学思想，尤其是由韦伯所完成的工作的整个趋势的发展，这一传统关心的主要是'资本主义的合理性'。"

沿着"新马克思主义"的方向，法兰克福学派又力图独树一帜，用黑格尔主义、存在主义、弗洛伊德主义来"补充""修改"马克思主义，将青年马克思与老年马克思、将马克思与恩格斯及列宁对立起来，用前者否定后者。在诸如辩证唯物主义自然观、认识论、唯物史观、剩余价值学说、无产阶级革命和无产阶级专政、社会主义学说等一系列重大的理论问题上违背了马克思主义的基本原则。即使在对资本主义的批判上，马克思主义关于经济基础和上层建筑的关系理论也没有成为社会批判理论的决定性因素。更严重的是，法兰克福学派的一些主要理论家（如晚年的霍克海默、哈贝马斯）已完全站到马克思主义的对立面、公开反对马克思主义。因此，对于以"新马克思主义"自居的法兰克福学派是否属真正的马克思主义，必须加以认真的批判分析。

2-2

法兰克福学派的"新马克思主义"自然观[*]

法兰克福学派既是现代西方哲学人本主义思潮的中坚,又是西方"新马克思主义"的劲旅。在法兰克福学派的社会批判理论中,自然观或人与自然关系的理论是一个重要的组成部分。法兰克福学派的自然观是在"发挥"马克思主义自然观和对科学技术进步条件下人与自然关系的考察的基础上形成的。一方面,批判理论家们继承了卢卡奇等人所开创的"新马克思主义"传统,对马克思的自然理论加以引申和歪曲,制造马克思和恩格斯在自然观上的对立,对恩格斯的自然辩证法进行全面的批判,并在自然与历史、自然观与历史观等关系问题上形成了较系统的理论。另一方面,他们从"新马克思主义"的立场出发,对科学技术进步条件下人与自然的关系加以考察,揭露了在现存社会中科学技术进步给人与自然关系带来的种种异化现象,提出了在未来社会中协调人与自然关系的重要性问题。就其实质而言,法兰克福学派的"新马克思主义"自然观是非马克思主义或反马克思主义的,它的基本理论观点是错误的,但也有一些合理的理论成分,法兰克福学派也提出了一些值得认真研究的问题。本文试图对法兰克福学派的"新马克思主义"自然观做出评述。

一、所谓的"非本体论唯物主义"及对自然辩证法的批判

法兰克福学派首先要排除马克思主义自然观的唯物主义基础,认为在马

---

[*] 原载《自然辩证法通讯》1991年第2期(中国人民大学复印报刊资料《外国哲学与哲学史》1991年第4期转载)。

克思那里，自然的客观实在性是从非本体论的意义上去理解的，恩格斯才从形而上学本体论的意义上去理解。所以，他们认为作为自然观出发点的唯物主义应是"非本体论的唯物主义"，并由此展开对自然辩证法的批判。

早年的霍克海默及马尔库塞在《社会研究杂志》上发表的论文曾把"唯物主义"作为社会批判理论的暂用名，并为唯物主义辩护。但是，他们认为，唯物主义并不意味着物质对意识的本体论上的首要性，它并不束缚在一系列抽象的物质概念上。唯物主义并不仅意味着对现实成问题的看法，它还代表着一系列的观念和实践的态度。① 唯物主义的兴趣并不在世界观或人的灵魂，它所关注的是人由之受苦难的具体条件或时代紧迫的社会问题。② 因此，霍克海默断言："唯物主义的根本特点并不在于它与唯心主义形而上学相对立的那些形式特质，而在于它的社会经济理论内容。"③

弗洛姆则认为，尽管从哲学史上说马克思是一个本体论的唯物主义者，但他对本体论问题不感兴趣。马克思实际上坚决反对当时在许多最进步的思想家（特别是自然科学家）中流行的一种哲学唯物主义，即"那种排除历史过程的抽象的自然科学唯物主义"。马克思所说的"唯物主义基础"只不过是"人类生存的基本条件。"④

施密特在《马克思的自然概念》中承认，马克思的理论"在严格意义上终究是属于唯物主义哲学史的"⑤。但是，他坚持说马克思是从非本体论的意义上去理解自然概念的。施密特认为，在马克思那里，自然既独立于人又以人为中介，自然概念与"全部实在"是同一的，人构成实在的一部分。但是，作为全部实在的自然概念并不导致一种终极的世界观或一种独特的形而上学，而只是标定了这种新的唯物主义活动的思维水平，在施密特看来，自然之所以引起马克思的关注，首先在于它是人类实践的要素。

施密特指出，马克思一开始就承认自然被社会所中介，马克思把从本体论角度所提出的关于最初的人和自然的创造者问题，作为一种抽象的产物而加以拒绝。马克思关心先于人类和社会的自然存在问题，这些问题不是抽象

---

① ［德］霍克海默：《批判理论》，重庆出版社1989年版，第15页。
② 同上书，第30页。
③ 同上书，第43页。
④ ［美］弗洛姆：《马克思关于人的概念》，《西方学者论〈1844年的经济学—哲学手稿〉》，复旦大学出版社1983年版，第26—27页。
⑤ ［德］施密特：《马克思的自然概念》，商务印书馆1988年版，第6页。

地提出的。它们是以对自然作理论和实践的把握的一定阶段作为前提的。在马克思那里，关于人和自然的生成问题，与其说是形而上学问题，还不如说是历史的社会问题。因此，施密特反对恩格斯及苏联东欧哲学对马克思主义所作的本体论解释，说如果马克思的唯物主义像今天仍在苏联和东欧盛行的那样，只是作为一种抽象的世界观的表白的话，则它和那种低劣的唯心主义毫无二致了。施密特得出的结论是："不是所谓的物质这抽象体，而是社会实践的具体性，才是唯物主义理论的真正对象和出发点。"①

从上面的言论中，我们看到，在自然观的出发点问题上，尽管法兰克福学派的理论家们表面上承认自然界的客观实在性或自然界的优先地位，宣称马克思的自然观严格地从属于唯物主义哲学史。但是，他们实际上极力否定唯物主义的基本原则或实质内容，把承认物质第一性、精神第二性的唯物主义原则的理论评定为对本体论或形而上学的唯物主义。他们要求以一种"非本体论的唯物主义"作为自然观的出发点。这种唯物主义不同于那种只关心实在本性、世界观或抽象物质性的本体论唯物主义的特点在于，它是"一种实践和观念的态度"，它关心"人类受苦的条件""社会实践的具体性"，是"社会经济理论"，等等。这就为他们把自然归结为历史、把自然观归结为历史观、把辩证法限于历史领域，为否定马克思主义自然观的世界观性质、否定自然辩证法奠定了基础。

法兰克福学派反对恩格斯关于哲学基本问题的提法。他们明确提出反本体论的唯物主义，却没有明确提出反本体论的唯心主义，在主体客体关系问题上则片面强调主体的能动性，忽视外在客体的优先地位。例如，阿多尔诺断言："尽管客体居首要地位，世界的对象性是表面的……决不能离开主体把客体当作思想来思考，但是，可以离开客体来思考主体。"② 施密特也声称，"物质在一开始就被社会所中介，自然只有同人和社会的目的联系起来才能成为辩证的现实"。换言之，在没有人及社会的情况下，物质和自然就不是辩证的现实了。

在所谓的"非本体论唯物主义"和人（社会）与自然相互渗透或相互中介理论的基础上，法兰克福学派特别是施密特展开了对恩格斯自然辩证法的全面批判。他们把辩证法归结为主体客体的相互作用，将它限制在社会历

---

① ［德］施密特：《马克思的自然概念》，第31页。
② 阿尔多诺：《否定的辩证法》，转引自 B. H. 别索诺夫《在"新马克思主义"的旗帜下的反对马克思主义》，中国人民大学出版社1983年版，第176—177页。

史领域。否定有客观的自然辩证法。他们认定，恩格斯割裂了历史（社会）与自然的关系，把辩证法错误地推广到自然领域，使之变成了一种形而上学的本体论，从而违背了马克思的自然观和历史观。

霍克海默和阿多尔诺都反对物质本体上的首要性，只承认有实践的辩证法或主体客体的相互作用，认为离开主体和客体的关系，就无处谈辩证法，辩证法仅仅是一种社会历史方法。霍克海默把承认自然辩证法、把一般的哲学唯物主义只是评定为形而上学世界观的一个特点，阿多尔诺则指责恩格斯毫无根据地把辩证法变成"解释的普遍原则"，结果"使得物质、自然界非辩证地成为第一存在"①。马尔库塞早在《理性与革命》中就断言，辩证法只是一种历史方法，他说："黑格尔的辩证法过程是一个普遍的本体论过程，在其中，历史是仿效存在的形而上学过程的，反之，马克思却使辩证法同这个本体论基础分开"，"这样，辩证法在其本质上就变成一种历史的方法"②。在施密特看来，恩格斯的自然辩证法背离了马克思的自然观，也背离了他自己早年的自然理论的社会历史性和实践性的观点。热衷于用辩证法的范畴去解释当时的自然科学成果，把辩证法变成一种外在于事实的考察方法；恩格斯将自然与社会历史割裂开来，主张离开人类实践活动的自然概念，因此，恩格斯的自然辩证法是一种自然本体论，是独断的形而上学。

我们认为，马克思的自然观和恩格斯的自然观本质上是一致的。从晚年恩格斯的成熟哲学著作上看，晚年恩格斯在致力创立自然辩证法时，并没有在自然与社会（历史）及实践关系问题上背离马克思的理论立场以及他自己早年的立场，没有切断自然和社会历史实践的密切联系。在《自然辩证法》中，他强调人类实践作为人与自然客体的具体历史的相互作用的意义，认为"人的思维的最本质和最切近的基础，正是人所引起的自然界的变化，而不仅仅是自然界本身"。③ 他将实践或劳动、人对自然的反作用当作人和动物的根本区别；恩格斯明确地反对自然主义的历史观，认为这种历史观的错误在于认为只是自然作用于人，只是自然界到处决定着人的历史发展，而忘记了人也作用于自然界，改变自然界，为自己创造新的生存条件。在自然

---

① ［德］阿尔多诺：《否定的辩证法》，转引自 B. H. 别索诺夫《在"新马克思主义"的旗帜下的反对马克思主义》，中国人民大学出版社 1983 年版，第 176—177 页。

② ［美］马尔库塞：《理性与革命》，纽约英文版，第 314—315 页。

③ ［德］恩格斯：《自然辩证法》，人民出版社 1971 年版，第 25 页。

界中，没有人干预而发生的变化是微乎其微的。①

法兰克福学派反对恩格斯的自然辩证法的最主要理由是，认为恩格斯错误地将辩证法运用于自然界，使辩证法变成一种独断的形而上学本体论，而辩证法主要是历史方法。它只限于主体客体关系或社会历史领域。实际上，这是全部的"新马克思主义者"反对自然辩证法的共同论据。

在解决人与自然或自然与历史、主体与客体的关系以及思维的辩证运动时，必须首先回答人和自然哪个为先、自然本身是否有辩证法的问题，就是说，只有先解决客观辩证法的问题，然后才能解决主观辩证法的问题。主体辩证法或实践辩证法必须以客观的自然辩证法作为前提，否则是不可能的。法兰克福学派尤其是施密特将辩证法仅仅看作历史辩证法，看作主体客体的相互作用，否认自然界本身的辩证法，声称自然界缺少辩证法最本质的要素，辩证法只有在人与自然之间的相互关系中才是可能的；只有产生了人，自然界才是辩证的。由于否认自然辩证法或自然界本身的辩证发展，施密特陷入不可自拔的矛盾和混乱之中，陷入他所批判的唯心主义之中。

事实上，对于恩格斯来说，事情并不在于把辩证法的规律从外部注入自然界，而在于从自然界中找出这些规律并从自然界里加以阐发。恩格斯的自然辩证法当然是世界观，但它以自然科学作为基础，与空洞、思辨、抽象的形而上学本体论无涉，它既不是形而上学体系，也不是霍尔巴赫式的"相互作用"的"自然体系"。

显然，在对待恩格斯的自然辩证法问题上，法兰克福学派承袭了卢卡奇所开创的"新马克思主义"传统。作为"新马克思主义"的始祖，卢卡奇"试图通过对黑格尔辩证法和方法论的革新和扩张来恢复马克思理论的革命性"②。他从实践概念出发来重新解释"历史"，认为马克思主义哲学不是一种与人无关的宇宙本体，而是历史，自然则是一个社会范畴，马克思主义哲学不过是一种社会理论或社会哲学。因此，他批评恩格斯忽视了"历史过程中的主体客体之间的辩证关系"，指责恩格斯错误地把辩证法推广到自然界，使之实体化。后来卢卡奇对此作了自我批评，说《历史和阶级意识》的主要错误是否定了客观的自然辩证法，动摇了"马克思主义的本体论基础"，"忽略和否定了它关于自然的理论"。③ 但后来的新马克思主义者尤其

---

① ［德］恩格斯：《自然辩证法》，人民出版社1971年版，第20页。
② ［匈］卢卡奇：《历史和阶级意识》，重庆出版社1989年版，第25页。
③ 同上书，第20页。

是法兰克福学派根本无视卢卡奇的自我批评，继续利用卢卡奇早年的错误观点来攻击恩格斯的自然辩证法及苏联和东欧的所谓"正统的马克思主义"。但法兰克福学派在反对自然辩证法中，并没有提出多少新鲜的东西。

二、自然与历史——关于如何理解马克思自然观的社会历史性的问题

从所谓"非本体论唯物主义"的立场出发，法兰克福学派展开了自然与历史（社会）、自然观与历史观关系的讨论。他们继承了卢卡奇关于"自然是一个社会范畴"的观点，强调自然与社会（历史）的相互渗透或相互中介、主体客体的相互依赖，认为马克思的自然观的本质特征正是它的社会历史性。然而，他们却把这种观点推向极端，将自然归结为历史，将自然观归结为社会历史观。

霍克海默在《传统的和批判的理论》一文中认为，呈现给个人的世界，在其现有和将来的形式下，都是整个社会活动的产物，我们在周围知觉到的对象——城市、村庄、田野、森林都带有人的作用的痕迹。① 他断言，被判断的对象世界在很大程度上是由一种活动创造出来的，而这种活动本身又是那些帮助个人以概念的方式认识和把握那个对象世界的观念来规定的。②

马尔库塞在《历史唯物主义的基础》一文中则试图通过解释马克思的《1844年的经济学—哲学手稿》来发挥人与自然、历史与自然同化的观点。马尔库塞断言："自然界是历史的一部分：是历史的主体。"③

施密特对这一问题作了详细的论述。在他看来"把马克思的自然概念一开始同其他种种自然观区别开来的东西是马克思自然概念的社会——历史性质"。④ 所以，他说《马克思的自然概念》一书的主题是"试图阐述自然和社会相互渗透的主要情况"。⑤

施密特系统地发挥了他的"自然的社会中介和社会的自然中介"的理

---

① ［德］霍克海默：《批判理论》，第192页。
② 同上书，第194页。
③ ［美］马尔库塞：《自然与革命》（第二章"反革命与造反"），《西方学者论〈1844年经济学—哲学手稿〉》，第145页。
④ ［德］施密特：《马克思的自然概念》，第2页。
⑤ 同上书，第3页。

论（即"相互中介论"）。他认为，马克思的中介理论是他批判费尔巴哈和黑格尔等人的自然观的产物，是新唯物主义自然观区别于其他自然观的一个本质特征。马克思批判费尔巴哈的自然观，把整个人类实践导入认识过程，将人和自然看作实践的辩证要素，才使自然观达到具体性。对于马克思的自然观，"重要的是阐明关于在每时每刻形态中的物的存在的直接性和中介性的具体辩证法"。① 他着重从马克思的后期成熟著作《资本论》及其几个准备性的手稿来展开马克思的中介理论的内容。他说，在马克思看来，"一切社会关系以自然物为中介，反之亦然。这些关系总是人与人之间和人与自然之间的关系"②。

施密特十分重视马克思关于人与自然之间的物质变换的思想，在他看来。"马克思使用物质变换概念就给人和自然的关系引进了全新的理解。"③ 物质变换概念是"马克思对自然整体内部自然与社会相互渗透关系的确切的最好表达"④。马克思的"物质变换"以"自然的人化"和"人被自然化"为内容，其形式被每个时代的历史所规定。

总之，法兰克福学派尤其是施密特断定，使马克思的自然观与以往一切自然观区别开来的本质特征是它的社会——历史性，在马克思那里，没有脱离历史观的独立的自然观，马克思的理论本质上是一种社会历史理论，他的辩证法是一种限于主体客体关系领域的历史辩证法。

那么，应该如何理解马克思关于自然与历史（社会）的关系理论，如何看待他的自然观的社会历史性？法兰克福学派的解释和发挥在多大程度上符合马克思本人的原意呢？

众所周知，马克思的自然观萌发于他在学生时代对古代自然哲学的研究，而真正形成于19世纪40年代。在《巴黎手稿》《神圣家族》《德意志意识形态》《关于费尔巴哈的提纲》等著作中，马克思批判黑格尔等人的唯心主义自然观和费尔巴哈等人的机械唯物主义自然观，用人与自然在劳动或实践中的历史的辩证统一的唯物主义观点代替黑格尔的主体客体在理念中统一的唯心主义观点，代替了费尔巴哈所制造的人与自然或社会与自然分离和对立的、机械的、非历史的和抽象的唯物主义观点。在晚期成熟的经济学著

---

① ［德］施密特：《马克思的自然概念》，第64页。
② 同上书，第66页。
③ 同上书，第78页。
④ 同上书，第79页。

作尤其是《资本论》中,马克思的自然观与经济学密切结合。自然观和历史观相互联系、相互印证是成熟的马克思自然观的显著表现。

马克思从实践或生产劳动的基础上来强调自然与历史或人与自然的相互联系或中介。他说:"从前的一切唯物主义——包括费尔巴哈的唯物主义——的主要缺点是,对事物、现实、感性只是从客体或直观的形式去理解,而不是把它们当作人的感性活动,当作实践去理解,不是从主观的方面去理解。"① 马克思奠定了自己的自然观的社会历史性基础,把实践、劳动作为人(社会、历史)与自然关系的中介,用以证明人与自然的相互作用和相互联系。因为"这种活动、这种连续不断的感性劳动和创造、这种生产,是整个现存感性世界的非常深刻的基础"。②

马克思强调人化的自然和人的自然化的统一。一方面他认为自然是社会的、历史的自然,即人化的自然。人的实践活动从来就不是单纯的人与自然的物质变换关系,它始终"表现为双重关系:一方面是自然关系,另一方面是社会关系"。③ 只有从这两重关系才能真正说明自然的生成,自然的本质和自然的特征。另一方面,马克思将历史看作自然的历史,将人看作自然化的人。人在"人化"自然界的同时,也"人化着"自己的感情、意识和语言,"人的感觉、感觉的人性,都只是由于它的对象的存在,由于人化的自然界,才产生出来的"④。马克思认为,过去的一切历史观最根本的缺陷是忽视了物质实践活动这个现实的基础,这样,就把人对自然界的关系从历史中排除掉,因而造成了自然和历史之间的对立。⑤

由此可见,马克思在社会实践或生产劳动的基础上,历史地再现了人与自然或自然与社会(历史)、自然史与社会史、自然观与历史观的辩证统一关系。马克思反对将这些关系割裂开来,他的自然观具有社会历史性的本质特征。然而,马克思在处理这些关系的时候,时刻没有忘记唯物主义的基本原则,没有忘记自然的客观实在性或自然作为物质的先在性。⑥ 他的历史观是以正确处理人(社会)与自然关系的辩证唯物主义自然观作为前提的,

---

① 《马克思恩格斯全集》第 3 卷,第 3 页。
② 同上书,第 50 页。
③ 同上书,第 33 页。
④ 《马克思恩格斯全集》第 42 卷,第 126 页。
⑤ 《马克思恩格斯全集》第 3 卷,第 44 页。
⑥ 同上书,第 50 页。

而他的自然观则结合着唯物史观和经济学的理论成分。

法兰克福学派尤其是施密特在解释和发挥马克思的自然观时,强调马克思自然观的社会历史性,反对将社会实践等同于自然过程,重视在实践基础上理解人(社会)与自然的统一关系,提出自然与社会或人与自然的相互渗透或相互中介的观点。这有合理成分。他们在一定程度上恢复了马克思主义自然观的社会历史性和实践性,指出了马克思的自然观与历史观的相互联系。这对于那种割裂马克思主义自然观和历史观的内在联系,将马克思主义哲学体系看作彼此分立的两大块的错误做法,无疑是一种解毒剂。法兰克福学派敏锐地抓住了马克思主义哲学中的一个最基本问题,即如何理解马克思主义的自然观和历史观的关系问题:在马克思主义那里,唯物史观点是唯物辩证法在历史领域的一个运用呢?抑或马克思主义的历史观和自然观是一个东西?这是一个长期没有得到解决的问题,也是苏联和东欧的哲学(所谓的"正统马克思主义")和"新马克思主义"(所谓的"实践派")斗争的理论焦点。法兰克福学派使这些问题更尖锐化了。

问题在于,法兰克福学派形而上学地理解马克思关于人与自然或自然与历史(社会)、自然史与人类史以及自然观和历史观统一的思想,只强调统一,而忽视了差别;在强调自然与历史(社会或人)统一时,用历史吞并自然;在强调实践在人与自然关系中的地位时,用实践主体吞并实践客体;在强调自然观和历史观统一的时候又用历史观(社会本体论或社会辩证法)否定自然观(自然本体论或自然辩证法)。法兰克福学派夸大了马克思自然观的社会历史性一面,而否定了其强调自然的客观实在性一面,他们局限在社会辩证法的范围内去解决主体客体、人与自然的关系问题,而且往往切断了实践与自然的联系,从而排除了历史观或社会辩证法(社会本体论)的客观性,使历史观或社会辩证法和实践的辩证法失去了唯物主义基础,陷入抽象化和主观化。因此,不能彻底坚持马克思主义自然观的唯物主义立场,不能全面理解马克思主义实践观的实质,不了解社会实践是"社会本体论"对"自然本体论"的扬弃,是法兰克福学派尤其是施密特在自然观问题上常常违背马克思主义理论的失足之处。

三、对科学技术进步条件下人与自然关系的考察

对科学技术进步条件下人与自然关系的考察是法兰克福学派的"新马克思主义"自然观的一个重要内容。从20世纪40年代开始,霍克海默和阿

多尔诺等人便日益用人对自然的冲突来代替马克思主义的阶级斗争学说。

霍克海默和阿多尔诺在《启蒙的辩证法》中讨论了科学技术进步对人与自然关系的影响,讨论了人对自然统治与人对人统治的关系问题。该书描述了启蒙蜕变为神话的辩证历程,认为启蒙的目标或动机是借助知识去确立人对自然的主权,启蒙并不把自然作为与人和解或协调发展的对象,而是当作掠夺和统治的对象。因此,启蒙是极权主义的,它要求自然服从人的统治或支配。这种对自然的主权的启蒙精神在培根那里得到了充分的体现。然而,启蒙并不仅仅是近代的产物,它可以追溯到古希腊神话和荷马史诗之中。启蒙的进一步发展,突破了神话幻想,它要战胜神话,获得对自然的实际的支配。因此,理性与技术结合为工具理性,并逐步获得了支配地位,它把普遍性和单一性强加给自然,人终于获得对自然的实际的支配。然而,对自然的控制最终导致人对人的控制,这正是启蒙自身发展的不可抗拒的逻辑。

在《理性之蚀》中,霍克海默认为,资产阶级文明以三重统治为特点:第一,对物理自然的统治;第二,人对人的统治;第三,人对自然的统治。这三个过程是历史地、内在地交织着的,"人努力征服自然的历史也就是人征服人的历史"。[①] 但是,这种对自然的征服并不是平滑地进行的,它必定遇到自然的反抗,伴随着从自然中产生的抵抗和冲突。这种冲突一开始就以社会造反的形式,也以个人犯罪和精神失常的形式困扰着文明。[②]

与霍克海默一样,马尔库塞认为"对人的统治是通过对自然的统治来实现的",[③] "在剥削社会中,对自然的损害加剧了对人的损害"。[④]

在马尔库塞看来,既然人对人的统治依赖于人对自然的统治,那么人的解放同样依赖于自然的解放,他认为有两种对待自然的方式,它们分属于两种社会形式:一种是用一种作为损害手段的科学方式对付自然,而不是把自然作为一种"保存物"加以保护而任其独立发展。这只是为了达到控制自然的目的,把自然当作无价值的原材、物质,这属于一种特殊的社会形式,另一种是用科学技术来保护自然并重建生活环境,让自然自由发展,这属于

---

① 霍克海默:《理性之蚀》,纽约英文版1947年版,第105页。
② 霍克海默:《理性之蚀》,第97页。
③ [美] 马尔库塞:《自然与革命》,《西方学者论〈1844年经济学—哲学手稿〉》,第146页。
④ 同上书,第144页。

一种（未来的）自由社会形式。①

我们应该如何评价法兰克福学派关于科学技术进步条件下的人与自然关系的论点（尤其是关于自然观和人的自由解放问题上的观点）呢？

首先需要指出，法兰克福学派关于科技进步条件下人与自然关系的学说是有可取之处的，它包含有某些合理的理论成分，提出了一些需要认真加以研究的问题。其一，法兰克福学派无疑感受到了时代的脉搏，敏锐地抓住了因科学技术革命进步而日益摆上重要位置的关于人与自然关系这一重大的现实和理论课题，并且把眼光转向马克思，试图从马克思的著作中寻找解决问题的答案，客观上展现了马克思的理论对解决当代现实及理论问题的意义和威力，这种理论立场是可贵的。其二，法兰克福学派客观上揭露和批判了资本主义社会中人与自然的异化关系以及这种异化关系给人所带来的严重危害。其三，法兰克福学派提出了（未来自由社会中）人和自然协调发展以及自然的解放对于人的自由解放的重要性问题。法兰克福学派强调人对自然的关系不应是统治关系，而应是一种平等发展关系，应该使自然得到解放，让它自由发展，人只能顺应自然，只有这样，人自身的自由和解放才有可能。

但是，法兰克福学派关于科技进步条件下人与自然关系的基本理论是错误的，法兰克福学派在这个问题上的失足之处，首先在于他们离开社会的生产方式尤其是生产关系去抽象谈论科技进步条件下人与自然关系，尤其是人对自然的统治和人对人的统治、人的解放与自然解放的关系，把科学技术看作超时间、超历史地造成人与自然关系异化的根源。

人和自然关系或矛盾是贯穿于人类历史发展始终的一个基本关系或基本矛盾。人与自然的关系和人与人的关系（社会关系）是相互交织着的。马克思主义将科学技术看作一种伟大的革命力量，将人对自然的改造和控制能力的提高、生产力的高度发展看作人类由必然王国向自由王国飞跃的基本前提或物质保证。马克思主义认为，人对自然的控制能力的增强为人对人统治的加剧所伴随，只是资本主义社会的特有现象，而人与自然关系的真正协调、人的自由解放只有在社会主义社会或共产主义社会中才能实现。法兰克福学派离开资本主义的生产方式一般地谈论人对自然的统治与人对人统治的相伴随的必然性，离开社会主义或共产主义和生产力的高度发展去抽象地讨论自然的解放和人的解放的关系，从而陷入谬误。

---

① [美] 马尔库塞：《自然与革命》，《西方学者论〈1844年经济学—哲学手稿〉》，第146页。

法兰克福学派的又一失足之处，是他们不懂自由与必然关系的辩证法。马克思主义从自由和必然关系的角度看待人的自由解放问题，强调自由是对必然的认识和改造。马克思把个人的真正自由同生产力及与之相适应的生产关系的发展水平联系起来。在这种生产关系下，"作为目的本身的人类能力的发展，真正的自由王国，就开始了。但是，这个自由王国只有建立在必然王国的基础上，才能繁荣起来"。① 在马克思看来，随着人类历史的推移、实践的发展，人化自然即必然性王国会不断扩大，但人无论如何也不能摆脱必然性，而只能认识必然，自觉地、创造性地掌握利用它。恩格斯与马克思同样认为人类统治自然界必然性的自由应当归结为对自然规律的认识和对它们的正确运用，他说："决不象征服者统治异民族一样，决不象站在自然界以外的人一样，——相反地，我们连同我们的肉、血和头脑都是属于自然界，存在于自然界的；我们对自然界的整个统治，是在于我们比其他一切动物强，能够认识和正确运用自然规律。"② 法兰克福学派基本上是抛开必然性来谈论自由的。

最后，法兰克福学派是从人本主义和浪漫主义的立场上来讨论科技进步条件下的人与自然的关系。人本主义是法兰克福学派社会批判理论的基石，也是它的人与自然关系理论的出发点。问题在于，法兰克福学派脱离人所处的具体历史环境，脱离人的社会关系和阶级关系去看待人，使人变成抽象的、一般的人。同时，法兰克福学派的人与自然关系理论具有明显的浪漫主义色彩，法兰克福学派往往带着伤感来看持人与自然的关系，把人与自然关系的异化现象归之于科学技术的进步，具有明确的反科学主义倾向。

总之，法兰克福学派的"新马克思主义自然观"是颇为复杂的，它从马克思主义出发，却离开了马克思主义；它的许多基本理论是错误的，但也不乏合理的见解。面对这样一个良莠杂陈的学说，我们必须加以认真的分析批判，这对于我们捍卫和发展马克思主义自然观无疑具有借鉴作用。

---

① 《马克思恩格斯全集》第25卷，人民出版社1974年版，第927页。
② 《马克思恩格斯全集》第20卷，第519页。

2-3

法兰克福学派关于自然与历史关系的理论[*]

如何看待马克思的自然观及其与社会历史观的关系，是马克思主义哲学中的一个十分重要的问题。以法兰克福学派为代表的"新马克思主义"认为，在马克思那里，自然的客观实在性是从非本体论的意义上去理解的，只有恩格斯才从形而上学本体论的意义上去理解。从所谓的"非本体论唯物主义"的立场出发，法兰克福学派尤其是 A. 施密特展开了自然与历史以及自然观与历史观关系的讨论。他们继承了卢卡奇关于"自然是一个社会范畴"的观点，强调自然与历史或社会是相互渗透、互为中介的，强调主体与客体的相互依赖。在他们看来，马克思的自然观的本质特征正是它的社会历史性，马克思的自然观和历史观是一个东西。法兰克福学派的这种"新马克思主义"的自然观究竟有多大的合理性？本文试图回答这个问题。

一、法兰克福学派对自然与历史关系的理解

强调自然与社会的相互渗透，强调自然的人化或社会化，这是法兰克福学派一向的观点。作为这一学派创立人之一的霍克海默，早在《传统的和批判的理论》一文中就认为，呈现给个人的世界，在其现有和将来的形式下，都是整个社会活动的产物，我们在周围知觉到的对象——城市、村庄、田野、森林都带有人的作用的痕迹。① 他又说，在文明的高级阶段，人类的意识活动不但无意识地决定着知觉的主观方面，而且在很大程度上也决定着

---

* 原载《中国人民大学学报》1990 年第 6 期（中国人民大学复印报刊资料《外国哲学与哲学史》1990 年第 12 期转载）。

① ［德］霍克海默：《批判理论》，重庆出版社 1989 年版，第 192 页。

客体……在这个复杂的总体里,无法详细地区分出什么东西属于无意识的自然,什么东西属于人的社会活动,在经验的自然对象有问题的地方,甚至连这些对象的自然性也要通过与社会领域的对比来规定;就此而论,这些对象的自然性也依赖于社会领域。① 因此,他断言,被判断的对象在很大程度上是由一种活动创造出来的,而这种活动本身又是那些帮助个人以概念的方式认识和把握那个对象世界的观念来规定的。②

法兰克福学派的著名代表马尔库塞在《历史唯物主义的基础》一文中则试图通过解释马克思的《1844年经济学—哲学手稿》来发挥人与自然、历史与自然同化的观点。在解释马克思的"自然是人的工具"这一命题时,他说,在自由活动中,人重新产生了整个自然界,并且通过改造和占有世界,使自然和他自己的生命一起得以发展,从而人的生命历史在本质上同时也就是人的对象世界和"整个自然界"的历史,人并不是存在于自然界之中,而自然界也不是由于自己的本性而必须首先进入外部世界,人就是自然界,自然界是人的表现,在人的历史中,自然界就是"人的自然",而人自己则是"人的自然界"。③ 在解释马克思的"历史是人的真正自然史"等命题时,他又说,对象性的世界是一个历史的现实,不仅人在历史中生成,而且自然界在它不脱离人的本质,作为人的对象性而言也是在历史中形成,因此,人的历史同时也是整个自然界的过程,人的历史是整个自然界的生产和再生产。④ 于是,马尔库塞断言:"自然界是历史的一部分,是历史的主体。"⑤

法兰克福学派的另一个主要人物施密特对这一问题作了详细的论述。在他看来,"把马克思的自然概念一开始同其他种种自然观区别开来的东西是马克思自然概念的社会—历史性质"。⑥ 所以,他的《马克思的自然概念》一书的主题是"试图阐述自然和社会相互渗透的主要情况"。⑦

施密特系统地发挥了他的"自然的社会中介和社会的自然中介"的理论(即"相互中介论")。他认为,马克思的中介理论是他批判费尔巴哈和黑格尔等人的自然观的产物,是新唯物主义自然观区别于其他自然观的一个

---

① [德]霍克海默:《批判理论》,第193页。
② 同上书,第194页。
③ 参见《西方学者论〈1884年经济学—哲学手稿〉》,复旦大学出版社1982年版,第109页。
④ 同上书,第116—117页。
⑤ 同上书,第145页。
⑥ [德]施密特:《马克思的自然概念》,商务印书馆1988年版,第2页。
⑦ 同上书,第8页。

本质特征。马克思批判费尔巴哈的自然观，把整个人类实践导入认识过程，将人和自然看作实践的辩证要素，才使自然观达到具体性。虽然马克思和费尔巴哈一样讲"外部自然界的优先地位"，但他批判地保留了一切这种优先地位只能存在于中介之中的说法。马克思不是从本体论、无中介的纯客观意义上来理解自然的，他将自然既看作存在着的万物的总体，又看作人的实践的要素，在工业中，人与自然通过社会实践的中介达到统一。施密特又认为，马克思的中介理论是马克思对唯心主义中所包含的真理的批判性的吸取，马克思并不像费尔巴哈那样抽象地责难黑格尔的唯心主义，而是看到唯心主义的神秘形式下所包含的"世界以主体为中介"的合理性成分。马克思把自然和一切关于自然的意识都同社会生活过程联系起来，既坚持了唯物主义，又克服了费尔巴哈自然主义一元论的抽象性；马克思坚持作为中介主体的人是实在的组成部分，所以，他关于直接事物的中介性观点并不导致唯心主义。①

因此，施密特认为，对于马克思的自然观，"重要的是阐明关于在每时每刻形态中的物的存在的直接性和中介性的具体辩证法"。② 他着重从马克思的后期成熟著作《资本论》及其几个准备性的手稿来展开马克思的中介理论的内容。他说，在《资本论》中马克思独特地发现了物化在商品形式中的历史关系，他力求从现实的经济外观去发现隐藏在其中的本质即人的社会关系。在马克思看来。"一切社会关系以自然物为中介，反之亦然。这些关系总是人与人之间和人与自然之间的关系。"③ 而在《资本论》的草稿中，马克思则"更多的使用哲学范畴，使得自然存在于人和依存于人的关系这个难题得以展开"。④

施密特十分重视马克思关于人与自然之间的物质变换的思想，在他看来，"马克思使用物质变换概念就给人和自然的关系引进了全新的理解"⑤。物质变换概念是"马克思对自然整体内部自然与社会相互渗透关系的确切的最好表达"。⑥ 施密特指出，在《巴黎手稿》中，由于受费尔巴哈和浪漫

---

① ［德］施密特：《马克思的自然概念》，第14—17页。
② 同上书，第64页。
③ 同上书，第66页。
④ 同上书，第69页。
⑤ 同上书，第78页。
⑥ 同上书，第79页。

派的影响，马克思提出了自然主义＝人本主义这样一个明显的公式；而在后期成熟的经济学著作中，马克思则认识到，自然和人的斗争可以改变，但不能废除，他使用了非思辨的、具有自然科学色彩的"物质变换"这一唯物主义概念来对此加以论证。马克思的"物质变换"以"自然的人化"和"人被自然化"为内容，其形式被每个时代的历史所规定。一方面，由于人把自然物中"沉睡的潜力"解放出来，拯救了它，把死的自在之物转变为为我之物。从某种意义上说，就是人延长了依据自然史产生的自然对象的系列，使之在质的最高阶段上延续。通过人的劳动，自然进一步推进了自己的创造过程。因此，这种变革的实践不只具有"社会的"意义，而且具有"宇宙的"意义。① 另一方面，正如不依赖于人的自然过程在本质上是物质和能量的转换一样，人的生产也不能置之于自然关联之外，自然和社会并不是僵死的对立的。在马克思看来，进行社会活动的人作为一种自然力与自然的物质相对立，为了在对自身生活有用的形式上占有自然物质，人就使他身上的自然力——臂和腿、头和手活动起来，当他通过这种活动作用于他身外的自然，并改变自然时，也就同时改变了他自身的自然，所以，人使他的本质力量和被加工的自然物同在，这就是人被自然化。②

施密特指出，如同一切自然被社会所中介一样，社会作为整个现实的构成要素，也被自然所中介，这种联系就是马克思的自然思辨的特征。马克思把"一切自然存在"都看作人的劳动加工过的、滤过的，是社会劳动的产物，强调人和自然以实践为中介的高度的统一，自然是社会范畴，反过来社会也是自然范畴；自然和人、自然和历史是不可分离的，因而，马克思的自然概念具有"社会历史性质"。从这种立场出发，施密特既批判恩格斯，又批判卢卡奇。说恩格斯试图把辩证法扩展到人类以外的自然界，这有巨大的影响，但恩格斯将自然和历史对立起来，使它们成为两个分离的领域，背离了马克思的自然理论，倒退到独断的形而上学；而卢卡奇首先要求把辩证法限制在社会历史领域，正确地指出自然及一切对自然的意识受历史的制约，这是他的功绩，但他把自然消融到社会历史中，陷入新黑格尔主义的"现代"观点中去。③

施密特反复强调，既然一切自然存在都是实践的产物，那么，就不能离

---

① ［德］施密特：《马克思的自然概念》，第76页。
② 同上书，第77页。
③ 同上书，第66页。

开人的实践去看待自然。虽然马克思所说的自然仍然保留着唯物主义的优先地位，但这种优先性也只能存在于人的实践及人的意识对自然的"中介"之中。人和自然都是实践的要素，随着工业的发展，自然在社会活动中的地位不断降低，它的客观性"逐渐纳入主观性之中"。凡是能被认识的东西，都是主体所创造的东西，正因此，唯物主义才不应以抽象的物质，而应以实践的具体性作为自己的真正对象和出发点。

施密特还发挥了马克思关于自然史和社会史相统一的思想。他说，马克思把"社会经济形态发展"看作一个自然历史过程，这是从严格的必然性来看待历史过程的，是与先验构成和心理解释无涉的。当然，马克思承认社会规律的特殊性，他和恩格斯一样认为自然史和社会史的区别在于，后者是人创造的，前者则不然。"在马克思看来，自然史和人类史则是在差别中构成统一的，他既没有把人类史溶解在纯粹的自然史之中，也没有把自然史溶解在人类史之中。"① 因此，一方面要看到社会史是"自然史的一个现实部分"；另一方面又不能忽视自然史过程和社会史过程之间的种种差异。"总之，只有在以有意识的主体创造的人类历史为前提的时候，才谈得上自然史，自然历史是人类历史溯往的延长。"②

总之，通过大量引证和解释马克思的著作，法兰克福学派尤其是施密特断定，使马克思的自然观与以往一切自然观区别开来的本质特征是它的社会—历史性。因此，在马克思那里，没有脱离历史观的独立的自然观，马克思的理论本质上是一种社会历史理论，他的辩证法是一种限于主体客体关系领域的历史辩证法。

二、对法兰克福学派自然与历史关系理论的批判

应该如何理解马克思关于自然与历史（社会）关系理论，如何看待他的自然观的社会历史性？法兰克福学派的解释和发挥（尤其是施密特提出的"相互中介说"）在多大程度上符合马克思本人的原意呢？要解决这些问题，唯一的出路是回到马克思，看看他本人是如何论述的。

马克思的自然观萌发于他在学生时代对古代自然哲学的研究，在这一时期的著作（尤其是博士论文《论德谟克利特的自然哲学与伊壁鸠鲁的自然

---

① ［德］施密特：《马克思的自然概念》，第38页。
② 同上书，第39页。

哲学的差别》以及有关伊壁鸠鲁自然哲学的笔记）中，马克思讨论了人与自然（环境）相互关系的辩证法，自由意志与客观实在性的关系问题。这一时期马克思的自然观带有强烈的无神论色彩，但尚未摆脱黑格尔的唯心主义束缚，马克思的自然观真正形成于19世纪40年代，在《巴黎手稿》《神圣家族》《德意志意识形态》《关于费尔巴哈的提纲》等著作中，马克思批判黑格尔等人的唯心主义自然观和费尔巴哈等人的机械唯物主义自然观，用人与自然在劳动或实践中的辩证统一的唯物主义观点代替黑格尔的主体客体在理念中统一的唯心主义观点，代替费尔巴哈所制造的人与自然或社会与自然分离和对立的、机械的、非历史的和抽象的唯物主义观点。在这一时期，他使自然观摆脱哲学思辨而把它放到社会历史和经济学上去考察，自然观开始立于经济学的基础上。在晚期成熟的经济学著作尤其是《资本论》中，马克思的自然观与经济学密切结合，自然观和历史观相互联系、相互印证，这是马克思成熟的自然观的显著表现。

马克思从实践或生产劳动的基础上来强调自然与历史或人与自然的相互联系或中介。他说："从前的一切唯物主义——包括费尔巴哈的唯物主义——的主要缺点是，对事物、现实、感性只是从客体或直观的形式去理解，而不是把它们当作人的感性活动，当作实践去理解，不是从主体的方面去理解。"① 马克思奠定了自己的自然观的社会历史性基础，把实践、劳动作为人（社会、历史）与自然关系的中介，用以证明人与自然的相互作用和相互联系。他认为，自然既不能理解为纯粹的主观意识，也不能理解为纯粹的客观自然。它必须从实践或生产劳动的方面来理解，因为"这种活动、这种连续不断的感性劳动和创造、这种生产，是整个现存感性世界的非常深刻的基础"。② 他认为，关于脱离人的活动、脱离实践而存在的辩证或非辩证的结构问题，纯粹是经院哲学的问题。马克思把实践或劳动评价为"人以自身的活动来引起、调整和控制人和自然之间的物质变换的过程"③。在历史的进程中，由于劳动的产生和发展，人才日益摆脱自然的局限性，导致人（社会或历史）与自然的真正统一。人通过实践或劳动创造对象世界，再生产整个世界，并使自己成为社会存在物。"通过实践创造对象世界，即改造无机界，证明了人是有意识的类存在物，也就是这样一种存在物，它把

---

① 《马克思恩格斯全集》第3卷，第3页。
② 同上书，第50页。
③ 《马克思恩格斯全集》第23卷，第201—202页。

类看作自己的本质，或者说把自身看作类存在物。"①

马克思强调人化的自然和人的自然化的统一。一方面他认为自然是社会的、历史的自然即人化的自然。他说，费尔巴哈在其中生活的那个自然界是"人化的自然"。这种人化的自然是直接与人的社会实践活动相关的，而人的实践活动从来就不是单纯的人与自然的物质变换关系，它始终"表现为双重关系：一方面是自然关系，另一方面是社会关系"②。只有从这两重关系才能真正说明自然的生成、自然的本质和自然的特征。马克思指出，与自然相对的人是通过劳动支配和占有自然界的人，与人相对的自然界是人通过劳动创造、占有和再生产的自然界，是人化的自然③；人把自然界纳入劳动过程，作为"劳动本身的要素"或"劳动的自然要素"④；因此，"整个所谓世界历史不外是人通过人的劳动而诞生的过程，是自然界对人说来的生成过程"⑤；"在人类历史中即在人类社会的产生过程中形成的自然界是人的现实的自然界"⑥；离开人而"被抽象地孤立地理解的、被固定为与人分离的自然界，对人说来也是无"。⑦ 马克思断言，自然（感性世界）绝不是某种开天辟地以来就存在的、始终如一的东西，而是工业和社会状况的产物，是历史的产物，是人世代活动的结果。⑧

另一方面，马克思将历史看作自然的历史，将人看作自然化的人。他指出自然界对人的影响：人在"人化"自然界的同时，也"人化着"自己的感情、意识和语言，"人的感觉、感觉的人性，都只是由于它的对象的存在，由于人化的自然界，才产生出来的"⑨。马克思认为，过去的一切历史观最根本的缺陷是忽视了物质实践活动这个现实的基础，这样，就把人对自然界的关系从历史中排除掉了，因而造成了自然和历史之间的对立。⑩ 实际

---

① 《马克思恩格斯全集》第 42 卷，第 96 页。
② 《马克思恩格斯全集》第 3 卷，第 33 页。
③ 《马克思恩格斯全集》第 42 卷，第 98 页。
④ 同上书，第 114 页。
⑤ 同上书，第 131 页。
⑥ 同上书，第 128 页。
⑦ 同上书，第 178 页。
⑧ 《马克思恩格斯全集》第 1 卷，第 48 页。
⑨ 《马克思恩格斯全集》第 42 卷，第 126 页。
⑩ 《马克思恩格斯全集》第 3 卷，第 44 页。

上，"在工业中向来就有那个很著名的'人和自然的统一性'"①，历史本身就是自然史的即自然界成为人的这一过程的现实的部分。

由此可见，马克思在社会实践或生产劳动的基础上，历史地再现了人与自然或自然与社会（历史）、自然史与社会史、自然观与历史观的辩证统一关系。马克思反对将这些关系割裂开来，他的自然观具有社会历史性的本质特征。然而，马克思在处理这些关系的时候，时刻没有忘记唯物主义的基本原则，没有忘记自然的客观实在性或自然作为物质的先在性；他在强调实践作为自然与社会、人与自然统一的中介或桥梁的时候，并没有因为自然是实践的对象或实践的因素而用人的主体性去吞并自然的客观性：他没有把自然仅仅看作一个社会范畴，在强调自然观和历史观统一的时候，并没有用历史观去吞没自然观，否定自然观的世界观意义或独立存在的合法性，毋宁说，他的历史观是以正确处理人（社会）与自然关系的辩证唯物主义自然观作为前提的，而他的自然观则结合着唯物史观和经济学的理论成分。

法兰克福学派尤其是施密特在解释和发挥马克思的自然观时，强调马克思自然观的社会历史性，反对将社会实践等同于自然过程，重视在实践基础上理解人（社会）与自然的统一关系，提出自然与社会或人与自然的相互渗透或相互中介的观点，这有合理的成分。他们在一定程度上恢复了马克思主义自然观的社会历史性和实践性，指出了马克思的自然观与历史观的相互联系，这对于那种割裂马克思主义的自然观和历史观的内在联系，将马克思主义哲学体系看作彼此分立的两大块的错误做法，无疑是一种解毒剂。

问题在于，法兰克福学派形而上学地理解马克思关于人与自然或自然与历史（社会）、自然史与人类史以及自然观与历史观统一的思想，只强调统一，而忽视了差别（尽管表面上施密特也承认自然和社会历史存在着差别，并反对卢卡奇将自然看作一个历史范畴的观点）。在强调自然与历史相统一时，用历史吞并自然；在强调实践在人与自然关系中的地位时，用实践主体吞并实践客体；在强调自然观和历史观统一的时候，又用历史观（社会本体论或社会辩证法）否定自然观（自然本体论或自然辩证法），否定了马克思的自然观的世界观意义；将承认自然的客观性和自然辩证法当作本体论的残余来加以拒绝。法兰克福学派片面夸大了马克思自然观的社会历史性一面，而否定了其强调自然的客观实在性一面；他们局限于社会辩证法的范围内去解决主体客体、人与自然的关系问题，而且往往切断了实践与自然的联

---

① 《马克思恩格斯全集》第 3 卷，第 49 页。

系，从而排除了历史观或社会辩证法（社会本体论）的客观性，使历史观或社会辩证法和实践的辩证法失去了唯物主义基础，陷入抽象化和主观化。因此，不能彻底坚持马克思主义自然观的唯物主义立场，不能全面理解马克思主义实践观的实质，不了解社会实践是"社会本体论"对"自然本体论"的扬弃，这是法兰克福学派尤其是施密特在自然观问题上常常违背马克思主义理论的失足之处。

应当指出，施密特与法兰克福学派的其他代表人物如马尔库塞在对待马克思前后著作及思想的态度是有差别的。马尔库塞等人主张把晚年马克思的思想还原为青年马克思的著作（特别是《巴黎手稿》）中的人本主义思想。施密特明确反对这种观点，他说："作者对西欧流行的具有存在主义与神学色彩的种种倾向提出挑战，这种倾向想把马克思的学说还原成（结果上）以非历史的、早期著作（特别是1844年的《巴黎手稿》）的异化问题为中心的'人本主义'。"① 施密特在研究马克思的自然观时，把重点放在马克思的后期著作上，主张从成熟时期的马克思的社会历史理论和经济学著作（特别是《资本论》）来考察马克思的自然概念，而在采用马克思的早期著作中的论点来说明问题时，作者关心的是"弄清楚早期著作对于形成中期与成熟时期的马克思的明确关系"，而不是"还原成这些早期著作所阐述的巴黎手稿的人本主义"。② 他认为不能把马克思的工作分割为没有联系的两个部分，强调马克思后期的思想远远超越了《手稿》中的抽象、幻想的人本主义，而只有从成熟的马克思的立场出发，才能完整地评价《巴黎手稿》。从后期的成熟著作探讨马克思的自然观，这的确是《马克思的自然概念》一书的一个显著特点。不管施密特的理论分析的正确性程度如何，他的这种对待马克思前后期著作及其思想的态度是可取的。

总之，法兰克福学派尤其是施密特在解释和发挥马克思的自然观时，提出自然与社会或人与自然相互渗透、相互中介的观点，这一观点具有其合理的成分，在一定程度上恢复了马克思主义自然观与社会历史观的内在联系。但是，法兰克福学派在强调自然与社会的统一时，用历史吞并自然，将承认自然的客观实在性和自然辩证法当作本体论的残余加以拒绝，从而不能全面理解马克思主义自然观和实践观的实质。

---

① ［德］施密特：《马克思的自然概念》，第213页。
② 同上书，第4页。

2-4

法兰克福学派的"批判科学哲学"*

对实证主义的批判是法兰克福学派主要代表人物共同的和永恒的理论主题。法兰克福学派将它看作传统理论的突出表现,当作批判理论的对立面来加以批判。从其形成起,实证主义便成为法兰克福学派攻击的主要目标。批判理论家们对实证主义流派批判的侧重点是有所不同的。霍克海默重点攻击逻辑经验主义;阿多尔诺着重反对社会学中的实证主义方法;马尔库塞主要针对日常语言分析哲学;哈贝马斯把批判的矛头直指第一、二代的实证主义。但是,他们对各种实证主义流派批判所涉及的主要问题是大致相同的。下面,我们将从问题的角度来评述法兰克福学派对实证主义的批判。

一、反对经验主义:驳事实"中立性"观点

经验主义原则是实证主义的基石,它理所当然地成为法兰克福学派攻击的首要目标。法兰克福学派认为,实证主义从经验主义原则出发,坚持事实的中立性观点;宣称"存在着的不过是事实"①,"科学不外是安排或重新安排事实的体系"②;它割裂了理论与实践、主体与客体、价值与事实的联系,排除了理论活动中的主观或价值的因素。

首先,法兰克福学派指出,不受主观价值因素影响,不受知识、理论所中介的经验事实是不存在的,经验事实的所谓的"中立性"只不过是实证主义的主观幻想。霍克海默提出三个基本论点来驳斥实证主义的事实中立性观点:(1)经验事实为知识或理论所中介。他说:"经验、'给予的东西'

---

* 原载《学术月刊》1991 年第 5 期(中国人民大学复印报刊资料《外国哲学与哲学史》1991 年第 9 期转载)。

① [德]霍克海默:《批判理论》,重庆出版社 1989 年版,第 49 页。

② 同上。

都不是某种直接的、为一切人共有的和独立于理论的东西,而是由这些句子存在于其中的整个知识结构作为中介传递过来的东西。"① (2) 经验事实是人类社会实践或历史的产物。他说:"感官呈现给我们的事实通过两种方式成为社会的东西,通过被知觉对象的历史特性和通过知觉器官的历史特性,这两者不仅仅是自然的因素,它们是由人类活动塑造的东西。"② (3) 人的感觉或知觉具有相对性。哈贝马斯对实证主义的纯粹事实的中立性观点进行了批判。他说,与经验科学相关的事实首先是通过工具行动系统中我们的先验组织所构成的。哈贝马斯断言:"客观主义以似规律的方式构造出来的事实世界的映象来欺骗科学,因此,它掩盖了这些事实的先验构造。"③

其次,法兰克福学派指出,实证主义关于纯粹事实中立性幻觉的错误,根源在于它割裂了主体与客体、理论与实践、价值与事实的关系,排除了理论研究中的主观性和价值等因素。霍克海默认为,实证主义把经验科学看作是排除人类共同利益和人性的东西,反对把个人欲望、道德观念和思想感情与科学混为一谈,将价值与科学的严格区分当作现代思想的最重要的成就。实证主义切断了认识主体与客体的联系。这种排除主观因素的做法是从马赫开始的,实际上,对事实的接受、选择、描述和综合不能没有主观的偏向,概念的使用也不可能不涉及主体的旨趣乃至整个人类实践。阿多尔诺也认为,科学研究的事实以社会的"总体性"作为中介,而社会本质上是以主体作为中介的,因此,"科学哲学抛弃了对认识主体的研究",忽视了主体的旨趣是知识的构成性因素,不同的旨趣形成不同的知识。

显然,法兰克福学派首先抓住并击中了实证主义的要害——它的经验主义原则尤其是事实中立性观点。霍克海默等人对这一原则的批判是颇有威力的。经验主义是实证主义大厦的主要支柱,实证主义者把观察看作本质上是被动的、消极的直观过程;他们不是把通过观察获得的感觉经验看作客观事物的反映,而是看作直接的"所予";他们混淆了感知活动和感知对象的界限,只承认现象世界,否认"自在之物"的本质世界;他们不是把观察、感觉事实看作受理论或知识的影响、受社会实践的制约,而是看作纯粹客观的、中立的东西。这是经验主义原则所带来的几个明显的错误。法兰克福学派尤其是霍克海默看到经验主义的这些要害,他们用感觉经验受理论或知识

---

① [德]霍克海默:《批判理论》,重庆出版社1989年版,第165页。
② 同上书,第192页。
③ [德]哈贝马斯:《知识与人的旨趣》,波士顿灯塔出版社1971年版,第69页。

所中介,感觉事实是人类社会实践的产物,感觉具有相对性以及意识能动性等论据来驳斥实证主义的经验主义原则及其客观主义立场,这是中肯有力的。

当然,法兰克福学派对实证主义的批判是不彻底的,实际上也不可能彻底,这是因为:其一,法兰克福学派并未坚持或彻底坚持唯物主义的基本原则。法兰克福学派对经验主义原则尤其是事实中立性观点的批判,主要是从德国古典唯心主义的主体能动性出发,而不是从唯物反映论出发;他们没有区分唯物主义的经验论和唯心主义的经验论;恰恰没有看到实证主义的经验主义原则另一方面的错误实质,即打着事实"中立性"的幌子,混淆精神和物质或主观和客观的对立,将客观物质世界归结为感觉经验。其二,法兰克福学派本身并未正确解决理论与实践、主体与客体、价值与事实的辩证关系,尤其是缺乏正确的实践论。他们往往用主体吞并客体,用理论活动代替实践活动,用价值、主观性冲淡事实的客观实在性;他们在反对事实的中立性观点时,连事实、客体独立主体之外这一唯物主义原则也抛弃了,从上述立场出发是不能驳倒实证主义的经验主义原则的。

二、反对形式主义:对形式逻辑的批判

法兰克福学派对逻辑经验主义的另一个基本特征,即形式主义或逻辑主义予以揭露和批判,霍克海默合理地揭示出逻辑经验主义这一形式主义的特征,并正确地指出形式主义和经验主义是逻辑经验主义内部一对不可调和的矛盾。但是,他和马尔库塞却错误地用对形式逻辑的批判来代替对形式主义的批判。

在《对形而上学的最新攻击》中,霍克海默指出,最新的实证主义本质上是经验主义与现代数理逻辑结合的产物。为此,他揭露了逻辑经验主义的内在矛盾。他指出,在逻辑经验主义那里,经验主义和形式主义只有表面上的联系,逻辑经验主义面临着一个两难推理:"如果一种逻辑学说自称是逻辑本身,那么,它因此就已抛弃了形式主义,因为它的陈述要求有实际内容并导致长远的哲学后果……另一方面,如果某种逻辑明确禁止它的命题具有标准模型,或者否认可以从那些命题中引出批判性的结论(这更糟糕),并借此抑制它对普遍性的要求,那么,它就会失去哲学特性,尤其会失去它以经验主义方式表现出来的反形而上学特征。"[①] 总之,逻辑与经验主义是

---

① [德]霍克海默:《批判理论》,重庆出版社1989年版,第167页。

相互冲突的,这两者是经验主义体系难以解决的问题。从穆勒、马赫到休谟,经验主义者们都力图从不同的角度去解决这一问题,其结果都是徒劳无获。在霍克海默看来,经验主义者既然把感性知识和理性知识决然分开,那么,在其体系中就无法调和经验与逻辑的对立。因此他反对形式逻辑,他说形式逻辑之所以叫作形式逻辑,是因为它们使用符号要素,而不管这些符号要素与实在的关系,即不管其真假;形式逻辑只是没有内容的语言形式系统,它既不能揭示实在的特性,也不能揭示思想的矛盾运动,因而是不可靠的。

霍克海默拥护辩证逻辑。为此,他回击逻辑主义者罗素、卡尔纳普、赖欣巴赫等人对黑格尔的思辨逻辑和康德先验逻辑的攻击。他坚持由黑格尔等人所奠定的辩证逻辑的基本原则,坚持逻辑和形而上学、逻辑形式和逻辑内容的统一。他认为辩证逻辑不只是静止地研究知识的结构,而且更重要的是研究思想的运动。他说:"辩证逻辑不仅与静止的表达有关,而且与参与解释活生生的现实的思想有关,与处在过程中的思想有关","这种逻辑不是'语言物理学',而是实质性的知识自身,是透过表面现象看到的知识"①。

在《单向度的人》中,马尔库塞继承并发挥了霍克海默对形式逻辑批判的思想。他把形式逻辑看作是技术(工具)理性和实证主义的思想基础来加以批判;他将形式逻辑和辩证逻辑加以对照,说明这两种逻辑的根本区别。马尔库塞指出,形式逻辑的特点是形式化、抽象性和排除现实的矛盾性。它不直接关注对象或存在,不管对象是精神的、物质的,是社会的还是自然的,都以共同的形式加以处理;它排除思想对象的矛盾运动或否定性,在它那里,本质与现象的对立被消除,同一原则与矛盾原则被分离,终极原因从逻辑秩序中被消除。②

马尔库塞赞同霍克海默和阿多尔诺关于"演绎逻辑所推出的普遍概念在支配现实的状态中有其基础"的观点,他俨然以辩证逻辑的捍卫者自居。他讨论了辩证逻辑的对象、特征及作用。在他看来,与形式逻辑的形式化、抽象性和排除矛盾性相反,辩证逻辑要求内容化、具体性和矛盾性(否定性)。辩证逻辑的对象不是客观性抽象的一般形式,也不是思想抽象性的一般形式——不是直接经验材料;它排除了形式逻辑和先验哲学的抽象,也否认了直接经验的具体性。辩证逻辑不能是形式的,它由现实所决定,而现实则是具体的,正是矛盾的合理性,即各种力量、趋势、要素对立的合理性,

---

① [德]霍克海默:《批判理论》,重庆出版社1989年版,第175页。
② [美]马尔库塞:《单向度的人》,上海译文出版社1989年版,第123页。

构成现实的运动,这种运动"构成了有关现实的概念运动"①。

综上所述,笔者认为,法兰克福学派对逻辑经验主义的形式主义特征及其内部经验主义和形式主义的深刻矛盾的剖析具有合理性。逻辑经验主义作为经验主义和现代数理逻辑的结合物,的确具有形式主义的显著特征。同时,在逻辑经验主义那里,唯理论和经验论这两种因素并没有被协调和统一起来,经验和逻辑总是它自身所无法克服的内在矛盾,霍克海默以其敏锐的理论洞察力,早在20世纪30年代就揭示了这一点,这是难能可贵的。

但是,这种批判基本上是表层的,并未深入到逻辑经验主义的具体理论中去揭露这种形式主义;它不像后来的科学哲学历史学派那样,从科学理论的内容与形式的结合上,从科学理论的历史发展上去反击形式主义,而只是停留在对逻辑经验主义形成的数理逻辑来源的分析上,而且实际上,法兰克福学派把对形式主义的批判变成对形式逻辑本身的批判,用后者代替前者,因此,未能击中形式主义的要害。他们并未充分肯定形式逻辑的作用,基本上对它持否定态度,他们将形式逻辑与形而上学的思维方式等量齐观,不承认形式逻辑是正确思维的必要条件。在关于辩证逻辑的方面,法兰克福学派所理解的辩证逻辑与马克思主义的辩证逻辑是有原则差别的。它排除了客观辩证法,不了解主观辩证法即辩证逻辑是客观辩证法的反映,使辩证逻辑失去了本体论的基础;它歪曲了辩证法的革命实质,使之变成一种只要批判、否定而不要肯定的虚无主义的否定辩证法。

三、反对科学主义:为形而上学辩护

科学主义是实证主义的又一个显著特征。何谓科学主义?哈贝马斯有明确的说明:"科学主义是科学对自身的信念,即认为不应把科学理解为知识的一种可能的形式,而应把知识等同于科学。"②"实证主义坚持科学主义原则,即认为知识只能通过科学所定义的东西来加以定义,它只有通过科学程序方法论的分析才能得到充分的解释。"③可见,科学主义主张将科学等同于知识,并由此出发,排除其他知识形式,特别是排除形而上学。法兰克福学派对科学主义的攻击正是围绕这两点来展开的。这里,我们主要讨论法兰

---

① [美]马尔库塞:《单向度的人》,上海译文出版社1989年版,第125—126页。
② [德]哈贝马斯:《知识与人的旨趣》,波士顿灯塔出版社1971年版,第4页。
③ 同上书,第69页。

克福学派对实证主义排除形而上学的批判。

批判实证主义拒斥形而上学，为形而上学辩护，这是霍克海默《对形而上学的最新攻击》一文的中心论题。该文一开始便指出，形而上学和科学是两个相当不同的知识分支，难以将它们调和起来。形而上学论述的是本质、存在、实体、灵魂和不朽，它要求理解存在，把握总体，要求通过每个人都可以获得的认识方式去揭示不依赖于人而存在的世界的意义；而科学则是一个特定的社会在与自然斗争中所调集的知识的主体。① 霍克海默认为，形而上学是一种可能的知识形式，它的作用在于，它赋予生活在异化中的人的存在的意义；形而上学断定，通过个人的内心决定，通过形而上学的人格自由，现存世界才有价值。这种作用还表现在："形而上学保持的问题与科学研究的结果一样提供了文化发展的要素。"②

霍克海默认为形而上学有其消极性的一面，它关心的是本来的真正的实存，它轻视经验证据，偏爱虚幻的世界，这种对科学的轻视，在个人的生活中起着鸦片的作用，在社会中则起着欺骗作用。从形而上学有其作用因而必须加以保存的观点出发，霍克海默展开了对实证主义拒斥形而上学的批判。他认为，在实证主义那里，只有经验——严格意义的纯粹经验，才叫作知识，认识既不是信念也不是希望，人类知识最恰当的表述是实证科学，知识是科学独占的领域，至于人是什么的问题，应该由日常生活过程和生理学及心理学去回答，区分本质和现象乃是无意义的事。霍克海默又说，科学主义拒绝一切形而上学范畴，又自认为有足够的生命力断言世界的现存形式，它把特殊科学特别是物理学浪漫化，在新科学主义那里，人变成了哑巴，只有科学在讲话。

马尔库塞进而分析了反对形而上学给实证主义自身造成的危害："忽视或消除形而上学这种特殊的哲学向度，已经导致当代实证主义走进一个空谈具体性的全面贫乏的世界，同时导致它所创造的虚假问题比它破坏的更多。"③ 因此，他断言，形而上学比它的对立面的实证主义要合理得多，因为它是"识别现实的合理性的限度及欺骗性的概念"④。

法兰克福学派进一步指出，要彻底拒斥形而上学是不可能的，即使自称

---

① ［德］霍克海默：《批判理论》，重庆出版社1989年版，第129页。
② 同上书，第179页。
③ ［美］马尔库塞：《单向度的人》，上海译文出版社1989年版，第168页。
④ 同上书，第167页。

反形而上学最彻底的实证主义也不可避免地要陷进朴素（低级）的形而上学之中。霍克海默认为，实证主义不关注事物的本性、只关注现象或给予的东西而自鸣得意，但事实上，它自身已对作为现象和外在性的已知世界作了形而上学的描述："实证主义和形而上学不过是贬低自然知识和假定抽象概念结构的同一个哲学的两个不同的阶段。"① 哈贝马斯则断言："实证主义并未把握形而上学，而是将它从中一脚踢出，宣称形而上学没有意义；但是，只有通过形而上学的概念，实证主义才能使自己成为可理解的。"②

综上所述，笔者认为，法兰克福学派对实证主义的科学主义，尤其是拒斥形而上学的批判是有积极因素的。从当代科学哲学的理论成果看，形而上学在科学中的作用主要表现在，形而上学可看作科学的一部分，即可看作科学假说和理论在其中得到阐述的最一般的概念框架，形而上学是一种观念的来源，它可以对科学思想的不同部分进行系统化的指导。形而上学的某些假定可以成为科学中的调节性、启发性观念，它们形成科学家的基本世界观及其思维方式的深层结构，从而也就对科学家起着调节或指导作用。因此，"没有形而上学毕竟是不行的"③。

从科学哲学的角度来看问题，法兰克福学派对实证主义拒斥形而上学的批判不能说是深刻的。法兰克福学派主要是从人本主义的立场上来看待形而上学。他们强调的是形而上学在社会生活和人生意义方面的作用；他们批判科学主义的目的在于，确立人文知识和社会知识的合法地位，尤其是树立社会批判理论的至高无上的权威地位。他们并没有像后起的科学哲学各派那样，深入科学内部去考察形而上学在科学理论的形成和发展中的作用。因此，与后起的科学哲学各派相比，法兰克福学派对实证主义拒斥形而上学的批判就显得相当肤浅了。

还需要指出的是，法兰克福学派对待形而上学的态度有明显的矛盾之处。当他们反对实证主义时，他们肯定形而上学的作用、地位及存在的合理性；而当讨论社会批判理论与形而上学关系等问题时，他们却似乎否定形而上学。他们否定自然本体论，否定哲学的世界观功能。在他们那里，形而上学似乎只是一种社会哲学或人生价值观，而不包括对世界的一般看法的世界观，尤其不包括自然本体论。

---

① ［德］霍克海默：《批判理论》，重庆出版社1989年版，第37页。
② ［德］哈贝马斯：《知识与人的旨趣》，波士顿灯塔出版社1971年版，第80页。
③ 《爱因斯坦文集》第1卷，商务印书馆1976年版，第410页。

四、归宿：走向一种"批判的科学哲学"

在反对实证主义的斗争中，法兰克福学派力图用一种新的科学哲学——"批判的科学哲学"（哈贝马斯的术语）——来与实证主义的科学哲学相抗衡。尽管法兰克福学派的这种"批判的科学哲学"缺乏系统性，细节上十分模糊，但是，从法兰克福学派的主要代表人物特别是哈贝马斯的著作中，我们仍可以窥见这种"批判的科学哲学"的大致轮廓。

哈贝马斯指出，"可靠知识的条件是什么"是当代知识论的中心问题。在科学哲学即实证主义出现以前，人们并没有把科学当作唯一的知识形式，经验论和唯理论都没有把知识等同于科学，然而，实证主义的出现却大大地改变了这种情况。实证主义把科学看作知识的同义语，非经验科学的认识再也不能以知识的形式而合法存在了。它的出现标志着知识论的终结。在原来知识论的位置上冒出了科学哲学。它使知识论批判陷入危机，有效地控制着科学的自我理解。鉴于这种情况，哈贝马斯给自己指定的任务是，恢复知识论的批判传统，通过分析知识的理论体系而构造出一个"批判的科学哲学"的框架，它要确立这样一种观点，即科学只不过是一种知识类型，其存在只能满足人类的某个方面的旨趣。

哈贝马斯围绕知识与旨趣的关系这一中心，来展开他的反科学主义、反排除主体旨趣的"批判的科学哲学"思想。他说："有三种研究过程的范畴可以用来证明是那种摆脱实证主义陷阱的批判的科学哲学的任务。经验分析的科学结合了一种技术的认识旨趣。历史—解释科学的研究结合着一种实践的旨趣，以批判为方向的科学结合着一种解放的认识旨趣，这种解放的旨趣植根于传统的理论"①。这三种旨趣构成知识的先验条件，在这基础上分别形成三种知识或科学：（1）技术旨趣经验—分析科学；（2）实践旨趣历史—解释科学；（3）解放旨趣—批判理论。

在经验—分析科学中，经验—分析知识是可预言的知识。然而经验—分析的知识所描述的并不是实在本身，而是技术上的实际操作结果。因此，它是由技术的认识旨趣所支配的。

历史—解释科学是在一种不同的方法论框架中获得的。经验不是由操作的成功来组织的，对于事实的接近依赖于对意义的理解，而不是依靠观察。

---

① ［德］哈贝马斯：《知识与人的旨趣》，波士顿灯塔出版社1971年版，第308页。

经验—分析科学的似规律的假设的证实在正文的解释中有其配对物，因此，解释学的规则决定了文化科学陈述的有效性的可能意义。解释学的知识总是通过从解释者的最初状况中产生的前理解而被中介，只有在解释者的世界同时变得明晰的范围上，传统意义的世界才对解释者显示自身，理解的主体确立了这两个世界的关系。这表明，"解释学所揭示的实在服从于这样一种构成性旨趣，这种旨趣存在于维持和扩展主观际性的相互理解的可能性行为中，在其非常的结构中，意义的理解方向是按照来自于传统的自我理解框架去实现行为者之间的可能的一致。与技术的旨趣相对照，我把这称为实践的认识旨趣。"[1]

批判理论或批判哲学形成于另一种旨趣，即解放的旨趣。"决定批判命题有效性意义的方法论框架是由自我反思所确立的。自我反思把主体从对假设力量的依赖中解放出来，它是由一种解放的认识旨趣所决定的，以批判定向的科学和哲学都拥有这种旨趣。"[2] 哈贝马斯强调反思在批判理论中的作用，认为"解放的认识旨趣在于对反思的追求"，[3] 客观主义掩盖了知识和旨趣的联系，哲学要成为批判的，就必须通过反思，承认对旨趣的依赖，消除客观主义的幻想。

由此可见，哈贝马斯以知识与旨趣的关系为核心，力图描述知识是怎样在一个社会理论的结构中得到先验的证明，并使科学哲学摆脱实证主义的科学主义和客观主义的幻觉，表明一切科学或知识都以那构成研究领域的事实的人的旨趣行为作为先决条件。哈贝马斯的知识旨趣说对科学哲学提出了两个具有重要理论意义的问题：一是科学（尤其是自然科学）是不是知识的唯一可能的形式；二是人的旨趣或主观成分在知识构成中的地位和作用问题。总之，哈贝马斯的探索表明了一种新的科学哲学——一种从主体客体的关系出发，以人的旨趣和人的价值为核心，把形而上学包括在内的、同时涉及全部知识或科学领域的"批判的科学哲学"——的可能性。如果哈贝马斯的论证成功的话，那么，这对实证主义将是一种致命的打击，也将为科学哲学开辟广阔的光明前景。

可惜，人们已经从各个角度或方面证明，哈贝马斯并没有成功，他的"批判的科学哲学"有不少问题。首先，他的旨趣说具有浓厚的先验论色

---

[1] ［德］哈贝马斯：《知识与人的旨趣》，波士顿灯塔出版社1971年版，第309页。
[2] 同上书，第310页。
[3] 同上书，第314页。

彩，他以康德的先验主义知识论作为出发点，将旨趣与康德的先验知性范畴相提并论，他关于知识和旨趣关系的证明也是一种先验的证明。其次，哈贝马斯在讨论知识构成时，除了旨趣外，并没有给出各种类型的知识的可靠性和正确性的客观标准，相反，他排除了各种知识的客观真理性，甚至否定了经验自然科学的客观真理性，认为自然科学并不是描述实在本身，而是描述技术操作的结果。再次，哈贝马斯赋予反思这一概念以相当的重要性，认为三种类型的旨趣以及人的精神上的解放都是靠反思获得的。但是，哈贝马斯的反思概念是模糊不清的，他将反思的两种意义——一种是活动规则的改造，另一种是知识的领悟和摆脱虚假意识形态——混在一起，这一点，哈贝马斯自己后来也是承认的。① 最后，还必须指出，哈贝马斯关于三种知识类型的划分并不是什么新东西，它们相当于人们通常所讲的自然科学、人文科学和社会科学的三分法。

综上所述，法兰克福学派的"批判科学哲学"具有不同于实证主义的科学哲学的如下内容特征：

第一，与实证主义的经验主义尤其是事实中立性观点相反，"批判的科学哲学"要求主体与客体、理论与实践、价值与事实的统一，坚持经验事实（客体）受知识或理论所中介，事实或客体是社会实践的产物，科学理论的发展受社会文化因素的制约和影响的观点。因此，"批判的科学哲学"具有某些历史主义的特征。

第二，与实证主义的科学主义相反，法兰克福学派反对将科学哲学限于自然科学，反对将科学哲学归结为科学方法论，主张一种集自然科学、社会科学和人文科学于其中的更一般的科学哲学或知识论批判，尤其是将它与社会理论结合起来。因此，将知识论与社会批判理论融合是"批判的科学哲学"的又一特征。

第三，与实证主义拒斥形而上学相反，"批判的科学哲学"为形而上学辩护，它特别提醒科学注意价值因素，考虑人的利益，以人的自由解放为最高的目标。因此，坚持人本主义是"批判科学"的第三个特征。

因此，在考察西方科学哲学的发展时，不仅要考察属于科学哲学内部各派的理论发展及其相互诘难，而且要考察像法兰克福学派这样的处于科学哲学思潮外部，但与科学哲学直接对立的人本主义哲学流派，重视它们对科学哲学批判的观点，这有助于更公正全面地评价西方科学哲学。

---

① 参见江天骥《法兰克福学派》，上海人民出版社版1981年版，第253—257页。

2-5

法兰克福学派的科学技术社会学理论[*]

科学技术观或科学技术社会学理论在法兰克福学派的社会批判理论中占有重要的地位。法兰克福学派将科学技术当作发达工业社会或后期资本主义社会的新控制形式以及异化和苦难的根源来加以批判。从 20 世纪 40 年代开始,法兰克福学派的主要代表人物日益用对科学技术本身的批判来代替对资本主义制度的批判,其着眼点是科学技术消极的社会作用,中心是指出在发达的工业社会中,科学技术是如何异化为一种新的控制形式,如何造就单面社会、单面人和单面思维方式的。围绕这一中心,法兰克福学派讨论了技术与理性、科学技术与政治统治、科学技术与意识形态、科学技术与人类未来等方面的关系问题,形成了较为完整的科学技术社会学(主要是技术社会学)理论。本文将力图用马克思主义的立场、观点和方法对法兰克福学派的科学技术社会学理论进行分析、评述,从而揭示马克思主义与法兰克福学派在科学技术观问题上的根本对立。

一、技术与理性

对技术与理性关系的分析构成了法兰克福学派科学技术社会学的出发点。法兰克福学派认为,工具(技术)理性是理性演变的最新结果,由技术和理性结合而成的工具理性已经渗透到社会的总体结构,成为发达工业社会统治的基础。所以,要剖析当代科学技术的消极社会作用,揭示它们是如何异化为新的控制形式的,就必须从理性的深处着眼。法兰克福学派将理性划分为工具理性(主观理性)和批判理性(客观理性),并将它们完全对立

---

[*] 原载《中国社会科学》1991 年第 1 期(收入本书时对第三部分的内容作了删节)。

起来。马尔库塞在《理性与革命》一书中关于理性的五种含义的分析已包含了两种理性对立的思想。霍克海默在《理性之蚀》中则对这两种理性作了明确的区分,他认为,主观理性是技术与理性的结合物,它强调手段及其与目的的和谐,其价值由对人和自然界的操纵来衡量;实用主义的真理观是这种工具理性的最集中的反映,因为在实用主义者那里,"真理不外乎就是观念的成功性"。相反,批判的或客观的理性本身是实在所固有的一个原则,它强调人生的目的和总体性,以自由、平等和幸福一类的价值观来衡量一切。从柏拉图、亚里士多德到德国古典唯心主义哲学体系都以这种客观理性作为基础。

  法兰克福学派认为,工具理性战胜批判理性而取得统治地位,经历了长期的历史发展过程。在《启蒙的辩证法》中,霍克海默和阿多尔诺分析了启蒙是如何由于自身的逻辑而复归为神话的历程,这实际上就是对客观理性演变为主观理性过程的描述。在《单向度的人》(或译《单面人》)中,马尔库塞沿着《启蒙的辩证法》一书的主题,详尽地考察了理性是如何由批判理性演变为工具(技术)理性,以及逻辑是如何演变为统治逻辑的。他指出,在当代,极权主义的技术合理性领域是理性观念演变的最新结果,理性由批判理性蜕变为工具理性是以社会的科学技术的进步作为前提的,并有其逻辑方法论的基础,即以逻辑学的发展尤其是数理逻辑的出现作为基础。哈贝马斯以稍为不同的方式表述了与霍克海默和马尔库塞等人相同的思想。他指出,努力把人类从偏见中解放出来的理性,由于其内在的逻辑而走向自身的反面。在启蒙时期,理性自身成为反对现存制度和意识形态的武器,那时理性的理论活动同自我解放本身的旨趣是结合着的,而对虚假意识形态的批判同时也就是抛弃这种意识形态所由以产生的社会条件的实际行动。但是,随着科学、工艺和组织的进步,这种联系被打破了,理性逐渐丧失了它的解放的功能,越来越局限于技术效益,它日益为物质或社会的工艺效劳。于是,理性变成了工具理性。按照法兰克福学派的观点,在当代发达的工业社会中,科学技术不再明显地服从于资本的合理化利益,经济剥削逐渐让位于抽象的极权控制,科学技术从特殊利益的控制中摆脱出来而成为一种独立的巨大力量。由技术和理性结合而成的工具理性或抽象的技术体系已成为一种统治的力量,它扩展到社会的总体结构和社会生活的各个方面,造成极大的危害。

  显然,法兰克福学派关于两种理性的划分以及对工具理性的批判直接承袭了 M. 韦伯的观点。韦伯曾区分了两种合理性——形式的合理性和实质的合理性。形式的合理性意味着可计算性、效率和非人性,即合理性还原为它的形式的、工具的方面;实质的合理性则是一个有多种含义的概念,它并不限于纯粹的形式上的事实,即行动不只是以理性的计算作为基础,它还包含人的伦理、政治及其他方面的需要。法兰克福学派把韦伯的"形式的合理性"改造为工具(技术)理性,而将他的"实质的合理性"改造为批判的理性或客观理性,并进而断言,当今是工具理性统治的时代。

法兰克福学派对工具理性的批判反映了这样一个普遍的事实,即在当代发达的资本主义工业社会中,科学技术渗透到社会的总体结构和社会生活的各个方面,渗透到人的思想和价值观念之中,实用、效率、技术统治意识取代了自由资本主义时代的价值观(如自由、平等、博爱等)而成为衡量一切的标准,技术成了资产阶级进行统治和奴役的一个工具。然而,法兰克福学派却离开了资本主义具体的经济形态,将这种状况归之于技术和理性自身的发展,力图从具有普遍性特征的理性来说明技术是如何成为新的控制形式和奴役工具的。诚然,理性是人区别于动物的一个基本标志,是人类具有的一种普遍的认识能力,它构成科学技术乃至整个人类文化的基础。但是,将理性与技术结合而形成的工具理性概念看作发达工业社会的统治基础是没有根据的。这种结合方式本身就是奇怪的和令人费解的。

马克思主义从不抽象地谈论理性,更反对把工具理性当作分析科学技术社会作用的原则或出发点,反对把工具理性看作支配一切、决定一切的力量。研究科学技术社会学的正确出发点应当是马克思主义关于生产力和生产关系的矛盾运动的学说,只有从这种立场出发,才能正确评估科学技术的社会作用。

二、科学技术与政治统治

法兰克福学派对当代科学技术的批判最集中地表现在他们对科学技术与政治统治之间关系的分析上,这是法兰克福学派科学技术社会学的核心内容。法兰克福学派的基本论点是,当代科学技术取代了传统的政治恐怖手段而成为一种新的统治或控制形式,它操纵着社会的政治、经济和文化的各个方面,成为一种新的极权主义者,带来了种种异化、消极的现象。

霍克海默和阿多尔诺认为,随着科学技术的进步,人征服自然的力量大大地增强了,但这种征服最终是以人对人的统治作为代价的。也就是说,科学既是人征服自然的有力工具,同样也成为人对人统治的有效手段。随着历史的推移，统治的原则已发生了变化，原来那种基于野蛮力量的统治让位于一种更巧妙的统治，即借助于技术手段，统治者的意志和命令被内化为一种社会及个人的心理，技术已控制了社会生活的各个领域。他们在《启蒙的辩证法》"作为欺骗群众的文化工业"一章中，特别分析了技术统治给文化带来的消极影响。

马尔库塞在《单向度的人》中对科技与统治关系，对当代科学技术的种种消极社会功能作了全面的剖析。该书的主题是，在发达的工业社会中，技术的进步创造了一个富裕的社会，创造了一种生活方式和一个起一体化作用的政治统治制度，它可以调和或同化各种与这种制度相对立的力量。结果是，物质匮乏的解除，在以前是各种自由的前提，现在却成了统治和奴役的力量。一旦人们的需要得到满足，人们似乎失去了反抗的理由，从而也就变成了现存制度的驯服工具。技术的发展造成单面社会，单面社会造就具有单面思想的单面人。《单向度的人》的任务就是揭露和批判作为极权主义者的技术所造成的单面性及其危害，启发和唤醒人们的批判否定精神，指出摆脱单面性、实现自由解放的可能性及其途径。马尔库塞认为，在发达的工业社会中，决定性的东西是技术，技术统治论和技术异化论是他的发达工业社会理论的一条主线。马尔库塞指出，在发达工业社会，技术进步扩展到整个统治和协调制度，创造出一些生活和权力形式，这些形式似乎调和着反对这一制度的各种势力，击败或驳倒为摆脱奴役和控制而提出的所有抗议。在该社会中，生产和分配的技术手段不是作为可以与社会和政治分开的纯粹仪器的总和，而是作为先验地决定着这些手段的生产以及使用和发挥这些手段的操作系统在运转；生产的技术手段不但决定着社会所需要的职业、技能、态度，而且决定着个人的需要和志向。技术"中立性"的传统已经过时，技术本身与其应用已无法分开，因此，技术手段趋向于变为一种极权主义。技术社会是一个政治系统。在日益增长的生产力和日益提高的生活标准的双重基础上，它用技术，而不是用恐怖手段去征服那些离心的社会力量。

在马尔库塞看来，技术统治也就是技术的异化。他说，机械化的技术过程本应使人超越必然王国而进入自由王国，使社会结构往合理的方向发展，使人摆脱自然界的束缚并发挥自主性和创造性，这本来是发达工业社会的目标。然而，相反的趋势却占了上风，技术手段把它的经济和政治要求强加给自由和劳动时间，强加给物质和精神的文化，技术成了统治和奴役的新形式。技术创造了一个富裕的当代工业社会，提高了人们的物质生活水平，但实际上并没有改变人的命运，使人获得自由，相反却使人日益变成技术、物质资料的生产和消费的奴隶，人同社会、同他人、同自己的工作相异化。发达工业社会是人全面受压抑的社会，技术和文明对人实行了全面的统治和管理，一切社会关系变成了单一的、片面的技术关系，个人自由的理性变成了技术理性，社会协调统一了人的生产、消费和娱乐，排除了一切对立或反抗的因素。因此，技术发达的工业社会是一个病态或畸形的社会。

哈贝马斯同样将科学技术看作统治的工具。在《作为意识形态的技术和科学》一书中，他提出了科学技术使资本主义对人的统治合理化的观点。他将韦伯的"合理化"观点与老一代批判理论家关于资本主义文明以双重统治——人对自然的统治和人对人的统治——为基础的论点结合起来，以此来论证科学技术的进步使人对人的统治"合理化"。他说："在这个世界上，技术也使人的不自由变得非常合理，并证明技术不可能使人成为自主的，不可能使人决定自己的生活，这个不自由既不表现为不合理的，也不表现为政治的，倒不如说表现为服从技术机制的。"① 因此，他进而得出结论："技术的合理性并不取消统治的合理性，而是保护了这种合理性"，随着科学技术的不断进步，就出现了一个"合理的极权社会"②。

那么，我们应当如何看待法兰克福学派关于科学技术的观点呢？

法兰克福学派的确看到，当代科学技术进步的巨大社会作用，并把剖析的目标集中在科学技术的消极性方面，尖锐地揭露了后期资本主义社会中科学技术对政治、经济和文化所造成的影响及异化现象，揭示出后期资本主义统治方式不同于自由资本主义统治方式的某些新特点，特别是统治者利用科学技术来为统治的合理性辩护这一点。法兰克福学派注意到了资本主义社会中科学技术应用的局限性，提出了科学技术的政治效应问题。但是，法兰克福学派抛开不同的社会背景，即资本主义制度和社会主义制度的区别来抽象地谈论科学技术的社会功能和政治效应。他们把两种不同的社会制度看作同一个工业社会的两种模式，说科学技术在这两种社会模式中的作用是相同的，它们的政治效应和消极后果是一致的。他们片面夸大了科学技术表现出来的某些消极性，将科学技术本身看作人的异化和受奴役的万恶之源，并且日益用对科学技术本身的批判来代替对资本主义制度的批判，这在客观上起着维护这种制度的作用。

---

① ［德］哈贝马斯：《作为意识形态的技术和科学》，载《走向一个合理的社会》，波士顿1971年英文版，第84页。

② 同上书，第84—85页。

法兰克福学派理论家自我标榜为"新马克思主义者",他们的科学技术社会学也的确利用了马克思主义的某些思想或方法论的因素。但是,他们关于科学技术的社会功能和政治效应的观点基本上是违背马克思主义的。马克思主义经典作家将科学技术看作推动社会前进的决定性力量,说科学技术是"一本打开了的关于人的本质力量的书",①"历史的有力的杠杆","最高意义上的革命力量"②。他们认为,科学技术的革命作用主要表现在:科学技术推动产业革命,而产业革命又推动社会变革。马克思说:"机器表现为从资本主义生产方式出发的、使一般生产方式发生革命的起点。"③"随着一旦已经发生的、表现为工艺革命的生产力革命,还实现着生产关系的革命。"④因此,按照马克思主义的基本观点,科学技术并不是一种消极的统治人的异己力量,而是一种伟大的革命力量。科学技术既增强了人征服和改造自然的能力,成为人从必然王国走向自由王国的保证,同样也为新社会创造了必要的物质基础。

马克思主义经典作家把科学技术的社会功能、政治效应与社会制度联系起来考察,认为社会关系的性质对科学技术的社会功能和政治效应有决定性的影响;科学技术成为统治工具是与科学技术的资本主义使用方式分不开的。马克思生动地说,在资本主义社会中,"机器具有减少人类劳动和使劳动更有成效的神奇力量,然而却引起了饥饿和过度的疲劳。新发现的财富的源泉……变成贫困的根源。技术的胜利,似乎是以道德的败坏为代价换来的。随着人类愈益控制自然,个人却似乎愈益成为别人的奴隶或自身的卑劣行为的奴隶。甚至科学的纯洁光辉仿佛也只能在愚昧无知的黑暗背景上闪耀"⑤。马克思还深刻地指出,在资本主义社会中,科学技术起着双重职能:"一方面,机器成了资本家阶级用来实行专制和进行勒索的最有力的工具,另一方面,机器生产的发展为用真正社会的生产制度代替雇佣劳动制度创造必要的物质条件。"⑥ 由此可见,依据马克思主义的观点,要消除科学技术的消极作用,只有根本改变科学技术的资本主义使用方式,即在社会主义制

---

① 《马克思恩格斯全集》第 42 卷,第 127 页。
② 《马克思恩格斯全集》第 19 卷,第 372 页。
③ 马克思:《机器、自然力和科学的应用》,人民出版社 1978 年版,第 200 页。
④ 同上书,第 111 页。
⑤ 《马克思恩格斯全集》第 12 卷,人民出版社 1962 年版,第 4 页。
⑥ 《马克思恩格斯全集》第 16 卷,人民出版社 1964 年版,第 357 页。

度下，才能使科学技术真正地为人民服务，成为人们争取自由的一种武装，充分发挥它在认识和改造自然、社会中的伟大作用。法兰克福学派没有看到科学技术是伟大的革命力量这一主流方面，也没有看到使科学技术发生消极作用的社会制度方面的原因，因而才得出了反科学技术的悲观主义结论。

三、科学技术与意识形态

科学技术与意识形态的关系是法兰克福学派科学技术社会学的一个重要内容，其主要论点是：当代科学技术执行意识形态的职能，或者说，科学技术即是意识形态。这一论点与他们关于科学技术是一种新的控制形式的论点密切相关，可以说，它们是同一问题的两个方面（关于这一部分，详见《科学技术与意识形态》一文）。

四、科学技术与人的未来

法兰克福学派尤其是马尔库塞还讨论了科学技术与人的未来（主要是人的解放）问题。马尔库塞讨论的要点包括：一种作为解放手段的新的科学技术如何可能，新科学技术的特征，科学技术与"新社会主义"的关系等。总的说来，法兰克福学派在科学技术与人的未来关系问题上的论述是相当模糊的，有浓厚的乌托邦色彩。正是在这个问题上，充分暴露出法兰克福学派的科学技术社会学理论的不一致性和虚假性。

当代科学技术已变成统治或控制工具的观点，使现代乌托邦理论家马尔库塞意识到提出一种新的科学技术理论的必要性和可能性问题。革命的理论必须承担一种新技术和新科学的纲领，因为"技术转变同时就是政治转变，但政治变化只是到了将改变技术进步方向即发展一种新技术时，才能转化为社会的质的变化"[1]。但是，在具体说明这种解放的技术纲领时，马尔库塞的论证变得十分思辨、模糊，甚至技术进步方向上的变化是否足以使一种革命的技术概念具体化都成问题。

在马尔库塞看来，新科学技术的可能性前提首先在于重新发现或确立理性的辩证的批判或否定的功能。因为科学技术变成统治工具与理性的工具化有必然的联系。科学技术要成为解放的手段，就必须使理性摆脱工具化而恢

---

[1] ［美］马尔库塞：《单向度的人》，上海译文出版社1988年版，第204—205页。

复其否定性和批判性。他一反关于科学技术本质上是控制或奴役工具的观点，说科学技术有巨大的解放潜能。他认为，正如现存的科学技术与统治、奴役密切结合一样，在未来（自由）社会，科学技术将与和平、自由和解放相结合。

马尔库塞主要从艺术、美学的角度去揭示作为解放手段的新技术和新科学的特征。他把这种新技术和新科学的确立寄望于科学、技术与形而上学（哲学）、艺术等的结合上。马尔库塞认为，科学、技术与形而上学、艺术等最初是相互联系着的，科学最初包含着审美理性、自由游戏、想象和幻想，而技术与艺术具有姻亲关系，技术本身是和平手段及生活艺术原则，技术理性的功能与艺术功能相一致。但是，后来科技理性取得了统治地位，科学、技术与形而上学、艺术等被分开了。这时，"统治的合理性不是使科学理性与艺术理性分离开来，就是把艺术结合进统治领域从而否证艺术理性"①。马尔库塞认为，发达工业社会把技术理性或工具理性推向极端，也就使它达到了终点，进一步的发展就将出现裂变，呈现出一种本质上全新的人类现实的可能性，在这种条件下，科学技术将失去其工具性特征，科学的"谋划"将对超越一切功利、目的的"生活艺术"开放，技术现实的成就将不仅超越现实的条件，而且超越现实的理论基础。因此，科学、技术与艺术、形而上学等又将重新结合成为人的解放手段。

那么，这种与艺术形而上学结合的新科学技术的内容是什么呢？显然，它必须首先满足提供衣食住等生活资料的需要。这些东西不再与某种特殊的社会类型相关，而是与人的本质的普遍需要相关。同时它还必须满足其他同样重要的需要，即所谓的"美学上的需要"，也就是由伟大的艺术作品所显示的自由与秩序的和谐，在和平的图景中对生存斗争的超越。马尔库塞认为，这些美学的需要在现存社会流行的匮乏中和阶级统治中被压抑了。这些需要并非仅是主观的，而是表述着自然的秩序和趋势。②

马尔库塞为什么在他的新科学技术理论中赋予美学或艺术原则如此重要的地位呢？因为在他看来，"艺术、文学和音乐所表达的见识和真理，是任何其他形式所无力表述的。美学形式是一个既不受现实压抑，也无须理会现实禁忌的全新的领域。它所描绘的人的形象和自然的形象，是不受压抑性的现实原则的规范和拘束的。……换言之，艺术是独立于既定现实原则的，它

---

① [美] 马尔库塞：《单向度的人》，上海译文出版社1988年版，第205页。
② [美] 马尔库塞：《反革命与造反》，波士顿1972年英文版，第66页。

所召唤的是人们对解放形象的向往"①。

至于作为解放手段的新技术和新科学能否在现有的科学技术基础上产生的问题，马尔库塞并没有做出明确的回答。但他似乎认为，社会主义只有在资本主义的科学技术发生转变的基础上才有可能。如果只把现有的科学技术保留下来而不加改变的话，那么新旧社会就会出现一种致命的连续性，使原来科学技术所固有的压抑和异化形式得以再生产。实际上，尽管受社会环境的影响和制约，科学技术的发展还是具有自身的规律性和相对独立性的，它们主要不是根据政治需要发展的，这一点马尔库塞并没有弄懂。在《乌托邦的终结》中，他甚至期望解放的技术从知识分子的革命意识中产生。

马尔库塞还讨论了科学技术与他的"新社会主义"或"人道主义的社会主义"的关系问题。他宣称，科技进步已经否定了马克思主义的社会主义理论，而使一种"新社会主义"成为必要和可能。"新社会主义"超越了马克思的社会主义理论的乌托邦性，凌驾于现存的资本主义和社会主义之上，是"第三条道路"；它以弗洛伊德的个人主义作为基础，其本质是快乐原则的复归，它能够克服人的多余的压抑和异化，使人得到真正的自由。在马尔库塞看来，这种"新社会主义"的可能性是内在于先进的资本主义和社会主义的技术力量中的。科学技术的进步带来了使社会主义和资本主义两种制度趋同的历史趋势，不管是社会主义还是资本主义，都将使技术内部的合理性外在化，从而出现"新社会主义革命的现实要求"。他认为，科技进步与"新社会主义"革命解决"本能压抑"的过程本质上是一致的，科学技术以强大的力量支配着人类解放的过程，而"新社会主义"革命是一种量的变化过程，可以在高度工业化的资本主义或社会主义的基础上"直接转化而成"。马尔库塞关于科学技术与人的未来的关系的理论包含着一个明显的矛盾。一方面，他说在当代发达的工业社会中，科学技术与统治有内在联系，是一种新的控制形式，科学技术具有明确的政治意向性，执行意识形态职能，因此，技术中立性的概念不再成立。另一方面，他又说，科学技术具有最终的解放潜力，它们能够解决由匮乏所引起的冲突，科技进步能够自动导向一种非压抑的社会主义社会。这里，他又预设了他所反对的技术中立性观念。因此，在马尔库塞那里，"科学技术已变成物化（统治）的工具"与"科学技术是一种伟大的解放手段"这两个相互取消的命题并存。马尔库塞离开了社会生产力与生产关系的矛盾运动去抽象地谈论科学技术，不能

---

① 转引自［英］麦基《思想家》，生活·读书·新知三联书店1987年版，第72—73页。

正确解决科学技术与社会经济、政治、文化的关系,从而使他关于科学技术的思想陷入矛盾。其实,解决这个二律背反的出路并不复杂,那就是彻底承认科技的应用受生产关系、政治制度的制约,把科学技术从资本主义的使用方式中解脱出来,使之成为新社会的革命力量。

某些研究马尔库塞思想的西方学者也注意到了马尔库塞的科技社会学理论中的上述矛盾。例如 A. 芬柏格（Adrew Feenberg）认为,马尔库塞的理论之所以出现上述矛盾或立场上的原因,主要是因为他的理论结合了两个独立的理论传统:一个是经典马克思主义关于资本主义中"自由劳动"的异化理论及科学技术是一种伟大的革命力量的观点,这使他断定科学技术具有解放的潜能;另一个是海德格尔等西方技术批评家的浪漫主义传统,这种传统把科学技术当作奴役和异化的根源,从这一传统出发,马尔库塞拒绝了传统的技术中立性观念,并主张科学技术先在地倾向于统治。芬柏格的看法具有一定的参考价值。

马尔库塞的新科学技术纲领是不可能实现的。也就是说,不可能弄出一种与现有科学技术不同的、质上全新的科学技术。科学技术作为人类改造自然和社会的工具,是人类认识成果的结晶,它本身并没有任何阶级性或政治偏向性,谁掌握了它,它就为谁服务。要使科学技术不再成为统治、奴役的工具,那就必须消灭资本主义制度,建立社会主义制度。而这种社会主义制度并不是像马尔库塞所设想的,可以从科学技术的进步中自发长成,而是相反,必须通过无产阶级的革命斗争,才能确立起来。

五、法兰克福学派与技术统治论

在对法兰克福学派的科学技术社会学理论作了如上的介绍和评论之后,有必要进一步指出这种理论的实质及其在西方技术社会学发展中的地位。这一节先将法兰克福学派的理论同技术统治论加以比较,以说明前者乃是后者的变种。

何谓技术统治论？技术统治论（technocracy）又称技术统治主义、专家治国论、专家政治论等。这种学说认为,科学技术决定时代的性质、社会的发展、人类的命运;社会的组织结构应以科学技术知识为依据,社会应由科技专家来治理。这种学说的渊源可以追溯到柏拉图的《理想国》、培根的《新大西岛》、圣西门的空想社会主义学说和孔德的社会学思想。它发展成一种系统的社会学说则是 20 世纪 30 年代的事。早期的技术统治论者主要是一些技术哲学家和社会学家。如 T. 凡勃伦、W. F. 奥格本、L. 芒福德、F. G. 荣格、J. 埃吕尔等。60 年代以后，随着新技术革命的兴起，技术统治论的主将们则是一批所谓的（后）工业社会理论家，如阿隆、利普塞特、布热津斯基、罗斯托、贝尔、托夫勒等人。技术统治论现已成了一种广泛的国际思潮。80 年代初，随着贝尔、托夫勒等人的主要著作翻译介绍到我国，技术统治论也猛烈地冲击着我国学术界，一时间，"浪潮""趋势""挑战"之声迭起。技术统治论是科技进步的一个副产品。技术统治论与科技知识分子阶层的日益壮大、科学技术在社会中的作用日益突出密切相关。它最初是科技知识分子阶层自我意识的一种特殊表现，反映了这一阶层要求摆脱资本家的压迫，确立以科技为基础的新社会秩序，参政掌权的强烈愿望。早期的技术统治论者一般都抨击资本主义制度，具有一定的革命性和积极意义。后来，技术统治论逐步为官方所利用，特别是 60 年代之后以"（后）工业社会理论"的形式出现的技术统治论实际上成为官方的意识形态。在这一演变过程中，技术统治论激进的、批判的调子逐步降低乃至消失，它的改良主义也有了公开为资本主义制度辩护的性质，对科技和社会未来发展的担忧逐步让位给盲目的技术乐观主义。

法兰克福学派作为技术统治论的一个变种，这个学派的科技社会学理论与技术统治论的相同或相似之处，主要表现在如下几个方面：

第一，法兰克福学派和技术统治论者都声称，科学技术创造了一个使资本主义和社会主义两种制度趋同的统一的（后）工业社会。技术统治论者认为，"（后）工业社会"是以生产技术为基础确立起来的，它超越了社会主义和资本主义两种不同的制度。贝尔称"苏联和美国都是工业社会"，它们之间是"彼此一致的"，① 可以将"两种制度归入同一标题"②。雷蒙·阿隆说，苏联的社会主义和美国的资本主义是同一个发达工业社会类型的"两个品种"或"两个形式"③。同样，法兰克福学派将现代社会称为"发达工业社会"或"后期资本主义社会"。他们把国家垄断资本主义和社会主义都看作同一工具理性统治的两种样板。据说，这两种社会都建立了工具理性、物化关系、工艺和机器的全面统治。马尔库塞在《苏联的马克思主义》一书中明确提出，存在着社会主义和资本主义两种制度"平行拉平"的强

---

① ［美］贝尔：《后工业社会的来临》，商务印书馆 1984 年版，第 17 页。
② 同上书，第 184 页。
③ ［法］阿隆：《后工业社会十八讲》，1962 年英文版，第 42 页。

有力的历史趋势。可见,离开生产关系,仅仅从科学技术(生产力)方面考察社会,抹杀两种不同社会制度的本质区别,掩盖资本主义社会的剥削实质,这是法兰克福学派与技术统治论者相一致的一个突出表现。

第二,法兰克福学派和技术统治论者都把当代社会描述为知识的世界,并力图构造一个技术世界存在的理论。技术统治论者认为,当代社会是技术和知识的社会,科学技术获得了决定一切的主宰地位。贝尔称,后工业社会的最基本的特征是"理论知识处于中心地位";布热津斯基把微电子技术看作社会变革的决定因素或时代变化的主要推动力。与此相类似,法兰克福学派认为,当代科学技术取得了合法的统治地位,成了理解一切问题的关键。当代发达工业社会是一个巨大的工艺装置,它创造了一个富裕的社会,也创造出一种生活方式和一个起一体化作用的政治制度。

第三,法兰克福学派和技术统治论者都认为,科学技术取代了往日的政治权力而成为新的统治手段。在技术统治论者看来,在现代社会中,科学技术管理和生产过程在其使政治权力失效的意义上,成了工业社会中的统治因素。谢尔斯基在《科学文明中的人》一书中宣称,科学技术的结构成了社会关系的新基础。在这种基础上,统治的关系失去了它们昔日人对人的权力关系的性质,科学技术的命令代替了政治行动。在这种文明中,国家与技术结合而形成技术国家,它的唯一目标是手段的完善化,其结果是技术治国,技术专家为所欲为。民主的观念也失去了它早日的本质。① 与此相似,法兰克福学派断言,在现代社会里,资本主义的统治已失去对人的奴役及暴力恐怖的特征,科学技术本身的程序代替了民主政治的程序,技术不仅仅是仪器、工具的总和,而且成了一种新的控制形式和意识形态。因此,法兰克福学派和技术统治论者都断言,要描述工业社会的统治结构,已不能依靠权力精英或阶级斗争的模式,而只能依靠技术或管理的合理性模式。

第四,法兰克福学派和技术统治论者都主张知识精英治国,而无产阶级则丧失了作为历史动力的资格。技术统治论者异口同声地说,作为科学技术知识的创造者和管理者的知识阶层是"社会工程学"的代表,是"新阶级"的核心、理性和进步的化身、革命的动力、人类之希望。当代技术统治论者还进而认为,由于"中间阶级"的兴起,无产阶级已失去了作为历史动力的地位,马克思关于生产关系导致两极分化的阶级斗争的理论已经失效。与

---

① 参见[美]马尔库塞《批判理论和乌托邦的诺言》,1988年英文版,第220页;[德]F.拉普《技术哲学导论》,辽宁科技出版社1986年版,第12页。

此相对照，法兰克福学派认为，由于科学技术进步，科学技术在社会政治生活中的作用日益突出，过去的政治问题变成了技术问题，专家经理集团对社会改革方案的制定和实施有着决定性的影响。同时，科技进步使当代发达工业社会的阶级结构发生了重大改变，无产阶级不再是社会变革的决定性力量，因此，马克思主义的阶级斗争学说"过时"了。

第五，法兰克福学派和技术统治论者都断言，科技革命的未来是社会主义或共产主义乌托邦的终结。技术统治论者认为，科技进步的结果是后工业社会的出现，而不是社会主义或共产主义的到来；因为科技进步使社会主义和资本主义两种制度逐步趋同，引起社会主义革命的全部因素已经消失，这就使马克思所预言的社会主义革命破产。而法兰克福学派则断言，科技进步的未来是一种"新社会主义"或"人道主义的社会主义"，而不是马克思所设想的社会主义，科技进步结束了乌托邦的历史。

从上述五个方面的比较中，我们看到，法兰克福学派的科学技术社会学理论的确具有浓厚的技术统治论的色彩，说它是技术统治论的变种是恰当的。不过，应当指出，它与正统的技术统治论还是有某些差别的。例如，正统的技术统治论的基调主要是乐观主义和保守主义的（尽管技术统治论者中也不乏悲观论者，如马姆福德、阿隆、埃吕尔等），而法兰克福学派的基调则是悲观主义和激进批判主义的。以贝尔等人为代表的现代技术统治论者公开为资本主义制度辩护，认为科学技术进步能够解决资本主义的矛盾和问题，创造出一个美好的社会；相反，法兰克福学派则以批判科学技术作为己任，将科学技术看作奴役、异化和苦难的根源。法兰克福学派从抽象的人道主义和自由主义的立场出发，尖锐地揭露了资本主义社会的某些矛盾、异化现象，却错误地把苦难、异化之罪归咎于技术的魔力和科学成果的运用，宣扬一种悲观主义的反科学技术论，这与马克思主义关于科学技术是一种伟大的革命力量的论断以及马克思主义的革命乐观主义是背道而驰的。

六、法兰克福学派与其他西方技术社会学流派

技术社会学往往被当作技术哲学或技术论的一个组成部分。总的说，西方技术社会学仍处于不成熟的阶段，纯粹的技术社会学理论并不多见，这方面的理论主要见之于西方的哲学、社会学和文化学的著作中。因此，要划分技术社会学的派别及发展阶段是颇为困难的事。西德技术哲学家 F. 拉普在《技术哲学导论》中将技术哲学研究风格或观点划分为四种，即工程学、文

化哲学、社会批判主义和系统论,并认为这四种观点构成技术哲学依次发展的四个阶段。从他分析的内容看,他显然是将技术社会学包括在技术哲学之中的。因此,在考察法兰克福学派在西方技术社会学发展中的地位时,可以将拉普的"四种观点"或"四个阶段"说作为参照系。

拉普将技术哲学的第一阶段或第一种研究风格称为工程学的考察方式,因为人们首先注意的是机械技术的两个必不可少的条件,即发明创造活动和工程师的作用。这种工程学观点所包含的技术社会学理论就是颂扬技术和工程师的作用。因此,早期的技术社会学带有明显的技术乐观主义和技术统治论的色彩。例如,卡普在《技术哲学纲要》中,对技术的潜力十分乐观,他将技术视为文化、道德和知识的进步以及人类"自我拯救"的手段。美国的社会学家 T. 凡勃伦在《工程师和价值体系》中则明确提出由工程师实行变革,并进而对"工业系统"进行控制的观点,他直言不讳地主张把权力从实业家的手中转到工程技术专家之手,这是技术统治论的先导。

技术哲学发展的第二阶段或第二种研究风格是文化哲学的观点。从文化哲学及历史哲学的角度去考察技术问题是西方技术社会学的主流。在文化哲学家中,涌现出一大批在技术社会学方面很有造诣的著名人物,如尼采、狄尔泰、斯宾格勒、马姆福德、谢勒、雅斯贝尔斯、海德格尔等;形成强大流派的是存在主义。技术是文化的重要组成部分,它对文明及其历史的发展起着巨大的作用。因此,在文化哲学及历史哲学中讨论技术问题是十分自然的。从这一角度入手,技术与文明、文化及历史的关系是当然的主题。文化哲学家把技术放到人类文化、文明史的长河中去考察。大部分研究技术问题的文化哲学家都从人本主义的立场出发来反对现代技术及科学,把技术当作文明堕落、人类道德沦丧的祸根。存在主义者这方面的观点最引人注目。他们把现代技术文明看作"技术官僚主义社会",认为当代技术已经不是机械力的凝结器,而是社会的人的工艺学;它们不仅支配整个工业,而且支配人原先没有转让的隐秘的内在生命,技术对智力的支配已经一般地扩展到操纵心理生活。雅斯贝尔斯在《现代人》中对技术作了一种批判性的解释,认为技术文明的强大权威已使个人有意义的存在变成单调的、发挥社会作用的平庸生活,技术倾向于把人同历史和自然分开。总之,多数文化哲学家的技术观或技术社会学理论具有明显的人本主义和历史主义倾向,具有浓厚的反技术主义和浪漫主义色彩。法兰克福学派的技术社会学正是直接承袭这一传统的。

技术哲学发展的第四个阶段或第四种研究风格是将地球看作一个系统的

研究方式。[为了叙述的方便,我将拉普的第四阶段提在第三阶段之前——作者注]这以罗马俱乐部作为代表。罗马俱乐部的技术论的主题是:技术的无节制的发展是如何使人面临困境的?罗马俱乐部的《增长的极限》等研究报告通过分析技术发展给人类带来的人口爆炸、环境污染、粮食危机、核威胁等全球性问题,得出这样一个结论:在最乐观的情况下,技术和经济的无限制的发展将给人类带来大灾难。罗马俱乐部的报告向人们敲响了警钟,它的报告的方法论意义在于提出一种系统研究地球的方法,并研究有关过程的指数增长率。但是,罗马俱乐部对技术采取了一种批判的态度,它的技术观具有明显的悲观主义色彩。不过,将罗马俱乐部的观点与法兰克福学派的观点加以比较,可以发现两者有很大的差别:前者着眼于未来,后者着眼于现在;前者对技术危害的分析集中在生存环境上,而后者则集中在政治、经济、意识等社会的方面;前者认为通过政治控制有可能消除技术的消极后果,后者认为技术已深入人的意识和心理中,不可能通过政治手段来消除其危害。

拉普将社会批判主义列为技术哲学发展的第三阶段或第三种风格或观点。我们在本文的开头说过,法兰克福学派主要研究现代技术的消极社会功能问题。一方面,法兰克福学派与文化哲学的研究观点密切相关,它继承了文化哲学特别是存在主义的人本主义和浪漫主义立场,加强了从人的自由解放的角度对现代技术进行批判,特别研究现代技术对人的心理、意识方面所造成的影响。另一方面,法兰克福学派的技术社会学又吸收了马克思主义、弗洛伊德主义和黑格尔哲学的某些思想成分。因此,它不像文化哲学那样泛谈技术与一般文化或文明的关系,也不像存在主义那样从个人的存在及本质出发去批判科学技术,而是从社会的环境条件的角度就当代技术对社会的政治、经济、文化所造成的危害进行剖析,着重讨论了技术与理性、技术与统治、技术与意识形态、技术与人的未来等方面的关系问题。它提出了当代理性已堕落为工具(技术)理性,技术成为一种新的控制形式,技术执行意识形态职能,需要一种新的解放的技术等独特的技术社会学观点,这使它在西方技术社会学中独树一帜,成为西方技术社会学的一支劲旅,与存在主义、罗马俱乐部等主要的技术社会学流派并驾齐驱。

综上各节所述,我们认为,法兰克福学派的科学技术社会学或科学技术观是与马克思主义的科学技术观根本对立的,在总体上是错误的。但尽管如此,法兰克福学派的科学技术社会学作为当代科学技术革命及其社会后果的理论反映,仍然有某些可供借鉴的合理因素。例如,法兰克福学派看到了当代科学技术发展的一些新特点，看到了科学技术在当代社会发展中的巨大作用，批判了资本主义对科学技术的非人利用，揭露了资本主义制度下科学技术所造成的种种异化现象，等等。法兰克福学派也提出了一些值得认真讨论的问题，如当代资本主义国家是如何利用科学技术为统治辩护的，科学技术与意识形态的关系，科学技术进步对马克思主义产生了什么影响，如何限制科学技术的非人利用，如何将人的价值因素结合到科学技术中去，等等。这些问题也是我们发展马克思主义的科学技术观所需要考虑的问题。因此，深入分析批判法兰克福学派的科学技术社会学，具有现实的理论意义。

2-6

法兰克福学派的批判理性观[*]

批判的理性观是法兰克福学派社会批判理论中的一个重要的而又往往被人们所忽视的方面。它构成社会批判理论的基础或出发点。法兰克福学派的批判理性观是在批判工具理性的基础上形成的。批判理论家们认为，工具理性或技术理性是当代科学技术发展和理性观念演变的最新结果。现在，工具理性已变成社会的组织原则，是造成当代资本主义社会或发达工业社会单面性的根源。因此，他们致力于对工具理性的批判，并在与工具理性的对立中规定批判理性的本质及特征，从而形成了较为系统的批判的或辩证的理性观。法兰克福学派宣称这种理性观既保留了传统的辩证理性观强调理性的批判否定精神的一面，又吸收了当代非理性主义思潮重视人的自由的一面。这就使批判理性观具有了调和、折衷的特征，即它徘徊于理性主义和非理性主义之间，或者说处于这两者的交界处。本文拟对法兰克福学派的批判理性观作一评述。

一、批判理性观的基本思想

法兰克福学派对工具理性的批判和对批判理性的建构的基本思想可以概括为如下几个方面：

首先，法兰克福学派对理性的含义、工具理性和批判理性的对立做出说明。何谓理性？马尔库塞在《哲学与批判理论》一文中作了如下的规定："理性，是哲学思维的根本范畴，是哲学与人类命运联系的唯一方式……理性代表着人和生存的最高潜能，理性和这些潜能是一而二、二而一的东西。"[①] 他

---

[*] 原载《厦门大学学报》（哲学社会科学版）1991年第2期，中国人民大学复印报刊资料《外国哲学与哲学史》1991年第8期转载（删去了原文的正标题"在理性主义与非理性主义的交界处"，并为各小节加了标题）。

① 李小兵编译：《现代文明与人的困境——马尔库塞文集》，上海三联书店1989年版，第175页。

在1941年出版的《理性与革命》中较全面地考察了理性概念。他认为理性是一个历史地变化着的概念，需要整理它的基本的构成要素，并评估它的各种影响。他列出了理性在哲学史上出现的五种含义：（1）理性是主客体相互联系的中介；（2）理性是人们借以控制自然和社会从而获得满足的多样性的能力；（3）理性是一种通过抽象而得到普遍规律的能力；（4）理性是自由的思维主体借以超越现实的能力；（5）理性是人们依照自然科学模式形成个人和社会生活的倾向。① 他强调第四、五种含义，认为理性原是一种超越现实的批判能力，而在自然科学中，理性的概念已被技术的进步所支配，依照自然科学的模式塑造人和社会生活已成为当代理性主义的趋势。但理性愈是在自然科学中得势，人在社会生活中就愈不自由。这里已包含了批判理性与工具理性对立的思想了。

霍克海默在《理性之蚀》中明确区分两种类型的理性：主观理性（工具理性）和客观理性（批判理性）。他认为，主观理性强调手段及其与目的的可能的协调，"理性最终被当作一种合作协调的智慧能力，当作可以通过方法的使用和对任何非智力因素的消除来增加效率"②。主观理性也就是工具理性，它的价值由对人和自然界的操纵来衡量，一种活动是合理的，仅当它为一个目的（商业的、保健的、娱乐的等）服务。实用主义的真理观最明显地反映了这种主观的或工具的理性，对于实用主义者来说，"一种观念、概念或理论除了是一个行动的框架或计划之外，不是别的。因此，真理不外乎就是观念的成功性"③。与主观理性相反，客观理性是实在固有的一个原则，是一种生活方式，即一种与生命和自然谋求和谐的方式，它提出一个"真理的"和谐世界的可能性；从柏拉图、亚里士多德到德国古典唯心主义的伟大哲学体系都以这种客观理性作为基础；客观理性在实在中有自己的结构，并且对于那些努力进行辩证思维或具有爱欲能力的人是可以得到的。④ 客观理性强调对现实的批判和超越，它以人的自由解放作为最高目标，因此，它又是一种批判的或解放的理性。

其次，法兰克福学派考察理性观念的历史演变，追溯工具理性和批判理性对立的根源，特别着重地分析了工具理性是如何战胜批判理性而取得合法

---

① ［美］马尔库塞：《理性与革命》，纽约1941年英文版，第253—255页。
② 霍克海默：《理性之蚀》，纽约1944年英文版，第8—9页。
③ 同上书，第42页。
④ 同上书，第11页。

统治地位的。批判理论家们认为，工具理性成为当代发达工业社会占统治地位的思维方式并不是突然发生的，而是经历了一个很长的历史时期，它是理性观念演变和科学技术发展的必然结果。他们认为，批判理性在相当长的历史时期内占主导地位，这可以从柏拉图开始到黑格尔的伟大哲学体系中得到证明。工具理性和批判理性的对立有其历史渊源。批判理论家们认定，工具理性的根源远在资本主义发展之前。马克斯·韦伯在探索资本主义精神的起源时，不但追溯到基督教，而且更远地追溯到犹太教。同样地，霍克海默和阿多尔诺在《启蒙的辩证法》中则发现工具理性的根源也在犹太教，而到了所谓的"启蒙时期"它已成形而清晰可辨。在《单向度的人》中，马尔库塞沿着《启蒙的辩证法》一书的主题，详尽地考察了理性是如何由批判理性演变为工具（技术）理性，以及逻辑是如何演变为统治逻辑的。他指出，在当代，极权主义的技术理性领域是理性观念演变的最新结果，理性由批判理性蜕变为工具理性以社会的科技进步作为前提，并有逻辑方法论的基础，即以逻辑学的发展尤其是数理逻辑的出现作为基础。哈贝马斯以稍微不同的方式表述了同他们这几位前辈相似的思想。他指出，努力把人类从偏见中解放出来的理性，由于其内在的逻辑而走向自身的反面。在古典启蒙时期，理性自身成为反对现存制度和意识形态的武器，那时理性的理论活动同自我解放本身的旨趣是结合着的；而对虚假意识形态的批判同时也就是抛弃这种意识形态所由以产生的社会条件的实际行动。但是，随着科学、工艺和组织的进步，这种联系被打破了，理性逐渐丧失了它的解放的功能，越来越局限于技术效益，它日益为物质或社会的工艺效劳。于是理性变成了工具理性。哈贝马斯还认为，理性独立于人的旨趣的妄想，就是实证主义的认识论，这是一种所谓的摆脱价值而不能履行解放功能的科学纲领，但这不过是启蒙在自我毁灭阶段的幻觉罢了。

再次，法兰克福学派剖析工具理性的危害，阐明批判理性的作用。法兰克福学派特别是马尔库塞认为，技术或工具的理性先验地适用于维护社会的统治制度，它排除了思维的批判性和否定性，其本质就是统治的合理性。在当代，抽象的技术理性已经扩展到社会的总体结构，成为组织化的统治原则，非人的管理和操纵已感染了整个社会系统，这不仅在技术应用的具体目标，而且在技术的起源上都是如此。自动化技术理性的出现则是一种独特的统治形式。对自然的理性控制和对工作过程的官僚控制，或者通过整合，或者通过对偏离的有效压制，构成了实际上不会遭到反对的社会"幸福意识"的基础，在经济、政治和文化三个层次发生了需求的管制和进步思想的消除。法兰克福学派特别剖析了技术理性统治给社会的思想文化所造成的危害，霍克海默和阿多尔诺《启蒙的辩证法》论"文化工业"的部分，马尔库塞的《单向度的人》中论"单向度的思想"部分对此都有精彩的论述，可以参看。对于批判理性的作用，法兰克福学派认为，既然批判理性的本质是批判性、否定性，那么，它的主要功能就在于摆脱现实的束缚，批判和否定现实，为人类的自由解放效劳。在霍克海默看来，批判理性的责任在于无情地揭露丑恶的现实，猛烈抨击最蠢的和具有欺骗性的思想。它要根据真理的否定性而揭露非真实的东西，使人的存在现实化。这种"劳作"中凝结了否定的方法，即揭露有限东西中的偶像性，并把被理解为绝对的伟大思想简化为一定社会的相对真理。批判理性提出思想和现实，目的在于对两者加以比较并超越当前状况。马尔库塞则指出，批判理性从人的历史存在出发去解释人及其世界的整体，并力求去发现存在的最终极和最普遍的根基，批判理性的根本意义就在于它的批判性和否定性，在于对现实的超越和对未来的展望；它关注人的存在和本质关注人的自由、幸福及潜能的实现，并认识到这些东西的实现有其现实的条件。

最后，法兰克福学派还把所谓的传统理论（当代资产阶级的各种哲学社会学流派尤其是实证主义）和批判理论（黑格尔辩证哲学、马克思主义、特别社会批判理论）分别当作工具理性和批判理性的集中体现来加以评判。在法兰克福学派特别是霍克海默看来，理论乃是独特的理性，是关于世界和我们自己的一种合理的知识，而传统理论尤其是实证主义是工具理性的集中体现，或干脆说它们本身就是一种工具理性。传统理论家将理论看作由基本命题和推出命题组成的有逻辑联系的推理系统，即看作一个封闭的科学命题体系，将理论变成了一种描述事实的工具，它片面强调理论的科学性和实证性，消除了理论思维的批判性和否定性，使理论失去了它的本质作用，变成屈从于现实、为现存制度辩护的工具，沦为意识形态，起着消极的社会作用；在传统理论那里，理论与实践、主体与客体、价值与事实是分开的，理论研究被当作一个独立于社会实践之外的王国，它不关心人的苦难的现实和人的自由解放的条件。与此相反，批判理论作为批判理性或辩证思维的体现，它主要不在乎理论是否成为一个科学命题体系，而旨在现实的超越，即对现实的批判和否定；在批判理论那里，理论与实践、主体与客体、价值与事实是关联着的。与其说理论研究是一种脑力劳动，倒不如说它是一种特殊的实践形式或说是革命实践的智力部分，理论要关心人的本质、自由和幸福，关心异化和苦难根基的消除以及合理社会的建构。

显然，法兰克福学派的批判理性观并不是凭空产生的，它有深刻的思想渊源，包含着各种不同的理性观的思想成分，特别是韦伯、黑格尔、卢卡奇和马克思及当代非理性主义者的观点。前辈思想家对法兰克福学派的影响表现在以下三个方面：其一，法兰克福学派关于两种理性的划分，以及对工具理性的批判直接地受到韦伯观点的启发和影响。韦伯曾对现代理性的发展趋向及特征、形式的（合）理性和实质的（合）理性的区别以及资本主义、理性、统治三者之间的关系等做出规定和说明。法兰克福学派沿着韦伯的思路来考察理性观念的演变，他们把韦伯的形式理性改造为工具理性或主观理性，而将实质的理性改造为批判理性或客观理性，并进一步发挥了韦伯关于理性的消极性，尤其它与统治关系的论点。其二，法兰克福学派的批判理性观直接继承和发挥了黑格尔的辩证理性观，并力图吸取当代西方非理性主义思潮强调人的自由和思想因素来补充或改造黑格尔的辩证理性观。将法兰克福学派的观点与黑格尔的观点加以比较，可以明显地看出两者的师承关系：黑格尔将思维划分为知性和理性，批判知性而颂扬（辩证）理性，不满足于形式逻辑而创立辩证逻辑，推崇辩证方法的批判否定精神；法兰克福学派则将理性划分为主观的理性（工具理性）和客观的理性（批判的理性），攻击工具理性而颂扬批判理性，他们同样反对形式逻辑而拥护辩证逻辑。推崇思维的批判性和否定性；如此等等。法兰克福学派还针对以往理性主义（包括黑格尔的批判理性观）中强调客观必然性而忽视人的自由这一维度的倾向，力图用非理性主义的因素来补充（批判）理性观（这一点将在后面展开论述）。其三，法兰克福学派的批判理性观吸取了卢卡奇及马克思主义的某些思想成分。作为"西方马克思主义"创始人的卢卡奇曾把韦伯的"合理性"概念与马克思的"商品拜物教"概念联系起来，形成"物化"概念，并将科学技术看作资本主义社会的一种"物化"形式来加以批判。他认为，物化过程的标志是把"合理的机械化"和"可计算性"应用于生活的每个方面，当将科学知识应用于社会时，它们就转变成为资产阶级意识形态的武器。我们从法兰克福学派关于工具理性是一种异化形式的论点以及对工具理性给社会带来的危害的分析，从他们关于理论的本质、作用及与实践关系的论点中，可以看到卢卡奇留下的思想痕迹。法兰克福学派也吸收了马克思主义的某些思想成分，如政治经济学批判方法和异化理论等。

我们应该如何看待法兰克福学派的批判理性观呢？必须指出，法兰克福学派的这种理性观有某些合理的因素，这主要表现在如下几个方面：（1）法兰克福学派在一定程度上看到了当代理性观念演变的新特点，他们注意到了科技进步给人的理性观念、思维方式和价值观的重大影响这样一个普遍的事实，尤其是注意到在当代资本主义社会中科技进步导致工具理性横行这一点。他们力图在理论上把握科学技术进步与理性观念演变之间的关系，试图从理性或思想的深处揭示资产阶级政治统治与人对自然统治之间的联系，并抨击工具理性给社会生活领域尤其是社会思想文化所造成的危害。（2）法兰克福学派自觉地将工具理性与批判理性以及传统理论与批判理论处处对立起来，反对前者，而颂扬后者。他们强调理性的本质在于其对现实的超越，对现实的批判和否定，强调矛盾思维在认识现实中的作用，在一定程度上继承和发扬了黑格尔及马克思主义的辩证法，弘扬了理性的革命批判精神。这在实证主义横行（工具理性泛滥）、辩证法在西方受到普遍非难的时代，更是难能可贵。法兰克福学派还指出并批评了传统理论即当代资产阶级哲学社会学理论特别是实证主义的消极性。（3）法兰克福学派提出了某些值得认真讨论的问题，如关于工具理性与资本主义统治以及科学技术发展与理性发展的关系问题，关于工具理性和批判理性及传统理性与批判理论对立问题，关于两种理性的不同的逻辑基础，以及关于批判的理性如何将批判性或否定性与人的自由矛盾结合的问题，如此等等。在讨论这些问题时，法兰克福学派不乏有益的见解。

但是，从马克思主义的观点来看，法兰克福学派的批判理性观是有重大缺陷的。这主要表现在：（1）在关于科学技术与理性关系问题上，法兰克福学派片面强调科学技术对理性影响的消极性，将科学技术看作工具理性的基础，看作一种单面的或肯定的、排除批判否定精神的思维方式的帮凶。而事实上，科学技术的精神气质是求实求真，它揭示世界的矛盾运动和辩证发展，因此它本质上与辩证的思维方式相联系。（2）在工具理性与批判理性对立的问题上，法兰克福学派直接从技术、理性及逻辑的结合引出"工具（技术）理性"的概念，这是费解的，将形式逻辑当作工具理性的基础，把形式逻辑等同于单面的或肯定式的思维方式，这也是错误的。法兰克福学派关于批判理性的论述也是不能令人满意的，尽管他们宣称要恢复或弘扬理性的批判性和否定性，但是，他们在批判性与继承性、否定性与肯定性的二律背反面前却显得束手无策。他们实际上只要批判、否定，而不要继承和肯定。法兰克福学派的批判理性，特别是阿多尔诺所建立起来的"否定辩证法"，实质上是一种虚无主义的辩证法，与黑格尔辩证法（更不待说马克思主义的辩证法）有本质的区别。法兰克福学派也不能处理好理性中的自由与必然的关系。正如我们后面将指出的，正是在这个问题上，法兰克福学派陷进了非理性主义之中。（3）在理性或理论的社会功能问题上，尽管法兰克福学派在一定程度上揭露了工具理性及传统理论的危害，但是，他们似乎将资本主义社会看作工具理性的产物，将对工具理性的批判当作对资本主义社会批判的基础，并日益用对工具理性、科学技术和意识形态的批判来代替对资本主义的政治经济制度的批判。法兰克福学派也不能真正理解辩证理性和科学的理论的社会作用，不了解理性或理论除了批判否定现实之外，还可以是认识和改造世界的工具。另外，法兰克福学派的批判理性观具有调和、折衷的浓厚色彩，这一点我们马上要展开讨论。

二、批判理性观的历史地位

下面，我们通过法兰克福学派的理性观与近现代西方哲学中的理性主义思潮和非理性主义思潮的比较，揭示法兰克福学派的理性观的基本特征，并确定它在近现代西方理性观发展史中的地位。

近现代的理性主义思潮包括传统的理性主义哲学即笛卡儿、斯宾诺莎和莱布尼兹等人的哲学、德国古典唯心主义批判哲学即康德哲学、黑格尔哲学及新康德主义等。当代西方科学主义哲学思潮，尤其是实证主义哲学、波普的批判理性主义等，则被法兰克福学派当作工具理性的集中体现来加以批判。应该说，它们是属于理性主义传统的。

从西方理性主义的各种表现形式中，我们可以概括出它的几个基本特征：（1）西方理性主义往往采取了形而上学本体论的形式。它要寻找世界的根基、本体即存在、实体或自然，将世界的万物统一在这一根基或本体之上，从而建立起一个包罗万象的形而上学体系或理性王国。诚然，理性主义最初是以同宗教神学相对立的人文主义的形式出现的。它强调个体的存在权利和自由，用人性反对神性，主张在现世中追求人格的完善；但是人的存在和本质并未在理性主义哲学中占核心地位。在理性主义那里，自由和必然是统一的，但统一是以必然为基础的，人的自由最终了淹没于必然性之中。

（2）理性主义的核心是颂扬人的理性，推崇理性思维，强调理性思维在知识形成中的作用。近代的理性主义哲学（即笛卡儿、莱布尼兹等人的哲学）强调思维的确定性、明晰性，知识的可靠性、有效性和精确性，并将逻辑和数学看作知识的基础，特别推崇演绎法的作用，将物理学看作知识或科学的模型。理性主义都强调理性的怀疑性和批判性，反对愚昧和迷信，要求将一切带到理性法庭的面前受审。笛卡儿的"我思故我在"，黑格尔关于理性思维的批判性和否定性的论点充分地体现了这一点。

（3）理性主义对人的认识能力，对人类的发展前途抱乐观的态度。持续发展和无限进步的理想以及科学技术进步可以引导人们接近这一理想，是传统理性主义的根基。理性主义批判考察人类的认识能力，往往对人的认识能力的无限性表示怀疑。但是它一般认为，凭借理性人类可以认识和把握世界；它相信客观规律性或必然性，反对将历史发展看作一种非理性的偶然性过程，认为历史发展有其理性规律可循；它相信人类社会的发展是一个不断进步的过程。理性主义特别推崇科学技术，将科学技术看作人类征服、控制自然和获得自由的强有力手段，认为科学技术能够改善人类生存环境，使社会往合理的方面发展。

西方的非理性主义形成于19世纪后期到20世纪初，它的出现表面看来似乎是突然的，但实际上却经历了一个缓慢的发展过程，它有深刻的社会历史根源，并以理性主义本身的危机的产生、发展和深化为前提。当代非理性主义思潮包括叔本华—尼采的唯意志论、柏格森等人的生命哲学、现象学—存在主义、弗洛伊德主义等。概括地说，当代非理性主义思潮有如下几个基本特征：

（1）非理性主义往往采取以个人存在为本体的唯心主义本体论的哲学形式。当代非理性主义并不一般地否认"存在"，但这种存在并不是理性主义者所讲的实体或客观观念，也不是客观外部世界，而是所谓的人的存在。因此，人的存在或本质、个体的自由成为非理性主义的决定性核心内容。非理性主义者大多是把个人的存在及其意识表现视为本体的唯我论者。可以说，现代非理性主义基本上是现代资产阶级的人学学说。在非理性主义者那里，个人的存在在资本主义社会中的地位和命运问题常常使他们困惑，以至于他们无法正确解释资本主义社会的本质以及人的异化等现象的存在。

（2）推崇非理性思维或情感思维，反对理性思维或逻辑思维。现代非理性主义的一个突出特征就是夸大人的感觉、欲望、情绪、本能的作用，并将这些东西绝对化，作为个人存在的个体属性。在他们看来，靠理性思维或逻辑推理，根本无法把握事物、揭示事物的本质及认识自我；人们只能拿直觉、顿悟或体验，在一种迷狂、朦胧、恍惚的状态中，通过自我意识，去把握自我和世界。现代非理性主义不仅否定人的认识能力，否定实践和理性认识的作用，把认识看作一种本能的天赋，看作易变的、随意的东西，而且他们不承认客观世界及其真理的存在，认为只有人的自我感觉、情绪状态才是真实可靠的。他们甚至将世界看作是混沌的、不可认识的。非理性主义的这种唯情绪主义特征，在一定程度上反映了现代西方社会腐朽没落、矛盾重重的状况。

（3）浓厚的反科学主义、浪漫主义和悲观主义色彩。当代非理性主义者一般对科学技术持批判和否定的态度，认为科学技术并不能为人类带来自由和幸福，而只能使人堕落、异化和受奴役、受控制。他们往往把科学技术看作万恶之源。与此相联系，非理性主义者向往纯朴自然状态的时代，认为在此时，人与自然合一，人的存在和本质并未异化。同时，非理性主义对人类理性的能力，对人类无限进步的可能性表示深深的怀疑。他们中的大多数人认为，人是无能为力的，只能凭先定的命运的安排，人生就是苦难，人的前途是无望的，人们永远要被笼罩在死亡的阴影中。这是一种消极没落的悲观情绪。

由此可见，非理性主义的这三个基本特征是与理性主义的三个基本特征对立的。

法兰克福学派正是在这种理性主义衰落（特别是辩证理性受到普遍的非难）、非理性主义流行的历史背景下形成自己的理性观的。法兰克福学派的主要理论家尤其是霍克海默、阿多尔诺和马尔库塞等人的内心深处都经受了理性主义和非理性主义两种对立思潮的冲突，他们处于一种矛盾的境地，因此他们的理性观都带有明显的调和、折衷的色彩。作为德国古典理性主义哲学的传人，特别是作为黑格尔辩证哲学的捍卫者，法兰克福学派深感不能动摇人类理性的根基，尤其不能消除理性的批判性和否定性，不能消除理性的怀疑一切和超越现实的精神，因为他们要为重树理性的权威，为恢复理性的革命批判精神呐喊。在这里，他们是以理性主义者的面目出现的。同时，作为人本主义者和自由主义者，法兰克福学派的理性观深受非理性主义的影响和渗透；他们目睹了当代理性主义的普遍危机，体验到当代非理性主义的种种新精神。他们认识到，造成当代理性主义普遍危机的正是（形式化）理性主义本身，危机的根源在于传统理性主义者过分推崇形式思维，只注意理性的肯定方面和特征，过分地强调普遍性、必然性而牺牲个体性、自由；在于传统理性主义过分推崇科学技术的作用。工具理性的出现正是传统理性主义发展的必然结果。法兰克福学派看到，历史的发展、工具理性的出现正严重地威胁人道主义和自由主义的根基，而非理性主义的出现正好是对这种情况的反动，它是一种解毒剂。他们认为，非理性主义重视人的存在和本质，重视人的自由和潜能的实现，强调个性和情感思维，批判科学技术，这正好是克服传统理性主义缺陷的合理的东西。因此,他们要在批判理性的框架中,吸收并融合非理性主义的理论因素,或者说,用非理性主义因素来补充或改造黑格尔的思辨理性观,从而确立起一种既保留了理性的批判否定精神,又兼顾人的存在和本质、人的自由和潜能实现的批判理性观。但是,当他们这样做时,却往往陷入非理性主义之中。

我们以马尔库塞为例,从他的论述中可以窥见整个法兰克福学派批判理性观的调和特征。马尔库塞在《哲学与批判理论》一文中说,作为人的潜能的最高体现,"理性的概念包含着自由的概念"[①]。他在《黑格尔的本体论和历史理论的基础》一书中,则力图在黑格尔哲学中寻找这种将批判性和自由合一的理性观的根据,他得出的结论是:如果剥开黑格尔的唯心主义外壳,便可发现在黑格尔那里,理性不仅是潜力活动,而且也是一种有目的的自由活动,在黑格尔那里,正是理性的批判和否定力量使它和自由合而为一。在《理性与革命》一书中他进一步指出,传统的理性主义哲学的理性概念对普遍性和必然性的要求已经隐含着理性脱离个体成为统治的危险。因此,他强调用费尔巴哈哲学的感性化因素和克尔凯郭尔的个体化来校正理性概念。

由此可见,马尔库塞的理性观是在保持黑格尔批判理性框架的前提下,融进某些非理性主义的理论成分(如克尔凯郭尔的个体性理论),力图将理性主义所强调的理性的普遍性和必然性与非理性主义所强调的人的个体性和人的自由这两个方面结合起来或统一起来;既要恢复或发扬理性的批判否定精神,又要理性关注人的存在、本质、人的自由及人的潜能的实现。简言之,既要坚持批判理性的立场,又要兼顾非理性主义的某些核心思想,调和理性主义与非理性主义的对立。马尔库塞的这种理性观在早期法兰克福学派思想家中是很有代表性的。可以说,霍克海默和阿多尔诺也基本上是沿着同样的思路来建立自己的理性观的。

法兰克福学派的理性观是在对工具理性的批判,对黑格尔辩证哲学的发挥以及对非理性主义的某些核心理论因素吸收的基础上形成和发展起来的。与传统的理性主义和当代非理性主义相比,法兰克福学派的理性观具有如下几个基本特征:

(1)法兰克福学派的理性观并不以形而上学本体论的形式表现出来。

---

① 李小兵编译:《现代文明与人的困境——马尔库塞文集》,上海三联书店1989年版,第176页。

法兰克福学派既反对理性主义者以一般的"存在"或"实体"为基础来建构哲学体系，也没有像非理性主义者那样，以个人的存在及本质为基础来确立人学本体论。尽管人的问题、人的存在、本质、潜能、自由、幸福等在法兰克福学派的理性观及批判理论中占有突出的重要位置，但批判理论家们反对一切形式的本体论，甚至不承认批判理论是哲学。在他们眼里，任何本体论或哲学体系都将扼杀理性的批判性和否定性，也无助于人的本质、自由的实现。

（2）法兰克福学派攻击工具理性而颂扬批判理性；反对形式逻辑而主张辩证逻辑。一方面，他们力图坚持理性主义尤其是黑格尔辩证法的基本精神，认为理性的本质特征正在于它的怀疑一切和超越现实的革命批判精神；另一方面，他们又力图吸取非理性主义的有关个体性、自由方面的论点来克服传统理性主义过分强调理性的普遍性和必然性的缺陷。试图将理性的普遍性、必然性与个体性、自由性结合起来，将理性概念与自由概念合而为一，这就表现出法兰克福学派理性观的调和、折衷的特征。

（3）浓厚的反科学主义、浪漫主义和悲观主义色彩。尽管法兰克福学派并不像非理性主义者那样，彻底否定理性把握世界的能力，一般也不否认人类进步的可能性。但是，他们对科学技术的批判态度、对早期资本主义以及人与自然合一的纯朴自然状态的眷恋，对人类的命运和前途的悲观态度，却是与非理性主义者一脉相承或如出一辙的。

法兰克福学派的理性观在现代西方理性观发展史上占有特殊而又重要的地位。从一定的意义上说，可以将它视为传统的批判理性哲学在当代的继续。面对传统理性主义衰落而为工具理性和非理性主义所取代，面对批判理性或辩证思维受到来自各方面的非难的情况，法兰克福学派以黑格尔思辨哲学或辩证法的继承者自居，为重树理性的权威呐喊，为恢复理性的批判性和否定性精神而战斗。他们从理性主义自身寻找理性主义危机的根源，力图用非理性主义的因素来补充理性主义，力图使理性的批判性与自由统一起来而奠定理性主义的新基础。他们致力于工具理性的批判，对批判理性及辩证逻辑的重建等，这些都有合理之处。

但是，法兰克福学派的理性主义立场是不坚定的，他们往往动摇于理性主义和非理性主义之间，这正是其理性观带有明显的调和、折衷色彩的原因所在。当他们为重树批判理性权威而呐喊，为恢复理性的批判性而努力时，他们是理性主义者；当他们宣称理性观的核心是人的存在、本质及自由，并反对科学技术，对人类前途悲观失望时，他们表现为非理性主义者。法兰克福学派也不能正确理解自由与必然、普遍和个别、批判与继承、否定和肯定的辩证关系，这就决定了他们的理性观不可能真正地解决理性主义和非理性主义的对立。真正的科学理性观只能是马克思主义的辩证法。

2-7

霍克海默对实证主义的批判*

法兰克福学派的社会批判理论是在与实证主义的斗争中形成和发展起来的，或如某些国外学者所说的，对现存制度的否定和对实证主义的批判构成社会批判理论的两个相辅相成的部分。法兰克福学派反对实证主义的调子是由霍克海默确定的，批判实证主义是他的一个永恒的理论专题，贯穿于他整个思想发展的始终。早在20世纪30年代初发表于《社会研究杂志》上的论文中，霍克海默就吹响了反实证主义的号角；他1937年发表的《对形而上学的最新攻击》和《传统的和批判的理论》则是两篇声讨实证主义的战斗檄文：前者对作为实证主义最新形式的逻辑经验主义展开了全面的攻击，后者对以实证主义作为主要代表的传统理论与批判理论的对立的特征做出明确的规定。他40年代的主要著作《理性之蚀》《启蒙的辩证法》中，反对实证主义仍是一个重要内容；在50年代以后的主要论文和讲演稿汇编的《工具理性批判》中，反对实证主义的调子一点也没有变。在这些著作中，霍克海默讨论了实证主义的起源、演变、实质、特征及危害等一系列问题，特别是揭发批判了实证主义（主要是逻辑经验主义）的经验主义、形式主义、科学主义及单面性或肯定性的思维方式等特征。本文试图评述霍克海默对实证主义尤其是逻辑经验主义批判的有关论点，笔者希望这一工作能引起人们重视来自于科学哲学外部的人本主义哲学流派对科学哲学的批判及其所提出的合理见解或值得认真讨论的问题。

一、经验事实与主观价值

经验主义原则是实证主义的基石，它理所当然地成为霍克海默攻击的首

---

* 原载《科学技术与辩证法》1991年第2期，中国人民大学复印报刊资料《外国哲学与哲学史》1991年第4期转载（收入本书时为各节加了标题）。

要目标。他刻画了实证主义的经验主义特征,说实证主义是经验主义哲学发展的产物,它从英国经验论中继承了经验主义原则,根据这一原则,一切关于对象的知识归根到底来源于经验,一切概念可以还原为所予材料的直接的经验内容,理论的真理性必须由经验来证实。因此,"通过知觉进行证实是经验主义的全部内容"①。霍克海默认为实证主义从经验主义原则出发,坚持事实的中立性观点;实证主义宣称"存在着的不过是事实"②,"科学不外是安排或重新安排事实的体系"③;它割裂了主体与客体、理论与实践、价值与事实的联系,排除了理论活动中的主观的或价值的因素。霍克海默正是围绕着这几个要点来展开对实证主义的经验主义原则的批判的。

霍克海默首先指出,不受主观价值因素影响的,不受知识或理论所中介的经验事实是不存在的,经验事实的所谓"中立性"只不过是实证主义的主观幻想。他提出如下三个基本论点来驳斥实证主义的事实中立性观点:(1)"经验、'给予的东西'都不是某种直接的、为一切人共有的和独立于理论的东西,而是由这些句子存在于其中的整个知识结构作为中介传递过来的东西。"④"甚至在进行认识的个人有意识地从理论上阐述被知觉的事实以前,这个事实就由人类的观念和概念共同规定好了。"⑤(2)经验事实是人类社会实践或历史的产物。他说:"感官显现给我们的事实通过两种方式成为社会的东西:通过被知觉对象的历史特性和通过知觉器官的历史特性,这两者不仅仅是自然的因素,它们是由人类活动塑造的东西。"⑥ 所以,"就知觉给予的客观实在被认作原则上应该由人类控制的产物,或至少将来会实际上由人类控制的产物而言,这些事实失去了纯粹事实的特征"⑦。(3)人的感觉或知觉具有相对性。霍克海默利用心理学的成果说明:感觉并不是世界的基础,感性是有条件的、不变的,个体的知觉也是有差异的,甚至矛盾,这些差异的解决必须借助于理论。⑧ 他还认为,人反思地记录事实时,可以分离现实并把现实的碎片重新连接起来,可以关注某种特殊的东西而不注意

---

① [德] 霍克海默:《批判理论》,重庆出版社1989年版,第139页。
② 同上书,第49页。
③ 同上书,第140页。
④ 同上书,第165页。
⑤ 同上书,第192页。
⑥ 同上。
⑦ 同上书,第200页。
⑧ 同上书,第40—41页。

其他的东西。① 此外，自然科学的发展也影响到知觉，例如，相对论就是一个转变经验结构的重要因素。②

霍克海默进而指出，实证主义关于纯粹事实中立性的幻觉的错误根源在于它割裂了主体与客体、理论与实践、价值与事实的关系，排除了理论研究中的主观性和价值因素。他说，实证主义把经验科学看作排除人类共同利益和人性的东西，反对把个人的欲望、道德观念和思想感情与科学混为一谈，将价值与科学的严格区分当作现代思想的最重要的成就。③ 在逻辑经验主义那里，主体与客体、知识与知识内容、理论与实践之间并没有被看作不断变化和重新安排的东西，而是被看作不存在的东西。实证主义认为，知识由事实所构成，认识的构成因素（知觉、概念、事实）不能与主体建立认识关系。这样，通过消除主体，实证主义也就消除了进行批判辨别的因素，从而取消了材料概念与其他任何事物概念之间的一切区别、结果，具体科学应研究个别的、无联系的事物，哲学则研究事实本身，研究抛开内容的语言、纯粹的形式。④ 然而，实际上，对事实的接受、选择、描述和综合不能没有主观的偏向，概念的使用也不可能涉及主体的旨趣乃至整个人类实践。

在对实证主义的经验主义原则尤其事实中立性观点的批判中，霍克海默利用了德国古典唯心主义关于主体、意识能动性的观点。他指出，人们可以把科学与所有其他社会生活领域分开，可以把科学看作是包括测量和预言事实在内的东西，但是，人们应知道，最直接的经验、感觉和知觉，作为给予的东西，似乎只有对极狭隘的知性来说，才是终极的东西，它们是派生的、从属的东西。从莱布尼兹到目前德国唯心主义哲学的发展，可以证实下述的看法：知觉既不是简单的摹本，也不是某种固定不变的东西，而是同等程度上的人类活动的产物。他认为，尽管古典唯心主义从自我的抽象原则对上述观点的论述"太狭隘了"，因为科学事实及科学本身只是社会生活过程的部分，而为了正确理解事实或科学的意义，需要掌握正确的社会理论；但是，他们的观点比起实证主义将知识等同于事实、将事实的知识等同于实在知识的看法要高明得多，这从一个侧面反映出实证主义的那种以纯粹事实作为知

---

① ［德］霍克海默：《批判理论》，第193页。
② 同上书，第165页。
③ 同上书，第159页。
④ 同上书，第149—151页。

识基础的经验主义及客观主义立场的错误性。①

显然,霍克海默首先抓住并击中了实证主义的要害——经验主义原则尤其是事实中立性观点,他的批判是颇为成功的。经验主义是实证主义大厦的主要支柱,对这一原则的解答既是实证主义者的武器和手段,又是实证主义者的致命的要害所在。实证主义的经验主义原则要求认识建立在观察及其所获得的经验的基础上,这种看法似乎没有错。问题在于,实证主义者把观察看作本质上是被动的、消极的直接过程;他们不是把通过观察获得的感觉经验看作客观事物的反映,而是看作直接的"所予";他们混淆了感知活动和感知对象的界限,只承认现象世界,否认"自在立场"的本质世界;他们不是把观察、感觉事实看作受理论或知识的影响,受社会实践的制约,而是看作纯粹客观、中立的东西。这是经验主义原则所带来的几个明显的错误。霍克海默看到了这些要害,用感觉经验受理论所中介、感觉事实是人类社会实践的产物等论据来驳斥实证主义的经验主义原则,这是中肯有力的。逻辑经验主义之后的西方各派科学哲学对实证主义批判的矛头首先也是对准它的经验主义原则的。值得注意的是,20世纪60年代兴起的科学哲学历史学派在批判实证主义的经验主义原则时所提出的一些基本论点,如"观察渗透理论""证据受理论的污染"等早在1937年霍克海默的著作中就已经提出了,而且他从主体能动性、从社会历史实践的角度对经验主义原则的批判的方面是包括历史派在内的后起各派科学哲学所缺少的或重视不够的。这从一个侧面说明,霍克海默对实证主义的经验主义原则的批判是具有相当深度的。

但是,霍克海默对实证主义的经验主义原则的批判有很大的局限性。他对这一原则的批判主要是从德国古典唯心主义的主体能动性观点出发,而不是从唯物反映论的立场出发的。他并没有区分唯物经验论和唯心经验论,恰恰没有看到实证主义打着事实中立性的幌子,混淆精神和物质或主观和客观的对立,将客观物质世界归结为感觉经验的唯心主义错误实质;他并未正确解决主体与客体、理论与实践、价值与事实的关系(特别是缺乏正确的实践论)他往往用主体合并客体,用理论活动代替实践活动,用价值、主观性冲淡事实的客观实在性。由于这些缺陷,他是不能彻底驳倒实证主义的经验主义原则的。

---

① [德]霍克海默:《批判理论》,第151—154页。

二、形式主义及其单子逻辑

霍克海默对逻辑经验主义的另一个基本特征，即形式主义或逻辑主义予以揭露和批判。他合理地指出逻辑经验主义的这一特征，并揭示出形式主义和经验主义是逻辑经验主义内部的一对不可调和的矛盾。但是，他却错误地用对形式逻辑的批判来代替对形式主义的批判。

霍克海默在《对形而上学的最新攻击》中指出，最新的实证主义本质上是经验主义与现代数理逻辑结合的产物。逻辑经验主义不同于传统的经验主义，它不主张把逻辑和数学的命题还原为经验材料，它承认这两门形式科学具有特殊的地位，因此，逻辑经验主义可以当作一个新的学派。

霍克海默将传统逻辑和现代逻辑加以比较。认为传统逻辑把存在的最普遍的性质包括在它的基本原理中，而现代逻辑则宣称不包括任何东西，根本没有内容，这种逻辑之所以叫作形式逻辑，是因为它们使用符号要素，而不管这些符号要素与实在的关系，即不管它们是真还是假。[①] 霍克海默承认，通过对这些形式要素的分析，逻辑有可能发现概念的模糊之处和明显的矛盾，揭示以前没有注意到的替代概念，并有可能用较简单的理论结构取代较复杂的实证结构等，这是形式逻辑的作用所在。但是，对逻辑这个没有内容的语言形式系统的解释，马上就表明它自己的不可靠性，并在反对形而上学的斗争中被迅速地抛弃了。分离形式与内容，是根本做不到的事情。若不求助于逻辑以外的考虑，把形式与内容分离开来的想法只是一种幻想。实际上，确立一种符号联结是否可以称作有内部含义的过程，即区分有意义的陈述和无意义声音的联结过程，不能脱离实际问题的具体决定。[②]

霍克海默揭露了逻辑经验主义的内在矛盾。他指出，在逻辑经验主义那里，经验主义和形式主义只有表面上的联系，逻辑与经验主义是相互冲突的。这两者总是经验主义体系难以解决的问题。从穆勒、马赫到休谟，经验主义者们曾力图从不同的角度去解决这个问题，结果都是徒劳的。在霍克海默看来，经验主义者既然把感性知识和理性知识断然分开，那么，在其体系中就无法调和经验与逻辑的对立。现代经验主义（逻辑经验主义）竟然把这两个极端弄到它的名称之上。霍克海默合理地断言："一切经验主义必然

[①] [德]霍克海默：《批判理论》，第162页。
[②] 同上书，第163—164页。

要重复贝克莱的哲学历程——从经验主义到柏拉图主义";① "与符号逻辑结合在一起的现代经验主义是一种单子逻辑,由于它的唯我论而引起对它的批判是有充分根据的。"②

霍克海默拥护辩证逻辑。他回击逻辑主义者罗素、卡尔纳普、赖欣巴赫等人对黑格尔的思辨逻辑和康德的先验逻辑的攻击。他坚持由黑格尔等人所奠定的辩证逻辑的基本原则,坚持逻辑与形而上学、逻辑形式和逻辑内容的统一。他认为辩证逻辑不只是静止地研究知识的结构,更重要的是研究思想的运动。他说:"辩证逻辑不仅与静止的表达有关,而且与参与解释活生生的现实的思想有关,与处在过程中的思想有关","这种逻辑不是'语言物理学',而是实质性的知识自身,是透过表面现象看到的知识"③。

应当指出,霍克海默对逻辑经验主义的形式主义特征及其内部经验主义和形式主义的深刻的矛盾的剖析具有合理性。逻辑经验主义作为经验主义和现代数理逻辑的结合物,的确具有形式主义的显著特征。它以数理逻辑作为主要或唯一的分析手段,只注重对科学命题或理论的结构进行静态的逻辑分析;它把科学哲学归结为科学的逻辑,忽视科学命题和科学理论的实际内容及其动态发展。逻辑经验主义的这种形式主义或逻辑主义特征为后起的各派科学所批判。同时,在逻辑经验主义那里,唯理论和经验论这两种因素并没有被协调或统一起来,经验和逻辑总是它自身所无法克服的内在矛盾,霍克海默以其敏锐的理论洞察力,早在20世纪30年代就揭示出这一点,是很可贵的。

但是,与对逻辑经验主义的经验主义原则相比,霍克海默对其形式主义的批判就显得苍白无力了。这种批判基本上是表层的,并未深入到逻辑经验主义的具体理论中去揭露这种形式主义。他不像后来的科学哲学历史主义学派那样,从科学理论的内容与形式的结合上,从科学理论的历史发展上去反击形式主义,而只是停留在对逻辑经验主义形成的数理逻辑来源的分析上。实际上,霍克海默把对形式主义的批判变成对形式逻辑本身的批判,用后者代替前者。因此,未能击中形式主义的要害。

在有关形式逻辑和辩证逻辑问题上,霍克海默提出了一些有益的见解,但也不乏偏颇、错误之处。他在一定程度上看到形式逻辑的局限性,如这种

---

① [德]霍克海默:《批判理论》,第167页。
② 同上书,第175页。
③ 同上书,第171—172页。

逻辑脱离内容研究纯形式、无法把握活生生的现实矛盾运动等，但他对形式逻辑基本持否定态度，将它看作工具理性的基础或形而上学的思维方式；他又把逻辑的规律等同于现实的规律，把逻辑看作现实统治的工具。在关于辩证逻辑方面，他在实证主义横行、辩证法受到普遍非难的时代公开为辩证逻辑辩护，并讨论了辩证逻辑的对象、性质及特征，提出了某些合理的见解。但是，他不能处理好辩证逻辑与形式逻辑的关系，排除了客体辩证法，使辩证逻辑失去了本体论基础。因此，他的辩证逻辑与马克思主义的辩证逻辑有本质的区别。

三、知识、科学与形而上学

科学主义是实证主义的又一显著特征。何谓科学主义？用法兰克福学派第二代主要代表人物哈贝马斯的话说："科学主义是科学对自身的信念，即认为不应把科学理解为知识的一种可能的形式，而应把知识等同于科学。"① 可见，科学主义是这样一种主张，即将科学等同于知识，并由此出发排除其他知识形式，特别是排除形而上学。这一节我们着重讨论霍克海默对实证主义排除形而上学的批判。

批判实证主义拒斥形而上学，为形而上学辩护，这是霍克海默《对形而上学的最新攻击》一文的中心论题。该文一开始便指出，形而上学和科学是两个相当不同的知识分支，难以将它们调和起来，形而上学论述的是本质、存在、实体、灵魂和不朽，它要求理解存在，把握总体，要求通过每个人都可以获得的认识方式去揭示不依赖于人而存在的世界的意义；② 而科学则是一个特定的社会与自然斗争中所调集的知识的主体。③

霍克海默认为，形而上学是一种可能的知识形式，它有自身独立的作用。这种作用主要表现在，它赋予生活在异化中的人的存在的意义，它断定，通过个人的内心决定，通过形而上学的人格自由，现存世界才有价值；④ 同时，"形而上学保持的问题与科学研究的结果一样提供文化发展的要素"；"形而上学家们的大量著作中包含的对于实在的洞见，要比能在具

---

① ［德］哈贝马斯：《知识与人的旨趣》，波士顿1971年英文版，第4页。
② ［德］霍克海默：《批判理论》，第128页。
③ 同上书，第129页。
④ 同上书，第133—134页。

体科学著作中发现的见解深刻得多"①。因此"同时保存科学和形而上学的意识形态就是十分必要的"②。

他又认为形而上学有其消极的一面,它关心的是本来的真正实存,轻视经验证据,偏爱虚幻的世界,这种对科学的轻视,在个人的生活中起着鸦片烟的作用,在社会中则起着欺骗作用;③ 又说:"形而上学向人类提供不能用科学手段证实的存在,并借此用希望来喂养人类,这的确是错误的。"④

从形而上学有其作用,必须加以保存的观点出发,霍克海默展开了对实证主义的科学主义(对形而上学的拒斥)的批判。他说实证主义是对待科学与形而上学关系的一个极端观点,它自称是大学里反对形而上学最彻底的流派,主张科学是唯一可能的知识形式,残存的形而上学必须给科学让路;⑤ 实证主义敌视一切带有幻想味道的东西,只有经验——科学已经承认的严格意义的纯粹经验,才叫作知识,认识既不是信念,也不是希望,人类知识最恰当的表述是实证科学。⑥ 他又说,科学主义拒绝一切形而上学范畴,又自认为有足够的生命力断言世界的现存形式,它把特殊科学特别是物理学浪漫化,⑦ 因此,"在新科学主义那里,人变成了哑巴,只有科学在讲话"⑧。

霍克海默进而指出,要彻底拒斥形而上学是不可能的,实证主义自身最终也免不了陷进朴素的形而上学之中。他说,将科学当作唯一的知识形式,蔑视一切对科学的批判态度,就会变成一种朴素的形而上学。⑨ 他认为,实证主义不关注事物的本性,只关注现象或给予的东西而自鸣得意,但事实上,它自身已对作为现象和外在性的世界作了形而上学的描述,与任何类型的迷信和平共处了。⑩ 他比较了实证主义和柏格森的直觉主义形而上学,结果证明,"实证主义和形而上学不过是贬低自然知识和假定抽象概念结构的

---

① [德]霍克海默:《批判理论》,第179页。
② 同上书,第130页。
③ 同上书,第133—134页。
④ 同上书,第176页。
⑤ 同上书,第132页。
⑥ 同上书,第134页。
⑦ 同上书,第176页。
⑧ 参见 M. W. 瓦托夫斯基《科学思想的概念基础》,求实出版社1989年版,第21页。
⑨ [德]霍克海默:《批判理论》,第179页。
⑩ 同上书,第176页。

同一个哲学的两个不同的阶段"①。

法兰克福学派创始人霍克海默对实证主义的科学主义（拒斥形而上学）的批判是有某些合理因素的。科学主义是实证主义的一个突出特征，也是它的一个显著的错误。"拒斥形而上学"几乎成为所有实证主义的共同口号。实证主义尤其是逻辑经验主义拒斥形而上学的错误观点，受到了后起的各派科学哲学的严厉批判。从波普的否证论开始，科学哲学离实证主义拒斥形而上学的极端做法越来越远，形而上学在科学中的作用问题越来越受到科学哲学家们的重视。如果说，波普的否证论只指出形而上学在科学的童年中有重要作用，历史主义学派强调科学理论的形成和发展受本体论、世界观或形而上学支配或影响的话，那么，以科学、实在、真理为核心概念的科学实在论则反实证主义之道而行之，试图确立一种科学的形而上学。换言之，对实证主义拒斥形而上学的全面攻击，导致了科学实在论的复兴。在批判实证主义拒斥形而上学方面，霍克海默与后起的各派科学有明显的一致之处。他关于科学离不开形而上学，形而上学的洞见比科学知识更深刻，形而上学保留文化因素和人生价值的观点有可取之处。

但是，霍克海默主要是从人本主义的立场上来看待形而上学的。他强调的是形而上学在社会生活和人生意义方面的作用；他批判科学主义的目的在于确立人文知识和社会知识的合法地位，尤其是树立社会批判理论的至高无上的权威地位。他并没有像后起的各派科学哲学那样，深入科学内部去考察形而上学在科学理论的形成和发展中的作用。因此，与后起的各派科学哲学相比，霍克海默对实证主义拒斥形而上学的批判便显得肤浅了。

从当代科学哲学的理论成果上看，形而上学在科学中的作用主要表现在，形而上学可以看作科学的一部分，即看作科学假说和理论在其中得到阐述的最一般的理论框架；形而上学是一种观念的来源，它可以对科学思想的不同部分进行系统化的指导，形而上学的某些假定可以成为科学中的调节性、启发性观念，它们形成科学家的基本世界观及其思维方式的深刻结构，从而也就对科学家起着调节或指导作用。② 爱因斯坦说过，"对形而上学的恐怖""已经成为现代经验论哲学推论的一种疾病"，但是，"没有形而上学毕竟是不行的"。③

---

① ［德］霍克海默：《批判理论》，第35页。
② 同上书，第37页。
③ 《爱因斯坦文集》第1卷，第466、410页。

四、单面思维方式及其危害

霍克海默还进一步剖析了实证主义的肯定性或单面性的思维方式特征，批判它的消极的"无为主义"或"顺世主义"的社会功能。

霍克海默指出，实证主义不管善恶好坏，把一切现存的东西都当作"事实"，把思维变成处理事实的直观方式，它排除了思想的否定性和批判性，是一种肯定性的思维方式。这种思维方式实际上起着维护现实的消极作用。他说以实证主义为代表的传统理论"发挥着肯定的社会作用"；① 在实证主义那里"科学将被动地参与维护普遍的非正义的工作"；② "实证主义离开理论去考察对象，必定歪曲理论对象，陷入无为主义和顺世哲学"。③ 他认为，实证主义和这种肯定性思维方式及其消极的社会功能与它对理论本质的看法密切相关。实证主义脱离社会历史实践去看待理论，把思想或理论研究看作"社会整体中的一个固定的行业""一个自我封闭王国"，把理论概念绝对化，这就"背叛了思维的本质"。④

霍克海默坚决反对把科学或理论研究看作一个自我封闭王国的观点，强调这种研究是社会实践的一个组成部分，是社会发展变化的一个环节。他认为，科学活动是资本主义生产方式和社会劳动分工的结果，是资本主义生产部门的一个组成部分；⑤ 科学这一行当是劳动或人的历史活动过程中的一个非独立的环节；⑥ 理论的创立、修改和发展都是一般社会活动的组成部分；而在阶级社会，由于科学家分属于不同的阶级或集团，理论与一般社会活动的关联方式也就不同。⑦

因此，霍克海默提出了一个具有浓厚的科学历史主义色彩的观点，即认为科学理论的发展包括科学发现、事实和理论的联系、理论的检验、接受和修改等受社会历史因素的制约。他说："实际上，有助于更新现存知识的大量新发现的实际联系，以及这种知识对事实的应用，都不能由纯粹逻辑或方

---

① ［德］霍克海默：《批判理论》，第196页。
② 同上书，第146页。
③ 同上书，第217页。
④ 同上书，第229页。
⑤ 同上书，第188—189页。
⑥ 同上书，第191页。
⑦ 同上书，第196页。

法论的根据中推出，而只能在现实的社会过程中加以理解……新观点取得胜利的原因在于具体的历史环境，即使科学家本人只由内在的动力推动就改变他的观点，情况也不会有什么不同。"① 他举例说，哥白尼体系之所以被人们所接受，主要不是它的逻辑的简单性，而是因为当时社会行为的根本特征，即机械论日益盛行。

我们来看看霍克海默对实证主义的肯定性思维方式及其消极社会作用剖析的合理性程度。的确，实证主义在"科学性""客观性"的名文下，把现象与本质、理论与实践、价值与事实决然对立起来，它排除了科学理论研究中的价值因素，对现实采取回避的态度，对社会现实的苦难漠不关心；它使理论研究脱离社会文化背景，忽视社会文化因素对理论发展的制约作用，使科学活动成为一个脱离社会生活的独立王国；实证主义为了片面的经验事实而牺牲了社会现实，使哲学丧失了它的革命批判精神，而仅仅成为一种单纯的逻辑分析或语言分析工具。实证主义把传统哲学的许多重大问题都斥之为形而上学，陷入枝节问题的琐碎的分析和论证，莫里斯·康福斯曾经指出："在实证主义身上，集中了资产阶级哲学的一切最消极的特征"，"同时它使哲学狭隘地专门化了，不切实际地卖弄字句以及毫无结果的抽象达到了极点"。② 因此，实证主义回避现实的态度客观上起着维护现实的消极社会作用。从这一角度看问题，霍克海默对实证主义的肯定性思维方式的批判并不是毫无根据的。他要理论与实践、价值与事实统一，要求哲学成为批判现实的手段，以及关于理论发展受社会文化因素影响的观点有合理的成分。

但是，霍克海默在批判实证主义肯定性的思维方式时混淆了两种不同的东西：把实证主义对待事实的科学研究直接当作一种对待社会现实的政治态度，他由于实证主义客观上产生维护现实的消极后果而把实证主义本身当作一种维护现实的哲学。实际上，科学研究态度上对事实的遵从不等于政治上对现实的直接肯定。实证主义对待理论的态度的确使他们将实践、价值因素排除在知识之外，客观上有利于资本主义现实的维护，但正是这种态度，使得实证主义者没有在他们的理论中直接肯定和维护现实。作为当代科学哲学的一个重要派别，实证主义有它的理论贡献，不能全盘否定。

总之，霍克海默是从人本主义的立场上来批判实证主义的。正因为超出西方科学哲学的范围限制，从人本主义的角度看问题，才使他对实证主义的

---

① ［德］霍克海默：《批判理论》，第187页。
② 莫里斯·康福斯：《保卫哲学》，生活·读书·新知三联书店1955年版，第46页。

批判往往中肯而有力，并提出了一些合理的见解或值得整个科学哲学讨论的问题。因此，在考察西方哲学发展时，不仅要考察属于科学哲学内部各派的理论发展及其相互间的批评，而且要注意像霍克海默这样的人本主义哲学家对科学哲学的批评，重视他们提出的合理见解。正是基于这样的认识，我们在一篇文章中才将法兰克福学派列入西方科学哲学的发展趋势中加以考察。

2-8

走向一种科学技术政治学理论*
——法兰克福学派关于科学技术政治效应的观点

科学技术与政治之间的关系,尤其是科学技术的政治效应问题是科学技术观的一个重要方面。在国外,围绕科学技术与政治的关系问题的研究,已形成了一门新学科,即科学技术政治学。"西方马克思主义"特别是法兰克福学派较早注意到这个问题,他们着力研究当代科学技术的消极政治效应方面,提出了一个独特而有影响的观点,即当代的科学技术取代了传统的政治恐怖手段变成一种新的统治或控制形式。下面我们将评述"西方马克思主义"特别是法兰克福学派这方面的观点。

青年卢卡奇在《历史和阶级意识》一书中已经涉及科学技术的社会政治效应问题。他认为,当科学认识的观念被应用于自然时,它只是推动科学的进步,当它被应用于社会时,它反转过来成为资产阶级的思想武器,[①] 现代科学越发展、越复杂,它的方法对自然理解得越好,就离人本身越远,越成为片面的、封闭的、与人无关的东西。技术的情形也一样,"技术的专门化破坏了整体的形象","它把现实世界撕成碎片,使整个世界的梦幻烟消云散"[②]。卢卡奇实际上把科学技术当作物化的形式来加以批判,认为资产阶级一方面将科学技术当作征服和控制自然的工具;另一方面又将它们变成人对人统治的有效手段;科学技术成了资产阶级的帮凶,在资本主义社会,科学技术越发展,工人受剥削、受压迫就越厉害,科学技术是资本主义社会中种种矛盾异化现象的一个祸根。在这里,卢卡奇显然注意到了资产阶级将

---

* 原载《自然辩证法通讯》1997年第2期(中国人民大学复印报刊资料《科学技术哲学》1997年第6期转载)。

① [匈]卢卡奇:《历史和阶级意识》,重庆出版社1989年版,第13页。
② 同上书,第13页。

科学技术变成统治工具的事实，分析了科学技术与政治统治之间的关系问题。

法兰克福学派沿着卢卡奇的思想传统，对科学技术与政治统治之间的关系问题进行了全面的研究，这成了其科学技术观的一个主题。霍克海默和阿多尔诺在《启蒙的辩证法》一书中认为，随着科学技术的进步，人对自然的控制能力大大加强了，但这种控制最终是以人对人的统治作为代价的，即科学技术既是人控制自然的工具，反过来又变成人对人统治的手段。在他们看来，当代社会，统治的原则已发生了变化，原来的那种基于野蛮力量的统治让位给一种更巧妙的统治，即借助科学技术手段，统治阶级的意志和命令被内化为一种社会及个人心理，技术已经成为新的控制形式。霍克海默和阿多尔诺提出的基本论断是"技术的基本原理就是统治的基本原理"，因为人运用理性工具不断征服自然，以技术的进步、效率的提高作为合理性活动的准则，这本身就体现了人对自然的统治欲。从文艺复兴时期开始，由于科学技术与政治统治的直接联结，并且随着科学技术的发展，生产工具越来越复杂、精确，反过来导致对人的奴役和控制能力的增强，人日益变成机器操纵的对象，因而科学技术体现了人对人的统治欲。这种人对自然的统治和人对人的统治充分说明技术合理性又与政治统治结下不解之缘，技术的合理性变成了统治的合理性。

马尔库塞在他不同时期的著作特别是《现代技术的某些社会内涵》《马克斯·韦伯著作中的工业化和资本主义》《单向度的人》《反革命和造反》等都涉及了这个问题。他不仅明确提出"在当代发达工业社会，科学技术成为一种新的控制形式"的命题，而且对此作了详细的分析论证。马尔库塞把发达工业社会定义为"工艺装置"，定义为在技术概念和结构方面自身发挥作用的统治制度。他认为科学技术已经从特殊的阶级利益的控制中解脱出来，并成为统治的体制，抽象的技术理性已经扩展到社会的具体结构，成为组织化的统治原则。非人的管理和操纵感染了整个社会系统，这不仅在技术应用的具体目标上，而且甚至在技术起源上（在基础研究水平上）都是如此。自动化的技术理性的出现则是一种独特的统治形式，对自然的理性控制和对工作过程的官僚控制，或者通过整合，或者通过对偏离的有效压制，构成了实际上不会遭到反对的社会"幸福意识"的基础，在经济、政治和文化三个层次上发生了需求的管制和进步思想的消除。

在《现代技术的某些社会内涵》（1941年）一文中，马尔库塞讨论了技术和技术理性是如何变成统治工具的，分析了现代工业组织是如何要求对效率和绩效的服从的。在《马克斯·韦伯著作中的工业化和资本主义》一文中则通过对韦伯关于资本主义、合理性和统治之间关系思想的分析，发挥他的技术本质上是一种统治手段，技术合理性就是统治合理性的观点。他说："不仅技术的应用而且技术本身，就是（对自然和人的）统治——有计划的、科学的、可靠的、慎重的控制。统治的特殊目的和利益并不是'随后'或外在地强加于技术的，它们进入技术机构本身。技术总是一种历史—社会工程：一个社会和它的统治利益打算和对人和物所做的事情都在它里面设计着。这样一个统治'目的'是'实质的'，并且在这个范围内它是属于技术理性的形式。"①"机器不是中性的；技术理性是统治着一个特定的社会的社会理性。"②

在《单向度的人》（1964 年）特别是导言和第一章（标题是"控制的新形式"）中，马尔库塞专门讨论这个问题。他认为，在发达工业社会，技术进步扩展到控制与调节系统，并创造出一些生活和权力形式，这些形式调和与这个系统对立的力量，击败或驳倒为摆脱奴役和控制而提出的所有抗议。③ 在工业社会，生产和分配的技术手段不是作为可以与社会和政治分开的纯粹的仪器的总和，而是作为先验地决定着这些手段的生产及使用和发挥这些手段地操作系统在运转；生产的技术手段不但决定社会所需要的职业、技能、态度，而且决定着个人的需要和志向。技术的"中立"的传统已不再适应，技术本身与其应用已无法分开。因此，技术趋向于变成一个极权主义者，技术社会是一个政治系统，它已经在按技术的思想和结构运转。作为技术世界，发达工业社会是一个政治世界，是一个独特的规划，它塑造出论说与行动、精神文化和物质文化的整个世界形态。在技术的中介中，文化、政治和经济融合为一个无所不在的系统，这一系统同化或者排斥所有的替代，它的生产力和潜在的增长稳定了这个社会，同时把技术进步适应于其统治的框架中，技术的理性变成统治的理性。在日益增长的生产力和日益提高的生活标准的双重基础上，发达工业社会用技术，而不是恐怖手段征服社会的离心力量。④

---

① ［美］马尔库塞:《马克斯·韦伯著作中的工业化与资本主义》，载《现代文明与人的困境——马尔库塞文集》，上海三联书店 1989 年版，第 106 页。

② 同上书，第 108 页。

③ ［美］马尔库塞:《单向度的人》，上海译文出版社 1989 年版，（导言）第 4—7 页。

④ 同上。

马尔库塞因此断言，在发达工业社会，"社会控制的现行形式在新的意义上是技术的形式"①。今天，政治权力的运用突出地表现为它对机器产生程序和国家机构技术组织的操纵，发达工业社会和发展中的工业社会的政府，只有当它们能够成功地动员、组织和利用工业文明现有的技术、科学和机械生产率时，才能维持并巩固自己（的统治）。② 这种新的控制形式的显著特征是，使用科学技术手段，对人的心理进行系统的操纵或控制，形成对人的本能的一种"补充的心理压抑"。也就是说，它从生产、消费、政治、人际关系、文化艺术领域乃至人们的私生活、休闲等方面进行全面的"工业—心理学"的操纵或控制，从而把人们整合到现有的制度中。这就造成了"不合理的合理性""舒舒服服、平平稳稳、合理而又民主的不自由"的悖谬状况。在马尔库塞看来，技术成为控制的新形式也就意味着技术的异化。他说，机械化的技术过程本应使人超越必然王国进入自由王国，使人类生存的结构往合理的方面发展，使人从外界强加给他的各种古怪的需要或可能性中解放出来，使个人发挥自主性和创造性；这本来是发达工业社会的目标，技术理性的终点。然而，实际上却是相反的趋势占上风，技术手段把它的经济和政治要求强加给自由和劳动时间，强加给物质的和精神的文化，造就了单面社会、单面人及单面思维方式，技术成了极权主义者、控制的新形式和发达工业社会异化的主要根源。

在《反革命和造反》（1972年）一书中，马尔库塞又涉及这一问题。他提出了一个著名的公式："资本主义进步的法则等于这样一个等式：技术进步 = 社会财富的增长（国民生产总值的增长） = 奴役的扩展。"③ 他认为，从广度上看，技术合理性组织控制了社会的生产程序、国家机构和个人的劳动时间、闲暇时间，并且剥削对象已不局限于工厂、商店和蓝领工人，而是扩大到广大的知识分子和白领阶层；从深度上看，人受到越来越专业化的有学问的经理、政治家和将军们的控制，整个人——包括肉体和灵魂——都变成了机器或机器上的零件，仅仅在履行部分的技术操作职能，而情感和理智都变成了管理对象。因此，他断言："在技术和民主政治的帷幕背后，呈现出这样一个现实，即全面的奴役，人的尊严的丧失。"④

---

① [美] 马尔库塞：《单向度的人》，上海译文出版社1989年版，第10页。

② 同上书，第5页。

③ H. Marcuse, *Counterrevolution and Revolt*, Boston, 1972, p. 4.

④ Ibid., p. 14.

哈贝马斯关于科学技术的政治效应的看法与霍克海默、马尔库塞等人的观点是一脉相承的。他同样将科学技术看作政治统治工具。在《作为意识形态的技术和科学》一文中，他分析了科技进步与政治统治合理化的问题，特别是用韦伯的"合理化"观点来说明他关于科学技术使资本主义统治合理化的观点。他说："合理化的意义首先是使社会服从合理决策的范围；其次，它使社会劳动工业化，结果是工具性的活动渗入生活中的其他领域。"①韦伯已用这种合理化说明：统治者利用科学技术的成果，可以组织一些手段、进行新的选择，达到合理的、有目的活动，因而，科学技术就渗入到社会组织中，改变旧的社会制度，使资本主义合理化。但是，哈贝马斯并不满足韦伯的观点，尤其不同意韦伯对"合理化"所产生的社会效果的分析，认为必须注意到科学技术对人和社会的控制作用。他说："韦伯所说的这种合理化并不是合理性的实现，而宁可说是用合理性的名义来实现没有公开承认的政治制度的一种特别形式。"②根据老一代法兰克福学派代表人物关于资本主义文明以人对自然的统治和人对人的统治这两种相互联系着的统治作为基础的观点，哈贝马斯认为，这种合理的有目的活动就是实现控制，既控制自然，又控制人。关键的问题是科学技术的进步使对人的统治"合理化"。他说："在这个世界上，技术也使人的不自由变得非常合理，并证明技术使人不可能成为自主的，不可能决定自己的生活。这个不自由既不表现为不合理的，也不表现为政治的，倒不如说是表现为服从技术机制的。"③既然人的受控、不自由以服从技术机制的形式出现，那么，这种受控、不自由就变得"合理"了。因此，他得出结论："技术的合理性并不取消统治的合理性，而是保护了这种合理性"，随着科学技术的不断进步，就出现了一个"合理的极权社会"。④

一些后起的"西方马克思主义"流派及其代表人物也论及科学技术与政治统治关系问题。例如，"生态学马克思主义"的主要代表人物 W. 莱易斯在《自然的统治》一书中就继承和发挥了法兰克福学派的当代科学技术是一种新控制形式或统治形式的观点，该书的中心主题是"征服自然的观念培养起来的虚妄的希望中隐藏着现代最经常的历史动力之一：控制自然和

---

① J. Habermas, *Toward a Rational Society*, Boston, 1971, p. 81.
② Ibid., p. 82.
③ Ibid., p. 84.
④ Ibid., pp. 84–85.

控制人之间的不可分割的联系。"① 他认为，对自然控制的加强不是转换或削弱了对人的统治，相反，加剧了这种统治。他具体分析了这两种统治的联系机制，即科学作为控制自然的工具是如何变成控制人的手段的。他认为，关键的中介环节是技术，人们利用技术来控制自然和对自然资源进行分配，而日益对人的日常生活世界产生影响，这样，技术便使科学的合理性渗透到社会之中。莱易斯认为，技术理性有两个相互联系的特征：一是"技术与实践的生活活动的直接联系先验地决定着那种通过技术发展而实现的控制：由于陷入社会冲突之网，技术成了一种把控制自然和控制人联系起来的手段"；二是"技术合理性在20世纪极端的社会冲突形式——大规模的破坏性武器、控制人的行为技术，等等——中的应用预示着合理性本身的危机"②。根据马尔库塞等人关于通过对自然的统治而为愈加有效的人对人的控制提供概念和工具的观点，莱易斯认为，"对人的劳动和剥削的强度直接依据于控制外部自然所达到的程度。这里的决定性一步是工业社会的到来：机器和工厂系统扩大了劳动生产力，从而扩大了对它的剥削的可能程度"③。这种生产力的提高，又由于分配成果与分配资源而造成愈来愈强的社会冲突；同时，由于对自然的技术控制而加强的冲突又陷入追求新的技术，以进行人与人之间的政治统治。因此，这两种统治（控制）是相互促进的。

那么，我们究竟应当如何看待"西方马克思主义"特别是法兰克福学派关于科学技术与政治之间关系的理论尤其是科学技术成为一种统治或控制的新形式的观点呢？

以法兰克福学派为代表的"西方马克思主义者"看到了当代科学技术的重大政治功能，并把焦点集中在消极政治效应方面；注意到当代资本主义在社会控制的形态、方式上的变化，尖锐地揭露了资产阶级利用科学技术来维护自己统治的事实，列举了科学技术对当代资本主义的政治、经济和文化各个领域所造成的种种异化现象；指出当代资本主义统治方式不同于自由资本主义统治方式的某些新特点，特别是统治者利用科学技术为自己统治的合理性辩护这一点，指出现在的统治不仅是依靠政治暴力和经济手段，而是主要依靠科学技术手段，对人们进行心理操纵，特别是"操纵、控制、支配

---

① ［美］W. 莱易斯：《自然的控制》，重庆出版社1993年版，第6页（序言）。
② 同上书，第130页。
③ 同上书，第138页。

个人的潜意识和无意识"①。他们实际上提出了当代资本主义社会中科学技术社会功能与政治效应的局限性,并力图指出这种局限性的根源尤其是科学技术成为控制新形式的理性、社会根源。

如果我们将"西方马克思主义"特别是法兰克福学派的科学技术的统治效应的观点放在近现代西方对这个问题研究的脉络来考察,就可以发现其独特和高明之处。在西方,自17、18世纪以来,随着近现代科学技术的进步,出现了一种对于科学技术的乐观主义的看法。从启蒙运动到英国经验主义唯理论,以及当代实证主义,再到科学主义思潮,都持有这种看法。它把自然科学特别是物理学视为科学的最高形式,科技理性为理性之光,科学、理性和进步三位一体;科学是真理,技术是利器;认为科技不仅可以使人类从自然的束缚、贫穷无知之中解脱出来,而且可以创造人类的福祉、民主与自由。但是,自从19世纪开始,随着科学技术的资本主义利用,科学技术的消极社会功能和政治效应日益暴露,科学技术虽然带来了工业化、生产力的提高和生活的改善,却使人沦为机器的奴隶,并导致冲突、战争和生态失衡,人类获得了一个物化的世界,结果却失去了自身。

面对这些情况,一些哲学家特别是人本主义思潮的代表人物对科学技术及其理性基础持批判的态度。他们认为,现代科学技术与人本主义精神是不相容的,科学技术进步不但侵犯了人文文化的领域,更损害了西方人在近现代所坚持的个人自主与尊严。科学技术虽然带来了物质的高度文明,却同时造成了精神的空虚与失落。因此,他们对科学技术持批判与悲观的态度。例如,施宾格勒认为,尽管科学的发展使人的智力完善化、知识精确化,促进了生产,但却使大众遭受机械劳动的痛苦,导致社会对抗加强和西方世界没落;现象学宗师胡塞尔则提出"欧洲科技危机"说,认为随着现代科技的发展,人们注重物质追求,轻视精神需要,造成人的精神空虚、人的价值和人生意义丧失,从而导致"欧洲人性本身的危机";存在主义大师海德格尔则批评技术活动使人本身变为技术系统中的"持有物",技术的本质威胁人的本质,危及人类的前途命运。

"西方马克思主义"特别是法兰克福学派在处理这个问题时,在某些方面超越了乐观主义和悲观主义的观点。他们并不满足于对现代科学技术消极社会功能和政治效应现象的列举(如生态破坏、核威胁、伦理道德的沦丧及人性的堕落等,他们很清楚地意识到这些现象),他们也没有局限于对科

---

① 马吉:《与马尔库塞的一次谈话》,《国外社会科学动态》1983年第11期,第13页。

学技术本身的谴责，而是更进一步去挖掘这些问题的根源，力求从科学技术合理性与资本主义的关系问题上去做文章，既审视科学技术对人及环境的负面作用，又觉察到科学技术已被统治阶级作为统治工具加以利用的局面；从而提出技术理性或工具理性的理论，从人类理性的深处去挖掘深层次原因，抨击理性的工具化，说明工具理性如何变成统治的合理性、政治的合理性，即把科技理性的异化同政治统治联系起来。

遗憾的是，"西方马克思主义"特别是法兰克福学派并没有超越多远，其新见也是有限的。他们最终未摆脱对科学技术本身进行批判的窠臼，并从根本上违背了马克思主义关于科学技术是一种革命解放力量的观点。尽管他们将科学技术、合理性与资本主义联系起来考察，在一定程度上接触到科学技术消极政治效应与特定制度有关，但是他们往往将资本主义对科学技术利用所造成的危害归咎于科学技术本身，赋予科学技术以原罪的性质，将科学技术看作人的异化和受奴役的超时间、超历史罪恶根源，使之成为脱离社会制度和阶级对立的极权主义者。他们片面地夸大了科学技术在资本主义制度下的某些潜在的消极倾向，而得出一个普遍的结论：在发达工业社会，科学技术取得了合法的统治地位，成为一种新的控制形式；科学技术变成了反动的东西，变成奴役的工具。因此，他们日益用对科学技术的批判来取代对资本主义政治经济制度的批判。

法兰克福学派关于科学技术的政治效应尤其是科学技术成为一种新的控制形式的观点是违背马克思主义的科学技术观的。马克思主义把科学技术看作推动社会前进的决定性力量，认为科学技术是"一本打开了的关于人的本质的力量的书""历史的有力杠杆""最高意义上的革命力量"。科学技术既增强了人的征服和改造自然的能力，成为人类从必然王国走向自由王国的保证，同样也为新社会创造必要的物质基础。因此，科学技术本身并不是一种消极的统治人的异己力量，而是一种伟大的革命和解放力量。马克思主义经典作家把科学技术的社会功能和政治效应与具体的社会形态或社会经济制度联系起来考察。他们认为，社会关系的性质对科学技术的社会功能和政治效应有决定性的影响。

与以法兰克福学派为代表的"西方马克思主义"将科学技术本身看作统治的工具，从科学技术本身的潜在否定性或消极倾向推出资本主义的一切矛盾和异化现象不同，马克思主义把科学技术变成统治工具看作资本主义社会特有的现象，认为科学技术异化现象与科学技术使用的资本主义方式分不开，科学技术与政治统治没有必然的联系。科学技术本身能够缩短工作时间，减少工人的劳动，增加社会财富，确定人对自然力的控制，等等。但是在资本主义条件下，"科学分离出来成为与劳动对立的、服务于资本的独立力量"①。因而科学技术的使用必然使劳动更加紧张，使无产阶级的生活更无保障，使人更受自然力量的支配和受社会力量的奴役等。对于资本主义社会中科学技术的各种矛盾、异化现象，马克思写道："在我们这个时代，每一种事物好像都包含有自己的反面。我们看到，机器具有减少人类劳动和使劳动更有成效的神奇力量，然而却引起了饥饿和过度的疲劳。新……的财富的源泉……变成贫困的根源。技术的胜利，似乎是以道德的败坏为代价换来的。随着人类愈益控制自然，个人却似乎愈益成为别人的奴隶和自身卑劣行为的奴隶。甚至科学的纯洁光辉仿佛也只能在愚昧无知的黑暗背景上闪耀。我们的一切发现和进步，似乎结果是使物质力量其有理智生命，而人的生命则化为愚钝的物质力量。现代工业、科学与现代贫困、衰颓之间的这种对抗，我们时代生产力与生产关系之间的这种对抗，是显而易见的、不可避免的、毋庸争辩的事实。"②

马克思主义坚决反对把资本主义的种种异化现象和矛盾对抗归咎于科学技术。马克思主义充分肯定科学技术在资本主义发展中的作用。在马克思看来，火药、指南针和印刷术是资本主义产生和发展的有力杠杆。他认为，在资本主义社会中，科学技术执行双重职能："一方面，机器成了资本家用来实行专制和进行勒索的最有力的工具，另一方面，机器生产的发展为用真正社会的生产制度代替雇佣劳动制度创造必要的物质条件。"③ 依照马克思主义的观点，在资本主义发展的不同阶段，科学技术与政治的关系的性质和内容有所不同。在文艺复兴及自由资本主义时期的较早阶段，科学技术成为资本主义手中的一件有力武器，资产阶级在理论和实践上依靠这一武器来反对宗教神学权威和封建世俗权威；在自由资本主义时代，科学技术和政治的冲突基本上处于隐蔽的状态。19世纪末20世纪初，随着自由资本主义向垄断资本主义的过渡，传统的科学技术与政治的关系模式发生了变化，科学技术与政治接近起来，并日益发生冲突。一是资本主义国家加强了对科学技术发展及应用的干预，纷纷建立起国家的科研管理或协调机构，这些科研管理组织成了资本主义生产关系及国家机器的一个有机组成部分。二是科技成果日

---

① ［德］马克思：《机器、自然力和科学的应用》，人民出版社1978年版，第233页。
② 《马克思恩格斯全集》第12卷，第4页。
③ 《马克思恩格斯全集》第16卷，第357页。

益被应用于军事目的，军事需要成了科技进步的一个首要的推动力，各主要的资本主义国家为了扩张、掠夺和争夺世界霸权，纷纷把科学技术当作提高军事能力的主要基础，将科技成果用于制造和改进武器装备。三是科学技术不仅被当作掠夺自然的手段，用于增加生产力及剩余价值，而且也日益被用于控制社会，对人加以奴役，导致人与自然、人与人之间关系的全面异化。这种使科学技术从属于政治的倾向是当代资本主义社会中科学技术产生巨大消极作用的一个基本原因。

在社会主义制度下，科学技术与政治的关系也是密切的，科学技术同样具有重要的政治职能。但是，这种关系具有新的特质。社会主义制度使人类有可能消除科学技术的非人应用，使之真正地为人民服务，充分发挥其解放潜能，使人类彻底摆脱自然的束缚，摆脱社会的奴役，使人得到全面发展、彻底的解放和自由。在这种社会中，科学技术进步的基本目的是为人民服务，因此，有可能确立起一种新型的科学技术与政治的关系。一方面，科学技术履行着重要的政治职能：它们构成国家或政府决策科学化、民主化的一个重要基础，或者说是国家公共政策制定与执行的一个重要因素；科学技术通过直接或间接的途径，渗透到社会的政治管理之中，成为政治管理的必要成分，贯穿于政治过程的始终；科学技术不仅被用于提高生产力，促进社会经济的发展，还被用于文化建设，以满足人们的精神需要，为劳动者素质的全面提高，为人的全面发展创造条件；更重要的是，科学技术构成社会主义民主政治建设的一个必要条件，若没有科学技术以及掌握科技知识的人民群众，社会主义民主是不可想象的。此外，作为科技知识的创造者和传播者，科技知识分子也日益参与社会的政治决策与政治管理，发挥越来越重要的政治作用。另一方面，政治对科学技术的发展和应用产生着重大影响，最突出的一点是国家根据特定时期的政治、经济、军事和文化等方面的需要，制定并实施科技发展战略及一系列科技政策，确定科研主攻方向，改革科研管理体制、建立科技转化为生产力的机制，指导国家的科技发展及应用。当然，在社会主义条件下，科学技术与政治的新型关系以及科学技术正面政治效应的良好发挥并不是自发形成起来的，而是要通过人们长期积极的探索才能建立起来。在这种社会，科学技术仍然具有被应用于邪恶政治目的的可能性，这就需要靠社会主义制度的优越性来不断加以限制，以至于最后消除。随着社会主义制度的不断完善，科学技术的积极政治效应将得到越来越充分的发挥。

总之，科学技术与政治的关系问题自科学一诞生就出现了。在不同的社会制度下，这种关系的性质和内容，其阶级实质和目的是不相同的。从近代开始，不同的阶级出于不同的需要和理由（实践上的、意识形态上的等）而关心科学技术的发展。从 20 世纪开始，科学技术日益成为国家的重要力量，科学技术与政治的联系日益加强，科学技术对达到各种政治目的，对于实现各种政治意图越来越具有举足轻重的地位。特别是第二次世界大战后，随着新科技革命的展开，科学在社会经济及社会生活中的影响更加巨大，因而，科学技术的"政治化"和政治的"科学技术化"成为当代的一个重要问题。在科学技术与政治的关系中，有两个基本因素：一是科学技术与国家政治的关系；二是科学技术与国际政治的关系。在当代，一个国家的强弱，它在世界政治舞台的地位，在很大程度上取决于它的科技发展水平及如何有效地利用科技成果。因此，在世界各国，发展科学技术不仅仅是一种社会经济、文化战略，而且也是一种政治、军事战略。由此观之，研究当代科学技术与政治的关系问题，不仅具有理论意义，还具有重大的实践意义。"西方马克思主义"特别是法兰克福学派较早注意并研究了这个问题，提出了一些有益的见解和值得认真讨论的问题，这有一定的启发作用。但是，他们的理论在总体上并不是可取的，他们并没有看到不同的社会制度（甚至同一制度的不同阶段）中，科学技术与政治的关系具有不同的性质和内容，没有看到科学技术是一种伟大的革命、解放力量，将科学技术本身看作一种统治控制工具，夸大了科学技术的潜在消极政治效应，背离了马克思主义，并最终陷入反对科学技术的悲观主义之中。

2-9

当代资本主义社会变化了的文化模式

——法兰克福学派对大众文化的批判*

大众文化或文化工业批判是法兰克福学派社会批判理论的一个中心主题，它构成"西方马克思主义"对当代资本主义社会及其文化批判的一个重要组成部分。因此，要全面、系统了解"西方马克思主义"的文化和意识形态理论，就不能不充分注意法兰克福学派对大众文化或文化工业的批判。

法兰克福学派从一开始便把文化批判放在其社会批判理论的核心地位，然而，强调对"肯定文化"、"大众文化"或"文化工业"的研究则始于20世纪30年代后期。这有其历史背景。在这个时期的西方社会，娱乐工业的出现，大众传播媒介的成长，纳粹及其他极权国家对文化的野蛮操纵，批判理论家们移居美国之后对美国电影业和录音工业显赫地位的发现及震撼，所有这一切导致了法兰克福学派把眼光转向对当代资本主义变化着的文化模式的评估，即开始注重研究大众文化或文化工业问题。在这方面，法兰克福学派写下了大量的论著：霍克海默和阿多尔诺的《启蒙辩证法》（其中有专论"文化工业"部分）；阿多尔诺写了大量论"高级"或"先锋"文化和通俗文化的论著；霍克海默有《艺术和大众文化》《作为文化批判的哲学》等论大众文化的论文；本杰明著有《机械复制时代中的艺术作品》等论著；卢旺塔尔有不少关于文学史和通俗文学方面的著述，特别是《文学、通俗文化和社会》这部论文集；马尔库塞《文化的肯定性质》《单向度的人》等著作中也论及了这一主题。可以说，大众文化或文化工业批判构成法兰克福学

---

* 原载《哲学研究》1995 年第 11 期，中国人民大学复印报刊资料《社会主义研究》1996 年第 1 期转载。

派 20 世纪 30 年代末、40 年代及后来的许多著作的一个中心主题。

法兰克福学派提出了三个密切联系，但又有所区别的概念，即"肯定文化"（affirmative culture）、"大众文化"（mass culture）和"文化工业"（culture industry）。这三者在该学派历史上也是依次出现的。霍克海默在 1936 年所写的《利己主义和自由运动》一文中首先提出"肯定文化"的概念，马尔库塞次年写了一篇题为《文化的肯定性质》的长篇论文，展开霍克海默的这一概念；1942 年，霍克海默和卢旺塔尔在通信中提出"大众文化"概念；而在 1944 年，霍克海默和阿多尔诺在《启蒙的辩证法》一书则使用"文化工业"一词，以取代"大众文化"。法兰克福学派对这些概念的内涵、特征以及大众文化和文化工业的危害进行了较详细的分析。

我们有必要先简要论及法兰克福学派关于文化的一般概念。法兰克福学派反对"正统马克思主义"用经济基础—上层建筑的模式来分析文化现象，也反对传统的文化主义把文化看作一种脱离社会总体性的孤立形式。他们宣称，任何把文化看作一个独立王国的观点都必须加以反对。有如阿多尔诺所说，文化不能由它自身而得到理解。按霍克海默等人的观点，文化作为大量的观念、道德、规范和艺术的表达，是在社会的组织基础上出现的，是智力和艺术的遗产。马尔库塞则区别两种文化，即物质文化和精神文化：前者是由谋生中的实际行为模式、操作价值系统所构成，并包括家庭生活、闲暇时间、教育和劳动的社会、心理和道德的诸方面；后者则是指"高等的价值"、科学和人性、艺术和宗教。① 显然，法兰克福学派并没有完整、明确的"文化"意义，但是他们一般认为，心智和艺术文化的产品既不能简单地当作特殊阶级利益的反映，也不能当作一种完全自主领域的输出。他们力求探讨文化现象与社会的其他维度互动的模式，特别是当代资本主义社会文化模式的特点，这就是肯定文化、大众文化或文化工业问题。

什么是肯定文化？按马尔库塞的观点："所谓的肯定文化，是指资产阶级时代按其本身的历程发展到一定阶段所产生的文化。在这个阶段，把作为独立价值王国的心理和精神世界这个优于文明的东西，与文明分隔开来。这种文化的根本特性就是认可普遍性的义务，认可必须无条件肯定的永恒美好和更有价值的世界。"② 换言之，作为自由资本主义时代的肯定文化，它给人

---

① ［美］马尔库塞：《反革命和造反》，波士顿 1972 年英文版，第 83 页。
② 李小兵编译：《现代文明与人的困境——马尔库塞文集》，上海三联书店 1989 年版，第 120 页。

们提供一个不同于实然世界的幻想世界,它可以在不改变任何实际情形的条件下,通过个体的内心活动而得到实现。在他看来,"肯定文化是一种社会秩序的反映"①。它的基本社会功能是为现存的东西辩护,充当现实的装饰品,引导人们同现存的秩序相协调,并使人们在幻想中得到欢快和幸福的满足,平息人们的反叛意识。在这种文化中,幸福成为现实的奴婢,反抗的观念成为现实辩护的帮凶;它掩盖了这样的真理即人们可能创造出一种更美好的物质生存世界(在其中,幸福可以真正实现);在这种文化中,"即使不幸福也成为屈从和默许的方式"②。马尔库塞指出:"肯定文化在根本上是理想主义的。对孤立的个体要求来说,它反映了普遍的人性;对肉体的痛苦来说,它反映着灵魂的美;对外在的束缚来说,它反映着内在的自由;对于赤裸裸的唯我论来说,它反映着美德王国的义务。在新社会蓬勃兴起的时代,由于这些观念指示超出生存既有的组织方向,它们是革命的;但它们在资产阶级统治开始稳固之后,就愈发效力于压抑不满的大众,愈发效力于能为自我安慰式的满足,它们隐藏着对个体的身心残害。"③ 又说:"在垄断资本主义时代,资产阶级与自身的文化发展冲突、肯定文化的自我消亡便开始了。"④ 也就是说,如果肯定文化在早期自由资本主义时代还有其积极一面的话,那么到后来,它则完全起着消极作用;而在垄断资本主义或发达工业社会,肯定文化则蜕变为单面文化。

马尔库塞对早期资产阶级文化和当代发达工业社会的文化做出完全不同的评价。他将早期资产阶级文化界定为一种在功能意义和年代顺序上的前技术文化,认为这种文化用对普遍人性的欢呼来与孤立的资产阶级个人相对立,用对美好灵魂的颂扬来对肉体做出反应。因此,尽管它使人们满足于内心的自由,沉溺于幻想中的幸福,安于现实的苦难,对现实发挥着肯定的功能,但它毕竟使理想超越于现实,保留了内心自由,也就保留着批判性和否定性向度。

然而,在发达工业社会,科技进步使高层文化与现实同一起来,使现实超越了理想。高层文化原本与现实疏远或脱离,这正是高层文化保持批判性

---

① 李小兵编译:《现代文明与人的困境——马尔库塞文集》,上海三联书店1989年版,第167页。
② 同上书,第156—157页。
③ 同上书,第123—124页。
④ 同上书,第161页。

和否定性的根本原因；而现在，工业社会使高层文化失效，使它失去了批判性和否定性的向度，现实超越并否定了高层文化，使它成为物质文化的一部分，文化中心成了商业中心或市政中心的合适场所。在艺术领域，社会的同化力消除了对立的内容而挖空了艺术，最矛盾的作品与真理绝对和平共处，艺术因而失去了它的传统功能。在文学方面，某些典型的文学观念和形象及其命运，充分显示了技术理性是如何消除高层文化中的对立因素的。尽管早期资产阶级文学中某些形象或角色并未消失，但他们是经过改头换面之后才幸存下来的。荡妇、民族英雄、垮掉的一代、神经质的家庭妇女、歹徒、明星、超凡的实业界巨子，都起着一种与其文化前身不同的、甚至相反的作用。他们不再想象另一种生活方式，而只是想象同一生活方式的不同类型或畸形，他们是对已确立制度的肯定，而非否定。① 总之，在发达工业社会，文化的成就本应是人们获得自由的前提，现在却异化为意识形态，成为统治和奴役的工具。

20世纪40年代初，法兰克福学派的一些主要成员移居美国之后，则把注意力从肯定文化的研究转移到大众文化或文化工业的批判，这后面两个概念意义相近。霍克海默等人最初用"大众文化"一词，甚至在《启蒙辩证法》的草稿也是用这一概念；到该书定稿时才用"文化工业"来取代。为什么要用后者来取代前者？阿多尔诺在后来的《文化工业再考察》（1967年）一文中作了说明。他说，文化工业一词也许是第一次在《启蒙辩证法》一书中使用的。在该书的草稿，我们使用的是"大众文化"，后来我们用"文化工业"这一表达来取代它，以便从一开始就排除了这样一种在其拥护者中一致的看法，即一种从群众自身中自发产生的文化，通俗艺术的一种当代形式。尽管后来霍克海默也偶尔用"大众文化"一词，但总赋予它以"文化工业"的内涵。

在法兰克福学派那里，如果说"肯定文化"主要是自由资本主义时代的文化模式的话，那么"大众文化"或"文化工业"则主要是垄断资本主义或国家资本主义时代的文化模式。何谓"大众文化"？按照法兰克福学派的观点，大众文化是指借助于大众传播媒介而流行于大众之中的通俗文化，包括通俗小说、流行音乐、艺术广告等。它融合了艺术、音乐、政治、宗教和哲学等方面，在闲暇时间内操纵广大群众的思想和心理，培植支持统治和维护现状的顺从意识。卢旺塔尔有一句格言："大众文化反过来是一种心理

---

① 参见［美］马尔库塞《单向度的人》，上海译文出版社1989年版，第54—55页。

分析。"何谓"文化工业"？霍克海默和阿多尔诺在《启蒙辩证法》中并没有给它下明确的定义，大概是指凭借现代科学技术手段大规模地复制、传播文化产品的娱乐工业体系。阿多尔诺在《文化工业再考察》才对这一概念加以澄清。他强调说，文化工业中的"工业"不能从字面上去理解，它表示事物本身的标准化和分配技术的合理化，而不是指严格的生产过程，除了文化工业的某些主要部分（如电影工业）之外，个别的生产形式（即构思及创作）仍被保持。因此，文化工业一词并不表示生产，而是表示文化产品的"标准化"和"伪个别性"。

在法兰克福学派看来，大众文化或文化工业的最显著的特征是它使文化、艺术产品商品化。他们认为，当代资本主义或晚期资本主义的发展为文化、艺术的各个主要部分的商品化创造了条件，即科学技术的进步、经济和行政管理的集中化使这种商品化成为可能。他们达成如下的共识：当代资本主义所遇到的再生产越困难，它利用一切可以利用的手段来维持现状的一般趋势就会越强大；现有的权力和财产分配的主导者使用经济的、政治的和文化的手段来维持现状。结果，大部分文化生活领域被吸收并转变成控制个人意识的方面；同时，文化变成一种工业，利润动机转变成文化形式，越来越多的艺术产品变成商品，它们像工业产品一样可以销售和交换。既然艺术家以出卖自己的劳动谋生，那么艺术家也就拥有这种形式的各个方面。但是艺术的交易并不防止追求每件作品的内在逻辑，现在"文化产品是彻头彻尾的商品"（阿多尔诺语）。这种过程由不同的经济领域之间加强了的相互依赖和由"文化垄断"所加剧、恶化。广告确立了新的美学标准，即使在那些文化工业不直接为利润而生产的地方，它的产品也是由这种新美学所决定的。快速、高比率的投资回收的经济必然性，要求有吸引力的包装物的生产——或者为直接的销售设计，或者为创造一种销售的气氛。文化工业必须出卖特殊的产品，或转变成公共关系。法兰克福学派将文化工业或大众文化视为当代资本主义社会总体性的一个方面或维度，断言"在垄断下的大众文化都是一致的，它们的结构都是由工厂生产出来的框架结构"；①"文化工业的每个产品都是经济上巨大机器的一个标本。"②

法兰克福学派着重剖析了大众文化或文化工业的危害。首先，他们指出，大众文化或文化工业把文化变成商品，排除或否定了文化、艺术的独立

---

① ［德］霍克海默、阿多尔诺：《启蒙辩证法》，重庆出版社1990年版，第113页。
② 同上书，第118页。

自主性。由于文化变成商品，它的生产和消费服从于市场机制和价值规则，被纳入市场交换的轨道，文化艺术便失去了它的独立自主性。霍克海默和阿多尔诺说："由于出现了大量的廉价产品，再加上普通地进行欺诈，所以艺术本身就更加具有商品的性质，艺术今天明确地承认自己完全具有商品的性质，这并不是什么新奇的事。但是，艺术发誓否认自己的独立自主性，反以自己变为消费品而自豪，这却是令人惊奇的现象。"[①] 这种情况的结果是：文化艺术的工作者主要关心的是票房价值、经济效益，而不是关注艺术完善和审美价值，文化艺术作品的好坏不是取决于内在价值，而是取决于它的可销售和可交换的程度，价值的实现则以投资的效果为尺度。这势必导致文化艺术的堕落或退化。

其次，法兰克福学派指出，大众文化或文化工业的标准化、划一性扼杀了个性和创造性。所谓的标准化乃是一种影响作品的一般特征和细节的过程，文化工业按照一定的标准、程度，大规模生产各种复制品，如电影拷贝、唱片、照片、录音带等；而结构的类似性作为文化工业技术的结果产生于文化的形式，通俗作品或一个成功的新作品是在大商业机构急于赚钱的命令下而生产的，文化工业所崇尚的是模仿，内容的风格被堵塞或冻结，然而，对旧风格更新的作品，或以旧风格为基础的新形式必须维持创新性和独创性的外表。因此，伪个性或伪个别性在标准化自身的基础上赋予大众文化的生产以一种自由选择或开放市场的光环，每个产品影响一种个别的气氛，这与其他产品的实际差别却是微乎其微的。霍克海默和阿多尔诺在《启蒙辩证法》中根据文化工业产品对风格的否定来分析这些产品，认为它们很少显示出不同于传统形式的新形式，文化艺术的生产脱离现实，文化工业的风格扼杀了风格自身。它的产品并不反映实在的本质，并没有真正的内容，它们从本质上说只是一种模仿。尽管在电影、无线电广播、流行音乐和杂志中有某种激情存在，但这仅是关于整体与部分、形式与内容、主体与客体同一的激情。因此，文化工业的产品以标准化和伪个别性作为特征，这种特征使它们有别于自主艺术。文化工业产品的模仿、标准化、伪个别性扼杀了艺术的生命、艺术的创造性、独创性和个性。

再次，法兰克福学派指出，大众文化和文化工业已经消除了文化原有的批判和否定的向度，堕落成为现实和统治辩护的意识形态工具。在霍克海默

---

① ［德］霍克海默、阿多尔诺：《启蒙辩证法》，重庆出版社1990年版，第148页。

和阿多尔诺看来，文化工业及其娱乐的真正意义是"为社会进行辩护"①；"在文化工业中，批判与敬畏都消失了，机构的鉴定取代了批判的职能"②；"文化工业的每个运动都不可避免地把人们再现为社会需要塑造的那种样子"③；"现在的艺术拒绝反映下层人民的事业，反映真正的普遍性，轻视认真地反映存在的苦难和压迫"④；"工业化文化所描述的，是人们只能忍受的残酷生活熬煎的条件。"⑤ 法兰克福学派认为，作为一种为现存制度辩护的意识形态，大众文化或文化工业是通过对大众心理意识进行操纵来实现的。为了说明这种操纵性，阿多尔诺搬用了马克思的商品拜物教概念。马克思曾从拜物教来说明生产者对自己所生产的产品的崇拜。而阿多尔诺则把这一概念引入文化领域，说明交换价值以一种特殊的方式渗透进文化的生产和消费，它一方面使文化成果变成文化商品；另一方面使艺术作品的成功不是依赖于自身的艺术性，而是依赖于票房价值。在批判理论家们眼里，文化工业或大众文化对人的心理意识的操纵具有强制性，它通过"不断重复""整齐划一"使所有的人从一开始，在工作、休闲时都受之影响，只要他还在呼吸，就片刻也离不开它们；文化工业所生产出的产品已经剥夺了大众对艺术的超越性价值的追求，剥夺了大众自主的、个人的感性能力和主动性，剥夺了个人的自由选择，而只能作机械的反应。大众意识由于受到这种丧失了否定性、超越性文化商品的催眠和灌输，也就逐步习惯于对现实采取顺从和非批判的态度。文化工业或大众文化正是这样履行意识形态的控制职能。一方面，文化活动失去了为人们提供娱乐和消遣，给人们以精神享受的作用，变成外部世界的扩展，劳作的延伸，旨在于恢复精力以应付下一次的工作。阿多尔诺在《论流行音乐》中对流行音乐的这种作用作了这样的说明："音乐节目的消费者自身就是决定了流行音乐生产的同一机构的产品，他们的闲暇时间只是用来再生产他们的工作能力。欣赏音乐不是目的，而只是手段。"⑥另一方面，文化工业决定娱乐商品的生产，控制和规范着文化消费者的需要，成为一种支配人的闲暇时间与幸福的力量，从而成为极权主义及法西斯

---

① ［德］霍克海默、阿多尔诺：《启蒙辩证法》，重庆出版社 1990 年版，第 135 页。
② 同上书，第 151 页。
③ 同上书，第 118 页。
④ 同上书，第 126—127 页。
⑤ 同上书，第 143 页。
⑥ ［德］阿多尔诺：《论流行音乐》，转引自［英］P. 斯拉特《法兰克福学派的起源和意义》，伦敦 1977 年英文版，第 124 页。

主义控制大众舆论、操纵人们的心理意识的强有力的手段。

最后，显然，法兰克福学派对大众文化或文化工业的批判导源于他们对现代资本主义国家特别是法西斯主义国家利用大众传播媒介操纵大众心理和意识的痛切的感受，是他们对当代科技发展对文化手段尤其是大众传媒影响的评估，以及对当代资本主义社会中变迁着文化模式的反思。法兰克福学派看到当代资本主义社会文化领域中出现的新变化和新特点，力图揭示当代资本主义社会或发达工业社会与自由资本主义社会不同的文化模式；指出了当代资本主义文化日益商品化的一般趋势，以及这种趋势所带来的对文化事业的危害。他们在一定程度上看到了当代资本主义文化的局限性，揭露批判垄断资产阶级把文化变成现实和统治辩护的意识形态工具，指出了由此产生的种种消极异化现象。的确，随着技术手段的完善，当代西方社会的大众传播媒介迅速发展，使文化工业迅速成长为资本主义的一个重要生产部门，文化艺术的商品化趋势不断加强。在该社会中，文化的标准化、模式化、商业化、单面化、操纵性的强制性已成为当代资本主义文化的明显特征，从而使之具有压抑主体意识、个性、创造性、独创性、想象力和压抑自由创新、自由选择的消极功能，成为垄断资产阶级为统治辩护、压抑或平息人民大众反抗的意识形态工具。应该说，法兰克福学派对大众文化或文化工业的批判，对它的含义、特征和危害的分析是有一定深度的，并包含有合理的理论成分的。法兰克福学派的这种批判在西方社会特别是美国有相当的影响，20世纪60年代西方青年学生掀起的"反文化"运动，对流行的资产阶级社会准则和价值观的反叛，或多或少是受法兰克福学派这方面思想的影响的。

但是，法兰克福学派对大众文化或文化工业的批判是有片面性和缺陷的。我们着重指出几点：其一，法兰克福学派没有对当代资本主义的文化采取辩证的态度，有全盘否定这种文化的明显倾向，没有看到这种文化所取得的成就的一面。的确，当代资本主义的文化有种种弊端，甚至可以说是腐败、堕落的，但并不能由此全盘否定它所取得的成就方面。毕竟在当代资本主义社会也产生了大量的优秀文化艺术作品，特别是对现实进行无情揭露和批判的作品；出现了一批杰出的文学艺术家；在艺术形式和创作手法上也是有所创新的；这为全人类的文化发展做出了积极的贡献。法兰克福学派对大众文化或文化工业的批判中，显然是很少注意到这一点的。其二，法兰克福学派并没有真正处理好观念上层建筑与经济基础的关系问题，不能辩证地说明它们之间的决定与被决定的关系。他们反对用经济基础来说明观念的上层建筑或文化意识形态现象，片面强调文化、艺术的独立自主性。他们错误地理解马克思的政治经济学批判的意义,夸大当代资本主义文化中出现的新变化,鼓吹马克思主义的政治经济学批判的过时或不充分性,用文化批判来取代政治经济学批判。其三,法兰克福学派对大众文化或文化工业的批判具有明显的浪漫主义色彩,可以说是近代西方浪漫主义在当代的回音。他们对自由资本主义时代的文化怀有深深的眷恋之情。马尔库塞关于"肯定文化"的观念明显地体现出这种浪漫主义的怀乡病。在他看来,尽管自由资本主义时代的肯定文化具有使人逃避现实、安于现状和内心自由的肯定性质,但毕竟保留了人们的内心自由,保留了文化的批判向度;而晚期资本主义文化则彻底摧毁了这种向度,造就了单面、封闭的文化。可见,马尔库塞等人对自由资产阶级文化抱有特殊的感情。

法兰克福学派对大众文化或文化工业的批判及其理论有现实的启发、借鉴意义。随着我国改革开放的深入和市场经济体制的建立,我国的文化事业逐步被推向市场,文化、艺术的商品化成了一种不可避免的趋势。这既给我国文化事业的发展带来生机与活力,又产生了一些令人困惑的问题。应如何看待文化事业的商品化趋势,如何看待高雅文化与通俗文化的关系?文化事业如何为经济建设服务?如何处理好文化产品的社会效益与经济效益以及社会需要与市场导向之间的关系?如何一般地处理好物质文明与精神文明的关系?这都是我们必须加以探讨和解决的问题。法兰克福学派对大众文化或文化工业的批判,对文化商品化趋势特别是对西方社会所走过的道路及其弊端的分析给我们提供了某些有意义的借鉴。例如,我们可以看到,在市场经济条件下,文化艺术产品的生产和消费不能不服从市场经济法则,注意市场导向,但是文化艺术产品的生产和消费又不同于一般的商品生产,它具有自身的相对独立性,具有自己特殊的过程、规律、方式和目标;文化艺术产品要考虑经济效益,但更重要的是要注重其社会效益,不能以票房价值作为它的唯一尺度;文化艺术产品应给人以娱乐消遣,但更重要的是它要给人以真善美的教育,陶冶人的灵魂,提高人的精神素质。如果我们不能处理好这些关系,那么市场经济条件下的文化事业就难以走上健康发展的道路,并可能引发文化或价值危机。

2-10

马尔库塞对发达工业社会意识形态的批判[*]

20世纪20—30年代在德国出现的法兰克福学派从属于西方"新马克思主义"思潮。该学派继承了卢卡奇、科尔施等人所开创的"新马克思主义"传统,将马克思主义的学术研究结构与政治实践相脱离,将理论研究的主题由政治经济转向哲学和上层建筑;并且从40年代起,日益用对发达工业社会的思想文化的批判,来代替对资本主义的政治经济制度的批判,这就从根本上背离了马克思主义。在这方面,作为法兰克福学派主要代表人物之一的马尔库塞的观点是很典型的。对发达工业社会意识形态的批判以及哲学和美学的探索构成了他理论生涯的主旋律,成为几乎他所有理论著作的主题。他的名著《单向度的人》(或译《单面人》)更是引人注目的以"发达工业社会的意识形态研究"作为副标题。马尔库塞把科学技术、文学艺术、哲学等都包括在"意识形态"的范畴之内,因此,他对发达工业社会意识形态的批判也就是他对发达资本主义社会的整个思想文化的批判。本文将分三节分别评述马尔库塞对发达工业社会的科学技术、文学艺术、工具理性及技术主义批判的有关论点。由此可以窥见法兰克福学派乃至整个西方"新马克思主义"思潮的理论特征和理论实质。

一、科学技术批判

马尔库塞将对发达工业社会意识形态攻击的目标首先指向当代科学技术。他将当代科学技术当作一种新的控制形式、当作造成发达工业社会及其思想文化单面性的根源、当作工具理性和实证主义的思想基础来加以批判。

---

[*] 原载《学习与探索》1991年第4期(收入本书时为各节加了标题)。

在此基础上形成了一种以剖析科学技术的消极社会功能为着眼点的科学技术社会学。他的科学技术社会学涉及科学技术与政治统治、科学技术与意识形态、科学技术与人的未来、科技与理性的关系以及科技进步对马克思主义的影响等方面的问题。

马尔库塞认为,在当代发达工业社会中,决定性的东西是科学技术。哈贝马斯曾说,在马尔库塞眼里,"当代技术和科学取得统治地位,成了理解一切问题的关键"①。马尔库塞把发达工业社会定义为"工艺装置",定义为按技术的观念和结构而运转的政治系统。他说,在当代发达工业社会,技术进步已扩展到控制与调节系统,并创造出一些生活和权力形式,这些形式调和与这个系统对立的力量,击败或驳倒了为摆脱奴役和控制而提出的所有抗议。在该社会中,生产和分配的技术装备由于日益增加的自动化因素,不是作为脱离其社会影响和政治影响的单纯工具的总和,而是作为一个系统在发挥作用;生产的技术手段趋向变成极权性的,它不仅决定着社会需要的职业、技能和态度,而且还决定着个人的需要和愿望;它消除了私人与公众之间、个人需要和社会需要之间的对立;对现存制度来说,技术成了社会控制的新形式。

因此,马尔库塞认为,作为一种新的控制形式的当代科学技术绝不是中立的,它们具有明确的政治意向性,起着意识形态的功能。他说:"面对这个社会的极权主义特征,技术'中立性'的传统概念不再能够维持。技术本身不能独立于对它的使用,这种技术社会是一个统治系统,这个系统在技术的概念和结构中已经起着作用。"② 在他看来,科学技术之所以具有政治意向性,起着意识形态的功能,是因为:(1)技术作为工具或手段并不是政治上清白的,它在现存工业社会中特殊的设计和应用构成了人对人统治方式的基础。技术创造出一个极权社会,它为特定的历史规划服务;③(2)技术作为一种总体体系和文化形式,它为现存社会的合理性辩护,它预先封闭了对社会的不满和反抗,阻止人类向自由解放迈进,因而取代了传统的意识形态;(3)就其本质而言,科学技术具有单面性、实证性、功利主义和对现存事物顺从主义的基本特征,这就使它们适应于成为统治工具和意识形态。

---

① [德] 哈贝马斯:《作为意识形态的技术和科学》,《哲学译丛》1978年第6期。
② [美] 马尔库塞:《单向度的人》,上海译文出版社1989年版,第4—7页。
③ 参见李小兵编译《现代文明与人的困境——马尔库塞文集》,上海三联书店1989年版,第106页。

在马尔库塞看来,科学技术统治也就是科学技术的异化。他说,科技进步本应使人类生存环境改善,使社会结构往合理的方面发展,本应使人获得自由和发挥自主性和创造性,从必然王国进入自由王国。然而,实际的情形正好相反,技术创造了一个富裕的当代工业社会,提高了人们的物质生活水平。但并未能改变人的命运,使人获得自由,反而使人日益变成技术、物质资料的生产和消费的奴隶,人同社会、同他人、同自己的工作相异化。发达工业社会是人全面受压抑的社会,技术和文明对人实行了全面的统治和管理。一切社会关系变成了单一的、片面的技术关系,个人自由的理性变成技术理性,社会协调并统一了人的生产、消费和娱乐,排除了一切对立或反抗的因素。科学进步造就了单面社会、单面人和单面思维方式。科学技术所带来的发达工业社会是一个病态或畸形的社会,因为:"一个社会的基本制度和关系(它的结构)所具有的特点,使得它不能使现有的物质手段和精神手段使人的存在(人性)充分地发挥出来,这时,这个社会就是有病的。"①

马尔库塞的确看到了当代科学技术进步的巨大的社会功能,并把焦点对准科学技术的消极性的方面,尖锐地揭露了资产阶级利用科学技术来维护自己统治的事实,列举了科学技术对当代资本主义的政治、经济、文化等各个领域所造成的种种异化现象,并揭示出当代资本主义统治方式不同于自由资本主义时期统治方式的某些新特点,特别是统治者利用科学技术为统治的合理性辩护这一点。他注意到了资本主义社会中科学技术应用的局限性,提出了科学技术的政治效应问题,力图从理论上把握科学技术与政治统治、科学技术与意识形态的关系,这有合理的成分。

但是,马尔库塞抛开了不同的社会背景即社会主义和资本主义两种制度的区别来抽象谈论科学技术的社会功能和政治效应。他把两种不同的社会制度仅仅看作同一个工业社会的两种样式或模式,宣称在科技革命条件下两种社会制度强行拉平,逐步趋同、融合。因此,他认为,在当代工业社会的这两种样式或模式中,科学技术的社会功能是相同的,它们的政治效应和消极后果是一致的。他片面夸大科学技术的某些潜在的消极性,将资本主义生产方式对科学技术的利用所造成的危害归咎于科学技术本身,将科学技术看作人的异化和受奴役的超时间、超历史的万恶之源,使之成为脱离社会制度和阶级对立的极权主义者,从而陷入反科学主义和悲观主义的泥潭。

如果将马尔库塞的科技社会学观点与西方技术统治论加以比较,我们便

---

① [美]马尔库塞:《当代工业社会的攻击性》,《哲学译丛》1978年第6期。

可以发现，马尔库塞的科技社会学是技术统治论的一个变种，因为这两者的许多理论观点十分相似。例如，两者都宣称技术创造了一个使社会主义和资本主义两种制度趋同的统一的（后）工业社会；都把当代工业社会描述为技术、知识的世界；都认为科学技术取代了以往的政治权力而成为一种统治手段；都宣称科技知识分子是历史的新主人，无产阶级则丧失了作为历史动力的资格。不过，马尔库塞的观点与正统的技术统治论之间有某些差别：正统的技术统治论的基调是乐观主义、改良主义和保守主义的；而马尔库塞的基调则是悲观主义、浪漫主义和激进批判主义的。

马尔库塞关于科学技术的社会功能及政治效应的观点是违背了马克思主义的。马克思主义把科学技术看作推动社会前进的决定性的革命力量。科学技术极大增强了人征服和改造自然的能力，成为人从必然王国走向自由王国的保证，同样地为新社会创造必要的物质基础，因此科学技术并非像马尔库塞所说的，是一种统治人的消极的异己力量。马克思主义经典作家把科学技术的社会功能和政治效应与具体的社会形态或社会的经济制度联系起来考察。他们认为，社会关系的性质对科学技术的社会功能和政治效应有决定性的影响。与马尔库塞从科学技术的潜在消极倾向推出资本主义的一切矛盾和异化现象相反，马克思主义把科学技术的异化的现象看作资本主义的特有现象，科技异化与科技使用的资本主义方式分不开。马克思说，在资本主义社会，"科学分离出来成为与劳动相对立的、服务于资本的独立力量"[①]。他是这样揭露资本主义社会中科学技术的矛盾异化现象的，在资本主义社会中，"机器具有减少人类劳动和使劳动更有成效的神奇力量，然而却引起了饥饿和过度的疲劳。新发现的财富的源泉……变成贫困的根源。技术的胜利，似乎是以道德的败坏为代价换来的。随着人类愈益控制自然，个人却似乎愈益成为别人的奴隶或自身的卑劣行为的奴隶"[②]。此外，在科学技术与意识形态这一复杂的关系问题上马克思主义并未把科学技术看作意识形态，而是看作生产力（尽管科学本身也是一种意识形式）。

二、文学艺术批判

马尔库塞对发达工业社会意识形态批判的又一方面的内容，是他对该社

[①] 《马克思恩格斯全集》第47卷，人民出版社1979年版，第598页。
[②] 《马克思恩格斯全集》第12卷，人民出版社1962年版，第4页。

会所谓的高层文化（文学艺术等）的批判。他认为文学艺术应该从根本上具备对现实的批判性和否定性，超越现实的价值理想，并提供与现实根本不同的抉择。然而，发达工业社会却造就了单面的高层文化，使文学艺术失去了其否定性和批判性的功能。马尔库塞赋予文学艺术（美学）在他的批判理论或解放理论中以极其重要的地位，他将美学或艺术看作解放被压抑的本能、打破单面社会和单面意识的手段。因此，他在对发达工业社会高层文化批判的过程中，形成了较为完整的"新马克思主义"的美学观。

美学是马尔库塞哲学理论的中心，是他理论生涯的兴奋点所在。在他的《爱欲与文明》《单向度的人》《论解放》《反革命与造反》等主要著作中，美学问题都占有大量的篇幅。他的最后的理论著作《审美向度：马克思主义美学批判》（或译《美学方面》）则纯粹是一本美学专著，该书系统地总结了他的"新马克思主义"的美学理论。

在马尔库塞那里，美学实际上成了他空想社会理论的中心。他在《论解放》中承认他的理论"是社会主义的空想概念，这种概念向往着必然王国和纯粹的因果关系王国的自由之窗，这意味着从马克思转向傅立叶，从现实主义转向超现实主义"①。在《反革命与造反》中，美学被他抬高到"自由的决定因素""自由社会的基质"的高度。为什么马尔库塞要赋予美学如此重要的地位呢？他在与麦基的谈话中有一段话可以作为很好的注解，他说："艺术，美学和音乐所表达的见识和真理，是任何其他形式所无力表达的。美学形式是一个既不受现实的压抑，也无须理会现实禁忌的全新的领域。它所描绘的人的形象和自然的形象，是不受压抑性的现实原则的规范和拘束的，而是真致力于追求人的实现和人的解放，甚至不惜以死为代价。……文学和艺术所要传达的信息是：现实世界就是从古到今所有恋人所体验过的世界；就是李尔王、安东尼和古娄巴特拉所体验过的世界。换言之，艺术是独立于既定现实原则的，它所召唤的是人们对解放形象的向往。"②

从《审美向度》一书，我们可以窥见马尔库塞的"新马克思主义"美学观的大概轮廓。该书开宗明义便道出其主旨："本文试图对马克思主义美学的一些流行的正统观念提出质疑，以期有所贡献。""所谓的正统观念，我是指按照全部一般的生产关系来解释一件艺术品的质量和真实性。明确地

---

① 转引自《新左派评论》，伦敦 1960 年第 5 期，第 21 页。
② ［英］麦基：《思想家》，生活·读书·新知三联书店 1987 年版，第 72—73 页。

说,这种解释认为,艺术品以一种比较确切的方式表现了特定社会阶级的利益和世界观。"换言之,他将马克思主义关于艺术是社会现实的反映,关于艺术具有阶级性及艺术与世界观联系的观点称作"正统观念"。他宣称他所要批判的不是马克思主义的个别论点,而是整个马克思主义美学。他列出如下六个普遍命题,认为它们是他要加以批判的马克思主义美学的基本原理:(1)艺术和物质基础及生产关系之间存在着明确的关系;(2)艺术具有阶级性,是阶级意识的体现;(3)政治性和艺术性、革命内容和艺术质量达到一致;(4)艺术家有义务表达上升阶级的利益和需要;(5)没落阶级或其代表人物只能产生"颓废"艺术;(6)现实主义是"正确"的艺术形式。[1]

马尔库塞对马克思主义美学的基本原理逐一加以批判,并提出自己的"新马克思主义"的美学理论来与之相对抗。例如,在艺术与政治关系问题上,他认为艺术的政治潜能、艺术参与政治斗争的能力,不取决于作品的内容,而取决于它的形式,而且是独立于现实的形式。因为在他看来,仅仅由于形式的自主性,艺术才永远与现实相对立,并且保持了人的反抗和解放的能量。他由此解释了艺术与革命的关系,说不能把为革命阶级的利益和思想服务的艺术以及直接参加革命斗争的艺术称为革命的艺术,革命的艺术不是那种为阶级斗争服务的艺术,而只能是"技巧上和风格上根本变革"的艺术。又如,在艺术的阶级性问题上,马尔库塞断言:马克思主义将艺术与阶级的利益和理想确立地联系起来,过于注重阶级斗争问题,而忽视了人的个性、人与自然的关系和人的自由问题,这也是错误的。他认为艺术的普遍化不能以一个特定阶级的世界和世界观作为基础。由此,他发展了他关于抽象的和非阶级性艺术的观点,断言艺术是表现原发性的愿望和本能的。[2]

马尔库塞对马克思主义美学原理批判的手法并不高明。他重复资产阶级美学家对马克思主义美学批判的老调,如说经济基础和上层建筑关系的学说是公式化的,马克思主义否定了艺术中的主体性和想象的创造作用,等等。马尔库塞往往将马克思主义的美学原理简单化和庸俗化,甚至加以歪曲。例如,在谈到艺术的阶级性时,他用庸俗社会学观点来代替马克思主义美学原理,并且断言:从马克思主义的观点看,仿佛"没落的阶级只能创造颓废

---

[1] [美]马尔库塞:《美学方面》,《西方马克思主义美学文献》,漓江出版社1989年版,第251、254—255页。

[2] 同上书,第251—252、264页。

的艺术"，而只有上升阶级才能创造出真实的进步的艺术作品。他竟然将"现实主义"与"正确的艺术形式"混为一谈。显然，现实主义并不是形式，而是认识现实的方法，现实主义恰恰要求形式和风格的多样化。在对马克思主义美学的批判中，他特别求助于当代资产阶级的美学思潮，尤其是弗洛伊德主义和资产阶级形式主义美学。例如他采用弗洛伊德主义的观点，说艺术不是现实的反映，而主要是生和死的本能的升华。总之，马尔库塞的"新马克思主义"美学与其说是马克思列宁主义的，毋宁说是各种资产阶级美学学说的混合。

马尔库塞对发达工业社会文学艺术的批判及其"新马克思主义"美学观有着浓厚的浪漫主义色彩。浪漫主义最初是一种文艺思潮，它是文艺复兴时期的产物。从哲学上看，浪漫主义的主要特征是：认为曾存在着一种人与自然和谐、没有人性分裂的美好的"自然状态"；反对科学技术进步，将文化分裂、自然状态的消失归咎于科学技术；用感性代替理性，用美学代替逻辑，极力推崇美或艺术在人性恢复中的作用，提倡通过艺术去获得自由解放。浪漫主义的这些特征在马尔库塞那里得到了充分的体现。尽管他没有提出回到"自然状态"中去，但他明显地对早期资产阶级文化有着无限的眷恋，明确地将科学技术看作艺术和文学等异化的根源，无限夸大美学或艺术在人的解放中的作用，如此等等。可以说，马尔库塞对发达工业社会高层文化的批判是近代西方浪漫主义思潮在当代的回响。

三、技术理性批判

马尔库塞对发达工业社会意识形态批判的内容还包括了他在理性思维（哲学）方面对技术理性或工具理性及实证主义的攻击。他认为，技术理性是当代理性观念演变的最新结果，在当代，技术理性已渗透到社会的总体结构和社会生活的各个方面，成为发达工业社会对人实行全面奴役和统治的思想基础。而实证主义或分析哲学的流行标志着技术理性或单面思维方式的全面胜利。作为一种独特的理论理性，实证主义是工具理性的集中体现。因此，马尔库塞将技术理性及实证主义作为发达工业社会意识形态的重要方面来加以批判，他指望通过这种批判来弘扬哲学的革命批判精神，并创立一种与技术理性相对立的辩证逻辑。

马尔库塞分析了技术理性的形成、发展、特征及危害等问题。在《哲学与批判理论》一文中，他将理性看作哲学思维的根本范畴，认为它是哲学与人类命运联系的唯一方式,代表着人和生存的最高潜能。① 在《理性与革命》一书中,他全面考察了理性概念在历史上的演变,列出了它的五种含义,并强调说,理性原是一种超越现实的批判能力,即它原是一种批判的理性,而随着科技进步,理性为技术的观念所渗透,它的批判性逐步为工具性所取代,依照自然科学的模式塑造人和社会生活已成为当代理性主义的趋势。② 在《单向度的人》第二篇"单向度的思想"中,马尔库塞详尽地考察了理性从批判理性演变为工具理性的历程。他提出,在当代,极权主义的技术理性领域是理性观念演变的最新结果,理性由批判理性变成技术理性以社会的科技进步作为前提,并有其逻辑方法论的基础。一方面,社会在一个日益增长的事物和关系的技术积累中再生产自身,生存斗争和人对自然的开发变得更加科学和合理。科学管理和科学分工,极大地增长了经济、政治和文化各部门的生产效率,其结果就是更高的生活标准。在同一时间和同一地点基础上,这一理性的事业产生了一种精神和行动的模式,它甚至为该事业的最具有破坏性的特征辩护、开脱。科学技术理性和操纵结成社会的控制形式。另一方面,形式逻辑和数学构成技术理性的方法论基础。借助数学和逻辑分析,自然被量化和形式化,现实与先天目的、真与善、科学与伦理等被分割开来。在这种方法论之下,科学技术理性是中立的,只有对自然规律的探索才是合理的;价值观成了主观的东西,形而上学只是一个假定,人道主义、宗教道德等不过是理想。剩下的只是一个量化的世界,其客观性愈来愈依赖于主体;在科学技术理性的极端形式中,一切自然科学的问题都消解于数学和逻辑之中,客体的概念则被消除。形式逻辑的形式化,抽象普遍性和排除矛盾性有其现实的基础,它自身成为技术理性的基础并发展成为统治的逻辑。

因此,在马尔库塞那里,技术理性也就是一种思维方式或思维逻辑,是一种理解世界的方式或处理理论知识的方式。技术理性的基本特征是:(1)它是在技术、理性和逻辑的基础上形成的;(2)它以自然科学的模式来衡量知识,尤其是定量化和形式化作为知识标准;(3)它把世界理解为工具,关心的是实用的目的;(4)它将事实与价值严格区分。说到底,技术理性是一种单面性或肯定性的思维方式。

马尔库塞认为,技术理性具有极大的危害性,它先验地适用于维护社会

---

① 参见李小兵编译《现代文明与人的困境——马尔库塞文集》,第175页。
② 参见[美]马尔库塞《理性与革命》,纽约1941年英文版,第253—255页。

的统治制度,它排除了思维的批判性和否定性,其本质就是统治的合理性。在当代,抽象的技术理性已经扩展到社会的总体结构,成为组织化的统治原则。自动化技术理性的出现则是一种独特的统治形式,对自然的理性控制和对工作过程的官僚控制,或者通过整合,或者通过对偏离的有效压制,构成了实际不会遭到反对的社会"幸福意识"的基础,在政治、经济和文化三个层次上发生了需求的管制和进步思想的消除。

马尔库塞注意到了当代科学技术给人的理性观念、思维方式及价值观的重大影响。特别指出了在发达工业社会中,技术理性占统治地位,实用、效率、技术统治意识等取代了自由资本主义时代的价值观念(自由、平等、博爱等)而成为衡量一切的标准,成为新的意识形态这样一些事实。马尔库塞探索当代理性观念演变的最新趋势,力图从理论上把握科技进步与理性观念演变之间的关系,试图从理性观念的深处揭示造成发达工业社会单面性的根源。他提出了技术理性与政治统治的关系、技术理性与工具理性的对立、形式逻辑在技术理性形成中的作用等一系列值得认真讨论的问题。但是,马尔库塞对技术理性的批判是有重大缺陷的,他片面强调科技对理性影响的消极方面,而忽视了科技对理性影响的积极的主导方面,不懂得科学技术的本性是求实求真,它们与辩证思维有着天然的本质联系;他把形式逻辑这样一种具体的思维科学当作技术理性的认识论基础,甚至将两者画等号,殊不知,它们并不是一回事;更为严重的是,他似乎将资本主义看作技术理性的产物,而不是相反,技术理性是资本主义的产物。实际上,技术理性作为一种思维方式,属于意识形态、上层建筑,它是资本主义经济基础的反映。

马尔库塞还将实证主义或分析哲学当作一种独特的技术理性,或技术理性的集中表现来加以批判。在他那里,实证主义是一个不严格的广义概念,他把实用主义、操作主义、语言分析哲学等包括在这一概念里。马尔库塞对实证主义的经验主义原则、唯科学主义、形式主义的特征都进行了批判,但他把重点放在对实证主义作为一种单面性思维方式的批判上。

在《单向度的人》中,马尔库塞以语言分析哲学为例集中剖析实证主义的单面性或肯定性的思维方式及其消极的社会作用。他指出,语言分析哲学要求把思想和言语从混乱的形而上学中端正过来,重点在于哲学分析疗法的功能——思想和言语中反常行为的纠正,暧昧、幻觉、怪癖的消除。日常语言分析哲学不打自招地表明了它对现实的态度,它的宗旨是揭露超验的概念,参照系是语词的日常用法及流行的使用情况,它把自己与否定性的思维方式决然对立起来，因此，它本身是"一种肯定性思维"①。马尔库塞断言：语言分析维护语言的日常用法等于维护既定的现实，因为对思想和言语行为的治疗便是对人们思想的麻醉，对语言的清洗便是对大脑的清洗；它禁止人们超越现实，禁止人们去作批判性的思考和形而上学的沉思。在他看来，社会现实特别是社会的不公平和异化现象是比日常语言更重要的东西。实证主义尽管对日常语言的歧义和模糊进行分析，却对产生和运用这些语言的经验世界的混乱置之不理，它甚至要人们去顺其自然或现实，不干预语言的日常用法，反对超越日常话语领域而去探讨产生和使用语言的社会环境。

马尔库塞抓住了实证主义的消极性特征。实证主义把现象和本质、理论与实践、事实与价值决然对立起来，它对现实采取回避的态度，对社会现实的苦难漠不关心；它为了片面的事实或语言而牺牲了社会现实，使哲学丧失了其革命的批判精神，而陷入枝节问题的烦琐分析论证，因此它客观上有利于维护现实。马尔库塞无疑注意到了这一点。但是，他错误地将实证主义对待事实和日常语言的理论研究态度直接当作对待社会现实的态度，它由于实证主义客观上产生维护现实的消极后果而将其当作一种维护现实的哲学，而加以全盘否定。

在对技术理性和实证主义的批判中，马尔库塞致力于发展批判理性和辩证逻辑。他认为哲学的首要任务是弘扬批判和否定精神，即对现实加以批判和否定。他颂扬批判的理性，主张建立辩证逻辑。他将辩证逻辑看作一种批判现实的工具，认为辩证逻辑要求思维内容与思维形式的结合，要求思维的具体性和否定性。他说，辩证逻辑不能是形式的，它是由现实所决定的，而现实则是具体的，正是矛盾的合理性，即各种力量、趋势、要素对立的合理性，构成现实的运动，这种运动"构成了有关现实的概念运动"。而辩证逻辑的矛盾否定的思维结构是活生生的矛盾和内在的否定性所决定的，它要求在"是"和"应当是"的东西之间保持批判的张力，它的命题公开陈述经验现实的否定特征。马尔库塞对辩证逻辑的对象、性质、特征和作用等提出了某些合理的看法。但是，他不能处理好辩证逻辑与形式逻辑的关系，排除了客观辩证法，使辩证逻辑失去了本体论基础；他歪曲了辩证法的革命批判实质，使之变成一种只要批判否定，而不要继承和肯定的虚无主义的否定辩证法。因此，马尔库塞的辩证逻辑与马克思主义的辩证逻辑有着本质区别。

综上三节所述，我们看到，马尔库塞的发达工业社会意识形态批判理论

---

① ［美］马尔库塞：《单向度的人》，第153页。

在总体上是不可取的，他的基本立场和许多理论观点是错误的，是与马克思主义根本对立的。然而，马尔库塞的确注意到了当代资本主义社会的思想文化发展的某些新趋势和新特点，揭发和批判了这一社会中思想文化的种种矛盾异化现象，特别是指出了垄断资产阶级将科学技术、文学艺术和哲学等变成意识形态，利用这些思想文化的成果来为自己统治的合理辩护这些事实；同时，他力图通过这种批判来发展他的批判理论，在科学技术社会学、美学和辩证逻辑等方面提出了某些合理的见解，也提出了某些值得认真讨论的问题。因此，他的发达工业社会意识形态批判理论又有可供借鉴的一面。从马克思主义的立场、观点和方法出发对他的这一理论加以认真的深入的分析批判，仍然需要我们付出巨大的努力，当然也是一件具有现实意义的工作。

2-11

法兰克福学派论理论与实践关系[*]

对于法兰克福学派来说，理论乃是独特的理性，是关于世界和我们自己的一种合理的知识；而传统理论特别是实证主义则是工具理性的集中体现，或干脆说，它们本身就是一种工具理性。因此，法兰克福学派对传统理论尤其是实证主义展开了激烈的批判，并在这种批判中阐明理论的本质、作用及其与实践的关系。本文将对此加以评述，指出其成败得失，这对于我们坚持和发展马克思主义的理论观及实践观具有一定的借鉴作用。

霍克海默的许多论著涉及理论的本质、作用及其与实践关系这一问题。在《传统的和批判的理论》一文中，霍克海默对照了两种不同的理论观（传统的和批判的）。他指出，传统哲学家或理论家将理论看作由基本命题和推出命题组成的有逻辑联系的推理系统，即看作一个封闭的科学命题体系；他们将理论变成了一种描述事实的工具，从而使它起肯定和维护社会现实的作用，也就使理论丧失了它的最本质的特征——它的批判性和否定性功能。与这种看法相反，霍克海默认为，理论的本质主要不在于它是科学命题的体系，而在于它是一种把握现实的思维方式或辩证的理性。理论的作用不在于描述支离破碎的事实，而在于超越现实，理论的真正本性和力量正在于它的批判性和否定性。理论并不是与实践隔绝的，批判理论与其说是一种特殊的理论，倒不如说是政治实践的智力部分，是专门为揭露资本主义社会的矛盾而设计的，它是对现存社会的批判，批判理论家所关心的是现实的苦难条件和加速未来公正社会的实现。在《哲学的社会功能》一文中，霍克海默对哲学（理论）的社会作用作了专门探讨。他认为哲学总是与现实对抗着的，这种对抗源于哲学本身的原则。哲学的真正社会功能在于对流行的东西的批判，这种批判的主要目的，在于防止人类在现存社会组织慢慢灌输给

---

* 原载《现代哲学》1991 年第 3 期，中国人民大学复印报刊资料《外国哲学与哲学史》1992 年第 1 期转载（原标题为"评法兰克福学派关于理论的本质、作用及其与实践关系的观点"）。

它的成员的观点和行为中迷失方向。哲学只有从批判性思维和辩证思维的发展中才能找到，它是一种把理性列入世界的有组织的、坚定的企图。① 他还认为，哲学中的批判并不意味着对一个东西进行谴责，也不意味着单纯的否定和驳斥，它是指一种理智的、最终注重实效的努力，而不满足于接受流行的观点、行为，不满足于不加思索地、只凭习惯而接受社会状况的那种努力；批判指的是区分现象和本质的努力，是考察事物基础的努力。简言之，是真正认识各种事物的努力。② 在《理性之蚀》一书中，霍克海默从更深的层次上讨论了理论的作用问题。他不再把批判的理论看作是在实践中可以兑现的思想，而是将理论的本质视为激进性本身，它要"批判地""否定地""揭示当今称作理性的东西"。理论的责任在于无情地揭露丑恶的现实，猛烈抨击愚蠢的和具有欺骗性的思想，只有这样，哲学理论才能担当起"人类的信誉和良知"的重负。霍克海默还认为，理论要根据真理的否定性而揭露非真实的东西，使人的存在现实化；这种"理论努力"中凝结了否定的方法，即揭露有限东西中的偶像性和把被理解为绝对的伟大思想简化为一定社会的相对真理，批判理论提出思想和现实，目的在于对两者加以比较并超越历史目前状况。哲学最重要的任务，就是从问题中，从历史上遗留下来的概念和包罗一切的真理迹象中发现真理，而不是评论它们。

阿多尔诺对理论（哲学）的本质、作用、理论与实践的关系问题也有专门的论述。在题为《哲学的现实性》的教授资格就职演讲中，阿多尔诺探讨了当代哲学的任务和作用、哲学是否具有现实性这一主题。他认为，当今哲学已不再能够从如下的前提——即哲学自己可以把握现实的总体——出发，这一前提已被看作一种幻想，现在，任何实现理性的尝试都是注定要失败的。哲学不应仅仅顺从自然科学的模式，而应将各门科学的成果及其观察方式在新的关系中予以规定。在这一过程中将不仅改变整体的图像，而且也可以改变构成整体的、不断出现的新因素；哲学的任务不仅在于描述"状况"，而且应该去描绘整体的图像，如果哲学想理解现存的现实，那么它就首先必须进行部分摄像；哲学不能从"原在"上理解现实，哲学应该去揭示"另样存在"的可能性，即指出未来更加合理社会的可能性。在《否定的辩证法》一书中，阿多尔诺认为，哲学或理论的本质正在于它的批判性

---

① ［德］霍克海默：《批判理论》，重庆出版社1989年版，第250页。
② 同上书，第255—256页。

和否定性,在于对现实不合理的东西的揭露和批判,这种革命的批判否定精神正是黑格尔和马克思的批判哲学的实质之所在。他致力于创立一种只要否定、批判,不要肯定、继承的带有浓厚虚无主义色彩的否定辩证法的建构。在该书中,他还对理论和实践的关系提出独特的看法。尽管他承认理论与实践的关联,但他明确提出反对"实践的最高权力"理论。认为在客观上,理论问题不可能由实践来解决,理论有自己的特殊作用。他反对"实践的最高权力",实际上把理论解释成一种特殊的实践,从而认为理论不仅不应由实践来检验,反而应去规定实践概念。

马尔库塞也对理论的本质、作用及其与实践的关系做出自己的解释。他认为哲学或理论应从人的历史存在出发去解释人及其世界的整体,并力求去发现存在的最终极和最普遍的根基,以理性的名义去领悟本真的存在概念:真正的哲学或理论总是随着时代的变化而变化的,它的概念关系到的目的和利益,在历史形势的变化中改变着自己。在他看来,哲学或理论的根本意义就在于它的批判性和否定性,在于对现实的超越和对未来的展望。关于理论与实践的关系,马尔库塞指出,真正的理论或哲学必须关注人的存在和本质,关注人的自由、幸福及潜能的实现,并且必须认识到自由、幸福、本质和潜能的实现有其现实条件,必须通过变革生存的物质条件才能达到,"理论无条件地执着于它那只有通过社会斗争才能达到的目标,使它那些已经获得的内容不断地与那些尚未获得的内容和新出现的危机,不断发生着冲突"①。因此,理论必须与实践相关联。但是,马尔库塞认为,(批判的)理论并不关注由外部带入社会斗争的理想的实现,它只是揭示产生压抑和野蛮的原因,指出摆脱压抑、实现自由的条件,因此,哲学家或理论家并不需要参加革命的实践。

哈贝马斯在批判继承早期批判理论家的观点的基础上,对理论的本质作用,特别是理论与实践的关系提出较系统的看法。他认为理论既是人类行动的产物,也是为人类行动的目的而设立的,它是使人获得更大自由的工具。理论应是实践的理论,哲学应是实践的哲学,这种实践的哲学或理论并不是古希腊思辨哲学式的,而是从康德到马克思的德国思想发展所呈现出来的那种类型,即经验的历史哲学与实践政治意图的结合。哈贝马斯认为,理论的本质在于它的批判性,马克思之所以把自己的主要著作冠以"批判"的标

---

① [美]马尔库塞:《哲学和批判理论》,《现代文明与人的困境——马尔库塞文集》,上海三联书店1989年版,第189页。

题，就是因为马克思有一种实践的兴趣，而马克思的批判的冲动则来自于客观的危机倾向；马克思主义在 19 世纪具有那样大的活力，是因为马克思令人信服地解释了当时的社会、经济危机。哈贝马斯认为当今的世界是一个充满危机的世界，真正的理论必须与实践发生联系，具有解释危机的活力，他强调理论的实践性和批判性，理论的宗旨是为了解决社会问题。

总之，在法兰克福学派看来，传统理论（观）是工具理性的集中体现，起消极的社会作用；在传统理论（观）那里，理论与实践、主体与客体、价值与事实是分开的，理论研究是一个独立于社会实践之外的王国，它不关心人的苦难的现实和人的自由解放的条件。批判的理论（观）或真正的哲学则以辩证思维或批判理性作为基础，它不在乎是否成为一个科学命题体系，而旨在对于现实的超越，即对现实的批判和否定；因此，革命的批判否定精神是理论思维的本质。批判理论那里，理论与实践、主体与客体是关联着的，与其说理论研究是一种脑力劳动，倒不如说它是一种特殊的实践形式，或革命实践的智力部分。理论关心人的本质、自由、幸福，关心异化和苦难的根基的消除以及合理社会的建构。

那么，我们应当如何评价法兰克福学派的这些观点，其理论上的得失又表现在哪里呢？

法兰克福学派对这个问题的论述有某些合理之处，这主要表现在：其一，法兰克福学派在一定程度上指出并批判了传统理论即当代资产阶级的理论特别是哲学社会学说的消极性。无疑，当代西方资产阶级的多数思想理论学派都反对辩证法，否定了理论或哲学的批判否定功能，将理论或哲学的主要任务看作对"事实"的描述和对枝节问题如日常语言的烦琐分析，为现存的事物找根据。这一点在实证主义和实用主义思潮那里表现得淋漓尽致。这样，哲学就沦为资产阶级的统治和利益辩护的工具。由此观之，法兰克福学派对传统理论（观）的批判是有一定的现实意义的。其二，法兰克福学派将传统理论（观）的否定性思维方式对立起来，反复强调理论的本质作用在于对现实的超越，强调矛盾思维在认识现实中的作用，在一定程度上继承发扬了马克思和黑格尔的辩证法，发扬了哲学的革命批判精神，这在实证主义横行、辩证法受到普遍非难的当代西方思想界更是难能可贵的。其三，法兰克福学派反对将理论与实践割裂，要求理论与实践的关联或统一，将理论研究看作社会实践的组成部分，看到了社会实践对理论的制约作用，并要求理论不能脱离社会现实，必须以现实作为研究对象，强调理论必须关心人受苦受难的处境和人们解放的条件，把人的问题放到理论研究的突出地位，这些都包含有合理的思想成分。

但是，法兰克福学派在这些论述中也存有很大的局限性。这主要表现在如下几个方面：

首先，法兰克福学派不能正确地说明理论的科学性和革命性的关系，不能正确解决理论的本质问题。他们在批判传统理论片面地强调理论的科学性、实证性而否定理论的革命批判性时，却走向另一个极端，将理论的科学性和革命性决然对立起来，似乎只要承认理论是科学命题的体系，就必定会扼杀它的革命批判精神；他们反对将理论命题看成可证实的，否认正确的理论是对客观世界及其规律的反映；过分推崇哲学思辨，而不注重吸收当代科学的成果，从而使他们自己确立起来的批判理论变成了一种新型的思辨哲学，具有十分浓厚的抽象、空洞和乌托邦的色彩。其实，理论的革命性和科学性并不是对立的，而是统一的。一种真正的革命理论是对客观规律尤其是社会发展规律的正确反映，并以各门科学的成就作为基础，它必须成为有严密逻辑联系的科学命题体系；而正确的理论命题并不是抽象的思辨语句，而是具有可检验的经验内容，可以通过实践检验其正确性程度。马克思主义作为一种真正的革命理论，是革命性和科学性的统一，它的基本理论和命题是通过实践检验和证实了的科学命题，它之所以具有革命性，成为无产阶级的世界观，首先正在于它正确地揭示了社会发展规律并预见到社会的发展趋势，并以近现代科学的成就作为基础，建立起科学的理论体系。

其次，法兰克福学派并不懂得理论的批判性与继承性、否定性与肯定性之间的辩证关系，也不能全面地揭示理论的作用。第一，尽管法兰克福学派沿着辩证法的传统，宣称要弘扬或恢复理论的批判性和否定性，但是，他们在批判性与继承性、否定性与肯定性的关系面前却显得束手无策，他们实际上是只要批判、否定，而不要继承和肯定。他们怀疑一切，批判和否定一切，却不对被批判的对象所包含的合理或正确的成分加以肯定和继承。法兰克福学派理解的辩证法特别是阿多尔诺所建立起来的"否定的辩证法"，实质上是一种被恩格斯严厉地批判过的形而上学的否定观。马克思主义辩证法的本质是革命的和批判的，马克思主义正确地解决了批判与继承、否定和肯定的辩证关系，因此，马克思主义对理论的革命批判性作用的理解与法兰克福学派的理解有本质的差别。第二，法兰克福学派不能全面地揭示理论的作用，他们基本上停留在对于理论的批判性和否定性作用的强调和论述上，否定或忽视了理论的其他重要作用。其实理论除了批判性和否定性的作用之外，还具有方法论作用，预见作用和动员群众的作用，等等。真正的或合理的理论作为以往实践和认识的总结,反过来成为更深一步的实践和认识的起点,成为认识世界和改造世界的方法论。同样地,正确的理论由于揭示了客观事物的发展规律,便能科学地预见事物的发展方向,特别是预见人类社会发展的大致进程,使人们判明局势,了解周围事变的内在联系,预察事变的发展进程。而且理论的革命性作用更重要的还表现在它能变为群众的思想武器,成为动员群众、组织群众的旗帜,它有效地调动群众的积极性,使革命队伍集结在自己的周围,团结在共同的思想基础上,朝着统一的目标前进。法兰克福学派否定理论的方法论作用与预见作用,反对将理论变成群众的思想武器,拒绝用革命理论来动员和组织群众,使其批判理论显出批判上的浅薄。

再次,法兰克福学派并不能真正理解理论与实践的辩证关系。诚然,他们强调理论与实践的统一,指出实践对理论的制约作用,这有合理性;但是,理论与实践的关系比他们所理解的要复杂得多。法兰克福学派在解决这一问题上有重大的失误或不足,这主要表现在如下几方面:第一,用理论代替实践、抹杀理论与实践界限的倾向。例如,霍克海默关于理论研究是革命实践的智力部分的观点,阿多尔诺关于实践本身是一个卓越的理论概念的论点,都包含着这种倾向。当然,理论与实践密切关联,理论研究受实践的制约,甚至可以将理论研究视为一种特殊的实践形式;但是却不能将理论与实践的界限抹掉,将它们混淆起来,因为理论是主观的东西,而实践则是主观见之于客观的东西,不能用理论代替实践,也不能用纯粹的理论研究来取代直接的革命实践活动。第二,一种真正的革命理论必须是一种实践—批判的理论,即马克思所说的武器的批判,使理论真正变成革命实践的指南,而这一点正是法兰克福学派所缺乏的。批判理论家们并不主张把理论与革命实践相结合,反对将马克思主义或批判理论用于指导无产阶级的革命实践,他们甚至反对将批判理论或马克思主义归属于无产阶级。在他们看来,批判理论涉及全人类的解放利益,而不是某阶级的特殊利益;如果将理论归属于某一阶级,它将失去理论的批判利益;如果将理论归属于某一阶级,它将失去理论的批判解放作用,而沦为意识形态并与全人类的解放利益相矛盾。法兰克福学派也不赞成理论家或哲学家直接参加革命实践活动,因此不可能将马克思主义或批判理论与群众斗争相结合,马克思主义被他们变成了大学讲坛或研究所的学术研究对象。在这一点上,法兰克福学派比起他们的"新马克思主义"的前辈卢卡奇、科尔施和葛兰西就差远了。第三,法兰克福学派并不了解实践在理论的形成、发展过程或认识过程中的地位与作用。尽管霍克海默等人强调认识的客体——事实或经验是人类实践的产物,并为理论所中介,认识的主体是社会实践、社会关系中的人,并将理论研究看作实践的组成部分,承认理论受实践的制约,但是,他们并没有在认识论的高度上全面深入地探讨实践在理论的形成、发展过程中的地位和作用,不懂得实践是认识的来源和基础,明确反对唯物主义反映论,否认实践是检验理论正确性的唯一标准。阿多尔诺坚决反对"实践的最高权力"观点,在他那里,理论不仅不应由实践来检验,反而应该规定实践概念。这与建立在实践基础上的马克思主义能动的革命反映论是完全相悖的。

总之,理论与实践的统一是马克思主义的基本原则,马克思主义指出了理论与实践的对立统一关系。一方面,它坚持实践是理论的来源、基础和真理性标准;另一方面强调理论与实践相结合,充分发挥理论的指导作用,只有坚持理论和实践关系的辩证法,才能不断提高革命实践的自觉性和战斗力,从而更好地检验理论和发展理论。在理论与实践关系这一问题上,虽然法兰克福学派提出了某些有益的见解,但是他们的看法是与马克思主义的观点相差甚远的,他们不懂得理论与实践关系的辩证法。

2-12

当代资本主义社会的危机趋势[*]
——评哈贝马斯的《合法化危机》

关于当代资本主义社会危机趋势的分析及由此形成的危机理论是"西方马克思主义"的当代资本主义社会理论中的一个有特色、创新和影响的方面。20世纪60年代末以后,"西方马克思主义者"沿着两个方向展开对当代资本主义危机趋势的研究:一个是哈贝马斯、米利班德和奥康纳等人对该社会政治、经济和文化危机的研究,特别是对所谓的"合法化危机"的研究;另一个是沿着法兰克福学派传统,以"生态学马克思主义者"为代表的对生态危机的研究。而其中最全面系统、最有影响的是哈贝马斯的危机理论(他的《合法化危机》就是专门讨论当代资本主义危机问题的著作)。下面,我们将以哈贝马斯这本书为主,结合其他的著作来评述他的危机理论。

一、关于经济危机趋势

哈贝马斯的当代资本主义一般危机趋势理论是建立在他对当代资本主义的经济、政治行政和文化等系统的分析基础上的。他从对这些系统的特征的分析转入对危机趋势的分析,并从经济危机趋势的分析开始。这不仅因为经济危机理论是马克思的资本主义理论的核心内容,而且因为当代资本主义的危机的其他类型也是由经济危机转化而来的。

哈贝马斯围绕下列四个方面的问题来展开他的经济危机理论:(1)当

---

* 原载《中国书评(香港)》1995年第8期,曾被《〈中国书评〉选集》(邓正来编,辽宁大学出版社1999年版)收录(原标题为"哈贝马斯论当代资本主义社会危机趋势——评《合法化危机》")。

代资本主义社会是否仍然存在着经济危机？（2）如果答案是肯定的，那么它与自由资本主义时代的经济危机又有何区别？（3）马克思的经济危机理论是否仍然适应于当代资本主义社会？（4）当代资本主义社会的经济危机与其他危机类型存在着什么样的关系？

哈贝马斯认为，在当代资本主义社会中，经济危机仍然存在着。原因在于，当代资本主义国家对经济生活的干预并没有改变资本主义的那种自发的、盲目的经济方式。他说："如果在先进资本主义中的经济危机仍然存在着，那么，这就表明政府在实现过程的干预行为与交换过程一样服从于自发起作用的经济规律，结果，它们服从于如在利润率下降趋势所表达的经济危机趋势。""因为危机趋势仍然是由价值规律所决定的——即雇佣劳动与资本交换中的必然的不相称，所以，国家的活动不能弥补利润率的下降趋势，充其量只能缓和它，即通过政治手段使它达到顶点。因此，经济危机还将表现为社会危机，并导致政治斗争，使资本所有者和依靠工资为生的群众之间的阶级对立又变得明朗化。"①

哈贝马斯在《合法化危机》的第四章（"经济危机原理"）中对上述观点作了较详细的论证。他指出，国家干预并不是晚期资本主义特有的现象，而是在自由资本主义时代就存在了的，只不过是在晚期资本主义干扰的范围扩大，强度加强了。在自由资本主义时代，国家提供资本主义再生产的外部环境，创造自由竞争的条件，但这时国家的职能是补充市场机制，而不是从属于市场机制；这种干预活动没有从根本上改变资本主义经济自身运行的规律，因而不能消除经济危机。在晚期资本主义社会，国家不仅维护生产的一般条件，而且自身也成了价值规律的执行机构，政府的活动并未阻止价值规律的自发运转，反而从属于它。归根结底，政府的干预没有消除经济危机，相反还会加剧经济危机；阶级斗争仍然是"资本运动的契机"。晚期资本主义社会的经济危机的根源乃在于生产关系的所有制性质。在哈贝马斯看来，在晚期的资本主义社会中，尽管因国家干预而出现了新的所有制形式——私人垄断所有制和国家垄断所有制，但资本主义生产关系的本质并没有改变，即它仍然是私有制。他还认为，在晚期资本主义社会中，价值规律仍然起着作用（因为竞争在一定范围内和某种程度上进行下去，凡是存在竞争的地方，价值规律就将发生作用）。但这种作用比较曲折和间接。

既然晚期资本主义社会仍然存在经济危机，那么，这时的经济危机与自

---

① ［德］哈贝马斯：《合法化危机》，波士顿1975年英文版，第45—46页。

由资本主义时期的经济危机形式又有何区别呢？或者说，它有何新特点呢？哈贝马斯认为，问题的关键在于，晚期资本主义国家干预的范围、程度大大扩展和加强了。这一时期的资本主义国家机器不仅作为价值规律无意识、自发的执行机构在运转，还作为联合的"垄断资本"的计划代理人在运转，现在经济活动已离不开政府的干预。这导致晚期资本主义社会经济危机出现了新特点。

哈贝马斯将国家干预经济生活的活动分为四类：（1）为了建立和维护资本主义生产方式，实现它持续存在的先决条件，国家维持以保护财产和契约自由为核心的民法体系；保持市场体系免受自我破坏作用的威胁；它实现作为总体的经济的先决条件；促进国家经济在国际竞争中的竞争能力；通过对外扩张，维护民族尊严和对内敌人的镇压来再生产自身。（2）资本的积累过程要求采用与新的商业组织、竞争和金融等新形式相适应的法律体系（如通过调整银行法和商业法和操纵税收系统）。在从事这些活动时，国家将自己局限于市场的补充作用，使自己适应于而不是影响市场的动态过程，因此，社会的组织原则和阶级结构并未受影响。（3）上述活动有别于国家的市场替代职能，后者并不是合法地独立出现，而是针对市场驱动力的弱点，使积累过程继续成为可能（而不让积累进程自我运转）。因此，这样的行为创造了新的经济事态，或者通过创造或改善投资机会，或者通过改变了的剩余价值的生产方式。在这两种情况下，社会的组织原则都受到了影响。（4）国家对于积累过程的功能失调后果做出补偿。因此，国家一方面负责处理私人企业的外溢结果（如生态破坏），或通过结构性政策措施保证陷入困境的产业部门的生存；另一方面，应工会和改良主义政党的要求，实施某些旨在改善失去独立能力的工人的社会状况的调节和干预。[①]

国家既从事前两种活动，更主要的是从事后两种活动。这时国家不仅要以更强有力的手段和在更大的程度上维护资本主义生产方式持续存在的先决条件和补充市场机制，以满足市场控制的积累过程的需要，而且它要首先完成填补市场功能的缺陷，干预积累过程，弥补其所造成的政治上不可容忍的结果。这样，社会的组织原则受到了影响，生产关系也发生了一系列变化。哈贝马斯列出三种主要变化：第一，一种改变了剩余价值的生产方式影响了社会的组织原则，即反思劳动（reflective labour）对剩余价值的生产发生作用，也就是说，科学技术成了一种独立的剩余价值来源，这影响到社会的组

[①] 参见［德］哈贝马斯《合法化危机》，第53—54页。

织原则；第二，一种准政治的工资结构，反映了阶级妥协，并使非政治性的阶级关系被搁置；第三，对政治系统合法化的日益增长的要求刺激了各种以使用价值定向的要求，因而就必须有新的意识形态来为政治系统的合法化辩护。正是生产关系所产生的这些新变化，使晚期资本主义产生了不同于自由资本主义的经济危机。

在哈贝马斯看来，晚期资本主义的经济危机与自由资本主义的经济危机的主要区别在于：一是危机采取了新的形式。自由资本主义的经济危机是生产过剩危机，是周期性的经济危机，表现为危机—停滞—恢复—繁荣—危机的循环；而在晚期资本主义中，这种生产过剩的周期性危机不可能再出现。尽管这时的危机也是一种产出危机，但问题出在可消费价值的分配上，危机的形式则表现为：持续的通货膨胀，政府的财政赤字，连续不断的生产停滞，以及公共贫穷与私人财富的日益增长的不平等。二是晚期资本主义社会的经济危机发生了转移，即从经济系统转移到社会政治系统和文化系统，而且与后两个系统的危机相比，经济危机已不再是主要的危机形式。

二、关于政治危机的趋势

哈贝马斯由经济危机的分析转入对政治系统危机趋势的分析。他将晚期资本主义社会的政治危机趋势划分成两种形式：合理性危机（Rationality Crisis）和合法化危机（Legitimation Crisis）。对于这两种危机的含义、内容及其相互关系，哈贝马斯作了如下的说明："政治系统要求尽可能广泛的群众忠诚的投入，产出可以有效地加以执行的行政决策。产出危机具有合理性危机的形式，它是由行政系统不能成功地协调和完成来自于经济系统的指令所造成的；输入危机具有合法化危机的形式，当来自于经济系统的调节指令被执行时，合法化系统不能把群众的忠诚维护在一个所需水平的时候，合法化危机就出现了。尽管这两种危机趋势都产生于政治系统，但它们的表现形式不同。合理性危机是一种被转移了的系统危机，它与经济危机一样反映了代表非普遍化利益的社会化生产与各种调节指令的矛盾。这种危机可以通过国家机器解组的方式而转变为对合法化的撤退。相反，合法化危机直接的是一种同一性（identity）危机。它并不是以使系统的一体化陷入危险的方式展开，而是派生于如下事实，即履行政府各项任务将使非政治化的公共领域的结构成问题,从而也就使保证私人自主处置生产资料的形式上的民主成问题。"① 在哈贝马斯看来,所谓的合理性危机实际上是国家机器尤其是行政机关不能很好履行经济职能所造成的,是一种行政管理的危机,即行政管理合理性的缺乏或赤字(deficit)。他说:"公共行政管理的合理性缺乏意味着在特定的边界条件下,国家机器不能有效地调节经济系统。"② 所谓的合法化危机则是一种认同感的危机,是人民大众对现存制度缺乏信任感,即群众忠诚不足的危机。所以,他把合法化危机说成是合法化的缺乏或赤字,说:"合法化的缺乏意味着不可能通过行政手段将规范结构维持或建立在所要求的范围上。"③ 哈贝马斯对这两种危机形式分别作了详细的论证。

关于合理性危机。哈贝马斯指出,只有当合理性危机取代经济危机时,才谈得上名副其实的合理性危机。在这种情况下,资本实现问题的逻辑不只是反映另一种操纵手段,即以合法权力的手段,而危机逻辑自身因来自于市场交易中各种相互矛盾的指令转移到行政系统而改变。这种论断有两种说明:一是用大家熟悉的商品生产的无政府状态已构成市场交易组成部分作为出发点。一方面在晚期资本主义社会中,政府制订计划以保证资本实现的需要日益增长;另一方面,私人自主处置生产资料要求对国家干预加以限制,不允许对各个个体资本家的矛盾着的利益做出有计划的协调。另一种说明是由奥菲提出的,即认为尽管国家弥补了自我封闭的经济系统的不足,并且接管了对之加以补充的任务,但是,由于其控制手段的逻辑所迫,国家不得不允许越来越多的外来因素进入系统;由资本实现的指令所控制的经济系统的各种问题,若没有向异于其结构的方面蔓延,就不能从行政上加以接收和处理。

在哈贝马斯看来,这是对合理性危机产生原因的不同侧面的说明。第一种说明将合理性危机归因于国家无法对各个个体资本家相矛盾的利益加以有计划的协调,即国家无法同时满足自相矛盾的要求,实现相互矛盾的指令,因此不得不在期望干预和被迫放弃干预之间徘徊。④ 第二种说明则把合理性危机的原因说成是由于出现一些外在因素妨碍行政管理机构做出合理的决策,这就意味着合理性的缺乏。哈贝马斯认为,奥菲指出了导致合理性缺乏

---

① [德]哈贝马斯:《合法化危机》,第46页。
② 同上书,第47页。
③ 同上书,第47页。
④ 同上书,第62—63页。

的三种外在因素，即：（1）在公共和垄断的部门的有组织的市场中，做出战略决策的边界条件改变了；（2）与公共部门的功能相联系，出现了一个具体劳动日益取代抽象劳动的领域，特别是决策的职业化导致了政府不能制定出正确的政策；（3）不能通过劳动力市场再生产自身的非自立人口和自立人口相比有所增长。这三种因素的出现，"破坏了国家干预这一重要手段得以运行的条件"，并产生了"与危机相关的瓶颈"①。

关于合法化危机。哈贝马斯在《合法化危机》和《现代国家的合法化问题》（载《交往与社会进化》一书）等论著中对这一危机形式作了详尽的论述，这是他的当代资本主义危机趋势理论的颇具特色的方面。什么是合法性和合法化？哈贝马斯在《交往与社会进化》一书中有清楚的说明。他说："关于合法性，我把它理解为一个政治秩序被认可的价值，合法性要求则与某个规范决定了的社会同一性的社会一体化之维护相联系。合法化被用来证明合法性要求是好的，即表明现存的制度如何，以及为什么适合于通过这样一种方式去运用政治力量——在这种方式中，对于该社会的同一性具有构成意义的各种价值将能够实现。"② 又说："合法性意味着对于某种要求行为正确的和公正的存在物而被认可的政治秩序来说，有着一些好的根据。一个合法的秩序应得到承认。合法性意味着某种政治秩序被认可的价值。"③ 所以，合法性指的是一种政治秩序值得被人们所认可。这里，合法性与政治秩序相联系，它只能运用于政治领域，同时，只有当一种统治秩序是否合法尚在争论之中，才能运用这一概念。用哈贝马斯的话来说："只有政治秩序才拥有或丧失合法性，只有它们才需要合法化，跨国公司或世界市场不会有合法性问题。"④ 合法化则是指对合法性的论证方式，即证明某种政治秩序为什么值得认可。哈贝马斯认为历史上出现过四种论证合法性的途径：早期文明社会的统治家族借助于原始神话证明自身的正当性；古代文明帝国的统治者借助以宇宙论为基础的伦理学、宗教和哲学；在近代尤其是自然科学产生之后，则主要借助于自然律理论；到后来，由于卢梭和康德等人的努力，证明的形式条件自身获得了合法化的力量。他考察了随现代国家即资产阶级国家的出现而产生的合法化问题，他认为合法化问题产生于由大帝国阶级社会向

---

① ［德］哈贝马斯：《合法化危机》，第67页。
② ［德］哈贝马斯：《交往与社会进化》，重庆出版社1989年版，第188—189页。
③ 同上书，第184页。
④ 同上书，第184—185页。

现代国家转变的过程，这一过程有其内在和外在两个方面：从内在方面说，现代国家可以被理解为一种经济系统分化的结果，该系统乃是通过市场（即一种非中心化、非政治化的手段）对生产过程加以调节，从外在的方面讲，现代国家不是作为一个个体，而是作为诸多国家构成的一个系统而出现的。由于这两个方面，现代国家迫切要求合法化，现代国家的逐步形成是同对合法性要求的不断增加密切联系的，或者说国家建构的过程必然对集体同一性的形式发生作用，帝国的同一性在现代国家结构的压力下发生作用。①

哈贝马斯着重分析了晚期资本主义社会产生的合法性问题。在《交往与社会进化》中，他认为晚期资本主义社会的合法化问题导源于一个基本事实，即"社会福利国家与大众民主"之间的冲突。这一冲突导致国家在处理市场缺陷中处于自相矛盾的窘境："一方面，对缺陷的限定和处理缺陷的成功标尺存在于必须加以合法化的政治目标中，因为如果国家打算承担上述各种任务，就必须运用合法化的力量；另一方面，国家在承担各项任务的过程中，又不能采取通常的方式运用合法化的力量，不能通过对决策的约束做到这一点，而只能通过调整他人的决策，这个他人的私人自主性可能还没有被侵害。"② 哈贝马斯认为，国家有效实现合法化的任务受到四个方面情境的限制：（1）国家和经济之间的互补关系导致了某种目标冲突（尤其是稳定政策和改革政策之间的冲突）；（2）世界市场的发展，资本和劳动的国际化也已经确定了民族国家行政范围的外部界限；（3）由于世界范围的系统一体化机制与地区性的国家社会一体化之间的不相称等因素，已不能借助于民族主义的手段遏制合法化危机；（4）社会结构的条件也特别不利于对意识形态的规划。

在《合法化危机》一书中，哈贝马斯将合法化危机的原因归结为：（1）系统的局限；（2）对文化系统的干预的不可预料的副作用（政治化）。他说："在资本主义的发展过程中，政治系统不仅将它的边界扩展到经济系统，而且扩展到社会文化系统。当组织合理性传播时，文化系统受到了损害和削弱。然而，传统的残余必须逃避行政的控制，因为对于合法化至关重要的传统不能从行政上获得再生。此外，对文化事务的操纵产生了出乎意料之外的副作用，它使以前由传统确定下来的并属于政治系统边界条件的意义和规范成为公开讨论的主题。这样，思辨的意志形成的范围扩展了，这是一种

---

① ［德］哈贝马斯：《交往与社会进化》，第197页。
② 同上书，第202页。

动摇非政治化的公共领域——该领域对于系统的传统生存至关重要——的过程。"① 他认为，国家干预领域的扩大，产生了一种副作用，即对合法化需求的不合比例的增长，不仅因为行政机构处理的事务增多，必须为国家活动的新职能而保持忠诚，而且因为作为行政机构处理事务日益增多的结果，与文化系统相比，政治系统的边界发生了变化。于是，原先被认为是理所当然作为政治系统边界条件的文化事务，便被纳入行政计划领域。这种对文化事务的干预，加速了以前属于私人范畴的生活领域的政治化，使文化传统所产生的"公民私己主义"（Civil privatism）——这是文化传统维护合法性的主要东西——陷入危险，导致公民积极的政治参与，导致合法化的困境；更由于阶级结构的存在，使合法化危机成为不可避免。在哈贝马斯看来，国家对文化事务的干预，把文化事务搞糟了，使意义成为稀缺的东西，从而产生合法化危机。于是他又转入对社会文化系统危机趋势的分析。②

三、关于文化危机的趋势

哈贝马斯认为，社会文化系统从经济和政治两个系统中获得采取了货物和服务、法律和行政规范、公共的和社会的安全等形式的投入，经济和政治两种系统的危机是输出危机，是由社会文化系统中的失调并转化为对合法化的撤退引起的，即这两种危机只有通过社会文化系统才能爆发。因为社会的一体化依赖于这一系统的输出——直接依赖于它以合法化形式向政治系统提供的动因，并间接地依赖于它向教育和职业系统所提供的实施动因。既然与经济系统相对照，社会文化系统并不组织自己的输入，因而不可能产生输入危机，所产生的总是输出危机。当规范结构依其内在逻辑发生变化以致国家机构和职业系统的必要条件与社会成员所理解的需求和合法性期望之间的互补性受到干扰时，我们就必须考虑社会文化危机即动因危机（motivation crisis）趋势了。合法化危机导源于现有的合法性不能满足政治系统的变化；而动因危机则是社会文化系统自身变化的结果。在晚期资本主义社会，动因危机在文化传统（道德规范和世界观）和儿童教养系统的结构变化层次上已变得相当明显，因此，自由资本主义社会中国家和社会劳动系统赖以生存的传统残余，被蚕食了。资产阶级意识形态的核心内容已变得成问题，即公

---

① ［德］哈贝马斯：《合法化危机》，第78—79页。
② 同上书，第74—75页。

民的利己主义和家庭—职业和利己主义陷入危机了；另一方面，资产阶级意识形态的残余［科学信念、后奥拉特（postauratic）艺术和普遍的价值体系］构成了一种功能失调的规范结构。晚期资本主义社会创造了一种它不能满足的"新"需要。①

哈贝马斯进而分析说，在晚期资本主义社会中，由社会文化系统引起的最重要的动因是公民利己主义和家庭—职业利己主义所构成的。所谓的公民利己主义是指大众追求消费和安逸而不过问政治的倾向；而家庭—职业利己主义则是指在职业选择上通过激烈竞争来求得地位、成就以保证安逸的生活。哈贝马斯认为，这两种动因模式对于政治和经济系统的持续存在是至关重要的，它们主要是由文化系统提供的，文化系统是它们滋生的土壤。但在晚期资本主义社会，文化系统已经不可能再提供这两种动机模式了，用他自己的话来说："从长远的观点看，社会文化系统已不再能重新产生作为系统存在必要条件的这两种利己主义了。"② 主要原因在于：（1）前资产阶级的传统残余这种公民和家庭—职业利己主义产生的土壤已被非再生地推毁了；（2）资产阶级意识形态的核心因素，如占有个人主义、成就取向已被社会结构的变化所损害；（3）资产阶级文化中的世界观残余不能产生取代被破坏了的利己主义动因模式的新模式；（4）避免动因危机的道路已被堵死。因此，资产阶级的意识形态、文化结构既不能从积极的方面提供动因模式，也不能在危机的苗头出现之后制止危机。

在分别讨论了经济、政治和文化三个系统、四种危机（经济危机、合理性危机、合法化危机和动因危机）趋势之后，哈贝马斯对这四种危机趋势的关系及产生的原因作了总结。关于四种危机的关系，他列出了下表③：

起　　点	系统危机	同一性危机
经济系统	经济危机	—
政治系统	合理性危机	合法化危机
社会文化系统	—	动因危机

---

① 参见［德］哈贝马斯《合法化危机》，第48—49页。
② 同上书，第78页。
③ 同上书，第45页。

关于四种危机产生的原因，他归纳为下表①：

危机趋势	所提出的解释
经济危机	（1）国家机构作为无意识的自发的价值规律的执行机构在运转 （2）国家作为联合的"垄断资本"的计划代理人在运转
合理性危机	行政合理性的破坏是由下列两种因素引起的 （3）个体资本家之间直接对立的利益 （4）外在于系统的结构的生产（这对于持续生存是必要的）
合法化危机	（5）系统的各种局限性 （6）对于文化系统的行政干预的出乎意料之外的副作用（政治化）
动因危机	（7）对于持续生存至关重要的传统的腐朽 （8）普遍价值体系的超负荷（"新"要求）

哈贝马斯上述危机理论有其合理性。这首先表现在于他试图对当代资本主义社会的各种危机趋势做出全面系统的分析，提出了一些有益的论点。与当代资产阶级学者不同，哈贝马斯坚持认为，当代资本主义社会并不是一个没有危机的社会，相反，它是一个陷入全面危机的社会。他揭露了当代资本主义社会的各种危机形式的特点。在对经济危机的分析中，他说明在当代资本主义社会，国家的干预并没有改变资本主义私有制的实质及资本主义的基本矛盾，价值规律以曲折和间接的方式仍在起作用，因而在资本主义社会中经济危机依然存在；但由于当代资本主义出现的新趋势和新变化，使经济危机具有新的表现形式，即表现为系统的产出危机，并以滞胀和财政危机等形式表现出来；更重要的是经济危机发生了转移，成为政治和文化系统的危机。在对合理性危机的分析中，哈贝马斯得出一个很有启发性的结论，即指出当代资本主义国家尤其是行政机关（政府）由于其结构障碍而无法做出合理的决策。当代西方的不少经济学家、政治学家、社会学家以及政策分析家持有这样一种观点，即由于科学技术的发展尤其是决策方法的科学化，使当代资本主义国家能够做出合理的决策，有效地调控经济和社会生活。哈贝

---

① 参见［德］哈贝马斯《合法化危机》，第50页。

马斯通过分析有力地说明，这是一种神话：由于其结构性障碍，当代资本主义国家总是陷入诸如"提高税率还是减少福利"一类的相互矛盾的政策困境之中；基于同样的分析，哈贝马斯令人信服地说明：当代资本主义无论如何不可能成为"有计划的资本主义"。在对合法化危机的分析中，哈贝马斯指出一个毋庸置疑的事实，即当代资本主义国家日益失去其合法性，失去广大人民群众的信任和支持，缺乏群众忠诚的投入；这也说明，在当代资本主义社会统治者的利益与人民群众的利益仍然是尖锐对立的。在对动因危机的分析中，他则揭露了当代资本主义社会的文化及意识形态日益没落的趋势，并论证了这个社会的统治已失去了思想文化基础。此外，在对当代资本主义各种危机的根源的分析中，哈贝马斯往往将它们与资本主义的基本矛盾联系起来加以探讨。

其次，哈贝马斯的危机理论的新颖和独到之处在于他不是孤立地、片面地分析当代资本主义的各种危机，而是从系统的角度，对这些危机趋势的联系和转化加以考察。他将当代资本主义社会看作一个系统，将这一系统划分为经济、政治和文化三个子系统，并从系统的输入和产出两个方面来讨论各种危机趋势的联系和转化。这种联系和转化简单说来就是：由于当代资本主义的发展，该社会的经济危机表现出新的形式，即表现为产出危机——没有生产出必要数量的可供消费的价值，同时危机转移到政治系统；自相矛盾的调节指令由市场转到行政系统，出现行政系统的产出危机，即合理性危机——行政系统没有产出必要数量的合理决策；这种产出又是与没有投入"群众的忠诚"相关，因而在行政系统上产生了合法化危机——即没有提供必要数量的普遍动机；这些投入到行政系统的动因是由文化系统产出的，由于对资本主义的生存至关重要的文化传统被损害，所以它没有产出必需数量的能激发人们去支持决策者的动因，没有产生必要数量的能激发人们行动的意义，因而出现了动因危机。由此可见，这四种类型的危机是密切相关、层层推进和互为因果的。从哈贝马斯关于各种危机的联系和转化的论述中，我们可以看到，当代资本主义社会的危机已不再局限于哪个领域、方面或部分，而是涉及社会的政治、经济和文化的各领域，这些危机不能分别加以个别的解决，牵一发而动全身；这正是当代资本主义社会的危机不同于自由资本主义社会危机的一大特点。由此可见，危机范围扩大了，程度加深了。

哈贝马斯的危机理论对于我们更全面地认识当代资本主义社会，认识当代资本主义社会的各种危机趋势及其相互联系，对于克服西方社会科学尤其是经济学中片面强调经济危机、忽视其他危机趋势的倾向，是有一定的启发意义的。如果我们将哈贝马斯的当代资本主义危机理论与其他学者的当代资本主义理论相比，可以发现哈贝马斯往往是技高一筹的。的确，许多西方经济学家对当代资本主义的经济危机的特点及表现形态作了相当详细、系统的分析，但是他们往往局限于经济系统讨论经济危机，忽视社会政治、文化系统的危机形式，更谈不上各种危机形式之间的关系做出分析。哈贝马斯超越了经济学家的眼界，对经济危机的转移，它与其他危机形式之间的关系进行探索，提出一个更广博、深刻的关于当代资本主义社会的危机理论。当代西方的一些社会理论家包括"西方马克思主义"的一些代表人物也对当代资本主义社会进行了尖锐的批判，特别是揭露批判了当代资本主义社会的矛盾、异化现象，但是他们更多的是对这些矛盾和表面化现象的列举，缺乏对其内在原因的分析；相比之下，哈贝马斯高明之处在于，他不停止在表面现象之上，而是试图从资本主义社会去探索矛盾危机的原因或危机的机制。同时，与当代一些资产阶级的学者的观点相比，哈贝马斯的危机理论更具批判性。当代流行的"（后）工业社会"理论（如丹尼尔·贝尔的理论）往往公开宣称当代资本主义社会是一个没有矛盾和危机的社会，一个意识形态终结的社会，它能够包容和克服自身的危机趋向；或宣称由于国家干预，当代资本主义已成为"有计划的资本主义"，资产阶级的民主制加上决策的科学方法及技术，使资本主义国家能做出合理决策，从而端正社会的发展方向。哈贝马斯的危机理论明显地否定了这些论点，更具批判性。

但是，哈贝马斯的危机理论是有严重缺陷的，这不仅是因为它的危机理论往往是违背马克思主义的，而且在于这个理论不成熟，有许多牵强附会、自相矛盾的东西。我们着重从下列三个方面来讨论他的危机理论的局限性：

第一，关于当代资本主义社会能否包容系统危机尤其是经济危机的问题。

哈贝马斯的危机理论的焦点是合法性危机和同一性危机。他的主要论点是：当代资本主义的危机类型已不再是系统危机（经济危机和合理性危机），而是合法性危机和同一性危机。尽管在该社会中，经济危机仍然不肯销声匿迹，但是它爆发的可能性不大，它日益转移，被其他危机形式所取代。在他看来，在当代资本主义社会中，系统危机尤其是经济危机已被潜在地包容了。当然，这种危机包容以国家日益面临越来越大的合法化压力作为代价。哈贝马斯的论证依赖于这样一个论断，当代资本主义社会能够控制它的潜在的系统危机（特别是经济危机），因而经济危机已不再是主要的危机形式了。然而，哈贝马斯的这一论断在理论和实践两个方面都是不能成立的。

从理论上说，哈贝马斯关于经济危机的论证是建立在对民族国家的考察，即建立在一个理想—典型的资本主义国家之中国家与经济日益变化着的关系的考察的基础之上的。他对过去、现在的经济趋势的讨论很少注意到国际资本主义的发展。他考虑到了一些与价值规律相联系的问题，但是，他的参照系和脉络背景是一个民族国家，而没有考虑国际资本主义的关系。资本主义世界的创立依赖于国际市场，而当代更依赖于国际贸易。在断言资本主义的经济危机可以被包容之前，必须对一国之内的经济危机与国际市场中的危机趋势加以更好的研究。哈贝马斯并没有做这方面的研究工作，因而他关于当代资本主义经济危机发展的逻辑便值得怀疑，因为对于资本主义发展的政治、经济的约束比哈贝马斯所设想的更难控制和处理。当代发达资本主义国家之间发展的不平衡、它们之间的利益冲突以及发达资本主义国家与不发达的发展中国家的不平等关系和矛盾，对各个资本主义国家的经济危机起着重要的影响。没有从这种关系的高度加以讨论，就不能够断言当代资本主义能够潜在地包容经济危机。在这方面，后起的"新马克思主义"的依赖发展理论包括华伦斯坦的世界体系论的分析比哈贝马斯的讨论要高明得多。

从实践上看，哈贝马斯的论点——当代资本主义能够包容经济危机——已被事实所驳倒。近几十年的资本主义的发展表明，当代资本主义并不能克服经济危机。战后的资本主义经济危机在不断深化，即经济危机向纵深的方向发展，危机的次数非但没有减少，反而更加频繁，再生产的周期呈现缩短的趋势。战后几十年，整个资本主义世界不但出现了几次重大的经济危机，而且以持续的通货膨胀、财政赤字和高失业率为主要内容的"滞胀"严重地威胁着发达资本主义的世界。

第二，关于合法化危机与动因危机的边界及它们的地位问题。

哈贝马斯对于合法化危机与动因危机的划分边界是模糊不清的。他在这两种立场——将它们视为两种有明确区别的危机形式和将它们设想为一个单独的事件序列——之间徘徊不定。后一种立场在于他无法对与这两种危机分别联系着的"普遍化的动因"（generalized motivation）"行为激发意义"（action - motivation meaning）做出明确的区分。依照哈贝马斯的观点，合法化危机和动因危机是完全交织在一起的：合法化危机是一种"普遍化动因"的危机，一种依赖于传统的"行为激发意义"损害的危机；而动因危机则是一种缺乏群众忠诚的危机。这种混乱部分地产生于哈贝马斯对社会凝聚方式的不充分的了解（即不恰当地强调分享范式和价值在社会一体化中的中心地位）和过分强调"内在化"在个人同一性和社会秩序的产生中的作用。

对于哈贝马斯来说，社会的一体化表示"那种言说和行动主体在其中是社会上相关的体制系统"；而社会系统则被设想为"那些被象征性地结构化了的""生活世界"。由这种观点出发，人们可以将"一个社会的规范结构（价值和体制）主题化"；各种事件或状态可以从它们对于社会同一性的依赖性的观点上来加以解释。在哈贝马斯看来，一个社会的再生产是直接地与成功的社会一体化相联系的，仅当社会的一体化受到威胁时，社会的动乱才能使该社会的生存陷入危险。尽管哈贝马斯认为占统治地位的文化价值系统与由个人在他们的日常生活中所产生的意义结构存在着差别，但他对当代资本主义危机的分析中没有充分应用这种差别，他更没有将统治阶级的规范、意义标准与人民群众的动机区别开来。这种超阶级的分析合法化和动因危机的观点是不可能成功的。哈贝马斯也过高地估计了自由资本主义的社会一体化，因为在该社会，工人阶级和人民群众是不可能被整合到资本主义制度中去的。

哈贝马斯过高地估计了合法化危机及动因在当代资本主义总危机趋势中的地位，将它们抬高到危机主导形式的地位，从而否认了经济危机的基础性地位。按照历史唯物主义的观点，经济基础决定上层建筑，上层建筑反作用于经济基础；经济基础是决定性的、第一位的东西，上层建筑则是被决定的、第二位的东西；有什么样的经济基础就有什么样的上层建筑，经济基础发生了变化，政治的或观念的上层建筑迟早会发生变化。因此，当代资本主义社会的上层建筑危机（包括政治危机和文化意识形态的危机）归根到底是由经济危机所决定的。哈贝马斯关于各种危机在当代资本主义社会中的地位的论述可以说是本末倒置的。这种片面夸大政治的和观念的上层建筑作用的观点反映了整个"西方马克思主义"特别是法兰克福学派的传统。的确，我们承认当代资本主义社会存在着严重的政治、文化意识形态方面的危机，但却不能因此而否认经济危机的存在，否认经济危机是主导性、基础性危机。哈贝马斯的错误在于他过高地估计了当代资本主义社会被合法化所威胁的程度，似乎合法化、思想文化成了社会生活的唯一支柱，忘记了一个社会存在以及维护统治还有更基本的东西——经济基础。

第三，关于如何看待马克思的经济危机理论问题。

哈贝马斯对马克思在《资本论》中阐述的资本主义经济危机理论基本上持否定的态度。他认为，马克思的危机理论主要是关于自由资本主义社会的危机理论，已不适应于当代或晚期的资本主义社会危机趋势的分析，也就是说，马克思的经济危机理论已经过时了。这是他在《合法化危机》和其他著作中反复强调的一点。他认为，在晚期资本主义社会中，危机已不主要在经济系统中出现，而是转移到政治和文化系统，主要的危机形式不是经济危机，而是合法化及动因危机，即使尚未转移的经济系统的危机，也不再是马克思所论述的那种危机形式，而是以新的形式出现。因此，哈贝马斯要用他自己的危机理论特别是合法化危机的理论来取代马克思的经济危机理论，实现危机理论的"现代化"。在这里，我们不必去全面论证马克思的经济危机理论在当代的适应性问题，只要指出这样一点，就足以说明马克思的经济危机理论的强大生命力，那就是哈贝马斯为了批判德国社会民主党的修正主义观点，论证在当代资本主义社会中经济危机仍未消失时，不时地偷运马克思的经济危机理论，用马克思关于资本主义社会的基本矛盾、价值规律及阶级关系等方面的观点来说明问题。

哈贝马斯的危机理论与马克思主义的理论是相距甚远或背道而驰的。这一理论的方法论及理论根据并不是马克思主义的政治经济学批判方法，而是马克斯·韦伯的社会政治理论。他明确承认他的危机理论以韦伯的观点作为主要依据，在《合法化危机》一书的第三章中还专门讨论了他的危机理论与韦伯的社会政治理论的关系。哈贝马斯的许多概念和观点直接取之于韦伯的著作，他关于"合法化""合理性"的概念，关于合法化问题在当代社会的中心地位，合法化的论证方式等观点都是从韦伯那里承袭下来的。日益离开马克思主义而借助于韦伯的理论乃是哈贝马斯以及法兰克福学派的其他代表人物的社会政治理论的一个特点。

哈贝马斯的危机理论的非马克思主义性质还表现在于：他主要是从改良主义的立场来看待当代资本主义社会的危机趋势的。尽管他对当代资本主义的危机趋势作了全面的揭露和分析，但是他的分析批判的目的并不是为了推翻或改变资本主义制度，而是从维护整个制度的目的出发，分析危机的病根，寻找解救良方，揭露矛盾和危机，是为了寻求摆脱这些矛盾和危机的对策，提出改良主义的建议。因此，正如有些苏联学者所指出的，哈贝马斯的批判理论把自由主义的人道主义的批判理论的主要成分与资产阶级社会的稳定以及充分发展"合法的"资本主义国家的总目标结合起来。显然，哈贝马斯的这种改良主义立场与早期法兰克福学派的代表人物特别是马尔库塞的激进批判立场相比，大大地后退了一步。

历史唯物主义还是资产阶级社会学

——评哈贝马斯的"批判社会学"*

哈贝马斯是当代西方著名的哲学家和社会学家,是"西方马克思主义"的代表人物。作为法兰克福学派第二代的主要代表,他致力于修正早期的批判理论,致力于"批判社会学"的建构,或所谓的"历史唯物主义的重建"。哈贝马斯的社会学有三个相互联系的核心问题,即理论与实践的关系,对当代资本主义的分析和历史唯物主义基本原理的重建。如果说理论与实践的关系和对当代资本主义的分析分别是批判社会学的理论出发点和现实基础的话,那么,历史唯物主义基本原理的重建则是这种社会学的归宿。哈贝马斯自我标榜说批判社会学是一种(新)历史唯物主义理论或历史唯物主义在当代的发展。本文将对哈贝马斯的批判社会学的这三个基本问题做出评述。本文力图指出这种批判社会学的实质,揭示它与马克思主义唯物史观的对立及与早期法兰克福学派的社会批判理论的差别。本文所要得出的基本结论是,"批判社会学"并不是历史唯物主义理论,而是资产阶级的一般社会学。

一、理论与实践

哈贝马斯首先要确立批判社会学或批判理论作为一种知识,作为一种最高理论类型的合法性。为此,他讨论了理论的实质尤其是理论与实践的关系问题。从逻辑上看,对这个问题的讨论构成他批判社会学的理论出发点或方

---

* 原载《学术论坛》1991年第5期。

法论基础，从历史上看，该问题则是他早期（20世纪50—60年代）理论研究的主题。

早期的法兰克福学派思想家尤其是霍克海默在创立社会批判理论时，尖锐地批判了所谓的"传统理论"（实证主义、实用主义、资产阶级经验社会学，等等），认为传统理论将理论与实践、主体与客体、价值与事实割裂开来，使理论研究变成一个脱离社会历史实践的独立王国。与传统理论相对立，社会批判理论要求将理论与实践、主体与客体、价值与事实统一起来，它将理论研究看作社会历史实践的组成部分，强调哲学的批判否定精神，它要使社会理论面向社会现实矛盾，批判社会，成为人们自由解放的工具。

哈贝马斯在很大程度上继承了早期法兰克福学派的这些思想传统，特别强调理论与实践、主体与客体、事实与价值的统一。但是他认为，早期的法兰克福学派思想家主要利用历史哲学的方法去批判传统理论，过分排斥实证科学，早期的批判理论是一种纯粹的形而上学或否定的哲学，它同经验领域或语言领域没有理性的"沟通"。在他看来，重要的是要使批判理论与对社会情况作经验分析结合起来，使批判理论奠定在可靠的基础上。因此，在20世纪50年代末60年代初，哈贝马斯的著做出现的主题是：批判理论必须以某种方式置身"哲学和科学之间"[①]。一方面，哈贝马斯否认实证主义方法，认为直接的经验分析科学不能洞察人类行为的本质；另一方面，他拒绝先验形而上学的空想，强调经验成分对社会哲学研究的重要性。在他的心目中，批判社会学或批判哲学应继承由康德到马克思的德国哲学思想传统，将经验的历史哲学与实践（政治）意图相结合。[②] 然而，在这一时期，他在论述理论与实践的关系，在为理性地指导实践而提出把社会作为一个历史发展中的整体来领会的思想时，并未为他的批判社会学提供方法论基础和理论结构。

这方面的努力是他20世纪60年代后期开始的。他60年代末的两本主要著作《论社会科学的逻辑》（1967年）和《认识与人的旨趣》（1968年），为他的批判社会学提供了方法论基础或理论前提。这两本书都力图通过对实证主义尤其是它的科学方法论统一性的观点的批判，来确立批判社

---

① ［德］哈贝马斯：《哲学与科学之间：作为批判的马克思主义》，《理论与实践》，波士顿1973年英文版，第196—252页。

② ［德］哈贝马斯：《与社会哲学相联系的古典政治学说》，《理论与实践》，波士顿1973年英文版，第41—81页。

学的基本方法。《论社会科学的逻辑》一书的主题是对社会研究中的"理解"或解释性理解的性质和角色的思考，他考察了各种不同的以社会为对象的理解方式（包括新康德主义、韦伯的社会理论、社会互动论、人种学方法论、语言学和释义学等），得出了如下的基本结论：深入用符号化建构起来的对象领域，要求一种逻辑上与自然科学中发展出来的程序根本不同的程序，这种程序设计要求把握对社会现实来说具有构成性特征的"意义"。《知识与人的旨趣》一书的主题是理论思想同人们的实际需要、旨趣、活动之间的联系。他指出，把社会哲学或社会理论降低到同具体科学相同的学术地位，结果就会使它的作用变成不能对活动的价值和目标进行独立选择的社会技术主义；社会实践范围包括作为自觉主体的人们的相互影响和相互交往，它与对被动客体进行技术操作完全不同。他区别了三种理论类型和三种认识旨趣，认为三种理论类型是分别在这三种旨趣的基础上形成的。他说："有三种研究过程的范畴可以用来证明是摆脱实证主义陷阱的批判科学哲学的任务。经验分析的科学结合了一种技术的认识旨趣，历史—解释科学的研究结合着一种实践的旨趣，以批判定向的科学结合着一种解放的认识旨趣，这种解放的旨趣植根于传统理论。"① 在他看来，技术旨趣、实践旨趣和解放旨趣分别通过工作、语言和权威这三种中介而形成经验分析科学、历史解释科学和批判理论。

哈贝马斯早期的著作力图在理论与实践关系的范围内去解决批判社会学的方法论基础问题，以便确定批判社会学作为一种知识特别是作为一种最高理论类型的合法性。哈贝马斯提出了三个具有重要意义的理论问题：一是各种知识类型有各自不同的方法论程序，以及如何去建立它们的可靠性标准，二是批判社会学或一般社会理论与具体科学及哲学的关系问题；三是理论与实践的关联，特别是人活动的目的（旨趣）在知识构成中的地位和作用问题。

哈贝马斯自己并未解决这些问题，他为批判社会学奠定方法论基础并确立其为最高类型知识的尝试是不成功的。首先，哈贝马斯批判社会学的方法论程序是不明确的。他除了说"反思"是批判社会学的基本方法外，并未给出批判理论作为一种合法知识的客观标准，他甚至将自然科学的客观真理性也排除了；其次，他并不理解实践在理论形成发展中的地位和作用，未能正确解决理论与实践的关系，他将学术研究与政治实践相脱离，最终导致了

---

① ［德］哈贝马斯：《知识与人的旨趣》，波士顿1971年英文版，第308页。

对实践的绝望和戒除;最后,哈贝马斯并不能处理好批判社会学与具体科学与哲学的关系问题,他徘徊于哲学的思辨性和具体科学的实证性之间,无可适从。

二、对当代资本主义的分析

对当代资本主义的分析是哈贝马斯的批判社会学的一个重要方面。在他看来,批判社会学(历史唯物主义的重建)的目标是完全以历史为指向的、同时又带有实践意图的对当代资本主义社会的分析(对资本主义社会批判的重建)。这主要集中在他的《合法性危机》及《作为意识形态的技术和科学》等著作中,而他的危机理论被人们视为他对当代资本主义分析的最重要的贡献。

早期的法兰克福学派理论家尤其是马尔库塞对当代资本主义进行了一定程度的分析批判。他们将当代资本主义社会看作在科技进步基础上形成的"发达工业社会",技术统治论和技术异化论成为他们分析当代资本主义社会的主线。用哈贝马斯的话说,在马尔库塞眼里,"当代技术和科学取得统治地位,成了理解一切问题的关键"[①]。马尔库塞将当代资本主义发达工业社会定义为"工艺装置",定义为在技术的概念和结构方面自身发挥作用的统治制度。

哈贝马斯在一定程度上继承了他的前辈特别是马尔库塞的有关论点,但他对当代资本主义的分析与他的前辈有较大的差异。首先在立场上就有较大的区别。他离开了早期批判理论家对当代资本主义的激进批判立场,采取了一种改良主义的立场或态度。他并不像他的前辈那样,将当代资本主义视为一种罪恶,而是视为历史演化的一个阶段。他对当代资本主义的社会政治、经济及文化的结构进行了较全面综合的研究,特别是对当代资本主义的各种危机进行了较深入的考察,形成了独特的理论。

在早期的著作尤其是《作为意识形态的技术和科学》(1968年)中,哈贝马斯指出,自从19世纪末期开始,在先进的资本主义国家中出现了两种发展趋势,即国家日益干预经济、科学技术日益取得统治地位而成为名列第一的生产力。这两种趋势把自由资本主义体制内的布局和目的合理的基本制度冲得土崩瓦解。哈贝马斯特别用韦伯的"合理化"观点和老一代批判

---

① [德]哈贝马斯:《作为意识形态的技术和科学》,《哲学译丛》1987年第6期。

理论家关于资本主义文明以人对自然和人对人的双重统治作为基础的论点来论证关于科学技术使资本主义统治合理化的观点。他的基本结论是,技术的合理性并不取消统治的合理性,而是保护了这种合理性。随着科技的不断进步,就出现了一个"合理的极权社会"。①

上述的这些观点在后来的《合法性危机》(1973年)中得到了全面的发挥。该书指出,后期资本主义由于不能辩护自己对传统文化思想资源同社会相互作用领域的破坏性侵蚀,只好从技术统治中寻找依据,用技术统治论的变种来取代社会存在的思想和目标的传统意识形态纲领。这种技术统治意识的核心是强调"工具理性",即人们的工作或劳动派生了一种技术旨趣:一种驾驭和控制自然、索取自然资源旨趣,它产生了经验分析科学,这种经验分析科学被哈贝马斯和他的前辈称为工具理性;或韦伯所称的"手段—目的的合理化",即在目标实现的过程中,效率标准成为评价社会行动和人们解决问题方法的指导。后期资本主义通过对工具理性的强调采取其他行动类型(如朝向相互理解的行动)。在这一时期,公众事务不再被认为是人们可以讨论与选择的领域,它们变成了专家使用工具理性来解决的技术性问题,这就是国家干预下的"要求民众的非政治化"。

在哈贝马斯看来,国家的干预及工具理性的成长,已经濒临一个危险关头,在这种关头上,就有可能形成他所谓的"否定的乌托邦"(negative utopia)。公共决策的日益合理化,已经达到了社会组织和决策都交付电脑处理,且完全排除于公众讨论范围外的地步,这就出现了各种新的冲突形式。因此,如果我们要避免丧失人控制社会生活的可能性,我们就必须对这些新的冲突形式加以了解,在这里,哈贝马斯提出了他著名的"危机理论"。他将当代资本主义社会划分为三个子系统:经济的,政治—行政的,文化的。在划出这些子系统之后,他列出了四种形式的危机,即:"经济危机""合理性危机""动因危机""合法性危机"。哈贝马斯认为,当代资本主义社会主要的危机形式不是经济危机,而是动机危机和合法性危机。因为随着工具理性和技术统治意识渗透到社会生活的各个方面而创造出一个极权国家,当代资本主义的危机趋向于从无力产生足够的商品或无法做出充分的政治决策,转变为无法产生对政治过程给予充分信任和行为者个体之间充分的意义水平。

---

① [德] 哈贝马斯:《作为意识形态的技术和科学》,《走向一个合理的社会》,波士顿1971年英文版,第84—85页。

1974 年 10 月在德国政治科学学会会议上，哈贝马斯提交了题为《现代国家的合法性问题》一文，对《合法性危机》一书的主要论点作了概括和进一步的阐发。该文的中心是发达资本主义社会中的合法化问题是植根于它们自身结构内部的基本冲突的产物，这一冲突存在于两极之间：与大众民主相应的社会福利和资本主义经济的功能。国家不得不在若干限制性情境中去处理经济过程中的功能失调的效果面，即在世界经济范围中寻求经济稳定政策与社会改革政策的平衡。所有这些都进一步限制了个体国家的行动范围，但又不能有效地控制社会的一体化，故产生了"计划意识形态"。就国家不能把这些效果面保持在可接受的范围内而言，合法化问题便出现了。如围绕分配经济动荡等问题日益尖锐化的斗争，改革政策的夭折，对资本主义社会具有本质意义的动力模式的分解和功能失调在结构中的日益扩散等。

总之，哈贝马斯在批判地继承早期法兰克福学派批判理论的基础上，对当代资本主义社会进行了颇为独到的分析，提出了一些新见解和某些发人深省的问题。他力图使批判的社会具有现实感，将经验的历史哲学与实践（政治）意图相结合。他的确注意到了科技进步对当代资本主义社会的巨大影响，揭示了当代资本主义的政治、经济和文化结构上的某些新变化和新特征。他对当代资本主义社会的各种危机特别是当代资本主义国家的合法性问题的分析是颇有启发性的，这不仅在于他对具体课题的透彻的分析，而且在于这种分析体现了理论的本质精神，即理论研究必须把握时代精神的脉搏，探讨并解决时代的迫切问题。不管哈贝马斯的具体观点正确性程度如何，他这种使理论面向社会现实，力求对变化了的社会现实加以理论上的把握的理论研究态度是有可取之处的。

但是，遗憾的是，哈贝马斯并未能正确看待当代资本主义出现的新变化和新特征，他因这种新变化和新特征而否定了资本主义所固有的内在矛盾和剥削实质，断言当代资本主义的主要问题已不是经济政治危机，而且合法性危机和文化危机。因此，在他看来，社会理论的主要任务已不再是对资本主义经济政治制度的批判，而应该是对这个社会的文化的批判。他彻底背叛了马克思主义的立场，也离开了早期法兰克福学派的激进批判主义立场，而倒退到为资本主义制度辩护的改良主义的立场中去。他主张在不改变资本主义制度的前提下，通过建立合理的政治机构，建立一个纯粹交流思想的舆论制度等措施来使资本主义往合理的方面发展。正如很多国外学者所指出的，这不过是一种无法实现的现代乌托邦幻想。

事实上，在当代西方社会，国家干预经济、垄断资本的力量与国家的权力结合在一起的国家垄断资本主义（现代资本主义）形式的出现，并没有改变资本主义政治经济制度的实质。与自由资本主义时期一样，在垄断资本主义时期中，资本主义私有制与生产社会化的基本矛盾仍然存在，甚至更加尖锐，它仍然是雇佣制度，工人依旧是被剥削的对象。垄断资本主义无法克服它所固有的基本矛盾，无法使无产阶级与资本主义制度一体化，它非但没有消灭经济危机和政治危机，而是陷入全面的危机，文化危机和意识形态危机也随之出现。因此，马克思主义的政治经济学批判并没有过时，对资本主义的政治经济制度的批判仍然是第一位的事情。

三、历史唯物主义的重建

哈贝马斯在《论社会科学的逻辑》和《认识与人的旨趣》等著作中对批判社会学的方法论基础进行了思考，在《合法性危机》等著作中对当代资本主义进行了批判分析，但这些著作都并未提供批判社会学理论的最终结果。这种结果主要体现在他20世纪70年代的《历史唯物主义的重建》（1973年）和《交往与社会进化》（1976年）二书中。历史唯物主义的重建是哈贝马斯的批判社会学的核心，或者说，批判社会学就是历史唯物主义的重建，因为哈贝马斯往往将这两者当作同义词使用。

早期的法兰克福学派在很大程度上将其社会批判理论视为对历史唯物主义的批判改造。对历史唯物主义的基本原理的分析批判以及对其某些理论成分的吸取是早期批判理论家们一个研究主题。他们主张将黑格尔主义、存在主义和弗洛伊德主义与马克思主义结合，主张用马克思早期著作尤其《1844年经济学—哲学手稿》中的人道主义观点来改造历史唯物主义。例如，马尔库塞宣称《手稿》是"历史唯物主义的新源泉"，"人的本质的确定才是马克思学说的基础"。哈贝马斯对历史唯物主义的看法在许多方面与他的前辈相似。例如，他同样认为历史唯物主义的基本原理已过时，马克思唯物史观中最有成就的或最有生命力的部分已被埋葬在一种工具性或实证主义混凝土之中。但是，哈贝马斯对历史唯物主义的重建走的是一条与他的前辈（特别是马尔库塞）十分不同的道路，他重建的规模、成就和影响等都远远超出他的前辈。

什么是"重建"呢？按照哈贝马斯的说法，"'重建'就是把一个理论分解，然后在某种新形式中，再将其整合在一起，以便充分地实现它为自己确立的目标"①。他认为历史唯物主义的重建就是要批判地考察历史唯物主义的若干基础概念和假设,指出应用这些假设将出现的困难,进而提出论证并解决这些困难而设想的建议。② 换言之,他要首先批判马克思的历史唯物主义理论,识别出其错位并加以排除,最后用他自己的理论取而代之。

因此,批判社会学建构的第一步工作是辩伪或剔错。在此他极力宣扬马克思主义"过时论"。他认为科技进步已极大地改变了当代资本主义政治、经济和文化结构,使马克思主义唯物史观创立之基础丧失了,历史唯物主义基本原理包括生产力和生产关系、上层建筑和经济基础的关系学说,以及阶级斗争和无产阶级革命学说等都过时了。例如关于生产力和生产关系学说,他认为,这对范畴是同自由资本主义联系在一起的,在后期资本主义社会,这对范畴及其相互作用的原理就不再适应了。因为在这一时期,人在生产过程中形成了人与人的关系即生产关系对生产力的作用也不大了。而由于科技进步使生产资料的所有者没有能力管理企业,他们的地位被掌握科技和管理经验的经理集团所取代,生产关系中的所有制关系也不起作用了,生产关系变成了生产过程以外的人与人之间的一般交往关系,科技发展排除了生产关系对生产力的制约,排除了所有制对生产的影响。他还认为,由于国家调节等因素的出现,生产关系原先所具有的职能变成了历史上过时的东西,而科学技术由解放的潜力变成了统治的手段和意识形态,马克思关于生产力是伟大解放力量的信条也被历史的发展所淘汰了。

批判社会学理论建构的第二步工作,是为批判社会学或历史唯物主义奠定一个新的普遍基础,并提出各种新的理论观点或假说以取代旧的。哈贝马斯早就认为,批判社会学的规范——理论性基础必须到人类水平上有特色的、到处渗透着的生活中介那里去寻找,这就是语言。因此,以语言为中介的一般交往理论和社会化理论便成为批判社会学的基础。他确立了一个宏大的由三个层次组成的批判社会学的研究方案,即:(1)基础的层次——关于交往的一般理论(普通语用学);(2)中间层次——关于一般社会化理论(交往资质发展理论);(3)最高层次——关于社会进化理论(历史唯物主义的重建)。哈贝马斯从奠定"普遍"行为的基础出发,将微观行为和宏观行为的发展全部纳入统一的批判社会学的框架,力图从整体上把握作为个体发生学与作为"种"的人类进化之间的联系以及这两种演变系列的依据。

---

① [德]哈贝马斯:《交往与社会进化》,重庆出版社1989年版,第98—99页。
② 同上书,第134页。

他将历史唯物主义理解为一种社会进化理论,社会进化被设想为两种侧度并列的学习过程——认识与技术的学习过程,道德与实践的学习过程,这个过程经历的诸阶段可以在一个发展逻辑中结构性地加以描述和排列。依他自己的说法,他要吸取与历史唯物主义竞争的学派特别是人类学中的新进化主义和结构主义的合理因素来充实历史唯物主义。

哈贝马斯用自己的各种理论或假说来取代唯物主义的基本原理。例如,他主张用"劳动"和"相互作用"或"交往"这对更抽象的范畴来取代马克思的"生产力"和"生产关系"范畴。他说,马克思曾通过对人类劳动的透彻分析,找到了基本的社会关系,可惜马克思把理论反思变成简单的政治策略,把理论降低到实践或使用工具的水平上。这个错误形成的原因在于马克思根据生产的模式来理解反思。相反,黑格尔就从来没有抹杀劳动与相互作用的区别。因此,必须回到劳动或相互作用的区别上。哈贝马斯把劳动理解为有界限的活动或工具行动,它可以分为使用工具的活动和策略两个部分,同反思基本上相符合的"相互作用"或交往活动是由符号促成的,并以至少两个人之间的对话为前提。他宣称,只有借助于他对"劳动"和"相互作用"这对范畴的分析,才能理解"技术理性"社会演变的内在规律,他证明生产力和生产关系没有联系,从而把历史过程归结为"劳动"和"相互作用"之间的冲突。

由此可见,哈贝马斯要在一般交往理论的基础上去实现历史唯物主义的重建,力图将批判理论与对社会的经验分析结合起来,克服早期法兰克福学派批判理论的思辨性缺陷。他将历史唯物主义看作一个开放体系,力图吸取当代社会科学的某些成就,以及各种与历史唯物主义竞争的学派的一些思想因素来充实历史唯物主义。应该说,他对历史唯物主义是有贡献的,他以历史唯物主义作为社会发展研究的基础理论,并且补充了新的理论要素并展开了新角度的研究。不管其理论的正确性如何,这毕竟是历史唯物主义重建的一次尝试。

然而,哈贝马斯重建唯物主义的尝试并没有取得成功,他提出的批判社会学的宏大理论框架是难以让人接受的。他的重建太"彻底"了,他几乎把历史唯物主义的基本原理全部否定了,他实际上是离开了马克思主义的立场、观点和方法而另起炉灶。他的批判社会学与历史唯物主义不是一回事。他在考察马克思的理论时走得如此之远,以至于他要求使这种理论完全脱离社会关系。事实上他放弃了马克思关于在社会关系中理解理论的要求,从而退回到马克思甚至黑格尔以前的理论观念上。哈贝马斯对社会理论本质的理解与马克思的理解有重大的差别，马克思的历史唯物主义是对旧的哲学传统的批判和克服，而哈贝马斯则想在旧传统的界限重建马克思的历史理论，他错误地将马克思的理论归入传统哲学之中。

总之，哈贝马斯的批判社会学是一个庞大而复杂的理论体系，它可以说是一种资产阶级社会学理论，而不是马克思主义的历史唯物主义理论，尽管它其中也包含某些合理的理论成分并提出了一些值得深思的问题。从马克思主义的立场、观点、方法对之加以分析批判，对于捍卫、坚持和发展历史唯物主义，具有重要的现实意义和理论意义。

2-14

科学技术进步与马克思主义"过时论"*
——评法兰克福学派的观点

在科学技术进步的幌子下宣扬马克思主义"过时论",这是当代西方反马克思主义思潮的一个主要特点。法兰克福学派的主要理论家尤其是马尔库塞和哈贝马斯在这方面尤为突出,他们认为,科学技术的进步尤其是科学技术革命使后期资本主义社会的政治、经济和文化的结构发生重大变化,使马克思主义创立时所依赖的基础丧失了,因而马克思主义的许多基本原理过时了。必须加以"更新"和"发展",本文以对此做出分析与批判。

首先,在政治经济学方面,马尔库塞和哈贝马斯宣称马克思的剩余价值学说已经"失效",马克思的政治经济学批判已经"不充分",认为科学技术是剩余价值的独立来源,主张用对科学技术本身的批判取代对资本主义的政治经济制度的批判。

法兰克福学派认为,在当代发达的工业社会中,由于科学技术的发展,机器(物化劳动)在生产过程中的作用越来越大,而劳动者(活劳动)的作用越来越小,所以,剩余价值不再主要来源于活劳动,而来源于科学技术。马尔库塞说,技术变化趋向于废除作为单独的生产工具、作为"独立单位"而出现的机器。这种变化似乎取消了马克思主义有关的"资本有机构成"的概念和剩余价值的创造的理论。因为自动化从根本上改变着物化劳动和活劳动的关系;它造成了生产率为'众多的机器而不是为个别产量'所决定的趋势,进而个别产量的计算便成为不可能的了①。简言之,剩余价

---

* 原载《岭南学刊》1990年第6期(中国人民大学复印报刊资料《社会主义研究》1991年第1期转载)。

① 参见[美]马尔库塞《单向度的人》,上海译文出版社1989年版,第28页。

值已不再是工人的活劳动创造的,而是机器创造的,剩余价值学说被取消了。哈贝马斯说得更明确。他认为,在晚期资本主义社会中,"科学技术进步业已成为一个独立的剩余价值来源,它同马克思原先只知道考察的那一种剩余价值的来源没有关系,直接从事生产的劳动力变得越来越不重要了;于是,技术和科学成了头等的生产力,马克思的劳动价值学说的应用前提就从此告吹了"[1]。

实际上,在科学技术高度发展的后期资本主义社会,马克思的劳动价值学说和剩余价值学说的应用前提并未消失,它们仍然有效。因为即使在科技发展所造成的自动化条件下,剩余价值的产生仍然是由超过必要劳动时间的剩余劳动所决定。自动化的机器是不变资本,它只能把价值转移到新产品,而不能发生价值增值。自动化的设备也离不开人的操作,雇佣者的无偿劳动才创造剩余价值;况且,科学技术本身也是活劳动的产物。假如科学技术成为独立的剩余价值来源,还需要大量的科技人员、白领和蓝领工人干什么呢?科学技术的应用的确缩短了必要的劳动时间,提高了劳动生产率和剩余价值率,减轻了工人的体力劳动强度,但这并没有消灭剥削,相反加重了剥削(工人创造的财富与他的劳动所得之间的差距拉得更大了),也使劳动者的神经紧张程度增加了。因此,不能说,科学技术的发展使剩余价值的前提消失了,剩余价值的性质改变了。

法兰克福学派还宣称,马克思的政治经济学批判"已经不充分",主张用对科学技术的批判去取代对资本主义的政治经济制度的批判。哈贝马斯认为,由于一种与国家干预经济相联系的技术统治的意识形态已取代等价交换的意识形态而充当资产阶级社会的合理性,所以政治经济学批判就不再是一种充分的社会意识形态的批判理论,科学技术的进步破坏了曾经是自由发展的资本主义特征的布局和状况,使马克思原来分析的经济危机赖以产生的基础消失了。现在,主要的问题不是经济危机,而是合法性危机和文化危机。因此,马克思关于资本主义基本矛盾尤其是资本主义经济危机的理论也就不再适用了。

然而,事实是,国家干预经济、垄断资本的力量与国家的力量结合在一起的国家垄断资本主义形式的出现,并没有改变资本主义经济的性质。与自由资本主义时期一样,在后期资本主义或国家垄断资本主义时期,资本主义

---

[1] [德]哈贝马斯:《作为意识形态的技术科学》,《走向一个合理的社会》(英文版),第104页。

私有制与生产社会化的基本矛盾仍然存在，甚至更加尖锐。它仍然是雇佣制度，工人依旧是被剥削的对象。后期资本主义无法克服它所固有的基本矛盾，无法使无产阶级与资本主义制度一体化。后期资本主义非但没有消灭经济危机和政治危机，而是陷入了全面的危机，文化危机和意识形态危机也随之出现。因此，马克思主义的政治经济学批判没有过时或失效，它具有强大的生命力。

其次，在哲学尤其是历史观方面，哈贝马斯等人宣称历史唯物主义的基本原理，尤其是生产力和生产关系、上层建筑和经济基础关系的理论已经过时，主张"重建"历史唯物主义，特别是要以"劳动"和"相互作用"的范畴来取代马克思的"生产力"和"生产关系"这对历史唯物主义最基本的范畴。

哈贝马斯认为，在后期的资本主义社会中，人在生产过程中的作用越来越不重要，生产过程中形成的人与人的关系（即生产关系）对生产力的作用也不大了。而由于科学技术的发展使生产资料的所有者没有能力管理企业，他们被掌握科学技术或管理经验的经理集团所取代，科学技术的发展排除了生产关系对生产力的制约，排除了所有制对生产的影响；更由于国家调节作用等因素的出现，生产关系原先所具有的职能变成了历史过时的东西，而科学技术由解放的潜力变成了统治的手段和意识形态，马克思关于生产力是伟大的解放力量的信条也被历史的发展所淘汰了。关于上层建筑和经济基础关系的原理，哈贝马斯认为，在后期资本主义社会，国家日益干预生产和交换领域，科学技术不再以经济基础为转移并对经济基础起决定作用。现在，调节社会生活的因素是上层建筑和政治，而不是经济基础，政治不再成为上层建筑的一部分，而在经济基础的功能中也包含着政府的活动和政治斗争了。因此，马克思所规定的经济基础和上层建筑的理论已失去了作用。因此，哈贝马斯主张"重建"历史唯物主义。例如，他特别指出用"劳动"和"相互作用"这对更抽象的范畴来取代马克思的"生产力"和"生产关系"范畴。哈贝马斯把"劳动"理解为"工具性行动或合理的选择或两者的结合"，它可以划分为使用工具的活动和策略两部分。可见，劳动实际上指人通过自己"有目的的行动"去实现自己"所规定的目标"。何谓"互相作用"？哈贝马斯说："我把相互作用理解为'互相交往的活动'、符号的交互作用。它是由具有约束力的、大家同意的规范所控制的，交往是相互间关于行为的预期,它必须至少为两个行动的主体所了解和承认。"① 他把相互作用或交往行为理解为实现社会文化生活的制度化范围,它包括人与人之间通过语言的联系、家庭亲属关系、社会经济关系、制度的维持等。哈贝马斯宣称,只有借助于他对"劳动"和"相互作用"这对范畴的分析,才能理解"技术理性"社会演变的内在规律。他证明生产关系和生产力没有联系,因为生产力似乎是人同自然界的相互作用的特殊领域。这一领域的特点是工具的、技术的关系,他要把历史过程归结为"劳动"和"相互作用"之间的冲突。因此,社会的发展就不再是由生产力和生产关系的矛盾运动所决定的,而是由劳动和相互作用的关系所决定的。

问题不在于能不能讨论劳动和相互作用,而在于这对范畴不能说明社会历史的发展。马克思坚决反对对社会关系所作的抽象的反历史主义的解释,他的确承认劳动是自我产生的人类的本质和决定性的职能。他对劳动作了出色的分析,认为它是人的生活的永恒的自然条件,是一切社会经济形态所固有的。但他强调的是一种特殊的、历史地产生的生产关系,这是人的本质的关系。在马克思主义看来,生产力和生产关系构成社会的生产方式,它们的矛盾运动是社会发展的动力,生产力和生产关系的辩证法使具体历史地评价社会中占统治地位和倾向成为可能。哈贝马斯的"劳动"和"相互作用"理论离开了具体的历史分析,他在"劳动中"中只看到了人的自然性行为和主观的方面,忽视了生产力着重证明的人与自然关系同它所标示的人控制自然的程度,忽视了劳动中劳动者与生产工具关系的这一客观的方面。而他的"相互作用"是一个十分笼统、广泛的概念。生产关系只是它的一个附属物。哈贝马斯把人与人之间的一般交往、主体间的相互理解与人在物质生产过程中的生产关系和经济关系放在同等的位置上,从而抽去了分析社会的科学基础。

马尔库塞同样反对历史唯物主义的基本原理,他把以承认生产力和生产关系、上层建筑和经济基础辩证法基本原理的历史唯物主义评定为"经济唯物主义",主张用马克思早期著作尤其是《1844年的经济学—哲学手稿》中的人道主义思想来改造历史唯物主义,宣称《手稿》是历史唯物主义的新源泉,"人的本质"的确定才是马克思学说的本来基础。但是,实际上,他和弗洛姆一样,不过是要用资产阶级人道主义的精神尤其是弗洛伊德的个人主义、存在主义的人学来"修改""补充"历史唯物主义。

---

① [德]哈贝马斯:《作为意识形态的技术科学》,《走向一个合理的社会》,第91—92页。

总之，尽管当代发达资本主义社会由于科学技术的进步而出现了某些新的特点，但是，资本主义制度的性质没有变，所有制关系没有变，马克思主义的唯物史观的基本原理并没有过时，它仍然是我们正确分析社会、掌握社会发展规律的理论武器。

再次，在科学社会主义方面，全面反对马克思主义的学说：说马克思主义的阶级斗争学说已不能"到处搬用"，鼓吹阶级调和论和阶级斗争缓和论；断言马克思主义的无产阶级革命学说已经过时，主张用文化或意识革命来取代暴力革命；攻击马克思主义的社会主义理论是"乌托邦"，鼓吹"新的社会主义"或"人道主义的社会主义"。

马尔库塞认为，在当代发达工业社会，尽管无产阶级和资产阶级仍然是基本阶级，但是，资本主义的发展已改变了这两大阶级的结构和作用，即它们不再以历史转变的动因出现，一种维护和改变现存制度的共同兴趣，把从前敌对的阶级联合起来，质变的概念让位给进化的概化。① 因此，马克思的无产阶级概念和阶级斗争学说也就不再适应，马克思的"无产阶级"一词成了"神话概念"。哈贝马斯则认为，随着剩余价值学说的破产，阶级斗争的学说也就失去了它的依据，因为在后期资本主义中，由于经济调节和政治操纵的技术统治制度已经取代了任何可以明确规定的阶级统治，并且在制度化的科学技术进步的基础上，创造了跨越阶级界限的忠诚，这使阶级矛盾隐而不见了，以至于最大可能的冲突是社会结构的部分冲突。在社会制度中，与维护生产方式相关的利益关系不能再明确地看成阶级利益关系了。因此，马克思的阶级斗争理论已不再能无条件地适应于后期的资本主义社会了。

诚然，随着科学技术的进步，当代发达工业社会中的阶级及关系出现了某些新的特点，如白领阶层迅速扩大，工人阶级生活水平相对提高，福利政策对工人阶级革命意志带来某些消极影响，等等，这是事实。同样成为事实的是，在当代发达工业社会，白领阶层（所谓的中间阶级）的变化还表现为，大部分技术人员和职员的社会出身、物质状况、生活方式和思想意识与工人阶级日益接近，他们中的绝大多数成为工人阶级反对资产阶级的同盟者。就是说，"事情并不像资产阶级理论家断言的那样，无产阶级逐渐消融于'新的中间阶级'，而是大量普通的职员降到了无产阶级的地位"②。法兰克福学派只注意到了前一方面的事实，而没有注意到后一方面的事实。他们

---

① 参见［美］马尔库塞《单向度的人》，上海译文出版社1989年版，第4页。
② 《〈资本论〉哲学与现时代》，第396页。

从前一方面的事实错误地得出马克思主义的阶级斗争学说过时的结论。法兰克福学派以白领工人增加、工人消费水平提高、工人与老板生活一体化来论证阶级调和论和阶级斗争过时论是不能成立的。划分阶级的根据主要看人们在生产过程中所处的地位及对生产资料所有权的差别,而消费方式则是从这二者中派生出的。单纯用消费方式的差别去判别阶级关系是错误的。在发达资本主义社会,科学技术革命并未根本触动生产资料私有制,没有消除劳资对立。尽管资产阶级采用改良主义和福利政策来瓦解无产阶级的革命斗志,平息对立情绪,但并不能使无产阶级与现存资本主义制度"一体化",阶级矛盾不可调和,无产阶级反对资产阶级的斗争决不会平息。

与阶级斗争过时论相应,法兰克福学派认为,随着科学技术进步对劳动条件的改善和生活水平的提高,无产阶级与资本主义制度日益同化,失去了它以往的革命性,它不再是革命的动因或主体,因而也就不可能指望他们去实现马克思所设想的社会主义革命。因此,马克思的无产阶级革命学说也就过时了。在马尔库塞看来,要摆脱当代工业社会的单面性,必须进行文化或意识的革命。革命从文化、思想、意识等入手,通过一系列改革,建立新社会。这场革命的主体不再是无产阶级,而是工业社会的知识精英、青年大学生,或是黑人、少数民族等下层阶级,只有他们才是革命的潜在催化剂;在革命策略或手段上,不再是暴力革命,而是所谓的"大拒绝",即拒绝一切苦斗和帮凶,拒绝对统治者的服从,直接参加抗议和拒绝运动;革命的目标不是确立社会主义的政治经济制度,而是确立人道主义的社会主义社会,形成新文化和新意识。

事实是,在当代资本主义社会,工人阶级不仅在数量方面,而且在社会的政治作用、觉悟和组织程度以及同其他劳动者的联系上都有所发展。无产阶级革命斗争从来没有停止,20世纪60年代末西欧的"五月风暴"特别证明了这一点。目前,无产阶级在发达资本主义国家内的比重占人口的半数或半数以上。更重要的是,大多数工人都处于有组织的状态:他们分属于各种工会组织,共产党在他们之中保持着强大的影响。1946—1966年,工业发达国家工人罢工在30万次以上,参加人数共达2.5亿人,与20—30年代相比,人数增加2.5倍,而罢工的性质已主要从经济性转向政治性,即主要针对统治当局的内外政策。因此,断言现代资本主义社会中工人阶级的革命作用已经消失是没有根据的,而设想进行文化或意识的革命来改良资本主义不过是一种乌托邦的幻想。

法兰克福学派还认为,马克思主义所说的社会主义不可能在发达的资本主义国家中实现，因为发达资本主义制度所面临的无法解决的问题已经不存在。资本主义可以通过改良而再生产自身，它自身能控制住资本主义所固有的矛盾。相反，马克思主义的社会主义理论与贫苦落后有本质的联系，倒可以在落后的国家中实现，因为今天在不发达的好战国家中有几个原因为社会主义的流行提供基础：第一，劳动者生活悲惨，受尽盘剥，要改变这种现状就必须推翻现存制度；第二，生产力难以在少数统治者的领导下进行，所以本地的剥削者必须依赖外国势力；第三，先进的领导者积极从事组织群众运动，并灌输革命意识。而根据马克思的理论，无产阶级正是在此基础成为革命动力的。法兰克福学派还指出，今天现存的社会主义国家正在改变成国家资本主义，变成极权国家。社会主义丧失了它早日所追求的伦理学前景，使一个旨在创造新社会和造就新人的运动变成了人人都能过上资产阶级生活为理想的运动。

法兰克福学派否认社会主义学说的实质在于，它否定从资本主义向社会主义过渡是生产力发展以及资本主义的基本矛盾运动的必然产物。反之，它将社会主义归结为落后的生产力的产物，将社会主义革命限于落后国家。它将世界纳入"新社会主义革命"的轨道，而这种"新社会主义"不过是一种新的乌托邦幻想。法兰克福学派否定社会主义必定战胜资本主义，实质上是为资本主义的永存辩护。

综上所述，法兰克福学派借口科学技术进步而认为马克思主义过时了的东西，正是马克思主义最本质和最基本的原理。剩余价值学说和唯物史观是科学社会主义的理论基础，而科学社会主义则是马克思主义的实质和核心。恩格斯在《社会主义从空想到科学的发展》中明确指出，唯物史观和剩余价值学说使社会主义从空想变为科学。列宁在《马克思学说的历史命运》中则认为，马克思学说中的主要一点，就是阐明无产阶级的世界性历史作用。法兰克福学派打着"新马克思主义"的旗帜，将马克思主义的这些最本质最基本的东西给抛弃了，因此，就其本质而言，法兰克福学派是反马克思主义的。在借口科学技术进步而宣扬马克思主义过时论这一点上，法兰克福学派与资产阶级官方辩护士是同流合污的。

毋庸讳言，由于科学技术进步，当代资本主义社会的政治、经济和文化的结构发生了重大的变化，出现了马克思和恩格斯所没有遇到或预见到的某些新特点，由此，有必要根据现实的情况灵活运用并修正发展马克思主义的某些理论。法兰克福学派毕竟提出了这一问题，这对于那些教条主义者使马克思主义僵化的做法无疑敲起了警钟。问题不在于马克思主义能否发展和修正，而在于如何客观地看待资本主义的重大变化以及它的新特点，如何看待或评估它们对马克思主义的影响。法兰克福学派的马克思主义过时论恰恰在这两个问题上犯了重大错误，一方面他们对当代资本主义的现实及其特点作了错误的估计或说明，他们所指出的"事实"与现实相差甚远；另一方面，他们用在有色眼镜下所看到的"事实"来反对马克思主义，即由此断言，马克思主义所由产生的基础已不在存了，所以马克思主义过时了。

恰恰与法兰克福学派所鼓吹的马克思主义过时论的论调相反，马克思主义的基本原理在当代科学技术进步、社会发展过程中，不断得到证实和完善，马克思主义具有强大的生命力。这一点就连许多西方资产阶级学者也不得不承认。就如存在主义哲学家萨特所言："我把马克思主义看作我们时代不可超越的哲学"，"马克思主义的生命力不是已经枯竭了，它还年轻，几乎还在童年；它好像刚刚在开始发展。所以，它仍然是我们时代的哲学，它是不可超越的，因为产生它的那些历史条件还没有被超越"[①]。由此可见，过时的将不是马克思主义，而是所谓的'马克思主义的过时论'。

[①] 转引自徐崇温《西方马克思主义》，第459—460页。

2-15

法兰克福学派的"新马克思主义"理论批判[*]

法兰克福学派是当代西方"新马克思主义"的主要流派,法兰克福学派的主要代表人物都自称"马克思主义者",并把他们的社会批判理论称为"批判的马克思主义"或"历史唯物主义"。他们批判地考察当代资本主义社会,批评苏联模式的社会主义及马克思主义,重新解释或"重建"马克思主义,形成了较为系统的"新马克思主义"理论。本文试图结合法兰克福学派的社会批判理论框架,对其"新马克思主义"的基本观点做出评述。

一、当代资本主义社会批判

法兰克福学派的"社会批判"主要是指对当代资本主义社会的批判。法兰克福学派认为,由于科学技术革命和国家日益干预经济的历史趋势的出现,当代资本主义产生了根本的变化,在政治、经济、文化结构上出现了许多新变化和特点,这造成了种种新的矛盾和异化现象。因此,对当代资本主义的分析批判构成了法兰克福学派社会批判理论的中心主题,这种批判也成为他们重建马克思主义的基础。

法兰克福学派将当代资本主义社会称为"后期资本主义社会"或"发达工业社会",将这一社会看作在科学技术进步基础上形成的"技术社会",甚至将它定义为"工艺的装置"[对当代资本主义社会的批判实际上也就是法兰克福学派的"(后)工业社会理论"]。法兰克福学派认为,当代科学技术进步的确创造了一个富裕的社会,然而,这个富裕的社会却是一个异化

---

[*] 原载《理论学习月刊》1991年第4期(中国人民大学复印报刊资料《马列主义研究》1991年第6期转载)。

的、单面的成畸形的社会。根据是：（1）在经济上，技术创造了一体化的生活方式，技术大大促进了生产力的提高，带来了丰硕的经济成果，改善了生产和生活条件，使人们满足了物质上的需要。但是，这种生活方式却潜移默化地将人们整合到现存的制度中，它通过满足人们在物质上的虚假需要来支配人们的生活和意识，窒息了人们对理性的追求和对自由解放向往的真正需要。（2）在政治上，技术进步带来了一个封闭的政治领域。它成功地实现了对立面的一体化，消除了各种对立的力量；它使无产阶级和资产阶级同化，使无产阶级逐步丧失斗志和反抗的动力；在这一社会中，野蛮的暴力统治已让位给技术统治，经济剥削和人身压迫让位给巧妙的心理操纵。（3）在思想文化或意识形态上，在发达工业社会中，思想文化中原有的想象和批判的向度已经丧失，变成了一种单面或肯定的文化。技术使高层文化与现实同一起来。使高层文化失效，因为与现实相脱离正是高层文化保持其批判性和否定性的根本原因；现在，艺术的理性让位给了技术的理性，技术给人们欣赏艺术带来了极大的方便，却使人变成文化机器上的零件；实证主义的流行，则标志着单面性或肯定性思维方式的胜利。于是，一切思想文化的成就，本应成为人们解放的前提，现在却变成了统治的工具。

法兰克福学派对当代资本主义社会批判的重点不放在这个社会的政治经济制度上，而是放在如下三个问题或方面上：一是对该社会中的科学技术的批判；二是对该社会的思想文化或意识形态的批判；三是对技术统治下的当代发达工业社会的社会心理的分析。从这三个角度来批判当代资本主义，既是法兰克福学派的社会批判理论的独特性和力量之所在，又是这一理论的失足和虚弱之处。

首先，法兰克福学派显然将科学技术进步看作当代发达工业社会的决定性因素，看作理解一切问题的关键。实际上，也就是将科学技术当作该社会的异化、苦难的罪恶根源来加以批判。在法兰克福学派看来，当代社会受到了科学技术发展的威胁，科技进步导致极权社会的出现，它已成为统治的工具和新的意识形态而日益成功地控制着人类，并使文化和人格毁灭；科技进步不仅不能增进人类的幸福，反而有害于人类的生存。因此，科技统治论和科技异化论构成法兰克福学派对当代资本主义社会批判的主线，由对当代科学技术消极社会功能的分析而形成的科技社会学，便成为法兰克福学派对当代资本主义社会批判的一个重要组成部分。

其次，法兰克福学派致力于对当代资本主义社会或发达工业社会的思想文化或意识形态的研究和批判。几乎所有法兰克福学派的著作都涉及这一主题或是围绕这一主题来展开的。马尔库塞的名著《单向度的人》就是以"发达工业社会意识形态研究"作为副标题的。法兰克福学派这方面研究的内容十分广泛，主要有对当代资本主义社会的思想文化危机的分析，在哲学意识形态上对各种资产阶级思想学说，特别是对工具理性和实证主义的批判，对文化工业及大众文化的分析批判，对资产阶级文学艺术或美学的批判等。在这些分析批判的基础上，法兰克福学派形成了危机理论、批判的科学哲学、批判理性观、文化工业理论和美学等一系列理论。法兰克福学派认为，在当代发达工业社会，一切思想文化的成就都被资产阶级变成了统治和奴役的工具，当务之急是要恢复它们批判否定的向度，让它们为人类的自由解放服务。

再次，法兰克福学派重视对发达工业社会中的社会心理和个人意识的研究。法兰克福学派一开始便继承卢卡奇等人强调阶级意识作用的新马克思主义传统，将社会心理和个人意识的研究放在突出的地位，并认为这正是马克思的历史唯物主义的最薄弱环节之一。这就促成他们走上将马克思主义与弗洛伊德精神学说"结合"的道路。法兰克福学派认为，在当代发达工业社会，统治的方式已发生变化，它不再主要表现为野蛮的人身压迫，而主要表现为对人的意识思想的操纵或控制，即统治者借助技术手段将自己的意志内化为被统治者的心理意识，使人丧失独立判断的能力，丧失批判否定能力而成为思想僵化、麻木不仁、缺乏革命意志的单面人。在法兰克福学派看来，德国工人阶级之所以未能成功地阻止希特勒上台，这与资产阶级的长期的思想控制、德国工人阶级失去革命斗志有关。因此，社会批判理论要通过对社会意识或心理的研究来帮助启发人们的革命意识，使人成为有批判否定精神的双面人。

总之，在对当代资本主义的研究中，作为直接生活在最发达的资本主义工业国家中的法兰克福学派思想家们的确看到了当代资本主义发展的新趋势和出现的某些新变化和新特点，看到了当代资本主义的弊病，揭露了它的种种矛盾、异化现象，也提出某些合理的理论见解。诚然，当代资本主义较之于马克思所处的自由资本主义时代有了很大的变化，特别是第二次世界大战后兴起的科技革命给资本主义社会的政治、经济和文化结构产生了很大的影响。对当代资本主义进行深入的分析，揭示其新情况和新特点，暴露其新矛盾，是坚持和发展马克思主义的一项重要任务。法兰克福学派面对新情况，进行新研究并形成自己的观点。先不论这些观点的正确性程度，起码在研究态度上是无可厚非的。

但是，法兰克福学派并未从本质上正确而深入地理解当代资本主义社会，他们因当代资本主义社会出现的某些新情况和新特点而错误地断言当代资本主义社会的性质改变了，资本主义社会的基本矛盾不存在了，阶级斗争缓和了；他们不把对当代资本主义的政治经济制度的批判放在首位，反而用对该社会的科学技术和思想文化的批判来取代政治经济批判。同时，对于时代发展所提出的某些重大的且往往对马克思主义发展带有挑战性的经济学和政治学问题，法兰克福学派并未加以认真研究，有时甚至与资产阶级学者同流合污而宣称马克思主义理论已"过时"。

二、苏联模式批判与"第三条道路"理论

西方"新马克思主义"是作为共产国际内部的一股左倾思潮出现的，它否认世界资本主义已处于相对稳定阶段，并从理论和实践两个方面批评共产国际和苏联的内外政策，批评苏联模式。法兰克福学派基本遵循了"新马克思主义"的这一思想路线，致力于对苏联模式的批评及"第三条道路"的探索，这构成其社会批判理论的一个重要方面。

法兰克福学派对苏联模式的批评是多方面的，这里仅择要述之。其一，法兰克福学派将苏联的现实与马克思"原来的理论"加以比较，断言：苏联的现实与马克思所设想的社会主义模式不相符合，苏联社会并不是解放的社会主义的实现。马尔库塞认为，马克思主义作为一种纯洁的、以马克思为正统的理论可以充当判断现实的标准；而"苏联的马克思主义"则是一种意识形态，它只有两个目的，即实用和宣传，马克思主义被当成橡皮泥，在苏联社会的模子中被随意塑成当权者所要的样子。马尔库塞认为，苏联的现实并不是马克思主义理论的后果，更不用说是这一理论的实现了；在30多年的实践中，苏联社会现实愈来愈背离了马克思主义的要求。可见，马尔库塞并不将苏联的一切弊端都归咎于马克思主义，但也不承认苏联是社会主义，不承认列宁主义是马克思主义的必然发展。

其二，法兰克福学派批评苏联模式太狭隘。法兰克福学派声称，在苏联的模式中，只要在政治上夺取政权，经济上改变所有制，社会主义革命就算完成了。这种将社会主义革命局限于无产阶级政权和实行生产手段社会化是远远不够的，革命必须深入到社会生活的各方面，深入到人的心理和思想的领域。在他们看来，社会主义革命的根本目的是使人摆脱奴役和异化状态，使人获得自由解放，使人的本质得以充分体现和人的潜能的完全实现，苏联

模式则片面强调经济方面，强调人消极服从纪律，而忽视调动人的积极性和发挥创造力。

其三，法兰克福学派着力抨击苏联的无产阶级专政政权，认为这是一种官僚制度，是"权威国家"或"总体国家"可以将它与法西斯的国家社会主义并列而视为极权主义或独裁专制的两种形式。霍克海默在《权威国家》一文中明确地将苏维埃政权称为"权威国家"或"总体国家主义"，说它与国家社会主义一样，是"摆脱了对私人资本的任何依赖的权威国家的最彻底的形式"①。它又如一个独立的大企业，同样受官僚制度的制约，警察渗透到生活的各个角落，工农大众仍然只是名义上的生产资料所有者，实际上是工资劳动者、生产者，仍然处于贫困、统治和战争的灾难中，因为"权威国家的一切形式都是压制的"②。马尔库塞将苏联和垄断资本主义同样视为极权国家。他认为，在苏联，国家成为绝对权力，控制着社会的经济生活和精神生活的各个领域，管理国家、享有权力的大大小小的官员则形成官僚阶层，他们能获得特殊利益，他们通过对国有经济的控制来巩固自己的权力基础。

其四，法兰克福学派将苏联和西方社会看作当代发达工业社会的两个样本，加以同等的对待和批判。法兰克福学派认为，判断苏联社会的倾向不能仅从这个社会自身的结构出发，而必须注意它与西方社会的相互作用。他们认为，苏联政策的每一转折都可以在西方找到相应的变化，反之亦然。因为苏联社会和西方社会的共同基础都是工业——技术结构，都是在技术进步基础上形成的，并以技术来组织社会生活的，因此，这种基础相同的社会，其性质不会有本质的不同，人的遭遇或境况也不可能有根本的差别。

法兰克福学派特别是马尔库塞在对苏联社会主义模式批评及对当代资本主义社会批判的基础上，提出了所谓的"第三条道路"理论。马尔库塞认为，马列主义的缺陷恰恰在于只看到资本主义的罪恶与弊病，只想站到资本主义的对立面进行斗争，而从来不承认在社会主义和资本主义两者之外还有真正的"第三选择"。在他看来，走第三条道路既要批判资本主义，也要批判苏联模式。一方面他认为，在当代社会主义和资本主义两种制度正在逐步趋同或融合，苏联由于其生产力水平不够高和所谓政治上的"极权"及官

---

① ［德］霍克海默：《权威国家》，见《法兰克福学派基础读本》纽约1978年英文版，第101—102页。

② 同上。

僚主义使它自身具有非社会主义的性质,并逐步向现代社会另一端即资本主义靠拢;在苏联,社会主义丧失了它早日所追求的伦理学前景,使一个旨在创造新社会和造就新人的运动变成了以人人能过上资产阶级生活为理想,使在苏联的社会主义内部进行革命成为必要。另一方面,他认为走第三条道路的必要性和可能性还在于当代西方资本主义社会的政治、经济和文化结构的重大变化,特别是无产阶级和资产阶级这两大敌对阶级的关系发生了根本的改变,无产阶级已日益与资本主义制度同化而失去了以往的革命性,它不再是革命的动因或主体,不可能指望它去实现马克思所设的社会主义革命了。因此,马尔库塞提出了西方革命的途径、策略以及新社会主义的理论问题(也即"第三条道路"问题)。在他看来,现在西方革命的主要途径应是文化革命或意识革命,革命从文化、思想、意识等入手,通过一系列改革建立新社会;这场革命的主体不再是无产阶级,而是工业社会的知识精英、青年大学生,或是黑人、少数民族等下层阶级;在革命策略或手段上,不再是暴力革命,而是所谓的"大拒绝",即拒绝一切苦斗和帮凶,拒绝对统治者的服从,直接参加抗议和拒绝运动;革命的目标不是确立社会主义的政治经济制度,而是确立人道主义的社会主义,并形成新文化和新意识。这种社会主义是一个非压抑的、合乎人性的理想社会模式,它的本质特征是排除"快乐原则"和"现实原则"冲突所产生的人的本能的多余的压抑,达到人类快乐原则的复归。这种"新社会主义"具有其必要性和可能性:当代资本主义的发展水平,需要一种不同的社会主义理论和现实,资本主义的技术成就则产生了这种新的社会主义发展的可能性。

显然,法兰克福学派对苏联模式的批评及其"第三条道路"理论是有重大错误的。最突出的表现是:在对苏联模式的批评中,法兰克福学派抹杀了社会主义和资本主义这两种制度的根本区别,否定了列宁和斯大林等人建立和领导的苏联是真正社会主义国家,将苏联无产阶级专政政权视为极权国家,将它与法西斯的国家社会主义相提并论来加以批判,他们把列宁关于政党、国家和革命的理论歪曲为马克思主义的苏联模式。法兰克福学派也没有正确地评估苏联几十年的社会主义革命和建设的成就,没有正确看待它所取得的成功经验。在"第三条道路"的理论方面,法兰克福学派在错误地估计当代资本主义社会特别是该社会中阶级关系的变化的基础上,提出了一系列的不切实际的乌托邦理论,从根本上否认了马克思主义的无产阶级革命和科学社会主义学说。

当然,法兰克福学派对斯大林时期的苏联模式的批判并不是毫无根据的；相反他们对这个模式的批评有一些是切中要害的，如提出苏联正在形成一个官僚主义者阶层；苏联体制过分强调权力集中，过分强调纪律，而忽视分散和自由；批评苏联只注意政治夺权和经济所有制的性质的改变，而不注意人的主动性和创造性的发挥，等等。尽管法兰克福学派的"第三条道路"理论基本上是错误的，但也包含着某些可以借鉴或值得认真讨论的问题。例如，如何根据当代资本主义的观点而制定新的革命策略问题，关于意识革命或思想文化革命的重要性问题，社会主义是人的全面解放和全面发展问题等。

三、马克思主义的解释和重建

既然法兰克福学派是以西方"新马克思主义"的传统定向，成为"新马克思主义"的主要流派，那么，对马克思主义的解释和重建就必定是其社会批判理论的最基本的层面或核心的理论主题。从某种角度上说，法兰克福学派对当代资本主义的批判及对苏联模式的批判可以视为他们解释和重建马克思主义的一个组成部分。在法兰克福学派看来，马克思主义之所以需要重新解释和重新建构，主要是由如下两个原因所决定的：一是由于当代资本主义社会结构已经发生了根本变化，出现了许多新趋势和新特点，马克思主义的许多基本原理所赖以创立的现实基础消失了，因而这些理论也就过时或失效了，需要加以修正、补充或发展；二是由于马克思的理论被恩格斯及其后的"正统马克思主义者"所歪曲，而弄得面目全非，所以需要正本清源，恢复马克思理论的本来面目。

法兰克福学派解释或重建马克思主义的一个基本前提是断言马克思的理论与恩格斯及其后的"正统马克思主义者"的理论是根本对立的。他们认为，马克思的理论主要是一种社会历史唯物主义，其基调则是人本主义的，或者说马克思全部著作的主题是人道主义和异化理论；马克思理论的本质正在于它的革命批判精神。而恩格斯、列宁及其他"正统的马克思主义者"则将马克思主义机械地分成哲学、政治经济学和科学社会主义三个组成部分，他们打着辩证唯物主义的旗号将马克思主义变成一种形而上学本体论，将马克思主义庸俗化为"经济决定论"或"经济主义"，片面强调马克思主义的"科学性"和"实证性"，掩盖了马克思主义的革命批判性，而使之成为"实证哲学"，在苏联及东欧，这种哲学则成为一种为统治辩护的官方意识形态。在法兰克福学派看来，为了恢复马克思理论的本来面目和纯洁性，首先必须批判恩格斯等人对马克思主义的修正和背离，以清除马克思主义在20世纪20年代以后所具有的"官方科学性"和"正统性"，恢复马克思主义的批判性和否定性。

法兰克福学派解释和重建马克思主义的一项基本内容是将马克思主义理论仅仅归结为历史唯物主义，进而将唯物史观的基础归结为人道主义，并在此基础上展开对正统马克思主义的辩证唯物主义特别是恩格斯的自然辩证法的批判。法兰克福学派继承和发挥了卢卡奇的"辩证法是一种社会历史方法""自然是一个社会范畴"等有关的论点，将辩证法局限于主体客体的相互作用，将马克思的学说仅仅归结为一种历史观。他们认为，在马克思那里，人是劳动或实践的主体，而人的客体即是自己实践对象，人类活动的主体和客体是同一的、不可分的；马克思强调人化的自然，认为人是自然的产物，但自然也是人的产物，两者互相制约，马克思并没有将历史规律看作自然规律在社会历史领域的推广和运用，马克思主要是揭示历史发展的辩证法，发现历史规律，创立历史唯物主义。法兰克福学派还进而断言，马克思唯物史观的基础是人道主义，即把唯物史观的基础归结为马克思早期著作尤其是《1844年经济学—哲学手稿》中的人道主义及异化思想。马尔库塞宣称："人的本质的确定是马克思理论的本来基础"，弗洛姆也说，将人的本质作为唯物史观的基础是马克思本人一向的思想。在这些观点的基础上，法兰克福学派展开了对恩格斯自然辩证法的批判。他们说恩格斯晚年背离了马克思的理论立场，机械地看待人与自然或历史与自然的关系，将自然解释为人的根基，把辩证法错误地推广到自然领域，把马克思的历史观变成一种形而上学的本体论。因此，法兰克福学派断言，马克思是一位历史主义者和人道主义者，恩格斯则是一位自然主义者或形而上学家。

法兰克福学派解释或重建马克思主义的基本手段或做法是，一方面到马克思主义以前的哲学中寻根探源，续马克思主义的"家谱"；另一方面则日益将马克思主义与当代资产阶级思想文化融合，用后者来修正或补充前者。英国著名的"新马克思主义"批评家P.安德森在《"西方马克思主义"探讨》中曾指出，包括法兰克福学派在内的西方马克思主义的两大基本特征是它的学术结构与政治实践相脱离，并且它的指针不断地摆向资产阶级文化。他指出，在西方马克思主义者那里，马克思理论同群众实践之间政治统一的破裂，造成了两者之间应有的联系纽带不可抗拒地转向另一轴心，由于缺乏一个革命的阶级运动的磁极，整个西方马克思主义传统的指针不断摆向当代的资产阶级文化。马克思主义理论同无产阶级实践原有的关系，却微妙地被马克思主义同资产阶级理论之间的一种新的关系所取代。这一点在法兰克福学派那里表现得特别明显。从纵向的角度看，法兰克福学派力图到德国古典哲学尤其是黑格尔哲学中为马克思主义理论寻根探源，依赖于黑格尔哲学，以所阐明马克思本人的哲学，使之合法化或加以补充，这构成早期批判理论家的许多主要著作的主题；从横向的角度看，法兰克福学派力图吸取同时代的资产阶级思想文化，特别是哲学社会学说来修正或补充马克思主义。例如，马尔库塞和弗洛姆等人要将马克思主义与弗洛伊德的精神分析学说、存在主义的人学相结合；哈贝马斯要用结构主义的历史理论和人类学的新进化主义的观点来修正或补充马克思的历史唯物主义。

自然辩证法不容否定*
——评施密特的《马克思的自然概念》

在"新马克思主义"的旗帜下反对马克思主义,这是当代西方的一股社会思潮。作为"新马克思主义"的一个主要流派,法兰克福学派在哲学、政治经济学和科学社会主义三个领域全面地反对马克思主义,宣扬马克思主义"过时论"。在哲学自然观上,法兰克福学派继承了卢卡奇等人开创的"新马克思主义"传统,歪曲马克思的自然观,捏造马克思和恩格斯在自然观问题上根本对立的事实,攻击恩格斯的自然辩证法。本文试图通过评析法兰克福学派特别是施密特的《马克思的自然概念》一书对自然辩证法批判的主要论点,揭露"新马克思主义"的自然观的反马克思主义实质,捍卫马克思主义自然观。

一、关于马克思和恩格斯的自然观是否对立的问题

西方马克思主义攻击恩格斯自然辩证法的最主要手法,就是制造所谓的马克思和恩格斯在自然观问题上根本对立的神话。施密特承认,直到《关于费尔巴哈的提纲》为止,要讲清楚马克思和恩格斯的理论观点的不同之处,几乎是不可能的。但是到了19世纪50年代末,两人在著述的思路上部分地发生了分歧。① 施密特认为,从那时开始,尽管马克思和恩格斯再次致力于黑格尔哲学的研究,但他们接受黑格尔观点的方式是根本不同的。马克思使他们共同制定的研究费尔巴哈的纲领具体化,也使《德意志意识形态》

---

* 原载《教学与研究》1990年第6期(收入本书时副标题有所改动,各节也加了标题)。

① [德] A. 施密特:《马克思的自然概念》,欧力同、吴仲昉译,商务印书馆1988年版,第46页。

中关于自然和社会实践的关系问题具体化,他试图"通过批判地使一门科学"(即经济学)"第一次达到能把它辩证地叙述出来的那种水平"。与此相反,恩格斯则借助辩证法的范畴去解释既成形态的现代自然科学的各种成果,而并不涉及自然科学本身的问题,他满足于使自然科学所提供的材料系统化。马克思认为只有对自然科学的历史状态进行批判,才使辩证地叙述科学开始建立起来,从而使唯物辩证法在任何地方都没有脱离经济的内容。与马克思相反,恩格斯的自然辩证法只是一种必然的外在于事实的考察方法。① 恩格斯试图把自然科学从机械论(实证主义和庸俗唯物论)中解放出来,他所关心的是如何批判地使自己与庸俗唯物主义者区别开来,而且他通过把辩证法引入唯物主义自然观而做到这一点。②

我们认为,马克思的自然观和恩格斯的自然观本质上是一致的。马克思主义自然观是马克思和恩格斯长期合作的结果,这不仅表现在他们早期合写的著作,如《神圣家族》《德意志意识形态》中自然理论的一致上,而且表现在恩格斯晚年的著作,如《反杜林论》《费尔巴哈论》《自然辩证法》上,在这些著作中,恩格斯坚持了马克思及他自己早年的自然观的基本理论立场。恩格斯反复强调说,他的世界观大部分是马克思所论证和发展的,只有少数是他本人的。对于恩格斯自然辩证法的基本思想,马克思是了解的,并且马克思是赞成恩格斯的观点的。恩格斯对马克思不断谈到当时的自然科学的辩证法,以三大发现为例揭示自然界发展的辩证法。马克思完全赞成恩格斯对当时自然科学成果的评价。例如,对于进化论,马克思认为它为"我们的观点提供了自然史的基础"。③ 对于马克思恩格斯世界观(包括自然观)的一致性,列宁有明确的论述。他说:"马克思一再把自己的世界观叫作辩证唯物主义。恩格斯的《反杜林论》(马克思读过全部手稿)阐述的正是这个世界观。"④ 列宁肯定《反杜林论》中关于自然观和宇宙论的论述是"完全以马克思的唯物主义哲学为依据的"。⑤ 列宁还认为,从全部的马克思和恩格斯的通信上看,他们两人在唯物辩证法的观点上是一致的。⑥

---

① [德] A. 施密特:《马克思的自然概念》,第46页。

② 同上书,第198页。

③ 参见《马克思恩格斯全集》第30卷,第131页。

④ 《列宁选集》第2卷,第252页。

⑤ 同上书,第281页。

⑥ 《列宁选集》第19卷,第558页。

马克思的自然观和恩格斯的自然观的本质一致主要表现在：马克思和恩格斯都以承认自然界的客观实在性作为自然观的基本前提或出发点；他们都反对机械唯物论自然观和唯心主义自然观；强调自然与历史、自然史与人类史、自然观与历史观的辩证统一；并认为人类实践活动是这种自然与历史统一的中介或桥梁；他们都提出了在社会主义条件下人与自然关系的协调问题，主张自由是对必然的认识和改造等。

在肯定马克思的自然观和恩格斯的自然观本质上一致的前提下，我们也承认晚年的恩格斯的自然观与马克思的自然观存在某些差别。或者更恰切地说，晚年恩格斯的自然观有某一些不同于马克思自然观的特点。但是，我们认为，这种差别主要是由于他们两人的分工不同、理论着眼点的不同所造成的，而不是恩格斯背离马克思的立场所造成的。从19世纪50年代开始，马克思和恩格斯在理论上有明确的分工，马克思致力于旧的或资产阶级的政治经济学的批判改造工作（特别是《资本论》的写作）；恩格斯则把主要精力放在哲学世界观的论述及与论敌的论战上，致力于以自然科学的新成果为基础来建立辩证唯物主义的理论体系。分工的不同，使他们的自然观的侧重点也有所不同。马克思的自然观主要通过他的经济学和历史理论体现出来，他的自然观与他的历史观及政治经济学批判交织在一起，因此马克思的自然观的社会历史性特征特别显著。恩格斯则主要从纯哲学和总结自然科学的最新成果的角度去阐述自然观，因此，恩格斯的自然观更多地带有实证科学和哲学世界观的色彩。

施密特片面地夸大马克思的自然观与恩格斯的自然观的差别，攻击恩格斯，说恩格斯晚年背叛了马克思自然观的立场，将恩格斯的辩证唯物主义自然观说成是爱尔维修等人的"相互作用"的自然体系，诬蔑恩格斯把辩证法变成一种外在的考察事物的方法。施密特的这些观点是十分错误的。

二、关于恩格斯是否主张脱离实践活动的自然概念问题

西方马克思主义攻击恩格斯的自然辩证法的另一个根据，是说恩格斯将自然与社会割裂、主张脱离实践活动的自然概念。施密特断言，恩格斯的自然观脱离了人的生动实践，在他那里，自然和人不是被首要意义的历史的实践结合起来，人作为自然界进化的产物，不过是自然过程的被动反射镜，而

不是作为生产力出现。这种脱离人的实践对自然的解释，只能是对自然的漠视。①

施密特认为，恩格斯甚至把外部现实僵化为只是事物的总和，他把自然界和人类历史的世界看作两个割裂的领域，一开始就妨碍他达到"事物的辩证法"。② 在马克思那里，自然和历史难分难解地相互交织着；相反，恩格斯则把二者看成唯物辩证法的方法的两个不同的"运用领域"，把辩证法的各个要素从具体的历史内容中分离出来，紧缩成实体化的规律。③ 恩格斯在纯客观的辩证法的意义上解释人类史前和外在的自然领域，这反而使辩证法和唯物主义互不相容。④

施密特还说，恩格斯有意识地把人对自然界的反作用置于不顾，而从历史地变化着的劳动需要出发去阐明自然现象的相互联系；⑤ 恩格斯不是从实践上，而是从形而上学上去把握世界的物质统一，他晚年的理论变成了"自然哲学形式主义"的类似物。⑥ 据此他开拓了把辩证唯物主义和历史唯物主义理论加以肢解的道路。⑦

从晚年恩格斯的成熟哲学著作上看，我们认为，晚年恩格斯在创立自然辩证法时，并没有在自然与社会（历史）及实践关系问题上背离马克思的理论立场以及他自己早年的立场。

显然，早期的恩格斯同马克思一样，坚决抛弃了法国唯物主义者们的形而上学的直观传统，他和马克思一道指出，人周围的感性世界并不是某种"开天辟地以来"就已经存在的东西，而是工业和社会关系发展的产物，自然现象是人的生活和活动的一个组成部分；他认为那种"不以实践和工业为基础"的"纯粹自然科学"是站不住脚的，没有工商业，就没有科学。⑧ 同马克思一样，恩格斯十分明确地强调历史的自然和自然的历史之间的联系。在同鲍威尔进行论战时，马克思和恩格斯指出，人所面对的"历史的自然和自然的历史"这两个方面是密切联系在一起的、相互制约的；人的

---

① ［德］A. 施密特：《马克思的自然概念》，第 50 页。
② 同上书，第 51 页。
③ 同上书，第 52 页。
④ 同上书，第 55 页。
⑤ 同上书，第 202 页。
⑥ 同上书，第 205 页。
⑦ 同上书，第 206 页。
⑧ 参见《马克思恩格斯全集》第 30 卷，第 48—50 页。

实践无疑是整个现存感性世界非常深刻的基础，但不能因此忘记自然界的客观存在，忘记人出现以前的自然的历史。

在晚年创立自然辩证法时，恩格斯并没有忘记早年与马克思共同奠定的自然观的理论原则，没有切断自然和社会历史实践的密切联系。在《自然辩证法》中，他强调人类实践作为人与自然客体的具体历史的相互作用的意义，认为"人的思维的最本质和最切近的基础，正是人所引起的自然界的变化，而不单独是自然界本身"。① 他将实践或劳动、人对自然的反作用当作人和动物的根本区别，说："动物仅仅利用外部自然界，单纯地以自己的存在来使自然界改变，而人则通过他所做出的改变来使自然界为自己的目的服务，来支配自然界，这便是人同其他动物最后的本质的区别，而造成这一区别的还是劳动。"② 他将劳动和自然界一起看作一切财富的源泉，"自然界为劳动提供材料，而劳动把材料变成财富"。③ 恩格斯明确地反对自然主义的历史观，认为这种历史观的错误在于认为只是自然作用于人，只是自然界到处决定着人的历史发展，而忘记了人也作用于自然界，改变自然界，为自己创造新的生存条件。在自然界中，没有人干预而发生的变化是微乎其微的。④

诚然，恩格斯在从事辩证法研究时，强调的是辩证法的客观性和自然界的辩证发展，而不是像马克思那样，强调人化的自然或人与自然关系的辩证法；恩格斯的确将自然和社会看作辩证法的两个应用领域，而对这两个领域的关系似乎没有充分的展开。施密特则借此大做文章，他不是客观地、公正地评价恩格斯在自然观问题上的理论成就，而是无中生有地说恩格斯将自然和社会割裂，置人对自然界的反作用于不顾，主张离开实践的自然概念，这是不符合事实的。

三、关于恩格斯是否将辩证法变成一种独断的形而上学问题

法兰克福学派反对恩格斯的自然辩证法的最主要理由是恩格斯错误地将

---

① ［德］恩格斯：《自然辩证法》，中共中央马克思恩格斯列宁斯大林著作编译局译，人民出版社1971年版，第209页。
② 同上书，第158页。
③ 同上书，第149页。
④ 同上书，第209页。

辩证法运用于自然界，使辩证法变成了一种独断的形而上学本体论。他们认为，马克思的自然观是一种历史理论，而不是哲学世界观。辩证法主要是历史方法，它只限于主客体关系或社会历史领域。霍克海默、阿多尔诺和马尔库塞等都反对物质本体上的优先性，只承认主客体相互作用的"实践辩证法"，他们把自然排斥在历史之外，把马克思主义仅看成一种历史理论，认为自然辩证法是恩格斯错误地跟随黑格尔而杜撰出来的。

施密特认为，恩格斯的自然概念归根到底是本体论的，恩格斯把辩证法解释成世界观，把辩证法实体化。① 恩格斯把辩证法定义为关于自然、人类社会和思维运动的发展规律的学说，他的"自然的形而上学"由《反杜林论》中的几条原理（即世界的统一性在于它的物质性，一切存在的基本形式是时间空间，运动是物质的存在方式）和《自然辩证法》中从黑格尔哲学中抽象出来的所谓的辩证法的三条规律所组成。施密特对这些原理逐条加以批判。

在施密特看来，与恩格斯相反，马克思并没有把辩证法法典化，绝没有把自然和历史设想为分离的对象领域，没有用辩证法的运动形式去规定它们的关系。马克思一开始就对辩证法采取了真正批判的态度，马克思通过使辩证法内在于人类世界的历史过程，并在单个事物中揭示它，而不是通过把辩证法看作世界观的论断的汇集来完成对黑格尔辩证法的批判改造。因此，马克思拒绝那种"排除历史过程的，抽象的自然科学唯物主义"，在他看来，自然总是在历史的地平线上出现，历史只能属于人的，但历史首先是并且直接是实践。②

施密特赞同卢卡奇的看法，认为恩格斯的自然辩证法的最大错误在于追随黑格尔将辩证法扩展到对自然的认识中。③ 他说，重要的是将辩证法理解为一种历史的辩证法，自然界本身不存在辩证法这个东西，"在自然中，一切都缺乏否定性，这种否定性是随同劳动主体的出现才在自然中出现的。辩证法的关系只有在人与自然之间才是可能的"④。"自然界并不存在辩证法中最本质的要素"⑤。

---

① ［德］A. 施密特：《马克思的自然概念》，第52页。
② 同上书，第208—209页。
③ 同上书，第51页。
④ 同上书，第211页。
⑤ 同上书，第56页。

在这里，施密特向我们提出了一个重大的理论问题，即自然辩证法存在的合理性问题，我们对此必须做出回答。

诚然，人通过实践和劳动改变自然，从而使自然不断人化；正是通过实践，才使人变成积极能动的创造者，而不是消极被动的适应者；辩证法毫无疑问包含了人与自然、主体与客体的相互联系和相互作用。但是，在解决人与自然或自然与历史、主体与客体的关系以及思维的辩证运动时，必须首先回答人和自然哪个为先，自然本身是否有辩证法的问题，就是说，只有先解决客观辩证法的问题，然后才能解决主观辩证法的问题。主体辩证法或实践辩证法必须以客观的自然辩证法作为前提，否则是不可能的。法兰克福学派尤其是施密特一方面承认马克思的自然观的唯物主义性质，也反复说劳动或实践以客观存在作为前提，必须遵守客观的自然规律，甚至说不承认唯物主义世界观理论，就不可能有任何意义的实践概念。但另一方面他又顽固地坚持实践派的理论立场，将辩证法仅仅看作历史辩证法，看作主体客体的相互作用，否认自然界本身的辩证法，声称自然界缺少辩证法最本质的要素，辩证法只有在人与自然之间的相互关系中才是可能的；只有产生了人，自然界才是辩证的。由于否认自然辩证法或自然界本身的辩证发展，施密特陷入不可自拔的矛盾和混乱之中，陷入他所批判的唯心主义之中。

指责恩格斯把辩证法扩展到人以前或人以外的自然界而使之变成一种形而上学本体论，是没有根据的。事实上，早在恩格斯的自然辩证法之前，自然科学的发展已雄辩地证明，自然界在不断地辩证地发展着。恩格斯对以往的自然哲学进行了彻底的唯物主义改造，并将它与当时的自然科学的理论成果联系起来。对于恩格斯来说，"事情并不在于把辩证法的规律从外部注入自然界，而在于从自然界中找出这些规律并从自然界里加以阐发"。恩格斯根据当时自然科学的最新成就来确定和论证辩证的自然观，揭示自然界的辩证发展过程及其规律。恩格斯明确指出，他的自然观（自然辩证法）与以往旧的自然观（自然本体论）的根本区别在于，后者用幻想、理想的联系代替尚未知道的现实的联系，用臆想来补充缺乏的事实，用纯粹的想象来填补现实的空白。相反，自然辩证法则是在自然科学所提供的精确材料的基础上，以近乎系统的形式描绘出一幅自然界的联系和发展的清晰图画。恩格斯的自然辩证法当然是世界观，但它是以自然科学作为基础。与空洞、思辨、抽象的形而上学本体论无涉，它既不是形而上学体系，也不是霍尔巴赫式的"相互作用"的"自然体系"。

显然，在对待恩格斯的自然辩证法问题上，法兰克福学派承袭了卢卡奇所开创的"新马克思主义"传统。作为"新马克思主义"的始祖,卢卡奇"试图通过对黑格尔辩证法和方法论的革新和扩张来恢复马克思理论的革命性"①。他从实践概念出发来重新解释"历史",认为马克思主义哲学不是一种与人无关的宇宙本体,而是历史,自然则是一个社会范畴,马克思主义哲学不过是一种社会理论或社会哲学。因此,他批评恩格斯忽视了"历史过程中的主体客体之间的辩证关系",指责恩格斯错误地把辩证法推广到自然界,使之实体化。他说:"恩格斯对自然辩证法的阐述所产生的误解,本质上根源于恩格斯——追随黑格尔这个坏的先例——把辩证法的方法也扩展到自然界的认识之中。归根到底,辩证法的各根本规定,例如主观与客观的相互作用、理论与实践的统一、现实中的历史变化作为构成思维变化的基础范畴等,在对自然界的认识中并不存在。"② 尽管后来卢卡奇对此作了自我批评,说《历史和阶级意识》的主要错误是否定了客观的自然辩证法,动摇了"马克思主义的本体论基础","忽略和否定了它关于自然的理论"③。后起的"新马克思主义"者却根本无视卢卡奇的自我批评,继续利用卢卡奇早年的错误观点来攻击自然辩证法及所谓"正统的马克思主义"。德国的"新马克思主义"者布洛赫宣称辩证法只是人的世界中的主体客体关系;法国的"新马克思主义"者列斐伏尔说辩证法的基础存在于人与自然的关系之中,即辩证法只是实践的辩证法;"存在主义的马克思主义"的主要代表人物萨特断言辩证法本质上只是人和社会的,没有人的辩证法将把马克思主义变成某种"偏执的幻想";梅洛-庞蒂也认为,主体客体的相互关系是辩证法的动力,自然不知主体,所以没有自然辩证法。由此可见,法兰克福学派与其他后起的新马克思主义者一样,在反对自然辩证法中,只是重复或发挥卢卡奇的陈词滥调,并没有提出多少新的东西。

---

① [匈] 卢卡奇:《历史与阶级意识》,张西平译,重庆出版社1989年版,第25页。
② 转引自 [德] A. 施密特《马克思的自然概念》,第56页。
③ 《历史与阶级意识》,第20页。

III 科学技术哲学

3-1

科学发现逻辑的几个重要问题*

科学发现是科学认识论中重要的而又争论较大的问题。L. 劳丹说："在科学哲学中很难找到一个问题领域，比发现的哲学更加充斥胡言乱语、更加混乱不堪。"① 科学发现问题一直困扰着哲学家和科学家。在18世纪中叶以前人们对于科学发现的兴趣是很强烈的；但在赫歇尔和惠威尔之后，科学发现一度被哲学家忽视了。20世纪60年代初，随着汉森的《发现的模式》一书的问世，科学发现问题迅速成为科学和哲学争论的热点。1978年在美国内华达大学举行了专门讨论科学发现问题的国际科学哲学讨论会，会后由尼克尔斯主编出版了两本论文集，即《科学的发现、逻辑与理性》和《科学发现：个案研究》，更把科学发现问题的讨论推向高潮。

一、辩护和发现

一般认为，发现的前后关系是假说的形成阶段，它包括了各种与假说形成相关的逻辑的和经验的因素；辩护或证明的前后关系是假说的判定阶段，它与假说的检验、理论的评价、接受或拒斥诸问题相关。

在18世纪以前，人们把发现和辩护看作一个统一的过程，这种看法可以追溯到古希腊的亚里士多德，并为近代的经验主义和理性主义所坚持。但是在后来，发现的前后关系和辩护的前后关系被分开，它们被当作两个相互独立、彼此区别的领域或过程。这种将发现和辩护分开的做法导致了这样的结果，即把科学发现当作一种心理的、社会的或历史的东西，把它排斥在科

---

* 原载《求索》1990年第6期，中国人民大学复印报刊资料《自然辩证法》1991年第1期转载（刊发时篇幅有所压缩）；后编入《科学技术哲学引论》（黄顺基主编，中国人民大学出版社1991年版）一书，作为陈振明撰写的第六章第一节。

① [美] L. 劳丹：《科学与假说》，英文版，第181页。

学认识论或方法论的研究之外，而把这种研究限制在辩护的范围里，因此也就否认了科学发现逻辑的存在。

最早对发现范围和辩护范围做出明确区分的科学哲学家是19世纪前期的约翰·赫歇尔和威廉·惠威尔。赫歇尔对"发现的条件"和"辩护的条件"加以区分，认为用于表述理论的程序与它的可接受性问题完全不相干。惠威尔则从假说主义的立场出发，认为科学假说或理论的发现与辩护是两个不同的过程，应将它们分开，发现在前，辩护在后，假说的提出是非逻辑的直觉过程，只有辩护才是逻辑的。

逻辑经验主义者坚持和发展了这种将发现和辩护严格区分的观点。例如，赖欣巴哈认为，发现是新思想产生的心理过程，它是一个经验问题，属于心理学或历史学的范围。辩护则是揭示那些思想事实或其他证据所支持的程度的逻辑论证，它是逻辑的，属于认识论的范围。发现是描述性的，辩护则是规范性的。在他看来，归纳法是用来证明理论的，而不是用来发现理论的。① 逻辑经验主义因此明确地把科学发现排除在科学认识论或科学逻辑的研究范围之外，只承认辩护的逻辑，而不承认发现的逻辑。

逻辑经验主义关于辩护和发现的严格区别和否认科学发现逻辑的观点为大多数科学哲学家所拥护。例如，波普尔的《科学发现的逻辑》一书尽管宣称认识论、科学发现的逻辑和科学方法论三者是一个东西，但又认为，"构想新观念的过程与逻辑地检验它的方法和结果截然区分开来"，设想和发现理论的行为不接受逻辑分析，新观点的提出是经验心理学家感兴趣的问题，而与科学认识论的逻辑分析无关。② 所以波普尔实际上否认由他的书名所指的那种东西。库恩虽然在考察科学革命时考虑到了科学发现因素在理论变革中的作用，但他把发现主要当作心理学的问题。爱因斯坦也认为，定律的发现是非逻辑的，定律的证明才是逻辑的，科学方法论只从后半截上做文章，而不管前半截。于是，科学哲学就形成了将发现和辩护分开的传统。逻辑经验主义、批判理性主义、历史主义都坚持只有假说或理论的证明才服从理性或逻辑分析，假说的提出是直觉、想象、顿悟的产物，是非理性，不接受逻辑分析。这就将科学发现的逻辑抛弃了，致使科学认识论长期片面把注意力集中在辩护或理论的评价上。

从20世纪60年代初开始，西方科学哲学界出现了一股"复活发现逻

---

① 参见［德］赖欣巴哈《科学哲学的兴起》，伯尼译，商务印书馆1983年版，第182页。
② 参见［英］波普尔《科学发现的逻辑》，英文版，第31页。

辑"的趋势，出现了对发现和辩护关系问题的新看法。这些复活论者主要有汉森、西蒙、劳丹、夏皮尔等人。先锋是 N. 汉森，他在《发现的模式》中批评科学方法论的只限于证明而忽视发现，即只注意科学研究结果，而不注意假说提出的推理方法的传统，认为科学方法论不应仅仅局限于此，"它可以，也应当对认识过程的一切阶段，因而也包括对新思想、科学假说和科学理论的产生阶段加以研究"。他承认科学理论并不是靠归纳获得的，它们是一些假说，因此不能把发现过程归结为归纳过程，但这并不意味着否认发现受理性的支配，相反，恰恰需要对科学研究的初始阶段所运用的那些前提、方式和方法作理性的分析。

西蒙在《发现的模型及其科学方法问题》（该书收入《波士顿科学哲学研究》丛书第 54 卷）中也提出了类似的观点。他认为现代科学方法论对发现的逻辑有两种对立的态度：一种认为建立证实或证伪（辩护）过程的规范理论是完全可能的，而关于科学发现过程的规范理论是不可能的；另一种认为科学发现的规范理论也是可能的。前者以波普尔为代表，后者以皮尔斯和汉森为代表。西蒙反对波普尔等人否认发现逻辑的观点，坚持"科学发现有逻辑"，并力图在皮尔斯和汉森等人工作的基础上确立科学发现的规范理论。西蒙认为辩护的过程和发现的过程不能分开，对理论的评价取决于对假说产生过程的评价。他反其道而行之，重理论的发现而轻理论的检验，所以瓦托夫斯基和科恩在该书序言中说，重启发法而轻辩护，是西蒙的"一种优美的偏好"。

劳丹被人们称为"科学发现之友"，他明确提出复活科学发现逻辑的口号。他在《科学与假说》一书中分析了科学发现逻辑观念的历史，揭示发现逻辑一度被忽视的原因、赞成或否定发现逻辑的认识论根源，阐述了历史上的两种发现逻辑（归纳的和自我修正的）等问题。他特别讨论了辩护和发现的关系，认为在传统的发现范围和辩护范围的二分法中，发现的范围太宽，它包括了部分的辩护或证明，还包括了理论最初如何被发现，如何被初步评价检验和修正的这一部分。他主张把这一部分独立出来作为一个阶段，他将这一阶段称为探索的前后关系，它介于发现和证明之间。与最终的证明不同，"探索"的阶段包含着似真性判断。他认为三分法的优点在于，既从时序上表明一个概念从产生到被接受的历程，又使发现的性质更明确，使证明范围不会因太宽而变得模糊不清。①

---

① 参见 ［美］ L. 劳丹《科学与假说》，第 181—182 页。

夏皮尔坚决反对将发现和辩护分开，认为二者统一不可分，这不仅是由于它们构成完整的理性推理的过程，而且还因为"科学理论的发现包含了科学理论的证明"。他指出，一个科学家提出一种假说，如果还没有得到证明，那么他只是提出一种有待证明的假说而已，而不能说已经发现了科学理论。因此，理论的发现必定包含了科学证明的过程，发现和证明就如一个硬币的正反两面不可分割。

可见，汉森、西蒙、劳丹和夏皮尔等人提倡发现逻辑，并在发现和辩护的关系问题上提出了一些新见解，在朝向两者统一的道路上迈出了可喜的一步。然而，他们实际上仍把发现和辩护看作两种不同的东西，之所以不同，是因为它们所使用的推理方法不同，而且发现中没有认识论基础，而证明中则有这种基础。劳丹和西蒙都谈发现的合理性，但又试图使发现和证明加以对照：西蒙将确证逻辑与逆推逻辑加以对照，劳丹则将现代确证逻辑与枚举归纳加以对照。

究竟应当如何看待辩护和发现二者的关系呢？任何把二者割裂的观点都是站不住脚的。发现和辩护是统一的科学认识过程中的两个阶段、环节或组成部分，它们之间没有不可逾越的鸿沟，相反，它们是连续的、互补的和交叉的。一个完整的科学认识表现为假说的证实、修正和发展的过程。从最初假说的形成到它最终被检验和确认，中间有一个过程或阶段，即对假说做出或然性评价。换言之，从发现到辩护依次具有三个层次或属性：猜测、或然性和可接受性。假说最初来自猜测，但并非所有猜测都能构成发现。一般来说，猜测不是科学方法论处理的对象，它不属于发现的逻辑，它不同于或然推论，更不同于辩护，尽管发现和辩护都依赖于猜测。但是有些猜测比另一些猜测更易受人信服，不管它们最终是否被接受。这就必须察看它们为什么更加合理，是否具有更大的或然性。这种考察不同于辩护，它使得假说在辩护之前就有了几分合理性。有这种或然推理的规范理论便构成所谓的发现逻辑。应该说，劳丹论发现和辩护之间的探索的前后关系，西蒙关于理论的评价依赖于假说产生过程的观点，夏皮尔的"科学理论的发现包含着科学理论的证明"的论点以及 R. 麦克劳林关于或然性判断在科学发现中的作用的讨论等，在解决发现和辩护的关系上，都包含有合理因素。

总之，在解决发现和辩护的关系问题上，要注意在猜测之后、辩护之前的或然性评价，即在后验评价之前的前验评价，重视前验评价中或然性判断或似真性概念的作用。或然性判断或似真性为发现和辩护提供了认识上的联系。从发现的前后关系那里承接下来的似真性，合理地创造出假说，进入辩护的前后关系；假说的合理判定也必须考虑到这种似真性，所以，科学发现与辩护同属一种理性的过程，要想在二者之间设置一条不可逾越的鸿沟是不正确的。同样，科学发现的逻辑是可能的。

二、科学发现的模式

什么是发现的模式？它指的是科学假说形成尤其是假说的或然性评价中所采用的程序或推理方式或方法。西蒙把发现的模式称为资料的识别图式。探讨发现模式以承认科学发现是一个理性的过程、承认科学发现有逻辑作为前提。发现模式的探讨可以追溯到亚里士多德，他提出过一种归纳—演绎的发现模式。在近代还出现了所谓的归纳主义的和演绎主义的两种发现模式。但是，这两种模式严格说来并不是真正的发现模式，而是辩护模式，因为不管归纳主义还是演绎主义都坚持发现和辩护的严格区别，把科学发现到假说的形成排除在科学方法论或认识论的范围之外，把归纳推理或演绎推理主要当作辩护的工具。

在科学哲学上，真正作为发现模式提出的，主要有假设—演绎模式、逆推（溯因）模式、合情推理模式等。以下对这几种主要的发现模式作简要的评述。

1. 假设—演绎模式

假设—演绎模式的特点是强调假说在科学发现中的作用，并力图吸取归纳主义模式和演绎主义模式的某些因素。它起源于对归纳的一种新解释，其创立者是惠威尔和杰文斯。

惠威尔在《新工具的革新》中认为，归纳是一个发现的过程，是一个用准确和恰当的新概念来正确综合事实的过程，而对事实的综合要通过科学家的创造性洞察来实现。因此，归纳就不仅仅是单纯的事实的收集，而是要引入一种新的精神因素，用新观点看待事实，在对待事实的综合之前就必须有一种假说。按照穆勒的看法，惠威尔的方法由假说、演绎和证实三步所组成。

杰文斯进一步把惠威尔的假设主义发现观发展成为一种更明确的假设—演绎法。他抛弃了穆勒关于假设要通过满足归纳论证而获得证明的主张，认为要证明一个假说必须做到两点：第一，证明该假说与得到确证的定律没有矛盾；第二，证明这个假说的一些判断与观察的事实相一致。这两点都必须靠演绎论证来实现。因此，在杰文斯那里，假设—演绎模式的程序是：先发明新概念,并将之用来综合事实而形成假说,再从假说中演绎出经验事实命题,最后将这些命题与观察实验的结果相对照。

显然,假设—演绎模式考虑到了假说的形成问题,而且在某种程度上说,它是归纳和演绎模式的综合。如果把经验事实对一般原理的确证理解为归纳的话,它就包含着归纳的因素。但假设—演绎模式与归纳主义及演绎主义模式有明显的区别,归纳模式将一般原理的形成看作是通过归纳推理或探求因果方法获得的,而假设—演绎模式则认为从事实到理论需要创造性的直觉或想象(这是演绎模式所强调的),假设或理论是为解释事实而发明的。因此,归纳主义与假设主义在历史上争论的焦点总是:假说的形成靠直觉,还是靠归纳?

2. 逆推模式

逆推模式是当代科学发现逻辑中的主要模式,它是皮尔斯、汉森、西蒙等人创立的,它以逆推或溯因(abduction)的推理形式为依据。abduction 在逻辑上原是一种不明的推理形式,即大前提完全正确,但小前提有问题的一种三段论式。皮尔斯首先将这种推理形式作为说明假说的逻辑模式,即把逆推看作形成假说的推理式,他认为科学研究有三个阶段,分别使用了三种不同的逻辑方法:(1)通过逆推形成假说;(2)通过演绎从假说中推出可检验的命题;(3)用归纳和实验使假说合理化。在皮尔斯那里,逆推逻辑具有如下的形式:①

①某一令人惊异的现象 P 被观察到;

②若 H 是真的,则 P 理所当然地是可以解释的;

③因此,有理由认为 H 是真的。

汉森在《发现的模式》中将皮尔斯的逆推当作科学发现的主要方法,并加以系统发挥。他认为,归纳主义将假说看作由归纳得出的,这未免把问题看得太简单了。假说的形成是复杂的。因此,必须对科学研究的前提、方式和方法作理性的分析。他主张采用"反向的程序"来研究科学发现,即把观察语句看作被解释项,把原理或定律看作解释项,推理从被解释项到解释项逆行,这就是上述皮尔斯所列的逆推理形式。他认为逆推不同于传统的归纳法和演绎法,这种区别在于:演绎法表明某物之所以是,归纳法表明某物操作的实际是,而逆推则只指出某物可能是。逆推方法较之于假说—演绎法的最大优点是它揭示了现象和因果说明中的理论渗透,揭示了观察

---

① 转引自[美]汉森《发现的模式》,中国国际广播出版社 1988 年版,第 93 页。

语句中认识主体的能动性。汉森用了大量的科学发现的实际例子来说明逆推模式。例如，他通过详细的分析说明，开普勒从第谷的观测性资料出发既不是像演绎那样，从解释性陈述到被解释的对象，也不是像归纳那样，依靠事例的增加或概率的改变，而是从解释的对象出发，追溯到解释性的假设。

西蒙发展了汉森的思想。他力求把所有具有某种明确目的的科学探索活动看作逆推的过程，建立逆推的程序理论。他认为，科学方法逻辑是一组范式的准则，据以评判用于发现或检验科学理论的过程或这些理论的形式结构，而这些规范可以从科学活动的目标中导出，即一个规范性理论乃基于类似如下相似命题："如果过程 X 对于达到目标 Y 是有效的，那么，它应具有性质 A，B，C。"① 他强调从特殊的事实引出普遍定律的发现过程不是靠归纳，而是靠逆推。他还把发现过程看作对观测资料重新编码，发现其模式并加以简明表述的过程。

总之，假设—演绎模式和逆推模式都是假设主义发现观的两种表现形式。它们都以科学理论的"可错论"作为认识论基础。假设主义发现模式试图以假说为先导，试图吸收演绎模式和归纳模式的合理成分，强调假说形成中创造性思维的作用，也指出假说的最终标准是经验检验。因此，假设主义的这两个模式被较多的人所接受。但是，假设主义模式并不是没有问题的。例如，这种模式的倡导者中多数人具有严重的心理主义倾向，他们对假说的形成作了心理主义的解释，认为假说的提出属于心理学，这最终将导致对发现逻辑本身的否定。

3. 合情推理模式

这一模式是著名美籍匈牙利数学家波利亚创立的。波利亚将科学上的推理分为论证推理和合情推理两种，认为前者是必然性推理，有严格的逻辑标准，它要求确定性、必然性而排除或然性和猜测性；后者是一种或然推理，它不要求确定性，也没有严格的逻辑标准，它是由一些假说所构成的。那些引起人们讨论的并可能导致发现的有意义的猜想便是合情推理。

合情推理是科学发现中广泛使用的推理方式，它并没有一个普适的模式，但可以概括出最基本、最常见的情况。它的步骤是：尝试着猜测问题的解决或证明途径，失败了重来；通过概括、特化、类比等手段循序渐进；最后猜到我们所掌握的事实都支持的规律或可行的证明途径。当人们提出某个

---

① ［美］西蒙：《发现的模型》，1977 年英文版，第 328 页。

明确表达的猜想 A，又找不到严格证明它的方法时，就会设法检验 A，设 B 是 A 的某个特例，那么，合情推理的模式是：

如果 A，则 B
B 真
所以 A 更可靠

这显然是充分条件假定推理的肯定前件式（在逻辑上是无效推理式，即得不到必然性结论）。这里，人们所关心的是 B 真的情况。虽然从为 A 所蕴含的 B 真，不能得出 A 必然真，但是，B 真可以使 A 更可靠。因此，这个模式所表达的是，证实一个推论总是使猜测更可靠。但它把结论的强度分量当作未定。合情推理模式的基本方法论规则是：应从观察开始，重视联想，依靠支持性联想增加信心，核心是采取一种归纳的态度。[①]

上面几种科学发现模式都有其合理之处，但都是不充分的。科学发现是一个复杂的创造性思维活动过程，很难用一种普适的发现模式来加以概括。必须在发散式的思维和收敛式的思维之间保持必要的张力。科学发现中的思维方法或推理模式是多种多样、千变万化的。各种思维方法或推理模式是相互交织、相互补充的。科学发现的创造性活动必定包含着直觉的洞察、灵感的突发、想象的发挥、模型的联想、归纳的上升、类比的嫁接、思路的外推、假说的试探、演绎的推导、逆推的沟通、分析的还原、综合的概括、证实的接受、证伪的拒斥等。与其说科学发现中的推理模式是形式逻辑的，倒不如说是辩证逻辑的。马克思主义辩证逻辑早已指出，在科学认识活动中，抽象与具体、分析与综合、演绎与归纳、逻辑与历史是辩证统一的。科学史上的每一伟大的发现都不是靠一种或数种逻辑推理形式完成的，它们是成功地运用了各种逻辑思维方法和创造性思维方式来实现的。

科学发现模式的研究重点应放在科学发现实际过程上，而不是去确立发现的规范理论，更不应把发现仅仅归结为以一、二种推理为基础的理性模式框架。瓦托夫斯基合理地指出，这种把科学发现过程归结为规范性的理论必然导致发现过程中的创造性思维的消解，陷入这样一个二难推理："如果一种理论对发现和发明的解释是成功的，那么，它就能把科学创造性的思维还原为可演算的程序，或者还原为一个解释性的演绎推论，这样，创造性的这一概念也就随之消失了。如果一种理论不能给出这种解释，那么，当然是一种失败的理论。这种二难推理就在于：或者理论是成功的，于是发现的概念

---

① 参见黄顺基、刘大椿《科学的哲学反思》，中国人民大学出版社 1987 年版，第 3 章。

得到了解释，也即被还原地消除掉；或者理论是失败的，则发现仍未得到解释。"① 这的确是科学发现逻辑规范理论所面临的一个难以克服的二律背反。

三、科学发现中创造性思维的本性

科学发现中的创造性思维是理性的，还是非理性的？是逻辑的，还是心理的？是规范的，还是描述的？这些都属于创造性思维的本性所要回答的。对发现和辩护关系以及科学发现有无逻辑的理解与对这些问题的解答密切相关。

什么是创造性思维？要回答这个问题并不容易。从古到今并没有一个关于它的令人满意的解说。有人把直觉、灵感、顿悟等看作创造性思维的几种主要形式，有人则把它们看作同一个东西，而把创造性思维称为直觉思维或灵感思维，并与逻辑思维和形象思维相对照。而对直觉、灵感、顿悟同样没有明确的定义，哲学家对它们有着各种各样的解释。对于直觉，柏拉图认为是一种直接的认识方式；柏格森认为是一种通过理智体验把握实在的生命本能；莱布尼兹则看作一种认识自明的理性的真理能力；贝弗里奇在《科学研究的艺术》中则综合了一些科学家的观点，把直觉定义为突然跃入脑海的能阐明问题的思想。显然，这些定义都近乎同义反复。在这里我们并不准备去为创造性思维下定义，而只想揭示它的几个基本特征。

首先，创造性思维既是心理的过程，又是逻辑的过程，是心理过程和逻辑过程的统一。创造性的直觉、灵感、顿悟等并不是神秘莫测的东西，也不是对事物的表面现象的生动直观，而是对事物本质或规律的洞察性猜测。它首先表现为一个心理过程。这一过程的机制可以根据现代心理学和神经生理学的成果来加以解释。弗洛伊德关于意识和潜意识划分及其相互作用的深层心理学，美国著名神经生理学家斯佩里关于裂脑的研究成果，艾克尔斯和波普尔在《自我者及其脑》中提出的脑与"自我意识精神"相互作用的观点，都是解释创造性思维心理机制的科学依据，可以把创造性思维看作意识和潜意识相互交融、相互作用的结果。②

---

① 瓦托夫斯基：《科学判断，科学思维中的创造性和发现》，载《科学发现：个案研究》，英文版，第8页。

② 参见刘奎林《灵感发生论新探》，见《关于思维科学》，上海人民出版社1986年版，第355—357页。

心理学家对创造性思维的发展阶段进行了许多研究，提出了各种说法。影响最大的可能是 1926 年沃勒斯的"四阶段说"。他将创造性思维分成准备—孕育—明朗—验证四个阶段。准备阶段是由刺激模式引起多方联想；孕育阶段则将研究问题纯化或浓缩为更明确的陈述或更简单的模型，然后收集资料，建立知识库，形成推理链条；明朗阶段是通过分析、比较各种可供选择的方案，得出最有希望的假说或方案，顿悟或灵感就发生在这一阶段；验证阶段即是把假设模型陈述出来，确立与可检命题的联系，进行有效的检验。

同时，创造性思维又表现为一个逻辑过程。从表面上看，创造性思维并没有按照严格的逻辑规则进行，它的问题的结论直接显示出来，从问题到结论似乎没有逻辑通路，没有显示出中间的逻辑过程。但这并不意味着它是非逻辑和非理性的，它是各种思维方法和推理形式的综合运用。意识的逻辑运演是明确的，同样，潜意识也包含着不甚清晰的思维图式，思维的心理过程包含着逻辑的运算在其中，不能把创造性思维归结为纯粹心理的东西。日本著名物理学家汤川秀树指出，人类的直觉能力和抽象思维能力在创造性思维中都起作用，两者在科学创造中是结合在一起的。事实上，人类必然从直觉或想象着手，然后才能发挥自己的抽象能力，抽象能力与直觉能力可以相互转化。他举例说，人类识别图系的能力就是直觉与抽象相配合的结果。[①] 瓦托夫斯基的科学发现的二难推理实际上也从另一角度说明科学发现的创造性思维的心理和逻辑的二重性，即一方面创造性思维活动可以还原为演绎—算法的理性联系，另一方面，它必须有新事实新思想的加入，因而不能还原为演绎模式，它依赖于创造性的直觉、想象等的发挥。当然，很难在创造性思维的心理阶段和逻辑的阶段找到一一对应关系。

其次，创造性思维既是突发的、偶然的，又是渐进的、必然的，它是突发与渐进、偶然与必然的辩证统一。

创造性思维往往以突然爆发的形式出现，即所谓的"豁然开朗、茅塞顿开"。灵感或顿悟等的发生并不是在冥思苦想之时，而往往发生在思路中断而转向或发生在散步、观光、闲谈、做梦等时候。在这些情境中，研究者触景生情，思路开通，问题的答案迅速出现。科学史上的许多发现，如汉米尔顿的四元数发现，伦琴的 X 射线的发现，普朗克的不连续量子概念的提

[①] 参见汤川秀树《科学中的创造性思维》，载《自然科学哲学问题译丛》1982 年第 3 期，第 19 页。

出，梅特和伽莫夫的宇宙大爆炸说、华森等人的DNA双螺旋结构说、拉瓦锡的氧化说、牛顿的万有引力定律理论、麦克斯韦的电磁论等的提出，都是以这种形式出现的。

从表面上看，直觉、灵感等的出现似乎主要靠运气、意外，但实际上，这正是研究者长期探索、经验积累和思想进化的必然结果，它经历了一个由量变到质变的长时间的孕育过程。一朝分娩，必先有"十月怀胎"。不考虑其他因素和理论的继承性，仅就个人的因素而言，牛顿提出万有引力定律花了20年，拉瓦锡的氧化说用了38年，麦克斯韦的电磁学理论花了18年，汉米尔顿的四元数发现用他自己的话说"它已经缠住了我至少十五年了"。如果没有长期的研究思索的艰苦过程，没有知识、经验及思想的量的积累，就不可能有创造性思维的突发。直觉、灵感、顿悟只垂青于天才而又勤奋的头脑。

从另一个角度上说，直觉、灵感、顿悟的迸发带有偶然性，它在何时出现，以何种方式出现，由何种因素所触发等是偶然的。如魏格纳在查阅世界地图时偶然发现大西洋两岸的轮廓很相似而提出大陆漂移说，达尔文和华莱士在阅读马尔萨斯的人口论时，各自独立地产生了适者生存的进化论观念，凯库勒梦见两蛇相咬而发现苯环结构等似乎都是偶然的。但正如唯物辩证法所指出的，偶然中有必然，偶然和必然是辩证的统一的。从意识和潜意识的相互作用中可以解释发现过程中的偶然和必然的统一。潜意识的活动是在自我意识的参与下完成的，意识对所思索的问题发散式地提供各种相关的信息，在这些信息中说不定其中的一个一下子打开了潜意识的大门，导致发现的突然产生。

最后，创造性思维既以创新性为目标，又以传统性为基础，它是创新性和传统性的统一。

在科学活动中，创造性思维的目标是发现新概念、新定律和新理论，因此，新颖性、独特性和求异性是它追求的目标。它或者表现为对已有的理论或知识的超越与突破；或者表现为对现存理论知识的分析批判，或者表现为大刀阔斧，另辟蹊径。然而，这种创新或批判不能离开已有的知识，尤其是背景理论。创造性思维是沿着人类铺就的知识大道前进的，它必须以背景理论或知识作为出发点。只有当原有的理论或知识不能解决新问题或出现矛盾时，才会产生进一步解决问题的直觉、灵感和顿悟。猜测是在有了谜，而没有谜底时才发生的。因此，知识传统是创造性思维的出发点和思想原料。一般来说，知识越广博就越容易产生直觉、灵感和顿悟。当然，有了丰富的知识，还必须具备批判的眼光。

3-2

科学进步与合理性*

科学发现、进步合理性是科学认识论的中心论题之一。在某种意义上说，当代西方科学哲学以及科学认识论正是围绕这一类问题的讨论而产生和发展起来的。本章将试图从马克思主义的立场、观点和方法出发，对西方科学哲学关于科学进步与合理性的理论加以评述，并阐明我们对这一问题的看法。

一、两种基本的科学进步观

人们往往将科学进步、科学发展或科学知识的增长等术语当作同义词来使用，尽管严格说来这些术语的意义有某些差别。科学进步指的是科学理论不断受检验、修改、补充和完善的成长或发展过程。

在科学哲学发展史上，有两种相对立的基本的科学进步观：一种是累积主义的进步观，另一种是科学革命的进步观。科学哲学家们所提出的各种各样的进步模式或者分属于这两种进步观，或者持某种中间的立场。

累积主义进步观是科学哲学的传统观点。它认为科学是被证明为真的命题的集合，是由真命题累积而成的金字塔。这种累积的过程是：由一点一滴的事实或经验形成定律；由定律形成理论；理论的积累或归并形成学科；由学科最后构成科学的大厦。理论的进步通过积累和归并实现，这是累积主义进步观的核心观点。

古典归纳主义者是累积主义的早期主要代表。例如惠威尔把理论的进步与"支流—江河"作了类比，认为科学通过把过去的成果逐渐归并到现在的理论中而进化，他用牛顿万有引力定律作为范例来说明，指出牛顿的万有

---

* 原载黄顺基主编《科学技术哲学引论》，中国人民大学出版社1991年版（为作者撰写的第六章之第二、三节的内容）。

引力定律将开普勒定律、伽利略定律、潮汐运动以及其他的事实包括在自身中。他的结论是:"科学与其说是一系列的革命,倒不如说是一种连续的进步。"①

逻辑经验主义者(现代归纳主义者)的进步观是累积主义进步观的现代形式。逻辑经验主义者认为,科学的进步主要依靠如下两种方式实现:或者理论在原有的范围中继续得到确认,但理论扩展到更大范围的系统或现象,如经典力学扩展到刚体力学;或者各种无法比拟的具有很高确证度的理论被归并到某个内涵更大的理论或定律中,如开普勒定律被归并到牛顿力学,热力学被归并到统计力学。因此,科学是一种理性的事业,它通过归并而发展,以前的成就随着新成就的获得而扩展或增大,理论一旦得到承认就不会被抛弃,它们只是被它们所由归入的更全面的理论所取代。

累积主义进步观是一种直线式的进步观,它只看到科学的渐进、量变、继承的一面,而否定了科学的突变、革命、批判的一面,也否定了革命性的理论对其他科学领域、哲学、文化、意识形态等的影响。这种进步观与科学理论进步的实际情形,相差太远。科学史表明,科学理论并不是绝对可靠的、无误的,科学理论的进化也不是一种归并的过程。例如,经典力学被相对论所取代就不是归并的过程。因此,渐进式的累积主义进步观受到了人们的普遍怀疑和挑战,随之出现了科学革命的进步观。

波普尔的进步模式是一种不断革命的观点。他认为,科学并不是通过积累或归并而发展的,相反,它通过不断猜测、否认,即不断推翻旧理论、提出新理论的革命形式来实现其发展。科学中不存在被证明为真的理论,只存在可以证伪和推翻的猜测和假设。因此,科学在问题—猜测—反驳—问题(P_1—TT—EE—P_2)的模式的反复循环中前进,科学的进步就是由一系列大大小小的革命所构成的。波普尔的不断革命论突破了逻辑经验主义的直线式积累模式和只对科学知识作静态逻辑分析的框框,把人们的眼光引向科学革命和对科学的动态考察上。但是,波普尔的不断革命观只抓住革命、突破、批判的一面,忽视了量变、渐进和继承的一面,否认了科学理论的相对稳定性和科学知识传统对科学发展的重要性。因此,他的不断革命进步模式成了一种不可理解的"怪物"。

历史主义的科学进步观是一种量变和质变、积累和革命交替的进步模式,是一种较为全面的革命进步观,库恩力图克服累积主义进步观和波普尔

---

① 转引自约翰·洛西《科学哲学历史导论》,华中工学院出版社1982年版,第130页。

的不断革命观各自的片面性,将它们的合理之处加以吸收。他提出了"前科学—常规科学—反常—危机—科学革命—新的常规科学"的进步模式。库恩认为,科学进步表现为范式的转换过程,这个过程不是单纯的渐进积累,也不是不断的革命或否证,它既包含着范式孕育成长的常规科学时期,也包含着新旧范式转换的科学革命时期,科学进步就是在渐进和突变、积累和革命的交替之中实现的。库恩的进步模式立足于科学史,揭示了科学发展的动态结构和科学进步的某些规律性。这种进步观较之于累积主义进步观和波普尔的不断革命进步观有更大的合理性,但也有不少问题,我们将在后面加以讨论。

由此可见,解决科学进步观问题的关键是要正确理解渐进和突变、积累和革命、批判与继承、相对真理和绝对真理等的关系。累积主义的进步观和科学革命的进步观都没有对这些关系做出令人满意的说明,它们或者各持一面,或者折衷调和,不能对它们的辩证关系做出正确的解释。唯物辩证法为我们正确理解科学进步问题提供了方法论的依据,它对量变与质变、批判与继承、相对真理与绝对真理等的关系做出了辩证的理解。

二、科学革命的实质

科学进步的中心是科学革命的实质问题。库恩的《科学革命的结构》无论在科学哲学,还是在科学史上都是一个里程碑。书中对科学革命的实质、内容、结构等问题做出了开创性的论述,成了后人讨论科学革命的起点。库恩把科学革命看作一个在时间上有结构的过程,这种结构就是"常规科学—反常—危机—革命"。但是革命真正地是从"危机"开始的。科学革命的目标是实现新旧范式之间的转换,这种转换的关键是科学家在相互争论的假说中做出选择,而不是靠判决性实验,"各种范式之间的竞争不是那种可以由实验来解决的战斗"。他认为两种对立的范式或理论是不可通约的,"只有承认牛顿理论是错误的,爱因斯坦的理论才能被接受"[①];由于观察渗透理论,所以不存在中性的语言体系,所谓通过观察和实验来检验理论、选择范式的看法都是陈词滥调。尽管库恩将精确性、简单性、一致性、广泛性和有效性作为理论选择的标准,但他认为理论的选择主要靠科学共同体的判定,也与科学家的个性、专业和经历等有关。依他的看法,最初接受

---

① [美]库恩:《科学革命的结构》,上海科技出版社1980年版,第81页。

新范式的是少数科学家，随着有利于新范式的证据的增加，接受的人数也逐步增加。最后绝大多数人被少数有创造力的科学家所征服而放弃旧范式、接受新范式，新范式最终取得了胜利，这便宣告了一次革命的结束，下一轮循环的开始。

库恩的科学革命结构理论一度在科学界掀起轩然大波，出现了众多的支持者，也惹来了大量的批评家。后起的科学哲学家如拉卡托斯、夏皮尔、费耶阿本德，I. B. 科恩以及波普尔等人都对之加以较详尽的分析和批评。针对人们的批评，后来库恩对自己的科学革命论作了某些重要的修改。例如，在《再论范式》一文中，他用"科学共同体"取代颇多争议的"范式"一词；在《必要的张力》中则用"部分交流"取代"不可通约的"，以减少人们对他把创新和继承割裂开来的批评。科学革命是库恩一生反复探求的理论主题。近年来，他进一步从语言根源的角度讨论科学革命。他在《科学革命是什么》这篇新作中认为，科学革命表现在语言本身所包含的先于描述的自然知识的变化，在《结构》中意味着"范式"所包含的集团信念、世界观或形而上学假定的变革，现在则具体化为语词所隐含的某种先验知识的变革。①

库恩科学革命论有诸多缺陷，主要有：(1)范式一词的多义性和含糊性，据玛斯特曼的考证，库恩的"范式"具有21种含义；(2)范式的不可通约性，即新旧范式的更替是格式塔转换，这割裂了批判与继承、革命与积累的关系；(3)这种模式具有强烈的工具主义倾向，把革命的成功主要归之于科学共同体的信念、传统社会文化因素等，否认了科学理论的客观真理性；(4)并非所有的革命都必定起源于危机，他的模式较适应于物理学，而不适应于生物科学。但是，库恩的科学革命论有它的优点或合理之处，它提醒人们，革命的发生是科学进步中的通常特点，并强调新理论接受过程中社会文化以及个人因素的作用，把科学理论内部的冲突的讨论扩展到持有这些观点的科学家及其集团的讨论，开辟了科学社会学的方向和历史主义学派的先河。此外，他对科学革命的某些特征，如反常导致危机、危机导致革命，两个大革命之间有一系列的小革命等的描述也不无合理之处。

科恩是继库恩之后的又一位专门研究科学革命的大家。他的新作《科学革命》是一部论科学革命的杰作。书中采用历史分析的方法考察科学革命，这颇不同于库恩的革命的结构分析。科恩说："我的研究不同于库恩的

---

① ［美］库恩：《科学革命是什么》，《自然科学哲学问题译丛》，1989年第1—2期。

地方在于，我探索现代科学已经出现的过去四个世纪中革命的变化方面，这些革命的变化是那些参与观察者和现代分析家们所看到了的。"① 该书先讨论了科学革命的性质、革命的发展阶段、革命的可接受性标准等一般问题；接着从历史上考证了"革命"和"科学革命"概念的演变；最后把大部分篇幅用来详细考察和分析17—20世纪发生的主要的科学革命。

在该书的第二、三章中，科恩分别分析了科学革命的发展阶段和科学革命的可接受性标准问题。他将科学革命划分为三个阶段，即智力革命—纸上革命—科学革命。他将第一阶段称为"智力革命"或"革命自身"。每当科学家对某个或某些问题提出激进的解决办法，发现一种新的使用资料的方式，提出一种整理已有知识的框架，引入一些改变现有知识特征的新概念，提出一种新的假说或理论时，都可以引起科学革命。简言之，在第一阶段，科学家总是发现所有科学革命一开始必须完成的东西，它属于科学家自己的创造性智力劳动。第二阶段是纸上革命，即科学家把头脑里的新思想以文字的形式记录下来，如日记、笔记、报告、信件等，这些东西最后将被整理成论文或书。这一阶段是新方法、新概念、新理论的承诺，它同第一阶段一样，属于私人阶段。每个科学革命一开始都是作为科学家自己的智力练习而出现的。但是，成功的革命必须将私人的智力成果拿来交流。于是，最初的私人阶段便转入公开的阶段，这就是第三阶段即科学革命实际发生的阶段。有所发现的科学家依次与私人朋友、同事、科学共同体乃至整个科学界进行交流。在新思想公布后，必须有一段时间让足够数量的科学家相信新理论，并开始按新的理论进行工作。这样，科学家的智力成就的交流就变成了一次科学革命。

科恩提出了科学革命的可接受性标准，即革命的证据检验。他认为判断科学革命是否发生有两种标准：一种来自严格意义上的逻辑分析，另一种来自历史分析。从历史分析的角度判断科学革命是否发生有四种检验，即：（1）检验证人的证据，即那时的科学家和非科学家的判断，非科学家包括哲学家、政治学家、政治活动家、社会科学家、记者、作家等；（2）检验那个据说发生了革命的主题后来的文献资料，例如，1543—1609年的天文学论文和教科书并没有哥白尼的观点和方法，这表明这个时期并没有发生所谓的哥白尼革命；（3）检验杰出的历史学家尤其是科学史家和科学哲学家的判断，这不仅包括现在的和晚近的历史学家，而且包括很久以前的历史学

---

① 参见［美］科恩《科学革命》，1985年英文版，第27页。

家；(4) 检验今天仍在该领域活动着的科学家的意见，在这里仍起作用的科学传统相当重要。他举例说，当代地球科学革命通过了上述四种检验，所以，革命确实发生了。科恩宣称，尽管历史分析标准带有很大的主观性，但它们能给我们提供判断科学革命是否发生的充分条件。他还说，历史上的许多科学革命，既满足逻辑分析标准，也满足历史分析标准。

依据对科学革命的一般问题的看法，科恩用了大量篇幅具体地分析了17—20世纪发生的主要的科学革命。他占有了十分丰富的资料，而且提出了一些很有见地的看法。例如，他认为科学史上并没有哥白尼革命的发生。尽管科恩是从作为科学史家，而不是作为哲学家的角度去看待科学革命的，而且他的许多观点是值得讨论的或是成问题的，尤其是在关于革命的阶段和标准问题上带有浓厚的主观主义色彩，但它的科学革命论是自成一体的一家之言，有可供借鉴之处。

究竟应该如何看待科学革命呢？"革命"一词是从政治革命中借用的。库恩和科恩都对这两种革命作了比较。科学革命与政治革命有某些相似性——都有创新性、信念的转变（皈依）、两派的对立等。但科学革命和社会革命有重要的差别。在创新和继承的关系上，政治革命是要彻底砸烂旧的国家机器，代之以新的国家机器；而科学革命的新理论并不是对以往的理论或知识传统的全盘否定，而是批判地继承。正是这一点被库恩和波普尔等人忽视了。一般地说，科学革命具有下列本质特征：

第一，科学革命是新旧理论的相互交替，表现为新概念、新定理、新原理取代旧概念、旧定理、旧原理，表现为科学理论的结构或体系的更新。每一次科学革命都推翻了盛极一时的理论，而支持一种不相容的理论。科学革命的范围、规模和程度可以不同。既有影响到所有科学、真正改变思维方式和其他学科研究的大规模的强烈的科学革命，如哥白尼革命、牛顿革命、达尔文革命、爱因斯坦的相对论革命等；也有只影响科学的局部或某一学科，而不影响全部科学的思维方式或其他学科研究的中等规模的科学革命，如麦克斯韦的电磁学理论革命、赖尔的地质学革命、W. 冯特的实验心理学革命、20世纪的分子生物学革命等；还有只涉及某一学科的局部概念、定理或研究方法的改变等的小规模的革命。一般来说，科学革命指的是前面两种情况，看一个新理论的出现是否够得上是一场科学革命，主要看它是否对科学或某一学科产生决定性的影响，是否改变了全部科学或某一学科的理论体系和结构，是否改变了人们的思维方式。

第二，科学革命是量变和质变、批判和继承的辩证统一的过程。科学革命以突变的方式表现出来，新理论代替旧理论是质上全新的变革。但是，这种质变又是以长期的量变、渐进的过程作为基础的。一方面，新理论的诞生以常规科学时期科学家的大量解难的工作作为前提，这些工作不仅是原有理论的修补、更正，而且包含着局部不同于旧理论的新要素或质变；另一方面，在科学革命发生质变的时期也包含着部分量变或量的扩充。例如19世纪中期几乎有19位科学家同时发现能量守恒与转化定律，这既是质上的突变，也包含着量的增殖和扩充。从唯物辩证法的观点来看，科学革命不能只看作单纯的量变，也不能只看作单纯的质变，而是量变质变的辩证统一，量变必然导致质变，质变以量变为基础，质变中有量的扩充。

同时，创新性显然是科学革命的本质特征，没有创新就没有革命。但是，科学革命的新理论并不是对过去的知识传统尤其是背景理论的全盘否定，而是在批判基础上的创新，它表现为一个扬弃的过程，是批判和继承、肯定和否定辩证统一的过程。科学史表明，任何一次科学革命，哪怕是最彻底、最广泛的科学革命也不是否定一切，而是将原有的理论或知识传统的合理成分以另一种理论的形态保存下来。

从更广阔的范围上说，科学是整个人类文化的组成部分，科学革命是社会革命、文化革命乃至意识形态革命的组成部分，它是社会政治，经济和文化发展的必然产物，涉及广大科学家和非科学家大众的生产和科学实践，是人类实践经验的结晶。离开社会、文化、知识背景，科学革命是无从发生的。拉马克的进化论、孟德尔的遗传学说在创立之时从理论上说是全新的，但它远远超出了时代，在当时并没有引起科学革命。

第三，科学革命意味着科学的进步、进化和发展。科学革命反映着人类对自然现象及其规律认识的深化，是相对真理向绝对真理的逼近。理论并非只是猜测，它是对客观规律的反映，包含有绝对真理的成分。科学革命所完成的新旧理论的转换标志着人类对自然认识的深化。科学的发展还是由一系列大大小小的革命所促成的。从这个层面来说，看一场科学事件是不是科学革命，主要的标准是看这一事件所建立起来的理论是否更深刻、更全面地反映自然的本质或规律，即是否加深了人类对自然界的认识。一个科学事件规模再大、再轰轰烈烈，如果没有建立起更深刻更全面的真理性认识，也算不上科学革命，反之，倒可能成为科学的反革命，20世纪40年代发生在苏联生物学界的米丘林学派压制和打击摩尔根学派的事件便是突出的一例。

第四，科学革命不仅包含着科学理论或范式本身的变革，而且包含着新理论或新范式对社会文化，尤其是世界观、思维方式或意识形态的变革的影响。每一次重大的科学革命必然引起社会文化领域以及观念或意识形态的重大改变。例如，从世界观和思维方式来说，新理论或新范式改变了世界图景，从而引起思维方式的相应变化。哥白尼的日心说推翻了神学世界观，确立了唯物主义自然观的科学基础；牛顿力学革命则奠定了机械论自然观的基础，为形而上学的思维方式开辟了道路；达尔文进化论、能量守恒与转化定律、细胞学说三大革命发现则确立了辩证唯物主义自然观的科学基础，为辩证思维方式最终战胜形而上学思维方式准备了条件。

三、科学的合理性

科学的合理性是科学认识论的中心问题，它既与科学发现、科学进步问题相关，而又更带根本性。科学认识论的许多问题，如科学的基础、科学进步的标准、科学发现和辩护中推理的根据等，无不取决于对科学的合理性的理解。

关于科学的合理性，没有一个明确的定义，它往往被人们归结为理论的合理接受或选择问题，而有关科学合理性的理论则应指明与理论的接受或选择的相关因素，以便说明科学变化的可解释性和科学进步的可证实性。亨普尔说："只要所提出的科学方法论的理论是提供理性事业的科学探索的一种说明，它就必须规定科学探索的某些目标，规定在追求这些目标过程中的某些方法论原则。最后它还必须显示这些原则作为达到目标而使用的工具是合理的。看来，只有这一切做到了，作为合理性范围的科学概念才是有活力的。"[①] 从亨普尔的论述中，我们可以看到，一个科学合理性的理论或模式应包括三个密切相关的因素或方面：（1）必须说明科学的目标，即说明科学追求的是一种什么样的理论；（2）规定追求这些目标的方法论规则，尤其是规定某些理论的选择与评价的原则，以这些原则去决定理论的接受或拒斥；（3）表明理论的选择或评价原则本身是合理的，这是元方法论问题。正是通过这三个因素，我们才能说明科学理论的比较是否可能，科学的进步是否合理，科学是否是一种理性的事业。在这一节，我们将围绕这三个方面对科学合理性问题加以简要的考察。

---

① [美] 亨普尔：《科学的合理性：分析的与实用主义的观点》，见 F. 格里茨编《今日的合理性》，1979 年英文版，第 58 页。

(一) 什么是科学的目标

在 18、19 世纪，人们普遍认为，科学是由真命题所构成的体系，它提供与意见有别的真知识，即绝对确定的可证明的知识，这是科学的目标。这种关于科学目标的看法显然以科学认识论的绝对无误论为基础。然而，科学的发展表明，绝对无误的理论是没有的，关于绝对确定的可证明的知识的追求不过是一个幻想。于是，逻辑经验主义采取了一种较为温和的观点，从"科学是真命题的体系"退到了"科学是具有一定预言值的命题体系"，认为科学的目标在于提高理论的概率，即得到高概率的命题。命题被看作得到一定概率确证的假说，命题的真假被淡化为假说的确证度。赖欣巴哈说："可以绝对地加以证实的命题是没有的。因此，一个命题的真值属性纯粹具有虚幻性；它只有在理想的科学中才占有地位，实际科学不可能利用它。实际科学倒是应始终使用权重 [即概率] 的属性……一切命题都是间接命题，绝不能严格证实，所以权重的属性完全消除了真值的属性，成为我们评判命题的唯一尺度。……我们认为，高权重相当于真，低权重相当于假，中间区域称为不定。"①

批判理性主义者波普尔不同意上述两种科学目标的观点。他指出，无误论者的确定性和逻辑经验主义者的不完全确定性或概率都同样是幻想，科学同确定性的程度、概率或可靠性的寻求毫无关系；科学永远是猜测和反驳的试错过程，严格地说，科学理论没有一个是真的。但波普尔又认为，科学的进步是对真理的接近，科学的目标是提高理论的逼真性，追求逼真度更大的理论。

所谓逼真性就是一个理论的真内容减去它的假的内容。假定理论 a 的真内容和假内容都是可以度量的，那么，我们能给 Vs（a）即 a 的逼真性测度下定义：

$$Vs（a）= C_iT（a）- C_iF（a）$$

这里，Vs（a）表示理论 a 的逼真度，C_iT（a）表示 a 的真内容，C_iF（a）表示 a 的假内容。

不幸的是，人们已经证明，波普尔的逼真性概念是不成功的，将真内容和假内容加以定量比较的办法是行不通的。借助于数理逻辑可以证明，对于两个相区别的假理论 A 和 B 来说，波普尔的逼真性公式是无能为力的。关

---

① [德] 赖欣巴哈：《经验与预言》，1938 年英文版，第 188 页。

于逼真性问题，科学哲学界至今仍在争论之中。

历史主义者劳丹则力图避开真理或逼真性问题，而寻求新的科学事业目标。他认为，把真理或逼真性作为科学目标，对那些愿意接受但会因可望而不可即而遭受挫折的人来说，也许是高尚的和具有启发性的，但是，如果我们试图解释科学理论是怎样进化的，则它们没有多大的用处。① 他宣称科学的目的在于解决问题，在于获得具有较高解决问题能力的理论，他又将问题分成经验的和概念的两类。他的关键的假设前提是，一个理论解决问题的能力的判断在逻辑上独立于它的真理或逼真度的判断。因此，他关于科学进步的核心假定有两条：（1）解决经验问题和概念问题是科学进步的基本单位；（2）科学的目的就是把解决经验问题的范围扩展到最大的限度，而使反常和概念问题的范围限制在最小程度。因此，进步的合理性就在于后继的理论能够比先前的理论解决更多的经验问题，同时避免或减少异常或概念问题。他自以为他的科学目标的思想的显著优点在于既抓住了一直隐含在科学进步及其合理性讨论中的东西，又避免了关于真理和逼真性讨论中所遇到的种种棘手的问题，它不是给科学预设一个目标，而是把科学事业实际追求的东西作为科学的目标。然而，回避真理问题正是劳丹的科学目标论述的致命弱点，这使他关于科学是一种理性事业的观点受到了严重的削弱。

综上所述，科学哲学史上各种关于科学目标的主要缺陷在于它们不能正确解决真理问题，尤其不能解决相对真理和绝对真理的关系问题。"无误论"把科学的目标正确地规定为对真理的探求，但把真理绝对化，否定了真理的相对性，逻辑经验主义看到了真理具有相对性，并试图用概率论作为工具来解决问题，但终究不能正确理解相对真理和绝对真理的辩证关系；波普尔表面上承认科学真理的客观性，认为科学事业是对真理的接近，但是，实际上却否认有真的理论存在；劳丹试图从科学的实际过程中追求科学的目标，却把真理排除在科学之外。从马克思主义的科学认识论立场看问题，科学是一种理性的事业，它的目标是科学真理，即获得关于对自然的本质或规律的正确的认识或理论。科学事业是对真理的不断深入的无穷的探索，而真理是绝对和相对的统一。在科学发展的特定阶段上获得的被事实所证实的科学理论具有相对的真理性，它必须随科学实践的不断深入而不断被检验、修改或发展，不断增加它对自然规律反映的逼真性。另外，任何被证实的理论都包含有绝对真理的成分，这种成分不会被以后的发展所推翻。科学认识就

---

① 参见［美］L. 劳丹《进步及其问题》，1977年英文版，第127页。

是一个不断从相对真理走向绝对真理的辩证发展过程。尽管每代人受社会历史条件和自然条件的限制,因而对自然界的本质,规律的认识带有局限性,但也具有相对真理性,为绝对真理的长河增添了一滴水珠。人的认识能力是无限发展的,因此,人类对自然的认识也是不断深化的,科学的目标是不断地向绝对真理的逼近。

(二) 理论选择或评价的原则

在设立了科学的目标之后,一个关于科学的合理性的模式还必须规定科学活动尤其是科学理论的选择和评价的原则,以评判在相互竞争的理论中哪一个更接近科学的目标,即哪一个理论更好。理论的选择或评价的原则实际上也就是科学理论进步的标准。围绕选择或评价原则,在西方科学哲学中出现了以逻辑经验主义和批判理性主义为代表的预设论(形式主义)的合理性模式和以历史主义为代表的相对主义(非形式主义)的合理性模式之间的持久的争论。

预设主义是合理性的传统模式,依照谢费勒的看法,这种模式主张:"在理论的历史变化下面,有一种逻辑和方法论的不变性,这种不变性将每一科学时代与它前后的时代联系起来,这种不变性不仅由形式演绎的准则所构成,而且由这样一些标准所构成,假说正是根据这些标准面对经验检验,并被比较评价的。"[①] 也就是说,这种模式预设了两个前提来为科学辩护,其一是以逻辑推理作为合理性的形式;其二是以经验检验作为合理性的最终标准。相应地,它具有逻辑主义(或形式主义)和经验主义两大特征。

按照逻辑经验主义的看法,辩护的范围是指示理论或假说被事实和其他证据所支持的程度的逻辑论证。逻辑经验主义有关观察名词与理论名词之间的区别以及两种语言模型的理论结构的分析,导致了以观察语言作为概念形成和假说确证的唯一基础,也就是说,假说或理论确证的唯一基础是经验。正因为与经验相联系,科学词汇才有意义,科学命题才具有可接受性,与科学目标——选择具有高概率的理论相应,逻辑经验主义者试图对合理性接受的原则做出明确的表述。亨普尔认为,确定一个假说 H 可以被当作一组给定证据 E 所确认的一般的客观标准,人们应当能够仅仅依一个假设句和一个证据句的逻辑形式就可以知道,它们之间是否具有确认关系。赖欣巴哈和卡尔纳普都致力于这种确认逻辑即概率归纳逻辑的建设。显然,在逻辑经验

---

① [美] 谢费勒:《科学和主观性》,英文版,第10页。

主义的模式中，理论的评价与选择只与这个理论的形式结构和由它所引出的经验证据这两个因素相关。它只强调理论和证据的演绎关系，而不关心理论先前的历史发展，也不关心证据给予理论支持的不同程度。他们建立起公设系统，但这个系统与科学的实际历史不符。人们已经证明，给予理论最大支持的并不是从理论系统演绎出预言，而是理论的增殖力，这种增殖力是在时间的推移中表现出来的。

波普尔和拉卡托斯的否证论的合理性模式是预设主义的另一表现形式，它同样以经验主义和逻辑主义为特征。它不同于逻辑经验主义的地方是，它认为科学家应依照否证论行事，只提出可检验理论，不研究特设性假设。否证论者认为，既然科学的目标是具有更大逼真性的理论，那么应该暂时接受那些得到较好确证和更为简单的假说。依拉卡托斯和波普尔，理论的选择与评价的原则（即科学进步的标准）是：（1）前验评价（可接受性1），即评价一个理论的大胆性，看一个理论是否比先前的背景理论具有更多的经验内容和更大的可否证性；（2）后验评价（可接受性2），即这个理论经受严格检验，或被接受，或被反驳；（3）未来评价（可接受性3），即对理论的未来做出预测或评估。拉卡托斯认为波普尔对第三种评价不感兴趣。拉卡托斯指出，前验评价和后验评价都取决于背景知识状态——前验评价取决于理论提出时的背景知识，后验评价取决于每次检验时的知识。前后验评价结合起来正是理论的产生和进步，而不是理论本身。拉卡托斯对波普尔的改进在于他认为评价的单位不是某一时刻的理论，而是作为完整历史过程来考察的理论。他对科学研究纲领的评价有两个重要的标准：一是增加经验内容，二是启发力较大的理论是较好的理论。

可见，逻辑经验主义和否证论都共同坚持这样一种理论选择或评价的原则，即理论选择或评价是在证据基础上对假说或信念的接受或拒斥，是对被检理论与观察证据之间作证关系的说明，科学家做出合理的选择一方面依赖于经验，另一方面依赖于经验之间的形式关系。这种选择或评价的标准既是科学理论进步的标准，又是科学与非科学的划界标准。

预设主义的观点受到了历史主义学派的相对主义模式的激烈批判。库恩通过科学史表明预设主义的评价或选择模式的片面性，他认为，经验和逻辑能够单独决定对一个理论的接受或拒斥，只是在常规科学中才有可能，不能将评判一个理论在个别研究中的运用标准用于对整个理论或范式的评判；相对立的理论或范式不能由观察实验及逻辑的形式来决定，对立范式各方的支持者各有一套彼此不同的评判标准，以分别支持各自的理论。他认为，在对立范式的选择中，虽然没有逻辑上的理由使科学家非选择哪一个不可，但可以列出选择的某些标准：（1）精确性——从理论推出的陈述应与观察和实验的结果相符；（2）一致性——理论内部没有矛盾，与公认的理论也没有矛盾；（3）广泛性——理论的结论远远超出最初所受解释的观察结果、定律和低层理论；（4）简单性——理论应是简单的或美的；（5）有效性——理论应产生大量的新成果，有更好的解决问题的能力。但是，这些标准不是绝对的、完善的和充分的，在应用这些标准时，往往会发生冲突。

库恩进一步指出，理论的评价或选择还有科学以外的标准或理由。他研究了科学史上哥白尼的日心说取代托勒密的地心说、相对论取代牛顿力学等案例，认为科学家对理论的选择并不只依上述的智力上的理由，而且依赖于科学共同体的共有信念，科学家的个性、教育和专业等的影响，理论的选择权掌握在专家集团之手，理论的胜利被宣传、鼓动、劝诱等社会因素所左右。

库恩的贡献在于，它使合理性的范围扩大了，而使形式的合理性仅仅成为合理性的一个部分。因为在科学革命时期，对旧范式的拒斥和新范式的接受不可能有一成不变的逻辑原则，而且这时非逻辑的因素的确起到一定的作用。但是，库恩片面地强调了理论评价中社会、历史、心理、意识形态等方面的作用，忽视了理论评价的逻辑原则方面，他实际上将理论评价的认识论或逻辑上的标准转变为价值标准。费耶阿本德后来进一步把库恩的观点推向极端，陷入了彻底的相对主义和非理性主义。

总之，在理论的选择和评价问题上，预设主义和相对主义各持一端，处于对立的两极上。预设主义先验地预设了理论选择和评价的经验和逻辑标准，将这些标准绝对化，而相对主义则片面强调理论选择和评价中社会、历史、心理等因素的作用，否认评价标准的客观性。正确的出路应该是在对立的两极中看到互补。

在这方面，后来的科学哲学家，如夏皮尔、劳丹、普特南、图尔明、瓦托夫斯基等人做了一些有益的工作，他们提出了比较温和和更为合理全面的评价或选择模式。从马克思主义科学哲学的观点来看，既然科学的目标是真理，那么选择理论或评价理论的标准也就是认识论的真理标准。真理的标准有两方面。一是逻辑标准，二是实践标准，后者是更为重要的，是最后标准。逻辑标准和实践标准又是统一的。也就是说，理论评价或选择中既要看相互竞争中的理论哪一个更具有丰富的经验内容，更具有解决问题的能力或克服异例的增殖力，哪一个理论更具有简明性和一致性，更重要的是要看哪一个理论更能经受观察和实验等科学实践形式的检验，看哪一个更深入全面地反映自然界的规律和本质。当然，马克思主义并不否认社会价值因素对理论选择和评价的影响，这些因素会加速或延缓对理论的接受，但是，凡是更全面深刻的理论最终必定靠自己的真理性战胜错误的或不太全面和深刻的理论。

（三）科学方法论的根据

科学合理性的第三个方面是科学发现和辩护过程中的推理（尤其是理论选择与评价的原则）的根据或合法性问题。为什么在辩护及发现中人们要选择这一组方法、规则，而不选择另一组方法或规则？这些被选择的方法、规则为什么是有效的？有否一成不变的适应一切时代的方法论规则？这些问题都属于科学方法或推理的根据问题，它与上述所述的选择原则密切相关，可以说，它是选择原则的进一步深化。

预设主义的科学合理性模式坚持方法论的一元论，并从科学理论的结构方面为科学方法论或科学推理辩护。它假定：有一种统一的科学方法或方法论，它为一切时代的或从真正的科学产生以来的几乎所有科学家所不自觉地加以运用，这是关于科学方法的统一性、普遍性和不变性的论题。逻辑经验主义把科学哲学归结为科学的逻辑，片面强调逻辑技术，只关心科学的逻辑结构或形式，只注重静态的逻辑分析，不考虑科学的实际内容和历史发展；而科学的方法或推理模式一旦成立，就不会随科学在其中活动的社会文化条件的变化而变化，这种脱离内容的形式、方法与科学史无关。在他们看来，科学方法论作为科学的逻辑是一套对科学进行逻辑分析的"元科学"。科学方法论给出一切理论都应具有的永恒不变的公理结构，具体的理论将产生或消灭，它的内容会变化，但科学方法论所把握的是某种不变的本性——任何可能理论的结构或形式。

与此相反，相对主义的科学合理性模式坚持方法论的多元论，并从科学理论的历史变化上来为这种方法的多元性辩护。历史主义认为，重要的不是科学的形式，而是它的内容，研究的重点不应是科学理论的逻辑结构，而应是科学史，即科学的产生、发展、变化以及这种发展变化的社会文化条件，科学的一切都依社会文化条件而转移。因此，不仅科学的假说、定律、理论随历史的变化而变化，而且科学方法、推理形式、评价的标准等也随历史的变化而变化，不存在一成不变的方法论规则。

费耶阿本德从对科学史料的分析来批判预设主义的方法一元论，阐述他的方法多元论。他认为一切科学方法论规则实际上并不是什么促进科学发展的规则，恰恰相反，它们是科学发展的枷锁，必须予以废除。在他看来，科学本质上是一种无政府主义的事业，它没有普适的规范性方法，这是因为世界是一个巨大的未知实体，我们必须对它的选择保持开放，不要预先对我们自己的选择作任何限制，以免束缚自己的手脚。他指出，并不存在什么可以作为科学和理性的本质的简单而可靠的标准，在实际的科学史上，没有哪一条认识论或方法论的规则不曾被违反过，不管它看起来是多么有理，有多么充分的根据。科学的发展恰恰是通过自觉的突破这些规则的束缚而实现的。科学中唯一的方法论规则是：不要任何规定，唯一正确的口号是"什么都行"。他声称他的这种主张是"无政府主义方法论"或"多元方法论"。

由此可见，预设主义在方法论根据问题上，从科学的结构或形式出发，坚持方法论的单元性，统一性和不变性，但它忽视了科学方法伴随理论进化的一面。相对主义则看到方法与理论发展的关系，看到方法的多元性和相对性，但却由此否认了推理方法的理性基础和普遍适用性，最终否认科学方法论的合理性。在考察科学方法论或科学推理的根据时，必须注意到，科学方法论具有切实的理性基础，它是人类科学实践长期发展的产物；作为人类科学实践活动方式、方法总结的推理形式规则等具有一定的普适性，不可否认在各个时代科学都使用观察实验、归纳、类比、分析、综合、演绎等方法。但也必须注意到，科学方法论或推理方式是随科学的发展而进化或演变的，完全脱离具体科学理论的方法规则是没有的，因此，它们又是可变的、相对的。只看到方法或规则的统一性、不变性，或只看到方法或规则的多元性和相对性，都是片面的。必须既反对绝对主义，又反对相对主义，在统一与多元、可变与不变、相对与绝对的对立互补中考察问题。

3-3

科学定律的形成、结构和功能[*]

科学定律作为科学认识的成果在科学认识形成过程中占有重要位置。由于科学定律中包括了经验定律,因而在论述科学概念和科学定律的顺序上并不是不变的。科学定律可以放在科学概念之前来论述,因为经验定律可以先于科学概念而形成。我们的论述是放在科学概念之后,依照先形成科学概念,后形成科学定律这一顺序,目的在于强调科学概念是科学认识的细胞,科学定律是科学概念的进一步展开;强调科学定律是科学理论形成的逻辑基础。由于科学定律是一个在各门科学中没有得到定义的概念。所以,在科学认识形成论中,阐明它的特征、形成、结构和功能就有重要的意义。

一、科学定律的特征和形成

科学定律是科学认识形成过程中的一个阶段性成果,而究竟什么是科学定律,它具有哪些性质或特点,通过什么方式来表述它,这些问题很有必要首先给予解决,获得一个比较明确的答案。这样,以此为出发点,才有利于进一步探讨科学定律是怎样形成的,以及形成的不同方法或各种途径的问题。

(一) 科学定律的认识论特征

所谓的科学定律就是反映自然界的现象的一定关系、本质或规律的命题(陈述)。我们对自然界进行观察和实验,获得大量有关自然界的科学事实,它们显示出自然界的某些不变关系或规律性。例如,夜尽昼来,四季周而复始,受热物体必膨胀,抛物必落地,等等。科学定律不是别的,正是尽可能

---

[*] 原载舒炜光主编《科学认识论》第三卷,吉林人民出版社1990年版(原标题为"科学定律")。

精确地表述这些规律性认识的命题。所以，列宁说科学认识的定律"是宇宙运动中本质的东西的反映"。①

如果某种规律性在所有时间、所有地点被毫无例外地观察到，那么这种规律性就可以用定律的形式表示出来。例如："在标准大气压下，纯水在0℃时都结冰"便是一个科学定律。它断定，在标准的大气压下，在宇宙的任何地方、任何时候（过去、现在或将来），纯水在0℃时都结冰。这是定律的一种形式。

科学定律作为科学认识形式，是科学认识主体把握客体的映象，是主观性和客观性的统一。就它的反映形式是精神、意识活动的产物来说，它带有主观性；就它的内容是自然界中不以人的意志为转移的客观规律而言，它又是客观的。自然界按其自身固有的本质或规律不断地运动、变化和发展。但是，自然界的本质或规律并不是赤裸裸的、独立自存的。规律或本质是贯穿于个别的、偶然的现象中的普遍必然联系。离开个别的、偶然现象的本质或规律是不存在的。例如，伽利略的自由落体定律 $S = 1/2gt^2$ 所反映的自然界落体现象的规律性并不是脱离各个具体的落体现象的，而是内在地贯穿于各种落体现象之中的。自然界通过一系列的现象展示出自身的本质和规律。但是，自然规律本身并不是科学定律，只有为人的思维所加以正确反映的自然规律并进入一定的科学认识框架之中才成为科学定律。因此，可以说，科学定律是科学思维活动的产物。每一种现象背后都隐藏着本质或规律。但是一个现象的实例不是一条规律，一批实例的总和也不是规律。因此，单纯对自然现象的观察或实验并不能揭示出支配这些现象的规律性。只有这些现象的实例显示出一种不变关系的时候，才能说自然界展示出一种规律性，也只有在思维对这条规律加以正确的反映、把握并变成一种普遍的命题或陈述时，一条科学定律才算形成。

科学定律是科学抽象的结果，是在观察和实验的基础上，借助抽象思维对科学事实进行由表及里、由此及彼、去粗存精、去伪存真的加工制作的结果。对自然规律的认识不可能以纯粹的形式进行。为了认识自然规律，科学认识主体需要借助抽象思维排除偶然、无关的因素，并在这个限度内以抽象的形态来把握它。无疑，规律、本质是自然现象的不变关系，是通过个别的、偶然的干扰而贯穿的必然趋势。马克思说："物理学家是在自然过程中表现得最确实、最少受干扰的地方考察自然过程的，或者，如有可能是在保

---

① 《列宁全集》第38卷，第160页。

证过程以其纯粹形态进行的条件下,从事实验的。"这样被认识的"自然规律"客观上只能是"以铁的必然性发生作用并且是正在实现的趋势"。①

科学定律是绝对真理和相对真理的统一。一方面,科学定律作为自然规律的反映受到了一定的观察和实验的检验,包含有绝对真理的成分或颗粒。"对自然界的一切真实的认识,都是对永恒的东西,对无限的东西的认识,因而本质上是绝对的。"② 科学定律表现着自然现象的稳固的联系,只要具备一定的条件,由定律所确立的现象或过程就必定发生。例如,只要排除空气浮力和阻力一类因素的干扰,所有物体,不管其大小、轻重、形状如何,都会按照自由落体定律所描述的那样,以各物体所处地点的重力加速度向地面下落。自由落体定律的绝对真理的成分不会由于科学的发展而被推翻。另一方面,科学定律对自然规律的反映是近似的,而不是完全逼真的、绝对无误的反映。它们总是人们在一定历史阶段上对发展到某一水平上的自然界的某些方面、某些层次的本质或规律的反映,它们不可能把自然发展的一切阶段、一切方面、一切层次、一切联系把握无遗。所以,科学定律的深刻性和普遍性是有限的。

科学定律都具有历史性、相对真理性。它具体表现在:(1)科学认识总是受一定的条件,诸如客观事物发展水平及事物本质暴露程度、社会发展水平、认识主体的能力等的限制,因而对自然规律的认识只是近似的,不可能完全正确。例如,在自由落体定律中,重力和加速度被看作是一个常数,这只是一种近似值,只有在物体离地面不太高时,才不会出现太大的误差。后来人们发现万有引力定律更接近于客观实际,这是一个进步。但万有引力还没有揭示引力的本质和根源,仍然不是完全的认识。(2)科学定律所描述的不变关系适用于无数的事例,这是有全称命题形式的定律的特点。但是,我们所能知道的事例是有限的,不能穷尽所有事例。至今我们所能知道的事例都与定律相一致,至于以后发现的新事例是否也与定律一致呢?这仍然是成问题的。例如,"所有乌鸦是黑的"可以看作是一个经验定律,假设我们过去所观察到的乌鸦确实都是黑的,但这不能排除我们明天看到一只白的或其他颜色的乌鸦的可能性。(3)科学定律发生作用以一定的条件为前提,超出一定条件,科学定律就会失去其作用,甚至可能变成谬误。例如,波义耳定律以忽视在由分子组成的宏观系统中分子间的相互作用这种条件为

---

① [德] 马克思:《资本论》第1卷,人民出版社1975年版,第8页。
② [德] 恩格斯:《自然辩证法》,人民出版社1971年版,第212页。

前提。科学定律所具有的条件性也表现在它应该适用的层次和水平上。例如，牛顿力学定律对微观领域就不成立。因此，必须对科学定律作辩证的理解，片面夸大其相对性、历史性一面，就会走向否认科学定律的客观真理性，走向唯心主义和相对主义；片面夸大科学定律的绝对性、正确性一面，就会导致形而上学的绝对无误论。这两种观点都是错误的、不可取的。

（二）科学定律的逻辑特征及其语言表述

多数严格的、普遍适应的科学定律都以全称命题的形式表示出来。一个全称定律陈述着一个给定类的所有元素之间的一种不变的关系，可以用逻辑的条件式命题或双条件式命题来表示。条件式命题具有如下的形式：

$$(z)(F \rightarrow Gx)$$

它的意思是说，对于任何 x 而言，如果 x 是 F，那么 x 是 G。其中（x）为全称量化词，意即"对任一 x 而言"；符号"→"是命题连接词，意为"如果……那么……"；"Fx"表示"x 是 F"，"Gx"表示"x 是 G"。若 x 代表任何物体，则这个公式说，对任何物体 x 而言，如果 x 有性质 F，则 x 有性质 G。例如，我们可以说"对任一物体 x 而言，如果 x 被加热，则 x 就会膨胀"。显然，这是在最简单、非量化形式下的热膨胀定律的逻辑表达式。

双条件式命题具有如下的形式：

$$(x)(Fx \longleftrightarrow Gx)$$

这里符号"⟷"是命题连接词，表示充分必要条件，意为"当且仅当"。既然可用条件式命题表示全称定律，则同样可以用双条件式命题来表示它，因为双条件式可以简单地理解为两个条件式命题的合取。

科学定律适用于一种无穷大或无限的自然事件或实例的类，并且一般地说是不受任何特定的时间和地点所限制的，它在何时何处都是无区别地成立的。因此，它与科学事实的命题的区别是显而易见的。科学事实的命题都以单称命题的形式表现出来，它所讲的是一个在单一时间，单一地点所发生的某事。例如，"昨天，天文学家用射电天文望远镜发现一个新的类星体"就是一个科学事实，它是一个单称命题。作为科学定律的全称命题是由单称事实命题概括而来的。如何从单称事实命题上升到全称定律命题，这是科学哲学和逻辑学上的一大理论难题，即所谓的"归纳问题"或"休谟问题"。

但是，并非所有的全称命题都是科学定律。所以，有必要把似定律的全称（规律概括）与偶然的全称命题（偶然概括）区分开来。例如，下列两个命题，"所有金属遇热膨胀"和"我口袋里现在所装的硬币都含有铜"都具有全称命题的形式，但前者是似定律的命题，后者则是偶然全称命题。如果把它们分别译成逻辑语言，则可较容易看出它们之间的区别。前者说的是："对于任何 x 和任何时间 t，如果 x 是金属且 x 在 t 时被加热，则 x 在 t 时就膨胀"；后者说的是："对于每一 x 而言，如果 x 在某一时间时是我口袋里的硬币，则 x 在 t 时含有铜"。

许多科学哲学家都同意，似定律的全称命题与偶然全称命题的区别在于：前者支持虚拟条件句，而后者则不支持这种语句。逻辑经验主义的科学哲学家欧内斯特·内格尔则进一步提出了似定律全称命题区别于偶然全称命题的四个特征：[①]

（1）似定律的全称命题断定的范围是无限的，而偶然全称命题断定的范围是有限的。两者的差别就在于似定律的全称命题所论断范围可以进一步扩大，而偶然全称命题所论断范围是封闭的。偶然全称命题的谓词断定的对象被限制在一定的时空范围中，而似定律的全称命题则没有这种限制。所以，前者叫做有限的全称，后者叫作无限的全称。

（2）全称命题虽然是真的，但它是空洞的，不具有定律似的地位。如果不存在火星人，则说"所有火星人都是绿的"这句话是真的就是空的。但是，空洞的真定律是没有的。所以，一个无限的全称命题的空洞真不足以作为一个定律。它要成为定律，必须有一系列其他的定律，从这些定律可以合乎逻辑地推导出这个全称命题。

（3）偶然全称命题的论断范围是封闭的，它的真假可以通过检验全称命题所断定的每一个个体是否具有某种性质或关系而得到确定；而定律似的全称命题的范围既然是无限的，其真假也就不能用检验每一个个体的办法来确定。

（4）定律似的全称命题往往从直接支持同一科学演绎系统中的其他定律的证据那里得到间接的支持。相反地，偶然的全称命题并没有得到这种间接的支持。

内格尔所做的区分是有一定道理的，但过分烦琐。这与他否认科学定律是自然规律或事物必然性的反映的观点有关。实际上，似定律的全称命题和偶然全称命题之间最根本的区别在于前者反映了现象之间的不变关系或事物的内在本质或必然性，而后者则没有真正反映这种不变关系、本质或必然性。

---

① 参见内格尔《科学的结构》，英文版，第二版，第 56—67 页。

科学定律往往具有简明性特征,科学定律的这一特征要归功于数学语言和符号语言的应用。科学定律尤其是物理学的定律,通常都由数学公式、数学方程式及其他符号公式表示出来。事实上,只有到牛顿和伽利略引入数学方法之后,力学和物理学才成为精确的定量科学。伽利略说过,宇宙这部书是用数学语言写成的。数学语言具有简明、精确性的特点。它抛开具体的内容,只涉及抽象的数量关系。这一点反过来能精确地描述事物的具体变化过程。例如,自由落体的瞬时速度,曲线的斜率、电流在时间上的变化等分属不同的领域,但经过抽象之后,都可以由共同的数学函数 $y=f(x)$ 的导数,即 dy/dx 来表示。数学语言是科学定律的最重要的表达工具。在电动力学中,著名的麦克斯韦偏微分方程组就概括地描述了经典电磁理论的全部基本定律。量子力学的基本关系,在海森堡那里是以矩阵的形式表示出来的,而在薛定谔那里则以波函数的形式表示出来。此外,量子力学中的弥散公式、黑体辐射的维恩公式、瑞利公式等也反映了相应的科学定理。

用数学语言或符号公式表示科学定律,使科学定律既精确又美观,体现了真和美的统一。简明性符合人们的审美要求。所以,人们在表述或修改科学定律时,往往考虑简明性因素,除非绝对必要,不轻易破坏这种简明性。例如,牛顿的万有引力定律说,物体间的作用力与物体质量的乘积成正比,与物体间的距离的平方成反比,然而,不知为什么是平方,而不是多一点或少一点,比如说是 1.9 次方或 2.1 次方,实际上,对说明水星近日摄动,幂指数为 2 并不合适。对此稍作修改也是允许的,但毕竟没有一个物理学家这样做,为什么呢?这是因为科学家怕损害这个定律的简明性,怕失去这一定律的"自然美"。科学家并没有修改平方定律,而是通过相对论来解决水星的近日摄动问题。

在科学认识成果的形成和表述中,有几个与定律相近的术语,如原理、规则、定理、定则等。这些术语往往被当作定律的同义词而被使用。这些术语确实包含有定律的意义,很难以一种十分严格的方式把它们区别开来。但是,这些术语之间还是有相当程度的差别的,有必要把它们相对地区分开来。

原理一般指构成某种科学理论或学科的体系的基础命题。原理也是定律,但它们是普遍性程度最高的理论定律。原理显示出科学理论构成的方向和性质,原理可以比做库恩所说的"范式",它是一个理论或学科的基本理论基础。它决定了一个科学共同体的工作方向。原理通常着重表述自然过程的条件,并且往往以条件关系命题的形式表现出来。例如,现代物理学中不确定性原理、对应原理，力学中的"动能原理"，热学中的"能量按自由度均分原理"，化学中的"勒夏忒列原理"等都具有这个特点。

规则或定则指的是关于恰当性行动应当怎样进行的一些规定或调节性指令，是选择或淘汰自然现象的某种原则或规定。这些规则往往以定律作为依据。规则或定则说出一个人应该按照一种理由行事。它被用一种示范的实例蕴含地表示出来，被明确地作为一种箴言的形式陈述出来。例如，选择规则，它是提供量子力学系统变动时始末稳定状态的量子数可选关系的规则；洪德规则指的是电子位于原子的一定轨道时，其基底能量状态的自旋和方位量子数能采取一定关系的规定，"左手定则"假定磁力线垂直从左手心进入，其余四指指向电流方向，拇指必定指向磁场对电流作用力的方向；又如技术操作规则："当金属在火焰变成蓝白色时，就进行淬火"。

定理指的是能根据其他基本定律而用数学或逻辑手段来证明的定律。例如，作为流体力学基本定律的伯努利定理就可以用能量守恒定律来证明；关于流体从容器流出速度的托里拆利定理则可以用伯努利定理来证明；关于可循环中热效率的卡诺定理，可以根据热力学的诸定律来严格证明。

（三）科学定律的形成

科学定律的形成问题是科学发现的中心问题，因为所谓的科学发现主要还是科学定律的发现或形成问题。这是一个长期没有解决的理论问题，涉及许多难点。首先，科学定律的发现是理性的，还是非理性的？是属于研究的逻辑，还是发现的心理学？其次，科学定律的发现和证明究竟是统一的，还是分开的？换个说法，发现、形成问题包不包括证明阶段？最后，科学定律的发现有没有合理的逻辑方法？如果有，又是哪一种方法起主导作用？是归纳、演绎，还是其他方法？此外，概念框架在发现过程中的作用问题、归纳问题、证实证伪问题等。这些问题又往往交织在一起，使科学定律的形成问题显得错综复杂。

在科学哲学史上，许多名家就这个问题展开了长期的争论，他们提出了种种见解。例如，归纳形成观较好地说明了科学定律形成的经验基础，能较完满地说明经验定律的形成。但它片面强调归纳法的作用，忽视了其他科学方法及概念因素的作用；它无法解决理论定律形成中的理论概念的来源问题，它也遇到了不可克服的"归纳问题"，即由个别单称观察命题上升到普遍定律没有逻辑必然性问题。演绎形成观看到了演绎法在科学定律形成中，尤其在科学定律检验中的作用，并合理地说明了由普遍性程度较高的定律可以演绎出普遍性程度较低的定律以及由定律命题可以演绎出单称事实命题。但是，它不能解决普遍性定律从何而来的问题，也忽视了归纳法及其他科学方法的作用。归纳—演绎形成观和归纳—假说形成观看起来比归纳形成观和演绎形成观要全面一些。但是，它们同样有许多问题没有解决，如归纳和演绎的关系、归纳和假说的关系，概念因素、创造性思维及其他方法在科学定律形成中的作用等。非理性主义形成观否认科学发现的合理性，把科学定律的发现这一认识论问题降为心理学问题，其根本方向是错误的。但是，它看到直觉、灵感、顿悟一类的创造性思维在科学定律形成中的作用则是合理的。

科学定律的形成是一种复杂的创造性思维活动过程，不可能将形成过程归结为一些机械的步骤，也不可能靠一种或几种形式逻辑的推理方法就把科学定律构造出来。正如 H. 西蒙所指出的，发现定律的过程是把一组经验简约为编码的过程，是识别经验资料模式的过程。科学定律的发现是思维的能动创造过程。在这一过程中，既有如归纳、演绎、类比、抽象、概括、综合、溯因等一类的知性思维方法起作用，也有如分析—综合、抽象—具体、历史—逻辑、假说—演绎等一类的辩证思维方法在起作用；还有如直觉、灵感、顿悟一类的创造性思维或非逻辑思维在起作用；此外，还有概念框架、本体论观念在起作用。因此，可以说科学定律的形成或发现没有逻辑通路。不可能有普遍适用的科学定律发现的机械的逻辑程序。如果有这样一套机械程序的话，则科学定律发现的创造性过程便被取消了。正如瓦托夫斯基所指出的，如果我们试图建立一个科学发现可以从中推出的理论，我们就会陷入一种二难的境地：如果我们能从这种理论中推演出科学发现，则我们便取消了科学发现中的创造性；如果不能从这个理论推演出科学发现，则这是一个失败的发现理论。

科学定律的形成具有高度的创造性和复杂性，但它仍然是一个理性过程。正如一些西方科学哲学家所指出的，科学发现虽然没有逻辑通路，但并非没有理性通路。诚然，各个具体科学定律的形成过程可能是千差万别的，在其中起主要作用的逻辑方法或非逻辑方法也可能是不同的，这个定律可能主要靠归纳获得，那个定律可能靠类比获得，而另一个定律则可能主要靠直觉或顿悟获得。但这并不排除科学定律的形成有一般的规律可循，不能否认所有科学定律的发现过程有某种一般共同性。

科学定律的形成一般经历了如下阶段：首先，人们通过观察、实验等科学实践活动，获得一定数量的科学事实，或者在科学研究中发现某个或某些问题，如理论体系中的自相矛盾，理论、定律与新科学事实之间的矛盾等。这是科学定律形成的基础或出发点。

其次，人们借助逻辑的或非逻辑的方法进行抽象理论思维，对科学事实进行理性加工，对科学问题作进一步的深入探索，从而形成归纳概括或科学假说。一般来说，人们先形成经验定律或经验概括。这主要靠归纳法来实现。因为经验定律反映的是现象间的普遍联系，它不反映事物的更深层的本质，它所使用的是语词。所以，借归纳法对科学事实进行概括或综合，就能形成经验定律。在经验定律的基础上进而形成理论定律或理论假说。在这里，辩证思维方法，创造性思维方法以及概念框架，本体论观念起着重大作用。理论定律是事物深层本质的反映，它揭示由经验定律所反映的现象间的普遍联系的根据或本因。它已不再与科学事实发生直接的联系。所以，人们往往先形成概念框架，再形成理论定律或假说。

再次，人们主要借助演绎法对科学定律进行检验。这可以从经验定律演绎出经验事实命题而直接检验这个经验定律，也可以从理论定律演绎出某个经验定律，再把经验定律与有关事实比较而间接检验该理论定律。可见，在我们描述的科学定律形成的一般图景中，定律的发现和定律的证明是统一的。

科学定律形成的途径或方式是多种多样的。从科学事实、科学概念、科学假说或科学理论以及科学定律自身等方面都可以形成科学定律。

第一，科学定律可以通过对科学事实的概括、归纳而直接形成。这样形成的定律一般是经验定律。人们通过观察、实验等活动积累了关于某类事物或现象的一定的科学事实，这些科学事实显示出事物或现象间的不变关系，借助于分析、综合、归纳、概括等思维方法就可以形成科学定律。例如，波义耳定律的形成就直接来自于科学事实。许多经验定律都是直接由科学事实的概括而得到的。

第二，科学定律可以通过假说的途径形成。许多科学定律并不是靠对大量科学事实的概括而产生的，而是在少量的科学事实的基础上对事物的规律性做出猜想或假说而形成的。恩格斯说："只要自然科学在思维着，它的发展形式就是假说。一个新的事实被观察到了，它使得过去用来说明和它同类的事实的方式不中用了。从这一瞬间起，就需要新的说明方式了——它最初仅仅以有限数量的事实和观察为基础。进一步的观察材料会使这些假说纯化,取消一些,修正一些,直到最后纯粹地构成定律。"①

第三,科学定律可以通过科学概念的途径而形成。科学概念是反映事物的属性、联系和本质特征的科学认识形式。新的科学概念的引入往往导致新的科学定律的发现。例如麦克斯韦的电动理论定律的提出在很大程度上依赖于"矢量场的旋度"这一概念,假设有一些静止的电荷,它们产生了一个服从库仑定律的电场,在离一个电荷 E 的距离 r 处,电场强度是 E/r^2。这样的场可以从电势 V 来导出;它是这个势的陡度。任何矢量场的旋度是零。因此,方程"场的旋度=0"表征静电场,这在数学上等同于"势能"的存在,由此,场就作为它的陡度可以计算出来。麦克斯韦表述他的从静电场到一般电磁场的推广时,主要靠的是"旋度"这个概念。他假定在一般的场中,"旋度"不再像静电场中那样等于零,而是随着时间变化的,麦克斯的定律可以简单地表述如下:电场的旋度同磁场的时间量成正比。

第四,科学定律也可以从其他科学定律中形成。这表现为各种情况,如可以以普遍性程度较低的定律概括出普遍性程度较高的定律;也可以通过对经验定律的抽象而形成理论定律,还可以从理论定律中推导出新的经验定律等。例如,著名的牛顿三大运动定律就是从开普勒行星运动定律等概括而来的。

总之,科学定律的形成途径或方式是多种多样的。单纯从方法论上探讨这种形成是不够的,也是很难解决问题的。因为科学定律的形成是一个复杂的辩证思维或创造性思维的过程,它必须使用多种多样的思维或逻辑的方法甚至非逻辑的方法。很难将定律的形成归结于某一思维方法的结果。从形成的途径或方式方面探讨科学定律形成是考察问题的一个新角度,值得深入研究。

二、科学定律的结构

科学定律既有微观结构,也有宏观结构。所以,对科学定律既可以进行微观结构分析,也可以进行宏观结构分析。微观结构分析主要从科学定律的内部,揭示定律的组成因素及其联系方式,宏观分析则把所有科学定律作为整体,揭示科学定律的多样性、多层次性及各种规律之间的相互联系。这里,我们是从宏观的方面来分析科学定律的结构的。

---

① [德] 恩格斯:《自然辩证法》,人民出版社1971年版,第218页。

（一）科学定律的结构性及其客观根据

自然界是由各种系统、各种规定和各种运动形式及过程组成的整体。自然界在由简单到复杂、由低级到高级的发展过程中，经历了一系列阶段，在这些阶段上相应形成了特定的物质结构层次，同时，在各个发展阶段和各个层次上也形成了独特的本质或规律。因此，科学定律作为自然界各阶段、各物质层次及其运动形式的规律或本质的反映，并不是单一的，处于同一水平上的，而是由高低不同、范围大小不同的定律所组成的整体。科学定律的多样性、多层次性以及各种定律之间的相互联系就使科学定律在宏观上具有结构性，这种结构性主要表现在：

首先，不同的科学定律反映着自然界及其运动的不同层次、不同方面的本质或规律。在科学定律这个整体中，既有适应于整个自然界的最普遍的科学定律；又有适应于自然界某个领域运动形式的较普遍的科学定律；也有适应于自然界某种运动形式的特殊科学定律。例如，能量守恒定律是物理学中最普遍的定律，它不仅适应于无机界，也适用于生命界；不仅适用于宏观系统，也适用于微观粒子系统。牛顿的三大运动定律和万有引力定律则只适用于特定的自然领域，即宏观领域，而不适用于微观和宏观领域。孤立统计力学系统中关于非可逆性的波尔兹曼定理、奇异粒子的发生和衰变中的盖尔曼定律、生物学遗传现象的孟德尔定律则是自然某一层次上的规律的反映，它们分别是关于分子、基本粒子和生物界的定律。

其次，作为自然界及其运动的某一层次、某一方面的规律反映的科学定律也不是单一的，而是多种多样的。例如，关于自然界的热辐射就有如下一些基本定律：基尔霍夫辐射定律（$A = KE$），维恩位移定律（$\lambda_{最大辐射}$：b/T），斯蒂芬—波尔兹曼定律（$E = CT^4$）以及反映热辐射基本定律的普朗克公式（光子能量 $\varepsilon = h\nu$）。这里表现出自然界及其运动的多方面性和多层次性，表现着人类对这种多层次性和多方面性的认识的发展。列宁这样描述认识的发展过程："辩证法特别是研究自在（Ausich）之物、本质、基质、实体跟现象、'为他存在'之间的对立的。（在这里我们也看到相互转化、往返流动：本质在表现出来；现象是本质的。）人的思想由现象到本质，由所谓初级的本质到二级的本质，这样不断地加深下去，以至于无穷。"[①] 科学认识总是不断地向自然的深度和广度进军，总是由简单的方面向复杂的方

---

① 《列宁全集》第38卷，人民出版社1959年版，第278页。

面,由初级本质到二级本质发展。

再次,在科学定律的结构中,各种科学定律相互联系、相互依赖和相互转化。作为自然界及其运动的各层次、各方面的本质或规律反映的各种科学定律都有它们自己确定的质,有自己的特殊性,但它们之间并不是相互排斥、彼此孤立的,而是相互依赖、相互联系、相互转化的。作为较高级运动形式反映的科学定律总是把作为低级运动形式反映的科学定律包含于自身,从低级的科学定律可以概括出高级的科学定律,而从普遍性程度较高的定律可以推导出普遍性程度较低的定律。从客观基础上说,各种运动形式是相互联系的,较高级的运动形式把较低级的运动形式作为次要的因素包含于自身。恩格斯指出:"这决不是说,每一个高级的运动形式并非总是必然地与某个现实的机械的(外部的或分子的)运动相联系;正如高级的运动形式同时还产生其他运动形式一样……有机生命同样不能没有机械的。分子的、化学的、热的、电的等变化一样。但是,这些次要形式的存在并不能把每一次的主要形式的本质包括无遗。"①

(二)科学定律的分类

科学定律的分类方式是多种多样的。我们着眼于科学认识论的角度,从科学认识的不同领域、科学定律所反映的不同认识内容以及科学认识形成的不同阶段三方面对科学定律进行分类。

从科学认识的不同领域来看,科学定律可以分成物理学定律、化学定律、生物学定律、天文学定律、地质学定律等。恩格斯根据当时自然科学的发展水平,把自然界的运动概括为机械运动、物理运动和生命运动四种基本形式,而且这四种运动形式构成从低级到高级的发展系列。作为这四种运动形式规律的反映的科学定律自然地就有力学定律、物理学定律、化学定律、生物定律等。恩格斯还认为人类对这些科学定律的认识构成一个由低级到高级的发展过程。现代自然科学向着不断分化和不断统一的两个相反的方向发展,出现了一系列的相交叉边缘学科,如生物化学、物理化学、天体物理、宇宙生物、物理海洋学等。由于每门学科都有自己特殊的研究对象,因而也就有了每门学科的特殊的定律。

从科学定律所反映的认识内容或定律所反映的是事物的属性还是关系上看,可以把科学定律分成四个基本类型。第一个类型的定律断定事物具有某

---

① [德]恩格斯:《自然辩证法》,第 226 页。

种或某些本质属性。这种定律断定，存在着某个或某类事物，并且这个或这类事物具有一系列可判定的属性，如大小、颜色、数量等。在这些属性中有一个或一些决定事物之所以是这样而不是那样的特定的质，即本质属性。一个东西 a 要是岩盐的话，它就必须有一系列的可判定的属性：立方体、水晶体、五色、硬度为 2.163、熔点为 804℃ 等。这类科学定律把事物的本质特征或属性表征出来。自然科学中的许多定律尤其是定性定律属于这类定律。

第二种科学定律断定事件或属性之间存在着的不变关系或序列关系。这包括因果定律和"发展"（历史）定律两种情形。因果定律断定事件或属性之间存在着的因果关系，即断定一个事件是另一个事件的原因或结果，事件 A 的出现必定引起事件 B 的出现，或者 B 的出现必定是由于原因 A 所致。例如"抛石落水必引起一系列的涟漪""地球与太阳之间的引力和地球运动的惯性力相互作用，决定了地球绕太阳运转的轨道"等。发展定律描述事物的发展顺序，它具有这样的形式："如果 x 在时间 t 时有性质 p，则 x 在 t 之后的 t' 具有性质 Q"。例如"在胚胎的发育中，肺的形成绝不先于循环系统的形成"就属这一类定律。

第三种定律是统计性定律，它们主要出现在生物学、医学、心理学以及物理学之中。它们断定事件或性质之间存在着的某种恒定的统计性关系，仅仅陈述某种事件出现的可能性或百分比。例如"熟苹果通常是红的""每年出生的婴儿约有一半是男的"就是统计性定律的最简单的例子。统计定律不同于因果定律，它们并不断定一个事件的出现必定伴随着另一事件的出现，而只是断定在足够长的实验序列中，由于不变的相对频率，一个事件的出现可能为另一事件的出现所伴随。19 世纪分子运动论引起了统计力学中许多统计定律的发现。例如，一定数量的氧如果均匀的具有一定的压强和温度，其各个分子的速度就会有一定的分布，这叫作麦克斯韦—波尔兹曼分布定律，这个定律表明，对于三个速度分量中的任何一个，其概率分布是所谓的正则函数。

第四种定律断定，与陈述的属性或过程相联系的两个或两个以上的可变量值之间的函数依赖关系。这包括两种情形：（1）一些定律陈述各种量值之间的相互依赖关系，其中每个量值的变化将与其他量值变化同时出现。例如，波尔—查尔斯关于理想气体的定律 $pv = aT$，这不是因果定律，它并不断定压力或体积的变化必定引起温度的变化，它只断定 T 的变化与 p 或 v 的变化同时发生。（2）一些定律表明一种量值以何种方式随时间的变化而变化。或者说，它表明，在每单位时间内一个量值的变化是如何与其他量值相关。例如，伽利略的落体定律：一个自由落体所经过的距离 d 等于 $gt^2/2$，在这个表述中，很明显，在一个量值中，时间变化的比率与暂时的间隔有关。

从科学认识形成的阶段或层次上看，可以把科学定律分成经验定律和理论定律两个最基本的类型。这个区分在科学认识论中占有重要的位置，应当加以充分的讨论。

（三）经验定律与理论定律

在科学哲学史上，对经验定律和理论定律作比较全面、系统讨论的要算逻辑经验主义的科学哲学家。在他们看来，经验定律是能够通过经验观察直接证实的定律，它们陈述那些可观察事物或事物的性质之间的关系。这里，"可观察的"一词被用在比较广泛的意义上，它并不仅指那些可以由感官感受到的东西，而且指借助科学仪器，通过简单的程序所能感受到的东西。换言之，"可观察的"指能直接观察到的任何现象。所以，经验定律指的是关于可观察事物或事物属性的定律，它们包含的是观察术语，这些术语所指的对象是可以用感官观察到或凭借仪器测量到的。经验定律既有定性的，也有定量的。前者如"蓝眼睛的父母所生的孩子是蓝眼睛""所有乌鸦都是黑的"等，后者如欧姆定律、波义耳定律等。而理论定律则是一种性质上完全不同的定律。它们所涉及的事物或现象是不可直接观察到的，它们所包含的是理论术语。理论定律是关于如分子、原子、中子、电磁场和引力场一类的不能用简单直接方法测量的实体的定律。如万有引力定律、麦克斯韦的电动理论定律等。由此可见，逻辑经验主义者划分经验定律和理论定律的主要根据是看定律所包含的是观察术语，还是理论术语，看这些术语所涉及的是可观察现象还是不可观察的理论实体。

逻辑经验主义关于观察术语和理论术语、观察命题和理论命题区别的观点受到了来自各方面的批判，尤其是受到否证论和历史学派的科学哲学家的尖锐批判。波普尔、库恩、费耶阿本德等人坚持观察渗透理论的观点，认为纯粹的观察术语是不存在的，观察术语和理论术语以及观察命题和理论命题的区别是不能成立的。这样，依波普尔等人的观点，逻辑经验主义关于经验定律和理论定律的划分也是不能成立的。于是，就产生了这样一个严肃的理论问题：究竟能不能对经验定律和理论定律做出相对的划分？如果能，这两种定律区别的根据何在？

应该指出，作为逻辑经验主义区分经验定律和理论定律根据的"可观察的"一词是模糊的，观察术语和理论术语的界限也是难以确定的。但是，逻辑经验主义者对这两种定律做出区分是合理的。诚然，在理论定律和经验定律之间很难划出一条决然分明的界线。但我们不能因此否认这两种定律之间存在着一定的差别，可以对它们做出相对的划分。正如我们不能因人的躯体的各部分连在一起而否认可以把躯体划分为头、躯干、脚、手等一样。经验定律和理论定律作为科学认识形成过程中不同阶段或层次的成果，在性质、作用等方面是不同的。

第一，从这两种定律所包含的术语或概念来看。经验定律所包含的是描述性术语或具体概念，这些术语往往直接取自于日常语言的语词，并且基本上保留日常用法的意义，这些术语是可直接测量的。对于它们，至少有一个观察或实验程序，可用于判定其内涵或意义。也就是说，这些术语具有一些可以确定的特性，观察或实验程序能测量这些特性，从而为这些术语固定一个明确的内涵或意义。因此，经验定律不可避免地拥有直接可判定或测量的经验内容，这些内容原则上可由观察或实验程序所获得的现象证据来加以确认。例如，有这样一条经验定律："声速在稀薄的气体中比在浓厚的气体中要大"。这里，声速、气体密度等都是描述性术语，它们基本保留了日常语词的意义；同时，存在着确定声速和气体密度的观察或实验程序。这些程序表明这个定律的经验内容，从而固定了定律中的术语的意义或内涵。所以，一般地说，在一个经验定律 L 中的每个描述术语，都有观察或实验程序来确定其内涵或意义；反过来，如果 L 中有真正的经验内容，则 L 本身就决定了某些观察或实验程序。

与经验定律不同，理论定律所包含的是非描述性术语或抽象概念。这些术语或概念是思维加工的结果，即使这些术语有时与日常语言的语词相同，它们也必定带有与日常用语不同的特殊内涵或意义。一般地说，抽象概念远离于经验，没有可直接确定的经验内容，不存在直接的观察或实验程序来固定它们的内涵或意义。抽象概念所指称的实体以及实体的某种属性或实体的某种关系不能被直接观察到，而且有时，它们是借助于数学概念或逻辑概念来表达的。所以，理论定律中的抽象概念不能被直接检验。它们的意义往往依赖于它们出现于其中的理论定律的框架、结构，即它们必须靠理论定律本身来定义。因此，当一个理论定律的基本假定发生改变时，它所包含的术语的意义或内涵也往往随之发生改变，即使这些术语仍然采用与旧的理论定律相同的语言表达式。在这一点上，与经验定律是不同的，它们所包含的术语的意义不会因解释这一经验定律的理论定律的改变而发生变化。

第二，从这两种定律的形成过程及形成方法来看。经验定律一般是通过对科学事实的概括得来的，它所采用的思维逻辑方法主要是归纳性的。科学史表明，大部分经验定律或经验公式是借归纳法获得的。例如，波义耳定律、热膨胀定律、盖—吕萨克定律、法拉第定律、门德列也夫的元素周期律、元素化合的定比定律，关于电磁相互作用的奥斯忒定律、计算行星至太阳间的距离的博德定律等都是靠归纳法发现的。经验定律中也有层次之分，例如牛顿的第二运动定律就比自由落体定律具有更大的普遍性。而且，较高层次的经验定律可由较低层次的经验定律概括而来。例如，关于热膨胀定律。假设观察到，每当某一铁棒被加热时便膨胀，重复多次实验后都获得同样的结果，就可以把这一规律性认识概括为一条普遍性程度较低的经验定律："这条铁棒一遇热就膨胀"。进一步的实验采用其他铁的东西，如铁板、铁块等做原料，以确定每当铁的东西被加热时就发生膨胀。于是，对此进行概括，便得到了一条普遍性程度较高的经验定律："所有铁的东西遇热都膨胀"。类似的，通过进一步的概括，便可获得更一般的经验定律："所有金属遇热都膨胀"。

经验定律既可以由直接观察证据来检验，也可以由间接的观察证据来检验。当一个经验定律被结合进一个理论定律时，它往往能得到间接证据的支持。不可否认，有某些经验定律并不是靠对事实的概括而得到的，而是由于理论上的考虑而被提出的。然而，无论如何，这些经验定律最终必须得到直接的实验证据的支持。在得到这些直接证据的支持之前，不能认为这些定律是成立的。

另外，理论定律属于另一个认识层次的定律。它们不能通过对科学事实或经验定律的概括或归纳而来。科学家不能通过收集越来越多的科学事实，然后超出经验概括而达到理论定律；也不能通过把一组经验定律放在一起，观察出某种模式，然后进行更广泛的归纳概括而得到一个理论定律。例如，我们观察石头、树木、花草等，注意它们的规律性，并通过经验定律描述这些规律性。但不管我们的观察持续多久或多么小心，也不管我们的经验概括有多么广泛，我们总不能得到关于这些东西内部的分子运动的理论定律。理论定律是通过假说等方式形成的。理论定律并不能被陈述为一种经验概括，而往往是被当作一种假说提出，它们是通过引入理论概念或概念框架，通过演绎、溯因、类比以及其他辩证思维和创造性思维的方法而形成的。因此，许多杰出的科学家都认为，理论定律是"心灵的自由创造"。这里的意思当然不是说理论定律的形成可以完全脱离科学事实，或它们不需要观察证据的支持，而是说理论定律并不是直接来源于经验概括，它们是创造性思维的结果。

科学家努力建立广阔的、抽象的理论定律框架，从这个定律可以解释、推导或预见各种各样的经验定律。例如，1829年，美国天文学家哈勃提出了星系运行速度同星系离我们的距离成正比的经验定律。为解释这一定律，人们便提出宇宙膨胀理论定律。这些定律被认为与爱因斯坦的广义相对论相一致。一个理论定律所能推出的经验定律越多，被推出的经验定律的差别越大，则这个理论定律的普遍性程度越高，解释力就越强。被推出的经验定律若是已知的，则可以说理论定律解释了被推出的经验定律；若推出的经验定律是未知的，则可以说理论定律预见了新的经验定律，若被推出的经验定律被确证的话，则可以说理论定律得到了间接的证实。我们接受某一理论假说作为定律，最初往往并不是它们得到观察事实的支持，而是它们能推导出一些经验定律，这些经验定律是由以往积累起来的科学事实概括而来的。如光的粒子说、化学原子论及气体分子运动论的情形便是如此。理论定律与经验定律的关系在某些方面类似于经验定律与科学事实的关系。经验定律解释已知的科学事实和预见未知的科学事实，理论定律则解释已知的经验定律和预见未知的经验定律，单个的科学事实被概括为经验定律之后，就会处于一种有序的地位上，同样，单个经验定律被纳入理论定律的框架后，也会处于有序的地位上。但是，经验定律可由观察事实来直接检验，理论定律一般则须由经验定律来间接检验，它借助经验定律这一中介与经验事实进行比较。

第三，从这两种定律的普遍性程度、深刻性程度及作用范围的区别上来看。理论定律比经验定律要普遍得多、深刻得多，因而其适用范围也要比经验定律广泛得多。经验定律主要解决科学事实中的普遍联系问题。例如，为解决"轻重不同的物体的下落速度是否相同"的问题，伽利略通过实验和逻辑论证推翻了亚里士多德关于重物比轻物下落的速度要快的错误观点，确立了自由落体定律。这一定律表明了落体现象间某种联系的普遍性，可用于推断个别的落体现象。理论定律则是为了解决现象间普遍联系的根据问题，它是为理解经验定律而推出的理论原理。例如，当落体定律不断被观察事实确证之后，人们就会提出这个定律为什么是有效的问题。为了理解这一定律，牛顿在开普勒行星运动三定律的基础上发现了万有引力定律。对自由落体运动做出了动力学的解释，揭示了自由落体运动的本质。这里已不再是现象间联系的普遍性问题，而是关于这种联系形成的根据问题。

理论定律是从经验定律中抽象出来的。它把许多经验定律包含于自身之中。从它之中可以推出许多经验定律。比如，麦克斯韦电动方程组是从库仑定律、安培定律、法拉第定律等经验定律中抽象出来的。反过来，后面这些经验定律都可以从电动方程组中推出。理论定律反映着事物更深刻的本质。如果把经验定律所反映的现象间的普遍联系称作初级本质的话，则可以把理论定律所揭示的现象的普遍联系的根据称作二级本质。从经验定律到理论定律反映了科学认识的深化运动。19世纪90年代，人们已经知道，处于物质达到热平衡状态的辐射的性质只取决于温度。这种辐射在每个给定波长范围内，每单位体积中辐射能的数量可由某一公式给出，这个公式只含有温度和波长。这表明，辐射能密度可以表示为波长和温度的函数。但是，当时并没有一个普适的公式。瑞利—金斯定律只适用长波范围；而维恩的分布定律只适用于短波的范围；普朗克则在这两个关系式之间建立了一个内插公式，这便得到了普朗克辐射定律，它同实验数据相一致，而且把上述两个定律作为它的极限情形。但它仍然是经验概括。在这个公式背后还隐藏着更深一层的本质，并决定着辐射现象。经典物理学对此无能为力。普朗克通过深入的理论探索，提出了"量子"假说，即认为能是分成一个个"量子"的。由此形成量子论理论定律。它有效地解释了辐射现象的经验定律；同时也突破了经典物理的"能量分配原理"，解释了以前经典物理所不能解释的各种原子过程。从瑞利—金斯定律、维恩定律、普朗克辐射定律再到量子假说（理论定律），反映了人们对辐射现象的本质认识的不断深化。量子假说比前面各种经验定律更深刻、更全面地反映着辐射现象的本质，因而也具有更大的普遍性。

理论定律有更广泛的适用范围、更强的解释力。经验定律可用来解释和预言个别事件的出现，普遍性程度较高的经验定律也可以解释普遍性程度较低的经验定律。然而经验定律所能解释的事物在性质上是相似的，这些事物构成一个特定的类。例如，阿基米德定律可以解释下列经验定律：冰在水中浮动的定律、船体在水中浮动的定律、油在水中浮动的定律等。尽管这些定律所涉及的事物不同，但它们处理的是同类的现象，即液体中的浮力现象。同时，阿基米德定律所解释的事物的范围较窄，其他经验定律也具有这个特点。这确实是不可避免的，因为经验定律中出现的术语总与特定的具体事物或现象相联系。另外，理论定律能够解释广泛不同的经验定律，并且能够处理性质上明显不同的事物或现象。理论定律的这个特征是如下事实决定的：理论定律的术语一般没有具体的实指范围，理论定律的结构使得它能更自由地把自身扩展到更广泛的领域。我们知道，牛顿的万有引力定律成功地解释了开普勒的行星运动三定律、自由落体定律、单摆定律、潮汐运动定律等。同样，当代量子论的定律能解释光谱现象定律、放射性的热性质的定律，化学的相互作用及其他许多现象。

总之，由上述分析可以得出如下结论：相对地区别经验定律和理论定律，不但必要，而且可能。

三、科学定律在科学认识形成中的功能

科学认识的形成过程表现为科学事实、科学概念、科学定律、科学理论、科学学科这一系列的阶段或环节。科学定律作为自然的规律或本质的反映，是科学真理的表现形式；是科学理论的核心或基础；是科学解释和科学预见的工具。科学定律在科学认识的形成中占有重要的地位，有着重要的功能。

（一）科学定律是科学真理的表现形式

在科学认识活动中，人们通过观察和实验等科学实践活动，获得了大量有关自然现象的观察材料即科学事实。科学事实属于经验认识，它们是从生动的直观达到反映事物或现象的外在联系；即使较丰富、较全面的科学事实也不过是关于事物或现象的表面的认识，而没有达到对事物的本质的认识。正如恩格斯所说："单凭观察所得的经验，是决不能充分证明必然性的。"① 事物的本质或规律必须靠理论思维来加以把握，"表象不能把握整个运动，例如它不能把握秒速为30万公里的运动，而思维能够把握，而且应当把握"。② 在大量科学事实的基础上，人们通过创造性思维活动，对科学事实加以科学抽象，形成反映事物或现象的普遍联系或内在本质的认识，这就是科学定律。它表明在一定的条件和范围内，主观与客观的某种程度上的符合，因而具有真理的意义，并成为科学真理的一种重要表现形式。

科学定律的重要意义正在于它舍去了事物片面、表面的认识，舍去事物的外在联系，抓住了事物的本质或规律的东西，它对科学事实加以概括或理论把握。科学认识由科学事实层次进到科学定律的层次，就具有更大的一般性。科学定律力求提供内容丰富的科学真理。科学定律实现了恩格斯所描述

---

① ［德］恩格斯：《自然辩证法》，第207页。
② 《列宁全集》第38卷，第246页。

的科学认识的发展过程:"我们在思想中把个别的东西从个别性提高到特殊性,然后再从特殊性提高到普遍性,我们从有限中找到无限,从暂时中找到永久……"① 科学定律借助于思维超越了作为经验认识的科学事实所提供的东西,进入理论认识的领域;它不再只是适用于某个特殊现象或事件,而是有广泛的适用范围;它不仅是以往科学认识成果系统化的工具,而且是提供新的科学认识的手段。

科学事实所反映的是事物或现象的各个片面,它们之间是彼此孤立的、没有联系的,它们属于零碎的、没有系统的知识,尽管它们是科学理论认识形成的直接基础,但它们并未能在科学的共和国中取得公民权。门德列耶夫指出:"科学的威力和力量在于无数的事实中;而科学的目的在于概括这些事实,并把它们提高到原理的高度。这些原理发源于我们智力活动的简单基础;但它们在同等程度上,也起源于实验的世界和观察的领域。"② 科学定律提供广泛的概念框架把个别的、零碎的科学事实组织起来,概括出这些事实的普遍的不变关系,揭示出这种普遍不变关系的根据或本因。经验定律把属于同一领域或同一类现象的科学事实统一起来,而理论定律则借助于某些经验定律把属于不同领域或不同种类的现象的科学事实统一起来。科学定律已经在科学共和国取得公民权,而且成为共和国里的"要员"。

(二) 科学定律有助于科学概念和科学理论的形成

科学概念、科学定律和科学理论都属于科学认识形成过程中的理论认识形式,并且前两者是第三者构成的基础。科学定律与科学概念及科学理论之间处于什么样的关系?它对科学概念和科学理论的形成究竟有什么作用呢?

先看科学定律和科学概念的关系。科学概念也是科学认识成果的主要表现形式之一,它是对事物本质和规律认识的结晶。正如列宁所说,认识的概念或范畴"是帮助我们认识和掌握自然现象之网的网上纽结"。③ 而科学定律作为反映事物本质或规律的认识形式,则以判断或命题的形式表现出来,它明确回答事物具有或不具有某种本质属性或关系的问题。至于科学概念和科学定律在科学认识形成过程中何者在先,何者更为基础的问题比较复杂,

---

① [德] 恩格斯:《自然辩证法》,第212页。
② 引自札布罗茨基《门德列耶夫的世界观》,生活·读书·新知三联书店1959年版,第87页。
③ 《列宁全集》第38卷,第90页。

它与逻辑学中关于概念和判断这两种思维形式何者在先、何者更基础有关。特别是一个明确的经过提炼的科学概念往往包含某一科学定律的内容。可以说科学概念的隐定义就是科学定律，而一定的科学定律的浓缩就是科学概念。但是从逻辑顺序上看，科学概念是科学认识的细胞，科学定律则是科学概念的展开，它以命题的形式展示科学概念的内涵。所以，可以说科学概念逻辑上在先。但从历史顺序上看，较严格的、经过琢磨过的科学概念后于经验定律而先于理论定律。因为经验定律一般是借助归纳法而从科学事实概括而来的，它们所使用的术语大多是日常语词。而一个理论定律的提出往往需要前所未有的新概念，或对已有的旧概念加以抽象、提炼、扩展或限制，或论证原有概念之间的新联系，新概念或概念框架的提出是理论定律形成的必要条件。

科学定律尤其经验定律有助于科学概念的形成。科学概念的形成要经过逻辑上的抽象和概括，它可以通过定律（经验的）的提出或发现来完成；进一步的工作是把对本质属性或关系的认识加以浓缩，并使用适当的语词把它表述出来，这就形成了科学概念。例如"基因突变"这一生物学和遗传学的基本概念就是在德伏里斯的月见草实验、摩尔根的果蝇实验，缪勒的X射线诱发突变实验所得出的有关经验概括的基础上形成的。科学定律对科学概念的另一个作用是，科学定律是明确科学概念的一种有效手段。许多科学概念的内涵是通过有关科学定律表现出来的，也就是说，这些科学定律揭示了某一科学概念所包含的事物的本质属性。它们是这一概念的定义。因此通过列举或检查有关的科学定律，我们就能明确科学概念的意义。

再从科学定律与科学理论的关系上来看。科学定律和科学概念是构成科学理论的两个最基本的因素。科学理论则是科学成果的系统的体现，它对某一领域的事实或问题提供系统的解释或解题方案，完整地反映这一领域的事物及其过程的本质和规律性，而这种反映或再现是通过一系列的科学概念、科学定律的合乎逻辑的联系和转化来实现的。科学理论是由科学概念和科学定律等构成的有机整体。例如，牛顿力学理论就是由质点、力、质量、惯性等一系列基本概念，牛顿运动三定律、万有引力定律等一系列科学定律以及其他的辅助假设及结论组成的有机整体。在科学理论中，科学定律尤其是基本的定律（原理）起着极大的作用。它们是科学理论的核心或灵魂。科学理论表现为从基本的科学概念和基本的科学定律开始，借助于推理规则及辅助假设，从而推演出一系列定理或结论的严密的逻辑体系。在这一体系中，基本的科学定律带有数学或逻辑推理、证明系统中的公理一样的性质，它是整个体系的出发点。例如，阿基米德的"静力学"理论体系是由七条基本定律（"公设"）开始，然后演绎出其他十五条定理（定律）的理论系统。而热力学理论则是从两个最基本的定律出发，然后推出一系列其他的定律或结论。

（三）科学定律的解释和预言功能

科学定律在科学认识形成中的一个重要的功能在于，它是科学解释和预言的有效工具。经验定律可以用来解释已知的科学事实和预见未知的科学事实；而理论定律则可以解释已知的经验定律和预见未知的经验定律，这在科学认识的形成中的作用是非常重大的。

科学认识的最重要的任务在于回答"为什么"的问题。例如，"为什么太阳每天东升西落？""为什么摩擦能生热？""为什么木头能燃烧，而石头不能燃烧？""为什么生物对外界具有适应性？"，等等。回答为什么的问题就是科学解释。科学解释必须借助科学定律。解释有各种类型，如演绎解释、归纳—概率解释、历史解释、功能解释等。但最基本的类型是演绎解释。这种解释以普遍定律作为前提，再加上某些初始条件然后演绎出被解释的科学事实或普遍性程度较低的经验定律。也就是说，它把被解释的事实或定律置于普遍定律之下，作为普遍定律的推导结果。这样被推出的事实或定律就得到了解释。演绎解释的推理式可以表示如下：

$$(x) \quad (Fx \rightarrow Gx)$$
$$\underline{Fa}$$
$$\therefore Ga$$

我们先看如何用经验定律预见和解释科学事实。使用上述推理式可以建立一个科学解释的演绎模型。这个模型具有如下的模式：

1. L_1，L_2，L_3…L_n（全称定律）
2. $\underline{C_1，C_2，C_3…C_n（初始条件特称陈述）}$　　解释项
3. E（科学事实的单称陈述）　　　　　　　　被解释项

这个模型被称为解释的覆盖律模型，它表明被解释的事实或现象 E 是借助于某些初始条件 C_1，C_2，C_3…C_n 等而从定律 L_1，L_2，L_3…L_n 中演绎出来的。例如，以附近有一颗行星存在为初始条件，由万有引力定律等可以解释天王星运行异常的情况。

演绎模型的大前提是全称定律，当然有许多科学解释不是以全称定律作大前提的。这就有其他类型的解释，例如归纳统计类型的大前提是统计性定

律，但必须注意，归纳统计型的解释比采用的推理式既可以是演绎推理的形式，也可以是归纳推理的形式。例如，我们知道某种蘑菇有微毒，90%食用过它的人会引起某些病状。如果医生在某病人身上发现了这些病状，且病人告诉医生说他昨天吃了这种蘑菇，则医生会告诉病人说他的病症是吃了有毒的蘑菇所引起的。这就是一个归纳统计型的解释。它具有如下演绎模式。

1. 相当百分比的 F 是 G
2. a 是 F
3. 所以，a 有相当百分比的可能是 G。

经验定律也可用于预见未知的科学事实，解释和预见在逻辑上是对称的。也就是说，它们的逻辑推理根据是一致的。关于这一点，亨普尔写道："在对过去发生的个别事件所做出的演绎定律的解释中，在用来解释的语句中，逻辑上已经蕴含着被解释的语句中所引证的定律和个别情况。那么，人们就可以拿这些用于解释的语句来预测这个解释的事件。在这个意义上，我们可以说，这种解释作用的论证也可以当作预测的论证来加以作用。"① 这里所不同的是知识背景状况。在解释中，事件 E 是已知的，我们通过显示 E 是如何从定律 L 和先行条件 C 推导出，而使 E 得到解释。在预见中，E 则是未知的事实，我们有了定律 L 和先行条件 C，就断定 E 是一个科学事实，尽管 E 可能还没有观察到。例如，我们知道摩擦能生热这个定律，并且我们已摩擦了 3 块金属（先行条件），我们便可以预见，两块金属会发热。这是预见的一个最简单的例子。

在许多场合中，未知的事实 E 可能是一个未来的事件，如天文学家根据行星运动的定律预见下一次日蚀或月蚀发生的时间。但在某些场合中，未知的事实 E 是与初始条件同时发生的，如上例，金属生热和它们相摩擦是同时发生的。在另一些场合中，未知的事实 E 也可能是过去发生的，只是我们不知道而已。如地理学家可以从石头上的痕迹推知某一地区曾被冰川覆盖过。

并非所有被用来预见的定律都是全称定律，统计性定律同样可用于预见。不过用统计性定律进行预见所得出的结论是或然的。假如有一条统计性定律说某一村庄的居民有 90% 是少数民族，我知道某人是这个村庄的居民，却不知道他是不是少数民族。但依统计定律，我可以预见他十分之九是少数

---

① ［美］亨普尔：《演绎定律解释与统计解释》，《明尼苏达科学哲学研究》第 3 卷，1962 年版，第 113 页。

民族。

理论定律则被用于解释和预见经验定律,这里的逻辑机制与用经验定律解释和预见科学事实的逻辑机制是相同的,这种解释和预见主要采用演绎模式。与上述覆盖律模型不同的是,作为大前提的定律是理论定律,而作为结论的是经验定律而不是科学事实 E。

理论定律展示内容不同的经验定律之间的系统联系,它提供对已知经验定律的解释并能预见新的经验定律。我们知道,电动力学是 1860 年前后由法拉第和麦克斯韦两个人发展起来的,其中法拉第做了大部分实验工作,麦克斯韦做了大部分的数学工作。该理论处理电荷及其在电场和磁场中如何变化的问题。麦克斯韦描述电磁场的微分方程组假定,只有一些其性质未知的、各自分离的小物体能够带一个电荷或一个磁极,这为实验所证实。从麦克斯韦方程组可以解释当时已知的一系列电学、磁学的经验定律,如库仑定律、毕奥—萨伐定律、安培定律、法拉第定律等。但是,麦克斯韦方程组所能解释的不只是电、磁方面的定律。在这个方程组中,有一个确定的参数 C。根据方程式,在电磁场中的一种干扰可以被一些速率为 C 的波长所传播。实验表明 C 的值大约是每秒 3×10^{10} 厘米,这正好与已知的光速相同,并且这不太可能是一种偶然现象。它表明,光不过是电磁波振动的一个特例。只有到麦克斯韦方程组出现,才为各种光学定律,如折射定律、不同介质中的光速定律等提供了解释。

解释已知定律,仅仅是麦克斯韦的理论定律的一个方面的作用。这个定律的更重要的作用在于它导致了一系列新的经验定律的发现。在当时人们认为光是一种电磁波并且它以极高的频率传播。但麦克斯韦理论定律表明,具有不同频率的波的存在是可能的。1890 年前后,赫兹做了旨在查明低频率电磁波的一系列著名实验,终于发现了赫兹波即现在所称的无线电波,并导致了相应的经验定律的发现。对于 X 射线来说最初被看作是具有很大速度和穿透能力的粒子。通过麦克斯韦定律,人们设想它可能与光和无线电波一样,是电磁波,但却是一种具有极高频率的电磁波,这后来也被证实了,并且从麦克斯韦方程推导出了一些关于 X 射线的经验定律。

应该说,理论定律预见新经验定律的价值比解释已知的经验定律的价值要大得多,如果理论定律只能解释,而不能预见,那它在逻辑上只不过等于一组经验定律的集合,尽管它可能具有某种简单性或简化了的经验定律的形式。事实上,物理学上每一导致该学科重大进展的理论定律都能推导出新的经验定律。假如爱因斯坦的相对论只不过是一些能包括某些已知定律的理论定律或假定，那么它就绝不会有如此革命性的结果。当然，事实并非如此。相对论导致了一些解释如水星进动、太阳光线在太阳周围弯曲一类现象的经验定律的发现。这些发现表明，相对论不是一个表述已知经验定律的新方法，它具有巨大的预见力。还可以从相对论推出其他的结论，而这些结论是以前的理论定律所不能推出的。

3-4

科学技术与意识形态[*]

1929年，德国社会学家卡尔·曼海姆的《意识形态和乌托邦：知识社会学导论》问世。此后，科学技术与意识形态的关系就成为社会科学尤其哲学、社会学和政治学等学科争论的一个问题。在西方20世纪五六十年代关于意识形态及乌托邦的大规模的讨论中，科学技术与意识形态的关系又是一个重要的方面。法兰克福学派对这一问题提出了一种独特的论点，即认为在发达的工业社会或后期资本主义社会中，科学技术执行意识形态的职能，或者说科学技术即是意识形态。这一论点是法兰克福学派的科学技术社会学理论（即科学技术的社会功能理论）的一个重要内容。在这里，我们将先介绍法兰克福理论家马尔库塞和哈贝马斯的观点，然后将他们的观点放到特定的社会背景以及关于这个问题讨论的历史脉络中去考察，并从马克思主义有关这一问题的理论观点出发，对之加以评论。

一、法兰克福学派的观点

法兰克福学派关于科学技术在发达工业社会中执行意识形态职能的论点与他们关于科学技术在发达工业社会中已成为一种新的统治或控制形式的观点密切相关，可以说，它们是同一个问题的两个相互联系着的方面。在法兰克福学派的主要代表人物看来，科学技术在当代取得了合法的统治地位，科学技术理性成为当代社会统治的最重要的组织原则。因此，他们逐步把对资本主义社会现存的政治经济基础的批判转到对科学技术本身的批判。社会批判理论的这种转向从霍克海默开始，中经马尔库塞，到哈贝马斯那里便宣告完成了。哈贝马斯明确地指出，对资本主义社会的批判应让位给对这个社会

---

[*] 原载《哲学研究》1990年第6期（中国人民大学复印报刊资料《外国哲学与哲学史》1991年第4期转载）。

中的科学技术的批判。

霍克海默已经把完善的科学技术手段、工具理性看作客观上可以对目标进行合理论证的导致社会堕落的东西。早在《科学及其危机札记》一文中，他就提出了科学（技术）是意识形态的观点，他说："不仅形而上学，而且还有它所批评的科学，皆为意识形态的东西；科学之所以是意识形态，是因为它保留着一种阻碍它发现社会危机真正原因的形式。说它是意识形态的，并不是说它的参与者们不关心纯粹的真理，任何一种掩盖是非真实本性的人类行为方式，即便是建立在相互争执的基础上，皆为意识形态的东西。"①

马尔库塞把发达工业社会定义为"工艺装置"，定义为在技术概念和结构方面自身发挥作用的统治制度。他认为科学技术已经从特殊的阶级利益的控制中解脱出来，并成为统治的体制，抽象的技术理性已经扩展到社会的总体结构，成为组织化的统治原则。非人的管理和操纵感染了整个社会系统，这不仅在技术应用的具体目标上，甚至在技术起源上（在基础的科研水平上）都是如此。自动化的技术理性的出现则是一种独特的统治形式，对自然的理性控制和对工作过程的官僚控制，或者通过整合，或者通过对偏离的有效压制，构成了实际上不会遭到反对的社会"幸福意识"的基础，在经济、政治和文化三个层次上发生了需求的管制和进步思想的消除。

因此，马尔库塞认为，作为一种新的控制形式的当代科学技术绝不是中立的，它们具有明确的政治意向性，起着意识形态的作用。他坚决反对技术中立性的观点，说："面对这个社会的极权主义特征，技术'中立性'的传统概念不再能够维持。技术本身不能独立于对它的使用；这种技术社会是一个统治系统，这个系统在技术的概念和结构中已经起着作用。"②

对于技术中立性观念的批判是马尔库塞论科学技术执行意识形态职能的一个重要方面。那么，什么是传统的技术中立性观念？马尔库塞用什么样的论点来驳斥它呢？

技术中立性的主要含义是：一指满足各种需要的纯粹的工具性，或说它是工具手段中立性的一个特例。二是说技术不仅与需要无关，而且与社会文化，尤其是社会制度无关。技术工具可适用于任何社会类型之中。在这个意义上，技术显然不同于法律、宗教等社会体制，这些体制不能轻易地转换到一个新的社会类型之中，因为它们深深地植根于它们所产生的社会体制、结

---

① ［德］霍克海默：《批判理论》，重庆出版社1989年版，第5页（译文略有改动）。
② ［美］马尔库塞：《单向度的人》，上海译文出版社1988年版，第7页。

构中。相反，技术从一社会转移到另一社会似乎只受资本的限制。

人们往往把技术的中立性归因于它们的理性特征以及技术中所包含的真理的普遍性。因为既然技术中包含的是客观真理，那么它们便与政治无涉，它像科学思想一样，在所有社会中拥有同等的认识论地位。因此，在一个社会中起作用的技术在另一个社会中也同样能起作用；技术在不同的时代、不同社会中均可以成为共同的致富手段，在不同的社会也就能够用共同的标准来衡量技术的应用。

马尔库塞提出关于技术的政治意向性，科学技术执行意识形态职能的三个论点来与技术中立性的观念相对立。这三个论点是：

1. 技术作为工具或手段并不是政治上清白的，因为即使技术被当作一般的需要（如增加生产力）的手段，它在现存工业社会中的特殊的设计和应用也构成人对人的统治方式的基础。技术创造出一个极权社会，它为特定的历史规划所固有的目标服务。因此，技术不可能是真正价值上中立的。

2. 技术作为一种总体体系、一种文化形式，在为现存社会的合理性辩护中，代替了传统上的意识形态地位。因此，它预先封闭了对社会的不满和反抗，阻碍人类向自由解放方向的进步，维持现存社会统治的连续性。现有技术进步的前景不可能是真正自由和民主的新社会的到来。在这里，马尔库塞同样否定了在当代社会中意识形态终结了的论题。

3. 科学技术理性先验地适用于维护社会统治，它排除了个别性、特殊性，要求普遍性、共性，其本质就是统治的合理性。科学技术的单面性、实证性、功利主义、反辩证性及对现存事物的顺从主义使它们自身成为统治工具，成为意识形态。

马尔库塞明确向科学技术的价值自由说即技术中立性观点提出挑战。他认为，中立性观点的要害是价值"中立"，然而正是这种中立性现实地确立了它的政治意向性：它有助于特殊的社会组织，这正是科学技术所特有的形式化和职能化。在没有附加任何条件之前，它就是具体的社会实践的"纯形式"。在反对技术中立说时，马尔库塞一反他关于现代社会技术使不同制度趋同的说法，认为技术与文化尤其是与资本主义或社会主义的选择有关。

哈贝马斯进一步发挥了马尔库塞关于当代科学技术执行意识形态职能的观点，提出"科学技术即是意识形态"的命题。他认为，科学技术不仅是一种直接的生产力，而且更重要的是它日益成为社会的意识形态。后期资本主义的意识形态进一步清除了"技术"与实践之间的差别。因此，必须重新确立技术及科学在社会生活中的地位和范围。哈贝马斯根据技术规则在技术系统中区分出"手段"和"应用"。他将技术手段看作无足轻重的东西，而赋予技术应用的性质以特殊的意义，认为正是目前社会领域中普遍使用的合理方针的行动，能够把任何对象或环境作为技术手段而吸引到"工具应用"的范围中，这是社会生活中科学技术进步的主要结果。

哈贝马斯认为，国家加强了对经济生活的干预和科学技术日益取得合法统治地位是后期资本主义的两大发展趋势。由于科学技术进步，出现了韦伯系统中所谓的合理化的普遍进程，技术系统在对社会制度的吸收中，破坏了历史上形成的政治制度同文化遗产之间的相互关系，出现了合法性危机，现在统治出现了新的趋向，它已经不受某种政治或经济利益的操纵，统治成了一种残余现象；而由于国家干预经济，统治者也试图将政治问题转变为"技术问题"，把原来需通过舆论界交公众讨论的问题，变成由科技组织中专家使用技术来解决的技术问题，这样就将实际问题"非政治化"。

由此，哈贝马斯认为，科学技术的进步已由解放的潜在力量变成为统治的合理性辩护提供思想依据的手段。后期资本主义由于不能辩护自己对传统文化思想资源同社会相互作用领域的破坏性侵蚀，只好从技术统治中寻找依据，并步其后尘，借口说是科学技术本身的需要，用技术统治论的变种来取代社会存在的思想和目标的传统意识形态纲领。这种技术统治论是一种新的意识形态，它不同于以往意识形态的一个特点是，它并不期待一个美好的乌托邦未来。但它与其他意识形态有相类似的功能，即通过掩饰各种问题，简化各种选择以及为某种组织社会生活的特定方式辩护来诱惑公众。这种技术统治意识的核心是强调"工具理性"或韦伯所称的"手段—目的合理化"，即在目标实现过程中，效率的标准成为评价社会行动和人们解决问题方法的指导。后期资本主义通过对工具理性的强调来取代其他行动类型（如朝向相互理解的行动）。这种取代经历了几个阶段：首先由国家应用科学来实现特定的目标；其次，国家以效率标准来协调一组相互竞争的目标；再次，基本的文化价值本身也依据效率的合理性的标准而被评估；最后，所有的决策都交给计算机处理，由它们寻求最合理、最有效的行动路线。

哈贝马斯还指出，技术作为潜在的意识形态还深入到不过问政治的群众意识之中，并且还形成一种合法的努力。这种意识形态所产生的奇特效果就是：社会的自我理解行为脱离了交往行为的关联系统，脱离了以象征为中介的相互作用的概念，而为一种科学的模型所取代。同样，在合理行为和适应行为范畴内人的自我物化代替了人文文化对社会生活所作的一定的自我理解。技术作为意识形态，它一方面为新的、为完成技术使命的政治服务；另一方面，它又常常遇到这样一些确定的发展趋势，这些趋势能对我们称为体制的框架导致隐蔽的侵蚀，权威国家的牢固统治屈服于技术管理的操作压迫。

总之，在哈贝马斯看来，技术统治的意识比以前类型的意识形态更深入人心。同以往的意识形态不同，它不仅给争取解放的某一阶级的利益带来损失，而且与全人类争取解放的总利益相矛盾。他认为，技术统治的意识同任何阶级和执政集团没有联系，"技术统治的意识是高度发达的工业社会中不依附于社会制度的官僚统治上流社会的意识"。

我们必须把法兰克福学派关于科学技术即是意识形态的观点放在特定的社会背景以及有关科学技术与意识形态关系问题讨论的历史脉络中来加以考察。它首先与20世纪50年代到60年代西方关于"意识形态与乌托邦"的大讨论紧密相关。50年代，发达资本主义国家经济上的"景气"激进反抗运动的低落被官方辩护派看作"意识形态的终结"，看作后工业社会时代的征兆。对意识形态的兴趣变成了关于意识形态在科学技术革命时代的命运的论战。1955年在米兰召开了"自由的未来"国际讨论会。随后"意识形态的终结"成了广泛讨论的中心问题，讨论远远超出了学术范围，几乎成了一场思想热和宣传运动，涌现出大量的论意识形态及乌托邦的著作。在这些著作中，社会学所确认的社会结构和大公司企业对科学技术革命有组织的适应过程，被奉为完全决定着资本主义发展和前景的主要趋势，弄清这些趋势将会揭示出现时代的意义。这种思辨形成了所谓的"（后）工业社会"理论。

在这场讨论中，D. 贝尔、S. 利普塞特、R. 达伦多夫、Z. 布热津斯基、R. 奈斯比特是"非意识形态化"的主要鼓吹者。"非意识形态化"理论的一般的含义是：意识形态作为提出和解决问题的手段只是对不发达的社会有现实意义，对高度发达的工业国家来说，它们失去了其功能，不再适应科技革命时代社会所面临的任务和性质，已让位给"技术的解决办法"。该理论的出发点是断定资本主义社会最终结束了充满矛盾、阶级斗争和革命变化的时期，因此，与它们相关的思想意识失去了一切基础，社会所面临的问题应该从工艺方面来加以解决。他们否认意识形态的科学地位和社会功能，坚持认为现代发达工业社会的活动不应受意识形态动因的支配，而应以科学信息和准确的知识为基础，而这正是专家们对社会机制的结构和职能进行研究之后提供的。

由此可见，意识形态终结的鼓吹者也正好是技术统治意识的提倡者。正如美国社会学家克莱因所说的：发起确定技术统治学说的是"意识形态终结"的提倡者，意识形态终结的宣传者们认为主要的社会设施的行政机构猛增是提高工业生产效率的手段，是"集团利益"在组织的政策和生活中达到严格平等的方法。按照他们的看法，工业社会的基本问题已经解决，劳动者阶级的被统治已克服，经济制度是稳定的。[①]

正是在这样的社会背景下，马尔库塞和哈贝马斯等人才提出在发达工业社会科学技术成为意识形态的著名论点。他们的确揭示出这样一个新的事实：即发达资本主义国家的统治者及其辩护士极力宣扬技术统治论，力图用技术统治意识来取代传统的意识形态，为自己的统治的合理性和合法性辩护。因此，表面上，马尔库塞和哈贝马斯并不像"非意识形态化"的鼓吹者那样，主张在发达工业社会意识形态已经"终结"，而是认为在科学技术革命的条件下，科学技术成为一种"新"的意识形态。但是，马尔库塞和哈贝马斯的观点与"非意识形态化"论者在本质上却是一致的：两者都认为，在发达工业社会，反映阶级利益的思想理论体系（尤其是马克思主义）的传统意识形态的功能已经失效，技术统治意识已深入人心，它成了为统治合理性辩护的有效工具，有助于克服资本主义危机和平息人们的对立和反抗。

从科学技术与意识形态关系问题讨论的历史脉络来看。科学技术和意识形态关系的确是相当复杂的理论问题，东西方学者对它的讨论由来已久。"现代意识形态的奠基人"马克思和恩格斯的意识形态理论不仅是东方马克思主义者，而且也是西方资产阶级学者讨论这一关系问题的"本文"。马克思和恩格斯以后的马克思主义者对马克思和恩格斯关于科学技术与意识形态关系理论作了不同的解释。伯恩斯坦将意识形态和科学对立起来；考茨基利用别的概念来代替意识形态；普列汉诺夫则使科学从属于意识形态。苏联同东欧的马克思主义者则坚持列宁提出的"科学的意识形态"概念。但最早注意马克思的意识形态概念并作了较多论述的是"西方马克思主义"的始祖 A. 葛兰西。他在《狱中札记》中专门考察了"意识形态"一词词义的历史演变，认为意识形态先是一个本体论的概念，然后过渡到认识论；他从本体论和认识论统一的高度理解科学与意识形态的关系，认为那种不反映经济

---

① 参见［美］克莱因《后工业时代的美国社会、技术统治、权力与意识形态的终结》，哥伦布1973年英文版，第3页。

基础、随意臆造出来的意识形态是荒谬的。①

西方学者对于科学和意识形态的关系的讨论最早来自于知识社会学的创立者们，尤其是帕累托、韦伯、谢勒和曼海姆等人。西方学者的看法主要有两种，一种主张将科学与意识形态分开。例如意大利社会学家帕累托就持这种看法。他依据培根的偶像说，将意识形态分为四类，指出其本质乃是逻辑形式掩盖下的一种情绪，而科学研究的意义则在于"在某种程度上摆脱自己的情绪、偏见和信仰"。科学哲学家波普尔则主张在科学和意识形态中严格划界，认为科学就是科学，意识形态就是意识形态，二者不能混淆，一旦科学被社会占有或被社会所承认，那就成了对世界的信条和观念，就应将它从科学中清除掉。

另一种观点主张科学与意识形态有密切的联系。例如，卡尔·曼海姆认为任何人都不能脱离自己的实际生活环境而独立地思想。他提出两种意识形态概念，一是部分意识形态，阶级意识形态就属于这一种；二是总体的意识形态，它具有作为整体的历史过程的性质，各个部分的意识形态应根据总体的意识形态而加以评价，适应环境就是正确的，否则就是错误的。他认为科学与意识并不是截然对立的（如帕累托所说的那样），而是有密切联系的。显然，法兰克福学派的观点是属于后一种观点，但比后一种观点走得更远。他们似乎在科学技术与意识形态之间画等号。

二、如何看待科学技术与意识形态的关系

那么，究竟应当如何看待科学技术与意识形态的关系？马克思主义经典作家对这个问题是如何论述的呢？

先看看马克思和恩格斯关于意识形态的一般理论。现代系统的意识形态理论是马克思和恩格斯在《德意志意识形态》中提出的。他们对意识形态概念做出了合理的解释，并揭示了它们一般的社会根源，认为意识形态是"与物质前提相联系的物质生活过程的必然升华物"，表现为道德、宗教、形而上学等的一系列意识形式。② 恩格斯在《费尔巴哈论》中也说那些更高的即远离经济基础的意识形态，采取了哲学和宗教的形式。马克思和恩格斯认为，在对抗社会，统治阶级的意识形态具有虚假性，这种虚假性是阶级利

---

① 参见［意］A. 葛兰西《狱中札记》，人民出版社1983年版，第63—64页。
② 参见《马克思恩格斯全集》第3卷，第30页。

益不可调和的表现。虚假意识形态形成的机制是：统治思想作为剥削阶级狭隘的阶级利益的表现，它们被说成是整个社会的利益，而以普遍性的形式出现。① 马克思和恩格斯总是把虚假的意识形态同阶级统治和存在对抗联系起来，从历史上对它们进行考察，并预见它们消失的前景，认为随着阶级对立和阶级统治的消失，虚假的意识形态也行将消失。可见，马克思和恩格斯对虚假的意识形态，即剥削阶级的意识形态持否定态度，认为它是虚假的，与科学无涉的。但对于是否有"科学的意识形态"问题，马克思和恩格斯似乎未展开论述过。列宁依据马克思和恩格斯的一般意识形态理论，提出了"科学的意识形态"概念。他认为，无产阶级登上历史舞台，便产生了新型的、能培养对现实的科学态度的阶级意识。马克思主义就是这种意识的表现，它使社会主义由空想变为科学。马克思主义思想的广泛传播、社会的科学理论与工人运动的结合，标志了真正科学意识形态的产生。

关于科学技术与意识形态的关系问题，马克思主义经典作家并没有把科学技术归入意识形态的范畴，相反，把它们归入生产力的范畴里。一方面，马克思主义经典作家在论及意识形态的种类或内容时，没有包括科学，更不待说技术，尽管科学也是一种社会意识或精神产品。马克思和恩格斯所说的意识形态包括法律、政治、宗教、哲学等。除了上述引文外，可以再看看恩格斯关于历史唯物主义基本原理的一段著名的论述："每一时代的社会经济结构形成现实基础；每一个历史时期的由法的设施和政治设施以及宗教的、哲学的和其他的观念形式所构成的全部上层建筑，归根到底都应由这个基础来说明。"② 也就是说，法律、政治、宗教和哲学等的观点、思想是意识形态，属于上层建筑。另一方面，马克思、恩格斯将科学技术看成生产力：作为知识物化的技术是直接的生产力；而科学理论在未被应用于生产过程，作为知识形态的东西时，是潜在的生产力；当它应用于生产时，这种知识形态就转化为技术，成为直接的生产力。所以马克思在论述机器生产的发展要求自觉地适应自然科学时指出："生产力中也包括科学。"③ 因此，在马克思主义经典作家看来，科学技术不属于意识形态、上层建筑，而属于生产力。不能将科学技术和意识形态混淆起来。

"结构主义的马克思主义"代表人物阿尔都塞对马克思关于科学和意识

---

① 参见《马克思恩格斯全集》第3卷，第54—55页。
② 《马克思恩格斯选集》第3卷，人民出版社1995年版，第739页。
③ 《马克思恩格斯全集》第46卷（下），第221页。

形态的关系提出了一种值得讨论的解释。他曾以提出马克思主义形成史上的科学与意识形态的认识断裂等论点而著名。但后来他在"自我批评"中对此作了修正，说他上述观点是由于没有正确理解《德意志意识形态》一书的结果。① 他认为正确的理解应区分两种意识形态概念：一种是狭义的意识形态概念，它指马克思创立"历史科学"以前的社会历史领域的思想理论学说，这是《德意志意识形态》的直接用法，在这种用法中，意识形态是一种阶级的实践意识的虚幻的理论表现，这里着眼于实践意识的异化状态；另一种是广义的意识形态概念，它着眼于实践意识的内容本身，是指"社会历史生活的一种基本的结构，只要存在着'社会生产组织'，也就是存在着与之相适应的意识形态"。② 按照第一种概念，科学与意识形态是对立的，依照第二种概念，科学与意识形态就是一个东西了。由此，他还认为，马克思"同整个资产阶级意识形态决裂"与马克思"从无产阶级意识形态的萌芽中和无产阶级的初步的阶级斗争中吸取营养是分不开的"。③

科学技术与意识形态的关系，尤其是科学（理论）与意识形态的关系是一个十分复杂的理论问题。技术工具（硬技术）作为知识的物化已不具有社会意识的形式（技术知识或软技术的情况则应另当别论，它与科学理论同属于意识形式，因此可以将之归入理论知识中）。因此，硬技术作为生产力而不属于意识形态是容易理解的。科学的情况就不同了，科学（主要是自然科学）理论本身仍然是精神产品或意识形式，要把它们明确地与哲学、宗教、法律、政治等意识形式区分就要困难些。可以作这样的理解：一方面科学理论所反映的是客观规律或自然界的本质关系，它不受阶级利益的支配，没有阶级性，它不具有虚幻、歪曲这一意识形态的本质特征，它可以为任何阶级服务。因此，科学及技术与意识形态没有本质的联系，它不属于意识形态。另一方面，科学技术的发展受意识形态的制约或影响，而科学技术也影响意识形态并为意识形态所利用。科学哲学已经证明，科学理论的发现、检验和接受，技术的发明、推广及应用等无不受阶级利益、社会背景、意识形态（世界观、宗教、道德等）的制约或影响。反过来，伟大的科学发现和技术发明则改变着意识形态的形式和内容，特别是改变着人们的世界观或世界图景、道德观念和宗教信仰。同时，科学技术的成果会被意识形态

---

① ［法］阿尔都塞：《保卫马克思》，商务印书馆1984年版，第230页。
② 同上书，第202页。
③ 同上书，第232页。

(应该说被统治阶级)所利用,而去执行某些传统意识形态所履行的职能。因此,在某种意义上讲,科学技术有时间接地执行某些意识形态的职能,这一点在当代发达资本主义国家中表现得特别明显。对此,法兰克福学派的思想家们有清楚的认识。

法兰克福学派看到了意识形态与科学技术的某些联系,看到在发达工业社会,资产阶级利用科学技术的进步宣扬技术统治意识,用科学技术充当传统意识形态的角色,把科学技术变成统治或奴役的新工具,这具有合理之处。但是,他们把科学技术与意识形态这两种不同的东西等同起来,把资产阶级制造的技术统治论这种虚假的意识形态与科学技术本身直接是意识形态这两个东西混淆起来了。从客观效果上说,法兰克福学派与作为资本主义辩护士的"非意识形态化"论或是殊途同归的。他们都试图将科学技术抬上意识形态的宝座,以反对作为科学意识形态的马克思主义理论,宣布马克思主义的意识形态的终结,或确立他们制造的"马克思主义危机"的可信性,而表面上,他们宣布马克思主义意识形态的"终结"或"过时"是以承认资产阶级自由主义思想的危机为代价的。一言以蔽之,科学技术是意识形态论和技术统治论及"非意识形态化"论都具有明确的反对马克思主义的思想倾向。

3-5

科学中的真理与价值[*]

姚大志同志在《哲学研究》1991年第6期上发表《意识形态与科学》一文（以下简称"姚文"），评论拙作《科学技术与意识形态》（载《哲学研究》1990年第6期）。"姚文"澄清了拙作中的几个不妥之处，也提出了某些有启发性的见解。但令人遗憾的是，"姚文"不仅未对拙作所涉及的主题，即科学技术本身是不是意识形态的问题展开讨论，而且对拙作的主要批评及其论点仍有商榷的余地。在马克思主义的意识形态理论中，科学与意识形态的关系问题包含着两个基本的方面：一是有没有科学的意识形态，马克思主义这种意识形态是不是科学？二是科学（尤指自然科学）本身是不是意识形态？我在《科学技术与意识形态》一文中的立足点是后一方面，"姚文"的着眼点则是前一方面。应该说，前一方面现在恐怕早已不成问题了，后一方面则是一个争论激烈、而又具有重大现实理论意义的问题。因此，本文试图对有关问题特别是科学技术（主要是科学）与意识形态的关系问题展开进一步的讨论，并答复"姚文"提出的主要批评，再次就教于姚大志同志和学术界同人。

一、对科学中真理因素与价值因素关系的不同看法

"姚文"对拙文的批评，涉及对马克思主义意识形态概念、法兰克福学派的观点及其社会背景、卢卡奇的有关观点的理解问题。限于篇幅，本文只能就其主要之点加以说明。①

---

* 原载《哲学研究》1992年第9期（原正标题为"科学技术与意识形态的关系"）。

① 《哲学研究》杂志编者按：该文原稿对姚大志同志文章所提出的问题，做了较为详尽的答复。但因篇幅有限，我们对其中有些内容做了较多的删节，其中有的问题（如关于对卢卡奇观点的理解）全部删去，以便用更多的篇幅讨论科学技术与意识形态关系（特别是科学中真理因素与价值因素关系）这个更重要的问题。

首先，关于"意识形态"概念从马克思、恩格斯在否定意义上使用，发展到列宁的中性意识形态概念的演变过程，"姚文"与拙文实际上并无原则上的分歧。但有几点是需要澄清的：

其一，"姚文"第一部分关于"意识形态与科学"之间关系的四种基本理论的"类型学"是难以成立的。这不仅不完全符合实际（例如，把马克思和列宁关于意识形态与科学关系的观点截然分开，并误解了卢卡奇的有关观点），而且在思想方法上是先设定逻辑上的"可能类型"，再从现代意识形态理论寻找实例，而不是从现代意识形态理论的实际出发去概括其基本类型。

其二，尽管列宁和马、恩的意识形态概念间存在明显差别，但是我们应该将这种差别合理地理解为列宁对马克思、恩格斯观点的补充、丰富和发展，而不应像一些西方资产阶级学者所主张的那样，将马克思与列宁的观点对立起来，因为尽管存在着差别，但他们的观点之间有着本质的联系。他们都将"意识形态"当作历史唯物主义的基本概念，从社会存在决定社会意识的原理出发去揭示"意识形态"的含义、特征及现实的基础；他们都认为意识形态以抽象的理论体系体现出来，代表着阶级的利益，是由思想家们自觉创造的产物，表现为政治、法律、道德、宗教、哲学等形式；他们都同样主张剥削阶级尤其是资产阶级的意识形态是虚假的，是这些阶级从自身利益出发对现实社会关系的歪曲的反映；都认为意识形态具有重要的社会功能；如此等等。

同时，还必须看到，马克思、恩格斯与列宁在意识形态概念上的差别有其客观原因：一方面是由于历史条件的不同和他们在理论和实践上的不同需要所造成的。如果说《德意志意识形态》的主要任务是奠定历史唯物主义的基础，揭露资产阶级意识形态的虚假性的话，那么《怎么办？》的主要任务则是强调科学的无产阶级意识形态与资产阶级意识形态以及形形色色的机会主义理论的根本对立，强调马克思主义对于无产阶级革命实践的重大作用。另一方面，从《德意志意识形态》第一部分的出版年代看，列宁可能并不知道马克思、恩格斯主要是从否定的意义上使用"意识形态"概念的。

笔者认为，"姚文"在解释马克思主义的"意识形态"概念时，并没有揭示马克思主义经典著作中这一概念含义演变的实质，尽管"姚文"也承认，在发展马克思主义的意识形态概念方面，"列宁做出了最大贡献"，并强调马克思的意识形态概念与列宁的意识形态概念"并不矛盾"。但是，"姚文"对此没有做出更多的论证。

隐含在"姚文"中的一个没有明确表达出来的观点是:将"意识形态"当作一个否定的概念是片面的、不正确的,而只有将它看作中性概念才是全面的、正确的。这样,"姚文"有意或无意地用列宁的中性"意识形态"概念去反对马克思的否定意义的"意识形态"概念。姚大志同志在另一篇文章(《意识形态概念的源流》,《哲学动态》1989年第6期)中,也认为"法兰克福学派的'意识形态'概念,基本上承袭了马克思在《德意志意识形态》中的思想"。既然如此,那么不也就要合乎逻辑地推出,马克思的否定意义上的意识形态概念也是错误的吗?

姚大志同志不仅认为马克思与列宁的意识形态理论是对立的,而且认为马克思前期和晚期的意识形态概念也是不一致的(见《意识形态概念的源流》一文),因此后来关于意识形态问题包括"虚假意识""意识形态与科学的关系"等都是从马克思的这种不一致派生出来的。既然马克思在后期已使用了中性的意识形态概念,那么列宁在意识形态理论中做出的"最大的贡献"又表现在哪里呢?

其次,"姚文"还批评拙文对法兰克福学派的观点存在着误解和简单化。对此,只指出以下几点就够了:(1)法兰克福学派的确提出了"科学技术是意识形态"的观点,这一点"姚文"也是同意的。(2)马尔库塞关于这方面的观点,并不像"姚文"说的那样,似乎他对"技术中立性"观点的批判只是一种表层现象。实际上,对"技术中立性"观点的批判和对科学技术执行意识形态职能观点的正面阐述,乃是马尔库塞关于该问题的理论的两个相辅相成的方面。(3)应当承认,拙文对哈贝马斯的概括是不甚妥当的。因为笔者将他在《走向一个合理的社会》和《合法性危机》两书中关于晚期资本主义发展的历史趋势的论述糅合在一起。在后一本著作中,哈贝马斯说晚期资本主义发展的历史趋势包括:(1)公共领域的缩小;(2)国家加强对经济的干预;(3)科学在满足国家在技术控制方面的利益过程中日益取得统治地位等。尽管这种概括不甚妥当,但并不影响笔者对他关于科学技术是意识形态观点所做出的正确解释。"姚文"也明确表示同意笔者的解释,然而,它却借题发挥,在"科学技术日益取得合法的统治地位"这一不甚妥当的说法上大做文章,并由此断言笔者对哈贝马斯关于科学技术是意识形态的观点存在着更大的误解。显然,在这一点上,"姚文"的批评是不能令人信服的。

再次,法兰克福学派观点产生的社会背景和历史脉络是一个颇为复杂的问题。拙文对此只是一种探索性的尝试,是想提供进一步讨论的有用的线索，并不奢望一次性地解决这个问题。从这个意义上说，"姚文"说笔者对这个问题的解释"不够清楚"并不过分；同时，在历史脉络方面，"姚文"对于曼海姆的意识形态概念做出了更为全面、准确的解释（当然，在这一方面，笔者提到了许多其他意识形态理论家的观点以及法兰克福学派观点与它们的联系，"姚文"对这些没有提出疑问）。

这里，笔者想澄清的是，拙文是否如"姚文"所说是错误地解释了法兰克福学派与"意识形态终结论"的关系。首先，笔者并不认为"意识形态的终结"与"非意识形态化"存在着根本的区别，因而也就不存在误解西方关于"意识形态终结"辩论的实质问题。在"终结论者"那里，意识形态时代的终结和非意识形态化时代的来临是同一个问题的两个方面。虽然他们断言，资本主义最终结束了充满矛盾、阶级斗争和革命变化的时期，与之相关的思想意识形态失去了一切基础而不再起作用，社会的问题由"技术的办法"去解决。但是，他们实质上并不认为所有的意识形态都要终结，而仅仅是左派意识形态特别是马克思主义走向终结，他们所期望的就是"姚文"所援引的贝尔的话——西方绝大多数知识分子都赞成福利国家混合经济体制和多元化的政治制度。在这一点上，笔者和"姚文"没有大的分歧。

同时，拙文指出了法兰克福学派与"非意识形态论者"或"终结论者"这两者观点上的表面上的区别和实质上的一致性。"姚文"在引证笔者的这一段话时，未知为何只引后半截，而省去了前半截，并且要把"本质上"改成了"立场上"？的确，法兰克福学派属于当代"新马克思主义"思潮，他们对当代资本主义持批判态度，并标榜要在新的历史条件下"发展"马克思主义，因而他们与公开反对马克思主义和为资本主义赤裸裸地进行辩护的资产阶级"终结论者"在立场上是有所不同的。然而，情况并非如"姚文"所说，两者是截然对立的，法兰克福学派并不是真正的马克思主义者，他们宣扬马克思主义"过时论"（他们中的一些人，如晚期的霍克海默、哈贝马斯甚至公开反对马克思主义）。他们也没有"完全否定"晚期资本主义社会，实际上是用对这一社会的思想文化及科学技术的批判来代替对它的政治经济制度的批判，主张改良而不主张革命；他们也明确反对社会主义制度。因此，从某种意义上说，法兰克福学派与"终结论者"是殊途同归的。而且需要指出的是，这两者在科学技术与意识形态关系问题上有一个共同的错误立场：他们都把"技术世界"作为同现实的、分成了阶级的世界不相干的事实加以强调，否认创立科学的意识形态的可能性，把科学与意识形态的关系理解为纯粹外在的东西。

二、辩证分析科学与价值及意识形态的关系

科学（技术）与意识形态的关系问题，具体说来就是，科学本身是否包含价值因素从而与意识形态密切相关？自然科学与社会科学是否是彼此隔绝的？伴随科技新进步产生的有害后果是否仅仅是应用的问题？科学技术本身有没有包含造成这些后果的因素（即是否包含"负价值"）？归根到底还是科学（包括自然科学和社会科学）中的真理因素和价值因素的关系以及与此相关的客观性和主观性的关系问题。

人们曾一度普遍认为，科学是追求纯粹真理的事业，客观性是科学的生命，科学与价值、主体性及主观因素无关。这就是所谓的科学的"价值中立说"。这种观点源远流长。在现代，逻辑实证主义对科学的所谓"价值中立性"有系统的理论表述。它认为科学（知识）和价值是两个完全不同的领域：科学是一个抽象、直观的知识体系，它使用描述命题，确认在原则上应该证实的事实；而价值则与目的相关，它使用命令命题，表现人的主观意向，提出不应该证实的、没有真假的种种愿望和规定。① 因此，逻辑实证主义要求放弃一切价值见解，放弃一切符合社会发展方向、反映社会迫切要求的理论；它要求科学"超脱"一切意识形态尤其是世界观的因素，对各种社会冲突采取"不干预"的态度。逻辑实证主义的这种将科学与价值及意识形态截然分开的理论，似乎是在维护科学的"客观性"，实际上是割裂科学认识中的主体和客体的关系，用所谓客观性消解价值因素，将科学贬低为纯技术手段，反而有利于为资本主义对科学的滥用开脱责任。

在当代，科学的"价值中立说"遇到了来自各个方面的挑战，受到了人们的普遍怀疑。科技的迅速发展尤其是第二次世界大战后新技术革命的出现，极大地促进了社会经济的发展，创造了巨大的物质财富，提高了人们的生活水平，但也带来了一系列的消极后果，造成了环境污染、人口爆炸、能源危机、核威胁等全球性问题及其他社会问题。这迫使人们重新考虑科学与价值的关系问题。在当代科学哲学内部，以库恩为代表的历史主义学派首先对逻辑实证主义的"价值中立说"发动攻击，将价值列入科学哲学，承认科学与价值及意识形态的相关性。库恩说："科学是以价值为基础的事业"，

---

① 参见［美］卡尔纳普《哲学和逻辑句法》，伦敦1935年英文版，第24页。

"不同创造性学科的特点，首先在于不同的共有价值集合"。① 在当代西方人本主义哲学思潮中，法兰克福学派关于科学技术是意识形态的观点——即认为科学只不过是从意识形态上解释世界的一种形式——表现为与实证主义的"价值中立说"相对立的另一极端。历史主义学派和法兰克福学派注意到了科学中价值与意识形态因素的存在及其作用，但是，他们却错误地夸大了这种因素的作用，把科学同认识主体的关系绝对化，把科学同它的客体的认识关系抛在一边，用价值因素和主观性消解科学的真理性、客观性。由此可见，在当代西方哲学中，无论是人本主义，还是科学主义，都未能正确解决科学中的真理因素与价值因素的关系、客观性与主观性的关系以及科学与意识形态的关系问题。而马克思主义已为我们正确解决这一问题提供了理论基础及方法论指导。

马克思主义认识论首先承认科学中的真理因素的存在，承认科学的客观性。马克思主义认为，科学是人类实践及认识的产物，社会实践发展到一定的阶段，认识的活动便形成科学。科学知识是对客观世界及其规律性的正确反映，是认识与客观对象的一致或符合，因而具有客观真理性。尽管科学知识以概念、规律、范畴等主观形式表现出来，但是它的内容是客观的。同时，科学知识具有必然的普遍有效性，科学定律在相同的条件下总会重现，经得起检验，不以人的意志为转移。因此，科学以真理为目标，以客观性为原则，它要求人们在认识事物时，尽可能排除一切主观偏见的干扰，按照事物的本来面目去反映或说明事物，达到认识与客观对象的一致或符合。

当然，自然科学也是一种社会意识形式，然而却是一种特殊的意识形式。其特殊性主要在于，它作为一种观念形态总是处于向物质形态的不断转化过程中，它的生命力、价值不仅在于它是一种意识形式，而且更重要的在于它能够通过生产关系和其他社会关系而转化为直接的生产力，成为一种强大的物质力量。这也是科学的真理性、客观性的一种表现。

然而，这并不等于说，科学与意识形态没有关联，科学中的真理因素、客观性可以脱离价值因素而独立存在。相反，科学也具有主体性，包含着价值因素及意识形态因素和主观性。必须充分估计这些因素在科学中的地位和作用，辩证地分析科学与价值及意识形态的关系。

首先，从一般文化史及认识史的角度看，科学与意识形态及价值观既是相互交织在一起的，又是不断地处于或明或暗的相互冲突之中的。社会意识

---

① ［美］托马斯·库恩：《必要的张力》，福建人民出版社1981年版，第326、325页。

对现实的反映始终受意识形态及价值因素的影响,由于意识形态是通过社会利益(在阶级社会则通过阶级利益)反映社会存在的观点和思想体系,所以,它总是为维护、加强或反对和改变某一社会制度服务、为特定阶级服务。任何科学活动总是自觉或不自觉地、直接或间接地、或多或少地同社会意识形态及价值观发生联系。意识形态创造科学得以发展的社会精神环境,而科学也是由社会通过一定的意识形态的形式而得到理解的。科学是一种专门的精神生产形式,是社会生活的一个特殊部分,它的发展依赖于社会条件和精神文化环境。例如,哲学世界观既提供了选择研究课题的价值取向和方法,也提供了解决这些课题的一般处理方法。哲学观点对科学家工作的影响,是通过各种渠道发生的复杂而微妙的过程。社会价值观念对科学的作用或制约也是明显的。17世纪英国的清教主义所促成的正统价值观便无意中推动了近代科学的发展;相反,中国古代的重人事轻自然、重经典轻创新等价值观念,则妨碍了当时科学的发展。需要注意的是,同一个哲学概念或价值观念在不同历史时代对科学的影响是不同的,甚至是相反的。

其次,从科学认识的主体及认识过程角度看,科学作为一种精神生产活动,绝不是一项无个性、无感情的事业,而是怀着追求、热望和理想的科学家的创造活动,一项人的事业。科学家是人,科研成果终归要为人类改造现实服务。对人类面临问题的关注,为人类利益着想,对现实采取积极的态度,是主体认识活动的基本特性。许多学者都指出:科学以人类的价值作为基础,人类感情的、认识的、表达的和审美的需要,部分地构成了科学的起因和目标。科学家又是社会的一分子,处于一定的社会关系和文化氛围之中,他们的思想和行为无不打上社会价值观的印记。科学家还是科学共同体的成员,以价值因素作为重要内容的"范式"或"研究纲领"不可避免地引导着他们的科研活动。科学研究活动绝非像实证主义所断言的那样,仅仅是对"事实"的描述或确认,而是一项综合地运用理性思维和非理性思维的创造性活动。在这种活动中,科学家本人的价值观、社会价值观及意识形态观点便会自觉或不自觉地、直接或间接地渗透进去。科学家不能任意选择事实,也不可能选择所有的事实,这种选择或者出于实践的需要,或者取决于好奇心或偏好,这其中便有着价值因素的作用。在科学解释和评价中,价值及意识形态因素同样起作用。库恩认为:"解释归根到底必然是心理学或社会学的。就是说,必须描述一种价值体系,一种意识形态,同时也必须分析传递和加强这个体系的体制。知道科学家重视什么,我们才有希望了解他们将承担些什么问题,在发生冲突的特殊条件下又将选择什么理论。"① 他认为理论评价的标准规则(精确性、一致性、广泛性、简单性和有效性)并不精确,科学家对它们的理解并不一致,对具体事例的应用也不一样。因此,理论的选择不仅依赖于这些标准规则,而且取决于由个人经历及个性所决定的特殊性因素,尤其是集团意见的一致具有"至高无上性"。

再次,从作为科学活动成果的科学知识(体系)的角度,可以发现价值及意识形态因素是内存于科学之中的。科学活动的成果表现为由一系列基本概念、公式、原理及定理,通过一定的逻辑联系而构成的知识体系。既然价值及意识形态因素渗透到科学认识活动的过程之中,那么,科学知识体系中包含价值及意识形态的因素是不言而喻的。按照 L. 劳丹的观点,价值是内在于科学知识的结构中的,理论和价值(目标)在科学中是相互协调、相互制约的,它们形成网状结构,而非单向的等级结构;每一范式都包含方法、理论和价值三方面的因素或层次。科学哲学已经证明,科学的基本概念、基本假设(公式、公理、原理)及科学陈述(定理)都包含着价值及意识形态的因素。科学中的基本概念往往是隐喻概念(指那些不仅依据其自身术语,而且要借助其他概念才能得以构造和理解的术语),根据赖可夫等人的研究,这些基本概念不仅直接从经验中产生,而且也是由主导文化的隐喻构造的,理解这些隐喻概念与价值相关,这不仅是属人的经验史的问题,而且是人的文化遗产问题。② 同时,科学陈述(定理或命题)也并非实证主义者断言的那样是纯粹的"观察陈述"或"事实命题",而是具有或多或少的价值取向的。美国科学哲学家 P. 格姆证明:一些科学陈述涉及健康、安全、有害、风险等概念,它们只有在参照一般性的价值背景时才有意义;某些科学陈述是关于其他陈述的可接受性的,它们涉及有力的证据、充分的确定和足够高的概率等概念,它们也依赖于一定的价值背景;科学中的一般陈述都恰恰是那些为科学共同体所普遍公认的陈述。因此,科学陈述以一定的价值背景为前提,是对价值的承诺。③

最后,从科学的作用或功能方面看,科学具有社会价值。科学应该成为真善美的最高的统一。科学的"善"主要是指:它由于得到社会的评价和

---

① [美] 托马斯·库恩:《必要的张力》,福建人民出版社 1981 年版,第 286 页。
② 参见 [美] A. 赖可夫《人类概念系统的隐喻结构》,载《自然科学哲学问题》1987 年第 2 期。
③ 参见 [美] P. 格姆《科学价值与其他价值》,载《自然科学哲学问题》1988 年第 4 期。

吸收而成为人类认识或改造自然及社会的强有力的手段，满足人的需要，符合人们的一定利益和愿望，因而成为有价值之物。科学的社会价值一般可以概括为物质的价值和精神价值两个方面：科学及技术作为生产力，推动社会经济的发展，创造巨大的物质财富，满足人的物质需要；科学作为一种文化，一种"人类文化最高最独特的成就"（E. 卡西尔语），通过对社会意识形态、价值观等的作用来促进社会的精神文明建设，满足人们的精神需要。

在这里，有必要顺便谈一谈西方学者所议论的科学的"负价值"问题。所谓"负价值"，不仅表现在它带来了一系列的环境或全球性问题，而且也表现在对人本身的全面发展所造成的危害方面。那么，为什么当代科学技术会产生这些副作用，变成一种异己的力量？这应归咎于应用的不当，抑或科学技术本身包含着某些消极因素？这是一个相当复杂的问题。国内外的许多学者认为，科学技术所产生的副作用或消极后果，并非科学本身之过，而是对科学技术的恶用或误用所致，可以通过科技的发展尤其是建立和完善社会工程（学）来加以消除。另一些学者则认为，科学技术之所以成为异化矛盾的祸根，主要不在于应用方面，而在于科学技术本身就包含着消极的因素（有些哲学家如胡塞尔认为这是科学的内在价值的"理性因素"所致）。因此他们呼吁科学本身的发展应考察人的因素，在新方法论的基础上建立人道主义的新科学，使科学真正达到真善美的统一。应该说，在当代，尤其是西方，对科学技术的破坏性使用或资本主义的使用方式是产生科学技术副作用的主要或基本的原因，科学技术一旦被应用于剥削、掠夺、奴役和侵略，便会丧失它的进步和革命的功能及意义。同时，科学技术本身似乎也包含有某些潜在的消极性因素，这些潜在消极因素的存在使得对科学的非人道应用成为可能（当然，这是一个亟待进一步研究的问题）。

在科学中存在着真理因素与价值因素、客观性与主观性的矛盾。按照真理性和客观原则要求，人们在认识过程中，必须最大限度地排除主观成分的干扰，不带任何先入之见地反映客观事物本身，获得客观真理性认识。但另一方面，科学认识的主体又总是以先入之见、偏好或理论去看待对象或客体，科学认识总是受客观价值关系和价值观念及意识形态等主观因素的制约或影响，不受任何价值因素制约的认识是不存在的。科学中的这两极有时表现出尖锐的对立：由于主观价值因素尤其是偏见、私心等对认识过程的"坏的"影响或干预，使得认识结果不能如实地反映客观事物，臆想代替了客观分析，成见代替了实际结论，片面认识代替了全面的真理性认识。但是，从本质上来说，科学中的这两极终究是能够统一起来的。因为科学的认识从根本上说具有能动性，合理的价值观念的"积极"参与，使得主体能够更完全、更准确地把握对象，透过现象抓住本质，达到客观、全面的真理性认识，能动的反映比起貌似客观的直观感知能得到更正确的结论。在社会认识领域，先进阶级代表了社会的发展要求，体现着社会的根本利益，它的立场、观点，它的价值观和意识形态思想反而有利于更深入地、全面地认识社会发展规律，保证社会科学的客观真理性。

科学中的真理因素与价值因素之间、主观性与客观性之间的两极对立之所以能够统一，关键在实践。马克思说："人的思维是否具有对象的真理性，完全并不是一个理论的问题，而是一个实践的问题。人应该在实践中证明自己思维的真理性，即自己思维的现实性、力量、此岸性。关于离开实践的思维是否具有现实性的争论，是一个纯粹经院哲学的问题。"[①] 实践是认识的源泉、动力、目的和归宿，是认识的主体和客体联系的中介或桥梁，也是科学中真理因素与价值因素、客观性与主观性统一的基础。人们的价值观念是以实践中形成的价值关系为客观基础的。实践不仅具有普遍性的品格，而且具有直接现实性的品格。它造就了科学认识主体达到科学认识的客观真理性的"自由本质力量"，即造就了人类认识世界和改造世界的积极力量，这种力量使人类不断克服由自身能动性所造成的消极后果；实践作为检验真理的唯一标准，又不断纠正由主观成见或不合理的价值观念所造成的偏差，推动科学认识不断向客观真理逼近。

---

① 《列宁选集》第 2 卷，人民出版社 1972 年版，第 101 页。

3-6

科学与社会的关系网络*

我们知道,科学不仅是一种认知活动,一种知识体系,而且是一种社会活动形式,一种社会建制。科学不是某种从外部对社会产生影响的东西,它的社会功能包括它转化为直接生产力的这种生产功能,是在社会关系网络中实现的。科学只能存在于各种社会关系之中,并服务于社会。随着现代科学技术革命的发展及其向直接生产力转化的加速,科学与社会发展的内在联系更为加强。因此,要深刻认识科学发展的动力和规律,揭示科学的社会功能,就必须研究科学与社会各种因素或方面的相互影响和相互作用。

一、科学与生产关系

科学与生产关系的相互作用是一个十分重要而又往往被人们所忽视了的理论问题。根据马克思主义的观点,科学的研究活动、科学向直接生产力的转化是在一定的生产关系中进行或实现的,在不同的生产关系中,科学的社会功能将是不同的。同时,正是在这个问题上,当代西方学者在关于科学与社会的著作,尤其是"(后)工业社会理论"中,往往只把科学作为一种生产力来研究,而不与生产力运动形式的生产关系特别是所有制联系起来考察。因此,为了更全面地理解和把握马克思主义关于"科学技术是直接生产力(或第一生产力)"的观点,坚持和发展马克思主义的科学社会学理论,必须正确认识科学与生产关系的相互作用。

(一)科学与生产关系的相互作用

生产关系是一种最基本的社会关系。科学与生产关系的相互作用包含两

---

* 原载《现代社会中的科学》(潘世墨、陈振明著,浙江科学技术出版社 1994 年版,台北淑馨出版社 1995 年版)一书。

个方面的内容：一是生产关系对科学的影响或制约，即科学是如何在生产关系中存在和发展的；二是科学对生产关系的作用，即科学通过技术转化为直接的生产力，从而引起生产关系的变革。我们在这里着重考察第一方面的问题。

诚然，自然科学担负着研究和认识自然的任务，各个学科所反映的是各种事物的性质、结构及其运动规律。自然科学的研究对象和具体内容是没有阶级性的。自然科学的内容或理论绝不会因生产关系及社会制度的不同而发生变化。科学是没有国界，不分民族、阶级、国家的，它是全人类的共同成果。自然科学的成果可以为不同生产关系及社会制度所利用，所不同的只是看它怎样利用以及用来达到什么样的目的。但是，肯定自然科学本身没有阶级性，并不意味着否定生产关系及社会制度与科学之间的联系。

从某种意义上说，整个人类文明史是一部不断地认识和改造自然界的历史。人类在自己的活动中，不断地将自然物纳入自己活动的世界中，扩展"人化自然"的范围。马克思说："财产最初无非意味着这样一种关系：人把他的生产的自然条件看作是属于他的、看作是自己的、看作是与他自身的存在一起产生的前提……其实，人不是同自己的生产条件发生关系，而是人双重地存在着：主观上作为他自身而存在着，客观上又存在于自己生存的这些自然无机条件之中。"[1] 然而问题在于，在人与自然界作斗争的过程中，人都具有社会性，作为人类社会活动的一种形式，科学与其他社会活动形式一样，是在一定的社会关系中展开的。马克思说："人们在生产中不仅仅同自然界发生关系。……他们如果不以一定方式结合起来共同活动和互相交换其活动，便不能进行生产。……为了进行生产，人们便发生一定的联系和关系；只有在这些社会联系和社会关系的范围中，才会有他们对自然界的关系，才会有生产。"[2] 马克思在这里所讲的社会关系就是生产关系。因此，所谓生产关系就是人们在生产中发生的、一定的、必然的、不以人的意志为转移的物质关系。

包括科学在内的人类改造和认识自然的活动，要在具体的社会条件下，通过具体的生产关系来进行。按照马克思主义的观点，生产关系的内容包括几个基本的部分，即生产资料所有制，人们在生产中的地位和交换关系，产品分配关系，以及由它所直接决定的消费关系。生产关系是一种多层次的、

---

[1] 《马克思恩格斯全集》第46卷上册，第491页。
[2] 《马克思恩格斯选集》第1卷，第382页。

复杂的经济结构,是内部诸环节或诸方面相互联系、相互制约的有机统一体。在这个统一体中,生产资料所有制是最基本的决定的方面,是生产关系的基础。它是生产资料和人的结合方式,生产关系构成生产力的运动形式。作为形式的生产关系固然以生产力为基础,但如果脱离生产关系这一形式,作为内容的生产力是不能存在的。

生产关系以一定方式影响一个社会总体及一切社会现象(包括科学)。它使科学的社会主体结构和社会主体的利益得以形成;它影响科学的发展趋势和科学研究的体制;它在各种社会机构中发生着作用,科学作为一种社会的活动,借助这些机构得以实现。当然,我们并不想否认,科学认识活动具有相对的独立性,科学发展有它自身的规律,科学认识的内容具有客观(真理)性,科学理论是客观实在在人的意识中的反映,它是社会意识的一种形式。

人类社会发展的历史及科学史表明,科学越发展,它在社会生产及生活过程中的作用就越明显。而它作为一种相对独立的社会现象和社会活动过程,也就越来越受到生产关系及社会制度的制约。当代的两种对立的生产关系或社会制度——社会主义和资本主义,无论在对待科学的态度上,还是在为科学的发展创造条件以及在科学应用的范围、性质上,几乎是大相径庭的。

近代实验科学与资本主义生产关系几乎同时诞生,两者之间存在着一定的联系。早期的资产阶级为了发展社会生产力,反对封建阶级和神学,非常注重自然科学的发展,科学成了它手中有力的武器。资产阶级文明的"秘密"就在于它以前所未有的速度发展社会生产力,却又同时把进行劳动的人同私有制控制下的一般社会劳动条件分离。当然,"资本不创造科学,但是它为了生产过程的需要,利用科学,占有科学。……这样一来,科学作为应用于生产的科学同时就和直接劳动相分离,而在以前的生产阶段上,范围有限的知识和经验是同劳动本身直接联系在一起的。"[①] 在资本主义所有制的条件下,科学从属于资本,而与劳动相对立。马克思指出:"科学及其应用……虽然它们——从它们的源泉来看——又是劳动的产品,然而在它们进入劳动过程的一切地方,它们都表现为被并入资本的东西。"[②] 因为并入资本所有,所以,在当代科学技术革命的条件下,这一点也不会改变。在资本

---

① 《马克思恩格斯全集》第 47 卷,第 570 页。
② 《马克思恩格斯全集》第 26 卷第 1 册,第 421 页。

主义的生产关系下,科学日益加强资本的权力,仍与劳动脱节,与劳动对立,科学作为生产力与它为人的充分发展提供种种条件,两者并没有有机的联系。

既然科学从属于资本,它就按照资本主义所有制的方式运转,被纳入整个资本主义的工业结构,成为一个独立的生产部门;科学理论通过机器和工艺流程得以物化,变成物质产品或商品,通过交换创造出剩余价值。在资本主义所有制的条件下,以前的出于个人爱好、属于个人事业的学术研究的情况已经改变,科学研究不再是私人的事业,而是一种职业;资本主义的生产关系也逐渐的改变科学活动的结构,以适应资本的利益,工业研究或应用研究成为科学研究的中心,而传统的学术部门降低到从属的地位。科学研究的方向和课题重点是由资本主义生产的需要所决定的。科学内部的所有制关系也发生了改变,科学成果不属于科学家所有,而属于资本主义的企业或公司。科学家实际上只是出卖脑力劳动的雇佣劳动者;资本家如同支配其他产品一样,支配科研成果,他们根据垄断的条件所决定的"价格",对科学成果进行"买""卖"。但是,与对物质财富、自然资源等的垄断不同,资本家对科研成果的垄断并不是十分牢靠的。在不能保证对世界性科学技术的垄断的情况下,他们实际上只能以动荡的形式,采用在科学技术领域里领先的办法,来保持自己的阵地。

在资本主义制度下,科学的发展、科学的社会功能的发挥受到了很大的限制。资本主义生产关系不可能创造出实现科学发展的各种合乎理想的条件,即使最发达的资本主义国家的科技进步的规模,也与现有的科技潜力远远不相适应。科学被当作获取剩余价值的手段。对科学的片面的"有用性"的追求,在一定程度上刺激了科学的发展,同时也使科学的发展畸形,往往迫使科学离开了改进人类生存条件、改善社会生活和使人类获得自由解放的目标。资本主义生产关系下脑力劳动和体力劳动的脱离以及那种不断地使科研活动适应于富有者利益的需要,使科学逐渐丧失了它的解放的功能。当它被应用于自然的时候,自然便成了纯粹的被征服和掠夺的对象;当它被应用于社会的时候,人则成了被统治和奴役的对象。科学技术本身能够缩短工作时间,减轻工人的劳动,增加生产者的财富,增强人对自然力的控制,改善人与人之间的关系。但是,在资本主义生产关系下,科学技术的使用必然使劳动更加强化。对于资本主义生产关系中科学技术的这种矛盾异化现象,马克思写道:"在我们这个时代,每一种事物好像都包含有自己的反面。我们看到,机器具有减少人类劳动和使劳动更有成效的神奇力量,然而却引起了饥饿和过度的疲劳。新发现的财富的源泉……变成贫困的根源。技术的胜利，似乎是以道德的败坏为代价换来的。随着人类愈益控制自然，个人却似乎愈益成为别人的奴隶或自身的卑劣行为的奴隶。甚至科学的纯洁光辉仿佛也只能在愚昧无知的黑暗背景上闪耀。我们的一切发现和进步，似乎结果是使物质力量具有理智生命，而人的生命则化为愚钝的物质力量。现代工业、科学与现代贫困、衰颓之间的这种对抗，我们时代的生产力与社会关系之间的各种对抗，是显而易见的、不可避免的和无庸争辩的事实。"①

当然，我们并不否认资本主义的生产关系对科学的发展所起的积极作用，也不否认在当今垄断资本主义社会中科学的高度发达。马克思说过："只有资本主义生产方式才第一次使自然科学为直接的生产过程服务，同时，生产的发展反过来又为从理论上征服自然提供了手段。科学获得的使命是：成为生产财富的手段，成为致富的手段。"② 马克思认为，在资本主义社会中，科学技术有着双重的职能："一方面，机器成了资本家阶级用来实行专制和进行勒索的最有力的工具，另一方面，机器生产的发展为用真正社会的生产制度代替雇佣劳动制度创造必要的物质条件。"③ 在垄断资本主义条件下，垄断组织对科学的限制作用，并没有完全阻止科学的发展。为了自身的利益，垄断组织局限在某些方面上，采取一切手段，超过一切限度来发展科学，实现科学的某些实践职能，同时在另一些部门和另一些方面，则停滞不前。因此，不能使科学得到合理的发展，这就促使科学的某些研究和应用变成一种对社会有害的潜在的破坏力量。垄断资本主义国家企图加紧干预科学研究领域，然而由于这种国家干预实质上只不过是出于资本主义垄断组织的利益，所以它们不可能为现代科学创造完全适应的社会条件。这说明，生产力的发展同资本主义生产关系二者不相适应，科学技术革命的开展加强了从资本主义向社会主义过渡的客观必然性。

科学在本质上是一种全社会的事业，它的本性与一切私有制相矛盾，它不能容忍私有，凡是在私有制占优势的地方，"伪科学""肮脏的科学""劣等的科学"以及科学欺骗一类的事情就会层出不穷，科学就会被滥用，变成统治和奴役的工具。科学本质上要求公有。马克思主义经典作家反复指出，社会主义为科学的高度发展，为科学职能的良好发挥创造条件。只有在

---

① 《马克思恩格斯全集》第12卷，第4页。
② [德] 马克思：《机器、自然力和科学的应用》，人民出版社1978年版，第206页。
③ 《马克思恩格斯全集》第16卷，第357页。

社会主义制度下，才能克服科学技术的非人道的应用，使之真正为人民服务，充分发挥其解放的潜力，使人类摆脱自然的束缚，摆脱社会的奴役，使人得到全面的发展，获得真正的自由解放。著名科学家贝尔纳在《科学的社会功能》中也雄辩地指出，科学本质上是一种社会主义或共产主义的事业，与公有制有着天然的联系。著名美国科学社会学家默顿则将公有主义或共产主义（Communism）和无私利性（Disinterestedness）概括为科学精神气质的两个基本方面。他认为，科学是社会合作的产物，因而属于全社会，科学不应成为少数人谋取私利的工具，科学的共产主义气质与作为"垄断组织私有制来应用科学技术成果是不相容的"。

社会主义生产关系奠定了人与自然以及人与人新型的关系，而科学则成了改造自然和社会的重要手段。社会主义公有制为科学的高度发展和应用开辟了广阔的前景。在充分协调的经济条件下，在全国范围内为了全社会的利益对各类资金进行合理分配的条件下，现代科学能最有效地得到发展。由于科学的进一步发展，科学技术研究的规模以及进行科学研究所必需的人力物力的不断增长，更由于科技进步对人和自然所引起的变化尤其需要预测其消极的后果，这些在客观上要求制订一个全国范围的合作以及调控整个复杂的社会经济体系的科学发展战略，所有这一切，只有在社会主义制度下才有可能。

在社会主义的制度下，科学通过社会主义公有制以及社会主义生产关系的整体，找到了它最恰当的运动形式。现在，科学不再是获取剩余价值的手段，而是人类自由解放的武器。在社会主义制度下，科学作为"一般社会劳动"与总的社会劳动牢固地联系在一起，它消灭了科学作为一种异己力量与劳动的对立。社会主义能够有效地限制科学的消极应用，消除它的资本主义使用方式带来的生态危机和一系列的社会问题。

科学进步尤其是科学革命在社会主义制度下展现出一幅完全不同于资本主义制度下的图景。现代科学能够产生如下两个主要的、密切联系在一起的结果：一方面，由于科学日益转化为直接的生产力，所以在生产活动以及生产结构中引起了种种变革，大大推进了工艺技术的发展。现代技术手段逐渐取代人力而完成许多方面的工作。另一方面，由于作为生产力的人本身的发展，为科学开辟了广阔的活动天地。随着技术的进步，劳动者的技能、组织性以及他们的专业知识都在不断提高，人的力量被解放了出来，他们可以借助科学去完成整个社会生产过程中所提出的新任务。在资本主义制度下，由于科学与劳动的对立，科技革命所引起的这两个方面没有有机结合；而在社会主义制度下，这两者——最大限度地用科学来发展生产技术的因素，同最佳程度地应用科学来发展人的因素——能够有机地结合起来，从而促使人在生产力结构中的地位逐渐提高。在社会主义制度下，在技术领域中日益广泛地利用科学的同时，在生产过程的社会组织方面也应用科学去提高劳动者的技术熟练程度，发挥他们的主动性、积极性和创造精神，这就展现出科学的真正社会本质及其社会功能。

从上述对科学与生产关系的考察中，我们可以进一步概括出生产关系对科学影响的几个主要的方面：

（1）生产关系制约着科学理论如何转化为生产力和在多大程度上转化为生产力。科学技术是第一生产力，科学的主要功能之一是生产功能，但是科学发现或科学理论能不能由工艺流程变成直接的生产力，关键并不取决于科学理论自身，而主要取决于生产的需要、政治军事的需要。正如我们上面所说的，在资产阶级私有制条件下，科学从属于资本，科学发现被用来使剥削者发财致富并巩固其统治。为了获取利润或垄断的需要，资本家可以冻结或者拒绝某些科学理论的应用。这种例子在当代资本主义国家中是屡见不鲜的，例如美国垄断组织在10年之间不准和平利用原子能，曾经多年不准通信卫星和无线电线路为民用的目的服务。因此，关于科学转变为直接生产力的"转移时间"问题，并不纯粹是科学理论的复杂性及开发前景的问题，它与生产关系紧密相关。德国经济史学家沃尔冈·约纳斯指出：一直存在着一种相当幼稚的看法，即认为移植时间在不断缩短，更糟糕的是，这种时间缩短还被表述为超越一切社会形式而起作用的无阶级偏向的普遍规律。他主张研究生产力发展的内在规律，并且在最广泛的意义上，最好把这些规律看作工艺规律，把工艺规律与经济规律联系起来考察。[①]

（2）生产关系及社会制度决定着科学应用的目的和性质。科研成果被用来促进生产发展，还是阻碍生产的发展，是推动社会进步，还是阻碍社会进步，对人类生存是福，还是祸，这是不能以科学成果本身来决定的，而主要是由生产关系和社会制度来决定的。正如我们所指出的，在资本主义生产关系下，由于盲目追求利润，资本主义对科学的使用方式，带来了严重的生态危机和社会问题，使人与自然，人与人之间的关系不协调，科学的如此应用产生了很大的消极后果。在社会主义的生产关系下，科学同物质财富生产者之间没有鸿沟，科学被转化为劳动者自己的力量，它既是提高劳动生产率

---

① 参见苏于尔根·库钦斯基《生产力的四次革命》，商务印书馆1984年版，第193—194页。

的手段，也是减轻劳动强度的手段，它为生活水平的提高、环境条件的改善，人的自由解放创造了必要的条件。

（3）生产关系及社会制度影响着科学本身的发展速度，这是通过科技政策和科技管理来制约科学的发展。一个国家的科学发展水平主要受两个因素的制约：一个是受社会生产力发展水平的制约，另一个是受生产关系、社会制度及由之所决定的科技政策和科技管理体制的制约。社会生产力为科学提供科研经费、仪器设备等，这属于科学研究的物质基础。实际上这种物质基础的提供又总是通过一定的生产关系、社会制度及其所决定的科技政策和科技管理来实现的。国家通过财政拨款提供科研经费，指导科研课题的选择，制约科学研究的发展方向；而正确的科研管理，如鼓励创新精神，提倡学术民主，制定专利制度和奖励制度，调整科研体制等，都能有力地促进科学的发展。

（4）生产关系及社会制度决定着科学研究组织的性质。在资本主义生产关系出现之前，正规的科研组织尚未出现，往往同一个人是科学家、哲学家兼教士，科学知识往往在哲学的母体中发展，科学家及其学派与教会组织有密切的联系。随着资本主义生产关系的产生和发展，科学日益成为一种社会建制，成为从属于资本主义大生产的部门，科学组织往往以资本主义的生产关系的模式来加以塑造，资本家也往往通过资本主义生产关系的模式来管理科学组织。社会主义的生产关系为建立真正属于全社会的合理的科学组织创造了条件，按照社会主义经济发展的要求以及全社会的需要，国家组织科学研究，建立合理的科研组织，在国家的领导下，全国的科研机构联合成为一个完整的体系。

（二）对否定科学与生产关系相互作用观点的批判

当代西方学者关于科学与社会的见解的一个基本缺陷是离开社会关系尤其是生产关系、所有制关系来讨论科学的社会功能问题。他们往往将现代科学仅仅当作一种社会生产力来研究，而不把它与作为生产力运动形式的生产关系特别是所有制关系联系起来加以考察。他们看不到，生产力和生产关系的矛盾运动对于了解现代科学在社会中的地位和职能，对于了解影响科学发展过程的各种因素的作用具有十分重要的意义。实际上，不揭示科学与一定的社会生产关系尤其是所有制关系的联系，就不能全面了解科学的性质和发展及其社会功能。

在当代，科学与生产关系尤其是与所有制的关系已成为发达资本主义国家的症结问题。随着科学技术革命的纵深发展，科学与资本主义生产关系的矛盾越来越明显。资本主义所特有的应用科学的途径同广大人民群众的价值和要求，产生了激烈的冲突，科学的发展与当代资本主义社会人们的生活产生了种种矛盾；科学不是成为解放的手段，而往往变成控制劳动者的工具，它造成了种种的异化现象。这充分表明了资本主义生产关系对于科学发展和应用的历史局限性。但是，现代科学作为一种生产力而蓬勃地发展，使现代科学同资产阶级所有制关系的冲突表现得越明显，资产阶级思想家就越来越想否认科学与生产关系尤其是所有制关系的联系；他们或者把生产关系抛开，单纯从科学本身去寻找科学的作用、目的及意义，抽象地谈论所谓的科学技术理性问题；或者干脆把科学说成是一种特殊的现象，说这种特殊现象的发展把资本主义的所有制关系排挤到次要地位，限制了这种所有制关系的意义，或者自动地改变了这种所有制关系。这种观点构成了"（后）工业社会理论"的一个思想基础。

"（后）工业社会"理论家们都声称，当代科学技术创造了一个使社会主义制度和资本主义制度趋同的"（后）工业社会"。因为这种社会是以科学技术为基础确立起来的，所以是一致的，超越了社会主义和资本主义两种不同制度的分野。丹尼卡·贝尔认为，"苏联和美国都是工业社会"，它们之间是"彼此一致的"。① 因此，可以"把这两种社会制度归入同一种标题"。② 雷蒙·阿隆宣称，当代欧洲并不存在根本不同的两个世界：苏维埃世界和西方世界。它们都属于工业文明，"苏联和资本主义社会只是同一类型的两个品种，或者是同一社会类型（即发达工业社会）的两个形式"。③ 法兰克福学派特别是马尔库塞把国家垄断资本主义和社会主义看作同一个由工具理性或技术理性所统治的社会类型的两个样板。马尔库塞在《苏联的马克思主义》中认为，由于科技进步，存在着社会主义和资本主义这两种制度"平行拉平"的强有力的倾向，这种拉平就在于两种制度都具有工业社会的共同特点，即集中化、规范化、合理化和组织化等。托夫勒则认为，科技革命的发展和信息社会的到来，已经取消了生产资料的所有制关系。他说生产资料所有制"本质上是第一次浪潮和第二次浪潮的问题。左派的一

---

① ［美］丹尼卡·贝尔：《后工业社会的来临》，商务印书馆1984年版，第17页。
② 同上书，第84页。
③ ［法］雷蒙·阿隆：《工业社会十八讲》，伦敦英文版，第42页。

切分析都从这里着手;它在一百年前还有用,现在就越来越不切合实际了"。① 由此可见,"(后)工业社会"的理论家们,离开生产关系及所有制形式来看科学的社会功能,抹杀两种不同社会制度下科学发挥社会功能的差别。因此,是否联系生产关系及所有制关系来看待科学的社会功能,这是马克思主义科学社会学与其他科学社会学学派理论的重要差别。

二、科学与政治

在社会关系网络中讨论科学的社会功能的另一个方面的内容,是科学与政治之间的关系,即科学与政治的互动,包括科学对政治的影响和政治对科学的影响两个方面。在国外,围绕科学与政治之间关系的研究,已形成了一个新的学科,即所谓的"科学政治学"。我们将讨论科学与政治关系的某些基本的问题,重点将放在科学的政治效应以及对西方学者有关论点的评价。

(一)科学的政治效应

什么是政治?政治就是阶级间的一种关系,构成这些关系的基础是经济,是各个不同阶级的经济利益,首先是它们同生产资料之间的关系。按照列宁的观点,经济是政治的基础,政治是经济的集中体现。他批评那种将政治与经济并列等同看待的错误观点,指出:"如果说(或者只是间接地表达了这种思想)从政治上看问题和'从经济上'看问题有同等的价值……这就是忘记了马克思主义的最起码的常识。"② 普列汉诺夫也说过,生产力发展的每一阶段都有与其相适应的自己的武装体系、自己的军事战略、自己的外交、自己的国际法,换言之,经济决定着政治和外交。科学的利用往往直接有利于国家的发展与巩固,有利于国家内外政策的实施。科学成就的利用、研究方向,通常是同政治联系在一起的。

自从科学诞生之日起,科学和政治的关系问题就出现了。不管它在何种类型的或何种性质的社会中,这种关系都是存在的。而在不同的社会制度下,科学与政治的相互关系,就其阶级实质和目的而言,是各不相同的。从近代开始,不同的阶级出于不同的需要或理由(实践上的、意识形态上的等)而关心科学。从 20 世纪开始,科学日益成为国家重要的力量,科学和

---

① 《预测与前提——托夫勒未来对话录》,国际文化出版公司 1984 年版,第 107 页。
② 《列宁全集》第 32 卷,第 72 页。

政治的联系日益加强，科学对达到各种政治目的，对于实现各种政治意图越来越具有举足轻重的地位。特别是第二次世界大战后，随着新科技革命的开展，科学在生产和社会生活中的影响更加巨大。因而，科学的"政治化"和政治的"科学化"成为当代最重要的问题之一。在科学与政治的关系中，最基本的因素之一是科学与国家政治的关系（另一个基本的因素是科学与国际关系或国际政治的关系）。在当代，一个国家的强弱，它在世界政治舞台的地位，在很大程度上取决于它的科技发展水平及如何有效地应用科学成果。因此，在世界各国，发展科学技术不仅是一种社会的经济、文化战略，而且也是一个政治战略。

在不同的社会制度中，科学与政治的关系具有不同性质及内容。在文艺复兴时期，人文主义文化的繁荣以及它反对中世纪的经院哲学和教会专制的斗争，促进了自然科学的基本思想在社会意识中的确立。同时，科学成为资产阶级手中的一件有力武器，资产阶级在理论和实践上依靠这一武器来反对宗教神学权威和封建世俗权威。科学只承认通过对自然的认识来获得真理，人们只有借助理性和实验才能达到真理。在真理面前，教会权威、世俗封建权威都威风扫地。在自由资本主义时代，科学和政治的冲突基本上处于隐蔽状态。

19世纪末20世纪初，自由资本主义向垄断资本主义过渡，科学在社会发展中的巨大作用日益突出。一方面由于政治从科学的发展和应用中所获得的利益不断增加；另一方面由于科学机构在职能上的要求发生了变化，科学和政治明显地接近起来。传统的科学与政治的关系模式发生了变化，首先，国家和大垄断组织日益地应用科学，加强了国家在科学发展中的影响和作用，这导致了科学组织以国家垄断的形式出现。在第二次世界大战期间，许多资本主义国家设立了对科学家实行总的领导的机构：全国科学规划委员会、部属管理局或专门的科学部。战后国家对科学的领导获得了进一步的发展，例如在美国出现了原子能委员会（1946年）、国家科学基金会（1950年）、联邦科学技术委员会（1959年）、宇航局（1958年）、科学技术管理局（1962年）等。而且在许多国家中，国家掌管着高校及其科研，国家对科学的拨款也大大加强了。其次，科学应用于军事目的，使科学和政治的结合达到了登峰造极的地步。两次世界大战充分显示了科学在制造和改进军工产品方面的巨大威力；而战后由于核武器和火箭的制造，由于化学和细菌武器的研究，由于电子学的发展而引起的军备竞赛，几乎全把科学应用于军事目的（据统计，从1940年到1960年这20年中，美国政府用于军事研究的费用增加了 270 倍；在美国，政府的科学费用四分之三来自军事预算）。科学应用在这里表现为露骨而又直接的政治手段。国家的科学力量成了它的军事力量的一个重要部分。国家的投资大部分被用来发展军事性质的研究。再次，科学活动和国家的结合使科学日益"政治化"，科学不仅被用于控制自然，也被用来统治、奴役和控制人，即科学技术被用作统治的工具。这种科学从属于政治的倾向，使当代资本主义国家中科学与政治的关系具有危险性，产生了一系列生态危机和社会问题，它不仅损害了个人价值，甚至会毁灭人类本身。

社会主义制度的建立，为新型的科学与政治关系奠定了基础。社会主义使科学与政治之间确立一种良好的关系，使政治的、科学的、技术的和文化的社会体制能够结合成为一个和谐的整体。这一整体的宗旨是创造条件，使无产阶级和劳动大众发挥创造力和积极性。社会主义在历史上首次使科学与下列政治因素发生有机联系，这些因素包括国家政权、政党活动、赖以实现政治活动的目的和手段等。特别是作为执政党的共产党，依赖于对社会的客观规律的认识，制订和实施社会的经济、文化等方面的政策。同时，社会主义使国家对整个社会的科学研究统一领导，使制订和实施真正统一的全国性科学管理和决策成为可能。我们必须看到，社会主义制度下科学与政治的这种新型关系是由国家职能的变化所决定的。现在国家不再是与社会对立的官僚机器，不再是对人民专政的工具，它转变成了无产阶级专政的国家。在过渡时期结束后，随着剥削阶级的消灭，国家的专政职能退居次要地位，而政治管理或社会管理职能则成为基本的职能。因此，政治开始起着一种新作用，它成了建设新社会的必要手段。社会主义的政治管理具有两个基本特征：（1）在提出各种社会目标和确定达到这些目标的基本途径时，它以科学为依据。（2）它日益成为劳动人民本身活动的组成部分。劳动人民在全社会范围内从思想上和政治上团结一致，而且成了自觉创造历史的主体。在这些条件下，政治管理在越来越大的程度上成为自我管理。

在社会主义条件下，科学与政治的联系，如同它与经济的联系一样，是它在社会生活中的地位和职能的一个重要标志。科学逐步成为社会主义国家的力量和发展的源泉，成为对实现内外政策具有重要意义的因素。科学的作用首先表现为，科学同制定和完善社会政治领导，同确定国家政治方向有着直接的联系；科学参与确定群众活动的基本任务和方向，参与制定政治纲领和决议；科学通过直接或间接的途径，参与社会的政治管理。因此，在社会主义制度下，科学成了政治管理的必要成分，它渗透到政治管理的各个领域，成了政治管理的一个重要理论基础。科学的作用还表现在，它被应用于人道主义方面，用来满足人们的物质和精神的需要，为劳动者素质的全面提高，为人民的全面发展创造条件。特别需要指出的是，科学成为发展社会主义民主的必要条件、必不可少的因素或有机的组成部分。科学在建立和完善社会主义民主中发挥着重要作用。若是没有科学，社会主义民主就是不可想象的。广大人民群众的利益与社会的发展规律和方向是一致的。要表达和揭示人民群众的共同利益，规定整个社会活动的目的，就必须运用科学的理论和方法；同时，人民当家作主，参加社会管理与提高他们的思想素质和专业素质是密切结合在一起的，而科学又是社会主体本身发展的一个重要手段，掌握科学知识便成为人民群众参与社会管理的一个条件。列宁说过："过去，全部人类的智慧、全部人类的天才创造，只是让一部分人独享技术和文化的一切成果，而另一部分人连切身需要的东西——教育和发展也被剥夺了。然而现在一切技术奇迹、一切文化成果都成为全国人民的财产，而且从今以后，人类的智慧和天才永远不会变成暴力手段……劳动人民一定能完成这一宏伟的历史任务，因为在他们身上蕴藏着尚未苏醒的伟大的革命、复兴和革新的力量。"[①]

（二）评价技术统治论批判

科学与政治的关系问题，尤其是科学技术的政治效应问题，是当代西方政治学说的一个重要内容。曾经有过一个时期，占主导地位的观点是所谓的科学在政治和意识形态上中立的观念，即科学保持价值中立，与政治和意识形态无关。这是实证主义者对科学和政治关系的基本看法。随着当代科技革命的日益深入，科学和政治日益相互渗透，这种科学在政治上中立的观点受到来自各个方面的批判。现在，许多西方学者认为科学活动并不是政治上中立的，它具有明确的政治意向性或政治效应。这种观点有两种表现形式：一种是将科学解释为一种重要的、甚至是具有决定性的力量，认为科学自身能解决一切社会政治问题，消除资本主义社会的一切矛盾，完善资本主义制度，这正是"后工业社会"理论家们所持的观点；另一种形式则宣称科学绝对具有政治性，当代科学及技术已成为一种新的社会控制形式，它们是资本主义社会的一切矛盾和异化现象的祸根，这是左倾激进知识分子尤其是法兰克福学派的观点。这两种关于科学与政治的关系的观点表面看来似乎是对

---

① 《列宁全集》第 26 卷，第 451—452 页。

立的，但本质上是一致的，它们具有共同的理论基础——科技至上论或技术统治论。事实上，它们是技术统治论的两种表现形式。

"后工业社会"理论家们离开生产力和生产关系的矛盾，离开特定的社会制度来解释科学的政治效应，解释科学在当代社会中的地位、作用。海尔布隆纳、加尔布雷思、布热津斯基、贝尔、托夫勒等人抽象地解释科学与政治的关系，将科学技术看作一种决定性的政治力量。海尔布隆纳说："的确，如果问在我们这个时代究竟是什么力量恰好强大到足以破坏资本主义特权和机能的堡垒的基础，并且能在这些堡垒的位置上建立起它自己的制度和社会结构，那么回答肯定是这样的，统治我们时代的力量就是科学力量和科学工艺学的力量。"[①] 布热津斯基在谈到电子学在当代社会发展中的作用时，认为"技术，特别是电子学……越来越成为社会变革和改变社会习俗、社会结构、社会价值论以及总的社会观点的决定因素"。他认为"技术电子"是"我们的时代的主要推动力"。根据贝尔等人的观点，科学技术不仅改变了社会的经济结构，而且改变了人们的阶级结构，改变了权力的分配关系以及资本主义社会的性质；科学技术已经变成了一种决定性的政治力量，它们能够解决一切社会问题，克服资本主义的种种矛盾，使社会往合理的方向发展。在他们看来，即使是完成复杂的社会任务，系统论和计算技术也都能够承担起来，因此，政治上的管理可以归结为技术组织的任务。很明显，这些"后工业社会"理论家的观点具有为资本主义国家辩护的性质。在当代资本主义社会中，尽管社会管理需要政治和科学的结合，但权力仍然掌握在政治家们的手中，这些理论家们没有考虑资本主义生产关系的性质，把政治管理的阶级职能抛弃了，将其仅仅归结为技术问题。然而，事实是，即使是最发达的科学，或者是最现代的"智能工艺"，都不能克服资本主义社会中的阶级对抗。政治家或者本身是垄断资本家，或者是垄断资本家的代言人，劳动人民则仍然是被统治和操纵的对象，不管资产阶级的政治对此补充了多少"人的关系""共同参与""超历史价值"，所有这一切都不可能改变政治中的阶级的关系；政权对于劳动群众来讲是某种外在的东西，因为它不可能使人民群众成为社会管理的主体。

作为对立一端的法兰克福学派表述的是另一种观点。这种观点明确承认科学的政治意向性，将科学（技术）与控制、与总体官僚社会紧紧地联系在一起。法兰克福学派关于科学技术与政治统治关系的基本观点是，当代科

---

① ［美］海尔布隆纳：《美国资本主义的局限性》，纽约1966年英文版，第116—117页。

学技术取代了传统的政治恐怖手段而成为新的控制形式,它操纵着社会的政治、经济和文化的各个方面,成为一种新的极权主义,导致了一种总体官僚主义社会。霍克海默和阿多尔诺认为,随着技术的进步,人征服自然的力量大大地增强,但这种征服最终是以人对人的统治作为代价的。换言之,科学既是人征服自然的有力工具,同样成为人对人统治的有力手段。随着历史的推移,统治的原则已发生了根本的变化,原来那种基于野蛮力量的统治让位给一种更巧妙的统治,即借助于技术手段,统治者的意志和命令被内化为一种社会及个人的心理,技术控制了社会生活的各个领域。

法兰克福派观点的实质与后工业社会理论家的观点有一致之处,它们的共同的理论基础是技术统治论。如果说,后工业社会理论家的关于科学的政治作用的理论是公开的、乐观的技术统治论的话,那么,法兰克福学派关于科学技术的政治效应的观点则属于隐蔽的、悲观的技术统治论,或者说是技术统治论的一个变种。

不过应当指出,法兰克福学派的观点与"(后)工业社会"理论家的正统的技术统治论的观点还是存在着差别的。例如,正统的技术统治论者的基调是乐观主义和保守主义的(尽管他们之中也不乏悲观论者,如马姆福德、阿隆、埃吕尔等),而法兰克福学派的基调是悲观主义和激进批判主义的;以贝尔等人为代表的正统的技术统治论者公开为资本主义制度辩护,认为科学技术能够解决资本主义的矛盾和问题,创造出一个美好的社会;相反,法兰克福学派则以批判科学技术作为己任,将科学技术看作新的控制形式,看作异化和苦难的根源,他们尖锐地揭露资本主义社会中科技"政治化"而带来的种种社会问题,却错误地把这种社会的政治问题归咎于技术的魔力和科学成果的运用,宣扬一种从政治上反对科学技术的悲观主义理论。这与马克思主义关于科学与政治关系尤其是关于科学技术是一种伟大的革命力量的论断以及马克思主义的革命乐观主义是背道而驰的。

三、科学与意识形态

科学与意识形态的关系问题和科学与政治的关系问题密切相关,它是当代科学社会学争论的一个焦点,也是当代意识形态理论的一个核心问题。随着科技革命的发展,科学渗透到社会生活的各个领域,影响或制约各种社会问题,并执行着某些意识形态功能。同时,社会意识形态的各种形式构成科学发展的社会精神环境,制约着对科学及社会功能的理解。这些情况使得科学与意识形态的关系问题具有特别重要的意义。一方面，当代无产阶级意识形态与资产阶级意识形态的对立更加尖锐，各个阶级的斗争意图都在意识形态领域展开，意识形态对社会心理及人的意识有着巨大的影响；另一方面，对当代科学技术的社会功能众说纷纭——或断言科学万能；或断言它对解决人类问题无所作为；或乐观地把它看成通向人的自由解放的一种手段；或相反地把它视为一切矛盾和异化现象的祸根——在很大程度上无不与意识形态因素相关。因此，研究科学与意识形态的关系问题，批驳在这个问题上的错误观点，无论是对于意识形态广阔领域里无产阶级反对资产阶级的斗争，还是在特殊领域里认清科学技术的社会功能，都具有理论和实践上的意义。

（一）科学与意识形态的区别和联系

科学与意识形态的关系是一个十分复杂的问题。科学是人类实践的产物，当社会发展到一定的阶段，科学作为一种专门的精神生产形式，作为社会生活中的一个特殊的部分便独立出来。科学是一种知识体系，它是对客观世界及其规律性的正确反映，表现为系统化的知识，其最主要的是指经过理性加工过的理论知识。而对意识形态概念，人们并没有一致的理解。根据马克思主义经典作家的观点，意识形态是"与物质前提相联系的物质生活的必然升华物"，表现为哲学、宗教、道德等一系列形式。换言之，意识形态是由哲学、法律、道德、美学等观点组合而成的，这些观点反映出一定阶级的社会地位和根本利益。社会意识形态，也具有系统性和知识性的特征，但是它还具有另一个重要的特征，即反映特定阶级的利益，为一定的经济基础服务。在阶级社会里，这种性质表现为阶级性，它只为一定的阶级服务。

科学虽是一种社会意识形式，然而却是一种特殊的意识形式，它从属于人与自然斗争的生产力，而不是社会意识形态。科学以它特有的属性和功能（如知识性、系统性、非阶级性等）与其它社会意识形式区别开来，成为一种特殊的社会意识形式。这种特殊性表现为，它作为一种知识形态总是处在向物质形态的不断转化过程中，它的生命力、它的存在价值、它对社会进步的意义不仅在于它是一种文化，一种意识形式，还在于它能够转化为生产力而使整个社会发生革命的巨大物质力量。正是在这个意义上，自然科学既属于社会意识范畴，又属于生产力范畴，它对社会的作用过程可以概括为"自然科学—技术—生产力—社会进步"。

在马克思主义经典作家看来，科学技术不属于意识形态、上层建筑，而属于生产力。科学在本质上并不是意识形态，它所反映的是客观规律或自然界的本质关系，不受阶级利益的支配，没有阶级性。

然而，这并不等于说，科学与意识形态没有关联。科学与社会意识发展的历史表明，科学与意识形态既是相互交织在一起，又是不断地处于或明或暗的相互冲突之中。意识形态是为了维护、加强或改变某一社会制度服务的。科学的领域，同社会生活的其他领域一样，也是意识形态激烈斗争的舞台。科学的发展受意识形态的制约，意识形态也影响科学。科学史的研究已经证明，科学理论的发现、检验、修改、发展、应用无不受意识形态（世界观、宗教、道德等）的制约和影响。反过来，伟大的科学发现则往往影响意识形态的内容及形式，特别是改变着人们的世界观、道德观念和宗教信念。同时，科学成就也常常被统治阶级的意识形态所利用，而被用于论证和维护特定的意识形态。

科学与意识形态的关系在不同的社会制度、不同的历史时期，其表现及性质是不同的。在资本主义发展的早期阶段，由于资产阶级的利益在一定程度上符合社会发展的要求，所以，那时的资产阶级意识形态曾对科学的发展起过促进作用，推动了科学争取自主权以及争取科学活动自由权的斗争。但是，随着资本主义制度的确立和科学被纳入资产阶级的"普遍福利"体系，资产阶级意识形态与科学的关系也变得日趋复杂起来。资产阶级意识形态作为统治阶级利益的表现，它对待科学远非是客观中立的，它与科学是经常发生矛盾的。

在社会主义社会，科学与意识形态则已统一起来。马克思主义是"科学的意识形态"（列宁语）。马克思主义的功绩在于，它把以前的空想社会主义理想，变成了科学；它以分析社会发展规律和全面评价各种实际条件为基础做出科学预见；它把理想，变成了社会运动的实际目标，它同革命实践斗争结合起来。马克思主义本身也成了推动科学发展的强大因素，它通过科学家们的世界观、方法论和他们活动的动机，给科学以极重要的影响。也可以说马克思主义理论体系同人类的根本利益和要求直接联系起来，马克思主义反映人类的根本利益而与整个社会的进步相一致，从而为科学的发展创造良好的文化精神环境。

科学与意识形态的关系问题曾经是西方学者及"西方马克思主义者"热烈讨论的问题。但是西方学者不能处理好这两者的关系，往往走极端，或者将科学与意识形态看作是毫不相干的；或将它们等同起来。西方学者对于科学和意识形态关系问题的讨论最早来自于知识社会学的创立者们，尤其是帕累托、韦伯、谢勒和曼海姆等人。这些学者中就有主张将科学与意识形态隔绝开的观点。例如，意大利社会学家帕累托根据培根的偶像说，将意识形态分为四类，指出其本质乃是逻辑形式掩盖下的一种情绪，而科学研究则是"在某种程度上摆脱自己的情绪、偏见和信仰"。显然，他将科学与意识形态隔绝开了。

作为当代广泛流行的哲学思潮，实证主义在科学与意识形态关系的问题上把科学与意识形态完全对立起来。实证主义者认为，科学是一个抽象的直观的知识体系，它与任何形而上学、意识形态的因素无关；实证主义者将一切不能经过经验证实的命题都看作无意义的。"拒绝形而上学"是所有实证主义者共同的口号。他们要求科学放弃一切价值见解，放弃一切与社会迫切有关的见解，要求科学"超越"一切世界观的因素，对各种社会冲突采取"不干预"的态度。实证主义的根本特点是将理论与实践、知识与价值相割裂，不承认价值因素、意识形态因素在科学发展中的作用。这种见解实质上是打着"科学"的旗帜以否定世界观的意义。

正如前面所指出过的，意识形态对于科学的发展有着巨大的影响。人类的知识和价值之间也不是相互排斥的，知识归根到底是服务于改造现实的，它本身包含着价值的因素，而不是单纯对事实进行公正的确认。对现实的关心和积极态度，是主体认识活动的特性；同时，一种新的科学知识的产生过程离不开社会实践过程，不能脱离整个社会生活、社会文化。

作为正统的技术统治论者、当代的"后工业社会"理论家们，实际上也将科学与意识形态对立起来。20世纪50年代到60年代，西方曾展开过"意识形态与乌托邦"的讨论。在50年代，发达资本主义国家出现经济的"景气"和激进反抗运动的低落，这被看作是"意识形态的终结"。

意识形态终结的鼓吹者也正是技术统治论的提倡者。他们为了确立具有欺骗性的技术统治论，诡称资本主义能够借助于以实证为方法的"纯粹的""不偏不倚的"科学解决它自己的种种矛盾，力图否定马克思主义体系在解决当今各种社会问题中的作用，为瓦解革命的力量找出"理论根据"。

"非意识形态化"观念的流行表明了当代资产阶级意识形态的深刻危机，它以特别尖锐的形式表现了资产阶级意识形态的没落。"非意识形态化"的论点是站不住脚的，它本身就是一种披着科学外衣的意识形态。到了20世纪70年代，这种论点便宣告破产。因此，它的鼓吹者们不得不从"非意识形态化"转向"重新意识形态化"。贝尔认为，必须恢复宗教感情。利普塞特承认"意识形态终结论"本身表明它是一种"纯粹的意识形态"。不过，他们宣称发达资本主义的阶级斗争行将消灭，当前"重新意识形态化"

只包括知识界的意识。

科学与意识形态对立的观点通常来源于一个没有根据的论点。按照这个论点，在功能上符合某一阶级利益的各种意识形态观点，都不可能包括合乎实际的知识。然而，在实际上，认识的客观性和它的社会制约性，不一定是相互对立的，客观性并非排斥任何认识上的阶级性，相反，客观性与进步阶级的根本利益相一致。因此，鼓吹"价值中立"，鼓吹科学与一切意识形态根本对立的"客观主义"，只不过是维护资产阶级意识形态的一种合适形式，其目的是维护资产阶级统治的现状。

我们在西方学者尤其是一些"西方马克思主义者"的著作中，可以发现将科学与意识形态等同起来的观点。例如，"西方马克思主义"或"新马克思主义"的奠基人之一的青年卢卡奇在《历史和阶级意识》中，对"意识形态"及其与科学的关系作过较多的论述，他有时将"意识形态"看作自觉的阶级意识的理论表现，看作一种系统化的抽象的理论体系，即从中性的意义上使用这一概念；有时他又将意识形态等同于虚假意识，即从否定的意义上来使用这一概念。关于科学与意识形态的关系，卢卡奇认为，近现代自然科学是资本主义发展的产物，它们与资本主义社会有一种亲和关系，这种亲和关系意味着资本主义以相同的方式产生了实在领域的现象和作为自然科学研究对象的"纯粹事实"，从而产生了自然科学。在他看来，自然科学代表了一种合理性的类型，而这种合理性则是资本主义社会组织的历史产品。他认为，在当代，资产阶级一方面将自然科学当作征服和控制自然的工具，另一方面又将它变成统治和奴役人的有效手段，自然科学成了资产阶级的思想（意识形态）武器，它执行着某些意识形态的功能：它掩盖社会矛盾，并阻止社会变革。尽管卢卡奇并没有明确断言自然科学是意识形态，但他的思想中包含着将科学与意识形态等同起来的倾向。

在"西方马克思主义者"中间，对科学和意识形态关系问题论述最多的是法兰克福学派。该学派继承了卢卡奇在这方面的某些论点，明确提出科学（技术）是意识形态，或在后来资本主义社会中，科学技术执行意识形态职能的观点。他们的这一论点与他们关于科学技术在发达的工业社会中已成为一种新的控制形式的观点密切相关。可以说，这些是同一问题的两个方面。

法兰克福学派看到了科学技术与意识形态的某些联系，看到了在发达的工业社会中，资产阶级利用科学技术变革的特征来为其统治的合理性辩护，资产阶级也利用新的科学技术强化了奴役的工具，并对此作了一定程度的批判，这有一定的合理性。但是，他们错误地把科学技术与哲学等意识形态等同起来，忽视了它们之间的质的差别。

总之，在科学与意识形态的关系问题上，我们既要看到它们的差别，又要注意它们的联系，将它们截然对立起来，或者将它们完全等同起来的观点都是错误的。

（二）科学与哲学

科学与意识形态的关系具体表现为科学同各种意识形态形式包括哲学、道德、艺术、宗教等的关系。我们先看看科学与哲学的关系。

哲学是意识形态的主要形式，它是关于自然、社会和人类思维最一般的见解。哲学以科学知识为基础，而自然科学作为探索自然规律的认识活动，又离不开哲学世界观及方法论的指导，这是科学与哲学的最一般关系。

诚然，科学知识的内容取决于客观现实本身，取决于被认识的对象，科学理论反映客观真理，不以人的意志为转移。但是，科学认识产生于一定的社会条件和文化精神环境之中。一个科学理论的建立，并不单纯取决于该理论与经验事实的一致等因素，同时也取决于这一理论的创造者们的世界观和哲学观点。贝尔纳早已说过，一个科学家若不懂得他在探索什么，那他就不能了解他发现的是什么。哲学对自然科学的影响，主要表现在科学工作者要受哲学观点的指导。自然科学研究是一种复杂的认识活动，它要进行观察、实验、比较和分析，进行思考和逻辑推理，形成概念、定理和理论，这就离不开理论思维，很自然地与哲学发生紧密的联系。恩格斯指出："不管自然科学家采取什么样的态度，他们还是得受哲学的支配。问题只在于：他们是愿意受某种坏的时髦哲学的支配，还是愿意受一种建立在通晓思维的历史和成就的基础上的理论思维的支配。"[1] 爱因斯坦十分重视哲学对自然科学研究的指导作用，他说："认识论同科学的相互关系是值得注意的。它们互为依存。认识论要是不同科学接触，就会成为一个空架子。科学要是没有认识论——只要这真是可以设想的——就是原始的混乱的东西。"[2] 他又说："物理学的当前困难，迫使物理学家比其前辈更深入地去掌握哲学问题。"[3] 按照爱因斯坦的说法，现代西方重要的自然科学家，几乎全是哲学家，或者

---

[1] ［德］恩格斯：《自然辩证法》，人民出版社1971年版，第187页。
[2] 《爱因斯坦文集》第1卷，商务印书馆1976年版，第480页。
[3] 同上书，第405页。

说是一些自然哲学家，一些具有哲学头脑的自然科学家。这说明，任何一个自然科学工作者，不管在何时何地，不管他们是否愿意，总是自觉或不自觉地处在一定哲学观点的支配之下。正确的哲学给科学工作者开拓探索真理的道路，推动科学前进，而错误的哲学则堵塞探索真理的道路，阻碍科学的发展。

哲学理论提供了研究的方法，提供了理论思维的一般方式。哲学为科学的研究提供一般的概念框架和方法论的原理。哲学观点对科学家工作的影响，是通过各种渠道而发生的复杂、微妙的影响。这种影响可以在选题、选材及结论中直接表现出来，也可以在对现成的理论的哲学解说中表现出来。例如，伟大的胚胎学家K.贝尔，他的研究工作奠定了比较胚胎学的基础，并且很快被达尔文用来证实有机界的进化。然而，他的名著《动物的发育》不仅没有根据自己的研究得出达尔文从另一理论观点出发所得出的结论，而且还以批判的态度对待进化论思想。实际上，贝尔还在达尔文的著作《物种起源》问世的前几年，就已在一篇文章中阐述了自然淘汰论。然而，他和达尔文不同，在哲学上是一个坚定的唯心主义者，他放弃了这种理论，公然宣称，由于这种理论会导致唯物主义，因此，不可能是真理，必须予以推翻。贝尔的世界观就这样强烈地影响着他的科研工作。此外，还有一些自然科学家对已建立的具有严格科学性和非常深刻的理论，却往往做出与它的真正实质相矛盾的解释。例如，我们知道爱因斯坦曾论述过马赫论著对相对论基本观点的形成有过影响。有些物理学家和哲学家便以此为根据，用马赫主义的观点解释了这个理论，尽管事实上，爱因斯坦相对论的理论内容与马赫主义并无共同之处。

科学与哲学关系的另一方面是，自然科学是构成哲学的一个重要基础，随着自然科学的发展，哲学也在改变自己的内容和形式。恩格斯在考察唯物主义哲学的发展史同自然科学的关系时，得出了一个十分精辟的结论："随着自然科学领域中每一划时代的发现，唯物主义也必然要改变自己的形式。"① 古代朴素唯物主义把某种物质形态当作世界的本原，并把世界看成逐渐生成和发展起来的东西。这种观点是以古代萌芽状态的自然科学知识和对自然界的直观为基础而产生的。到了近代，经典力学的理论体系确立起来，并在整个自然科学中占统治地位，在此基础上形成了形而上学唯物主义

---

① ［德］恩格斯：《路德维希·费尔巴哈和德国古典哲学的终结》，人民出版社1971年版，第19页。

的世界观。18世纪末到19世纪中叶,自然科学领域内的许多划时代的发现,尤其是三大发现以十分丰富的材料揭示了自然界的普遍联系和发展进程。马克思和恩格斯概括了当时自然科学和社会科学的优秀成果,创立了辩证唯物主义哲学。因此,恩格斯指出:"要确立辩证的同时又是唯物主义的自然观,需要具备数学和自然科学的知识。"①

现代西方科学主义思潮的各种流派,一般都意识到哲学同自然科学有不可分割的联系。一方面,他们从自然科学那里取得资料,论证和解释自己的哲学观点;另一方面,研究自然科学中的哲学问题,用自己的哲学观点解释自然科学的发展及其成果。这是当代西方科学主义哲学思潮的一个基本特征。

科学与哲学相互作用的一个重要的启示是科学与哲学必须结合起来,科学家与哲学家必须结成联盟。我们既要自觉运用马克思主义哲学去指导自然科学,又要用现代科学的成果来丰富马克思主义哲学,这将会促进马克思主义哲学和自然科学的共同发展。

(三)科学与道德

道德作为意识形态的另一个基本形式,它以"应该"和"不应该"、善和恶、正义和非正义、公正和不公正、诚实和虚伪等范畴来评价人们的各种行为。无论是在实质内容上还是在表现形式上,科学和道德都是不同的。科学的对象是客观世界的本质或规律,它们以定律、公式、假设、理论等形式表现出来。科学知识所反映的是客观真理,因此是不以人的意志为转移的。道德的对象则是人们行为的规范,这些规范以道德准则的形式表现出来。道德总是反映出社会的阶级、阶层或集团的要求,随着社会制度的变化以及阶级关系的变化而变化。

但是,科学和道德并不是截然隔开的,而是密切联系、相互作用的。一方面,伦理道德影响或制约着科学的发展,它创造科学活动的精神环境,通过科学活动的价值定向、科学共同体的规范去影响科学的发展。道德通过各种形式的说教和社会舆论的力量,使人们逐渐形成一定的信念、习性、传统,从而对社会发生作用。科学本质上是一种社会的事业,科学家在一定的社会关系中活动,因此,科学活动的全过程——从问题的提出、问题的解决到成果的确认——都受到社会伦理道德的制约。

---

① [德]恩格斯:《反杜林论》,人民出版社1971年版,第8页。

道德对科学的作用主要是通过影响科学共同体的规章及科学工作者的行为而实现的。社会伦理观念对科学共同体规章的制定直接产生影响，即社会的伦理观念可内化为科学共同体成员的行为规范，形成科学道德。莫尔认为："科学家活动受到有力的社会控制，行使控制的是科学界同仁，其做法依据于科学内在的价值体系，即科学道德。"① 所谓科学道德，就是科学家的职业道德，它是社会道德观念在科学研究工作中的特殊表现，是用来调整科学家之间，科学家与科学共同体之间以及科学与社会之间关系的行为规范。在这方面默顿等人作过详细的讨论。

道德规范要有力地作用于科学，必须依靠科学家个人的道德意识来实现。因此，社会道德规范对科学发展作用力的大小，最终取决于科学家个人的道德修养。作为一种社会精神环境，社会道德观念通过各种途径影响科学家的个人品质。科学家作为一般公民，要受到社会一般的道德标准的制约，用正直、善良、勤奋、勇敢等规范要求自己，使自己成为有道德的人；科学家作为科学共同体的成员，必须遵守科学共同体成员的行为规范。

另一方面，科学也制约和影响着道德，科学对道德标准的形成和发展产生相当大的作用。科学可以使人们预见行为的后果，可使人们的主观意图符合于事物的客观进程，它给予道德客观现实的补充力量。如果不了解某些行为的后果，不了解正是由科学最深刻地揭示出来的客观因果性，那么道德标准就很可能难以存续。随着科学知识的扩大和加深，科学对人们的道德意识以及对人们理解自己的社会作用等方面施加影响的能力在不断地增长；同时，科学知识日益为人们所接受并成为牢固的信念，科学知识本身具有善的性质，逐渐成为某些道德行为的源泉。科学中的真和善是统一的。这一点很早就为人们所认识。苏格拉底说过，人只是由于无知才干蠢事，而美德即是知识，知识是合乎道德的生活的必要条件，探求知识本身就是追求美德，是一种幸福。启蒙学者也把真理、知识看作一种美德、幸福。他们把所有的恶直接与无知联系起来。后来，实证主义却错误地将科学与道德、真与善、事实与价值截然地分开了。

在当代，随着科学技术的迅速发展及科学技术社会作用的日益加强，科学与道德（伦理）的关系成为一个紧迫而重要的理论和实践课题。现代科学的发展，尤其是原子物理、微电子学、控制论、电子计算机科学、生命科学及遗传工程学的发展，提出一系列的新的伦理道德问题；同时，现代科学

---

① 莫尔：《科学伦理学》，《科学与哲学》1980 年第 4 期。

的滥用也产生一系列的环境问题及社会问题，从而又提出了科学应用的伦理问题。这就促使人们进一步关注科学与道德（伦理）的关系，由此形成了一门新的学科，即科学伦理学。

（四）科学与宗教

宗教是意识形态的又一基本形式。科学与宗教的关系构成科学与意识形态关系的一项重要内容。这也是一个颇为复杂的问题，西方学者在这一问题上持各种不同看法。一种观点认为，科学与宗教的关系完全是一种你死我活的冲突关系，科学代表着真理，宗教代表着谬误，这种观点比较流行，现在仍有较大的影响。另一种观点认为，宗教与科学二者之间并不存在矛盾，它们都是通往终极真理的途径，而近代史上宗教与科学的冲突，只是愚昧无知的教会和教士们犯下的愚蠢错误，并不是宗教本身的过错。此外，还有第三种观点，即认为科学与宗教所处理的是不同领域里的事情。康德认为，科学所探讨的是关于自然界的真理。宗教则反映了人们追求"善"的愿望和努力，艺术是人们追求美的结果。美国科学史家乔治·萨顿把这个思想概括为"科学求真、宗教追善、艺术追美"，并且认为，真善美的统一是人类理想的最高境界。显然，这三种观点都不能真正说明科学与宗教的关系。

的确，科学与宗教是根本对立的，科学推崇理性，它总是与实际的、真实存在的过程和现象相联系，它用事物的自然原因来解释自然现象，其使命或功能是认识客观世界，因此，科学可以定义为人类通过社会组织起来的对自然界的认识活动及由此获得真实的知识。宗教则诉诸信仰，热衷于用超自然力来看待自然。从社会学的观点看，形成宗教，至少必须具备三个条件，即：（1）它有一套伦理道德规则，（2）它有自己崇拜的对象及仪式，（3）它成为一种独立的社会建制。因此，宗教主要是一种社会价值体系。

在历史上，科学与宗教往往处于激烈的冲突中。在中世纪，宗教是统一的意识形态，统一的知识体系，又是衡量一切的价值体系，因此，科学的命运不仅取决于宗教对它的评价，而且科学实际上是神学的婢女，科学的生存和发展都要依附于神学的母体。中世纪的神学阻碍了科学的发展，因此，打破宗教神学的统治，成为近代实验自然科学诞生的一个基本条件。在文艺复兴和近代，宗教为了抵御科学的进犯，迫害科学家。伽利略受辱，布鲁诺、塞尔维特被焚，达尔文进化论横遭攻击，这些仅是宗教迫害科学家的几个著名例子。在当代，科学风气之盛，科学家在社会中的作用之大，使得宗教不敢再明目张胆地迫害科学家，宗教辩护士一般也不是赤裸裸地反对科学思想，而是力图使科学可用于论证神学。罗马教廷已公开为伽利略平反，甚至设立了一个科学研究所，竭力选一些现代科学的成果来解释神学经义。这既表明宗教势力在科学节节胜利的形势下所表现出的"无可奈何花落去"的处境，同时也表明当代科学与宗教的对立采取了较和缓的形式。

然而，我们必须注意，西方历史上还存在过宗教在特定的情况下作了有利于科学活动的事情。必须具体、历史地分析宗教与科学的关系。宗教与科学的关系取决于宗教这种社会价值体系在一定历史时期的文化中所占据的地位及其对科学的评价，也取决于科学在整个文化中的地位及其所受到的评价，这两个方面是互相联系的。宗教对科学的评价既依赖于它本身在文化中的地位，也取决于科学在文化中的地位，这构成了一幅复杂的互动图景。

如果我们避而不谈宗教的某些观点对科学曾起过某种积极的、有益的作用，那将是不公正的。在德国社会学家 M. 韦伯和美国科学社会学的奠基人 R. 默顿看来，新教（清教）伦理对科学的发展起过促进作用。默顿认为清教伦理有如下三条原则：（1）鼓励人们去颂扬上帝，颂扬上帝的伟大，是每个上帝臣民的职责；（2）赞颂上帝的最好途径，或者是研究和认识自然，或者是为社会谋福利，而运用科学技术可以创造更多的物质财富，所以，大多数人应去从事科学技术和对社会有益的职业；（3）提倡过简朴的生活和辛勤劳动，每个人都应辛勤工作，为社会谋幸福，以此感谢上帝的恩德。

总之，对于西方的科学与宗教的关系，我们不应采用简单化的态度，而应采取具体的历史的分析态度。恩格斯指出："对于一种征服罗马世界帝国、统治文明人类绝大多数达一千八百年之久的宗教，简单地说它是骗子手凑集而成的无稽之谈，是不能解决问题的。要根据宗教借以产生和取得统治地位的历史条件，去说明它的起源和发展，才能解决问题。"① 我们在研究科学与宗教的关系时，也应采取这样一种态度。

科学与意识形态的关系还包括了科学与法律、科学与艺术等方面的关系。这里不作赘述。

---

① 《马克思恩格斯全集》第 19 卷，第 328 页。

3-7

科学、文化与价值*

科学是一种文化,或更确切地说,是文化的最高成就。随着科学本身的发展以及科学文化社会功能的日益加强,科学文化逐步与人文文化相分离。科学犹如一把双刃利剑,既能被善用,也能被恶用;它创造了人间奇迹,也使人类生存环境恶化。这就促使人们去对科学进行反思:科学的本质究竟是什么?科学文化是如何与人文文化相区别的?这两种文化是对立的,抑或是相容的?科学是人类的福音,抑或是人类的祸根?科学的消极作用是科学本身使然,抑或是科学使用不当的方式使然?这一切归根到底,则是科学的本质、特征、功能以及价值问题,围绕这些问题,在近现代西方哲学意识形态领域,产生了旷日持久的人文主义与科学主义之争。人文主义者与科学主义者互相对立,互相诘难,又各抒己见,各执一端,提出了五光十色的理论,构成了近现代西方科学价值论总体图景。因此,为了更全面、更深刻地理解科学技术的社会功能,尤其是科学技术是第一生产力的原理,我们有必要进一步考察科学、文化与人类价值的关系问题,评述近现代西方人文主义与科学主义的争论,批判地吸取其合理的理论见解,创造性地发展、丰富马克思主义的科学观及科学社会学理论。

一、西方人文主义与科学主义之争

(一) 人类社会的两种文化

当代科学文化和人文文化的分离与对立是人们公认的一个事实,而哲学中的科学主义和人文主义两种思潮的对峙,在一定程度上可以看作是两种文化的断裂在哲学意识形态上的反映。尽管两种文化的对立根源可以追溯到古

---

* 原载《现代社会中的科学》(潘世墨、陈振明著,浙江科学技术出版社 1994 年版,台北淑馨出版社 1995 年版)一书。

代尤其是古希腊的文化时期,但是,这两种文化的真正分离与对立则是从近代开始的,它是近代实验自然科学发展的结果。

在相当长的历史时期内,人文文化居于主导地位,曾是人类知识的总称,而科学文化是后来从人文文化的母体尤其是自然哲学中分离出来的。古代及文艺复兴时期,人文文化几乎包揽了当时人类的所有知识领域。在西方,人文文化或人文学科最初起源于西塞罗所提出的培养雄辩家的教育纲领,这既成为古典教育的基本纲领,后来又转变成中世纪基督教的基础教育。这时的人文文化包括数学、语言学、历史、哲学和其他学科。文艺复兴时期,人文文化是指与神学文化尤其是基督教文化相对立的世俗文化,包括语法、修辞、诗学、历史、哲学等。由于这一时期的人文主义者使用古希腊、拉丁语言作为工具,强调模仿古典语言及其著作风格,人文学科甚至成为希腊、拉丁语言研究的专称。18世纪时,达兰贝尔抨击了人文主义者的这种研究方法及人文科学的僵化状况。到了19世纪,包括数学在内的古典教育纲领成为英美学院及欧洲大学预科教育的基础。尽管这种教育的科目和内容不断变化,但它的基本目标是训练人的知识技能,并使人"更富于人道精神"。

从19世纪开始,人文文化成为与自然科学相对的一个知识领域。德国哲学家W. 狄尔泰和李凯尔特首先提出了人文文化或文化科学的一般理论。狄尔泰称这一领域为"人文科学"或"人本科学"(Geisteswissenchaften),李凯尔特则称之为"文化科学"(Kulturwissenchaften)。狄尔泰认为,人本科学与自然科学的区别在于它们的主题不同:人本科学主要研究与自然现象有别的人的活动,自然科学研究的是自然现象及其规律;自然的实体可以从外部得到解释,但人类不仅是自然的一部分,而且是他自己的文化、动机和选择的产物。因此,人本科学要求一种完全不同的分析和解释。李凯尔特则认为,文化科学与自然科学的区别在于它们的方法不同,自然科学是"抽象的",目的是得到一般的规律;人文科学是"具体的",它关心个别和独特的价值观。

在当代,人们一般将人文文化或人文学科看作一个独立的知识领域或学科门类,它与自然科学相对,是那些关于人类价值和精神表现的科目。由于现代科学发展的相互渗透、交叉、综合趋势,使得人文科学与自然科学的界限越来越难以确定,也使一些学科的归类成了问题。就美国国家科学基金会的法案来看,被列入人文科学的学科有:现代与古典语言、语言学、文学、历史学、哲学、考古学、法学、艺术史、艺术批评、艺术理论、艺术实践以及其他具有人文主义内容和运用人文主义方法的学科。

现在，人们对文化科学或人文文化并没有一致的看法，主要有四种观点：（1）认为人文科学构成运用于任何主题的某些一般性技艺和方法；（2）认为它运用并强调超乎其他功能的某些语言功能；（3）认为它建立在适合任何人的普遍经验的基础上；（4）认为它建立在一种特殊的精神官能的基础上。在关于人文科学与自然科学的关系问题上，则有两种不同的基本观点：一种观点认为它与自然科学属于两个不同的领域，有本质的区别，可以相互补充。这种区别就在于，它们运用不同的研究方式，使用不同的概念，并运用不同的语言表达形式。具体说，自然科学是理性的产物，使用事实、规律、原因等范畴，并通过客观语言沟通信息；人文科学则是思想家的产物，使用现象与实在、命运与自由意志等概念，并用感情性和目的性的语言来表达。另一种观点则认为人文科学与自然科学并无本质的区别，不能把人文科学混同于任何主题和方法，它是服务性的学科；不论研究的主题是什么，学者们都要讨论语言和文学、历史和哲学。正因为这种广泛的适用性，可以说人文科学是一般的学科或技术，它与自然科学的区别主要在于它们的分析和解释方向不同：自然科学从多样性走向统一性、简单性和必然性；相反，人文科学则突出独特性、意外性、复杂性和创造性。

从文艺复兴时期开始，实验自然科学走向成熟，一门又一门相继地从哲学的母体中分离出来，哥白尼、伽利略和牛顿创立了第一个力学理论体系。此后，声学、光学、热学、化学、电学等学科也发展起来，形成了近代自然科学的理论体系——经典力学体系。同时，自然科学日益成为一种社会建制和社会实践形式，它对社会经济及社会生活的作用也日益突出。由于这些因素，使科学文化日益成熟和壮大起来。作为一种文化现象，近代自然科学有其独特的规定性，主要表现在：

第一，它依赖于两个基本的假定：首先是自然齐一性的假定——即存在着可以被表述为规律的，并且是从我们经验中的诸多事件或事件群中客观地获得的、井然有序的关系；其次是因果性假定——即凡是发生的事件都有一定的原因，而且同样的原因产生同样的结果；

第二，它诉诸经验、理性及推理，认为通过对研究者共同的观察、实验现象的搜集、整理、概括，依靠理性及推理尤其是归纳和演绎，从而得到概念和定律；

第三，它追求精确性、简单性和形式化，尤其诉诸机械模型，认为自然运动都可以用机械模型来描述，即使非力学现象也可以还原为机械形态；

第四，它诉诸拉普拉斯决定论：已知对象在某一时刻的状态和给定的条件，便可以推知该时刻之前和以后的全部确切状态，物理世界犹如一座上了发条的走时精确的时钟；

第五，它相信自然是可以控制、改造和利用的，科学的职能是造福于人类，实现人类持续进步的理想。

上述这些规定性使得科学与其他文化现象区别开来。随着科学的进步尤其是科学革命的出现，科学日益侵入其他思想文化的领地，科学通过技术日益释放出自身巨大的能力，日益成为第一生产力。科学文化逐步取代以往人文文化的主导地位，而成为社会思想文化中的最主要的力量之一。

在当代，两种文化的对立成了人们严重关注的问题。英国著名作家斯诺（Charles Percy Snow）对这一问题作了认真的分析、研究，他的观点值得我们参考。他在题为《两种文化》的著名演讲中，对两种文化的对立以及产生对立的原因、危害和克服办法进行了探讨。首先他指出，在当代存在着两种对立的文化，即科学文化和人文文化。尽管人文科学家和自然科学家这两群人智力相似，经历相同，社会地位也没有明显的差别，收入也相当，但是，他们几乎已经完全不再相通，在知识、道德和心理气质上的共同点所剩无几。这两种文化人彼此还存在着敌意和反感，这是由于相互不了解的缘故。他们对对方都有一种荒谬的、歪曲的印象，他们处理问题的方式也如此不同，以至于在情感层次上也难以找到许多共同的基础。人文学者认为，科学家是一些粗鲁傲慢的家伙，都是些浅薄的乐观主义者，他们对人类处境毫无认识；另外，科学家则认为，人文学者大多缺乏远见，不关心自己的同胞，还在更深的意义上反对知识，急于把艺术和思想限制在眼前一段时期。

斯诺认为，科学文化确实是一种文化，不仅是智力上的一种文化，而且是人类学意义上的一种文化，尽管它的成员之间通常不能够，也不需要互相完全了解，但他们具有共同的态度，共同的行为准则和模式，共同的探讨方式和信念。令人惊奇的是这些东西的发展极为广泛和深入，它还贯通到其他精神模式如政治、阶级或宗教中。在对立的另一极，人文学者对科学完全不了解，却对其他方面产生了广泛的影响。这种对科学的不理解，比我们体会到的要普遍得多，它存在于传统文化之中，并且给整个"传统的"文化增添了一种非科学的味道。这种味道经常转变成为反科学的情绪。支配西方世界的正是这种传统文化，它并未因科学文化的出现而明显地削弱。

斯诺进而论述两种文化分裂所造成的危害。他认为，这种分裂对于整个社会是一种损失。人文学者对于科学一无所知是十分有害的。一个人文学者不懂得热力学第二定律，就好比一个科学家没有读过莎士比亚的作品，而不懂得加速度，就相当于一个科学家干脆没有读过文学作品。斯诺指出，科学是人类智力的最高表现形式，对科学的无知就是对现代社会的无知。他认为，文化的分裂会使受过高等教育的人再也无法在同一水平上对重要的社会问题展开共同的讨论。由于大多数知识分子都只了解一种文化，因而会对现代社会做出错误的解释，会对过去做出不适当的描述，会对未来做出虚妄的估计。他批评了过分渲染昔日田园生活的悠闲而夸大科学所带来的现代社会某些弊端的浪漫主义观点。他认为某些知识分子宁愿过 18 世纪的乡村生活，而不愿过 20 世纪的都市生活，这是可以理解的，但是他们没有理由反对建设新城市，反对工业化。

斯诺还分析了造成两种文化分裂的原因及解决这个问题的办法。他认为：主要的原因是我们对专业教育的过分推崇和把现有的社会模式固定下来的倾向；我们总是希望一个人能最快的在某一领域达到前沿境界，而且认为专业教育是达到这一目的的最有效的捷径；人们有时还总是不由自主地希望按现存的社会模式发展下去而永久不变，而这是一种思想僵化的保守倾向。斯诺认为，要克服这种分裂的唯一方法是改变我们现在的教育制度和教育方法，让下一代不再有这样的隔膜。他说："所有这一切只有一条出路，这当然是重新考虑我们的教育。"

（二）人文主义思潮

科学文化和人文文化的分裂在哲学意识形态上的反映，即科学主义与人文主义的对立。人文主义（humanism）又称人道主义、人本主义，它派生于拉丁语"humanitas"，原指人的教育。人文主义曾是文艺复兴运动的一个基本方面，后来它又有各种语义。根据美国《社会科学百科全书》的说法，人文主义可以仅仅是指对人文学科或纯文艺的研究，可以是指伊丽莎白女王或本杰明·富兰克林一类人物从宗教禁锢中的解脱和对生活的一切方面所表现的强烈的兴趣；可以是指莎士比亚或歌德一类人物对人类一切情感的描述；还可以指一种以人为中心准则的哲学。自从 16 世纪以来，正是在最后这个捉摸不定的意义上，人文主义获得了它的最主要的意义。

人文主义源远流长，我们可从古希腊哲学家们的思想中找到它的源头。例如，普罗塔戈拉的名言："人是万物的尺度"，苏格拉底的名言："认识你自己"和"好的个人存在于好的社会"，这些名言反映了人文主义哲学的基本思想。作为一种思想解放运动尤其是哲学和文学运动，人文主义发源于

14世纪后半期的意大利,后扩散到欧洲各地,并构成现代西方文化的一个重要基础。一般而言,人文主义是指任何认识到人的尊严和价值,并以人作为衡量一切事物尺度的哲学观点,它代表着一种关于宇宙、关于人的本性、关于如何对待人的问题的明白、直接了当的见解。从更广泛的意义上说,凡是重视人的问题,诸如强调人的自由意志和人的优越性等的态度或观念,都可以称为人文主义。

  文艺复兴时期的人文主义者奠定了近现代人文主义哲学思潮的基础。人文主义主张重新发现和回到希腊、拉丁古典文化,以此来恢复人们曾经拥有的、而在中世纪却丧失了的自由精神和理性的自主性,使人在自然和历史中找到自己应有的地位。文艺复兴时期人文主义的基本内容和特点是:(1)歌颂人的伟大,赞扬人的价值,提倡尊重人的尊严。诗人但丁说:"人的高贵就其许多成员而言,超过了天使的高贵。"(2)提倡意志自由和个性解放,如拉伯雷认为,只有在自由意志得到充分发展中,才能培养出全能全知的个人。(3)强调现世生活的意义,宣传追求世间快乐乃是人的本性。荷兰人本主义者伊拉斯谟宣称,如果把人在生活中的快乐去掉,那生活就什么也不是。莫尔在《乌托邦》中断言,享受尘世生活的幸福是符合理性的,也是符合自然意向的。

  16、17世纪的法国启蒙运动构成西方人本主义哲学发展的一个新阶段。启蒙学者用人文主义反对宗教神学和世俗封建统治,特别是将人文主义变成了资产阶级的一种政治理想。启蒙学者的人文主义哲学的基本内容和特点是:(1)以"天赋人权"作为思想武器,批判封建专制制度。荷兰学者格老秀斯最先提出"天赋人权"的观点,后来卢梭等人加以进一步的发展。卢梭疾呼,人生而自由,可现在他却戴着镣铐。(2)提出自由、平等、民主的政治口号和政治纲领。在启蒙学者看来,自由不仅仅是指人身自由,而主要是公民的各种社会政治权利;平等也不再是《福音书》上所说的上帝面前人人平等,而变成在法律面前人人平等。

  费尔巴哈的人本主义哲学是西方人文主义发展的一个特殊的形态和阶段。费尔巴哈从"人是自然界的产物"这一观点出发去考察人,从自然的角度对人的本质和人性作了多方面的探究和论证。在他看来,人生存的自然条件就是人的本质。他认为人的本质只是包含在团体之中,包含在人与人的统一之中,但这个统一是建立在自我和你的区别的实在性之上的;人的理性、意志和心灵是人的本质,而这种理性、意志和心灵是自然赋予人类的一种自然属性,而不是一种社会的属性。简言之,在费尔巴哈那里,人是生物学上自然的人。

在当代，人文主义成了一种广泛的，与科学主义相对立的哲学思潮。人道主义者、自由思想家、无神论者、不可知论者、自然神论者、唯理论者、伦理文化派等都标榜自己是人文主义传统的继承者；有各种各样的人文主义，如"科学的人文主义""伦理人文主义""民主的人文主义""宗教的人文主义"，等等。

存在主义和法兰克福学派无疑是当代西方人文主义哲学的最主要流派。这两个流派都主张哲学的中心应从自然转向人，使哲学变成人的自由解放的工具。它们都以近代的人文主义传统作为出发点或基础。存在主义沿着古典人文主义的方向，直接探讨个人的存在及其本质，自称其目的是为芸芸众生显示一条通向人的本质的捷径。萨特宣称，"存在主义是一种人道主义"。存在主义的主要观点是：（1）以人的存在为出发点，从自我意识中引出整个世界。（2）主张"存在先于本质"和"自由选择论"。（3）强调行动。萨特认为，人的生活意义完全取决于他自己的行动。

法兰克福学派在许多观点上与存在主义的观点是一致的，但他们似乎认为人的本质的发挥，个人的自我实现，人的自由解放依赖于社会条件，强调对现实的批判，宣称要帮助人们去实现公正、合理、人道的社会。因此他们将自己的理论贴上"社会批判理论"的标记。他们还试图用人文主义或人道主义的精神去改造马克思主义，从而也就成为"新马克思主义"的一个基本流派。例如，马尔库塞和弗洛姆都断言，马克思主义的根基是人道主义。用马尔库塞的话来说，"人的本质"是"马克思主义理论的本来基础"，因此必须根据人道主义来重建历史唯物主义和社会主义理论。

总的说来，当代人文主义哲学思潮有如下几个基本特征：

（1）强调以人为中心，认为必须充分认识人的尊严和价值，以人作为衡量一切事物的尺度。当代人文主义哲学往往采取了以个人存在为本体的哲学本体论；人的存在、个体的自由成为当代人本主义哲学的核心内容。

（2）推崇情感思维或非理性思维，贬低或反对理性思维或逻辑思维。许多当代的人文主义者主张用感性取代理性，用美学代替逻辑，极力推崇艺术在人性恢复或解放中的作用。他们往往夸大人的感觉、欲望、情绪、本能的作用，并将这些东西绝对化，作为个人存在的基本属性。他们认为，把握事物的本质及自我，与其靠理性，不如靠直觉、顿悟、灵感、体验，他们往往对人类的理性能力，对人类持续进步可能性表示怀疑，甚至认为人是无能为力的，只能听从命运的摆布，人生就是苦难。因此，当代人文主义者具有唯情绪主义和悲观主义的倾向。

（3）对当代自然科学和技术持批判或否定的态度。当代人文主义者一般贬低科学技术的作用，他们认为科学技术并不是一种解放的力量，相反是一种新的控制形式和意识形态，是当代社会堕落、异化及矛盾的祸根。他们反对实证主义的自然科学理想，即反对将自然科学的方法推广到人文知识领域，或者说，反对用自然科学的模式来塑造人文知识。他们坚持人文知识的自主性或独立性，认为这些知识领域因其自身的主题和方法而与自然科学区别开来。因此，当代人文主义往往带有反科学技术的色彩。

（4）在人与自然的关系方面，人文主义者强调人是自然的一部分，人与自然相互联系、相互依存，自然是人生存的环境，人应与自然和平共处，而不应将自然当作征服或掠夺的对象。人文主义者往往带着伤感看待当代人与自然的分裂，向往古代纯朴的自然状态时代。他们认为在那时，人与自然合一，人的存在与本质并未异化。他们将人与自然关系异化的根源归咎于科学技术的进步。因此，人文主义又具有浪漫主义的色彩。

（三）科学主义思潮

作为科学文化在哲学意识形态上集中表现的科学主义思潮，它是随近代实验自然科学的诞生和发展而出现的。尽管我们在古希腊哲学尤其是柏拉图、亚里士多德等人的思想中可以找到科学主义观念的蛛丝马迹，但是，科学主义作为一种哲学思潮，它的出现是以自然科学知识的系统化作为先决条件的。而自然科学的方法和精神又由于科学主义的出现而上升为一种世界观或价值取向。

何谓科学主义？按照《韦氏英语词典》的解释，科学主义是这样一种观念，即认为自然科学的方法应该应用到包括哲学、人文科学在内的一切研究领域，只有这样的方法才能获得知识成果。按照哈贝马斯的观点，"科学主义是对科学的信念，即认为不应把科学理解为知识的一种可能的形式，而应该把知识等同于科学"。[①] "实证主义坚持科学主义的原则，即认为知识只能通过科学所定义的东西来加以定义，它只有通过科学程序方法论的分析，才能得到充分的解释。"[②] 这里科学主义被当作一种知识观，这种知识观将科学等同于知识，而排斥其他形式的知识，或者主张其他一切知识应以自然

[①] ［德］哈贝马斯：《知识与人的旨趣》，波士顿1971年英文版，第4页。
[②] 同上书，第69页。

科学为模本，运用自然科学的方法，尽量做到定量化、精确化和形式化，否则就不是知识。其实，广义的科学主义除了这种知识观之外，还包括了科学的社会价值观，即认为科学作为人类理性的最高成就，通过技术而转化为强大的物质力量。凭借科学技术，人类可以控制自然、改造社会，达到无限进步的理想。这种科学社会价值观的极端表现则是技术统治论或专家治国论（technocracy），即认为科学技术决定时代的性质、社会的发展、人类的命运。社会的组织结构应以科学知识为依据，社会应由科技专家来治理。

近代科学主义思潮，主要包括两个基本流派，即近代的经验论和唯理论，这两个流派都以近代自然科学的成就作为基础，力图将自然科学的态度、方法和精神等提升为一种世界观，但由于出发点不同，所做出的解释不同，因而它们所形成的哲学见解也不同。

近代经验论的大本营在英国，它的主要代表人物是培根、霍布斯、洛克以及休谟等。在经验主义者看来，感性观察是知识的最初源泉，也是知识的最高评判者，那种认为人类理性能直接达到真理的看法，不过是自我欺骗而已。经验论者并不自称要去发现科学家才能发现的某种新知识，只是要论究和分析知识，设法理解这些知识的意涵；他们并不在意这样建立起来的认识论是否能被称为哲学的知识，而是认为认识论应当用科学家们所使用的方法去建立起来。经验论纲领的形成经历了一个漫长的历史发展过程。我们可以在德谟克利特的原子论、怀疑论者卡尔内阿德和恩披里可的哲学中找到经验论原则的雏形。随着近代科学的兴起，经验论就具有了积极的，可与唯理论相抗衡的哲学理论形式。培根、洛克、休谟、穆勒等都是著名的经验论者。"经验论在培根身上找到了它的先知，在洛克身上找到了它的公众领袖。在休谟身上找到它的批评者。"① 这些人奠定了经验论的基本思想——感觉、知觉是知识的源泉和根本标准，而归纳法则是获得知识的根本途径。

近代唯理论主要以欧洲大陆为基地。它的主要人物有笛卡儿、霍尔巴赫、莱布尼兹、黑格尔及康德等。唯理论的基本主张是：人类的认识必须运用一种特殊的智力，即理性、直觉或理念的洞察才能获得知识。在他们看来，数学总是知识的理想形式，而演绎法则是达到确定性知识的根本途径。唯理论的起源同样可以追溯到古代，毕达哥拉斯、柏拉图可以视为其先驱者。例如柏拉图认为，数学是一切知识的最高形式。知识必须具有数学形式，否则就不可能称为知识。近代唯理论代表者莱布尼兹在其哲学里，力图

---

① ［德］赖欣巴赫：《科学哲学的兴起》，商务印书馆1983年版，第70页。

运用数学方法来描述自然。莱布尼兹相信，一切科学都可以最终归化为数学。

近代科学主义思潮——经验论和唯理论，尽管对近代的科学做出了某些积极的哲学探讨，但是它们在总体上并不可取。无论是经验论还是唯理论，都无法对近代科学做出合理而全面的说明。他们或者片面地强调近代科学的理性因素，或者片面地强调近代科学的经验因素。

随着科学的进步以及哲学自身的发展，科学主义哲学思潮必定要改变自己的形态。现代科学革命极大地促进了科学的发展。非欧几何、相对论、量子力学、生物遗传学的出现与发展以及一大批综合、横断、交叉学科的出现，使人们在关于因果性、自然律、时空观、宇宙观等方面获得了全新的认识，改变了人们的世界图景；同时，科学技术的加速发展，其社会功能得到空前的发挥，这也促使人们进一步对科学技术进行哲学反思，正是在这种背景下出现了现代科学主义思潮。它的人物众多，学派林立，实证主义、实用主义、操作主义、批判理性主义、科学历史主义、科学实在论等，是这种哲学思潮的几个有代表性的流派。

当代科学主义思潮继承了近代科学主义的某些基本内核，结合现代自然科学的新发展而形成自己的理论体系。如实证主义继承了英国经验论的传统，坚持经验主义原则。根据这一原则，一切知识来源于经验，一切概念可以还原为所予材料的直接的经验内容，理论的真实性必须由经验来证实。实证主义主张价值中立说，认为科学和价值是两个完全不同的领域：科学是一个抽象的、逻辑严密的知识体系，它使用描述命题，确认在原则上应该证实的事实；而价值则与目的相关，它使用命令命题，表现人的主观意向，提出不能证实的、没有真假的种种愿望和规定。因此，实证主义要求科学放弃一切价值见解。实证主义尤其是逻辑经验主义还特别提倡唯科学主义原则，即把自然科学作为知识的唯一形式或知识的典范，主张用自然科学方法或模式来塑造人文科学；它将可证实性原则作为科学和非科学的划界标准，由此出发"拒斥形而上学"。

总的来说，科学主义思潮有如下几个特征：

（1）将自然视为哲学研究的中心，通过对自然科学成果的概括和总结来建立哲学理论（体系），并尽可能使哲学本身"科学化"。

（2）推崇自然科学的方法。尽管科学主义者有的强调数学方法与演绎法的作用，有的强调经验方法与归纳法的作用，并且彼此对立，但是他们一般都强调知识的可靠性、有效性和精确性，认为必须借助自然科学的方法才能达到精确科学的目的。由此出发，他们主张以自然科学作为知识的唯一合法形式，或将自然科学的方法推广到其他知识领域，使人文科学精确化。

（3）主张将事实命题和价值命题分开。提倡科学知识的纯粹"客观性"，排除价值因素和主观性因素。自从休谟开始，事实和价值便被认为是两个截然分离的领域，前者是科学的研究领域，后者是人文知识尤其是伦理学领域；科学必须保持"价值中立"。科学主义者这种见解在逻辑经验主义者那里得到了系统的表述。

（4）对人的认识能力、人类的发展前途一般抱乐观的态度。持续发展和无限进步的理想及科学技术进步可以引导人们接近这一理想，是科学主义的一个基本观点。尽管有的科学主义者批判地考察人类的认识能力，对人类的认识能力的无限性深表怀疑，但是大多数科学主义者认为人类凭借理性可以认识和把握世界，相信因果性和必然性。在他们看来，科学技术是一种伟大的力量，是人类征服自然、获得自由的手段，能改善人类生存环境，使社会积极地往合理的方面发展。

总之，科学主义和人文主义关于科学的本质及作用的基本观点是根本对立的。科学主义认为科学、理性与进步是三位一体的，技术是科学知识的实际应用，科学凭借技术能够使人类控制、改造自然，促进社会进步和生活水平的提高。更重要的是，这种科学主义的观念不再是一种高深莫测的思辨哲学理论，日益成为人们的一种普遍观念，即科学技术成为另一种文化价值，一种为人们所普遍接受并作为判断是非的标准：合乎科学的便是好的；不合乎科学的便是错的。在西方自启蒙运动以来，科学技术的胜利进军，使人们不仅相信依靠科技可以摆脱贫穷落后和无知，而且相信科技能自动导致社会进步、人的解放与自由；科学是真理，技术是利器。这种观念使人们日常对科学技术持乐观看法。人文主义思潮则认为，现代科学技术是与人文主义精神相对立的，科技的发展不但侵犯到人类文化的其他领域尤其是人的精神意识部分，更与西方的个人自主、尊严的价值观相左。人文主义认为科技虽然带来物质的高度文明，却同时造成精神的空虚与衰落，它没有给人带来自由解放，反而给人造成更多的限制和压力，特别是导致战争和环境危机。因此，人文主义者认为，假如人类的价值和意义是人本身的话，那么科技对于人类文明的价值则是负的。我们看到了一个物化的世界，却最终丧失了人自己。这种浪漫主义的思潮不仅流传在哲学意识形态上，而且同样渗透到社会生活的各个角落。在当代来自经济界、政界、文艺界以及公众的反科学主义态度，都可以看作是人文主义思潮的表现。

(四) 两种社会文化的整合

西方科学主义思潮与人文主义思潮之争给我们提供的一个重要的启示是科学文化和人文文化必须整合，自然科学与人文科学应当得到协调和统一发展。科学文化是一种具有相对独立性的文化，它具有自身独特的地位和作用。科学文化坚持认识的可证实性、预见性和建设性。自然科学方法如果适当地运用于人文知识系统，显然具有积极的意义。然而，尽管我们可以将自然科学当作人类文化及理性的最高成就，但自然科学毕竟没有涵盖人类文化的全部。马克思说过："科学这种既是观念的财富同时又是实际的财富的发展，只不过是人的生产力的发展即财富的发展所表现的一个方面，一种形式。"[1] 自然科学所反映的是自然界及其规律，所表现的是人类关于自然的知识。它只是一种知识类型（一种理想的知识类型），人类知识尚有其他的知识类型，即人文、社会及哲学等方面的知识，它们所处理的直接涉及社会及人本身的问题，是关于社会和人自身的知识。为了构成人类比较完美的知识，必须使人文文化调节和补充科学文化，即科学文化和人文文化应该整合。

两种文化的整合实际上就是自然科学和人文科学的统一问题。马克思早在《1844年经济学—哲学手稿》中就提出了这种科学统一的思想。他说："科学……只有从自然科学出发，才是现实的科学。……历史本身是自然史的即自然界成为人这一过程的一个现实部分。……自然科学往后将包括关于人的科学，正象关于人的科学将包括自然科学一样：这将是一门科学。"[2] 现代科学的发展趋势——自然科学与人文科学的相互交叉、渗透、融合的趋势，既说明了马克思主义关于科学整合和统一思想的正确性，也说明了将科学文化和人文文化决然分开或对立的观点的荒谬性。两种文化——自然科学与人文科学不仅应当统一，而且实际上能够统一。

二、科学与价值

(一) 一种具有代表性的见解

当代许多西方哲学家论及了科学与价值的关系问题。在这方面，马克

---

[1] 《马克思恩格斯全集》第46卷下册，第34—35页。
[2] ［德］马克思：《1844年经济学—哲学手稿》，人民出版社1985年版，第85页。

斯·韦伯、乔治·卢卡奇和法兰克福学派尤其是朱尔根·哈贝马斯的观点很有代表性，他们试图从人类理性的深处去解决科学与价值的关系问题。

在现代西方哲学史上，韦伯开创了探究科学与价值关系的先河。他对现代理性的发展趋势及特征，形式理性和实质理性的区别，理性、科学与人类价值，自然科学与人文科学及社会科学的区别等做出了规定和说明。韦伯认为，整个西方近代的演变是一种理性化（rationalization）的过程。所谓的理性化是指人们逐渐强调经由理性的演算，而自由地选择适当的手段去实现其目的。理性化的演变是一个长期的过程，有深远的文化源头，甚至可以追溯到古代的犹太教；理性化的发展过程是逐渐趋向一种工具理性（instrumenrationality）或形式理性。工具理性强调手段的适当性和有效性，它所追求的是如何达到某种特定的目的，而不问这种目的是否正确或适当。在韦伯那里，目的与价值是属于实质理性（substativerationality）。实质理性主要是由宗教文化和人文文化来界定的。因此，可以说西方"理性化"的过程便意味着实质理性的没落和人类价值的丧失。

韦伯认为，工具理性的扩张源于实质理性的作用。因为实质理性将目的和价值做出了明确的界定，然后对于这些目的和价值的实践手段才有可能持续发展。但是，当手段或工具理性达到成熟的阶段时，它便逐步获得了自主性和独立性，即手段为新的目的服务。新教伦理强调现世营利以荣耀上帝，这促进了现代资本主义的诞生，但当资本主义逐渐成熟后，营利这种手段却变成了目的本身，原有的宗教性目的却被遗忘了。

韦伯认为，可以从这种理性化的过程来看待科学技术。现代科技原先也是针对某种实质理性而发展的，或者纯粹出于好奇，或者是为了反对封建神学，或者为了了解大自然，进而征服和利用自然，或者为了改善生存环境，提高生活水平。这里不管是为了哪一种目的，科学技术所造就的同样是工具理性，它空前地表现了人类知识的有效性和准确性。然而，它们对于目的、价值和意义等属于实质理性的问题显得无能为力。在当代，原本追求真理、创造福利的科学技术，却不断地为邪恶的目的服务，使人类陷入了困境。科学技术只能保证手段上的正确，却不能反省或批判其追求的目的。科技发展非但不能保证人类的幸福，反而使"实质理性"丧失，把人类社会变成一个铁牢笼，个人则变成了大机器上的小螺丝钉。当人的价值已经失去，人的自主性已经不存在，人不再是世界的主宰的时候，科学技术的进步又有何意义呢？

韦伯认为，工具理性的扩张，科学技术的发展，科学的组织控制是现代社会不可避免的产物。他并不全盘否认工具理性和科学技术的作用，而是希望通过对工具理性和科学技术的反省，指出它的局限性，并且让科学技术重新考虑人的价值，重振"实质理性"的雄风。他特别提出所谓的"责任伦理"（ethic of responsibility）的概念，认为这一概念所体现的是一种新的实质理性。它要求人的重新觉醒，使人意识到一种自主、自立的精神的重要性，使人真正变成社会的主宰；只有人才能赋予工具理性和科学技术的意义。也就是说，要对工具理性和科学技术重新加以定位，用实质理性来调控工具理性。

韦伯论及了主观因素、价值旨趣在科学中的作用。由于这种旨趣或价值因素的不同，使得自然科学和人文科学区别开来。他认为自然科学背后预设了某种理论知识旨趣（theoretical interest），而人文科学则预设了一种历史的旨趣（historical interest），这种历史旨趣是人文科学最基本的背景。假如说，人文科学所研究的现象是可以解释的，并且是有意义的话，那是因为研究者根据这种旨趣去了解现象本身所蕴含的意义。在韦伯看来，自然科学与人文科学的主要区别，不在于其对象的、本质上的差异，也不是在于其使用的研究方法上的截然不同，而在于自然科学的主要知识旨趣是要发现自然现象中的物理规律，人文科学的主要知识旨趣是了解社会文化现象的意义。韦伯认为，知识旨趣是我们进行科学认识活动的基本预设，这种预设不能通过经验知识来证明。他将这些知识旨趣看作科学知识构成的主观条件，称之为价值论的（axiological）东西。他认为只有了解科学背后所隐藏的旨趣，我们才能进一步讨论科学知识的效能及限度。

从韦伯对于理性化以及科学与价值关系问题的分析中，我们看到，他对科学的分析已深入到人类理性的深处，从理性自身的演变来看当代西方科学技术。他对理性、科学技术的讨论，强烈地反映出西方人文主义的价值观。他对近代西方社会日益抛弃这种传统价值观而深感忧虑，想把人的价值的观念引进科学技术，以人文科学的自主性和独立性抗击工具性和科学主义。尽管韦伯不可能真正解决科学中主观性与客观性、价值与事实、主体与客体的关系等问题，不了解现代科学产生种种消极后果的社会原因或社会根源，但他毕竟站在与科学主义相反的人文主义立场上，强调价值因素的作用，为人文科学争取生存权，这是有合理因素的。他的观点对后来的人文主义者特别是卢卡奇、法兰克福学派及哈贝马斯有很大的影响。

卢卡奇沿着韦伯的思路，在对工具理性、实证主义和科学技术的批判中，论及了科学与价值、自然科学与社会科学的关系问题。

卢卡奇认为，工具理性是近现代的产物，它同数学与精确科学的发展同步，反过来又同越来越先进的技术、同生产的发展发生相互作用；它将一切东西看作工具，将生活的各个方面孤立开来，一切归结为建立在因果关系的可计算性和可操作性的基础上，它消除了对理性的批判难度，排除了目的、意义和价值。这种工具理性、科学技术的统治已渗透到社会生活的各个方面，渗透到人的身体和灵魂，成了组织化原则，产生了种种矛盾异化现象。它使人与人之间的关系变成了物与物的关系，使工人与自己的劳动、自己的产品异化；工人被归结为一种抽象的量，一种没有多少价值的机械化和合理化的工具；工具理性还日益深入到人的心理、意识之中，导致了人们独立人格、独立思想的丧失。

卢卡奇认为，实证主义的经验主义原则的要害是割裂事实与价值、主体与客体、理论与实践的关系。他指出，所有的实证主义者都主张经验主义原则，坚持事实的中立性观点，从孤立、片面、抽象和静止的观点来看待事实，"从经济生活中来的每一件事实论据，每一统计材料，每一原始资料都又构成一个重要的事实"。[①] 卢卡奇着重从三个方面来驳斥实证主义的观点：第一，事实只有被放到一定的概念体系的框架中才能成为事实，不管怎样简单列举"事实"，无论怎样不加解释，都已经意味着对它的一种"解释"。这时的事实已被一种理论、一种方法所领会；第二，事实是人类社会历史实践的产物，是不断变化着的，而实证主义者对待事实的态度表明，他们没有看到，更没有去说明"事实的历史特性"[②]；第三，实证主义者对待事实的态度和方法与资本主义的物化结构和社会分工密切相关，这种态度和方法反过来有着消极的社会作用，它将资本主义现存的东西都当作事实来加以接受，促使人们在永远有效的视界内去理解资本主义制度。

卢卡奇还批判实证主义的唯科学主义原则，论证社会知识及哲学的相对自主性问题。他考察了流行的科学观念，与许多同时代的人文主义者一样，反对实证主义的科学理想，反对实证主义将知识等同于自然科学，用自然科学的方法或模式来塑造社会知识的唯科学主义观点。卢卡奇坚持社会科学的自主性或独立性。他认为，自然科学和社会科学这两种知识类型的区别既不在于它们的"个别概念的形成方式"不同，也不在于前者采用"解释"的方法，后者采用"理解"的方法，而在于前者采取了一种排除矛盾的方法，

---

① [匈]卢卡奇：《历史和阶级意识》，重庆出版社1989年版，第7页。
② 同上书，第9页。

后者将矛盾看作是必然的东西并在思维上加以反映。在他看来，将自然科学知识的理想推广到社会研究上是典型的资产阶级企图，"当科学认识的观念被应用于自然时，它只是推动科学的进步，当它被应用于社会的时候，它转过来成为资产阶级的思想武器"。① 他认为，现有的自然科学理想以资本主义社会的物化结构作为基础，因此，社会科学要变成自主的，就必须抛弃资产阶级社会的物化结构，确立其自身特有的方法论——即"总体性"方法；如果社会科学不超越资本主义的物化结构，不超越流行的科学理想和科学观念，不采取与自然科学大异其趣的方法，那么，它就不能宣称自己的有效性和自主性。卢卡奇还强调哲学与社会科学的密切联系，强调各门具体社会科学的统一，反对资产阶级社会科学的片面专业化。

显然，卢卡奇探索了理性演变与科技发展的关系，揭露了工具理性的特征及危害，在对实证主义的经验主义原则和唯科学主义的批判中，探讨了事实与价值、经验与理论、主体与客体的关系，强调了社会科学的自主性，这有某些可取之处。但是，他从抽象的理性出发去考察科学技术，否认了自然科学方法的普遍渗透作用，而且没有深入分析科学与价值的关系，这些都是严重的缺陷。

早期法兰克福学派继承了卢卡奇及韦伯的有关论点，进一步展开对工具理性、实证主义和科学技术的批判，并论及了事实与价值、理论与实践、主体与客体的关系问题。例如，在批判实证主义的经验主义原则时，法兰克福学派指出，不受主观因素影响，不受知识、理论所中介的经验事实是不存在的，经验事实的所谓"中立性"，只不过是实证主义的主观幻想。霍克海默说："经验、给予的东西都不是某种直接的，为一切人所共有的和独立于理论的东西，而是由这些句子存在于其中的整个知识结构作为中介传递过来的东西。"② 法兰克福学派指出，实证主义错误的根源在于它割裂了主体与客体、理论与实践、价值与事实的关系，排除了理论研究中的主观性和价值因素。霍克海默认为，实证主义把经验科学看作是排除人类共同利益和人性的东西，反对把个人欲望、道德观念和思想感情与科学混为一谈，将价值与科学的严格区分当作现代思想的最重要的成就。实证主义切断了认识主体与客体的联系。这种排除主观因素的做法是从马赫开始的，实际上，对事实的接受、选择、描述和综合不能没有主观的倾向，概念的使用也不可能不涉及主

---

① ［匈］卢卡奇：《历史和阶级意识》，第13页。
② ［德］霍克海默：《批判理论》，重庆出版社1989年版，第165页。

体的旨趣、价值观乃至整个人类实践。阿多尔诺也认为，科学研究的事实以社会的"总体性"作为中介，而社会本质上是以主体作为中介的。因此，"科学哲学抛弃了对认识主体的研究"，忽视了主体的旨趣是知识的构成性因素。

显然，法兰克福学派首先抓住并击中了实证主义的经验主义原则的要害。但他们并未坚持唯物主义的基本原则，主要是从德国古典唯心主义的主体能动性观点出发来批判经验主义的。他们并未正确理解理论与实践、主体与客体、事实与价值的辩证关系，尤其缺乏正确的实践观点。他们往往用主体吞并客体，用理论活动代替实践活动，用价值、主观性冲淡事实的客观实在性，甚至否认科学的客观真理性。

作为法兰克福学派第二代的主要代表人物，哈贝马斯继承了韦伯、卢卡奇和早期法兰克福学派对工具理性、科学技术及资本主义的批判的有关论点；另外根据当代资本主义发展的现实，考虑当代科学技术为什么会变成一种新的控制形式、新的意识形态的问题。他没有停留于从表面上列举现代科技所造成的危害，如人们经常谈论的生态危机、道德沦丧、核威胁等。他的主要工作是考察科学、理性与价值的关系问题，尤其是科学中的主观性及价值因素的作用问题。

哈贝马斯认为，从启蒙运动以来，科学成为理性的代表，就超越传统思想的主观武断而言，这是人类的一大进步。近代科学认为，只有合乎感觉经验及逻辑推理的知识才是真正的知识，那些不合于感觉经验或科学方法的知识，包括道德、伦理、价值等都不属于科学知识之列。于是，事实与价值被严格地区分开来，科学成为一套自足而又能客观地凭借经验事实而自我修正的体系。在哈贝马斯看来，这是一种方法论上的限制（methodological prohibition）或方法论上的预设前提。它将价值、伦理问题划在科学之外，当作不能被理性地讨论的问题。于是科学在"价值中立"的名义下，从目的及意义的领域中撤退，而满足于在工具性活动的范围内。哈贝马斯认为这是科学对自身的一种错误认识，这种错误认识不但是一个理论问题，而且是一个实践问题，它造成了一种非理性主义。因为科学自身不是一个独立封闭的王国，它是社会文化的产物和组成部分，它产生出巨大的社会文化成果。当科学技术将自身局限在工具性行动的范畴，将目的、价值和意义一类的问题抛弃，便造成了一种非理性，即让目的、价值问题由少数人尤其是权贵人物去武断地决定，科学技术最终也就变成了控制和奴役的工具。

哈贝马斯认为，指出科学技术的局限性，目的不在于要否定科学技术，而是要对科学本身进行重新的界定，使科学从错误的自我认识中解放出来，以便使科学技术往合理的方面发展，尽量减少其负面价值。哈贝马斯所关心的并不是如何去定义"科学"的问题，而是如何将目的、价值及意义等在人类知识中保存下来。哈贝马斯明显地将科学技术限定在工具性方面，而让人文科学来处理目的性问题。在他看来，目的、价值和意义一类的问题是自然科学和技术本身不能解决的，必须通过人文科学来加以解决。但首先必须有一基本前提，即不能像实证主义那样用自然科学的模式塑造人文科学，而必须认识到人文科学自身独特的位置，这样才能真正认识现代科技在现代文化中的地位和作用，防止科学技术因异化而左右我们的命运。

哈贝马斯力图描述知识是怎样在一个社会理论结构中得到先验的范式，表明一切科学知识都以那些确定构成研究领域事实的人之旨趣作为先决条件。哈贝马斯提出了两个具有重要理论意义的问题：一是科学（经验自然科学）是不是知识的唯一可能的形式？二是人的旨趣或主观成分在知识构成中的地位和作用。他的探索提出了一种新的知识论——一种从主体与客体的关系出发，以人的旨趣和人的价值为核心，把形而上学包括在内，同时涉及全部知识或科学领域的"批判的科学哲学"——的可能性。如果哈贝马斯的论证是成功的话，那么，对实证主义将是一个致命的打击，也将为知识论及科学哲学开辟新的前景。

可惜，人们已经从不同的角度或方面证明，哈贝马斯的论证并没有成功，他的理论中存在不少问题。首先，他的旨趣说具有浓厚的先验论色彩。他以康德的先验主义知识论作为出发点，将旨趣与康德的先验知性范畴相提并论。他关于知识与旨趣关系的证明基本上是一种先验的证明。其次，哈贝马斯在讨论知识的构成时，除了旨趣外，并未给出各种知识的可靠和正确的客观标准。相反，他排除了各种知识的客观真理性，甚至认为自然科学并不是描述实在本身，而仅仅是描述操作的结果；他也没有对科学中的主观性与客观性、主体与客体的关系做出正确的说明。再次，哈贝马斯赋予反思概念相当的重要性，认为三种类型的旨趣以及人的精神上的解放都是靠反思获得的。但是，在他那里，"反思"概念是模糊不清的，他把反思的两种意义——一种是活动的规则的改造，另一种是知识的领悟和摆脱虚假的意识形态——混在一起，这一点哈贝马斯自己后来也是承认的。

（二）从马克思主义的观点看

人文主义和科学主义对科学与价值的关系问题，表现出对立的不同观点。人文主义对科学主义批判的一个要点，就是指出科学主义者使科学脱离人的价值，而变成没有人性与人对立的异己力量。显然，这是涉及科学的社会功能及其价值的一个核心问题。

科学与价值的关系问题，具体说来，就是科学本身是否应包含价值因素从而与意识形态密切相关？自然科学与人文科学是相互联系着的，还是彼此隔绝的？科学技术应用所导致的有害后果是应用不当的问题，抑或是科学本身包含了造成这些后果的因素（即它是否包含"负面价值"）？归根到底，就是科学中的真理因素和价值因素、客观性和主观性之间的关系问题。

人们曾一度普遍地认为，科学是纯粹追求真理的事业，客观性是科学的生命，科学与价值观点、主观性无关。这种观点可以追溯到古希腊的"为知识而知识"的传统；在近代则有怀特海在《科学与近代世界》中所描述的与"工匠传统"相对立的"学者传统"；在现代也一直有"为科学而科学""为学术而学术"之说；最终在实证主义那里，形成了所谓科学的"价值中立说"。

在当代，科学的"价值中立说"遇到了来自各个方面的挑战，受到人们的普遍怀疑。科学技术的迅速发展，尤其是第二次世界大战后科学技术革命的出现，极大地促进了社会经济的发展，创造了巨大的物质财富，提高了人们的生活水平。但这也带来了一系列的消极后果，造成了环境污染、人口爆炸、能源危机、核威胁等全球问题及其他社会问题。当人们在探索社会发展道路，展望人类未来前途，反思科学的本质和功能时，就不能不重新考虑科学与价值的关系问题。越来越多的科学家感到，科学不可能真正做到"价值中立"，科学家自己也不可能脱离社会而"为科学而科学"，他们呼吁将科学用于改进生存环境，提高生活质量，造就一代新人等。爱因斯坦反复告诫人们：要保证科学成果造福于人类而不至于成为祸害。在当代科学哲学内部，历史主义学派也对逻辑经验主义的"价值中立性"发动攻击，将价值引入科学哲学，承认科学与价值的相关性。库恩说，科学是"以价值为基础的事业"[①]，"不同创造性学科的特点，首先在于不同的共有价值集合"[②]。当代人文主义哲学家对"价值中立说"的批评更自不待言，前面我们已经评述韦伯、法兰克福学派等的观点了。历史主义学派和法兰克福学派等注意到了科学中的价值因素的作用。但是，它们却错误地夸大了这种因素

---

① ［美］库恩：《必要的张力》，福建人民出版社1981年版，第326页。

② 同上书，第325页。

的作用,把科学认识中认识主体的因素夸大,而把科学认识中客体的因素抛在一边,用价值因素、主观性因素排斥科学的真理性、客观性。由此可见,在当代西方哲学中,无论是人文主义哲学家,还是科学主义哲学家,都不能正确解决科学中的真理因素与价值因素、客观性与主观性的关系问题,而马克思主义哲学则为我们正确解决这一问题提供了理论基础及方法论指导。

何谓价值?按照马克思主义的观点,价值是主体与客体关系的一种特殊表现形式,对客体属性的评价是以它们是否满足主体的需要来确定的。这里,评价主体是社会的人,因而对现实各种物质现象和精神现象的评价,是社会意义的评价,它使人能够自由地在周围世界中确定方向,并在创造活动的过程中改变世界。由于人的活动具有目的性,所以它具有价值取向。那种成为相应目的的东西是凭借人的活动才得以实现的,通过目的变成现实以证明价值手段和科学手段的统一性,因而价值手段是科学认识的因素之一。马克思对这一点做出了令人信服的说明,他描述了实践活动的特点,在这种活动的过程中,预先指出目的,作为规划达到它的手段。他写道:"通过实践创造对象世界,即改造无机界,证明了人是有意识的类存在物,也就是这样一种存在物……人甚至不受肉体需要的支配也进行生产,并且只有不受这种需要的支配时才进行真正的生产……人却懂得按照任何一个种的尺度来进行生产,并且懂得怎样处处都把内在的尺度运用到对象上去;因此,人也按照美的规律来建造。"① 从这种观点来看科学认识活动,价值不仅不脱离科学认识,而且被看作与它不可分割地联系在一起并与之相互作用;科学认识的基本原则都是同价值有机地结合在一起的。

马克思主义认识论首先承认科学中存在真理的因素,承认科学的客观性。马克思主义认为,科学是人类实践及认识活动的产物,科学知识是对客观世界及其规律性的正确反映,因而具有真理性。尽管科学知识以概念、规律、范畴等主观形式表现出来,但是它的内容却是客观的。列宁认为真理具有客观性,"不依赖于主体,既不依赖于人,也不依赖于人类……";科学定律具有必然的普遍有效性,不以人的意志为转移。因此,科学以真理为目标,以客观性为原则,要求达到认识与客观对象的一致或符合。此外,科学作为一种特殊的观念形态,总是处于向物质形态的不断的转化过程中,它的生命力和价值、不仅在于它是一种意识,而且更重要的在于它能够通过技术而转化为直接的生产力,成为一种强大的物质力量,这也是对科学的客观真

---

① 《马克思恩格斯全集》第42卷,第96—97页。

理性的一种验证。

然而，承认科学的客观真理性，并不意味着科学与主观性及价值无关。这两者——科学的主观性及价值与科学的客观真理性——是相互作用的。价值判断不只是人文科学所固有的，而且也是自然科学所固有的，因为它们通过自然科学的目的性和方法论原则而渗透到自然科学中，在这个意义上可以说，没有脱离价值的科学。同时，科学认识活动具有价值取向的这一事实，并没有剥夺科学知识内容的客观真理性。因此必须充分估计价值因素及主观性在科学中的地位和作用，简而言之，应当辩证地分析科学与价值的关系。

3-8

科技知识分子的社会角色[*]

科学技术是第一生产力，它对当代社会的经济、政治、文化等具有巨大的推动作用，而科学技术的创造者、传播者和发展者是人，是科技知识分子。因此，探讨科技知识分子的基本特征，它的形成和演变，它的一般社会作用及对当代社会经济尤其是产业革命的影响等问题，便构成科学社会学的一个重要理论部分。弄清这些问题，有助于制订出正确的（科技）知识分子政策，最大限度地发挥科技知识分子的积极性和创造精神，加速科技的发展和社会经济的发展。

一、科技知识分子社会角色的历史演变

科技知识分子属于知识分子的一个组成部分，知识分子则是一个社会群体或社会阶层，或用更专门的社会学术语来说，是一种"社会角色"。社会学中的"社会角色"范畴可以从两方面来理解：从个人的角度上说，社会角色是与社会职位、身份相联系的被期望的行为；从群体或组织的角度上说，它是指在一定系统里，社会子系统、群体、组织所起的作用，或更狭义地说，指这些子系统、群体或机构的功能对较大的系统所做的贡献。社会是各色各样的相互联系的位置或地位组成的网络，其中个体在这个系统中扮演各自的角色，对于每个种、每个群、每一类地位，都能区分出各种不同的有关如何承担义务的期望。知识分子的角色特征就在于，尽管他们作为社会成员，理所当然地扮演着复杂的社会角色，但是，他们的主要角色被期望为，把对文化或知识的追求，即对知识的创造和传播等的关注放在对其他社会事务的关注之上。因此，他的首要作用是对知识的发展与创造有所贡献。这

---

[*] 原载《现代社会中的科学》（潘世墨、陈振明著，浙江科学技术出版社1994年版，台北淑馨出版社1995年版）一书。

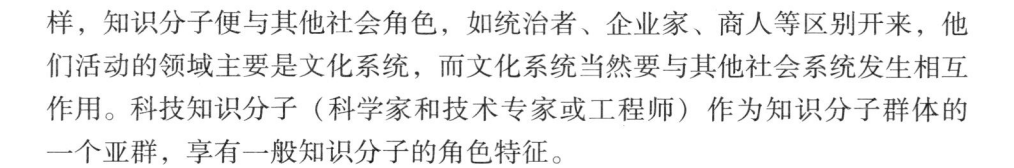

样，知识分子便与其他社会角色，如统治者、企业家、商人等区别开来，他们活动的领域主要是文化系统，而文化系统当然要与其他社会系统发生相互作用。科技知识分子（科学家和技术专家或工程师）作为知识分子群体的一个亚群，享有一般知识分子的角色特征。

（一）古希腊罗马时代科技知识分子角色的雏形

科技知识分子群体经历了一个漫长的孕育、演变过程。在古希腊罗马时代，科技知识分子的角色雏形已经出现。但它作为一个独立、成熟或完整的社会角色，当属近代自然科学形成之后的事。

文化系统并非是单一的、不可分的，它有自己的内部结构，并随着社会发展而日益复杂化。而作为一个社会群体的知识分子角色，同样具有不同的亚群，而且随着文化及科技的发展，这些亚群会日益增多，每一亚群能日益成熟。毫无疑问，在任何传统社会中，文化系统中最早进化的部分是宗教，它可以说是一个母胎，从中发展出各种主要的文化系统。总的来说，早期的宗教传播是神秘的、天启的知识，它是虚幻的，但也包含着后来的各种知识，如哲学和科学的思想因素。早期宗教本身也有"理论的"和"应用的"两种功能。前者如早期闪族宗教的著名的"圣地"崇拜，古希腊特尔斐神谕和艾留西斯人的宗教仪式，从其中产生探讨意义问题的近代"哲学"玄想的群体，如产生《净行书》《奥义书》的上等阶级的印度人，那些神秘主义者或苦行僧，他们创造了修道制度的活动模式。后者是各种典礼仪式和崇拜仪式的实施和管理，以及各种"消灾除害"的活动。在文明发端后的许多世纪，文字工作几乎是由僧侣们包下来的，他们的生活优裕，所以能吸引社会上最有才智的人；对于他们来说，没有世俗的生活之忧，神学和形而上学成为一种游戏。后来的各种文化包括哲学、艺术和科学，尤其是天文学、数学、医学，都与宗教不无联系。这也就解释了后来的各种科学中保留有神秘主义因素的理由（例如开普勒、牛顿和毕达哥拉斯一样具有某种神秘主义倾向）。可以说，僧侣们是最古老的文化专家，僧侣阶层是第一个得到社会承认的知识分子亚群或角色。角色是那些有兴趣以一定方式表达自己的人创造的，但要为人们所接受，必然履行一种社会公认的功能，符合社会流行的价值观。僧侣们受到社会的尊重，他们以宗教作为主要活动场所，其价值得到社会公认。

古代社会的第一个几乎与宗教并存的文化子系统可以说是哲学。哲学家则是另一个重要的知识分子亚群。哲学是知识或文化的另一母体，从中分化出后来的各种自然科学。大约在公元前1000年前后，在古希腊、以色列、中国和印度等地产生了哲学上的突破，它们以不同的方法，力图解释作为人类环境的宇宙或自然的性质和结构，解释人类社会自身及生活的意义。在古希腊哲人们首次创立的整个宇宙运行的心灵模式中，宇宙的本原、结构和生存都得到了高度的探讨。这种传统在泰勒士、赫拉克利特、毕达哥拉斯、德谟克利特、柏拉图和亚里士多德那里得到了充分的体现。同时，古希腊的圣哲们建立起较完整的形而上学、政治哲学和法律哲学，这构成了西方文明的理性基础。在以色列，以《旧约》和摩西故事的早期书籍为背景，在先知运动中取得了丰富的成果，它明确确立了万能的"上帝"概念，它支撑着犹太教、基督教和伊斯兰教，它与基督教的希腊成分的融合构成了西方文明的另一主要基础。在印度，这个突破则产生了占统治地位的知识精英的宗教哲学，在印度教和佛教中，这种哲学集中于因果报应和轮回说，现实世界被看成是虚幻的"空"概念，并注重于修炼行善以达到来世的赎救。在中国，则产生了以政治和伦理为中心的哲学，形成了关于宇宙秩序、人类社会秩序及人的行为规范的完整概念。

在各种传统社会里，哲学家的角色地位显然都比僧侣逊色，只有少数的传统社会承认哲学家凭本身的价值而保留着一种角色，哲学的探索被认为比宗教的探索更有意义。最初的哲学家不少是宗教方面的圣人，在他们看来，哲学本身不是目的，而是一种拯救灵魂的工具，为了生存，哲学必须倾向于一种宗教传统，圣人必须为人师表，并成为良好生活方式的典范。只有哲学家同时又是僧侣或行政官员或法学家时，他的角色才是完满的、受尊敬的和被认为是有价值的。

在宗教发展和哲学突破的背景下，出现了一种特别的文化亚群体，包括行政官员、政治家、法学家等。他们肯定是一些有专门知识的社会精英，并且他们的工作是以脑力劳动、应用专门知识为特征的。但是他们以社会事务尤其是社会管理作为主要的兴趣，而不是把创造知识和传播知识作为主要的兴趣，他们是社会的统治者。

在古代文明的背景中，教育作为文化系统的一部分慢慢地发展起来了。无论在神秘思辨的宗教、哲学，还是在世俗的实用性较强的法学、医学等领域，都有着一种显著的倾向，即文化传统的培养，尤其是知识的传播、传授。社会需要法学家、行政官员或政治家、僧侣、哲学家这些专门的智力角色，这种需要派生了教授哲学和智力技能的要求。早期的知识传授基本上靠师徒世代相传的形式，这样的师徒群体往往具有严格而神秘的行会制度，他们往往与社会分离，培养自己的宗教、道德习惯。在新的条件下，产生了一种新型的哲学和科学兴趣，公开教授哲学和应用智力技巧使哲学科学不再神秘化，公开的学校开始建立起来，如古希腊的雅典学院和吕克昂学园，中国孔子的书院。在这种学校（园）里，尽管保持了师徒制形式，但知识的传播有了公开的形式，师徒之间的讨论成了教学的内容之一。教师为指导学生必须先理解、修订、注释，所以许多经典、礼仪便被校订或记载下来。随着教育的兴起，出现了教师这样一种重要的知识分子亚群体。尽管最初的教师中的许多人已是哲学家、神学家、政治家等专门角色，但也不乏以教师作为职业的人，如中国的孔子，希腊的亚里士多德。不过，在古代社会里，那些纯粹当教师的人地位并不高，只有当教师同时在社会中成为社团领袖或高级文职人员，如神职人员、法官，或在生活上堪称楷模的圣人时，才能在社会中得到较高的地位。学习知识只是一种业余活动，而不是专业活动，教师往往是一个搞实际工作的人，而不是专业教师。

　　还有一类人，他们严格说来并不单纯从事脑力劳动，但他们却也是古代知识的贡献者，是技术专家。他们是构成近现代工程师的角色的雏形。这些技术人员绝大多数出身于社会下层，除了在技术上的成就以外，只有当他们也是重要的哲学家、政治家或宗教名人时，他们才可能流芳千古。据希腊传记作家普鲁塔克记载，古代的技术人员或工匠受到鄙视，就连创造了不朽作品的艺术家，如古希腊最伟大的雕刻家菲狄亚斯（他创作了比萨的丘比特神像），古希腊的抒情诗人阿那克利昂（他的作品很受欢迎），也受到世人的鄙视，原因是他们没有献身于高尚的学问——哲学、神学、政治学等。在古代的技术人员中，从事天文学、医学、建筑和工程学的人更重要。古代的天文学者和占星术士力图设置历法，确定季节，了解宇宙星球结构，并依天象预言人事。在各文明古国——中国、古埃及、古希腊、古印度、古巴比伦等地，天文学和占星术都是一个较重要的职业。医生也是古代的一个较重要的职业。古代的医生主要依据经验行医，他们的天职是治病救人。除经验之外，他们也必须进行理论探索，这涉及生理、心理、动植物药理、解剖学、化学等各方面。古代医学达到了相当高的水平，如希波克拉底的医学以概括的生物学和生理学知识为基础；古代中国也留下大量的药理文献和治疗经验。建筑师和工程技术人员在古代是一支人数众多的队伍，他们中大多数是从事体力劳动的工匠，但也不乏专门的脑力劳动者。古代建筑和工程受思辨和神启的影响较小，所以能较多地保留理性技术传统——这种传统正是后来许多知识分子追求的。建筑师和工程技术人员是古代知识重要的贡献者，尤其在力学、数学、艺术等方面做出了突出贡献。古希腊的神庙、古埃及的金字塔、中国的长城这些文明的成就，若没有一定的力学、数学等方面的知识，是不可能建成的。但是，总的来说，古代的技术人员虽然是专家的角色，但他们主要是一些实践家，而不是理论家，他们对知识的贡献主要通过对实践经验的总结，他们所依据的主要是经验，而不是理论。他们的地位高于一般的工匠，而远远低于哲学家和僧侣，他们是"实践者"，而非"沉思者"，他们是现代工程师的先驱。

现代科学起源于哲学家和僧侣的思辨、工匠技术人员的实践经验及上述两者结合，而现代的科学家则来自上面所说的哲学家和技术人员。英国哲学家怀特海在《科学与近代世界》中指出，世界各地在各时代都有一些务实的人，他们热衷于硬事实；世界各地在各时代也都有一些有哲学气质的人，他们热衷于编造普遍原理。在古代和中世纪这两种人很少合作。对于详细事实的强烈兴趣和对于抽象概括的同样的热忱，这两者的结合，形成了现代社会的新气候。他还指出，在艺术和技术成就的威望没有充分提高之前，普遍观念和硬事实的纪录之间就不可能产生紧密的联系，这种联系发生在1600年之后。换言之，只有到了此时才产生现代意义的科学及科学家。尽管在古代社会，科学取得了相当成就，如古代的数学、逻辑、几何、力学、生物学、天文学等知识（有的甚至具有相当完备的理论系统），但是在古代并没有独立的科学家角色。一种新的社会角色的出现必须产生于综合的社会环境中，它暗示着社会价值观念的改变。科学家要成为真正的社会角色，在价值观方面，社会必须把用逻辑和实验手段对真理的探索当作一件值得做的智力上的要求。这也就要求更改对哲学和宗教的崇拜，确立技术知识的尊严，创造出在一般意义上知识分子自由的概念和规范，并且最终对所有传统的社会安排都产生深远的影响。因此，科学家角色的出现被联系到制约着文化活动的规范形式中的变革，也被联系到其他种类的社会活动。但是在古代社会中，不承认科学本身的价值以及作为社会追求的目标。那时，哲学家们所追求的主要是精神、道德方面的真理，而不是科学上的真理；那时，科学的重要性并不是靠它自身的价值获得的，而是靠它的广泛的、奥秘的哲学含义或技术上的实际应用。科学并不被当作文化的一部分为人们加以系统讲授，而被当作哲学、宗教的附属品或一种智力游戏，科学的传播也带有神秘性质，这就妨碍科学知识的普及发展。总之，不论古代社会的公众的爱好和选择标准如何，他们或者把科学家看成哲学家，或者如果认为科学家是专家的话，也只是把他们当作在社会上并不重要的、有特殊兴趣的人。

（二）中世纪科技知识分子角色的缓慢演化

欧洲中世纪封建社会长达一千多年，是一个"黑暗时代"，各种文化活动处于低潮。但是，文化仍然获得缓慢地演化，科技知识分子也在逐渐演化，许多因素的综合发展奠定了近代科技知识分子角色形成的基础。在整个中世纪，文化活动主要集中在教会，神学成了文化的主要方向，哲学、科学、艺术等则成了神学的"婢女"。恩格斯说："中世纪只知道一种意识形态，即宗教和神学"；[①] "中世纪把意识形态的其他一切形式——哲学、政治、法学，都合并到神学中，使它们成为神学中的科目。因此，当时任何社会运动和政治运动都不得不采取神学的形式"。[②]

最初，整个文化实际上都纳入教会的范围，没有独立于神学的哲学；除了修道院里的一点点知识之外，根本就没有科学的地位；仅有的艺术也实际上是宗教性的，表现于经典的装饰和教堂、修道院建筑的装饰。即使如此，教会仍把以前的文化的主要因素纳于自身的结构之中。值得注意的是，希腊哲学成为神学的主要部分或基础。西方基督教是希伯来"信仰"压倒希腊"理性"哲学的产物。这两者有冲突，但也有相合之处，即都属于"外在超越状态"。柏拉图和亚里士多德都从哲学内部推断出宇宙间必有一个超越的"不动的动力"；罗马的斯多葛派的哲学家更发展出一个接近人格"神"的上帝概念。可以说，古希腊罗马时期哲学的消极神秘成分已为基督教的产生奠定了某种思想基础。这种理论化的神学首先是托马斯·阿奎那完成的，然后扩展到宗教改革的神学。全盛时期的中世纪基督教神学是哲学的神学，是一种经院哲学。另一方面，罗马帝国的国家组织和普遍的法律又恰好为这种"外在的超越"的宗教提供了形式化的榜样，于是，中世纪基督教的教会组织便顺理成章地形成了。由此观之，中世纪的知识分子的绝大部分是属于教会或联系于教会，他们在一个新的环境中展开活动，他们具有自己的特点。基督教是一种"救世"的宗教，它不但为西方文化树立了最高的标准，而且持此标准可以转化世界。它对文化的发展有积极的一面。基督教传教士中，有人教化了入侵的蛮族，有人驯化了君主的专暴权力，更有人发展了学术和教育。与希腊哲学家不同，他们所做的往往是改变世界的工作。希腊哲学家并没有对奴隶制提出怀疑，中世纪教士则宣称奴隶制是不道德的，因为

---

① 《马克思恩格斯选集》第 4 卷，第 231 页。

② 同上书，第 251 页。

在上帝面前人人平等。因此，就文化和社会使命感而言，教士们具有"近代知识分子"性格的一面。但是，另一方面，基督教又有严重的反知识、轻理性的倾向。知识必须服从于信仰，理性必须匍匐于上帝的"启示"之前，这便和近代知识分子的精神背道而驰了。

中世纪知识分子社会角色的演化过程中的另一个重要情况是大学专门教师的出现。欧洲的大学最初与古代中国、印度、埃及等传统社会的教育机构并没有根本的区别。学生们从各地来到波隆那、巴黎、蒙彼利埃、牛津等地，随名师研习神学、法律、医学、哲学等，就如古印度和埃及的学生追随名师一样。但是欧洲的学校具有较大的自主权，师生组成了自治机构，得到教会授予的权力，并且也得到世俗统治者的承认。这就导致了古典教育的师承制慢慢为师生组成的共同体所取代。从13世纪开始，在欧洲出现了规模巨大的具有现代意义的大学，当时的巴黎大学的学生多达6000人。学生们不限于随一名教师学习，而是在大学里学习；而教师则生活在一个自治的知识分子共同体中，有充分的资助和一定的特权。教师角色比牧师们所受的压力要小得多，其角色地位也是以往不可比的。在传统的师徒制中，教师很少是靠教育本身而得到社会的承认或尊重的，此刻的情况不同了，如果一位教师有所成就的话，那么他就能在有几千从事教学的人员共同体中得到承认和受尊重；而且如果他所在的大学是著名大学的话，则他在整个社会也会有很高的地位。因此，独立的大学教师专业角色出现了。

在中世纪欧洲的大学中，神学、哲学、法学和医学是最主要的科目，并且在开始时，各大学的侧重点是不同的。如巴黎大学和牛津大学侧重于神学和哲学，波隆那大学侧重于法学，蒙彼利埃大学侧重于法学和医学。当时的法学、神学和医学属重要的应用性学科。而哲学则是所有应用科目共同的智力修养基础，故它成为中心学科。后来，人文学科的学习——实际上几乎是经验哲学式的——成了大学学习的一部分。尽管哲学与科学密不可分，但哲学家则在逐渐发展中形成一个具有自我意识的群体，并得到社会的尊重，智力革命逐步从政治—宗教革新中分化出来，这进而导致了教学和研究的科目的进一步发展，使得自然科学在大学中占据了一定的位置。

中世纪的自然科学传统是由牛津大学莫顿学院的院长们奠定和开创的，后来又扩展到巴黎大学。到了10世纪，当哲学和科学的传统在这两所大学衰退时，中心转到了意大利、德国、荷兰及其他地方的大学。正是这种传统，促使14—15世纪的大学中设立了数学、天文学和其他科目的教授职位，这种情况首先出现于意大利，后扩展到整个欧洲。当然，这些职位的数目并不多，因为当时大学的主要任务是培养法学家、公务员、教士、医生等，对科学的学习自然从属于哲学、经典、法学及神学等的学习。因此，在中世纪，科学家角色的演化虽然没有停止，但也没有形成真正的、现代意义上的科学家这种社会角色。

这里，我们有必要谈一谈中国古代知识分子的演变及其特点。显然，中国知识分子的演变与西方知识分子的演变有所不同。如果从孔夫子算起，中国的知识分子（"士"）的传统至少延续了2500年。而西方真正的知识分子出现于近代。在中国"士"就是知识分子阶层。孔夫子所揭示的"士志于道"便规定了"士"的基本责任是维护社会的价值观。曾参发挥师说，认为"士不可以不弘毅，任重道远，仁以为己任，不亦乐乎？死而后已，不亦远乎"。这一原则对后来的"士"阶层有较大的影响。汉末党锢领袖李膺称"士"应"高自标持，欲以天下风教是非为己任"。范仲淹的名言是："士当先天下之忧而忧，后天下之乐而乐。"中国古代哲学当然也提出了超越世界和现实世界的划分，但是这两个世界并非是截然对立的；超越世界或彼岸世界的"道"与现实世界的"器"总是处于一种不即不离的关系之中。中国的超越世界之说没有走上西方的外在化道路。因此，看不到犹如古希腊的那种本体世界和现象世界的划分，也看不到犹如欧洲中世纪的神与人的对峙。中国的"士"与西方知识分子的兴趣有同也有异。"士"重视知识、重理性，"通古今决然否"。他们要"明道救世""以为己任"，这些同于西方的知识分子。西方知识分子经历了一个世俗化的过程，中国"士"的传统自先秦开始之后就没有中断。佛教传入中国产生了重大的影响，但与基督教在西方的地位有别，中国没有一教独统的情况，佛、儒、道三教并立。中国也没有一个彻底宗教化的历史。所以中国的"士"没有经历一个明显的世俗化过程。

中国的"士"经历了两千多年的演变。"士"在先秦是"游士"，秦汉之后则是"士大夫"；秦汉以后又可分为若干阶段，与当时社会的政治、经济、文化、思想状况相联系。秦汉时代"士"的活动主要集中地表现在以儒教为中心的"吏"与"师"两方面；魏晋南北朝时期儒教中衰，"非汤、武而薄周、孔"的道家名士及心存济俗的佛教高僧更能体现"士"的精神；隋唐以后除佛教徒外，诗人、文士更能代表当时的社会良知。宋代儒教复兴，"以天下为己任"成了"士"的新标准，到了近代，我们从"世界有穷愿无穷"的诗句中还可以体味出其中的精神。

（三）近现代科技知识分子角色的形成和发展

据一些学者考证，在 19 世纪中叶以前，英语中并没有"科学家"一词，它是英国维多利亚时期由哲学家惠威尔首先创立的；严格意义的"知识分子"也是近代的产物，甚至有人认为作为一个独立的社会阶层的知识分子的出现不早于 18 世纪。卡尔·曼海姆说过，近代的知识分子由于不属于任何固定的阶级，知识和思想成为他们唯一的凭借，因此，他们才能坚持自己思想上的信念。近代知识分子不具有垄断教会的权力，因而也就不能成为一个特殊权势的阶级；他们来自各种不同的阶级，也没有一个统领严密的教会作为后盾。为了争取社会上各种不同集团的支持，他们现在只能在学术思想领域内从事公平而自由的竞争。① 因此，近代知识分子的角色、功能与古代及中世纪的知识分子的角色、功能大不相同。古代印度的婆罗门或欧洲中世纪的僧侣乃是垄断当时教会权力的特殊阶级，其主要的功能是为当时流行的世界观尤其是神学世界观寻找理论依据，为当时社会政治秩序辩护；因此，这一阶层在思想上和日常生活的现实相脱节；他们的主要兴趣是为自己武断的思想作系统化的努力。经验哲学家便是这个阶层的典型代表。曼海姆的说法与孟子对于"士"的观察是一致的。孟子说："无恒产而有恒心者，唯士为能。"

真正的知识分子角色尤其是科技知识分子角色形成于近代并不是偶然的，而是有着深刻的社会根源的。其一，近代是西方资本主义的形成和上升时期，社会经济的发展要求越来越多的知识，第三等级的出现与贵族地主和教士相抗衡，它要寻求新的武器，靠知识来与之对峙；其二，知识分子经历了一个不断世俗化的过程，从教会神秘思辨的知识转向世俗的人文文化和科学技术；其三，近代知识群体的体制化，尤其是社团、学会的诞生也是科技知识分子角色形成的重要条件。在近代知识分子角色的成长过程中，科技知识分子的成长是最重要的事情。

文艺复兴运动无疑是近现代科技知识分子诞生的一种强大的催化剂。在欧洲文化史上，文艺复兴时期指欧洲中世纪的最后几百年（14 世纪初到 17 世纪初）。这一时期在封建社会内部，资本主义生产关系的萌芽正在不断成长。用恩格斯的话来说，"这是一次人类从来没有经历过的最伟大的、进步

---

① K. 曼海姆：《意识形态和乌托邦：知识社会学导论》，纽约 1936 年英文版，第 10—13 页。

的变革"。① 在经济、生产力方面，出现了从手工业到工场手工业的过渡。纺织业，由于纺车织机的改进而有了长足的发展；高炉冶金出现和中国的四大发明传入欧洲极大地促进了生产力的发展；在生产关系方面，14—15 世纪地中海城市出现了资本主义生产方式的最初萌芽，15 世纪末—16 世纪末，伟大的地理发现，美洲和印度航路的发现，麦哲伦的第一次环球旅行，为经济发展尤其是世界贸易奠定了基础。同时，引起了几次资产阶级革命：第一次革命是宗教改革和 1525 年德国农民战争。第二次革命于 16 世纪末—17 世纪初发生在尼德兰（荷兰），以民族和宗教形式反对封建专制和天主教的统治，并取得了胜利。在思想文化领域，"教会的精神独裁被摧毁了"。② 世俗君主专制在西班牙、法国、英国等国的产生，中央集权的巩固，大大地削弱了罗马天主教会的经济实力和政治力量，其思想控制则由 16 世纪上半叶发生的一系列宗教改革运动而受到严重的破坏。当然，这些宗教改革没有超越宗教意识形态的框框，资产阶级革命也是在宗教的外衣和口号下进行的。

文艺复兴运动的一个重要结果是人文主义文化的产生。在文艺复兴时期产生了人数众多的资产阶级知识分子阶层。如果说，在中世纪，学者和哲学家照样都是僧侣或教会人士的话，那么现在则出现了工商企业职员、医生、公证人员、教师、建筑师、艺术家、雕刻家、音乐家、作家、诗人、科学家和哲学家的广泛阶层。他们出身于商人、银行家、企业家乃至一般平民、手工业者和农民的家庭，他们与教会联系很少。

在 14 世纪，意大利首先出现了新的世俗文化，取名为人文主义。"人文主义"的含义是指与教会神学不同的世俗学问。人文主义者把他们所体现的世俗科学（studia humana）与教会的经验哲学学问（studia divina）对立起来。在欧洲的其他国家——德国、法国、英国、西班牙、尼德兰、瑞士、波兰、捷克和斯洛伐克等，相继吸收了意大利人文主义文化的成果，而在 15 世纪末到 16 世纪初相继出现人文主义文化。直到 16 世纪，意大利一直是欧洲文化中心。

人文主义文化在其成果的深度、广度和价值等方面远远超过神学文化。它在文艺、建筑、科学和哲学等领域取得辉煌成就。这种文化的最普遍的特点是用人性反对神学，反对禁欲主义，批判封建社会的不平等和教会的经验哲学，它是个人主义的，带着资产阶级的烙印；它的另一个特点是广泛地利

---

① 《马克思恩格斯选集》第 3 卷，第 445 页。

② 同上。

用古代文化遗产。中世纪只利用了古代的一点点断简残片，只知道有限的古代文学、科学和哲学的作品，而人文主义者通过对古代和中世纪的原始文献的孜孜不倦的搜集和研究来发展文化事业。许多古代文献正是这一时期被发现的。与这一点相联系，人文主义文化还有一个特点，即这种文化的体现者首先对拉丁语，然后对希腊语以及犹太语进行了紧张的语言学研究。许多人文主义者恢复西塞罗和罗马文学"黄金时代"的其他代表人物的古典拉丁语，只用拉丁文写作，以此作为反对经验哲学的一种手段。

随之而来的是对自然科学兴趣的增长，自然成了人文主义文化的另一个对象。在中世纪，对自然的兴趣相当微弱，教会和为教会服务的哲学把主要兴趣转向上帝，对自然不感兴趣；而早期的资产阶级关注生产力的发展，关心控制自然，自然也成了人文主义文学和造型艺术的重点对象。对自然的兴趣导致科学知识的急剧增长，产生了近代的实验科学，也形成了近现代的专业的科学家角色。资产阶级之所以重视自然科学，是因为自然科学既对积累起来的经验事实进行理论概括，为生产力的进一步发展做准备，也为反封建神学提供思想武器。

文艺复兴时期的另一个情况是学会（academy）的兴起，这是近现代科技知识分子角色形成的一个重要条件。在文艺复兴的初期，著名的人文主义者周围都有一个知识分子的小圈子或沙龙，在这些小圈子或沙龙里逐步形成学会。学会最初是非正式的，成员们不定期地讨论哲学、科学、语言、文学、艺术等方面的问题；学会的结构是一位大师拥有一群门徒或是一个乐于接受富人或君主资助的知识分子团体。在整个15世纪，学会基本上是一种尝试，目的是创立一种比大学更适合智力发展的机构。在佛罗伦萨、罗马、那不勒斯、米兰及后来的巴黎、伦敦，人文主义者都建立了各式各样的学会，几乎涉及了所有的智力领域。到了16世纪，新学会的创立已不多了，开始出现专业学会，尤其是文学、艺术、法律、医学、神学和科学等方面的。这一时期学会在机构上取代了非正式的集体，越来越多的学会成为正式机构，并能授予成员以公众承认的荣誉。在人员构成上，业余爱好者的人数远远超过专业知识分子的人数。

科学社团或学会的正规化是处于17—18世纪之时。到了17世纪，由于生产对科学的要求愈来愈高，知识生产的复杂程度也越来越大，这在客观上产生了社会上智力协作的需要。于是，一些正式的科学学会便应运而生，如意大利的山猫学会、齐门托学会。但是在这个时期，由于知识生产规模小，使用的仪器也比较简单，科学家的知识生产仍以个体活动为主。到了19世纪下半叶，出现了较大规模的集体合作。从 20 世纪中叶开始，科学则由"小科学"发展成为"大科学"，知识生产的社会化和组织化程度大大地提高了，出现了全国性或国际间的联系合作。

近现代科技知识分子的社会角色的真正形成既与科学的体制化相关，又与近代实验自然科学的出现密切相关。所谓科学的体制化意味着：（1）社会把科学作为一种特殊的活动，作为发展特定功能而接受下来，也就是承认实验自然科学研究是一种特殊的社会活动，它满足提供新知识的需要；（2）科学活动领域形成了特定的行为规范，这些规范有助于实现科学活动的目标，即科学把一些道德义务加之于它的就业者，对于所有知识上的贡献一视同仁地评价，它有义务将科学的发现传达给公众，供人们评论和应用，并公正地承认其他人的贡献；（3）其他领域的规范也适应于科学领域的社会活动。如言论和出版自由、宗教和政治上的宽容等措施即适应于科学领域的活动。

我们说过，近代科学起源于贡献理论知识的哲学家和贡献实际经验的工匠相结合。在近代，经过了文艺复兴，那种轻视工匠、轻视技术知识的风气已经改变。这种变化最先出现在意大利，然后发生在欧洲的其他国家，即理论家和实践家联系日益密切，并且往往是同一个人，一身两任。科学解决关于航海、机械、采矿、透镜磨制、钟表制造及其他仪器制造的问题，科学家也自己动手做实验。对学者和实践者都有密切关系的科目已从艺术、建筑工程和军事工程这些主要是统治阶级和贵族关心的事务方面转到航海和仪器制造。这些领域与新生的资产阶级的命运休戚相关，资产阶级越来越关心科学。在意大利，工程师和艺术家的收入主要依靠统治者和贵族，即通过服务或作品等取得报酬。而现在科学家和工程师要靠他们的知识贡献，尤其是他们的知识所发挥的社会功能而得到社会承认。科学、技术对人类环境的改善，是科学家和工程师被接受为社会角色的一个重要原因。近代自然科学和技术对工业革命的影响进一步提高了科学家和工程师在社会中的地位。

近现代真正的科技知识分子具有自己特殊的教养、要求和气质。马克斯·韦伯把科学看作一种职业，一种"按专业原则来从事的职业"，从事这项职业的目的"在于认识自我以及认识事物之间的实际关系"。从事这项职业的人要承担精神和物质上的双重压力，物质生活清贫，生活上没有保障，精神上是一场冒险。学术往往并不取决于能力，而是取决于机遇和人事关系，天才往往成不了气候，庸才发迹的情况有的是。只有发自内心对学问献身，才能从事这项事业。韦伯认为从事这一事业的人必须具备如下条件：

（1）受过专业的训练，不断适应学科的专业化；（2）要对事业有一种献身的热情，要有一种"陶醉感"；（3）必须具备一定的灵感，灵感产生于对科学的执着的追求；（4）必须具备科学的人格，只有为科学献身才有科学家人格，以真理为目标，为学术而学术，而不是为追求私利；（5）必须真正理解学术工作的意义，每项工作的完成意味着新问题的提出；（6）必须保持价值中立，不受非科学因素的影响。这就是韦伯关于科学家社会角色的专业化与整合的一般观点。

总之，近现代科技知识分子无论在人数、组织化程度以及社会作用上，都是古代和中世纪的知识分子所无法比拟的。科技知识分子是近现代知识分子群体中发展最快、作用最大的一个亚群。

二、科技知识分子的社会作用

科技知识分子为人类文明的发展做出了杰出的贡献，他们在当代社会中更占有举足轻重的地位，成为推动当代社会经济发展的一支决定性力量。科技知识分子是知识的创造者和体现者，没有科技知识分子就没有科技知识，也就没有社会的繁荣。历史上先进的生产关系以及代表这种生产关系的统治者，都会重视知识分子。在当代西方资本主义社会，科技专家被认作社会精英，治国的最佳人选。在社会主义社会，科技专家已成为工人阶级的一部分，理应受到尊敬和重视。那么，科技知识分子的社会作用究竟有哪些方面呢？

（一）创造和传播科技知识

知识分子活动的最明显的功能是智力产品的生产，他们以自己的成果增进人类的文明。知识分子也传播人类的知识或维持文化传统，他们把那些理解实在的模式、意向和情趣传给下一代知识分子。作为知识分子的一部分，科技知识分子的基本社会作用之一就是创造和传播科技知识。这种知识的生产既由科技本身的传统所决定，也为特定时代的社会条件所影响和推动；而评价一个科学家或技术专家的最基本的尺度就是看他对科学技术知识或技术产品的贡献如何。科技知识的生产有其自主性，它依照一定的知识传统来进行，力图通过新的工作以改善、提炼、修正和传播这些传统。科技知识分子要探索宇宙间的万物尤其是自然过程及其规律性，形成系统知识，探索这些知识转化为实用技术的可能性和途径，并且将这些知识传播和应用到社会中去，促进社会经济的发展和社会的变迁。

在一个社会里，科技知识分子能有创造性的发现或发明的毕竟是少数，大部分科技知识分子所从事的工作是再生产性和传播性的，他们在各自的领域内，遵循该领域创造性科技专家所奠定的传统进行工作。在某些科技领域，再生产性的工作更多的是与过去的创造性发现或发明相联系，而不是与新近的发现或发明相联系。在科技知识的生产过程中，往往还会出现这样的情况，即对过去的发明或发现重新加以应用。

因此，在科技知识生产过程中，重要的是鼓励科技人员独立思考，鼓励创新和批判精神，为他们创造一个相对轻松自由、敢于发表独立见解的气氛，这样就能更有效地促进科技知识的生产。

（二）推动社会生产力的发展

作为科技知识生产者或传播者的科技知识分子，他们是促进社会生产力发展的技术人才。近现代科技知识分子在社会生产力的发展中起着主导作用。

在构成生产力的各个要素中，当物质条件既定不变时，劳动者具有决定的作用，他们在任何形式的生产中都能释放出"活劳动"，他们是生产力诸要素中唯一具有创造性、能动性的主体因素。生产工具由人制造、由人操作，生产过程由人设计、由人控制。在既定的生产条件下，生产力的主导因素是人，这是马克思主义关于生产力理论的基本观点。衡量劳动者的生产能力，除看其自然力外，更重要的是看其智力活动能力和"知识的拥有量"。而科技知识分子则是科技知识的生产者和传播者，他们涉及生产力要素中处于支配地位的因素。

当今世界，一个国家科技知识分子的数量与质量的状况，是衡量一个国家强弱的主要标志之一。在许多经济发达国家中，"白领工人"已经逐渐取代"蓝领工人"，以脑力劳动为主的"白领工人"逐步成为劳动大军的主体，传统意义上从事苦力的工人不仅在相对数量上减少，而且在绝对数量上减少。统计表明，在机械化初期，脑体劳动消耗之比是一比九，中期变成四比六，在生产全盘自动化条件下，脑体劳动消耗之比则是九比一。随着现代新技术革命的深入、电子计算机的广泛使用以及智能机器的发展，劳动者将日益知识化。一旦"生产劳动给每一个人提供全面发展和表现自己全部的即体力的和脑力的能力的机会，这样，生产劳动就不再是奴役人的手段，而成了解放人的手段"。① 当代科技人员的形象和他们的活动特征,具有某些为未来劳动者所普遍具有的特征,人类最终将摆脱繁重的体力劳动,逐步消灭脑体劳动的差别,走向人的全面发展并将使社会的产品极大丰富。

(三) 巩固生产关系

生产力的形式则是生产关系。在资本主义的生产关系中,统治者为了本阶级的利益,不仅重视科技人才,而且重视教育事业及教师。他们不仅大力培养本阶级的科技知识分子,而且培养被统治阶级的知识分子为资本主义生产方式服务,并通过生殖资本的机制将被统治阶级中有才干的知识分子转化为资产阶级分子,以加强自己的统治。某些没有财产但有才干的人,一旦被金融资本看中,就可能取得贷款进行资本主义经营,转化成为资本家。"这种情况……巩固了资本本身的统治,扩大了它的基础,使它能够从社会下层不断得到新的力量来补充自己。"② 在社会主义社会,科技知识分子的工作环境和地位发生了根本的改变,他们已经不再是雇用劳动者,而是国家的主人,是工人阶级的一部分。那些从旧社会过来的科技知识分子,经过了社会主义教育,绝大多数已转变立场,他们和年轻一代的知识分子一起,共同为社会主义建设服务。在当今,知识分子作为工人阶级的一部分,在巩固和发展社会主义生产关系中起着重要作用。

(四) 发挥政治作用

科学知识分子不仅对于发展生产力,推动社会经济发展及维护特定时代的生产关系发挥巨大的作用,而且在政治上层建筑方面也发挥着巨大作用。在当代西方,流行着一种观点,即认为科技精英是治国救世的最佳人选,这就是专家治国论。尽管专家治国论有许多明显的错误,如无限夸大科技专家的政治作用,借科技专家来维护资本主义的统治及掩饰整个资本主义社会的剥削实质。但是,这种论调的流行却从一个侧面反映出,科技知识分子在当代西方社会的政治地位和作用日益突出,这一点又是与当代科学技术在社会经济发展中起主导作用密切相关的。

一般而言,各阶级都要重视包括科技知识分子在内的知识分子的作用,反映在政治关系上也要选贤任能。因为要掌管国民,就要懂得"治国平天

---

① 《马克思恩格斯选集》第 3 卷,第 333 页。
② 《马克思恩格斯全集》第 25 卷,第 679 页。

下"之术，就要招纳经国济世之才。统治阶级为了加强自己的统治力量，就不仅要在经济活动中吸收被统治阶级中有才干的人，而且在政治上更加如此。例如，在漫长的中国封建社会，封建统治者通过科举制把知识分子引向仕途，把被统治阶级的优秀的知识分子吸收到统治机构中来，以巩固各级封建统治。在现代西方国家，操纵国家机器的政府官员如不具有现代科学知识是无法胜任的，现代政府首脑人物大多也依靠智囊人物共商国是。

包括科技知识分子在内的知识分子群体常常被誉为"社会良心"。与社会中的其他阶层相比，优秀的知识分子更能把握时代的脉搏和预测社会发展的方向。他们中的一部分人往往成为社会大变革时代的先锋，他们为先进阶级呐喊，充当先进阶级的思想家、鼓动家、实干家甚至政治领袖。他们为先进阶级的利益不惜抛头颅、洒热血。在你死我活的阶级斗争中，各阶级都要尽量争取知识分子的支持。一个先进的阶级，只有当它争取到一定数量的知识分子，得到他们的拥护和支持的时候，才能趋向成熟，才能夺取和巩固政权，然后利用政权进一步推动社会经济和文化的发展。

除上述四点作用之外，科技知识分子与其他的知识分子一样，还有其他作用，如从事跨国家的科技活动作用，发展普通文化和社会教育事业作用等。

三、科技知识分子与近现代产业革命

人类社会由农业社会向工业社会的转变以及现代（工业）社会的发展，在很大程度上要归功于科学技术的进步及科技知识分子的作用。在西方，文艺复兴之后，各门自然科学相继诞生，科技知识分子成长为独立的社会群体或社会角色，他们对社会经济的发展起到越来越大的作用。自近代至今，人类社会（主要是西方）发生了三次重大的产业革命或技术革命，即以蒸汽动力为标志的第一次革命；以电力为标志的第二次革命；以原子能、电子计算机为标志的第三次革命（亦称新技术革命）。在每次革命中，都以数个主要的发明为先导，其他的发明或技术则以这些主要的发明为核心而发展起来，并随之产生了一个彼此相关的新产业群。这个新产业群的特点决定了相应时期的经济结构和管理方式，决定了人们的生活方式和消费方式，改变了人们的思维方式和道德观念，从而形成了一个具有时代特征的技术结构和产业结构。而在这些变革的过程中，科技知识分子起到了巨大的促进作用。我们将通过三次产业革命的发生、发展过程来考察科技知识分子与这些革命的关系。

（一）从第一次产业革命看

第一次技术革命揭开了工业革命的序幕，它开始于18世纪60年代，结束于19世纪40年代，其主要标志是纺织机和蒸汽机的广泛应用。这次技术革命是工程师和科学家共同努力的结果。它在人类历史上首次显示了科学技术及科技知识分子的巨大作用。而在这次革命中，工程师走在科学家的前面，技术作用优先于科学。

在文艺复兴运动的推动下，自然科学的各个分支相继从哲学中分离出来。这一时期的科技专家往往是多才多艺的。被恩格斯称为巨人的达·芬奇通晓各门自然科学、艺术、建筑、土木水利工程、兵器等，是出色的科学家、艺术家和工程师。哥白尼于1543年在临终前发表了《天体运行论》，提出了"日心说"，向长期占统治地位的"地心说"挑战；同年，比利时医生维萨留斯发表了《人体构造论》这一论著，抛弃了千百年来教会强行灌输的信条，用实际的解剖结果为现代医学奠定了基础。由于这两项成果，1543年被人们称为近代科学诞生的一年。

从13世纪开始，中国的造纸术、火药、指南针、印刷术四大发明相继传入欧洲，对欧洲的文艺复兴和科学技术产生了积极的影响，马克思把它们称为"资产阶级发展的必要的前提"。当时新生的资产阶级，一方面为了发展工商业，需要科学，如制造机械需要力学知识，航海需要天文学知识；另一方面，为反对封建教会的思想统治也需要科学。所以，这个时期的思想家弗兰西斯·培根提出了一个著名的口号："知识就是力量"。在这种背景下，以力学为中心的实验科学得到迅速的发展。

首先，在意大利，伽利略通过望远镜观察到太阳黑子。进行了物体运动实验，发现了自由落体定律和惯性定律，为近代力学奠定了基础。开普勒则对第谷·布拉赫留下的丰富的观察材料，进行了深入细致的理论分析，发现了行星运动的三大定律。继之，牛顿站在巨人的肩膀上，经过20多年的实验研究和数学计算，于1686年写成了《自然哲学的数学原理》这一巨著，系统地阐述了力学运动的三个基本定律和万有引力定律，从而建立起一个完整的力学理论体系，把过去看起来似乎毫不相干的地面物体运动规律和天体运动规律概括在一个严密的理论体系之中，实现了物理学的第一次理论大综合。牛顿的经典力学是整个物理学、天文学的基础，也是现代一切机械、土木建筑、交通运输等工程理论的基础。科学家们的努力为第一次技术革命及产业革命做好了理论上的准备。

第一次技术革命最先的"火花"是纺织机的改革。1733年英国的钟表工人约翰·凯伊发明了"飞梭",把织布机的效率提高了一倍多;1764年纺织工匠哈格里沃斯发明了珍妮纺纱机,使工作效率提高了8倍;后来,相继出现了水力纺纱机和织布机。于是,动力问题就日益突出了,水力和人力不适应于生产发展的需要;在开矿和冶炼中也同样提出了动力问题。

法国人德尼·帕潘1680年后曾在伦敦随物理学家罗伯特·波义耳从事科学研究。他在对蒸汽压力的研究过程中,曾首次设想制造一台简单的蒸汽机。10年后,终于有人制成了为矿坑排水用的蒸汽水泵;萨弗里1698年制成了一种吸入压力水泵"矿工之友";托马斯·纽可门1712年制成了"火力机械";这些都是蒸汽机的重要先驱。第一台真正实用的蒸汽机是伟大的工程师和实业家詹姆斯·瓦特发明的。他当时是格拉斯哥大学的机械师,赋性高超,勤奋好学,熟悉当时的科学问题,从年轻的时候起就致力于探索当时科学和实践的重要问题,尤其是怎样恰到好处地利用蒸汽做功的问题。1763年他受命把纽可门的"火机"模型转为样机。在深入研究了样机之后,他认为功率低的原因在于锅炉中产生的蒸汽,由于在汽缸中喷入冷水,蒸汽冷凝,失热过多,无法提供足够的气压来提高蒸汽泵的吸入效能,新进入的大部分蒸汽在每次冲程重新把汽缸加热时就消耗了。瓦特在1765年制成的样机中,装入一个冷凝器,解决了上述问题;同时,他又利用了加工炮筒的新技术,来解决汽缸、活塞的精密加工问题,使蒸汽机的效率提高了8倍。这样,蒸汽机就变成一项实用的技术了。随着蒸汽机的广泛使用,1807年人们发明了轮船,1814年又发明了火车,交通运输随之发生了根本的改变,并兴起了造船、机车制造、铁路建筑等新产业。这样,以纺织机、蒸汽机为标志的大机器工业迅速从英国传到欧洲各国,从此,人类进入了蒸汽机时代。

蒸汽动力的应用使农业、手工业生产转到了资本主义大机器生产,使各主要的资本主义国家的生产力大大提高。英国从1780—1870年的90年间,纺织用棉量增加了200倍,钢产量增加350倍,煤增加42倍。较晚发生产业革命的法国、德国也有类似的情况。资产阶级在它不到100年的阶级统治中"所造成的生产力却比过去世世代代总共造成的生产力还要大,还要多"。① 产业革命加强了资产阶级的势力和地位,为彻底战胜封建主义奠定

---

① 《马克思恩格斯全集》第4卷,第471页。

了坚实的物质基础。它使整个社会资本主义化，人与人之间的关系变成了金钱关系。马克思恩格斯说过，蒸汽机和机器引起了工业生产的革命，现代大工业代替了工场手工业；工业中的百万富翁，整批整批的产业军的统领，现代的生产者，代替了工业的中间等级。产业革命改变了社会的生产关系和阶级状况，把各等级、各层次的阶级对立变成了无产阶级与资产阶级两大主要阶级的斗争，人们的生活方式和道德观念也随之发生了深刻变化。

显然，第一次技术革命及产业革命是科技知识分子的推动而形成的。在这次革命中，技术专家或工程师及工匠走在前面，作用更为明显。蒸汽技术主要是由使用传统的机械工程、工艺技术的实际工作人员在18世纪末期到19世纪中期发展起来的。这种发展虽然无疑要归功于一些关键的思想，如"真空的力量"和蒸汽的潜热，但是它的主要过程是通过日常经验的说明、试错法，而不是依赖于抽象的分析。这些技术人员的工作与当时社会的物质、技术需要有非常密切的关系，他们主要是为了解决当时生产中的实际问题——纺织和开矿中的动力需要。

但是，在第一次产业革命中，科学家的作用也是巨大的，科学家与工程师相互依赖、相得益彰。瓦特的先驱者中不少不但是有经验的机械师，而且是活跃在具有明确实用意义领域中的卓越的科学家。早在文艺复兴时期，为美第奇家族服务的工程师就发现了大气压。伽利略曾力图解释泵不能把水提升到32英尺高的地方的原因。后来人们才发现那是由于大气的重量。托里拆利进一步研究了大气，用垂直水银柱确证了大气压力；帕斯卡则提供了高山和低地不同大气压力的数值；1650年，奥托·冯·盖吕克制造出空气泵；1658—1659年波义耳和胡克设计出另一种空气泵，并在1667年中加以重大改进；惠更斯和帕潘等人促进了这种发展，在1680年皇家科学院的一次演讲中，惠更斯描绘了他所发明的第一个由活塞和汽缸组成的发动机。与此同时，帕潘和波义耳进行了一系列的空气静力学实验。1679年，帕潘向皇家学会展示了一种加热器，他在一份报告中提出了应用大气压经过相当距离向边疆输送动力的确实可行的办法，还提出通过蒸汽冷凝用活塞制造真空的办法。纽可门设计出引擎，他对大气压有充分的认识，他的发动机也体现了胡克和帕潘等人的思想。可见，在蒸汽动力技术的发展中，凝聚了众多科学家的聪明才智。

还必须指出，到19世纪蒸汽机成为一种成熟的、条件充分的技术之后，它更成为科学家们的经验研究和理论分析的课题。卡诺、焦耳和汤姆逊等人的工作创造了一门新学科——热力学，它不但对所有热机的特性做出准确的量的说明，而且总结出热力学体系的基本原理。从这时起，热力学已成为满足新工业产品设计——车辆内燃机、发电机、轮船推动蒸汽机、飞行器的喷气发动机——所依据的主要理论学科了。同时，热力学第二定律以抽象形式的重新表达，又成为新的学科分支，如低温物理、物理化学和气象学的基础。

（二）从第二次产业革命看

第二次技术革命及产业革命发生于 19 世纪 70 年代，到 20 世纪 20 年代结束，主要的标志是电力的广泛应用，它是科学技术全面发展尤其是电磁学的发展所带来的光辉成就。如果说，在第一次产业革命中走在前头的是工程师或技术人员的话，那么在第二次产业革命中，科学家就由后台走到了前台，成为这次革命的先锋。

19 世纪是自然科学的全面发展时期，物理学、化学、生物学、地质学等学科都取得了重大的突破，其最大的成就是能量守恒和转化定律的确立和电磁学的发展。在 30—40 年代，在不同国家、从事不同专业的十几位科学家（这些科学家包括德国的迈尔、英国的焦耳、丹麦的柯尔丁、德国的赫尔姆霍茨等），通过不同途径的独立研究发现了能量守恒和转化定律，使物理学理论出现了第二次大综合，为第二次技术革命提供了重要的理论准备。

第二次技术革命直接来源于科学实验，即来源于对电磁现象的研究。早在两千多年前，人们就发现了电和磁的现象，但在 19 世纪以前，人们并不能认识其本质，而且把它们当作两种不同的东西。1800 年，意大利物理学家伏打发明了电池，首次将化学能转化为电能；1820 年，丹麦物理学家奥斯特发现了载流导线能够使磁针偏转，从而揭示了电和磁的内在联系。这两项成果大大地推动了电磁学的研究和发展。法拉第则从奥斯特的发现中受到启发，他反过来想，既然电能引起磁，那么，磁能否产生电呢？经过长达 10 年的研究，他终于发现了电磁感应定律。奥斯特的发现包含了发动机的基本原理，法拉第的发现则包含了发电机的基本原理，他们的研究成果开辟了人类文明的新方向。但是，从法拉第的实验到生产中的应用，中间经历了 35 年。此外，为解释电磁感应现象，法拉第还提出了"场"的概念，这并不为当时的物理学家所接受。过了 20—30 年之后，麦克斯韦把全部电磁运动的规律归结为一组数学方程式。法拉第、麦克斯韦的电磁理论不仅预言了电磁波的存在，而且揭示了光、电、磁现象的本质统一，完成了物理学理论的第三次大综合。1888 年，德国青年物理学家赫兹用实验证实了电磁波，这一发现揭示了无线电通信的可能性。

物理学的新成就，打开了电力和无线电通讯时代的大门。电磁感应现象发现不久，人们便把它变成了生产技术。最早的发电机是法国的皮克西兄弟在1832年用永磁铁制成的，但到法拉第发现电磁感应定律35年后的1866年，号称近代德国科技之父的西门子才用电磁铁代替了永磁铁，发明了自激式电机；之后，比利时人格拉姆加以改进，于1870年制成环状电枢自激式直流发电机。从此，电动机进入实用阶段。电动机的研制也几乎是同步进行的，1875年前后，电动机已大量投入使用。开始，电磁发电机发出的电力主要是供照明用。1876年，俄国人雅布洛契诃夫发明了一种所谓的"电气蜡烛"的弧光灯；1878年，爱迪生用细碳棒装在真空中，制成电灯，第二年改用碳化的棉线作灯丝，制成白炽灯。1913年有人首创在灯内充入氮气，后又改用惰性气体，使灯丝的寿命大大延长。1882年，爱迪生电气照明公司先后在伦敦和纽约建立了第一批发电站；同年，德国电气工程师德普勒成功地解决了远距离输电问题，使工业彻底打破了地方条件所形成的一切界限，并且使遥远地利用水力成为可能。19世纪80年代以前，使用的主要是直流电，缺点是难以大幅度地升压和降压。为了解决这一问题，出现了交流电力系统。曾经是爱迪生助手的特斯拉1888年成功地利用交流电变压器建成了一个交流电力传导系统。同年，费法蒂设计建立了泰晤士河畔伦敦大型交流电站。不久，交流高压输电取得了统治地位。电力在20世纪后迅速发展成为带动整个工业部门的强大而廉价的动力，并开辟了电化学、电冶金、电加工、电运输等一系列的新兴工业领域。

电磁学的成就也为人类带来了电报、电话和无线电报三大电信技术。1835年莫尔斯制造出电报机样品。1838年发明了点划文字"莫尔斯电码"。1844年他又建成了从华盛顿到巴尔的摩的全长40公里的电报线。从1851年开始，铁路使用了莫尔斯电报系统，不久，电报在西欧和北美普及了。19世纪中叶后，出现了海底电缆铺设高潮。电报投入使用后，直通电话又研制成功。1876年，贝尔获得了第一个电话专利，接着爱迪生改进了贝尔电话。1878年成立了贝尔电话公司。在有线电报和电话的基础上，人们又发明了无线电通信。意大利人马可尼、俄国的波波夫分别在1895年和1896年成功地进行了无线电传播实验。1901年，马可尼实现了从英国至加拿大的横跨大西洋的无线电通信。接着，建立起广播电台，普及了收音机。

此外，内燃机是电力时代的另一项先进技术。随着工业的发展，蒸汽机的笨重、低效、操作不便等缺点越来越突出，而煤气的利用和石油的开采又提供了新的能源,为内燃机的问世创造了良好的条件。1820 年,英国人塞歇尔制成了用氢气煤气作燃料的内燃机。1876 年,德国工程师奥托制成了回冲程往复式内燃机,几经改革,1894 年,他制造的内燃机首次超过蒸汽机,而且具有小型、轻便、起动快等方面的优点。从此,它很快得到普及和应用,并取代了蒸汽机而成为主要的动力机。内燃机不但提高了工厂生产及运输的效率,而且使汽车和飞机等现代化运输工具的诞生成为可能。

至此,人类社会拥有了以电力为主要能源的动力、照明和自动控制等技术,及以电力技术及其应用为主要标志的现代文明生活。第二次技术革命不仅使原来的工农业的面貌焕然一新,而且引起了电力工业、电器设备制造业、汽车工业、石油化工业等的发展,形成了完整的工业体系(因而人们把电力时代也称为电力、汽车和石油化工时代)。技术革命大大提高了生产力,从 1870 年至 1900 年的 30 年间,世界工业生产增长 2.2 倍。1870 年至 1900 年世界钢产量从 52 万吨增加到 2830 万吨,世界铁路由 21 万公里增加到 79 万公里。1870 年至 1914 年的 44 年间,世界贸易增加了 3 倍。在生产关系和所有制方面,由于从蒸汽机械转向电气机械化,工业发展,企业扩大,资本逐步集中,形成垄断。英国自 19 世纪 60—70 年代起,资本就开始向垄断集中,1902 年已有 75 家托拉斯及其他形式的垄断组织。而到 1909 年,美国产值 100 万元以上的大企业增至 3060 个,德国雇佣工人在 50 人以上的企业占企业总数的 0.9%,占工人总数的 39.4%。总之,资本和劳动高度集中,贸易也从民族市场转向国际市场,垄断进一步加强了各资本主义列强的竞争。在生活领域,发生了极大的变化,生活变得紧张,交通方便,通信迅速。第二次技术革命使资本主义工业社会成熟了。马克思曾对第二次技术革命的后果作了高瞻远瞩的预见,他说:"蒸汽大王在前一世纪中翻转了整个世界;现在的统治已到末日;另外一种更大得无比的革命力量——电力的火花将取而代之……这件事的后果是不可估计的。"① 列宁还高兴地指出:"电气化将把城乡连接起来,在电气化这种现代最高技术的基础上组织工业生产,就能消除城乡间的悬殊现象,提高农村的文化水平,甚至消除穷乡僻壤那种落后、愚昧、粗野、贫困、疾病丛生的状态。"② 总之,第二次技术革命及产业革命给人类社会带来了翻天覆地的变化,而促使这次革命的发生和发展的仍是科技知识分子,尤其是科学家。科学家在这次革命中充当了先

---

① 转引自威廉·李卜克内西《回忆马克思恩格斯》,人民出版社 1973 年版,第 35 页。
② 《列宁全集》第 30 卷,第 303 页。

锋的角色。

（三）从第三次产业革命看

第三次技术革命又称"新技术革命"，与第二次技术革命相比，科技知识分子在第三次技术革命及产业革命中所起的作用更加巨大，在第三次技术革命中，科技知识分子的人数大大地增加了。据统计，1896 年全世界的科技人员只有 5 万人，而到第三次技术革命兴起初期的 1953 年已发展到 40 万人；科学家的劳动组织形式也从分散个体活动转向有组织的社会化集体劳动；在第三次技术革命中，科学家和技术人员更加紧密合作，把科学技术直接转变为生产力。尽管在第二次技术革命中，科学走在技术前面，如法拉第对电磁感应的研究导致了电力技术的发明，他在实验中使用的旋转圆盘可以算是发电机的雏形，但他并没有认识到电力利用的前景；赫兹在进行电磁波的实验时也不是以实用无线电通信为目的的。许多物理学家并没有把他们的电学理论运用到生产过程，而是一些技术专家、工程师紧随他们之后进行工作，像西门子和爱迪生都非常熟悉法拉第等物理学家的科研成果，贝尔的电话发明则以赫尔姆霍茨的声学研究为指导，马可尼的无线电通讯则以赫兹关于麦克斯韦的电磁理论的实验证实作为基础。在第二次技术革命中，科学理论转化为技术所花的时间较长。到了第三次技术革命时，科学家和技术人员的研究直接为解决工业中提出的技术问题服务，许多科学理论马上被应用科学家和工程师加以分析，探求它们的实用的方面；新时代的技术和科学不再截然分开，探求新原理的科学家和发展新工艺、新产品的技术专家往往是同一个人，"一身两任"。科学和技术融合：科学有明确的技术目的，技术自觉的以科学为指导，如声障研究是为实验超音速飞行，核聚变研究是为获得新能源，基因重组是为了获得新品种。总之，在新技术革命中，科学技术迅速转化为生产力，科学家、工程师以及各种管理人员在社会生产力发展中的作用越来越大，他们人数不断增加，队伍不断扩大，成了生产过程的主导力量。

第三次技术革命开始于第二次世界大战结束之后，它的主要标志是原子能、电子计算机和生物工程等的应用。这次新技术革命的产生直接依赖于科学家们的研究成果，尤其是数学、物理学、生物学等学科的革命性发展。19 世纪末 20 世纪初发生了物理学革命。当人们正凝望着宏伟的经典物理学的体系而感叹无所作为的时候，天空上出现两朵乌云：一朵是迈克尔逊—莫雷实验，另一朵是热辐射实验。前者向牛顿经典力学的绝对时空观提出挑战，而后者则向麦克斯韦的电磁理论提出挑战。爱因斯坦清除了第一朵乌云,他勇敢地接受了新的实验事实,抛弃了旧的"以太"观念,肯定光速不变原理,推广相对性原理,创立了(狭义)相对论(1905年),并进一步研究非惯性系统,于1915年创立广义相对论。普朗克则清除了另一朵乌云,他为克服经典电磁理论在黑体辐射上的困难,变革能量连续观念,提出了量子假说。爱因斯坦运用并推广量子概念,研究光电效应,创立了光量子理论,指出光具有波粒二象性。随后,量子论和原子结构理论相结合而迅速发展:1913年波尔引用量子概念,建立起原子结构理论;德布罗意在1924—1927年提出了"物质波"概念;海森堡、薛定谔等人又进一步克服了波尔原子结构理论的困难和缺陷,创立了完整的量子力学体系,成功地揭示了微观世界的基本规律,完成了物理学理论的又一次大综合,并且在化学、生物学和物理学、数学之间架起了一座桥梁。

物理学革命的成果、人们对微观世界的认识为原子能的利用开辟了前景。1896年法国物理学家贝克勒尔发现了放射现象,1897年英国的汤姆逊发现了电子,1899年居里夫人发现了镭,这给人类带来了关于原子内部的信息。1911年卢瑟福证明了原子中有原子核,核外有电子绕核运动,这是揭开原子内部秘密的第一步。1932年,查德威克发现了中子,这为人们从技术上利用核能带来了希望,因为它不仅揭示了原子核内部的秘密,而且发现了打破原子核这个坚固堡垒的炮弹。1939年,哈恩和斯特拉斯在德国进行了用中子轰击铀的实验,发现了重原子核的裂变反应。奥地利物理学家梅特纳和她的侄子弗里什研究了这一结果,明确提出了铀核裂变理论,并指出,核裂变过程将有巨大的能量释放。到此,核能开发理论的奠基工作已经完成了。1942年,在费米的领导下,美国在芝加哥大学建成了第一座核反应堆,1945年制成第一颗原子弹。从此,人类进入原子能的新时代。

电子计算机的出现则是现代科学技术的最杰出的成就之一。19世纪末,康托建立了集合论,不久,他自己发现了第一个集合论悖论。后来,人们认识到,集合论悖论是数学思维与语言中的一个深刻的矛盾,这导致了罗素和怀特海关于《数学原理》这一巨著的工作。以后,经过维特根斯坦的语言逻辑,维纳的语言通讯理论和乔姆斯基的数学语言学,发展出信息逻辑的这个方面;同时,信息语义学也诞生了。1948年申农的《通讯数学理论》这篇划时代的论文奠定了现代信息论的基础。另一方面,1854年英国的布尔创立了逻辑代数;1936年图灵提出了通用计算机的理论模型,建立了算法理论;1943年,冯·诺伊曼提出了制造的具体设想。1945年,由于军事上的需要，莫莱特和艾克特等人研制出第一台电子计算机，这是解放人类智力的一大壮举。50年代以后，随着晶体管和集成电路的发明，电子计算机得到了迅速的发展。

此外，生物学领域也取得了重大的突破。20世纪的第一年，三个国家的三个植物学家——荷兰的德弗里斯、德国的柯伦斯、奥地利的丘歇马克彼此独立地重新确立早在34年前孟德尔所发现的遗传定律，从此，遗传学开始了突破性的发展。到了20—30年代，物理、化学的理论和方法渗透到生物学，使其研究达到分子水平，终于在70年代形成了分子生物学，这是生物学上的又一次伟大的革命。随着这场革命而来的是70年代的遗传工程，现代遗传工程与传统的生物工艺学相结合，导致了生物工程学的诞生，开拓出了崭新的生物技术。

随着新技术革命的到来，许多相关的工业，如核工业、电子工业、生物工程、新材料、航天工业、海洋工程等形成了工业界的新阵容，同时，在各工业部门中，技术密集型工业的地位日趋重要。第三次技术革命促进了一大批技术密集型产业的发展，使技术密集型产业在国民经济中的比例大大超过劳动密集型产业。据奈斯比特在《大趋势》中的统计，1967年美国的国民经济总值中，有25.1%来自于电脑制造、长途通信、印刷和广告、会计、教育、金融保险等信息部门。70年代美国增加了约两千万个新职位，约90%属于信息、知识和服务性工作，只有5%来自制造业。

西方一些后工业社会理论家或未来学者，对新技术革命的社会后果进行了概括和描述，形成了所谓的"（后）工业社会理论"。尽管他们的（后）工业社会理论或信息社会理论带有明显的偏见，但毕竟也反映了当代社会发展的某些事实。托夫勒在《第三次浪潮》中把新技术革命的后果概括为六个方面：（1）标准化——公司业务程序、行政管理、产品规格、商品价格、语言、度量衡、雇用办法等的标准化；（2）专业化——劳动分工、操作工序、教育培养目标的专门化；（3）集中化——资本集中、劳动力集中、幼儿集中在托儿所、学生集中在学校、疯子集中在疯人院、犯人集中在监狱，如此等等；（4）同步化——同时作息、同时劳动、同时回家、同时上床、甚至同时谈情说爱；（5）好大狂——大公司、大工厂、大建筑、大学校、大电站、大图书馆等；（6）集权化——政治和经济的指挥和管理形成"金字塔"式结构，最高权力集中在中央。

奈斯比特在《大趋势》中则讲到新技术革命所带来的改变我们生活的10个新方面，其中的要点是：工业社会转向信息社会；从国家经济转向世界经济；从集中转向分散。他认为由工业社会向信息社会过渡有五个重点：（1）信息社会是真实的经济存在，而非抽象思想；（2）通信化电脑技术的新发明将缩短信息的流动时间，加快变化的步伐；（3）新的信息技术将首先用来解决工业上的任务，然后产生新的活动、新的方法和新的产品；（4）文字密集社会更需要具备基本的读写技巧，但我们教育制度却在制造低劣的产品；（5）新信息时代技术的成绩取决于高技术与高情感相平衡的结果，在家工作产生孤独感，希望上班热闹有交流。

丹尼尔·贝尔在《后工业社会的来临》一书中则认为，后工业社会由五个部分组成：（1）经济上——产品制造经济向服务性经济传递；（2）职业分类——专业技术人员阶级处于主导地位；（3）中轴原理——理论知识处于核心地位，即理论知识成为社会革新和制定社会政策的源泉；（4）未来方面——控制技术的发展，对技术进行鉴定；（5）制定决策，创造新的"智力技术"。

人们一般认为，以新技术革命为基础发展起来的当代社会是信息社会，这个社会的核心是信息、知识，这主要表现在：（1）在信息社会中，生产力的成就和经济的成就的关键是信息、知识尤其是科技知识的生产。竞争或竞赛的能力也取决于此；（2）出现信息工业，大量生产知识，而知识的生产成了社会和经济发展的主要动力；（3）信息工作人员超过了劳动力总量的一半，而且越来越投入信息工作。所谓信息工作人员，包括计算机程序员、系统分析员、教员、职员、律师、官员、秘书、经理、会计、证券经纪人、保险业务员、银行职员、图书管理员、技术员、工程师、医生、护士、建筑师、社会工作者、记者等；（4）主要靠知识而不是靠体力劳动来增加价值。总之，在当代（信息）社会中，知识尤其是科技起着决定性作用，知识分子尤其是科技知识分子在社会中的地位也越来越重要。

新技术革命给当代社会带来了极大的变化，它对西方资本主义社会的政治、经济和文化结构产生了重大影响，但是它并没有从根本上改变资本主义社会的性质，也没有改变无产阶级和资产阶级这一基本矛盾，没有克服资本主义的经济危机，这一点是西方后工业社会理论家们所忽视或故意否定的。在社会主义制度下，新技术革命能够更充分地发挥它的积极作用和潜力，使社会往更加合理的方面发展。新技术革命正在缩小脑力劳动和体力劳动的差别，以往的技术革命是用机器来减轻或取代人的体力劳动，新技术革命则用机器（电脑）来减少或取代人们的脑力劳动。在新技术革命中，整个社会的脑力劳动者增加，从事那种繁重、危险的体力劳动的工人将日益解放出来。新技术革命直接影响了社会生活的各个方面,如在工作上,自动化使人们不必去工厂值班,可在家劳动;计算机终端的电子通信大大减少了出差;工作效率的提高,使人们的闲暇增多,扩大了生活的内容;人们不必去大学而可以在家学习,利用电脑可以起草文稿、设计、复习功课、游戏等,新技术革命使人的生活更加美好;生物工程的着眼点是增加食品、改善环境、治疗疾病等,新能源的开发不单是为了增加产值,而且是为了解决能源的合理利用。

总之,从三次技术革命及产业革命的历史考察中,我们看到,促进技术革命及产业革命的主要因素是科技知识分子——科学家和工程师的杰出成果,而现代社会经济的发展的最根本和最活跃的因素是科学技术。因此,在未来的社会发展中,我们必须充分估计到科技知识分子在社会发展中的作用,应当最大限度地调动他们的积极性和创造力。

西方科学哲学之我见[*]

在"一统天下"的哲学王国中,引进曾被视为"对立面"的科学哲学,转眼已经十年。十年的时间虽不算长,但它给我国哲学界带来的变化却是惊人的。可以说,它是目前我国哲学界中最活跃、最富有成果的一个分支。如何看待这个一度被斥为"异己"的学说,这是马克思主义哲学特别是自然辩证法发展中的一个重大问题。本文对此提出一些初步的看法。

一、科学哲学的沿革

任何一门科学都是历史的科学,都有它产生、发展的历史。科学哲学,按其本质说来,是科学[①]与哲学相结合的产物,它始终是围绕着科学与哲学的关系这条主线孕育、产生和发展起来的。从这个观点出发,可以把科学哲学的发展划分为两个时期。

近代时期 科学哲学作为一个研究领域,是从科学与哲学正式分离的时候开始的。在此以前,不过是一些幼芽而已。16世纪中叶,科学宣布独立,不仅提出了科学与神学的关系问题,而且还提出了科学与哲学的关系问题,后一问题沿着两条不同的道路进行。第一条途径把重点放在哲学方面。当近代科学刚刚迈步的时候,以观察、实验为基础的科学尚未站稳脚跟,迫切需要哲学从理性(这是构成科学的一个本质要素)方面助以一臂之力。于是,适应时代的需要,17世纪上半叶相继产生了培根的《新工具》(1620年)和笛卡儿的《方法谈》(1637年)。这两位作者分别从不同的哲学立场对科学研究中的认识论和方法论问题做出了系统的论述。培根发

---

* 原载《自然辩证法研究》1989年第4期(本文为陈振明与博士阶段的导师黄顺基教授的合著,黄老师为第一作者)。

① 主要指自然科学,以下同。

展了亚里士多德的归纳法，笛卡儿发展了亚里士多德的演绎法，近代科学哲学就是从这里开始萌发的。

到了18世纪下半叶，牛顿力学获得了极大的成功。科学在人类认识自然、改造自然中已经成为一股异常巨大的力量，它大大地提高了科学在社会历史中的地位，这就迫切地要求回答一个带根本性的问题：以感觉经验为基础的科学，它的规律（例如万有引力定律）何以具有普遍性和必然性？须知科学的规律（科学中的理性）正是科学的伟大力量之所在。这个问题关系到科学的生存权。从哲学上回答这一问题的时代重任落在了康德的肩上，他在《纯粹理性批判》（1781年）中，以欧几里得几何学和牛顿力学为背景材料，集中地研究了"科学何以可能"的问题，试图在先天综合判断学说的基础上来论证科学的合法存在，① 从而开创了科学哲学这一新的领域，他理所当然地被认为是近代科学哲学的一位先驱。

19世纪物理学为中心的各门科学迅速发展，科学与哲学的关系也随之转入第二条路，重点在于科学的方面。正是在这个转折关头，黑格尔沿着康德的先验理性的传统，力图把自然科学的材料和哲学的思辨结合起来。由于他在不少的地方，用理想的幻想来代替尚未知道的现实的联系，所以他的自然哲学可以说是近代科学哲学成长过程中的一股逆流。在这种情况下，孔德强调以实证科学为根据的"科学的哲学"（Scientific Philosophy），反对把哲学变成纯粹的思辨，认为哲学不应是凌驾于科学之上的"科学的科学"，恰恰相反，哲学乃是科学的综合，它同科学一样是实证的，就是说，哲学必须以经验为依据。尽管孔德对"经验"作了唯心主义的理解，但他关于科学与哲学关系问题上的观点却是与当时哲学和科学发展的潮流相一致的。从此以后，科学哲学的研究方向开始把注意力放在科学之上。

与孔德同时代的约翰·赫歇尔虽然也把重点放在科学方面，但它的目的并不是要建立科学的哲学，而是研究科学中的哲学问题。他的《自然哲学研究导论》（1830年）在当时的物理学、天文学、化学和地质学的最新成就的基础上，详细地讨论了科学的方法与科学的逻辑问题。在方法论上，他主张把归纳法和演绎法结合起来；在逻辑学上，他明确区分了发现的逻辑和证明的逻辑，也就是区分了假说的来源与假说的可接受性。他的著作是19世纪最有影响的方法论著作之一。从赫歇尔之后，在科学迅速发展的推动下，出现了两位著名的人物，一位是休厄尔，他以科学史为基础，探讨科学发现

---

① 参见 T. D. 威尔顿《康德的纯粹理性批判》，牛津大学出版社1958年英文版，第74—76页。

中的认识论和方法论问题。在《归纳科学的哲学》(1840年)以及其他著作中,他从康德的观点出发,把赫歇尔在方法论上的研究向前推进了一步,认为科学发现的过程首先是事实的分解和观念的阐明,然后在此基础上应用归纳法和演绎法。他第一个以实验科学为题材,从科学史的角度,深入地研究了科学理论的变迁,开20世纪60年代以后科学发展模式研究的先河。另一位是 J. S. 穆勒,在《逻辑学体系》(1843年,全书名为《推理和归纳的逻辑学体系,求证原则和科学研究方法的系统考察》)中,他围绕结论(后件)与证据(前件)之间的关系问题,较全面地论述了归纳法,并从归纳主义的观点,发挥了归纳与演绎相结合的方法论思想。特别值得一提的是,他以自然齐一性原则和因果规律作为归纳法的最终依据,试图把科学哲学的研究范围从自然科学推广到社会科学。因此,可以认为,19世纪三四十年代《自然哲学研究导论》《归纳科学的哲学》《逻辑学体系》这三部著作的出版,是"科学哲学"(Philosophy of Science)正式成为一门独立的学科的标志,近代科学哲学从此诞生了。

从19世纪70年代到20世纪初,经典物理学已发展到了登峰造极的地步,并开始向现代物理学过渡,于是,在科学哲学的研究方面也发生了重点转移,即从科学史和逻辑学的方面转移到物理学方面。马赫的科学哲学就是这一时期的主要代表。他在《感觉的分析》(1886年)一开始就提出,物理学的巨大成就把物理学的观点和方法问题提到了首要的地位,他的科学哲学就是要为物理学这门最基础的科学奠定可靠的认识论基础。马赫的独特贡献,在于他把感觉作为物理学认识的终极要素,并把它进一步分析为物理学要素、生理学要素和心理学要素等,对之进行物理学、感官生理学与知觉心理学的研究。这样,他就不仅加深了对感性认识的理解,而且把这三个学科的认识论问题鲜明地提了出来。这是近代科学哲学诞生以来的一个具有重大意义的进展。

总的说来,从16世纪下半叶到20世纪初,科举哲学在哲学发展和科学发展二者相互影响、相互渗透和相互作用的过程中产生和发展起来。这是一门边缘学科,本质上是从哲学方面对科学进行反思的结果。

现代时期 以集合论悖论为发端的数学革命与逻辑学革命,以热辐射和"以太风"两个实验为发端的物理学革命,把科学与哲学的关系推进到一个新的时期——现代科学哲学时期。20世纪上半叶,在现代数学、逻辑学和物理学的基础上,形成了以逻辑经验主义学派为代表的科学哲学,它成了这一时期的主流。50年代以后,一场冲击各个领域的新技术革命的兴起,把科学与哲学的关系推向一个新的历史阶段，全面地提出了科学对哲学的本体论、认识论与价值论的关系问题，不同的观点从不同的角度对科学进行了全面的哲学反思，推动了现代科学哲学的蓬勃发展。

二、科学哲学的领域与流派

对象在当代科学技术革命的猛烈冲击下，一方面，科学本身变化了，其一是从小科学转向大科学；其二是自然科学奔向社会科学。另一方面，哲学本身也发展了，本体论、认识论和价值论三大领域的研究不仅有了长足的进步，而且日益加强了它们之间的联系。所以，作为科学与哲学相结合的产物的现代科学哲学也发生了很大的变化。它是以科学（包括自然科学和社会科学）为研究对象，对之进行全面的哲学反思（包括本体论、认识论和方法论三个方面）的一门交叉学科。根据历史和现状，目前有三个领域占有显著的地位。

（1）自然哲学，实际上是科学的本体论。传统自然哲学主要研究自然界的本原、运动的原理和规律、发展的图景。现代自然哲学，通过自然科学的最新成果，探讨上述关于自然界的基本问题，被冠以"科学实在论"的名称，即认为，科学认识的对象是不依赖于科学家及其活动独立存在的。关于这一领域，较重要的、有影响的学说可以举出波普尔的"突现进化论""三个世界理论"、邦格的"宇宙系统论"等。

（2）科学哲学，实际上是科学的认识论、方法论与逻辑学。按照图尔敏在《大英百科全书》（1980年）中的说法，科学哲学研究的是科学家对待自然界的方式方法问题，它的内容包括：①科学认识论，科学认识的过程（观察、实验、测量、分类等）；②科学的方法论（分析和综合、归纳和演绎等）；③科学的逻辑（科学理论的结构，发现的逻辑和证明的逻辑等）。关于这一领域较重要的、有影响的著作可以举出：亨普尔的《自然科学的哲学》（1965年）和卡尔纳普的《科学哲学导论》（1966年）等。

（3）科学社会学，实际上是科学的价值论。它在一定的价值观念指引下，从科学与社会的相互关系与相互作用中探讨科学对人类的命运、社会的未来所产生的巨大影响。它围绕科学的价值，提出了一系列重大问题，如科学的社会建制和社会功能，科学与教育、战争、环境、社会变革、人类的前途等的关系。关于这一领域已经发表了不少重要的著作，如戈德史密斯与马凯合编的《科学的科学——技术时代的社会》（1964年），约翰·齐曼的《知识的力量——科学的社会范畴》（1976年），马尔库塞的《单面人》（1964

年），哈贝马斯的《认识与人的旨趣》（1968年），等等。

学派 既然科学哲学是围绕科学与哲学的关系这一主线产生和发展起来的，因此，对现代西方科学哲学学派的分析，就必须从科学与哲学这两个方面去考察。首先，由于哲学传统不同，科学哲学就产生了不同的学派。现代西方科学哲学尽管学说层出不穷，但总的说来，不外是受到三大哲学传统的影响或支配：①以笛卡儿、斯宾诺莎和莱布尼茨为主要代表的理性主义传统；②以培根、霍布斯、洛克为一方和以巴克莱、休谟为另一方的经验主义传统；③欧洲文艺复兴时期的人本主义传统。有些学派坚持某一个传统，有些学派则两个甚至三个传统兼而有之。其次，由于现代科学已经发展成为一个十分庞大而复杂的体系，其中任何一个方面（如哲学、历史学和社会学方面）、任何一个学科（如物理学、化学、生物学等学科）和任何一个问题（如科学认识中的主体和客体、发现和证明、发现模式以及科学发展规律等问题）都可以作为哲学反思的题材。① 因此，随便打开任何一本现代科学哲学的著作，它们的题材五花八门，内容纷然杂陈，很少有千篇一律的。根据各国的哲学传统和科学发展情况，现代科学哲学大致可以划分为三大学派：英美学派、大陆学派和苏联与东欧学派。本文所说的现代西方科学哲学指的就是前两个学派。

趋势，现代西方科学哲学在理性主义、经验主义和人本主义的传统下，沿着三条途径发展。一条是对科学的整体从认识论、方法论、逻辑学、历史学和社会学等方面进行反思；再一条是对科学技术的整体从人类自身解放的角度进行反思；另一条是对科学的各个基础部门从学科本身的理论问题进行反思。

第一条路径，以20世纪30年代到50年代的逻辑经验主义作为出发点。逻辑经验主义者把数学和数理逻辑的方法作为主要的，甚至唯一的方法。他们认为，科学哲学实际上就是经验科学的知识论，它的基本问题是命题的意义标准。他们提出逻辑和经验两条标准，并以此为根据把一切命题划分如下表：

	先天	后天
分析	形式科学（如逻辑、数学）的命题	
综合	形而上学的命题	经验科学（如物理、化学）中的命题

---

① 内格尔在《科学的结构》中就指出，经历了几个世纪发展的科学哲学，其范围并不是确定的，在目的、方法和问题方面，各派都不相同。见该书序言。

对于先天综合命题，实际上提出了形而上学的、形式的和经验科学的三种要求。因而究竟是证实标准、证伪标准还是弱证实标准（概率性）呢？由这个基本问题产生了观察与理论、发现与证明（辩护）、归纳逻辑与演绎逻辑、科学知识的积累与增长、科学与哲学的划界等问题。在方法论与逻辑学方面，由于数理逻辑的方法是公理化、形式化方法，它抽去科学理论的内容（语义），只作形式（语法）的分析，这种静态的逻辑分析方法就导致了把科学的逻辑看成是"元科学"或"元理论"，它是对一切时代的一切科学都普遍有效的评价标准。这种建立在逻辑主义和经验主义基础上的科学哲学对于概括和总结近代科学成果起了非常重要的作用，因而被称为"公认的观点"。

从20世纪50年代到60年代，在科学革命以及随之而来的技术革命的震动下，科学发展中的革命变革成为突出的问题，于是对科学的反思从逻辑转向历史，从静态转向动态，从成果转向活动。首先迎合这个潮流的是批判理性主义的创始人波普尔，他在相对论革命的强烈影响下，把科学哲学的基本问题，从命题的意义标准转向科学知识的增长（科学理论的变革），把科学的方法论从逻辑的证明转向猜测和反驳，与此同时，用证伪主义的科学知识增长模式（问题—猜测—反驳—新的问题）来反对证实主义的科学知识积累模式（经验—理论—经验—证实—理论的扩充）。波普尔为现代科学哲学的发展指出了一个新的方向，开辟了广阔的天地。

从60年代到70年代，随着技术革命而来的是交叉科学的兴起，产生了对科学进行全面的、综合的反思的需要，于是，库恩的《科学革命的结构》（1962年）应运而生。在科学哲学的基本问题上，他强调的是历史的再现；而不是逻辑的重建科学的发展过程。因此，他特别强调社会学和历史学对于研究科学发展问题的重要作用。和波普尔不同，库恩既强调革命的变革，又重视渐进的积累，提出了带有综合性和总体性的"范式"概念和"科学共同体概念"，把科学发展问题的研究，从认识论、方法论和逻辑学转向社会学、历史学和心理学，用历史主义的科学发展模式（前科学—常规科学 反常和危机 科学革命—新的常规科学—新的科学革命—……）代替波普尔的模式。针对波普尔和库恩关于科学哲学基本问题的见解，拉卡托斯强调指出，科学发展的最重要的形式是科学理论的更替，库恩的处理方法使科学的发展成为非理性的，而波普尔的处理方法虽然重视了科学的理性发展，但"不断革命"却不符合科学发展的历史，所以他提出"科学研究纲领"来代替"范式"，用理论进步，经验进步和启发法进步三个标准来代替科学共同体的"信仰"和"格式塔转换",从而阐明了科学认识发展的合理性。他的科学发展模式是:科学研究纲领的进化阶段——科学研究纲领的退化阶段——新的科学研究纲领的进化阶段——新的科学研究纲领的退化阶段——……拉卡托斯把历史主义和理性主义结合起来,把科学发展的外史和内史结合起来,为科学方法论的研究提供了新的方面,加深了对科学认识中的实践观点的理解,这是对科学进行综合的反思的一个重大进展。费耶阿本德从人本主义的立场出发,对科学进行反思,认为科学是人类的一种十分复杂的创造性活动,对科学发展问题的研究不能也不应允许像科学主义主张的那样,理性决定一切,而应该在观点、理论和方法上采取多元主义。费耶阿本德将人本主义融合进历史主义、对科学发展问题提出了不少独到的见解,丰富了科学认识论和方法论的内容。

20世纪70年代以后,美国出现了以夏皮尔、萨普等人为代表的新历史主义学派,在研究科学发展的问题上,肯定了历史主义的合理因素,但否定其相对主义与非理性主义的立场,同时也反对逻辑主义寻求一个普遍适用的评价标准的企图,重点突出科学发展的合理性问题和进步问题。夏皮尔用"信息域"概念来说明科学发展的合理性。由于第一,信息域既包括事实也包括理论,第二,信息域具有整体性和时代性,因而它克服了逻辑主义的观察与理论的对立,也克服了历史主义的主观相对性。夏皮尔的新历史主义综合了各家学说之长,研究了科学发现的"推理模式",科学知识的客观性和真理性等问题,对现代西方科学哲学做出了新的贡献。

与新历史学派同时兴起了科学实在论思潮,这一学派的主要代表人物有塞拉斯、普特南、本格等人。他们之间虽然存在着意见分歧,但在对科学的哲学反思上,都力图把重点从认识论、方法论和逻辑学方面转向本体论方面,围绕实在、科学和真理三个轴心,探讨科学发展的合理性问题。这一学派的迅速发展,代表了当代西方科学哲学的新动向。

第二条途径,着重从人本主义的角度研究科学技术对社会的影响。如果说科学主义的科学哲学是以维也纳学派为代表的话,则人本主义的科学哲学是以同时产生的法兰克福学派为代表。后者反对科学主义只从现存的经验事实出发,忽视了对人的关心和人的作用;主张要重视人,把人看作是全部历史生活方式(包括科学活动方式)的生产者。法兰克福学派正是从这个角度,对科学技术的社会影响进行反思的。法兰克福学派的创始人霍克海默在1929—1933年生产过剩危机震撼整个资本主义世界的情况下,深感有结束过去那种忽视社会哲学的现象，要求把社会哲学摆在中心的地位上，① 要求从哲学和社会学的角度对社会的整体进行综合的研究，批评科学技术的进步是对人性的压抑和异化的增长。

总的说来，法兰克福学派对科学主义的批判是它的社会哲学——批判理论的一个重要组成部分，它在这方面的基本论点，可以概括为如下四点。

（1）以逻辑实证主义为出发点的科学哲学是比知识论狭窄的科学知识论，它以科学认识的成果来定义知识，并且以经验科学作为唯一正确的模型，从而把哲学从知识领域中排除出去。近代哲学家从培根、笛卡儿到康德、黑格尔都不把科学看作是知识唯一可能的形式。人的利益是一切知识的目标、先决条件，以此为标准，可以划分三类知识：①经验的、分析的科学；②以相互交往和相互理解为目的历史—解释学；③以人的解放为目的的批判理论。

（2）科学主义把理论单纯地看作命题的总和，看作积累起来的知识，并力求通过智力劳动来构造一个逻辑体系，它完全忽略了科学的目标是把人从奴隶状态中解放出来，因而科学主义的"客观性"实际上割裂了理论与实践、思想与行动、事实与价值。

（3）科学主义片面强调经验主义原则，这一原则虽然在批判理性主义与历史主义那里受到了批评，但这个批评只是从科学自身出发，更重要的是要从人类的利益出发。人类在进行科学活动时，主体的利益起着重要作用，它决定对事实的选择，从而对事实采取批判的态度。

（4）逻辑经验主义企图在数学、逻辑学和物理学的基础上统一全部科学②，完全忽略了自然科学和社会科学的本质区别。社会理论总是伴随着犹豫和怀疑，并且社会的运行要求人们做出有意识的决定，因而不能完全搬用自然科学的模型。法兰克福学派对科学的反思在重点和范围上都做出了重大的转移，开辟了科学哲学研究的新领域。但有两个基本点值得注意，一是它割裂了自然本体论和社会本体论，不提自然界的优先地位，不提自然规律对人的思想和活动的客观制约性，从而否认了自然辩证法的存在；二是它割裂了人与自然的关系和人与人之间的关系，否认科学技术（作为生产力）的

---

① 霍克海默在题为《社会哲学的现状和社会研究新的任务》的就职演说（1930年）中，提出了这个任务。

② 参见由塔尔斯基、卡尔纳普等主编的丛书《国际统一科学的百科全书》，芝加哥大学出版社。

社会历史（生产关系方面）性质。因而把科学技术本身等同于科学技术的应用，把批判的矛头指向科学技术。这是一种反理性主义的思潮。对这两个基本点，我们要有充分的认识。

第三条途径是对科学的各个基础部门的学科本身的基本观点、基本方法和根本理论问题进行哲学的反思。从 20 世纪初开始，以物理学革命为序幕的现代科学革命冲击着各个基础科学领域，开始了对基础科学，特别是数学、逻辑学和物理学的哲学问题的研究。在数学方面，绕着实无穷、数学存在、数学美和数学基础等问题，产生了直觉主义、逻辑主义和形式主义之争。① 30 年代末到 70 年代初，出现了影响深广的布尔巴基学派，试图从结构的观点出发，运用公理方法建立统一的数学大厦。② 在逻辑哲学方面，主要是从两个角度对逻辑系统进行研究。③ 一是逻辑系统的解释和实际应用，如罗素和怀特海合著的《数学原理》（1910—1913）试图将数学，尤其是算术，解释为逻辑的简单的延伸。该书在应用无穷公理与选择公理的条件下，推出了大部分古典数学。二是逻辑系统的目的与限度，如卡尔纳普的《语言的逻辑句法》把哲学看成是科学语言的句法分析；奎因在《从逻辑的观点看》（1951 年）中，认为从逻辑和经验来区分分析命题与综合命题是没有根据的，经验的检验针对的是整个命题的系统，而不是孤立的命题，所以对证实理论和还原主义应该采取整体论的观点。在物理学哲学方面，和自然哲学一样，最初它的任务被规定为："为获得全部自然过程的完整图像而对知识进行综合，以及对自然科学的各个基础在认识论上加以辩白。"④ 1932—1933 年石里克的《自然哲学》就是当时一部极为简明而重要的物理学哲学大纲。1946 年，R. 林德赛和 H. 马根脑合著的《物理学基础》进一步明确提出物理学哲学的任务是对物理学的基本概念、基本规律和基本方法作哲学的分析与概括。⑤ 从 20 世纪 20 年代到 50 年代，这一领域异常活跃，发表了大量论著，其中较有影响的是以玻尔、海森堡和玻恩为代表的哥本哈根学

---

① 可参看 P. 班纳塞拉夫和 H. 普特南主编的《数学哲学》，1964 年版。

② 布尔巴基：《数学的建造》，《数学哲学译文集》，知识出版社 1986 年版。

③ S. 哈克在《逻辑哲学》（1978 年）一书的序言中指出，自弗雷格之后，逻辑学研究在四个领域内进行：（Ⅰ）研究标准的逻辑工具；（Ⅱ）研究非标准的逻辑演算（如模态逻辑、多值逻辑等）；（Ⅲ）逻辑系统应用的哲学研究；（Ⅳ）逻辑形式化的目的与能力，他把后两种归入逻辑哲学的范围。

④ 石里克：《自然哲学》，商务印书馆 1984 年版，第 5 页。

⑤ R. 林德赛和 H. 马根脑：《物理学基础》，1946 年版，英文本序言。

派，它对量子力学形式体系的物理内容和哲学基础做出分析，提出了关于物质结构中的波动和粒子、物质运动规律中的决定性和概率性等基本矛盾的新观点，激起了玻尔和爱因斯坦之间持续了近 30 年关于量子力学哲学问题的争论。这是物理学哲学发展中有重大意义的事件。

从 20 世纪 50 年代到 70 年代，随着科学发展的综合化趋势的加强，陆续出现了许多边缘学科和一系列横断学科。科学本身的哲学问题在深度和广度上都有了很大的进展，医学哲学、生态学哲学、地学哲学、系统论哲学等发展十分迅速，其中以系统论哲学在国外和国内最为引人注目。它主要是围绕系统科学、控制科学和信息科学的哲学与方法论问题而发展起来的。最初贝塔朗菲针对生物学中的机械论与机体论之争，总结了生物学的机体论，于 1937 年提出了一般系统论。他在《一般系统论——基础，发展和应用》（1968 年）中，全面地论述了这一理论的基本概念和基本观点。拉兹洛是继贝塔朗菲之后的另一位研究系统论哲学的主要代表。系统论哲学把后来建立和发展起来的控制论和信息论的思想与概念纳入自己的体系中。70 年代以后，随着普里高津的耗散结构理论的建立，系统论哲学正在向更高的阶段发展，以复杂巨系统为对象的学科，如哈肯的协同学及艾肯和舒斯特的超循环理论相继诞生。目前，这一领域的哲学问题正在吸引越来越多的科学家和哲学家的注意。

三、几点评论

现代西方科学哲学有悠久的历史渊源，活跃在这一领域的人物大多是著名的哲学家和杰出的科学家。它的成就和对人类思想的推动，在科学史和哲学史上无疑占有重要的地位。因此，下面就我们认为是值得重视的方面，提出几点评论性的意见。

首先，现代西方科学哲学对哲学的科学化做出了重要的贡献。哲学作为世界观、认识论和方法论的理论体系，是关于世界最普遍、最基本的原理或规律的科学，它不能没有高度抽象的思维。但是，在传统自然哲学的影响下，特别是德国思辨哲学的影响下，出现了哲学脱离了它的立足基地——科学的倾向。当时，许多科学家（如李比希、施莱登、高斯和洪堡等）就已经纷纷从经验科学的立场上，反对把哲学变成纯粹的思辨，这种努力对于推动哲学的科学化无疑有着十分重大的意义。马克思和恩格斯也反对哲学中的思辨倾向，他们着重从哲学方面进行分析和批判，他们在科学史和哲学史的基础上，阐明了哲学与科学的关系，认为这种关系是一般与特殊的关系。至于从当时已经有了长足进步的逻辑学、物理学、化学和生物学上全面地、深入地探讨哲学与科学的相互渗透和相互作用的问题，限于他们所担负的时代任务以及他们所研究的领域，他们不可能更进一步地去研究，也不可能要求他们这样做。赫歇尔、休厄尔和穆勒等人所确立的近代科学哲学对这项工作做出了极为有价值的成果；后来马赫从当时最富有成果的物理学出发，探讨了物理学哲学的感觉经验基础问题，尽管他的哲学立场是实证主义的，但他在把哲学科学化、把哲学思维与科学材料结合起来的道路上起到了巨大的推动作用。现代西方科学哲学在这条道路上前进得更远了：第一，它提出了划界问题，即一方面要划分经验科学同形式科学（数学和逻辑学）之间的界限；另一方面要划分经验科学与哲学之间的界限；明确提出命题的可检验性标准，这是检验哲学是否是科学的试金石，坚持这一标准可以防止人们把任何一种哲学理论变成万古不变的信条，变成不容许怀疑和批判的独断论。第二，它提出了方法问题。哲学要取得像科学那样的进步，必须采用理论与事实、猜测与反驳、演绎与归纳相结合的方法，反对单纯从原则出发，演绎出经验科学的事实，甚至削足适履，涂改事实的本来面目，以便把它强行纳入既定的哲学框架之中。在这方面，现代西方科学哲学提供了充分的科学史实和有说服力的科学论证。第三，它提出了发展问题。何谓哲学的发展？它的模式是什么？这些问题可以从现代西方科学哲学关于科学发展及其模式的研究中得到启发。历史学派的研究成果表明，科学发展中有常规（量变）和革命（质变）两种形式。那么，与科学发展同步的哲学发展中是否也同样具有这两种形式，任何一种哲学都没有例外？这个问题，对我们来说，实质上就是马克思主义哲学本身的革命变革问题。人们常说，马克思主义哲学是发展的，但是一谈到发展，指的是修正个别论点、补充新的内容、丰富某条原理，几乎都没有涉及马克思主义哲学本身的革命变革问题。恩格斯的著名论断——"甚至随着自然科学领域中每一个划时代的发现，唯物主义也必然要改变自己的形式。"①——往往被误用来作为马克思主义哲学只有常规发展的论据。马克思主义哲学的革命变革意味着什么？它的变革是否也有模式可以依循？这些问题不解决，要发展马克思主义哲学，要把马克思主义哲学科学化是有困难的。

其次，现代西方科学哲学对两种文化（科学文化与人文文化）的协调

---

① 《马克思恩格斯选集》第4卷，第224页。

起促进作用。在现代西方科学哲学的发展进程中，以逻辑经验主义为代表的科学主义和以法兰克福学派为代表的人本主义之争，对科学的哲学反思，特别是对科学文化与人文文化之间关系的反思，提出了不少值得探讨的问题。

（1）哲学的基本问题是否只能停留在精神对自然界哪一个是本原这一问题上？现代科学技术一方面大大地增强了人的创造力，使人成为首要的生产力，成为社会历史过程的主体；另一方面在现存的社会制度下，它又压制了人性，破坏了人与自然的和谐。在这种情况下，人和周围世界的关系便上升为一个主要的问题。法兰克福学派从人的解放这个崇高的目标出发，把哲学问题的中心从自然本原转移到人这个主体上，批评把哲学的基本问题局限于认识领域，忽视了对人的研究，这对于哲学发展中的变革——人类学变革——起了推动作用。

（2）哲学中的认识论与价值论是否是截然分开的两个领域？一般认为，科学研究的是独立于人之外的事物或关系，它回答"是什么"的问题，而不能回答"应当是什么"的问题。爱因斯坦就说过："关于'是什么'这类知识，并不能打开直接通向'应当是什么'的大门"①，虽然它"为我们达到某些目的提供了有力的工具"②。从20世纪下半叶开始，科学技术对认识世界与改造世界的巨大力量使科学与人的解放、从而认识论与价值论发生紧密联系，于是科学技术的价值便成为哲学、科学以及当代全部科学文化的重大问题。法兰克福学派批判了在现存社会制度下科学技术的消极方面，主张人的利益是科学认识的构成要素，坚持把事实与价值结合起来，以达到理论与实践、研究与应用、认识论与价值论的统一。这对于近代文明的两块基石（崇尚理性的科学精神和注重人的价值的人本主义思想），提供了新的侧面，对于协调两种文化的分裂和对立无疑有着重要意义。

再次，现代西方科学哲学对哲学的概念框架有了新的突破。哲学是世界观、认识论与方法论的理论体系，在理论形式上它和科学一样具有其概念框架。现代西方科学哲学在概念框架的三个构成要素上都有重大的突破。

（1）哲学的基本概念方面。以近代科学的材料与能量两个基本概念为基础的近代哲学，其基本概念是物质与运动。现代科学引进了一个新的基本概念——信息。信息"不是物质也不是能量"③，但它和运动一样，是物

---

① 《爱因斯坦文集》第三卷，商务印书馆1979年版，第173—174页。

② 同上。

③ [美]维纳：《控制论》（第二版），科学出版社1963年版，第133页。

质的普遍属性。任何物质运动都产生一定的信息，物质运动过程离不开信息的运动过程。因此，世界由物质与运动组成的近代哲学理所当然地要让位给世界由物质、运动和信息组成的现代哲学。自20世纪50年代以来，人们就关于信息的本质、信息和物质与能量的关系、信息过程与认识过程的区别与联系、信息的方法论意义等问题展开了热烈的讨论，它们所涉及的概念与方法大都超出了近代哲学的范围。例如，从系统反馈、信息的角度把认识过程看作是一个信息的反馈系统，从而建立起一个描述与分析认识过程的技术模型。这种研究对推动认识论的发展提供了一条新途径。在基本概念的突破上，可以认为，随着科学中发生的信息革命，哲学也发生了革命性的变革。

（2）哲学的基本原理方面。科学是以观察和实验作为它的基础和检验标准的。关于观察的基本原则是：观察的客观性。一般认为，认识的基本过程是：

客观实在→经验知识→科学理论

按照传统的观点，科学理论的基础是经验知识，经验知识是对实在的反映，而实在则隐藏在现象的背后，不受观察实验活动的任何干扰或影响。因此，客观性要求三个条件：①观察的方法能够确定客体的性质；②客体不受观察活动的影响；③观察语言是中性的，不含有主观因素。现代西方科学哲学认为，科学的观察是在科学理论的指导下进行的，它本身渗透着理论，不存在中性的观察语言；其次，在微观领域中，观察系统与被观察客体之间是相互作用的，不可能排除前者对后者的影响。因此，对客观性的要求需要进一步的研究。玻尔提出的无歧义的描述，得到了爱因斯坦的赞同，[①] 认为这是认识论的基本假定。由此可见，现代科学研究中提出的新问题，必将提出一些新的哲学原则。

（3）哲学的思维方式方面。现代科学的发展已进入交叉科学时代，代表交叉科学成果的有机论与系统方法、概率论与统计方法、量子论与互补方法，是现代科学中广泛采用的方法，它们在现代科学认识的各个领域中取得了异常丰富的成果，这必然会影响我们时代的哲学思维方式。19世纪马克思主义哲学用辩证唯物论批判了机械论与决定论，在世界观上带来了革命性的变革；但在思维方式上，它限于当时科学的发展水平，不可能更详细、更深入地展开辩证方法。现代科学方法（系统方法、统计方法和互补方法）的广泛应用，将使辩证方法超出19世纪的水平，辩证法的普遍联系、相互

---

① 参见《爱因斯坦文集》第一卷，商务印书馆1976年版，第181页。

作用与对立统一将进一步与现代科学相结合,并具体化为系统性、概率统计性与多元互补性等新的特点。

最后,现代西方科学哲学是和马克思主义哲学竞争的一个学派。哲学作为一门具有特殊内容与特殊问题的科学,它的各个学派无疑都有自由探讨、各抒己见的权利。在科学的领域中,不能以党派利益和意识形态的标准去评价其他学派的学说,甚至压制其他学派的研究。在真理面前,各个学派是平等的。因此,马克思主义哲学现在和过去一样,需要在与其他哲学学派的竞争中求得生存和发展。我们认为,在批判地吸取现代西方科学哲学的有价值的成果时,明确它与马克思主义哲学之间相互区别的基本点,无疑是很有益处的。

第一,在本体论问题上,现代西方科学哲学深受逻辑实证主义的影响,往往回避哲学的基本问题。科学实在论虽然有回到本体论问题的趋向,但其中也有不同的派别。[1] 第二,在认识论和真理观问题上,现代西方科学哲学各派在不同程度上都带有约定论、相对主义和非理性主义的色彩。约定论认为,任何一组现象都可以用不同的理论来解释,科学家之所以选取其中的一个理论,并不是因为它是真的,而是因为共同约定,用它来描述自然界更方便。逻辑经验主义者卡尔纳普的"宽容原则"就是来源于迪昂和彭加勒的约定论。相对主义则否认事物本身及对事物认识的稳定性和客观性,夸大现象的不稳性和变动性,认为对真理与谬误,不同的时间、不同的社会群体有不同的标准,因而把真理问题看成是社会集团的信仰问题。非理性主义与相对主义是密切相关的,因为非理性主义者认为,逻辑规律在科学发展史中是不存在的。例如,库恩一再强调,在科学史上,不同的文化、不同的历史时期,形成不同的范式或理论,它们之间的更替取决于科学共同体的信仰,是一种格式塔的转换,属于社会心理学范围,前后两种范式之间是不可比的,从而否认了科学理论的客观性。第三,在思想方法问题上,现代西方科学哲学各派都缺乏辩证思维。在对整个科学进行哲学反思时,或者从科学主义立场出发,把科学视为一切知识的模型,把科学视为万能的,举凡社会、政治和经济的组织和运行都按照科学的理性去控制,或者从人本主义的立场出发,只看到科学的消极作用,把科学视为人类自身力量的异化,把现存社会制度下的一切弊病归咎于科学。在关于科学哲学的一系列重大问题上,如关于科学发展问题的静态与动态、逻辑与历史、积累与革命,关于真理问题的

---

[1] 例如,普特南把科学实在论分为三种:(1) 物理主义的,(2) 形而上学的,(3) 趋同的。

相对与绝对，关于方法问题的归纳与演绎、证实与证伪等，都各执一端。逻辑主义强调科学的逻辑、注重静态、积累与科学理论的结构方面，因而严格区分辩护范围与发现范围，认为科学哲学仅仅和辩护范围有关；历史主义强调科学的历史，注重动态、革命与科学理论的更替方面，因而反对仅仅以辩护范围作为科学哲学的研究领域，强调科学的发现过程及其历史上曾起作用的方法论、规范和价值标准。

总的看来，在科学与哲学相互作用下蓬勃发展起来的现代西方科学哲学是哲学中的一个极其重要的领域。马克思主义如果不吸收这一领域中的研究成果，如果不充分考虑这一领域中提出的新问题、新思路，那么，要突破原来的哲学框架，要把哲学原理和当代科学技术革命的实际紧密地结合起来，将是不可能的。科学史和哲学史十分清楚地表明，马克思主义哲学是建立在科学的基础之上的，它本身就是一门科学，绝没有与"宗派主义"相似的东西。马克思主义哲学从来都是一个开放的体系，它绝不是离开人类文明发展大道而产生的故步自封和僵化不变的学说，过去一百多年的历史证明，马克思主义哲学就是在批判地吸取各种哲学的优秀成果（包括科学哲学的优秀成果）中不断地向前推进的。

3-10

一种另类的科学技术哲学理论*

本文将从科学技术哲学的视角去透视法兰克福学派，作者希望这个新的视角能显露出该学派理论中往往被人们所忽视的极为重要的方面，即一种有别于传统科学哲学的另类科学技术哲学理论。

两种文化（科学文化和人文文化）的对立是当代人们公认的一个事实，而当代西方哲学中科学主义和人本主义两种思潮的对峙在一定程度上可以看作两种文化断裂在哲学意识形态上的反映。存在主义和法兰克福学派是现代西方哲学人本主义思潮的两个主要派别，两者都把哲学所关注的中心从自然转向人本身，力图使哲学变成一种自由解放的工具；它们都以人本主义作为认识论基础，并共同反对科学主义。存在主义沿着古典人本主义的方向，直接探讨个人的存在及其本质，目的是为芸芸众生显示一条通向人的本质的捷径；法兰克福学派则认为个人的自我实现、人的自由解放依赖于社会条件，它强调对现实的批判，它要帮助人们去实现公正、合理、人道的社会，以使人实现自由解放。从总体上看，法兰克福学派是一种社会哲学或宏观的社会学理论，即一种社会批判理论，同时，也正是这种对现实批判的立场，使批判理论家们把眼光转向马克思主义，他们特别求助于马克思的政治经济学批判的立场及方法、马克思早期著作中的异化理论和人道主义思想。这样，法兰克福学派又是以"新马克思主义"定向的，它是"新马克思主义"思潮的一个主要流派。因此，从一般的划分标准看，法兰克福学派并不属于西方科学主义思潮，更不是西方科学哲学内部的一个学派。

然而，法兰克福学派并不是与西方科学技术哲学无涉的，相反，作为人本主义思潮的一支劲旅，法兰克福学派在很大程度上是在反对科学主义的斗争中成长起来的。通过对科学主义思潮的批判，法兰克福学派确立了自己的

---

* 原载《自然辩证法研究》1990年第4期（文稿为陈振明的博士论文摘要，原标题为"评法兰克福学派的科学哲学理论"）。

科技哲学理论，其主要内容包括"批判的科学哲学"、科学技术社会学和自然观三个方面，分述于下。

一、法兰克福学派的"批判的科学哲学"
——对实证主义的攻击

法兰克福学派在批判实证主义中形成了一种"批判的科学哲学"。对实证主义的攻击是法兰克福学派的社会批判理论的一个重要组成部分。反对实证主义是批判理论家们的一个永恒的主题，贯穿于法兰克福学派发展的始终。正如有些国外学者所指出的，对现存制度的否定和对实证主义的批判构成社会批判理论的两个相辅相成的部分。法兰克福是在广义上理解"实证主义"一词的，它不但包括通常所指的三代实证主义，而且包括实用主义、操作主义、语言分析哲学等，所以，在法兰克福那里，"实证主义"相当于我们所说的"科学主义（思潮）"，而它对实证主义的批判也就是对整个科学主义思潮的批判。这种批判涉及实证主义的起源、演变、实质、特征、危害等一系列基本问题。在反实证主义的斗争中，法兰克福学派力图确立一种以人本主义作为出发点的、与（唯）科学主义相对立的"批判的科学哲学"。

（一）反对经验主义——驳事实"中立性"观点

经验主义原则是实证主义的基石，它因而理所当然地成了法兰克福学派攻击的首要目标。法兰克福学派指出，实证主义从经验主义原则出发，坚持事实的中立性特点，割裂了理论与实践、主体与客体、价值与事实的联系，陷入"客观主义"。而实际上，经验事实并不是纯粹中立的，它们是人类实践的产物；受知识、理论所中介或渗透；人的感觉也具有相对性；而且从德国古典唯心主义的主体能动性的观点上看，感觉、知觉、经验并不是终极的东西，而是人的主体创造了的东西。这里特别值得注意的是，霍克海默早在1937年就提出了与20世纪60年代的科学哲学历史学派所提出的"观察渗透理论""证据受理论污染"相类似的观点。这说明法兰克福学派对实证主义的经验主义原则的批判有一定的深度。

（二）反对形式主义——对形式逻辑的批判

法兰克福学派揭示了作为实证主义最新形式的逻辑经验主义的另一个基本特征，即它的形式主义或逻辑主义。霍克海默正确指出，经验主义和形式主义在逻辑经验主义那里只有表面上的联系，它们构成逻辑经验主义体系中的一个内在的矛盾，逻辑与经验总是经验主义者所难以解决的问题。但是，霍克海默等人却错误地用对形式逻辑的批判来代替对形式主义的批判。在关于形式逻辑和辩证逻辑问题上，尽管霍克海默和马尔库塞提出了一些合理的见解，如指出了形式逻辑的局限性及辩证逻辑的某些特征，但也不乏偏颇之处，如对形式逻辑基本持否定态度、混淆思维规律和客观规律的界限等。

（三）反对科学主义——为形而上学辩护

实证主义坚持（唯）科学主义立场，即将知识等同于科学，并由此出发拒斥形而上学。法兰克福学派坚决反对这一点，并为形而上学辩护。霍克海默指出，形而上学虽然轻视科学和经验世界，爱好思辨和虚幻的世界，是一种精神麻醉剂，但形而上学是一种可能的知识形式，它赋予人生以意义，为科学提供批判工具，因此值得保留。霍克海默和哈贝马斯还认为，科学是不可能排除形而上学的，即使自称反形而上学最彻底的实证主义最终也免不了陷入朴素的形而上学之中。法兰克福学派承认形而上学在科学中有其作用的观点与逻辑经验主义之后的各派科学哲学的观点有一致之处，但法兰克福学派并未深入科学内部去分析形而上学的作用，他们对形而上学的态度有矛盾。

（四）反对单面思维方式——对实证主义的消极社会作用的剖析

法兰克福学派认为，实证主义是一种单面性或肯定性的思维方式，这种思维方式起着消极的无为主义或顺世主义的社会作用。霍克海默说，实证主义排除了思维的批判性和否定性，而肯定性的思维方式实际上起着维护现实的作用。实证主义的这种特点与其对理论本质的看法，即把理论研究看作封闭的王国密切相关。其实，理论研究只是社会生活的一个非独立的部分，理论的发展受社会文化因素的制约。马尔库塞则以日常语言分析哲学为例，集中剖析了实证主义的单面思维方式及其危害，认为语言分析消除思想和言语中的否定和对立因素，这实质上就是维护现实。这里，法兰克福学派混淆了两种不同的东西：它将实证主义对待事实和日常语言的研究态度直接当作一种对待现实的政治态度，它由于实证主义客观上具有有利于维持现状的消极后果而将它看作一种维护现实的哲学。

(五) 归宿——走向一种"批判的科学哲学"

在反对实证主义的斗争中,法兰克福学派力图确立一种建设性的科学哲学——"批判的科学哲学"。在霍克海默那里,这种一般的科学哲学更多地带有自然哲学的色彩,并与社会历史理论难解难分地交织在一起;而在哈贝马斯那里,"批判的科学哲学"以反对科学主义为主题,以知识与旨趣关系的分析为核心,它把全部的知识领域尤其是形而上学知识包含于其中,因此,它也是一种知识论的批判。与实证主义的科学哲学相反,"批判的科学哲学"强调主体与客体、理论与实践、价值与事实的统一;它把科学只当作一种可能的知识形式;它要求科学考虑人的利益,以人的自由解放为最高目标;它弘扬思维的批判否定精神,如此等等。法兰克福学派开辟了科学哲学的新方向,但是他们所确立起来的"批判的科学哲学"远非人们所满意的。例如,哈贝马斯的"批判的科学哲学"带有浓厚的先验论色彩,他并未给出各种类型知识的可靠性和正确性的客观标准。

二、法兰克福学派的科学技术社会学——对当代科学技术的社会功能的剖析

法兰克福学派的科学技术社会学的中心是这样一个基本的诊断,即指出在当代发达工业社会中科学技术是如何成为一种新的控制形式,是如何造成单面社会、单面人和单面思想方式的。围绕这个中心,法兰克福学派讨论了技术与理性、技术与统治、科学技术与意识形态、科学技术与人的未来、科学技术进步与马克思主义"过时"等方面的关系问题。

(一) 技术与理性(对工具理性的批判)

对技术与理性关系的分析是法兰克福学派的科学技术社会学的出发点。法兰克福学派划分两种类型的理性:主观理性(工具理性)和客观理性(批判理性),但他们并未具体给出划分的标准,他们把工具理性看作技术和理性的结合,其特征是强调效率和手段与目的的一致。这种工具理性是理性发展的最新结果,是启蒙自身的必然产物;当今是工具(技术)理性统治的时代,这种理性已经渗透到社会的总体结构和社会生活的各个方面,造成了极大的危害。法兰克福学派关于两种理性的划分显然承袭了韦伯的观点,韦伯曾将理性划分为形式的(合)理性和实质的(合)理性。法兰克

福学派对工具理性的批判反映了这样一个事实,即在当代发达资本主义社会中技术、效率代替了资本主义时代的自由、平等一类的价值观念而成为衡量一切的标准。但法兰克福学派错误地将技术和理性弄在一起形成工具理性概念,并将它作为科学技术社会学的出发点。而实际上,正确的出发点应是生产力和生产关系的矛盾运动学说。

(二)技术与统治

技术与统治的关系是法兰克福学派的科学技术社会学的中心论题。法兰克福学派认为,当代技术及科学取代了传统的政治恐怖手段而成为一种新的控制形式,它们操纵着社会的经济、政治、文化及人的心理各方面,成为极权主义者。霍克海默和阿多尔诺在较一般的层次上分析技术与统治的关系;马尔库塞具体全面地分析技术是如何成为一种新的控制形式的,是如何造成单面社会、单面人和单面思维方式的;哈贝马斯则着重分析科学技术进步与统治的合理性关系问题。法兰克福学派的确看到当代发达资本主义国家中科学技术的消极作用,看到技术异化为一种统治的工具,提出了科学技术的政治效应问题。但是,法兰克福学派抛开社会制度的区别而抽象谈论科学技术的一般社会功能和政治效应,把科学技术的资本主义利用方式所造成的异化或消极现象归咎于科学技术本身,将科学技术看成超历史超时间的极权主义者,这是错误的。

(三)科学技术与意识形态

法兰克福学派的科学技术社会学的一个重要而独特的论点是:当代科学技术执行意识形态职能,或者说,科学技术即是意识形态。这一论点与他们关于科学技术成为一种新的控制形式的论点密切相关。马尔库塞集中抨击所谓的"技术中立性"观点,他认为,技术作为工具或手段不可能是政治上清白的,技术及科学先验地适用于社会统治,技术在为现存社会的合理性辩护中已取代了传统的意识形态地位。哈贝马斯则具体分析科学技术在当代发达资本主义社会中是如何成为意识形态而取代传统的意识形态的。必须把法兰克福学派关于科学技术与意识形态关系的观点放到20世纪50—60年代西方关于意识形态与乌托邦的大讨论(尤其是资产阶级的"非意识形态化"思潮)以及20世纪以来东西方关于科学技术与意识形态关系问题的争论的历史脉络中去考察。马克思主义与法兰克福学派在这一问题上是根本对立的,马克思主义认为科学技术是生产力,而不是意识形态。科学技术与意识形态关系问题是一个理论难题，需要进一步深入研究，法兰克福学派毕竟又将它尖锐地提了出来。

（四）科学技术与人的未来（一种作为解放手段的新科学技术的可能性问题）

法兰克福学派（主要是马尔库塞）进而讨论了科学技术与人的未来的关系问题。马尔库塞首先提出了一种作为解放手段的新的科学技术的可能性问题。他一反过去的关于科学技术是统治工具的说法，认为科学技术有巨大的解放潜能，正如现存的科学技术与统治、奴役结合一样，在未来社会，科学技术将与自由解放相结合。马尔库塞把这种新的科学技术寄望于科学技术与形而上学、艺术等的结合上。新科学技术能够满足人的日常生活需要，但更重要的是它们能满足人的美学需要，使人自由发展。他还讨论了科学技术与社会主义的关系，宣称马克思所预言的社会主义是不可能实现的；科学技术的进步将自动生长出一种"新的社会主义"。马尔库塞关于科学技术与人类未来的关系理论十分思辨、模糊，其中包含着一个内在的矛盾：他将两个相反的论题——"科学技术已变成物化（统治）的工具"和"科学技术是一种伟大的解放力量"——结合在他的理论中。

（五）科学技术进步与马克思主义"过时论"

法兰克福学派在科学技术进步的幌子下，宣扬马克思主义"过时论"。马尔库塞和哈贝马斯等人认为，科学技术进步改变了资本主义的经济、政治和文化结构，使马克思主义的许多基本原理失去了基础，因而过时了，必须加以"重建"、"修正"或"更新"。在政治经济学方面，他们宣称马克思的剩余价值学说已经"失效"，科学技术成了剩余价值的独立的来源；宣称马克思的政治经济学批判已"不充分"了，必须用对科学技术的批判来取而代之。在哲学历史观方面，宣称历史唯物主义的基本原理已"过时"，主张"重建"历史唯物主义，尤其是要以"劳动"和"相互作用"来取代马克思的"生产力"和"生产关系"概念。在科学社会主义方面，说马克思主义的阶级斗争学说已不能"到处搬用"，鼓吹阶级调和论与阶级斗争缓和论；断言马克思主义的无产阶级革命学说已经过时，主张用文化或意识革命取代暴力革命；攻击马克思主义的共产主义学说是"乌托邦"，幻想一种"新社会主义"或"人道主义的社会主义"。法兰克福学派并没有正确评估科学技术进步给资本主义社会带来的变化，他们用戴着有色眼镜发现的

"新事实"来反对马克思主义。实际上，科学技术进步并没有改变资本主义所有制的本质和阶级关系的实质，马克思主义所赖以建立和发生作用的基础并未根本改变，所以，它的基本原理并未过时。过时的将是马克思主义"过时论"。

（六）法兰克福学派与技术统治论

技术统治论是这样一种学说，即认为社会的发展、人类的前途主要或唯一地由科学技术所决定，社会的组织结构应以科学技术为依据，并由科技专家来治理国家。作为一种社会思潮的技术统治论形成于20世纪20—30年代。20世纪60年代开始，随着所谓的（后）工业社会理论的出现，技术统治论更加泛滥，通过把法兰克福学派的科学技术社会学与技术统治论进行比较，可以断言，法兰克福学派是技术统治论的一个变种。因为两者的许多理论观点十分相似，这主要表现在：两者都宣称技术创造了一个使社会主义和资本主义两种制度趋同的统一的（后）工业社会；把当代工业社会描述为技术、知识的世界；认为科学技术取代了以往的政治权力而成为一种统治手段；主张科技知识分子是历史的新主人，无产阶级则丧失了作为历史动力的资格；断言科技革命的未来是共产主义乌托邦的终结。不过，法兰克福学派与正统的技术统治论之间有某些差别，例如，正统的技术统治论的基调是乐观主义、改良主义和保守主义的，而法兰克福学派的基调则是悲观主义、浪漫主义和激进批判主义的。

（七）法兰克福学派在西方技术社会学中的地位

可以参照西德技术哲学家拉普关于技术哲学发展的四种观点或四个阶段（工程学、文化哲学、社会批判主义和系统论）的框架来确定法兰克福学派在西方技术社会学发展中的地位。作为技术哲学（包括技术社会学）发展的第三阶段，法兰克福学派主要考察现代技术及科学的消极社会作用问题。一方面，法兰克福学派与文化哲学的技术社会学理论有密切关系，前者继承了后者（尤其是存在主义）的人本主义和浪漫主义的观点，加强了从人的自由解放的角度对技术进行批判；另一方面，法兰克福学派吸收了文化哲学以外的其他思想成分（如马克思主义、弗洛伊德主义、黑格尔哲学等），它不乏谈技术与一般文化的关系，而是着重剖析当代技术对社会的经济、政治、文化各方面所造成的影响和危害，提出了一系列独特的论点。法兰克福学派在西方技术社会学上独树一帜，成为与存在主义，罗马俱乐部等学派齐驱并驾的西方技术社会学劲旅。

总之,从马克思主义的科学技术观来看,法兰克福学派的科学技术社会学总体上是错误的。因为它离开生产力和生产关系的矛盾运动去考察科学技术的社会作用;片面夸大科学技术本身的潜在的消极否定的因素,把科学技术的资本主义利用所造成的种种异化现象归咎于科学技术本身;它只注意科学技术对社会的作用一面,而忽视社会经济条件对科学技术发展的制约一面。

三、法兰克福学派的"新马克思主义"自然观——论人与自然的关系

法兰克福学派从"新马克思主义"的传统出发去"解释"和"发挥"马克思的自然观并批判恩格斯的自然辩证法,形成了较为完整的"新马克思主义"自然观。

(一) 法兰克福学派自然观的出发点——所谓的"非本体论唯物主义"

马克思主义自然观以承认物质第一性,精神第二性的唯物主义的基本原则作为前提。法兰克福学派则认为,虽然马克思承认自然界的优先地位,但是马克思从一开始便主张自然(物质)被社会所中介;马克思是从非本体论的意义上去理解自然的客观实在性的,他把从本体论角度提出的关于人和自然的创造者问题作为抽象的问题加以拒绝。因此,在马克思那里,作为自然观出发点的唯物主义是非本体论的唯物主义;只有恩格斯才从形而上学本体论的意义上去理解唯物主义。法兰克福学派的所谓"非本体唯物主义"实际上排除了物质第一性、精神第二性这一唯物主义的本质内容,将唯物主义仅仅看作一种实践的态度或道德观念。这为他们把自然归结为历史,把自然观归结为历史观作了理论上的铺垫。

(二) 自然与历史——关于如何理解马克思自然观的社会历史性问题

这是法兰克福学派的"新马克思主义"自然观的核心问题。法兰克福学派从卢卡奇的"自然是一个社会范畴"的观点出发,强调自然和历史的相互渗透或相互中介;他们认为这种强调自然的社会历史性正是马克思自然观的本质特征。正如施密特所说:"把马克思的自然概念一开始同其他的自然概念区别开来的东西是马克思自然概念的社会历史性。"霍克海默强调自

然是人活动的产物，是人化的自然；马尔库塞则断言"自然界是历史的一部分，是历史的主体"；施密特则提出了所谓的自然和历史（社会）的相互中介说，并发挥了马克思关于自然史与人类史、自然科学与社会科学统一的思想。说自然与历史是相统一的，说马克思的自然观具有社会历史性并没有错，问题是法兰克福学派在强调统一时，却忽视了差别，把自然归结为历史、把自然观归结为历史观，否认了自然界的客观实在性，否认了自然观的独立存在意义。不能坚持唯物主义的基本原则，不理解马克思主义实践观的实质，是法兰克福学派失足的主要原因。马克思在实践基础上历史地再现了自然与历史或人与自然、自然史与人类史、自然观与历史观的辩证统一关系。马克思在处理这些关系时，时刻也没有忘记唯物主义的基本原则。他既没有把自然归结为历史，也没有把自然观归结为历史观。

（三）法兰克福学派对恩格斯自然辩证法的批判

从上述观点出发，法兰克福学派全面攻击恩格斯的自然辩证法。霍克海默把承认自然辩证法评定为形而上学世界观的一个特点；阿多尔诺指责恩格斯毫无根据地把辩证法变成"解释的普遍原则"，使物质自然非辩证地成为第一存在；马尔库塞则宣称辩证法在马克思那里是历史方法，恩格斯错误地将它变成本体论；施密特则制造了马克思和恩格斯在自然观上的根本对立的神话，说恩格斯将社会与自然割裂，主张离开实践活动的自然概念，把辩证法变成一种外在的考察方法。因此，恩格斯的自然辩证法是一种独断的形而上学本体论。与法兰克福学派尤其是施密特的观点相反，我们认为，马克思和恩格斯两人的自然观本质上是一致的；恩格斯与马克思一样，一直强调自然和社会（历史）的统一，强调实践是这种统一的中介，他并未将自然与社会割裂，更没有主张离开实践的自然概念；自然辩证法本身具有合理性，它为自然科学所证明，也为许多哲学家所承认；恩格斯并不是把辩证法扩展到自然界，而是从自然界本身的辩证发展去说明辩证法的客观性和正确性。

（四）自然观与人的自由解放

法兰克福学派还讨论了自然观（人与自然关系）与人的自由解放关系问题。霍克海默和阿多尔诺更多地谈到人对自然的统治与人对人统治的关系，认为人对自然的统治以人对人的统治作为牺牲代价，科学技术既能成为征服自然的工具，同样也能成为人奴役人的有效手段。马尔库塞则谈到了自然的解放与人的解放的关系，认为只有解放自然，才能最终解放人。他还指出在现存剥削社会中人与自然处于异化状态中，而在未来的自由社会，人与自然则处于协调发展的关系之中。施密特则着重讨论了马克思的自然观与他的社会主义学说的关系，断言马克思是最大的乌托邦主义者，说马克思和恩格斯在对自由与必然关系的理解上有矛盾。法兰克福学派敏锐地抓住了由于科技革命而日益显得重要的人与自然关系问题，并揭露和批判了资本主义社会中人与自然关系的异化及这种异化给人带来的危害，同时提出了如何协调人与自然关系的问题。但是，法兰克福学派离开生产关系去抽象谈论人与自然、人对自然的统治与人对人的统治、人的解放与自然的解放的关系问题；他们不了解马克思主义自然观及历史观与科学社会主义学说的本质关系；不懂得哲学上自由与必然关系的辩证法，这使他们关于自然观与人的自由解放关系的学说显得错误百出。

综上四节所述，我们看到，法兰克福学派围绕对马克思自然观的解释和对恩格斯的自然辩证法的批判，展开了对作为自然观出发点的唯物主义原则，对自然与历史、自然观与历史观、自然观与人的自由解放关系等问题的论述，形成了较完整的"新马克思主义"自然观。法兰克福学派的"新马克思主义"自然观的意义在于它抓住了马克思主义哲学中的一个最基本问题，即如何理解马克思主义的自然观和历史观的关系问题：在马克思主义那里，唯物史观只是唯物辩证法在历史领域的一个运用呢？抑或马克思主义的历史观和自然观是一个东西？这是一个长期没有得到解决的问题，也是苏联与东欧的哲学（所谓的"正统马克思主义"）和"新马克思主义"（所谓的"实践派"）斗争的理论焦点，法兰克福学派在反对把马克思主义割裂为自然观（唯物辩证法）和历史观（历史唯物主义）两个互不联系部分的极端观点时，却走到另一极端，将自然观归结为历史观，否认马克思主义自然观的相对独立性。法兰克福学派的最大错误也正在于它排除了马克思主义自然观的唯物主义基础，否认这种自然观的世界观意义，是抛开必然性来谈论自由的。在马尔库塞看来，人的自由解放只与自然的解放及人的感觉的解放相关，与自然规律或自然必然性无关，他特别歪曲利用了马克思《手稿》一书中的不成熟的"自然主义＝人本主义"的观点。

四、结论——法兰克福学派的科学技术哲学的本质特征

我们已经考察了法兰克福学派的科学技术哲学理论（包括它的"批判

的科学哲学"、科学技术社会学、"新马克思主义"自然观三个方面)。在结束这篇论文之前,有必要说几句一般性评价的话。总的说来,法兰克福学派的科学技术哲学理论具有如下三个本质特点。

(一) 人本主义或人道主义 (Humanism)

人本主义是法兰克福学派社会批判理论的基石,也是它的科学技术哲学的出发点。人本主义像一根红线贯穿在法兰克福学派对实证主义的批判,对当代科学技术社会功能的剖析以及对人和自然关系的考察之中。法兰克福学派要求重视人、关心人的作用,以人作为衡量一切的标准,将人的自由解放和自我实现当作最高目标。从这种人本主义立场出发,法兰克福学派批判实证主义及其科学哲学,认为它们只从现存的经验事实出发,忽视人,不关心人的苦难及人解放的条件,以实证主义为代表的科学哲学只不过是一种狭隘的科学知识论;在当代发达工业社会,科学技术则从人控制自然的工具变成人统治人的手段,变成一种意识形态,造就了单面社会、单面人和单面思维方式,但是,科学技术必须从人的利益出发,使人从奴隶状态中解放出来;在人与自然关系方面,人对自然的统治必然以人对人的统治作为代价,必须使自然得到解放,这样人才能最终得到解放。就其实质而言,法兰克福学派所主张的人本主义是资产阶级的人道主义,这种人本主义的要害是脱离人所处的具体历史环境,脱离人的最本质的关系(即社会关系和阶级关系)去看待人,使人变成抽象的、一般的人,甚至是生物学上的人。从这种人本主义出发固然也能揭示出科学主义的某些缺陷,但不可能从根本上解决科学技术本身的全部哲学问题,更不能真正解决人类自身的自由解放问题。

(二) 浪漫主义 (Romanticism)

浪漫主义是法兰克福学派的科学技术哲学所具有的又一本质特点,浪漫主义最初是一种文艺思潮,后来逐步扩展到哲学、政治学等思想领域,它是文艺复兴时期的产物,从哲学上看,浪漫主义是这样一种学说或观点,即反对科学技术,主张回到纯朴的"自然状态"。它有三个方面的特征:①认为曾存在过一种人与自然和谐、没有人性分裂的美好的"自然状态",浪漫主义往往带着伤感来看待人与自然、科学文化和人文文化的分裂;②把"自然状态"的消失归罪于文明尤其科学技术的发展,因此,浪漫主义往往否定科学技术,将科学技术看作万恶之源;③用感性代替理性,用美学代替逻辑,极力推崇艺术在人性恢复中的作用,提倡通过艺术去获得自由解放。浪漫主义的这三个特征在法兰克福学派那里都得到了充分的体现。首先，尽管法兰克福学派没有提出回到"自然状态"中去，但他们明显地对自由资本主义时代的思想文化有着无限的眷恋，断言那是批判理性和艺术理性的时代；其次，法兰克福学派具有明确的反科学主义倾向，将科学技术看作新的控制形式，看作极权主义者，因而认为必须加以拒绝；最后，法兰克福学派尤其是马尔库塞无限夸大艺术在人的解放中的作用，他把一种解放的新技术寄望于技术和艺术的结合上，并把自然美的特性的解放看作人解放的条件。法兰克福学派的浪漫主义还带有悲观主义的色彩，不能正确评估科学技术的社会作用，看不到科学技术是一种伟大的解放力量，这是法兰克福学派的浪漫主义及悲观主义的症结之所在。

（三）非马克思主义（Non Maryism）

这一点，我们在前面各章已谈了很多。法兰克福学派自我标榜为"新马克思主义"者。然而他们却在一系列基本问题上，在哲学、政治经济学和科学社会主义三个组成部分反对马克思主义的基本原理，宣扬马克思主义"过时论"。在科学技术哲学问题上，他们也违背了马克思主义的立场、观点和方法。例如，在批判实证主义时，他们并不是从唯物主义的基本原则出发，而是主要从德国古典唯心主义的主体能动性观点出发；在考察科学技术的社会作用时，不是从马克思主义关于生产力和生产关系的矛盾运动的原理出发，而是从资产阶级的人道主义和分析所谓的工具（技术）理性出发；在自然观问题上，则制造马克思和恩格斯的根本对立，片面夸大自然和历史统一，否定自然界独立于人之外这样一个唯物主义原理，将自然（观）归结为历史（观），反对自然辩证法。因此，在科学技术哲学问题上，法兰克福学派也是反对马克思主义的。

法兰克福学派的科学技术哲学还有一个致命的弱点，那就是它拒绝现代科学方法论，如观察、实验、定量化、证实与证伪等，因此，它并没有真正掌握现代西方科学哲学，没有公正全面地指出其积极的理论成果，而是对之持基本否定的态度。法兰克福学派所热衷的是，从人本主义立场出发，去搞一种与社会批判理论搅在一起的、包括各种知识（尤其是形而上学知识）的、思辨、空泛的科学技术哲学。因此，按照一般的划分标准，将它排斥在科学技术哲学之外是有一定道理的。

尽管有着上面几个特征或缺陷，但法兰克福学派在反科学主义思潮尤其是实证主义的斗争中，在科学哲学、科学技术社会学和自然观问题上提出了许多有益的见解，如经验事实渗透理论，形而上学在科学中有其作用，科学技术在发达工业社会中成为一种新的控制形式，科学技术必须考虑人的利益，以人的自由解放为目标，马克思的自然观的本质特征是它的社会历史性，等等。法兰克福学派也向科学技术哲学提出了一些值得认真讨论的问题，如科学是不是唯一可能的知识，知识构成中主观（旨趣）因素和客观（真理）因素的关系，如何从人的利益出发去避免科学技术的滥用及其危害，在科学技术革命条件下如何协调人与自然的关系，如何理解马克思主义的自然观和历史观的关系，如此等等。法兰克福学派所提出的这些见解或问题对于科学技术哲学无疑具有启发或借鉴意义。从这个角度上说，法兰克福学派对科学技术哲学是有理论贡献的，它应在科学技术哲学发展史上占有一席之地，理应受到人们的重视。

　　法兰克福学派在国际上产生了巨大的影响，一方面它受到高度的赞扬或吹捧；另一方面又惹来强烈的批评或诋毁。要正确评论这样一个毁誉不一的思想流派，正确的态度应该是从不同的角度或方面去具体深入地研究它所涉及的问题，合理地评价其成败得失，尤其是分析它是从什么地方失足的，而不应将它简单地斥之为"反马克思主义"了事。

IV 逻辑学

4-1

评黑格尔关于逻辑思想发展阶段的理论[*]

黑格尔是辩证逻辑的创始人,在建立辩证逻辑体系的过程中,他深入地研究了哲学史和逻辑史,探讨了逻辑思想的历史发展问题,提出了逻辑思想发展三阶段理论。他说:"逻辑思想就形式而论有三个方面:(a)抽象的或知性(理智)的方面,(b)辩证的或否定的理性方面,(c)思辨的或肯定理性的方面。"[①] 在黑格尔那里,逻辑思想发展阶段理论包括两个方面的内容:(1)知性、否定理性和肯定理性构成逻辑思维发展的三个阶段或环节;(2)与知性、否定理性和肯定理性相应的传统形式逻辑、康德的先验逻辑和黑格尔自己的思辨逻辑构成逻辑科学由低级到高级发展的三个阶段。他把这两方面紧密结合起来,把传统逻辑、先验逻辑、思辨逻辑分别放在知性、否定理性和肯定理性这三个思维发展阶段上进行考察,通过对思维发展三阶段各自的特点、作用以及局限的分析,确定上述三种逻辑类型的性质、内容和特点,揭示了逻辑思想发展的过程性、阶段性及其发展的一般规律。

一、知性与传统形式逻辑

黑格尔认为,知性是思维发展的低级阶段,或是认识史上出现的第一种思维方式。在知性基础上形成的逻辑便是传统的形式逻辑。什么是知性?黑格尔说:"那只能产生有限规定,并且只能在有限规定内活动的思维,便叫

---

[*] 原载《厦门大学学报》1986年第3期,中国人民大学出版社复印报刊资料《外国哲学与哲学史》1986年第8期转载(本文为陈振明硕士学位论文的主体部分)。

[①] [德]黑格尔:《小逻辑》,商务印书馆1980年版,第172页。

知性。"① 就是说，知性是把具体表象分解为简单的、片面的、普遍的思想规定，并把这些规定固定下来的思维活动。因此，知性有三个特点：第一，分离性。它将表象或对象分解、分离，它把不同的事物的表象区别开来，把同一事物的表象的各组成部分和属性分解开，把现象与本质、原因与结果等区别开来。第二，抽象性。知性从事分离活动的结果，就是抽取出对象或表象的一般属性，丢掉其特殊性和差异性，从而建立起一种抽象的普遍性即抽象概念。第三，固定性。知性活动分离出来的各种抽象规定，是彼此分立的，它们遵循"非此即彼"的原则，互不联系、发展和转化。抽象性是知性的最主要特点，黑格尔说："知性的特点仅在于认识到范畴或概念的抽象性，即片面性、有限性。"②

黑格尔进一步揭示了知性在认识过程中的地位、意义和局限性。他认为，知性方式通过抽象普遍性的形式把对象中具有本质差别的、并且经常保留在对象中的一切东西，在意识中固定下来。知性是通过对象的本质差别来理解对象的，它把对象分解成思想的规定，并把握住思想的确定性。因而，知性是思维发展的起始阶段，"思维无疑首先是知性的思维"③。因为，在黑格尔看来，思维的发展是由抽象到具体，思维要把握多样性的具体的统一，必须先把表象分解为片面的、固定的思想规定。这便是知性的工作，是精神的"死亡"，但精神并不害怕"死亡"，它只有通过支离破碎的知性环节才能达到活生生的具体④。因此，黑格尔认为，知性无论在理论领域和实践领域上都有巨大的作用，它不只是某一特殊的认识领域或实践领域所必需，而且是一切领域和任何时候都是必要的，它在有限认识（具体科学领域）中更显示出巨大的威力。没有知性，便不会有思维和认识的坚定性和确定性。黑格尔对知性在认识过程中的地位和作用的分析是精辟的。这是因为：第一，人类在认识和描述事物及其运动的时候，首先要对感性认识进行初步的整理和加工，即对感性材料进行比较、分析、综合、抽象、概括，而得出关于事物的概念性认识。思维要认识运动、发展和变化，首先必须把活生生的东西割碎、简单化和粗糙化，为了具体先抽象，为了灵活先固定，为了联系先分离。简言之，为了辩证思维先知性思维，这就是思维本身的辩证法。第

---

① ［德］黑格尔：《小逻辑》，商务印书馆1980年版，第93页。
② 同上书，第8页。
③ 同上书，第172页。
④ ［德］黑格尔：《精神现象学》（上卷），商务印书馆1979年版，第20—22页。

二，知性方法对于较简单场合或者不需要了解事物变化、发展的领域有着重大作用。恩格斯以及普列汉诺夫发现了黑格尔对知性作用论述的合理因素。他们指出，在简单的场合，由于形而上学变得粗糙的思维所带来的危害，要比在比较复杂的场合带来的小，在这里，辩证思维并不是非常必要的。

但是，黑格尔认为，知性思维由于它本身的分离性、固定性和抽象普遍性的特点，它是有缺陷的。知性以抽象普遍性的形式把对象的本质方面固定下来，但是这种抽象普遍性的形式却排斥这些本质方面的相互联系与转化。它不可能达到对象的具体知识。因此，必须更进一步去认识这些规定的联系，去把握对象的具体。简言之，必须进到辩证思维。这是深刻的，因为知性思维的确不能把握联系、转化和发展，不能反映具体事物中许多规定的统一，当知性发展到一定阶段，就会碰到不可解决的矛盾，它不是进一步发展到辩证思维，就是被绝对化而陷于形而上学的泥坑。

在黑格尔看来，在知性基础上所形成的逻辑学，便是历史上出现的第一种逻辑类型，即亚里士多德创立的形式逻辑。黑格尔给亚里士多德关于思维形式结构的研究以很高的评价，认为亚氏把思维形式从"质料"（表象）中解脱出来，作为逻辑的对象，这是亚氏的"一大功绩"，这也构成逻辑科学的"开端"。黑格尔把亚里士多德的传统逻辑称作知性逻辑，认为传统逻辑是通过思维活动借以直接地、经常地、自然地进行的那些思维形式来经验主义地描述思维的活动，而且只限于描述知性的思维形式、思维规律和思维方法。知性逻辑的活动是抽象化，它区别本质和现象，把表象归结为类、属、规律等概念。因此，黑格尔承认传统逻辑有其适用的领域，认为它可以使我们获得确定的思想，借助它可以集中思想，清楚头脑、练习作抽象思维，它可以作为研究经验科学的工具。[①]

但是，黑格尔又指出，传统逻辑作为知性逻辑，由于知性的分离性、固定性和抽象普遍性特点，它就有不可避免的局限性，这主要表现在两个方面：一是传统逻辑从对象或表象中抽取出抽象普遍规定，即抽象概念，它抛掉了具体、差别、特殊，它只是把"概念""判断""推理"这些思维形式当作纯粹的、脱离内容的普遍形式而固定下来。传统逻辑只是直接地描述这些形式，即表明它们是怎样存在于日常思维过程和如何在日常思维过程中起作用，却没有从它们与现实的各种关系的适当和符合程度上考察它们，因而也就没有说明它们的认识价值。也就是说，传统逻辑把思维形式当作与客体

[①] ［德］黑格尔：《小逻辑》，商务印书馆1980年版，第73页。

无关的、外在的形式。因此，黑格尔把亚里士多德称为"思维形式的自然描述者"，把亚里士多德所创立的传统逻辑称为"有限思维的自然史"。二是传统逻辑的特点是使用固定范畴。在它那里，思维的概念、范畴都是确定不移的、界限分明的。它把无限与有限、主观与客观、一般与个别等看成彼此对立、不能互相转化的；在它那里，思维形式和思维规律没有内在的本质联系，在认识过程中一种思维形式不能转化为另一种思维形式。它的概念、判断和推理这些思维形式的结合带有极其表面和机械的性质，它们被当作彼此分离的、固定的和僵死的形式；传统逻辑的这个特点，又是靠所谓的思维规律即同一律、矛盾律、排中律及充足理由律来保证的。但是这些规律与思维形式并没有联系，它们并不是真正的思维规律，而且这些规律之间也没有必然的联系，它们以抽象同一性为基础，坚持同一和差别的分离。因此，传统逻辑的体系与其说是一个科学的体系，倒不如说是思维形式、思维规律以及思维方法的偶然堆积，就像是把一些长短不一的木棍捆在一起，或者将碎纸片拼凑在一起的儿戏。

通过对传统逻辑的特点，作用及局限性的分析，黑格尔确定了传统逻辑的认识价值和适用范围。在他看来，传统逻辑是一种低级逻辑，它的对象是抽象思维，它只能提供认识的确定性，而不能揭示思维的矛盾运动和必然发展，它只保证形式上的正确性，而不能保证认识的真理性，它所研究的思维形式、规律与事物本质不符合，与认识史不吻合。因此，黑格尔认为传统逻辑只适用有限事物之间的关系，只能用于认识现实的基本的、直接的联系。他说："悟性逻辑的形式只能用于有限的对象的关系，因而不可能通过这种形式来认识真理。"所以，必须以这种逻辑作基础，过渡到高级的思辨逻辑。

综上所述，我们认为，黑格尔在认识史上的功绩就在于，他对作为思维发展的低级阶段的知性作了深刻的全面的分析，他揭示了知性方式的特点、作用和局限性，并在这一基础上揭示了传统形式逻辑的特征、作用、局限性及其适用范围，这是人类认识史上第一次站在辩证法的高度较全面、较准确地评价形式逻辑。他对形式逻辑的全部主要内容作了辩证的分析，他实质上只是改变了考察方式，即改变了对传统逻辑形式的认识论理解，他丝毫没有打算要把这些形式排除在逻辑科学之外。这为马克思主义正确评价形式逻辑，揭示形式逻辑和辩证逻辑关系提供了先导。

但是，黑格尔关于知性和传统逻辑的思想是有缺点的。这除了他的唯心主义立场之外主要有两方面：第一，黑格尔并没有把知性方式和形而上学思维方式区别开来,他把知性和形而上学等同起来批判。诚然,知性方式和形而上学思维方式是有联系的,这表现在它们都带有分离性、孤立性、固定性等特点,都不能揭示思维的矛盾运动和必然发展。但是,知性和形而上学却是有区别的,不能把它们混为一谈。知性方式通过分析、比较、抽象、综合等活动使人们获得普遍的思想规定即抽象概念,使人们获得确定的思想;形而上学则把知性方法绝对化、僵化,把知性的分离性、固定性绝对化,否认事物及思想的矛盾运动和必然发展。知性既可导向辩证思维,也可导向形而上学,只要知性不把自己绝对化,它本身就不是形而上学。第二,黑格尔把形式逻辑当作形而上学世界观来批判也是错误。诚然,形式逻辑在很长的历史时期被当作形而上学世界观的支柱,黑格尔为了批判形而上学世界观而竭力批判形式逻辑是有其历史原因的。但是,无论如何不能把形式逻辑和形而上学世界观混为一谈。尽管形式逻辑有非辩证、非历史的性质,不能揭示思维的辩证发展和认识向真理的运动,但是,从原则上讲,形式逻辑并不包含对事物的形而上学观点,它的思维形式和思维规律是人们对客观世界认识的概括和抽象。它要求人们在同一时间、同一关系下对同一对象的思想保持同一性或确定性,它并未断定事物是永恒不变的。只要形式逻辑不超出自己的范围,不把自己的思维规律和思维形式绝对化,那么,形式逻辑就不是形而上学世界观。其次,形式逻辑和形而上学世界观产生的历史时代也不同,前者在亚里士多德那里就已基本完备了,也就是说形式逻辑在古希腊时代就形成了,而形而上学世界观则是在16—17世纪经验科学的发展后才形成。因此,形式逻辑和形而上学不是同一个东西。

二、否定理性与先验逻辑

依照黑格尔的说法,逻辑思维发展的第二个阶段是否定理性,这是历史上出现的第二种思维方式。在否定理性基础上所形成的逻辑主要是康德的先验逻辑。

黑格尔认为,知性把对象分解、碎片化为思想规定,这只是思维发展的第一步,思维由于自身具有否定性力量(矛盾本性),它要超出自身,洞察这些片面的思想规定的对立,因而思维进入否定理性阶段。在这一阶段,知性所坚持的片面、固定的规定互相否定、互相排斥,它们被当作对立面来加以研究。黑格尔说"在辩证的阶段,这些有限的规定扬弃它们自身,并且过渡到它们的反面"①。否定理性虽然超出知性，发现了对立双方的互相影响，但并未达到肯定理性即未意识到对立双方的统一。因此，它是知性和理性之间的中间阶段，是一个过渡环节。

黑格尔揭示了否定理性的作用和局限性。他认为，只有到了否定理性的阶段，才真正暴露出知性思维所包含的辩证法。表明辩证法是思维自身所具有的矛盾运动。他说："辩证法倒是知性的规定和一般有限事物所具有的真实本性……辩证法是一种内在的超越。由于这种内在的超越过程，知性概念的片面性和局限性的本来面目，即知性概念的自身否定性就表现出来了"②。否定理性揭示出知性所包含的辩证法，力图超出知性规定的片面性和固定性，从它们的对立上来理解它们。这是达到思辨理性的伟大的一步，也是否定理性在思维和认识发展过程中的意义所在。但是，否定理性却不能把对立的规定统一起来，它因为思维自身的矛盾对立，而得出思维不能把握对象或真理的怀疑主义结论。就是说，它只看到否定和肯定的对立，而没有看到它们的统一。在这里，辩证法往往被当作只有单纯的否定的结果。它或者被看作一种主观外在的技术，通过它使概念的确定性发生混乱，它或者被当作任性的往复辩难之术。因此，这一阶段的思维才被叫作否定的理性或消极的辩证法。

黑格尔对否定理性的分析是有合理之处的。因为在思维的发展过程中，知性所形成的抽象概念，由于其片面性、抽象性和固定性，必然要转化为它的反面，因而陷入对立和矛盾之中。这种对立和矛盾是知性所不能解决的，引起了知性认识本身的动摇和怀疑，这种怀疑和动摇可以导致怀疑主义和相对主义，也可以成为过渡到辩证思维的一个环节。黑格尔把否定理性当成由知性到理性的过渡环节或中介，并分析了它的特点意义和局限性，这是很有见地的。辩证法强调联系、发展必须通过中介，没有一定的中介，发展、联系就不可能，辩证思维从抽象上升到具体的发展，是通过寻找中间环节的办法来实现的。

黑格尔把历史上出现的怀疑论，相对主义等看作这种思维方式的表现。他更把康德的先验逻辑看作这种思维方式的结果。康德在逻辑史上也是一个激烈批评传统逻辑的人，他认为传统逻辑仅仅涉及一般的思维形式，而不涉及思维的内容，他把它称为形式逻辑。他要创立一门不仅涉及思维形式而且

---

① ［德］黑格尔：《小逻辑》，商务印书馆1980年版，第176页。

② 同上。

也涉及思维内容的逻辑，这种逻辑能够提供一些对于知识具有先天有效性的概念和原则，能提供真理性的认识，他把这种逻辑称为先验逻辑。

康德把先验逻辑分为"先验分析论"和"先验辩证论"（这实际上是他的知性的学说和理性的学说）两个部分。第一部分是"先验分析论"（知性学说），考察知性的先天概念如何与感性直观结合，从而构成一切经验知识。康德把范畴看成逻辑的概念，它们构成知性的先天形式。他继承并发挥了亚里士多德的范畴学说，认为亚里士多德考察范畴形式，无疑是了不起的，但是亚里士多德的范畴缺乏系统性，没有按一定的原理去引出范畴，而且他把时间和空间这些感性形式当成范畴，遗漏了一些真正的思维范畴。康德试图按一定的原理引出范畴，建立一个有机的范畴系统。他认为范畴来自知性，而知性是一种先天综合统一的能力。"知性的一切作用就是判断"[1]，在逻辑中，知性表现为一种判断能力，而任何一种判断形式必然隐含着一个联结主项和谓项的范畴，因此有多少判断形式便有多少种范畴。于是，康德从判断的功能角度来建立范畴体系，他借助形式逻辑关于判断分类的成果而制定了"十二范畴表"。康德自认这个范畴表不仅有着悟性基本概念的完备性，而且提供了这些概念的体系形式。黑格尔认为，在先验分析论中，康德对范畴的分析值得肯定之处就在于，他力图超出传统逻辑把思维形式看作外在形式的圈子，力图寻找异于传统逻辑的思维形式的范畴论作为新型逻辑的对象；而且，康德的范畴表的"三一式"构成方式体现出伟大的辩证法思想，黑格尔说，"伟大的（辩证法）概念本能使得康德说：第一个范畴是肯定的，第二个范畴是第一个范畴的否定，第三个范畴是前二者的综合"。[2] 黑格尔把康德的这些合理方法吸收并融化到他的思辨逻辑中。但是黑格尔指出，康德由于割裂思维与存在的关系，他把思维范畴仍然看成与客观无关的主观形式，看成需要感性材料来充实的空洞形式，他脱离认识的发展过程去考察思维范畴，这有如要学游泳却不下水；他不是从范畴的本性去考察范畴，而仅仅从它们是主观的还是客观的角度去看它们；康德不是从认识史、从生活中概括范畴，而仅仅从十二种判断形式改头换面出范畴表。因此，康德的先验逻辑对范畴的考察是肤浅的。思辨逻辑将更进一步把范畴作为研究对象，全面地、辩证地考察范畴论。

康德的先验逻辑的第二部分是"先验辩证论"，它研究理性的功能，暴

---

[1] ［德］康德：《纯粹理性批判》，生活·读书·新知三联书店 1957 年版，第 81 页。
[2] ［德］黑格尔：《哲学史讲演录》第四卷，商务印书馆 1978 年版，第 26 页。

露理性妄图扩大知识达到自在之物而必然产生先验幻相。康德明确区分了知性和理性，认为知性和理性虽然同属人自发的思维能力，但二者是不同的，知性是规则能力，是把各种表象依据一定的规则进行综合统一的功能，也就是用一定的先天范畴来规定对象，以及对象与对象之间的关系（这是"先验分析论"的内容），而理性则是原则能力，它企图通过知性概念去得到最完整的，无条件的同一性认识。康德认为当理性把宇宙、灵魂、上帝等当作知识问题来处理、用知性范畴来规定它们时，必然陷入矛盾（即"二律背反"）。他探讨了四组"二律背反"，如"世界是有限的"和"世界是无限的"等。黑格尔认为，康德的历史功绩就在于他暴露了旧形而上学独断论的片面性，揭示了理性矛盾的必然性。他说："康德这种思想认为知性的范畴所引起的理性矛盾，乃是本质的，而且是必然的，这必须认为是近代哲学一个最重要的和最深刻的进步。"①

但是，黑格尔又指出，康德把矛盾看作单纯是理性自身的矛盾，它与对象无关，是不合法的东西；他把辩证法仅仅看作玩弄空疏伪辩的"幻相逻辑"，把辩证法看作消极的东西，认为它只能得出否定的结果，他从思维发展的矛盾必然性得出不可知论结论。黑格尔吸取了康德"先验辩证论"中的思维（理性）辩证法的合理方面，并在更高的基础上论述了思维发展的辩证法。

黑格尔把康德的先验逻辑看作由形式逻辑向辩证逻辑过渡的中间环节是值得注意的。先验逻辑所涉及的内容远远超出了一般形式逻辑，在许多方面显示出从形式逻辑向辩证逻辑的过渡，这表现在：（1）康德力图克服形式逻辑的形式主义缺陷，从与对象、认识相关的角度去探讨逻辑问题，他力图使逻辑内容化、客观化、认识论化。（2）康德看出作为传统逻辑思维形式之一的判断和作为辩证逻辑基本形式的范畴之间的一定的内在联系，他不再把范畴看作形式逻辑的一个组成部分，而是看作辩证逻辑的核心，从而就把范畴学说从形式逻辑向辩证逻辑的发展推进了一步。②（3）康德划分了思维发展的知性和理性阶段，揭示了知性思维的局限性和理性矛盾的必然性，这在使辩证思维或辩证法成为逻辑学对象方面，做出了应有的贡献。先验逻辑成了黑格尔思辨逻辑的先导，他在更高的基础上批判吸取了先验逻辑以及形

---

① ［德］黑格尔：《小逻辑》，商务印书馆1980年版，第131页。
② 肖尔兹曾说："随着康德对于范畴论的独创的解释，范畴论对于完全新的逻辑概念的发展就成为有决定意义的东西。"见《简明逻辑史》，商务印书馆1977年版，第18页。

式逻辑的有益成分，创立了把形式逻辑和先验逻辑作为自己的环节的思辨逻辑。

三、肯定理性与思辨逻辑

在黑格尔看来，肯定理性是思维发展的最高阶段，或是历史上出现的最高思维方式。在这种思维基础上形成的逻辑类型便是黑格尔自己的思辨逻辑。

黑格尔是这样来规定肯定理性的，他说："思辨的阶段或肯定理性的阶段在对立的规定中认识到它们所包含的肯定"。思辨理性具有联系性、具体性和灵活性三个特点：（1）联系性。在思辨理性中，知性思维所确立的抽象思维规定（这些规定被否定理性对立起来）建立起内在的必然联系，它们不再是彼此不相干，也不是空洞、虚无的否定，而是互相联系的，是肯定和否定的统一，它从对立面的统一中把握对立面，或从否定的东西中把握肯定的东西。（2）具体性。理性的东西尽管仍然是思想的，抽象的东西，但同时又是具体的东西，因为它不是简单形式的统一，而是差别的统一，是各种规定的综合。（3）灵活性。理性思维自身包含着差别、对立和矛盾，因而它不是僵死的、静止的，而是由抽象上升到具体的辩证过程。因此，理性思维不再是否定的、消极的，而是肯定的、积极的，所以黑格尔也把它称为积极辩证法。

在黑格尔看来，肯定理性作为思维发展的最高阶段，是知性和否定理性发展的必然结果。它高于知性和否定理性，又是知性和否定理性的统一。由知性到否定理性再到肯定理性构成思维由抽象到具体的上升系列，它们是思维辩证运动的三个阶段或环节。作为思辨逻辑对象的思维就不仅是肯定理性，而是思维从抽象的知性经过否定理性的中介到肯定理性的整个思维矛盾运动过程。因此，思辨的逻辑是逻辑科学发展的最高阶段，它并不排斥形式逻辑和先验逻辑，而是把它们作为自身发展的低级阶段或环节而包含于自身之中。例如，对知性的形式逻辑，他说："思辨的逻辑内部即包含有单纯的知性逻辑，而且从前者可以抽出后者，我们只消把思辨逻辑中辩证法和理性的成分排除掉，就可以得到知性逻辑。"[①] 黑格尔具体说明了思辨逻辑不同于传统逻辑和先验逻辑的特点。

---

① ［德］黑格尔：《小逻辑》，商务印书馆1980年版，第182页。

首先，思辨逻辑朝着思维形式内容化的方向发展。黑格尔反对把逻辑形式仅仅看作与内容无关的、只以主观的方式加于内容之上的外部形式和认识条件，他要求"形式是具有内容的形式，是活生生的、实在的内容的形式，是和内容不可分割地联系着的形式"。他认为这种有内容的形式就是范畴。因为范畴既表现着客体的关系，是认识史的概括和总结，又是一种思维形式，也就是说作为范畴这种思维形式本身包含着客体的或认识的内容，这些形式中自在地存在着真理。思辨逻辑的主要任务就是确定这些范畴的真实性和认识价值，从它们与客体关系的吻合程度和与认识史的适应程度上来考察它们。因此，思辨逻辑的对象除了思维过程所运用的和作为思维的结果而产生的思维规定即概念、范畴、规律之外，没有其他内容。这样，黑格尔就吸取了亚里士多德和康德逻辑的范畴论方面，使它成为辩证思维特有的形式，成为思辨逻辑的对象，使逻辑变成范畴逻辑。同时，正因为范畴，黑格尔才实现了康德提出的使思维形式内容化即客观化和认识论化的目标，使逻辑学与本体论和认识论结合起来。这就打破了以往的那种把逻辑仅仅看成研究思维的形式结构，把思维形式看成主观形式的成见，揭示了思维形式的客观内容，猜到了思维的形式和规律是客观世界及其规律的反映，使逻辑学成为世界观。这是思辨逻辑高于以往逻辑的第一个特点。马克思主义经典作家高度评价了黑格尔通过范畴形式的研究来揭示客观规律的思想。恩格斯说，对范畴的研究是一件十分有益的事情，而且自亚里士多德以后，只有黑格尔才系统做到这一点。列宁赞扬黑格尔使思维形式内容化的做法，他肯定黑格尔把逻辑与本体论、认识论统一是一个创见，并吸取了黑格尔的合理思想，他给辩证逻辑下了如下的定义："逻辑不是关于思维的外在形式的学说，而是关于'一切物质的、自然的和精神的事物'的发展规律的学说，即关于世界的全部具体内容的以及对它的认识的发展规律的学说，即对世界的认识的历史的总计、总和、结论。"① 但是应该指出，黑格尔的深刻见解带有唯心主义的色彩，在他看来，范畴既是思维形式，又是客体规定，不是范畴反映客体关系，而是范畴构成客体的本质，这样范畴本身的内容化仍然是虚假的，是为客观唯心主义世界观服务的。

其次，思辨逻辑着眼于思维的辩证法即思维的矛盾运动和必然发展。传统逻辑停留于抽象的知性上面，它的思维形式与思维规律之间，各种思维形式之间没有发展、转化和联系。先验逻辑虽然进到否定理性，进到辩证法，

---

① ［苏］列宁：《哲学笔记》，人民出版社1960年版，第67页。

看到思维矛盾的必然性，却从中得出消极否定的结论。思辨逻辑克服了这两种逻辑的缺陷，它以思维从抽象的知性经过否定理性到肯定理性的辩证运动作为研究对象。黑格尔说："认识到思维自身的本性即是辩证法，认识到思维作为理智必陷入矛盾，必自己否定其自身这一根本的见解，构成逻辑学的一个主要课题。"① 具体说，辩证逻辑以概念的辩证本性、概念的内在联系、矛盾运动和必然发展作为研究主体，其任务就是揭示思维由抽象概念向具体概念的转化，建立起一个有机的范畴体系。思辨逻辑要求：第一，概念的矛盾性和灵活性。思辨逻辑从概念的逻辑的矛盾、概念的联系和转化中去研究概念。第二，概念运动发展的阶段性、过程性。黑格尔把由矛盾引起的思维运动看作概念或范畴的运动发展过程。其中每一概念构成整个发展的一个小阶段或环节，整个概念的运动是由一系列大大小小的阶段或环节所组成，这又表现为三段式的旋转上升运动。这里，黑格尔吸收了康德范畴表三段式的合理思想。第三，概念、范畴体系的有机性。黑格尔批评形式逻辑体系是由规律、形式、方法拼凑起来的机械结构，他也批评康德没有从范畴的矛盾本性中去推演范畴。黑格尔提出辩证逻辑的两个基本要求，即"联系的必然性和差别的内在发生"。它要求从概念的辩证运动中建立起一个由抽象上升到具体的范畴体系。可见，黑格尔把思维的矛盾运动和必然发展看成逻辑对象，这就克服了传统逻辑考察思维时的知性缺点，即静止、片面、孤立的缺点，使辩证思维成为逻辑学对象。这是黑格尔思辨逻辑高于其他逻辑类型的第二个特点。马克思主义经典作家充分肯定了黑格尔思想的合理方面，恩格斯肯定辩证逻辑的对象是辩证思维，列宁把辩证逻辑的对象看成思维按其必然性发展，并把概念的关系看作辩证逻辑的主要内容。

最后，思辨逻辑以辩证法作为核心和灵魂。传统逻辑早就将方法作为逻辑的组成部分，但是它所讲的方法只是知性的方法，如分析、综合、分类等。康德也把辩证法（消极的）看成先验逻辑的组成部分。在黑格尔看来，辩证法作为一种思维形式，作为揭露对象自身矛盾的方法，它并不是思辨逻辑的一部分，而是思辨逻辑的核心和灵魂。甚至可以说，它是思辨逻辑本身。黑格尔指出，把辩证法作为逻辑的一个特殊部门是把辩证法的本性误解了，对于辩证法的陈述"属于逻辑的事情，或甚至可以说是逻辑自身"。② 而且这种方法构成逻辑的最后成果，只有在逻辑概念运动的终点才能有清楚

---

① ［德］黑格尔：《小逻辑》，商务印书馆1980年版，第51页。
② ［德］黑格尔：《精神现象学》（上卷），商务印书馆1978年版，第37页。

的意识。因为，方法和内容是一致的，内容决定方法，以科学形态出现的辩证法只能是思维对其自身的认识长期发展的产物，思维只有到了完全认识自己时，才能把握它自我认识的全部历程，从而自觉到自我认识的方法。所以，黑格尔在《逻辑学》的最后一章"绝对理念"才全面系统地论述了辩证方法。对此列宁写道，"黑格尔逻辑学的总结和概要、最高成就和实质，就是辩证的方法，——这是绝妙的"。① 可见，把辩证方法作为思辨逻辑的核心和灵魂，把思辨逻辑看作辩证方法的逻辑，这是黑格尔思辨逻辑高于其他逻辑的第三个主要特点。马克思主义高度重视黑格尔的辩证法，认为它是黑格尔哲学的最高成果和合理内核，并对此加以唯物主义改造，使辩证法成为科学的世界观和方法论。

综上所述，黑格尔关于逻辑思想发展阶段的理论的合理因素主要在于，他在认识史上第一次确立了逻辑是一门历史发展的科学的观念，系统地研究了历史上出现的主要逻辑思想，并把它们放在思维发展的不同阶段上进行考察，揭示了它们各自的性质、特点及其认识价值，尤其是他在此基础上揭示了辩证逻辑产生的历史必然性以及辩证逻辑的基本特征。所有这些，对于我们理解逻辑思想史及其发展规律，正确评价传统逻辑、先验逻辑，正确理解辩证逻辑的对象、性质都是有借鉴意义的。

---

① ［苏］列宁：《哲学笔记》，人民出版社1960年版，第253页。

4-2

批判理论家眼中的形式
逻辑和辩证逻辑*

现代西方哲学的多数学派（尤其是科学主义各派）一般推崇数理逻辑（形式逻辑）而否定辩证逻辑。但是，作为人本主义哲学思潮劲旅的法兰克福学派的批判理论却采取相反的立场，他们以黑格尔和马克思主义的辩证逻辑的捍卫者自居，在他们对实证主义和形式主义的批判中，可以看出其所持的这种立场和观点。

法兰克福学派认为，经验主义、形式主义、科学主义和单向思维方式是实证主义的四大特征。他们指出，形式主义和经验主义是逻辑经验主义的一对不可调和的矛盾。这一学派的主要人物霍克海默和马尔库塞都很注意对逻辑经验主义的形式主义特征予以揭露和批判。但是，他们却错误地用对形式逻辑的批判来代替对形式主义的批判。

霍克海默将传统逻辑与现代逻辑加以比较。他说，传统逻辑忠于自己的起源，思想把存在的最普遍的性质包括在它的基本原理之中；相反，现代逻辑宣称它不包括任何东西，根本没有内容，这种逻辑之所以叫作形式逻辑，是因为它们使用符号要素，而不管这些符号要素与实在的关系，即不管它们是真还是假。① 霍克海默承认通过对这些形式要素的分析，逻辑有可能发现概念的模糊之处和明显的矛盾，揭示以前没有注意到的替代概念，并有可能用较简单的理论结构取代较复杂的结构，使同一学科或不同学科的各种不同的表达形式协调起来，建立起更大的统一性，这是形式逻辑的作用所在。但是，对逻辑这个没有内容的语言形式系统的解释，马上就表明它自己的不可

---

* 原载《现代哲学》1990 年第 3 期，中国人民大学复印报刊资料《逻辑》1991 年第 3 期转载（原标题为"法兰克福学派论形式逻辑和辩证逻辑"）。

① ［德］霍克海默：《批判理论》，重庆出版社 1989 年版，第 162 页。

靠性，并在反对形而上学的斗争中被迅速地抛弃了。分离形式与内容，是根本做不到的事情。若不求助于逻辑以外的考虑，把形式与内容分离开来的想法只是一种幻想。① 实际上，确立一种符号联结是否可以称作有内部含义的过程，即区分有意义的陈述和无意义声音的联结过程，不能脱离实际问题的具体决定。② 霍克海默认为，思想借以传递给予的东西，借以揭示、区分、转换对象之间的联系方式以及借以表达思想和经验之间相互作用的语言结构，都是表象的样式或类型，这是形式逻辑无法逾越的障碍。③

霍克海默揭露逻辑经验主义的内在矛盾，认为逻辑与经验主义是相互冲突的，这两者总是经验主义体系难以解决的问题。从穆勒、马赫到休谟，经验主义者们都力图从不同的角度去解决这一问题，结果都是徒劳的。在霍克海默看来，经验主义者既然把感性知识和理性知识决然分开，那么在其体系中就无法调和经验与逻辑的对立。

霍克海默拥护辩证逻辑。为此，他回击逻辑主义者罗素、卡尔纳普、赖欣巴哈等人对黑格尔的思辨逻辑和康德的先验逻辑的攻击。他坚持由黑格尔等人所奠定的辩证逻辑的基本原则，坚持逻辑和形而上学、逻辑形式和逻辑内容的统一。在谈到辩证逻辑（辩证法）如何处理经验材料时，霍克海默指出，辩证逻辑也极其仔细地搜集经验材料，如果经辩证思维处理过，那些孤立的事实的积累就会变成十分深刻的东西。在辩证的理论中，这些个别的事实总是出现在组成概念并试图从总体上反映实在的确定联系之中，另外，在经验主义方法论中，概念和判断都是孤立自存的东西，是可堆叠、替换和部分重塑的个别的建筑石块。辩证思维把经验的要素并入经验结构之中，这种经验结构不仅对科学为之服务的有限目的来说是重要的，而且对辩证思维与之相联系的历史利益来说也是重要的。④

马尔库塞在《单向度的人》中把形式逻辑看作技术（工具）理性和实证主义的思想基础来加以批判，他将形式逻辑和辩证逻辑加以对照，说明这两种逻辑的根本区别，马尔库塞指出，亚里士多德是古典形式逻辑的创始人，他在《工具论》中从存在与非存在、本质与现象、生与死、潜在与现实的矛盾体中抽象出命题和它们之间的关系（推理）的一般形式，建立了

---

① ［德］霍克海默：《批判理论》，第163页。
② 同上书，第164页。
③ 同上书，第165页。
④ 同上书，第157页。

第一个形式逻辑体系。这种逻辑的特点是形式化、抽象性和排除现实的矛盾性。它不直接关注对象或存在，不管对象是精神的、物质的，是社会的，还是自然的，都以共同的形式加以处理。① 它排除思想对象的矛盾运动或否定性，在它那里，本质与现象的对立被消除，同一原则与矛盾原则被分离，终极原因从逻辑的秩序中被消除。② 马尔库塞认为，"亚里士多德的形式逻辑的贫乏性早已被人们注意到了"。③

马尔库塞赞同霍克海默和阿多尔诺关于"演绎逻辑所推出的普遍概念在支配现实的状态中有其基础"的观点，认为形式逻辑对内容具有中立性，它按照命题和论证的形式来识别和归类事实，在这种意义上等于歪曲现实；形式逻辑向往思维规律的普遍有效性，它要求一切思维对象是普遍的，但这种要求不仅仅是形式的，它有其主体与世界关系的基础，"逻辑的抽象也正是社会的抽象"。④ 这种要求普遍性和形式化的特征，正是逻辑中和现实中的规律与秩序的前提条件。而且也是一般控制的代价，在人类历史发展的特定时期，逻辑不得不作为一种控制的工具而引入。他的根据是，在人类历史的特定时期，思想从属于逻辑规律并为逻辑规律所组织。

马尔库塞讨论了辩证逻辑的对象、特征及作用。在他看来，与形式逻辑的形式化、抽象性和排除矛盾性相反，辩证逻辑要求内容化、具体性和矛盾性（否定性）。辩证逻辑的对象不是客观性抽象的一般形式，也不是思想抽象的一般形式——不是直接经验材料；它排除了形式逻辑和先验哲学的抽象，也否认了直接经验的具体性。⑤ 辩证逻辑不能是形式的，它由现实所决定，而现实则是具体的，正是矛盾的合理性，即各种力量、趋势、要素对立的合理性，构成现实的运动，这种运动"构成了有关现实的概念运动"，⑥ 而辩证逻辑的矛盾否定的思维结构是由活生生的矛盾和内在的否定性所决定的，它要求在"是"和"应当是"的东西之间保持批判的张力，它的命题公开陈述经验现实的否定性特征。因此，"这种矛盾的、双向度的思想模式，不仅是辩证逻辑的内在形式，也是全部逐渐把握实在的哲学的内在形式"。⑦ 马

---

① ［美］马尔库塞：《单向度的人》，上海译文出版社1989年版，第123页。
② 同上。
③ 同上书，第125页。
④ 同上。
⑤ 同上书，第126页。
⑥ 同上。
⑦ 同上书，第119页。

尔库塞认为，柏拉图是辩证逻辑的奠基人，黑格尔则是辩证逻辑的大师。而只有到了批判理论家手里，辩证逻辑或否定的辩证法才真正成为一种批判现实的革命工具。

综上所述，法兰克福学派对逻辑经验主义的形式主义特征及其内部经验主义和形式主义的深刻矛盾的剖析具有合理性。逻辑经验主义作为经验主义和现代数理逻辑的结合物，的确具有形式主义的显著特征。它以数理逻辑作为主要或唯一的分析手段，只注重对科学命题或理论的结构进行静态的逻辑分析，它把科学哲学归结为科学的逻辑，忽视科学命题、理论的实际内容及其动态发展。逻辑经验主义的这种形式主义或逻辑主义特征为后起的科学哲学各派所批判。同时，在逻辑经验主义那里，唯理论和经验论这两种因素并没有被协调或统一起来，经验和逻辑总是它自身所无法克服的内在矛盾，霍克海默以其敏锐的理论洞察力，早在20世纪30年代就揭示这一点，是难能可贵的。

但是，与对逻辑经验主义的内部理论矛盾的揭露相比，法兰克福学派对其形式主义的批判就显得苍白无力了。这种批判基本上是表层的，并未深入到逻辑经验主义的具体理论中揭露这种形式主义。它不像后来的科学哲学历史学派那样，从科学理论的内容与形式的结合上，从科学理论的历史发展上去反击形式主义，而只是停留在对逻辑经验主义形成的数理逻辑来源的分析上，而且实际上，法兰克福学派把对形式主义的批判变成对形式逻辑本身的批判。用后者代替前者，因此，未能击中形式主义的要害。

在对形式逻辑的批判和辩证逻辑的问题上，法兰克福学派提出了一些有益的见解，但也不乏偏颇、错误之处。在对形式逻辑批判的方面，霍克海默和马尔库塞在一定程度上看到形式逻辑的局限性。形式逻辑脱离内容来研究纯形式，要求抽象的普遍性和形式上的有效性，无法把握活生生的现实矛盾运动，并且它往往被当作与辩证思维相对立的形而上学思维方式的工具；形式逻辑的这些消极方面为霍克海默和马尔库塞注意到了。但是，他们并未充分肯定形式逻辑的作用，基本上对它持否定态度，他们将形式逻辑与形而上学的思维方式等量齐观，不承认形式逻辑是正确思维的必要条件，看不到它在人们正确表达和论证思想、保持思想一贯性、避免前后矛盾中的作用。他们的错误还表现在，一方面说形式逻辑的思维形式和规律与思维对象无关；另一方面又说逻辑的形式和规律在现实中有其基础，逻辑所要求的抽象普遍性就是要人们对思维内容即现实保持单一性和统一性，把逻辑看作现实统治的工具，实际上，正如列宁所说的，逻辑的规律、格等是人们在千百万次实践基础上对客观规律的反映。反映者与被反映者虽有联系但不能等同,要求形式上的同一性、抽象的普遍性与要求思维现实内容保持单一性、同一性不是一回事。

在关于辩证逻辑的方面。应该说,在当代实证主义横行,辩证法受到普遍非难的时代,法兰克福学派公开为辩证逻辑辩护,并力图用它来批判现实,这种精神是可嘉的。同时,法兰克福学派关于辩证逻辑对象、性质及特征的思想与马克思主义的及黑格尔的辩证逻辑有某些相似之处,如强调辩证逻辑研究现实的矛盾运动,要求形式与内容结合和具体性等。但是法兰克福学派所理解的辩证逻辑与马克思主义的辩证逻辑是有原则差别的。法兰克福学派否定形式逻辑,不能处理好辩证逻辑与形式逻辑的关系;它排除了客观辩证法,不了解主观辩证法即辩证逻辑是客观辩证法的反映,使辩证逻辑失去了本体论的基础,它歪曲了辩证法的革命实质,使之变成一种只要批判、否定而不要肯定的虚无主义的否定辩证法。法兰克福学派既背叛了马克思,也背叛了黑格尔。

马克思主义正确地处理了形式逻辑和辩证逻辑的关系,限定了形式逻辑的作用范围,马克思主义把辩证逻辑奠定在唯物主义基础上,强调本体论(辩证法)、认识论和逻辑三者的一致,认为"逻辑不是关于思维的外在形式的学说,而是关于'一切物质的、自然的和精神的事物'的发展规律的学说,即关于世界的全部具体内容的以及对它的认识的发展规律的学说,即对世界的认识的历史的总计、总和、结论"。[①] 辩证逻辑所研究的"是具有内容的形式,是活生生的实在内容的形式",它着眼于思维辩证法,即思维的矛盾运动和必然发展,它以辩证方法作为核心和灵魂,但这种方法不是虚无的否定,而是批判和继承、肯定和否定的统一。

[①] 《列宁全集》第 38 卷,第 253 页。

4-3

工具理性与辩证理性[*]

——韦伯、卢卡奇和法兰克福学派的理性观

对工具理性的批判是"西方马克思主义"(主要是卢卡奇和法兰克福学派)对当代资本主义文化和意识形态批判的重要而又往往被人们忽视的方面。从马克斯·韦伯的合理性和工具合理性的理论出发,卢卡奇和法兰克福学派认为,由技术和(合)理性结合而成的工具(合)理性或技术(合)理性是理性观念演变的最新产物;在当代,工具理性已变成社会的组织原则,它渗透到社会的总体结构和社会生活的各个方面,造就了异化、物化或单面的社会和单面的思维方式及思想文化,成为社会对人进行全面统治、控制和操纵的深层基础。因此,他们致力于工具理性的批判和实质(批判)理性的重建。他们揭示了工具理性的特征、形成和危害,并分析了资本主义、合理化和统治三者之间的关系以及科学技术消极的社会政治效应的理性根源,并阐明了一种辩证的或批判的理性观(实质理性或批判理性)。从韦伯到卢卡奇再到法兰克福学派,关于工具理性批判的思想具有明显的师承关系。

一、韦伯和卢卡奇的理性观

韦伯继承和发挥黑格尔关于理性是事物的本质和内在规律性的思想,将哲学的"理性"(reason)概念改造成为社会学的"合理性"(rationality)概念,用以说明资本主义发展。按照韦伯的观点,所谓的"合理性"乃是指人们逐渐强调通过理性的计算而自由选择适当的手段去实现目的。他将合

---

[*] 原载《求是学刊》1996年第4期,中国人民大学报刊复印资料《外国哲学》1996年第8期转载,《高校文科学报文摘》摘要;原标题为《工具理性批判》。

理性分为两种类型：一种是工具（合）理性（instrumental rationality），即一种强调手段的合适性和有效性而不管目的恰当与否的合理性；另一种是实质的（合）理性（substantive rationality），即一种强调目的、意识和价值的合理性。韦伯认为，近现代理性观念所经历的是一个实质理性不断萎缩，工具理性不断扩展的演变过程。这不仅与科学技术的发展尤其是知识和经验存在着的数学化倾向有关，而且也与理性观念自身的内在倾向有关。合理化过程的发展方向基本上是朝向工具理性的扩张，尽管这种扩张与科学技术发展密不可分，但在早期则与实质理性本身的作用有关。正因为实质理性将目的和价值做出明确界定，然后对这些目的与价值的实践手段才有可能持续发展，但是，一旦这些手段（工具理性）发展、成熟，它自身便获得了自主性和独立性，或取代目的本身，或为别的目的服务。例如，新教伦理与资本主义发展之间的关系就是这样一种情况。新教徒为荣耀上帝而主张营利，这促进了资本主义的产生和发展，但当资本主义成熟之后，手段变成了目的，变成为营利而营利，而原有的宗教目的被人遗忘了。

在韦伯看来，科学技术构成工具理性的基础，或者说，它本质上就是一种工具理性。科学研究最初是针对某种实质理性而发的，或者是为了游戏、好奇，或为了反对宗教迷信，或为了更好地了解和控制自然，改善物质条件和提高生活水平；但是科学技术发展到一定程度，便取得自主性，逐步将目的、价值和意识一类的东西放在一边，而单纯追求工具、控制的手段，原初追求真理，创造福祉的科学技术一再被用于邪恶的目的。它将人类社会变成铁牢笼，把人变成机器上的螺丝钉。科学技术只能保证手段的正确，却不能反省、批判其追求的目的。随着科学技术的迅速发展，工具理性日益扩张，实质理性日益萎缩，工具理性取得全面胜利，其结果则是一种十足的"非理性"。因此，韦伯主张限制工具理性，恢复实质理性的权威，把价值、目的、意义一类的东西重新引入科学技术，对科学技术在工业社会及其文化系统中的角色加以重新定位。

韦伯还论及资本主义、（合）理性和统治三者之间的关系。在他看来，这三者之间存在着必然的联系，这种联系表现为：西方特有的理性观念在一个物质和精神的文化系统中实现自身，而这个文化系统在工业资本主义中得到了全面的发展，这种文化系统指向一种特殊的统治类型，这种统治已经成了现阶段的命运，这就是总体官僚政治。因此，正如马尔库塞所说："韦伯所设想的理性，表现为技术的理性，表现为生产和通过有计划的和科学的机构所实现的物质（物和人）的转化。这种机构是为着可计算的效率这个目的而建立起来的；这种机构的合理性组织着并控制着物和人、工厂和整个科层、工作和闲暇。"①

卢卡奇在《历史和阶级意识》特别是其中的《物化和无产阶级意识》这篇长文中展开了对形式理性或科学理性（即工具理性）的批判。这种批判是在他的"物化"理论的框架中展开的。他吸取了韦伯、黑格尔等人的有关的思想因素，从马克思主义的"商品拜物教"中推导出"物化"范畴，用以表示原初不具有物的形式的东西如意识、理性等转变成为物，表示物与物的关系掩盖着人与人之间的关系。在"物化"关系中，关键或基本的东西是"建立在被计算和能被计算基础上的合理化原则"，②即形式（合）理性或科学理性。他将形式理性或科学理性看作科学技术发展和理性观念演变的产物，看作一种思维方式或理解世界的方式。在这种思维方式之下，人类理性被归结为数学上的可计算性、逻辑上的形式化和机械上的可操作性。具体说，形式理性具有如下几个基本特征：（1）它与数学和精确科学的发展同步，反过来又同越来越复杂的管理技术、同生产的发展发生相互作用；（2）它将一切东西都看作工具，将生产的各方面孤立起来，导致了各种形式规律的出现，一切都被归结为建立在同等关系基础上的可计算性和可操作性；（3）它表现为一个合理的资本主义生产的现实过程，换言之，资本主义的合理化过程就是形式性的物化或异化的过程。

卢卡奇指出，现在形式理性或科学理性已渗透到社会生活的各个领域，渗透到人的身体和灵魂，成了组织化的统治原则，它造成了资本主义的种种异化现象。它用物的关系掩盖人与人之间的关系，使工人同自己的劳动、自己的产品相异化；工人被归结为一种抽象的量，一种没有多少价值的机械化和合理化的工具；形式理性也日益深入到人的心理、意识之中，导致了人们独立的人格、独立的思想的丧失。因此，作为一种占主导地位的思维方式，形式理性带来了极大的危害。由此出发，卢卡奇致力于批判理性或辩证理性即辩证法的重建，他主张通过黑格尔和马克思的辩证哲学的研究，来确立一种总体性及主体客观相互作用的辩证法，重振批判理性的雄风，弘扬理性的革命批判精神，以此与形式理性相对立、抗衡。他将辩证法看作一种正确、合理的思维方式，用辩证法反对形式理性。

---

① 《现代文明与人类的困境——马尔库塞文集》，生活·读书·新知三联书店1989年版，第81页。
② [匈]卢卡奇：《历史和阶级意识》，重庆出版社1989年版，第98页。

二、法兰克福学派的理性观

沿着韦伯和卢卡奇的理论传统，法兰克福学派加强了对工具理性的批判，这成了法兰克福学派许多著作如《启蒙的辩证法》《理性之蚀》《单向度的人》《知识与人的旨趣》等的一个主题。法兰克福学派对工具理性的批判及对批判理性的重建的基本论题及观点可以概括为如下几点：

首先，法兰克福学派对理性的含义、工具理性和批判理性的对立做出说明。何谓理性？马尔库塞在《哲学与批判理论》一文中作了如下的规定："理性，是哲学思维的根本范畴，是哲学与人类命运联系的唯一方式……理性代表着人和生存的最高潜能；理性和这些潜能是一而二、二而一的东西。"① 他在1941年出版的《理性与革命》第二篇导言中较全面地考察了理性概念，并评估它们的构成因素及其在历史上的作用。他列出理性概念在哲学史上出现的五种含义：（1）理性是主体客体相互联系的中介；（2）理性是人们借以控制自然和社会从而获得满足的多样性的能力；（3）理性是一种通过抽象而得到普遍规律的能力；（4）理性是自由的思维主体借以超越现实的能力；（5）理性是人们依照自然科学模式形成个人和社会生活的倾向。② 他强调第四、五种的含义，认为理性原是一种超越现实的批判能力，而在科学中，理性的概念已被技术的进步所支配，依照自然科学的模式塑造人和社会生活已成为当代理性主义的趋势。但理性越是在自然科学中得势，人在社会生活中就越不自由。这里已包含了批判理性与工具理性对立的思想了。

霍克海默在《理性之蚀》中明确区分了两种类型的理性：主观理性（工具理性）和客观理性（批判理性）。他认为，主观理性强调手段及其与目的的可能的协调，"理性最终被当作一种合作协调的智慧能力，当作可以通过方法的使用和对任何非智力因素的消除来增加效率"。③ 主观理性也就是工具理性，它的价值由对人和对自然界的操纵来衡量，一种活动是合理的，仅当它为一个目的（商业的、保健的、娱乐的等）服务。实用主义的

---

① 《现代文明与人类困境——马尔库塞文集》，生活·读书·新知三联书店1989年版，第175页。
② ［美］马尔库塞：《理性与革命》，纽约1941年英文版，第253—255页。
③ ［德］霍克海默：《理性之蚀》，纽约1944年英文版，第8—9页。

真理观最明显地反映了这种主观的或工具的理性。与主观理性相反,客观理性是实在固有的一个原则,是一种生活方式,即一种与生命、自然谋求和谐的方式,它提出一个"真理的"和谐世界的可能性;从柏拉图、亚里士多德到德国古典唯心主义的伟大哲学体系都以这种客观理性作为基础;客观理性在实在中有自己的结构,并且对于那些努力进行辩证思维或具有爱欲能力的人是可以得到的。① 客观理性强调对现实的批判和超越,它以人的自由解放作为最高的目标,因此,它又是一种批判的或解放的理性。

其次,法兰克福学派考察理性观念的历史演变,追溯工具理性和批判理性对立的根源,特别着重分析工具理性是如何战胜批判理性而取得支配地位的。批判理论家们认为,工具理性成为当代发达工业社会占统治地位的思维方式并不是突然发生的,而是经历了一个很长的历史时期,它是理性观念演变和科学技术发展的必然结果。他们指出,批判理性在相当长的历史时期内占主导地位,这可以从柏拉图开始到黑格尔的伟大哲学体系中得到证明。批判理论家们认为,工具理性和批判理性的对立有其历史渊源,工具理性的根源远在资本主义发展之前。韦伯在探索资本主义精神的起源时,不但追溯到基督教,而且追溯到更远的犹太教。同样地,阿多尔诺和霍克海默在《启蒙的辩证法》中发现了工具理性的根源也在犹太教,而到了所谓的"启蒙时期"它已成型而清晰可辨。他们认为,那种旨在征服自然和使人们从世界的魔境中摆脱出来的启蒙精神(解放的理性),追求一种对自然加以统治的知识形式,它抛弃了诸如实质、因果性、属性一类的形而上学范畴,而把世界仅仅归结为它的量的方面;它追求抽象的范畴体系,要求思维或理性的抽象普遍性,而由推理的逻辑发展出来的这种抽象的普遍性在现实中有其基础,是现实统治的反映。这正是启蒙精神的特别有害之处。启蒙精神像任何体系一样是极权主义的,它把思维和数学混淆起来,把数学化的程序变成思维的程序,理性或思维变成物或工具。因此,本来作为直接性东西否定的思维或批判的理性变成了抽象性的思维或工具理性,而工业则把这种理性物化,以至于拜物教到处盛行。

马尔库塞在《单向度的人》第二篇"单向度的思想"中详尽地考察了理性从批判理性蜕变为工具理性的历程。他指出,在当代极权主义的技术理性领域是理性观念演变的最新结果,理性由批判理性变成技术理性以社会的科技进步作为前提,并有其逻辑方法论的基础。一方面,社会在一个日益增

---

① [德]霍克海默:《理性之蚀》,纽约1944年英文版,第11页。

长的技术积累中再产生自身，生存斗争和人对自然的开发变得更加科学和合理。科学管理和科学分工，极大地增加了经济、政治和文化各部门的生产效率，其结果是更高的生活标准，在同一时间和同一基础上，这一理性的事业产生了一种精神和行动的模式，它甚至为该事业的最具破坏性的特征辩护、开脱。科学技术理性的操纵结合成社会的控制形式。另一方面，形式逻辑和数学构成技术理性的方法论基础，借助数学和逻辑分析，自然被量化和形式化，现实与先天目的、真与善、科学与伦理等被分割开来。在这种方法论之下，科学技术理性是中立的。只有对自然规律的探索才是合理的，价值成了主观的东西，形而上学只是一个假定，人道主义、宗教道德等不过是理想。剩下的只是一个量化的世界，其客观性越来越依赖于主体；在科学技术理性的极端形式中，一切自然科学的问题都消解于数学和逻辑中，客体的概念则被消除。

哈贝马斯以稍微不同的方式表达了与老一代法兰克福学派思想家相同的思想。他指出，努力把人们从偏见中解放出来的理性由于其内在逻辑而走向自身的反面。在古典启蒙时期（即霍尔巴赫等人为代表的启蒙主义时期），理性自身成为反对现存制度和意识形态的武器，在它那里，恶与假、真理与解放是一回事，它公开对之做出评价。因此，在古典启蒙时期，理性的活动同自我解放本身的旨趣是结合着的，而对虚假意识的批判同时也是抛弃这种意识所由产生的社会条件的实际行动。但随着科学、工艺和组织的进步，这种联系被打破。理性逐渐丧失了解放的功能，越来越局限于技术效能；它不再提出目的，而只是组织手段；理性具备了工具的特征，它为物质和社会的工艺效劳，于是理性变成了工具理性。

再次，法兰克福学派剖析工具理性的危害，阐明批判理性的作用。法兰克福学派特别是马尔库塞认为，技术理性的基本特征是：（1）它是在技术、理性和逻辑的基础上形成的；（2）它以自然科学的模式来衡量知识，尤其是以定量化、形式化作为知识标准；（3）它把世界理解为工具，关心的是实用的目的；（4）它将事实与价值严格区分。说到底，技术理性是一种单面性或肯定性的思维方式。因此，技术或工具的理性先验地适用于维护社会的统治制度，它排除了思维的批判性和否定性，其本质就是统治的合理性。在当代，抽象的技术理性已经扩展到社会的总体结构，成为组织化的统治原则，非人的管理和操纵已感染了整个社会系统。这不仅在技术应用的具体目标上，而且在技术的起源上都是如此，自动化技术理性的出现则是一种独特的统治形式。对自然的理性控制和对工作过程的官僚控制，或者通过整合，或者通过对偏离的有效压制，构成了实际上不会遭到反对的社会"幸福意识"的基础，在经济、政治和文化三个层次上发生了需求的管制和进步思想的消除。法兰克福学派特别剖析了技术理性统治给社会的思想文化所造成的危害。阿多尔诺和霍克海默在《启蒙的辩证法》中，马尔库塞在《单向度的人》中，对此都有精彩的论述。

对于批判理性的作用，法兰克福学派认为，既然批判理性的本质是批判性、否定性，那么，它的主要功能就在于摆脱现实的束缚，批判和否定现实，为人类的自由解放效劳。在霍克海默看来，批判理性的责任在于无情地揭露丑恶的现实，猛烈地抨击愚蠢的和具有欺骗性的思想。它要根据真理的否定性而揭露非真实的东西，使人的存在真实化。这种"劳作"中凝结了否定的方法，即揭露有限东西中的偶像性，并把被理解为绝对的伟大思想简化为一定社会的相对真理。批判理性提出思想和现实，目的在于对两者加以比较并超越当前状况。马尔库塞则指出，批判理性从人的历史存在出发去解释人及其境界的整体，并力求去发现存在的最终极和最普遍的根基；批判理性的根本意义就在于它的批判性和否定性，在于对现实的超越和对未来的展望；它关注人的存在和本质，关注人的自由、幸福及潜能的实现，并认识到这些东西的实现有其现实的条件。

最后，法兰克福学派还把所谓的传统理论（当代资产阶级的各种哲学社会思潮，特别是实证主义）和批判理论（黑格尔的辩证哲学、马克思主义，特别是社会批判理论）分别当作工具理性和批判理性的集中体现来加以评判。在霍克海默等人看来，理论乃是独特的理性，是关于世界和我们自己的一种合理的知识；而传统理论特别是实证主义是工具理性的集中体现，或者说，它们本身就是一种工具理性。传统理论家将理论看作由基本命题和推出命题组成的有逻辑联系的推理系统，即看作一个封闭的科学命题体系，将理论变成一种描述事实的工具。它片面地强调理论的科学性和实证性，消除了理论思维的批判性和否定性，使理论失去了它的本质作用，变成屈从于现实、为现存制度辩护的工具，沦为意识形态，起着消极的社会作用；在传统理论那里，理论与实践、主体与客体、价值与事实是分开的，理论被当作一个独立于社会实践之外的王国，它不关心人的苦难的现实和人的自由解放的条件。与此相反，批判理论作为批判理性或辩证思维的体现，它主要不在于理论是否成为一个科学命题体系，而旨在于现实的超越，即对现实的批判和否定；在批判理论那里，理论与实践、主体与客体、价值与事实是关联着的。与其说理论研究是一种脑力劳动，倒不如说它是一种特殊的实践形式或是革命实践的智力部分；理论要关心人的本质、自由和幸福，关心异化和苦难根基的消除以及合理社会的建构。

显然，法兰克福学派既直接继承和发挥了韦伯和卢卡奇的观点，又继承了黑格尔的辩证理性观。一方面，他们沿着韦伯的思路来考察理性观念的演变，把韦伯的形式理性改造为工具理性或主观理性，而将实质理性改造为客观理性或批判理性，并进一步发挥了韦伯关于理性的消极性，尤其是它与统治关系的论点。同时，他们也利用了卢卡奇的"物化"思想，展开对工具理性危害的分析。另一方面，法兰克福学派的批判理性观直接继承和发扬了黑格尔的辩证理性观，并力图吸取当代西方非理性主义思潮强调人的自由的思想因素来补充或改造黑格尔的辩证理性观，以克服包括黑格尔的辩证理性观在内的理性主义中强调客观必然性而忽视人的自由这一维度的倾向。如果我们将法兰克福学派的观点与黑格尔的观点加以比较，就可以明显地看出两者之间的师承关系：黑格尔将思维划分为知性和理性，批判形式（工具）理性而颂扬批判（辩证）理性，不满足形式逻辑而创立辩证逻辑，推崇辩证方法的批判否定精神；法兰克福学派则将理性划分为主观的理性（工具理性）和客观的理性（批判理性），攻击工具理性而颂扬批判理性，他们同样反对形式逻辑而拥护辩证逻辑，推崇思维的批判性和否定性，如此等等。

三、几点评论

我们应该如何评价"西方马克思主义"对工具理性的批判及其批判的理性观呢？显然，他们的观点中有某些合理因素。这主要表现在：

第一，卢卡奇和法兰克福学派在一定程度上看到当代理性观念演变的特点，注意到了科技进步对人的理性观念、思维方式和价值观的重大影响这样一个普遍的事实，尤其是注意到了在当代工业社会中科技进步导致工具理性横行这一点；他们力图在理论上把握科技进步与理性观念演变之间的关系，试图从理性或思想的深处揭示资产阶级政治统治与人对自然统治之间的关系，并抨击工具理性给社会生活尤其是社会文化领域所造成的危害。

第二，与第一点密切相联系，卢卡奇和法兰克福学派力图深入到人类理性观念的深处去揭示当代科学技术的消极社会政治效应的根源。他们不是简单地列举当代科学技术所造成的种种消极现象（他们对此十分清楚），并进而否定科学技术的作用，而是从科学技术与人类理性关系及其演变的角度，指出科学技术的作用范围（它是建立在人类技术旨趣的基础上以满足人类对自然控制的目的),指出它在当代成为统治、控制工具或工具理性帮凶的深层次原因。

第三,卢卡奇和法兰克福学派自觉地将工具理性、批判理性以及传统理论与批判理论处处对立起来,反对前者而颂扬后者。他们强调理性的本质在于其对现实的超越,对现实的批判和否定,强调矛盾思维在认识现实中的作用,在一定程度上继承和发挥了黑格尔及马克思主义的辩证法,弘扬理性的革命批判精神。这在工具理性和实证主义横行、泛滥,辩证法在西方受到普遍非难的时候,更是难能可贵的。法兰克福学派还指出并批评了传统理论即当代资产阶级哲学社会学理论的消极性。

此外,卢卡奇和法兰克福学派还提出了某些值得认真讨论的问题,如关于工具理性与资本主义统治的关系以及它与科学技术发展的关系问题,关于工具理性和批判理性及传统理论与批判理论的对立问题,关于两种理性的不同逻辑基础,以及关于批判的理性如何将批判性或否定性与人的自由相结合的问题,如此等等。在讨论这些问题时,卢卡奇和法兰克福学派还提出了一些可供参考的见解。

但是,卢卡奇和法兰克福学派对工具理性的批判及其理性观也有缺陷。我们指出几个主要之点:其一,在关于科学技术与理性的关系问题上,法兰克福学派和卢卡奇片面强调科学技术对理性影响的消极方面,将科学技术看作工具理性的基础,看作一种单面的或肯定的、排除批判否定精神的思维方式的帮凶。而事实上,科学技术的精神气质是求实求真,它揭示世界的矛盾运动和辩证发展,因此,它在本质上与辩证的思维方式相联系。其二,在关于科学技术消极性根源问题上,他们把科学技术的消极社会功能及政治效应,归咎于科学技术本身,即从理性深处说明科学技术消极性的必然性,从而赋予科学技术以"原罪"的性质,客观上为现代工业社会的科学技术使用方式所带来的种种恶果进行开脱,这从根本上违背了马克思主义关于科学技术是一种伟大革命力量的观点。其三,在工具理性与批判理性对立的问题上,法兰克福学派及卢卡奇直接从技术、理性及逻辑的结合引申出"工具(技术)理性"概念,这是费解的;将形式逻辑当作工具理性的基础,把形式逻辑等同于单面的或肯定的思维方式,也是错误的。他们关于批判理性的论述也是不能令人满意的,尽管他们宣称要恢复或弘扬理性的批判性和否定性,但是,在批判性与继承性、否定性与肯定性的"二律背反"面前却显得束手无策。他们实际上只要批判、否定,而不要继承和肯定。

4—4

类比推理与假说[*]

一、类比推理

(一) 什么是类比推理

"类比推理"与"类比"原并不是同一概念,"类比"一词最初在希腊语中是比例的意思,后来它的意义扩大了,它包含有类似、相似、相符、对等等意思。类比是指两个并不等同,而仅仅在某个或某些方面,从一个观点来看有一致之处的现象之间的类似,如果以这种类似为依据进行推理,就是类比推理。在逻辑上为了方便起见,往往把类比推理简称为类比或类推。

类比推理是一种重要的逻辑推理形式或逻辑方法。它是根据两个或两类对象之间在某些方面的属性或关系的相似或相同而推出其他方面的属性或关系也可能相似或相同。例如:火星上是否有生命?火星上有一些与地球类似的特性;火星是围绕太阳运行的、绕轴自转的行星,有大气层,在一年中有四季的更替。火星上最常有的温度适合于地球上某些已知的生物的生存,所以,火星上也可能有生命。

可以用下列公式来表示这个类比推理:

A 对象有属性 a、b、c、d、e

B 对象有属性 a、b、c、d

∴ B 对象也可能有属性 e

以 A 代表地球,B 代表火星;以 a、b、c、d 分别表示地球和火星类似的特性:绕日公转和自转,有大气层,四季度交替及适宜的温度;以 e 表示地球已知的另一特性——生命。

类比推理的基本特征之一,就在于它是一种从个别到个别的推理,因

---

[*] 原载《形式逻辑》(赵民主编,鹭江出版社 1988 年版)一书(为该书的第十章)。

此，它既有别于从一般到个别的演绎推理，又有别于从个别到一般的归纳推理。但是我们在强调类比推理与演绎推理和归纳推理的区别时，不能忘记前者与后两者间的联系。应该说，类比推理总是与个别知识和一般知识相联系着的，因而它总是与归纳推理和演绎推理联系着的。亚里士多德和黑格尔都指出了这一点。

亚里士多德在《前分析篇》第 2 卷第 24 章谈到了"例证"，也就是相当于我们今天所谈的类比。亚里士多德虽然论述不多，但对类比推理的形式和性质都有所论述，所谓的例证也就是以一例来证明的意思，他说："如果证明大词之属于小中词所用的方法是类似小词的一个词，那就是'例证'。"① 紧接着他举例说："以 A 表示坏事，B 表示和邻国作战，C 表示雅典人与提比人作战，D 表示提比人与凤尼人作战……那么，明显的 B 属于 C 而又属于 D（因两者都是和邻国作战）而且 A 属于 D（因和凤尼人作战结果对于提比人不利）；A 但属于 B 是通过 D 而证明的。"② 可见，例证即类比，必须有四项：大词、中词、小词和类似小词的一个词。在亚里士多德看来，例证是一种从部分到部分的推理，但它与不完全归纳和三段论不可能决然分开。他说："显然，例证所表示的不是部分对整体的关系，也不是整体对部分的关系，而是部分对部分的关系，如果它们都从属于同一个东西，而且其中之一是已知的话。例证与归纳的区别在于，归纳根据全部单一事例表明端词（大词）属于中词，而不对端词（小词）做出结论；例证则是对小词做出结论，而且不是以全部（单一事例）为根据的。"③ 也就是说，尽管类比推理是部分的关系（即特殊与特殊的关系），但它与不完全归纳以及通过中词的三段论是联系着的。亚里士多德认为类比推理不是某一规定性从一种个别的情况到另一种情况的直接的推移（根据它们的相似），而是通过形成全称或然判断而间接表现出来的推移。④

黑格尔在《逻辑学》及《小逻辑》对各种推理形式关系的论述中也论及了类比推理问题。黑格尔肯定类推方法在经验科学中的地位，认为科学依此方法曾获得许多重要结果，他说类推是理性的本能，类比推理的作用正在

---

① 参阅《工具论》，广东人民出版社 1984 年版，第 143—144 页。

② 同上。

③ 同上书，第 144 页。

④ [苏] 阿·谢·阿赫曼诺夫：《亚里士多德逻辑学说》，马兵译，上海译文出版社 1980 版，第 288—289 页。

于通过某种经验所发现的这个或那个的规定而预感到它是以对象的内在本质或类为依据的。可以了解为它的本质的普遍性。①黑格尔认为类比推理与归纳推理有密切的关系，他说："归纳推论的真理因此是这样一种推论，它以一个个别性为中项，这个中项又自在地是普遍性——类比推论，这种推论以直接推论的第三式'个别—普遍—特殊'为其抽象的格式。"②列宁在《哲学笔记》中高度评价了黑格尔关于各种推理形式的辩证联系的观点，指出："类比推理（关于类比的推理）向关于必然性的推理的转化——归纳推理向类比推理的转化——从一般到个别的推理向从个别到一般的推理的转化——关于联系和转化［联系也就是转化］的阐述，这就是黑格尔的任务。"③

综上所述：一方面，类比推理作为一种独立的推理形式，是从个别到个别的推理，不能把它归之于或等同于归纳推理；另一方面，类比推理与演绎推理和归纳推理又是紧密联系着的，不能把它们彼此完全孤立割裂开来，我们应该辩证地看待类比推理的性质。

类比推理的另一个基本特征是它的结论具有或然性。我们知道，类比之所以能够成为有效的推理形式，原因是它具有客观现实基础。这种基础就在于客观世界是一个"统一的整体，其中各个对象或现象互相有机地联系着，互相依赖着，互相制约着"④；就在于"世界按其本质说来是物质的；世界上形形色色的现象是运动着的物质的不同形态；辩证方法所判明的现象的相互联系和相互制约，是运动着的物质的发展规律；世界是按物质运动规律发展的，并不需要什么'宇宙精神'"。⑤我们依靠现在人类获得的关于物质运动规律的各种知识，就可以合理地进行类比推理，设想在无限遥远或已经成为过去的某一时空之内的对象或系统，也会按照统一的物质运动规律来发展。因此，既然运动着的物质的发展规律既适合于地球上的物质，也就适应于火星上的物质，那么我们也就有理由做出"在与地球条件相似的条件下，在火星上也可能有生命"的推理。如果自然界不是统一的整体，自然界的规律不是普遍的，我们也就不可能利用类比推理了。唯心主义者抽掉类比的客观基础，对类比作非理性主义的解释，如马赫就把类比说成是一种心理的

---

① ［德］黑格尔：《小逻辑》，商务印书馆1980年版，第368—369页。
② ［德］黑格尔：《逻辑学》，商务印书馆1976年版，第374页。
③ 《列宁全集》第38卷，第192页。
④ ［苏］斯大林：《列宁主义问题》，人民出版社1964年版，第630页。
⑤ 同上书，第636页。

过程。他的说法使类比失去客观存在的规律，使它变成主观的方法。

然而，类比推理得出的结论并不是必然的，而是或然的，也就是说是可错的。如上面我们所举的例子，即根据火星和地球有许多相似之处而得出火星上有生命的推理结论就是错误的，现代空间探测的结果已证明了这一点。

又如，1845年法国天文学家勒维耶发现水星轨道近日点的进动，在所有的摄动影响都考虑进去后，仍有无法解释的偏移。他根据以往曾经从天王星轨道的摄动现象预言并发现了海王星的成功经验，将水星轨道的进动现象同天王星轨道的摄动现象进行了类比，认为这可能又是一个未知行星的摄动力作用的结果。于是，许多天文学家花费了数十年的时间，来寻找这颗猜想中的行星，有人甚至把它命名为"火神星"，但最后，大家不得不承认，这一行星并不存在。直到爱因斯坦的广义相对论创立之后，人们才发现原来水星轨道近日点进动是一种广义相对论效应。

类比推理的结论带有或然性的原因就在于：首先，类比推理的客观基础本身就限制了类比推理的可靠性。客观事物本身是同一和差异的统一，同一性虽然是类比的基础，但抽象的同一性是不存在的，同一总是包含有差别的同一，而差异性就限制了类比结论的可靠性，任何相似的两个对象之间，总有一定的差异性。根据相同或相似性进行类比推理时，推出的属性如果正好是它们的差异性，类比的结论就会发生错误。例如，若根据猿和人类之间有一系列相同或相似的属性，又根据人能制造和使用工具而推出猿也能制造和使用工具，这个类比推理的结论就不能成立，因为"能制造和使用工具"正好是人区别于动物的根本点。

其次，类比的逻辑根据不充分，正如归纳推理缺乏充分的逻辑根据，即我们不能从有限场合证明全称结论必然正确（所谓的"归纳问题"）一样，类比推理从两个对象具有某些相似属性和关系，并不能得出它们在其他属性或关系方面也必然相同或相似。因为相似属性和推出属性之间不一定有必然联系。而类比推理是允许在不知道它们之间是否有必然联系的基础上来进行的。因此，用类比得出的结论，有的可能反映两对象间的必然联系，因而是正确的；有的可能没有反映两个对象之间的必然联系，因而是错误的；而且，类比推理的结论的可靠性程度也因两个对象必然性联系的直接、密切性和相关性程度的不同而不同，有的可靠性程度大一些，有的可靠性小一些。应该说，类比推理结论的可靠性，以及可靠性程度大小如何，不能由个人主观而定，也不能靠类比推理自身而定，而只能由实践来检验。实践是检验类比正确与否的最终标准。

（二）提高类比推理结论可靠性的要求

由于类比推理有其局限性，我们在实际运用中，必须设法提高它的可靠性程度。虽然我们不能如演绎推理一样为类比提供精确的规则，但我们能提出几点一般性要求：

第一，积累有关对象的丰富知识是提高类比结论可靠性的先决条件。类比推理的应用是以已有的知识作为基础的。因此，所积累的知识越丰富、越广博，在选择恰当的类比对象时，就越能够运用自如。否则，在缺乏必备知识的情况下，勉强运用类比，就容易做出牵强附会的推论。

第二，力求更多地确认类比对象的相同属性，前提中确认的相同属性越多，那么结论的可靠性程度也就越大。因为两个对象的相同属性愈多，就意味着它们在客观领域中的地位就越接近。

第三，尽可能从两个对象的本质属性进行类比。前提中确认的相同属性越是本质的，相同属性与类推的属性之间越是相关，那么结论的可靠性就越大。因为对象的本质属性制约着其他属性。相同属性越是本质的，类推属性就越可能为其所制约，越可能为两个类比对象所共同具有。

第四，必须以正确的世界观作为指导。恩格斯指出："只有它才能为自然界所发生的发展过程，为自然界中的普遍联系，为从一个研究领域到另一个研究领域的过渡提供类比，并从而提供说明方法。"① 类比的可靠性取决于相同属性的多少，也取决于相似属性和推出属性的相关程度。以表面相似为依据的类比是容易找到的。将两个本质上根本不同的对象作类比，从它们表面的相似之点进行生硬类比，就会犯"机械类比"错误。例如社会达尔文主义把生物界的生存竞争搬到人类社会领域，为资本主义人剥削人、人压迫人的制度辩护，就是一种典型的机械类比错误。只有抓住本质的联系作为推理根据，才能得到较为可靠较为深刻的类比结论，而要正确了解事物的本质及其联系，必须学习和运用唯物辩证法。

（三）类比推理在科学认识中的作用

类比推理的结论虽然带有或然性，但这种推理形式在认识和改造世界中，尤其是在科学认识中的作用却是不可低估的，它是科学认识活动中的一个重要而且有效的方法。由于类比具有从一个特殊领域的知识过渡到另一个

---

① ［德］恩格斯：《自然辩证法》，人民出版社1971年版，第28页。

特殊领域的知识的优越性，所以它在科学认识活动中具有联想、启发、假说、解释和模拟等功能，甚至灵感直觉有时也得求助于它。

历史上的许多伟大科学家都十分重视类比在科学认识活动中的作用。开普勒说："我特别喜欢这些类比，我的最可靠的老师，因为它们给我揭开了自然界的各种秘密。"① 康德说："每当理智缺乏可靠的论证的思路时，类比这个方法往往能指引我们前进。"② 麦克斯韦也指出：借助这种类比，我试图以便利的形式提出为研究电现象所必需的数学手段和公式。下面我们结合自然科学史上的一些实际事例来具体说明类比的作用：

第一，类比具有联想作用。类比推理包含某种猜测的成分，总是以已知的知识作为依据。在科学认识活动中，人们为了把未知变为已知，往往需借助于类比的方法，把陌生的对象和熟悉的对象相比，把未知的东西和已知的东西相比。这种类比方法，在科学认识活动中便具有启发思想、提供线索、举一反三、触类旁通的作用。人们按照类比所提供的线索，往往能获得重要的科学发现。例如，在物理学中，由德布罗意和薛定谔所创立的波动力学，就是用类比方法接连获得的重大科学发现。1923 年，法国物理学家德布罗意将光学现象和力学现象作了如下类比：在几何光学中，光的运动服从光线的最短路程即费尔马原理，在经典力学中，质点的运动服从力学的最小作用原理即莫泊图原理，这两个反映不同领域运动规律的原理，具有相似的数学形式。而物理光学的发展已证明光具有波粒二象性，由此德布罗意做出了大胆的推论：物质粒子也具有波粒二象性。接着，他又将物质粒子和光作了进一步的类比，预言了物质波的波长，因为，光的波长（λ）和动量（p）之间有如下关系：

$$\lambda = \frac{h}{p}（h 为普郎克常量）$$

由此，德布罗意认为，物质粒子的波长（λ）和动量（mv）之间，也具有同样的关系，即：

$$\lambda = \frac{h}{mv}$$

这就是德布罗意公式。依这一公式，中等速度的电子，其波长应相当于

---

① ［匈］贝拉·弗格拉希：《逻辑学》，刘丕坤译，生活·读书·新知三联书店 1979 年版，第 317 页。

② ［德］康德：《宇宙发展史概论》，上海人民出版社 1972 年中译本，第 141 页。

X射线的波长。到1927年,德布罗意的这些惊人的预言和推论,都被实验所证实。

德布罗意关于物质波的论文在1924年发表后,奥地利的物理学家薛定谔受到了很大的启发,他沿另一思路,将经典力学和几何光学作了如下类比:经典力学和几何光学的一些规律具有完全相同的数学形式,几何光学又是波动力学的近似,因此,经典力学也可能是一种波动力学的接近。在这种推论的指导下,薛定谔作了种种尝试,最后导致波动力学的建立。

又如,富兰克林依类比推理得出闪电是电现象,惠更斯通过光和声的比较做出了光有波动性的类比,英国医生詹纳通过挤奶女工感染牛天花菌而不患天花,从而发现种牛痘等例子都是运用类比,而做出的重大科学发现。

第二,类比为扩大认识成果,由此达彼提供联系桥梁。类比推理是在两个或两类对象之间进行对比,它把人们对一个对象的认识推断到另一个对象的认识,从而扩大人类认识的范围。所以,类比推理是将人们已有的认识,推进到新的认识领域的桥梁。例如,在生物学中,施旺和施莱登分别发现动物和植物的有机体都是细胞结构之后,施莱登又在植物细胞中发现了细胞核。施莱登把这一发现告诉了施旺,后者由此把这一已发现的知识推广到动物上,他做出这样的类比:植物有机体是一种细胞结构,植物细胞中有细胞核,动物有机体也是一种细胞结构,如果动物有机体和植物有机体的这种相似是本质性的话,那么,动物细胞也应当有细胞核。后来,通过显微镜观察,果然在动物细胞中发现了细胞核。

第三,类比推理具有重大的启示功能。它在创造性思维活动中,往往启发人们的思路,爆发出"灵感"。类比推理是以实践中的经验材料或对这些材料的初步概括为前提,它具有鲜明性、形象性或生动性的特点,因而这种思维形式极容易成为思想突破的触发剂。例如,19世纪50年代,达韦纳和雷野对当时十分流行的炭疽病进行研究,他们从染上炭疽病的死亡牲畜的血液中发现了一种线状或杆状的纤毛虫。但是由于当时细菌学尚未建立,所以,他们并不能了解这种发现的意义,不能把它与炭疽病联系起来。就在这时候,巴斯德研究了酒变酸的发酵现象,它表明:发酵现象是酵母作用的结果,而酵母是一种特殊微生物。他对酵母进行分类,并通过实验成功在消过毒的培养液中接种另一类酵母,而得到不同的发酵。巴斯德的发现公布后,给达韦纳以极大的启示。他想,既然酵母(微生物)是发酵的原因,那么,他以前观察到的纤毛虫也可能是炭疽病的病因。后来,他经过反复的实验,证明自己的类比是正确的,同时,他发现猴是炭疽病的克星,终于找到了治疗炭疽病的行之有效的方法。因此,达韦纳被公认为细菌学的先驱。另外,传说中牛顿是由观察到苹果落地而发现万有引力定律,凯库勒因梦见蛇咬住自己的尾巴而发现苯环结构。在这些灵感中,类比显然起着重大作用。

第四,类比推理在科学假说的形成和提出中起着重要作用。在科学史上,许多重要的科学假说就是应用类比推理建立起来的。例如,1906 到 1909 年,卢瑟福等人所作的 α 粒子散射实验表明,在原子中有一个仅占原子体积极小部分(约十万分之一),但却有原子质量的绝大部分(99.97%)的核,而核外电子只有极小的质量,卢瑟福将原子内部的情况和太阳系的结构相类比,认为它们非常相似,因为太阳是太阳系的核心,它具有太阳系总质量的 99.87%,但只占太阳系空间的极小部分,并且,原子核与电子之间的电吸引力,以及太阳与行星之间的万有引力,又都遵从与距离的平方成反比的规律。而已知的太阳系是由处于核心的太阳和围绕它运行的一系列行星构成的。由此,卢瑟福于 1911 年提出了原子是由电子环绕带正电荷的原子核组成的这样一个原子结构的行星模型假说。又如,氦气的发现在开始时也应用了类比法,科学家先发现太阳上有氦气,由于太阳上的其他元素地球上都有,因此,人们假定,地球上可能也有氦气,后来,经过实验果然找到了氦气。此外,著名的大陆漂移学说也是在类比的基础上提出的。

第五,类比推理还为模拟方法和仿生学提供了理论基础。所谓模拟就是通过模型研究原型规律性的实验方法。它的一个重要条件是:模型在主要性质上必须与原型相同或相似。要研究自然现象或自然过程由于受客观条件的限制,不能对它进行直接研究,就先设计与该自然现象或过程在重要性质上相同或相似的模型,如用高电压试验装置模拟自然界的雷击,在建立大型轮船时先制出模型进行试验等,然后对模型的各种性质的研究间接推知原型的性质。仿生学实际上是一种模拟方法,它是专门研究模仿生物来建造先进技术装置的科学。它通过研究有奇妙功能的生物体的某些结构与功能之间的关系和工作原理,做出生物模型,再根据生物模型制造出供实验用的实物模型,通过不断的实验改进而发展成各种技术模型,最后制定出仪器、设备、系统,创造出新技术和新理论。例如:人们模仿蜜蜂的眼睛,制成偏光天文罗盘;模仿昆虫的楫翅,造成振动陀螺仪;模仿水母造成自动漂流的浮标站;最熟悉不过的例子是人类模仿自己造成机器人。模拟方法和仿生学的逻辑特点是:已知模型由于有某种性质(条件),则产生了另外某种性质(结果),又知原型具有与模型相同或极相似的某种性质(条件),因此,推出原型也具有另外某种性质(结果)。可见,这正是以类比推理为基础的。

二、假说

（一）什么是假说

人类认识的真正任务在于探求隐藏在现象背后的原因，揭示自然界的发展规律，创立科学理论，而要实现这个目标必须运用科学的方法，假说就是这样一种方法。它是在人们已有知识的基础上，对在实践中观察和研究到的一些现象在理论上提出假定的解释。它与科学理论不同，它是一种新的尚待证明的思想或观点。

例如，恩格斯在《自然辩证法》中提到了打破形而上学自然观第一个缺口的康德的星云假说。这个假说认为，在宇宙中存在着原始分散的物质微粒，由于吸引和排斥的作用，一方面物质微粒不断凝聚；另一方面又使物质微粒产生围绕中心的旋转运动，并逐渐向一个平面集中，最后中心物质形成太阳，赤道附近平面上的物质则形成行星和其他小天体。后来拉普拉斯根据具体的科学材料，更详尽地论证了星云假说，故后人一般把这个假说称为康德—拉普拉斯假说。

又如，1844年德国天文学家培塞尔在研究天狼星在天空的位置变化时，发现天狼星的位移具有周期性的偏差度，忽左忽右地摆动，培塞尔根据牛顿的万有引力定律以及有关的对天狼星的观测资料，对这种现象提出了一个假说，认为天狼星有一个未知的光度较弱而质量很大的伴星。它们两者都围绕着共同的引力中心运行，这个伴星的引力使天狼星的位置忽左忽右，具有周期性的摆动现象。后来，人们通过大功率望远镜果然发现这个行星，证实了培塞尔的假说。

科学假说具有如下三个基本特征：第一，假说以一定的科学事实为依据，建立在一定的科学理论的基础上，并经过一定的科学论证。作为假说的猜想绝不是任意做出的，猜得对不对，对多少，取决于依据的事实和理论是否真实或正确。如果一个假说没有可靠的事实和知识作基础，则它在科学上就会失去存在的意义。因此，假说与毫无事实依据的臆想不同，它是人类洞察客观世界能力和智慧的高度表现。

第二，假说具有推测的性质。它与已被确证的科学理论、定理不同，其基本思想和主要部分是对未知的某种现象或某种规律性的猜想，是否可靠，尚待实践检验。如上述康德假说，虽然运用了牛顿力学理论，把太阳系的形成看作是一个统一的过程，较好地解释了太阳系的共面性和共向性等观察事实,因而具有一定的科学性,但其基本思想(即太阳、行星是从一个统一的原始星云中演化出来)却并未得到观测事实的证明,所以康德的星云假说仍然是一个假说。

第三,假说是一种综合性的思维形式,是科学发展的必经途径。假说的提出、形成、检验和发展综合地运用着观察、实验、分析、综合、类比、演绎、归纳等推理形式或逻辑方法。假说作为对各种未知事实的假定解释,它是否是真理,是有待证实的。然而,假说是对自然奥秘的有根据的猜测。从发展的眼光看,假说的不断修改、补充和更新,就会更全面、更正确地反映客观现实,导致科学定律和可靠的理论的确定。正如恩格斯所说:"只要自然科学在思维着,它的发展形式就是假说。一个新的事实被观察到了,它使得过去用来说明和它同类的事实的方式不中用了。从这一瞬间起,就需要新的说明方式了——它最初仅仅以有限数量的事实和观察为基础。进一步的观察材料会使这些假说纯化,取消一些,修正一些,直到最后纯粹地构成定律。如果要等待构成定律的材料纯粹化起来,那么这就是在此以前要把运用思维的研究停下来,而定律也就永远不会出现。"①

(二) 假说的形成、检验和发展

假说的形成、检验和发展的方式是多种多样的,古典假说与现代假说不同,自然科学的假说与社会科学的假说不同,不同的学科假说也可能不同。因此,不同性质的假说,其形成、检验和发展的具体途径可能千差万别。即使如此,我们仍可以着眼于它们的共同点,概括出假说形成、检验和发展的一般逻辑特征。

1. 假说的形成

根据已有的事实材料和已掌握的科学知识,进行分析研究,观察现象的各种情况,提出关于被研究现象或事物的初步论断,这就是假说形成的阶段。假说的形成是一个十分复杂的创造性思维过程。一般来说,它需要经过三个阶段:(1)随着生产实践和科学实验的发展,出现了一些已知的科学原理所无法解释的新事实和新关系;(2)依据已知的科学知识和不多的科学材料,通过一系列的思维过程,对这些新事实、新关系产生的原因和发展的规律做出初步的假定;(3)利用有关的理论和尽可能多的科学材料进行广泛的论证,使这个初步的假定发展成为结构比较完整的科学假说。

---

① [德] 恩格斯:《自然辩证法》,人民出版社1971年版,第218页。

例如，大陆移动说（旧称大陆漂移说）的形成。人们发现非洲西部海岸线和南美东部（巴西）的海岸线的轮廓很相似这一事实。但当时的地质学理论如地球收缩说等都不能解释这一事实。1910 年，奥比列物理学家魏格纳依据已知的力学原理和海洋形状、地质气候方面的有限数量的科学材料，提出了著名的大陆移动说，即"设想在地质时代的过程中大陆块有过巨大的水平移动，这个运动即在今日还可能在继续进行着"。① 1915 年出版的《海陆的起源》一书，利用地球物理学、地质学、古生物学、生物学、古气候学、大地测量学等学科的材料，对大陆移动说的初步假定进行了广泛的科学论证。他设想：在古生代地球上只有一块陆地，称为泛大陆，在它周围是一片广阔的海洋，后来由于天体的引力和地球自转所产生的离心力，使原始大陆分裂成若干块，它们像浮水一样在水面上逐渐移动、分开。美洲脱离了欧洲和非洲向西移动，越飘越远，在它们之间形成了大西洋。非洲有一半脱离了亚洲，在移动过程中，它的南端沿顺时针方向略有扭动，渐渐与印巴次大陆分离，中间形成太平洋。南极洲、大洋洲则脱离了亚洲、非洲向南移动，而后彼此分开，这就是现在的大洋洲和南极洲。地球上的山脉也是大陆移动的产物。如纵贯南北美洲大陆西岸的科迪勒拉和安第斯山脉，就是美洲大陆在向西移动过程中，受到太平洋玄武岩基底的阻挡由大陆的前缘褶皱形成的。大陆移动说较好地解释了当时已知的一系列事实，成为一个结构较完整的假说。

在假说的形成过程中，尽管创造性思维、直觉和顿悟起着重要作用，但不能因此否认它有合理的逻辑机制。应该说，类比推理、归纳推理、演绎推理，以及分析、综合、比较、观察、实验等思维方法是有作用的。现代一些西方科学哲学家，如逻辑经验主义者和证伪主义者波普把发现过程（假说的形成）和检验过程（假说的检验）截然分开，否认发现的逻辑存在，把假说的形成看作纯粹的直觉灵感突发的心理过程，这是错误的。

2. 假说的检验

不管假说在形成时经过如何细致精密的科学论证，也不管它如何受到社会的公认，都还不能算作真理或科学理论。假说是否具有真理性，必须经过实践，尤其是科学实验的检验，实践是检验假说正确与否的唯一标准。

严格地说，假说的检验不总是在假说形成之后，而是在形成中往往就伴随着局部的检验。但假说形成后的检验带有最终的决定意义，只有这时才能

---

① ［奥］A. L. 魏格纳：《海陆起源》，商务印书馆 1964 年版，第 5 页。

给假说以全面的、严格的检验。

按照现代西方科学哲学的证伪主义者波普和拉卡托斯的意见，对理论和假说的检验评价可分为前验评价和后验评价二阶段。所谓前验评价就是在观察、实验、生产前对理论或假说的评价，前验评价必须使用演绎逻辑，从理论或假说推导出若干结论，然后把这些理论加以比较，以及与理论的其他陈述加以比较，以发现理论、假说之间的逻辑关系。前验评价的目的在于判定理论假说是否严谨，是否自相矛盾，以及它们是否可证伪，以判定理论假说的信息内容、经验内容、解释力和预见力。前验评价相当于逻辑证明。而后验评价则相当于实践检验，它是将理论与假说、观察、实验、生产中应用的结果相比较，即把从理论推导出来的结论或预见，与实验结果比较，如果结论或预见与结果一致，则理论经受住检验得到了确认；如果不一致，理论、假说就被否证。

在实践检验之前对假说进行逻辑证明是完全必要的和有用的，逻辑证明凭借演绎逻辑从假说推演出若干结论或预见，以此检验假说内部是否一致（无逻辑矛盾），是否比已有的理论或其他假说包含更多的经验、信息内容，能更好地或更广阔地解释各种事实，是否更有预见力等。逻辑证明可以在一定程度决定一个假说的优劣，尤其对那些理论性极强（如相对论），在现有实践水平上难以检验的时候，这种前验评价或逻辑证明更有重大的意义。

因此，我们可以把假说的检验分成两步：第一步根据所提出的假说，应用演绎逻辑进行推理，推出若干结论或预见，这可以看作是前验评价或逻辑证明；第二步是把从假说推演出来的结论通过科学实验或社会实践加以检验，这是实践检验或后验评价。但这两个步骤的划分并不是绝对的，实际的检验过程是复杂的。

我们来看一个假说检验的例子。从17、18世纪开始，科学家不断对气体运动的情况从各方面进行探索，力图得出一个正确的认识，但直到1857年，克劳胥斯才根据当时已有的科学知识和积累的实际材料，提出气体分子运动假说，即认为气体由极小的分子所组成，而且这些分子进行着永不停息的自由运动。后来，科学家盖鲁撒克根据气体分子运动的假说进行推论，认为在压力不变的条件下，气体的体积和温度成正比，而且温度愈高，分子运动愈快。他还进一步推论，如果气体温度降到绝对零度（-273℃），则气体分子的运动可能完全停止（这些推论为后来的实验所证实，这就是著名的盖鲁撒克定律）。在1869年，科学家安德鲁斯通过实验对气体分子运动假说进一步加以检验，并对气体和液体两种状态连续进行研究，指出每一种气体都有确定的临界温度，在这种温度之上，无论压力多大，都不能使气体液化。因而，气体液化的问题是一个如何把温度降低到它的临界点以下的问题。一些科学家根据气体分子运动说，推断出气体分子的组织，分子的弹性和自由运动的速度等，这些性质与其他物理化学定律都不矛盾。植物学家布朗1877年在显微镜下看见极微粒质点的不规则运动，从而直接证明了气体分子运动说。1879年，拉姆实在解释这个现象时，认为这是由于液体分子冲击悬浮于液体中的质点造成的，克鲁克斯则注意到将轻的风车翼一面涂上黑的颜色，装置在高度真空管中的旋转轴上，再把它放在日光中，它必按光亮的一面旋转，麦克斯韦在解释这种旋转时，认为这是由于黑的一面吸收了较多的热而造成的。历史的发展，科学实验的结果，最后终于完全证实了克劳胥斯的气体运动说是一种科学理论。

3. 假说的发展

实践是检验假说真理性的唯一标准。一般地说，为实践所证实的假说便具备作为科学理论的资格。这主要有两种情况：一是科学假说运用于科学实践时，有愈来愈多的事实和这个假说的内容相一致，并且没有任何已知事实与之矛盾，证明这个假说是客观规律的正确反映，则可认为假说已经转化为科学理论。如，生物进化论为后来许多物种之间过渡性类型的发现所证实。二是由假说做出的科学预见得到实际的证实，使假说转化为理论，如门捷列夫1869年提出的元素周期律假说，预言了当时未发现的镓、钪、锗等新元素及其性质，后来人们果然发现了这些元素，这就使这一假说转化为科学理论。但是，由于实践本身具有相对性和历史性，假说的一次性证实或证伪的情况是少见的，假说的检验是一个历史发展的过程，假说必须随实践的发展而发展，假说向理论的转化和对客观真理的接近也是一个历史的过程。

假说的发展情况是复杂多样的，但有下面几种最基本的情况：第一，假说形成后，与新发现的科学事实产生根本性矛盾，因而原有的假说被推翻，代之以新的假说。例如，17、18世纪的"燃素说"认为一切与燃烧有关的化学变化都是物体吸收或释放燃素的过程。然而，人们发现金属燃烧后重量增加，这与燃素说根本冲突，后来拉瓦锡等人通过反复的实验推翻了燃素说，而提出了氧化说，把人类对燃烧本质的认识提高到一个新阶段。

第二，新的实验事实与原有假说基本一致，但在某些具体观点上产生矛盾，这就需要对原有假说进行某些修正。如哥白尼的日心说，认为所有行星绕太阳运行，地球不是宇宙中心，只是一普通行星，火星、木星等在天空中有时顺行，有时逆行，有时似乎不动，这是它们和地球相对运动的反映，这些基本观点与后来新的观察相一致。但哥白尼认为太阳是宇宙的中心，行星运行轨道是圆形的观点则是错误的，这为后来的天文学家开普勒等人所纠正，因而日心说得到进一步修正和发展。

第三，观察和实验获得的事实与假说的基本思想相违背，而与某些细节相吻合。例如，亚里士多德和托勒密根据日月星辰每日东升西落的直观印象，提出了"地球是宇宙中心"的假说，同时认为地球呈"球形"和观察天文要用"视差动"的方法，后来的事实证明，"地球中心说"的观点是错误的，而地球为"球形"以及"视差动"的方法，则有合理内核，而被保留在天文学的科学理论中。

第四，由于发现前所未有的新事实，从而丰实和补充原有的假说，甚至建立了新的假说来发展原有的假说。如大陆移动说，由于一系列新事实的发现而得到进一步发展，人们提出了海底扩张说、板块构造说而发展了大陆移动说。

（三）假说的方法论原则

假说的形成、检验和发展过程具有高度的创造性和复杂性，它没有固定、严格的格律、公式或规则，但根据假说的基本特征，人们在建立、检验和发展假说时，必须注意如下几个方法论原则：

1. 假说必须以事实为根据，但不必等事实材料全面系统地积累起来后才做假设。科学假说都必须以事实做根据，在科学史上即使那些设想不对的假说，也是以一定的事实材料作为出发点的。如亚里士多德错误地认为地球是宇宙的中心，他也是从一些观点的事实出发的。他看到物体坠落时总是以自上而下的方向进行，即他认为是朝宇宙的中心——地心落下。事实是形成假说的出发点，但是人们也不必等事实材料全面系统积累起来后建立假设，这样的话，科学就无法发展了。例如，19世纪60年代，门捷列夫提出元素周期律假说时，已知的元素才63种，他并没有等到化学元素的全部发现才去建立假说，相反，他先建立假说，在周期表上留下空白，预言未知元素的存在及其性质，这就推动化学工作者去发现新元素，促进了化学的发展。

2. 必须运用科学知识，但不要被传统观念所束缚。科学假说不能与科学已证实的定律相矛盾，如永动机的假说认为可以有不需要任何外加能源就能永远不停地工作的机器，这与能量守恒和转化定律相矛盾，当然是错误的。但是，人的认识是一个辩证的发展过程，现有的科学原理并不是完美无缺的，而且有一些一度被认为是科学原理也被后来的实践证明为错误的。因此，当新事实与旧原理发生矛盾时，就需要有革新的勇气，不要为传统观念所束缚，而是要敢于向"经典理论"挑战，提出革命性的新假设。许多伟大的思想家，如哥白尼提出"太阳中心说"，达尔文提出"物种进化论"，爱因斯坦提出"相对论"，这些都是敢于与传统观念决裂的例子。

3. 假说不仅要圆满解释已有的事实，而且要包含可在实践中检验的新结论。建立假说的重要意义就在于对各种有关的事实给予正确的解释，如果某一假说无法解释事实，那么它就毫无意义。要做到完满无缺的解释是很困难的，但必须能解释某些奇妙的东西，也许假说在当时被看成是异乎寻常的某种理论，但它必须包涵有可能在实践中检验的新结论，否则，就不是科学假说，而是神话式的空谈了。如达尔文进化论认为人是猿猴变来的，这在当时是令人惊奇的，他还推断了地层有类人猿的遗骸，这是可以在实践中检验的。1881年荷兰医生杜步亚果然在爪哇岛的地层中发现类人猿的一副头骨、大腿骨和几枚牙齿，从而证实了达尔文的推断。

4. 实践是检验假说的标准。假说的正确与否必然经过实践的检验，但是假设不是仅由个别实验活动就被证实为科学理论，假说的检验是一个历史过程。因为在一定历史阶段，人类具体的实践活动总是不完备的，带有历史的局限性，受到一定的主客观条件（如客观物质过程的暴露程度，生产工具完备程度以及人对世界的认识程度等）的限制，实践在一定时期是相对的，因而它对假说的检验也是相对的。例如，1815年普劳特发表了一篇未署名的文章，他提出了一切纯的化学元素的原子量是整数的假说。但这一假说与当时生产出的化学元素的实际情况不符。普劳特认为这是由于生产、实验技术不精的缘故，尽管他和他的追随者不断修改实验技术，分离出纯元素，但仍有许多反例情况。因此，他的假说被一些化学家否认了。如斯塔思1860年做出结论说，普劳特的假说无根据。另一些人则为证实这个假说而不断努力，提出了不少解决方案，都不能令人满意。最后卢瑟福学派提出了在一切化学反应中表现同一的两个不同的纯元素可用物理方法分离，证实了普劳特的假说。经过一百多年的许多曲折和反证之后，普劳特的假说终于成为科学理论，成为现代原子结构理论的基石。

5. 在假说的发展过程中，应充分重视不同假说的竞争。客观事物及其过程是纷繁复杂的，有时几种不同假说同时并存，互相争论，从各个不同的部分，不同的侧面探索事物及其过程的规律性，可以互相启发、互相补充，切磋琢磨，集思广益，更深刻、更全面地揭示事物的本质。例如，在17世纪对于光的本性的认识有微粒说和波动说两种对立的假说。牛顿根据光的折射、反射和色散等实验事实,提出微粒说,认为光是由发光体发出的沿直线运动的粒子流。同一时期荷兰物理学家惠更斯从光和声这两类现象的类比,提出波动说,认为光是一种弹性振动,是以发光体为中心向四面传播的光波。这两种假说各自解释了光的某一方面的特性,却又都有片面性。它们的争论开阔了人们的眼界,活跃了思路。到19世纪70年代英国物理学家麦克斯韦提出了光是一种电磁波,深化了对光的本性的认识。20世纪初,爱因斯坦提出了光量子的概念,在微观水平上说明了光既是粒子又是波(即波粒二象性),这比微粒说和波动说,更深刻全面地反映了光的本质。

评《公孙龙子论疏》

胡曲园、陈进坤同志的新著《公孙龙子论疏》（复旦大学出版社出版，以下简称《论疏》），是一部有较高学术价值的中国逻辑史方面的专著。《公孙龙子》向来被列为名家之学。它是中国名辩学（逻辑学）的一部重要著作。历代有不少注本出现，但这些注本主要是从语言训诂方面对《公孙龙子》的字句加以注释，较少剖析其中的学术思想成就。现代学者多把《公孙龙子》当作哲学著作看待。从形式逻辑的角度，对《公孙龙子》进行专门研究、评注的著作，《论疏》应算第一。《论疏》把《公孙龙子》主要当作逻辑著作，而不是哲学著作来考察，这首先在观察角度或研究视野上就是一种突破或创新。《论疏》以西方形式逻辑理论为借鉴，从"论"和"疏"两方面，对《公孙龙子》的逻辑思想成果作全面深入的探索和发掘。《论疏》锐意创新，力图匡谬，避免陈说，纠正了一些不正确的看法，对许多贬低公孙龙子学术思想成果的流行观点提出了异议和批评。概括地说，《论疏》对公孙龙的逻辑思想研究的成果和创新，主要表现在如下几个方面：

一、《论疏》认为，《名实论》是公孙龙子逻辑理论的纲要，《名实论》中提出的"唯谓论"是一种"物""实""位"三者合而正的"正名论"，它阐明了概念的外延和内涵统一的原理（"名实相应"），揭示了"彼彼止于彼，此此止于此"的形式逻辑同一律；"唯谓论"是对以往逻辑正名论思想的总结和创新，它首次使正名论从传统的"礼乐刑政"的政治伦理的桎梏中解放出来，使正名论向着纯逻辑的方面发展。在对《名实论》的逻辑成果分析的基础上，《论疏》指出，以往把"唯谓论""彼彼止于彼，此此止于此"的正名原则诬蔑为"形而上学诡辩"是错误的，是把形而上学的观点与形式逻辑同一律混为一谈而做出的"主观臆断"。

＊ 原载《厦门大学学报（哲学社会科学版）》1988年第3期（署名：赵民、陈振明，收入本书时略去正标题"求实·争鸣·创新"）。

二、对公孙龙子的哲学、逻辑思想的最大争论莫过于《白马论》中的"白马非马"这一命题的理解上。以往的学者往往把"白马非马"理解为"白马不是马",因而把它当作割裂个别与一般关系的形而上学命题而大加鞭笞。《论疏》不就陈说,着力从社会背景、语言训诂,《白马论》与《公孙龙子》其他名篇的关系等方面考察这一命题的逻辑意义。首先,作者考察了"白马非马"提出的社会背景,认为公孙龙子"假物取譬"以"士"譬"马",以勇士譬白马,而作"白马非马",目的是批判当时齐王以勇士取士,以个别代替一般,取士而忘天下之士的错误,这就为理解"白马非马"的确切含义找到了现实基础。其次,作者通过训诂、引证,确定"白马非马"中的"非"字的含义并不是"非也(不是)"之意,而是"别""异"之意,"白马非马"的意思是"白马异于马",而不是"白马不是马"。因此,这命题并不排斥"白马"和"马"两概念在外延上的包含关系,它区别了个别和一般,而不是割裂个别和一般。再次,作者把《白马论》与《名实论》《通变论》等篇联系起来。考察,认为《白马论》是从《名实论》的"唯谓论"原则和《通变论》的"二无一"的原则的角度来论证"白马非马"这一命题的。公孙龙所要说明的正是"白马异于马"。通过如上几个方面的考察,《论疏》断定,"白马非马"是一个强调名实相应的重要逻辑命题,它揭示了概念之间类属之间,个别概念与一般概念之间的辩证关系,要求概念的内涵和外延的统一,并反对以偏概全的逻辑错误。

三、《论疏》对以往被多数学者认定为典型的唯心主义命题的"物莫非指,而指非指"这一命题提出了新解。作者通释了《指物论》全篇宗旨,确立了"物莫非指,而指非指"中的物指关系的三重意义(即物与属性关系,事物与其概念的关系,个别与一般的关系),认定"物莫非指,而指非指"是辩证的朴素唯物主义命题,顺理成章地说明了公孙龙子的名实论的逻辑思想的本体论根据,解决了公孙龙逻辑思想体系性质的归属问题。

四、《论疏》认定,《坚白论》是公孙龙正名逻辑理论的认识论基础,它以"离坚白"为主题,阐发了逻辑概念区分产生的认识论根源,为"别囿""解蔽"提供了理论上的说明。以往论者把"离坚白"当作"物是感觉的复合"的主观唯心主义命题,并把公孙龙当作哲学本体论上的"离派"而与墨家的"盈派"对立起来。《论疏》否定了这种看法,指出:公孙龙的"离坚白"是一个唯物主义命题,它在本体论上是盈坚白,在认识论上才是离坚白;"离坚白"是为了说明认识过程的特点,尤其是感觉器官的不同作用及其局限性。

五、《论疏》认为，《通变论》的主旨是逻辑分类理论，它阐述了概念之间类属关系相通互变的原理，以及概念的限制（"二无一"）与概念的概括（"二者左与右"）的逻辑方法，规定了逻辑分类的基本原则。《通变论》素以文句奥衍、譬喻繁复、晦涩难懂著称，是《公孙龙子》最难读的一篇。历来对其主旨说法不一，很少有通解全篇的注本。《论疏》抓住逻辑分类这一中心较好通释了全文，尤其是过去一些令人摸不着头脑的命题，如"二无一""二者左与右"等，《论疏》都做出较好的说明。作者提出的《通变论》的逻辑成就是分类理论的观点，近来已被一些治中国逻辑史的同志所接受。

六、《论疏》不仅分析阐发了《公孙龙子》的基本内容，概括并整理出其中的逻辑思想体系，而且根据逻辑和历史一致的原则，把《公孙龙子》放在先秦逻辑思想发展过程的链条中进行考察，进一步确定它在先秦逻辑史中的地位和作用。《论疏》断定，《公孙龙子》是先秦逻辑史上的重要一环，是由"道"入"名"，引"名"入"法"，从稷下学派过渡到荀韩之学的中介，它也是墨辩逻辑的重要思想来源。缺少《公孙龙子》这一中介或环节，整个先秦逻辑思想发展历史的长链就会被斩断，许多重要逻辑问题就无法说明。《论疏》批评了那种过分强调"名墨相訾而忽视名墨相应"，扬墨抑名的观点。认为，从先秦名辩之学发展过程来看，"名墨相应"甚于"名墨相訾"，名墨两家学说相通并且最终是一致的，墨辩逻辑是名家逻辑的继承和发展。《论疏》在评述《公孙龙子》的逻辑学术内容时，处处把公孙龙子的观点与《墨经》的观点加以对照比较，来说明名墨统一这一论点。《论疏》还分析了名家内部各种逻辑思想的异同，批评了那种把公孙龙和惠施的逻辑思想对立起来的观点。指出，这两位名家巨子的逻辑思想是基本一致的，惠施的"合同异"和公孙龙的"离坚白"两个命题，尽管问题的角度不同，却都是逻辑概念方面的论题。

4—6

中国逻辑史大事年表*

公元前 11—前 10 世纪 （殷周之际）	《易经》成书。它是中国古代阴阳学说的开端 "五行"说产生。"五行"说的最早的文字表述见之于《尚书·洪范》，但其形成当在殷周之际 阴阳五行说的产生表明，我们的祖先在殷周之际已具有相当水平的抽象思维能力。这为中国古代逻辑的诞生提供了前提
前 770 年 （周平王元年）	从此时起至公元前 221 年（秦王政二十六年）为春秋战国时期。这一时期，由于社会政治经济的激烈变革，科学技术的提高，学术思想尤其是名辩思潮的空前活跃，使中国古代逻辑科学受到孕育，得以产生。这是中国古代逻辑积累和整理资料，并在此基础上建立初步的逻辑科学体系的时期
前 580 年 （周简王六年）	老子约生于此时。老子姓李，名耳，字聃，为道家学派创始人。《老子》集中了老子的思想，谈到名、言、辩诸问题，含有朴素辩证法思想
前 551 年 （周灵王二十一年）	孔子生。孔子，名丘，字仲尼，鲁国陬邑（今山东曲阜）人。他是我国古代最著名的教育家和学术文化的集大成者，也是儒家及其正名逻辑的创始人。对中国逻辑思想的发展具有深远影响的"正名"说，是由孔子提出的。《论语》是研究孔子思想的可靠资料
前 545 年 （周灵王二十七年）	邓析生。邓析，春秋末年郑国人，《汉书·艺文志》所列名家之首。在论辩实践中，他对思维的作用、辩、辩说形式等，均有初步的探索，是中国古代逻辑的启蒙者。今本《邓析子》可以作为研究邓析思想的参考材料

---

* 本表作为附录二载于国家教委"七五规划"教材《中国逻辑史教程》（温公颐主编，上海人民出版社 1988 年版，1992 年获得第二届高等院校优秀教材奖）。

前 543 年 （周景王二年）	子产相郑简公。子产反对"议事以制""禁民有争心""不许民知争端"，主张"依形名""次赏罚"，展开乡校议政。于是，"形名之辩"和"利口之辩"发达，促进了人们讲究名辩达辞。所有这些，都与中国古代逻辑思想的开创有十分密切的关系
前 496 年 （周敬王二十四年）	吴王阖庐（闾）（前 514 年—前 496 年）在位时，孙武被任为将。所著《孙子兵法》含有大量朴素辩证思维形式方面的资料
前 479 年 （周敬王四十一年）	孔子卒。孔子死后，儒一分为八（《韩非子·显学篇》），但影响较大的只有思孟和荀子两派
前 468 年 （周贞定王元年）	墨子生。墨子，姓墨，名翟，鲁国人。他是墨家学派的创始人，也是墨家逻辑的奠基者。墨子重辩，对逻辑思维也有更为深刻的认识。墨子注意到了中国古代逻辑的三个基本概念：类、故、理，熟练地运用了多种推理方法。今《墨子》书中除《经》《说》《取》等六篇，及公认的伪作外，余可作研究墨子思想的可靠资料
前 402 年 （周威烈王二十四年）	子思卒
前 390 年 （周安王十二年）	商鞅生。商鞅，姓公孙，名卫鞅，是法家代表人物。他好刑名之学，肯定了"正名""定分"的社会意义。他的思想言行集中于《商君书》 尸佼生。尸佼，晋国人（一说鲁国人），名辩学者，提出了"正名去伪""以实核名"的主张
前 385 年 （周安王十七年）	申不害生。申不害，郑国人，主形名。著作皆亡佚。《群书治要》存《大体》篇，非全文
前 382 年 （周安王二十年）	宋钘生。宋钘，战国时宋人，与尹文齐名，为宋尹学派代表人物之一。他所说的"物固有形，形固有名，此言（名）不得过实，实不得延名"（《管子·心术上》），是具有唯物主义倾向的名实观
前 380 年 （周安王二十二年）	杨朱卒。杨朱，魏人，生卒年代不详，约卒于此时。杨朱曾参与名辩活动，在当时影响很大，故有"天下之言不归杨则归墨"（《孟子》）之说。他没有留下著作，有关他的资料散见于《孟子》《庄子》《韩非子》《吕氏春秋》等。今《列子》中有《杨朱》篇，述杨子之说甚详，但不一定可靠

前 376 年 （周安王二十六年）	墨子卒。墨子死后，墨离为三：有相里氏之墨，有相夫氏之墨，有邓陵氏之墨
前 372 年 （周烈王四年）	孟子生。孟子，名轲，字子舆，邹（今山东邹县）人，儒家思孟学派代表人物。孟子继承孔子学说，有"知言""好辩"之称。在论辩中，他涉及了逻辑推论的依据和普通逻辑的方法，著有《孟子》七篇
前 370 年 （周烈王六年）	惠施约生于此时。惠施，宋人，是继邓析之后的名家代表人物之一。他的"历物十事"以丰富的自然科学知识为根据。这些名辩论题对中国古代逻辑科学的建立有积极的推动作用。其言行散见于《庄子》《荀子》《韩非子》《吕氏春秋》之中 彭蒙生。彭蒙，齐国人。他与慎到、田骈同为据名法观念以论名分和名守的稷下辩者。《庄子·天下》《荀子·非十二子》《尹文子·大道下》等，记述了这些名辩学者的部分言行
前 369 年 （周烈王七年）	庄子约生于此时。庄子，名周，宋国蒙（今河南商丘县）人，道家学派主要代表人物之一，与老子齐名。他从相对主义出发，主张"不谴是非""是非两行"，认为"辩有不辩""辩有不胜"，提倡"止辩"。庄子的逻辑思想反映在《庄子》中，《庄子》是庄子及其后学所著，现存三十三篇
前 360 年 （周显王九年）	尹文约生于此。尹文，齐人，为稷下派重要成员之一，其学与宋钘齐名。《汉书》列尹文为名家第二。他的名辩思想近于儒家的正名论，然而，他又把名与法并提。他的逻辑思想见今本《尹文子》一书
前 356 年 （周显王十三年）	齐威王即位。威王之父齐桓公（田齐）设稷下学宫，招揽天下名士
前 350 年 （周显王十九年）	田骈生。田骈，稷下名辩学者，齐人，著有《田子》二十五篇，皆散失
前 345 年 （周显王二十四年）	慎到生。慎到，稷下名辩学者，赵国人。所著除今本辑本《慎子》外，余皆散失
前 338 年 （周显王三十一年）	商鞅卒

前 337 年 （周显王三十二年）	申不害卒
前 330 年 （周显王三十九年）	尸佼卒
前 325 年 （周显王四十四年）	公孙龙约生于此时。公孙龙，姓公孙，名龙，字子秉，赵人，是名家的代表人物，也是中国逻辑史上的重要代表人物之一。他以"善辩"著称，提出了"唯乎其彼此"的逻辑正名学说，还通过"白马非马"的著名辩题对概念的内涵与外延作了深刻的分析。同时，公孙龙也提出了某些诡辩。今本《公孙龙子》含六篇，一般认为除《迹府》篇外，其余五篇为公孙龙本人自著
前 322 年 （周显王四十七年）	惠施在宋国与庄子相晤论学，史称"濠梁之辩"
前 318 年 （周慎靓王三年）	惠施与南方倚人黄缭讨论天地风雨雷霆之故
前 314 年 （周赧王元年）	齐宣王在位期间（前 319—前 301 年），扩置学宫，招揽天下贤士近千，任其"不治而议"，使稷下学宫复盛，成为当时"百家争鸣"的学术中心
前 313 年 （周赧王二年）	荀子生。荀子，名况，亦称荀卿或孙卿，赵国人。荀子虽然继承了孔子的正名思想，但也深受名、墨两家逻辑思想的影响。他以朴素唯物主义为基础，建立了自己的逻辑学说。是中国逻辑史上的重要代表人物。今本《荀子》有三十二篇
前 310 年 （周赧王五年）	彭蒙、惠施卒 在惠施和公孙龙之间有儿说。"儿说，宋人，善辩者也，持白马非马也，服齐稷下之辩者。"（《韩非子·外储说》）
前 305 年 （周赧王十年）	邹衍生。邹衍也作驺衍，阴阳家的代表人物，齐国人。邹衍"好辩"，曾与公孙龙辩论"白马非马"说
前 290 年 （周赧王二十五年）	田骈卒
前 289 年 （周赧王二十六年）	孟子卒

前286年 （周赧王二十九年）	庄子卒
前280年 （周赧王三十五年）	韩非生。韩非，韩国人，是先秦法家的集大成者。他提出了"形名参验"原则和"审名""明分"的主张，反对"无度""无用"之辩，创造性地概括出了"矛盾之说"，巧妙地表述了矛盾律。今本《韩非子》五十九篇 尹文卒
前270年 （周赧王四十五年）	约在此时前后的战国末期，后期墨家完成了《墨辩》（或称《墨经》）。《墨辩》继承了墨子的逻辑思想，批判地吸收了先秦各家逻辑思想中的合理成分，建立了中国古代第一个较科学和较完整的逻辑学体系
前250年 （秦孝文王元年）	公孙龙卒
前240年 （秦王政七年）	邹衍卒
前239年 （秦王政八年）	秦相国吕不韦（？—前253年，卫国人），率其门客编成《吕氏春秋》。该书汇集了先秦百家学说，是战国末期杂家的代表作。就逻辑方面的内容而言，该书总括了以前人们关于思维认识的成果，保存了先秦名辩的许多宝贵材料，并提出了一些有益的逻辑思想
前238年 （秦王政九年）	荀子卒
前235年 （秦王政十二年）	韩非被害
战国至汉初	《易传》陆续成书 《黄帝内经》成书 《周髀算经》成书
前179年 （汉文帝元年）	董仲舒生。董仲舒，西汉"群儒之首"。他讲先天名号和主观的比附。他也运用了一些逻辑方法，有某些辩证的思想。他的主要著作有《春秋繁露》和《董子文集》

前 164 年 （汉文帝十六年）	西汉淮南王刘安（前 179—前 122 年）及其门人苏飞、李尚、左吴、田由、雷被、毛被、伍被、晋昌等八人编成《淮南子》（又称《淮南鸿烈》）。《淮南子》不仅提出了自己的逻辑思想，还评述了先秦一些名辩学家，保留了一些宝贵的逻辑史资料
前 140 年 （汉武帝建元元年）	汉武帝即位。董仲舒提出"罢黜百家，独尊儒术"的对策为汉武帝采纳
前 135 年 （汉武帝建元六年）	司马谈任太史令。所著《论六家要旨》，对先秦名家思想做出评论
前 104 年 （汉武帝太初元年）	董仲舒卒
前 77 年 （汉昭帝元凤四年）	刘向生。刘向，本名更生，字子政，沛（今江苏沛县）人，西汉经学家、目录学家、文学家。他所著的《说苑》《新序》等，谈到了逻辑问题，还包含纵横巧辩的资料
前 53 年 （汉宣帝甘露元年）	扬雄生。扬雄也作杨雄，字子云，汉蜀郡成都（今四川郫县）人，西汉文学家、哲学家。扬雄所著《法言》仿《论语》，有正名逻辑思想。其所著《太玄》仿《易》，是继《易》之后的又一象数推衍体系，其中的逻辑思想也受到注意和研究
前 50 年 （汉宣帝甘露四年）	刘歆生。刘歆，字子骏，后改名秀，字颖叔，刘向之子，是古文经学派的开创者，目录学家、天文学家。他继承父业，总校群书，撰写成《七略》。其中提出了"先秦诸子皆出于王官""名家者流，盖出于礼官"，以及名家思想导源于孔子正名论等著名论点。明人辑有《刘子骏集》
前 40 年 （西汉元帝永光四年）	桓谭生。桓谭字君山，沛国相（今安徽濉溪县）人，东汉哲学家、经学家。著作有《新论》二十九篇，早佚。现存《新论·形神篇》，收入《弘明集》内
前 6 年 （汉哀帝建平元年）	刘向卒
公元 18 年 （王莽天凤五年）	扬雄卒

公元 23 年 （王莽地皇四年）	刘歆自杀
公元 27 年 （汉光武帝建武三年）	王充生。王充，字仲任，会稽上虞（今浙江上虞县）人，东汉唯物主义哲学家，著有《论衡》84 篇 20 余万言。王充重视理性思维的作用，对推理和论证很有研究，并把推理论证作为一种逻辑手段加以自觉运用。《论衡》"疾虚妄"的论辩之学在当时及后来的学术界有很大影响
公元 32 年 （汉光武帝建武八年）	班固生。班固，字孟坚，扶风安陵（今陕西咸阳东北）人，东汉史学家、文学家。历时二十余载，修成《汉书》。《汉书·艺文志》为现存中国最早的图书目录提要，其中保存有刘向的《别录》及刘歆的《七略》的主要内容。它记述了包括名家在内的先秦学术思想的起源和流派，评述了名家的特点及各家的相互关系 桓谭卒
公元 85 年 （汉章帝元和二年）	王符生。王符，字节信，安定临泾（今甘肃镇原）人，东汉哲学家。所著《潜夫论》凡三十余篇，提出"名理者必效于实"（《考绩》）的主张
公元 92 年 （汉和帝永元四年）	班固卒
公元 97 年 （汉和帝永元九年）	王充卒
公元 148 年 （汉桓帝建和二年）	荀悦生。荀悦，字仲豫，颍川颍阴（今河南许昌）人，东汉末年史学家、政治家，著有《申鉴》《崇德》《正论》等。荀悦提出了"审物明辩""举名察实""效于准验"等论点
公元 162 年 （汉桓帝延熹五年）	王符卒
公元 171 年 （汉灵帝建宁四年）	徐幹生。徐幹，字伟长，北海剧（今山东益都县）人，东汉末哲学家、文学家，"建安七子"之一，著有《中论》等。他结合品评人物，倡正名实，他还讨论了辩的问题，发挥了王充的"证验"理论

公元 179 年 （汉灵帝光和二年）	仲长统生。仲长统，字公理，山阳高平（今山东金乡县西北）人，东汉末哲学家，著作有《昌言》34 篇，约十余万言，今存不及十分之一、二。他反对"科条无所准，名实不相应"，力主"科条有序，名实有正"
公元 180 年 （汉灵帝光和三年）	刘廙生。刘廙，字恭嗣，安众（今河南镇平县）人，东汉末哲学家、政治家。今存《政论》八篇为刘廙著。其间讨论了正名问题
公元 190 年 （汉献帝初平元年）	何晏生。何晏，字平叔，南阳宛县（今河南南阳）人，三国魏玄学家。何晏为玄学的创始人之一，他与王弼等人掀起玄学思潮，开谈辩之风气，注重辨析名理，促进古代逻辑的复兴。流传下来的何晏的哲学著作有《论语集解》《道德论》《无名论》之片断
公元 209 年 （汉献帝建安十四年）	傅嘏生。傅嘏，字兰石，北地泥阳（今陕西耀县）人。《世说新语·文学》说："傅嘏善名理" 荀悦卒
公元 218 年 （汉献帝建安二十三年）	徐幹卒
公元 220 年 （汉献帝延康元年）	仲长统卒
公元 221 年 （魏文帝黄初二年）	刘廙卒
公元 224 年 （魏文帝黄初五年）	嵇康生。嵇康，字叔夜，谯郡铚（今安徽宿县）人，三国时文学家、思想家、音乐家。他提出"推类辩物当先求自然之理"的主张。著作有《嵇中散集》（或称《嵇康集》）
公元 225 年 （魏文帝黄初六年）	钟会生。钟会，字士季，三国颍川长社（今河南长葛东）人。他博学而精练名理，有《道论》二十篇
公元 226 年 （魏文帝黄初七年）	王弼生。王弼，字辅嗣，魏国山阳（今河南焦作市）人，三国时玄学家，魏晋玄学创始人之一。在"言意之辩"中，王弼主"言不尽意"说。他的主要著作有《老子注》《周易注》《周易略例》《老子指略》

公元 240 年 （魏齐王正始元年）	刘劭，又作刘邵，字孔才，广平邯郸（今属河北）人，三国时的哲学家，生卒年不详。他曾于齐王"正始"（公元 240—249 年）年间，授徒讲学。刘劭著有《人物志》三卷十二篇。该书对开启魏晋名理玄谈风气有很大影响。同时该书也论及了辩及名实关系诸问题，被《隋书》列为名家著作
公元 255 年 （魏正元二年）	傅嘏卒
公元 261 年 （魏元帝景元二年）	陆机生。陆机，字士衡，吴郡吴县华亭（今上海松江）人，西晋文学家。所作连珠数十首，对连珠体的发展有重要影响。后人辑有《陆士衡集》
公元 263 年 （魏元帝景元四年）	刘徽注《九章算术》九卷，撰《重差》一卷，《九章重差图》一卷。他提出"事类相推，各有攸归。故枝条虽分而同本者，知发其一端而已"（《九章算术注序》） 嵇康卒于此时
公元 264 年 （魏元帝咸熙元年）	钟会卒
公元 267 年 （晋武帝泰始三年）	欧阳建生。欧阳建，字坚石，渤海南皮（今河北南皮）人。著作仅存《言尽意论》一篇，三百余字。该文探讨了名实、言意关系，驳斥了当时的"言不尽意"说 裴頠生。裴頠，字逸民，河东闻喜（今属山西）人，他善谈名理，时人谓为"言谈之林薮"。他所著《崇有论》，是一篇逻辑严密的雄辩论著
公元 272 年 （魏武帝泰始八年）	向秀卒
公元 284 年 （晋武帝太康五年）	葛洪生。葛洪，东晋道教理论家，医学家，字稚川，自号抱朴子，丹阳句容（今属江苏）人，著有《抱朴子》。葛洪曾作连珠一百八十二例，收为《博喻》《广譬》两篇
公元 291 年 （晋惠帝元康元年）	欧阳建著成《言尽意论》
公元 292 年 （晋惠帝元康二年）	鲁胜迁建康令，不久去官隐逸。鲁胜（生卒年代不详），字叔时，代郡（今山西阳高）人，精研历法、名辩，治墨学，曾注《墨辩》，仅存《墨辩注序》。《墨辩注序》是研究中国逻辑史的最早论著

公元 299 年 （晋惠帝元康九年）	裴頠著成《崇有论》
公元 300 年 （晋惠帝永康元年）	欧阳建、裴頠卒
公元 303 年 （晋惠帝太安二年）	陆机卒
公元 364 年 （东晋哀帝兴宁二年）	葛洪卒（一说卒于343年）
公元 385 年 （东晋孝武帝太元十年）	僧肇生。僧肇（姓氏不详），京兆长安（今陕西西安）人，南北朝最重要的佛学理论家。其著作被后人收集成《肇论》一书，曾论及名实、是非、当与不当等问题
公元 403 年 （东晋安帝元兴二年）	刘义庆生。刘义庆，南朝宋初文学家，彭城（今江苏徐州）人。所著《世说新语》保存了这一时期谈辩的资料
公元 429 年 （宋文帝元嘉六年）	祖冲之生。南朝著名科学家，字文远，范阳遒（今河北涞水）人。曾编制《大明历》，精确地计算出圆周率。他强调观察、重视实践检验和求故
公元 434 年 （宋文帝元嘉十一年）	竺道生卒。竺道生，南北朝和尚，本姓魏，生年不可详考。他宣扬"言不尽意"说，著有《妙法莲华经》
公元 450 年 （宋文帝元嘉二十七年）	范缜生。范缜，南朝齐梁时唯物主义哲学家和无神论者，字子真。南乡舞阴（今河南泌阳）人。所著《神灭论》，为一篇雄辩的战斗论著，含有丰富的逻辑思想
公元 500 年 （宋东昏侯永元二年）	祖冲之卒
公元 502 年 （梁武帝天监元年）	刘勰撰《文心雕龙》。刘勰，南朝文学理论批评家，字彦和，生于公元465年，卒于公元532年
公元 507 年 （梁武帝天监六年）	范缜著成《神灭论》
公元 514 年 （梁武帝天监十三年）	刘昼生。刘昼，字孔昭，渤海阜城（今河北交河）人，北齐文学家，著有《刘子新论》，论及了"正名"和言理关系

公元 515 年 （梁武帝天监十四年）	范缜卒
公元 543 年 （梁武帝大同九年）	贾思勰著《齐民要术》。这是世界农业科学史上第一部较系统的农学著作。书中提出一些经验方法的原则
公元 565 年 （后梁天保四年）	刘昼卒
公元 596 年 （隋文帝开皇十六年）	玄奘生。玄奘，本姓陈，名袆，洛州缑氏（今河南偃师缑氏镇）人，唐高僧。以玄奘译出陈那的《因明正理门论》和天主的《因明入正理论》为主要标志，印度的因明系统地传入了我国
公元 600 年 （隋文帝开皇二十年）	吕才生。吕才，博州清平（今山东聊城）人，唐初唯物主义哲学家。曾研读因明本论及注疏，作《因明注释立破义图》，今仅存序
公元 632 年 （唐太宗贞观六年）	玄奘离开长安前往西域取经。公元 643 年动身回国，645 年回到长安
公元 647 年 （唐太宗贞观二十一年）	玄奘译出天主的《因明入正理论》
公元 648 年 （唐太宗贞观二十二年）	窥基师从玄奘，后著有《因明入正理论疏》
公元 649 年 （唐太宗贞观二十三年）	玄奘译出陈那的《因明正理门论》
公元 661 年 （唐高宗龙朔元年）	刘知几生。刘知几，字子玄，彭城（今江苏徐州）人，唐代史学家，喜谈名理
公元 664 年 （唐高宗麟德元年）	玄奘卒
公元 665 年 （唐高宗麟德二年）	吕才卒
公元 721 年 （唐玄宗开元九年）	刘知几卒
公元 819 年 （唐宪宗元和十四年）	柳宗元卒。柳宗元（公元 773—819 年），字子厚，河东解县（今山西运城县解州镇）人，曾和刘禹锡一起，与韩愈进行过长期争论

公元 1011 年 （宋真宗大中祥符四年）	邵雍生。邵雍，字尧夫，祖籍河北范阳，北宋哲学家，理学先驱之。邵雍继承和发展了《易经》象数推衍术
公元 1017 年 （宋真宗天禧元年）	周敦颐生。周敦颐，字茂叔，道州营道（今湖南道县）人，北宋哲学家，理学先驱之一。著作有《太极图说》和《通书》等，后人编为《周子全书》
公元 1020 年 （宋真宗天禧四年）	张载生。张载，字子厚，凤翔郿县（今陕西眉县）横渠镇人，北宋哲学家。他提出了"命辞无失"的主张，也论及了观察、实验和推类、论证等问题。著作有《张子全书》
公元 1021 年 （宋真宗天禧五年）	王安石生。王安石，字介甫，号半山，江西临川人，北宋政治家、哲学家、文学家。现存著作有《王临川集》等。曾提出"推类而反之"的思想
公元 1031 年 （宋仁宗天圣九年）	沈括生。沈括，字存中，杭州钱塘（今杭州）人，北宋科学家、政治家。所著《梦溪笔谈》，提出了一套观察、实验、概括的归纳方法
公元 1032 年 （宋仁宗明道元年）	程颢生。程颢，字伯淳，世称明道先生。次年，其弟程颐生。程颐，字正叔，世称伊川先生。二程是洛阳（今属河南）人，曾就学于周敦颐，同为北宋理学的奠基人。他们强调人可依理而"推通"，二程的著作被后人辑为《二程全书》。今称《二程集》
公元 1073 年 （宋神宗熙宁六年）	周敦颐卒
公元 1077 年 （宋神宗熙宁十年）	邵雍、张载卒
公元 1085 年 （宋神宗元丰八年）	程颢卒
公元 1086 年 （宋哲宗元祐元年）	王安石卒
公元 1095 年 （宋哲宗绍圣二年）	沈括卒
公元 1107 年 （宋徽宗大观元年）	程颐卒

公元 1130 年 （宋高宗建炎四年）	朱熹生。朱熹，字元晦，一字仲晦，号晦庵，别称紫阳，徽州婺源（今属江西）人，南宋哲学家、理学的集大成者。他强调"推通"，对演绎、归纳，类比等方法均有涉及。著作有《四书章句集注》《周易本义》《太极图说解》《通书解》《西铭解》等
公元 1139 年 （宋高宗绍兴九年）	陆九渊生。陆九渊，字子静，号象山，抚州金溪（今属江西）人，南宋哲学家，陆王心学代表人物。他强调直觉或"顿悟"，不相信理性的推演。著作有《象山先生全集》
公元 1143 年 （宋高宗绍兴十三年）	陈亮生。陈亮，字同甫，婺州永康（今属浙江）人，南宋哲学家、文学家。他主张"明辨是非之所在"，反对诡辩。著作有《陈亮集》《辩士传》（已佚，仅存《辩士传序》）
公元 1150 年 （宋高宗绍兴二十年）	叶适生。叶适，字正则，温州永嘉（今属浙江）人，南宋哲学家，永嘉学派的代表人物。他强调"正名"，提出了"族类辨物"的认识方法，对先秦名辩思潮和魏晋南北朝玄学思潮也有评述。著作有《习学记言》《水心文集》等
公元 1193 年 （宋光宗绍熙四年）	陆九渊卒
公元 1194 年 （宋光宗绍熙五年）	陈亮卒
公元 1200 年 （宋宁宗庆元六年）	朱熹卒
公元 1223 年 （宋宁宗嘉定十六年）	叶适卒
公元 1370 年 （明太祖洪武三年）	定科举考试制度，考"四书""五经"，用八股文
公元 1465 年 （明宪宗成化元年）	罗钦顺生。罗钦顺，字允升，号整庵，江西泰和人，明代哲学家。他提倡"得一可通其余"和"一以之万""万而归一"的思想方法。他还论及了是非必须分明的思辨工夫。著作有《困知记》《整庵存稿》等
公元 1472 年 （明宪宗成化八年）	王守仁生。王守仁，字伯安，浙江余姚人，明代哲学家，陆王心学的代表人物。他要人们用主观内求的反省方法，以达到所谓"万物一体"的境界，有明显的反逻辑倾向。著作有《传习录》等

公元 1474 年 （明宪宗成化十年）	王廷相生。王廷相，字子衡，号浚川，仪封（今河南兰考）人，明朝哲学家，文学家。他十分注重思维及实践检验的意义，且善辩，著有《慎言》《雅述》等，编入《王氏家藏集》
公元 1527 年 （明世宗嘉靖六年）	李贽生。李贽，号卓吾，又号宏甫，别号温陵居士，福建晋江人，明代思想家。他在驳斥当时的诡辩时，成功地运用了一些逻辑方法。著作有《李氏焚书》《续焚书》《藏书》《李温陵集》等
公元 1544 年 （明世宗嘉靖二十三年）	王廷相卒
公元 1547 年 （明世宗嘉靖二十六年）	罗钦顺卒
公元 1561 年 （明世宗嘉靖四十年）	徐光启生。徐光启，字子先，上海县徐家汇（今属上海市）人，明代科学家。曾与利玛窦合译《几何原本》（前六卷），著《测量法义》，最早把欧洲的数学知识和全新的公理系统的推理方法引入我国
公元 1569 年 （明穆宗隆庆三年）	李之藻生。李之藻，字我存，又字振之，杭州仁和人，明末清初学者。他与傅帆际合译的《名理探》（《亚里士多德辩证法概论》）为西方逻辑的第一个中译本，介绍了亚里士多德的"五公""十伦"说
公元 1580 年 （明神宗万历八年）	欧洲传教士到澳门。以后，利玛窦等来华，他们带进了西方宗教神学，也夹带进了西方科学文化
公元 1602 年 （明神宗万历三十年）	李贽自杀于狱中
公元 1607 年 （明神宗万历三十五年）	傅山生。傅山，字青主，山西阳曲人，明清之际思想家。他的学术思想以系统评述诸子百家之学为中心。他对先秦一些名辩著作，如《公孙龙子》《墨子·大取》《庄子》《荀子》《管子》《淮南子》等的注疏，有独到之见。著作有《霜红龛集》《荀子译注》等 徐光启、利玛窦合译的《几何原本》刊行
公元 1610 年 （明神宗万历三十八年）	黄宗羲生。黄宗羲，字太冲，号南雷，学者称梨洲先生，浙江余姚人，明清之际思想家。著作有《宋元学案》《明儒学案》等

公元 1611 年 （明神宗万历三十九年）	方以智生。方以智，字密之，号曼公，桐城（今属安徽）人，明清之际哲学家、科学家。他积极倡导新的方法，对先秦名辩思潮有所评述。主要著作有《通雅》《物理小识》《药地炮庄》等
公元 1613 年 （明神宗万历四十一年）	顾炎武生。顾炎武，初名绛，字宁人，江苏昆山人，明清之际思想家。他反对玄学方法，提倡"经世致用"，提出了一套重经验的归纳、发现、考证方法，并运用于经学、地理、音韵学等领域，成效显著。著作有《日知录》《亭林诗文集》等
公元 1619 年 （明神宗万历四十七年）	王夫之生。王夫之，字而农，号薑斋，湖南衡阳人，明末清初著名唯物主义哲学家。他在批判地总结中国传统哲学的同时，对名实与名言方面许多问题作了论述。他的著作被后人编为《船山遗书》
公元 1630 年 （明思宗崇祯三年）	唐甄生。唐甄，字铸万，号圃亭，清初思想家。他反对玩弄玄虚概念，主张"言行政学"统一的实践逻辑观，著有《衡书》九十七篇，后改名为《潜书》 李之藻卒
公元 1633 年 （明思宗崇祯六年）	徐光启卒
公元 1635 年 （明思宗崇祯八年）	颜元生。颜元，字易直，又字浑然，号习斋，河北博野人，清初思想家。他反对宋儒的玄思，对推理论证及其他方法的运用有所论述。著作有《四书正误》《四存编》《习斋记余》等
公元 1637 年 （明思宗崇祯十年）	宋应星的《天工开物》印行。该书全面记述了我国古代农业和手工业的生产技术和经验，体现了作者重观察概括的归纳方法
公元 1643 年 （明思宗崇祯十六年）	方以智著成《通雅》
公元 1655 年 （清世祖顺治十二年）	王夫之著成《老子辨》《周易外传》。方以智开始著《药地炮庄》
公元 1670 年 （清圣祖康熙九年）	顾炎武的《日知录》印行
公元 1671 年 （清圣祖康熙十年）	方以智自杀

公元 1682 年 （清圣祖康熙二十一年）	顾炎武卒
公元 1684 年 （清圣祖康熙二十三年）	傅山卒
公元 1692 年 （清圣祖康熙三十一年）	王夫之卒
公元 1695 年 （清圣祖康熙三十四年）	黄宗羲卒
公元 1704 年 （清圣祖康熙四十三年）	颜元卒
公元 1723 年 （清世宗雍正元年）	戴震生。戴震，字东原，安徽休宁人，清哲学家。著作有《戴震集》
公元 1738 年 （清高宗乾隆三年）	章学诚生。章学诚，字实斋，会稽（今浙江绍兴）人，清朝史学家、思想家。他兼取道墨两家论名实思想，提出自己对名实问题的看法。著作有《文史通义》，1922 年，有《章氏遗书》刊行
公元 1744 年 （清高宗乾隆九年）	汪中生。汪中，字容甫，江苏江都人，清哲学家、文学家、史学家。他曾作《墨子表微》《墨子序》，对墨学的复兴起了很大作用。著作有《述学》等 在汪中的影响下，研究墨学蔚然成风，许多学者纷纷为墨子作注。其中成就较大的是毕沅（1730—1797），他著《墨子校注》，首次对《墨子》全书作了校勘
公元 1755 年 （清高宗乾隆二十年）	全祖望卒。著作有《鲒埼亭集·外编》，书中《书程云庄语录后》附有程智所著的《守白论》（为研究公孙龙子的著作）的十六目及宗旨。从此可窥见程智对公孙龙的逻辑思想作了系统、详细的研究
公元 1763 年 （清高宗乾隆二十八年）	焦循生。焦循，字理堂，一字里堂，江苏甘泉（今扬州）人，清哲学家、数学家。他用数理方法解释《周易》，更由治《易》的方法，通释诸经。著作有《易学三书》《孟子正义》等
公元 1773 年 （清高宗乾隆三十八年）	开《四库全书》馆，戴震入馆，四年后（1777 年），戴震卒

公元 1794 年 （清高宗乾隆五十九年）	汪中卒
公元 1801 年 （清仁宗嘉庆六年）	章学诚卒
公元 1820 年 （清仁宗嘉庆二十五年）	焦循卒
公元 1848 年 （清宣宗道光二十八年）	孙诒让生。孙诒让，字仲容，号籀膏，浙江瑞安人，清经学家、文字学家。孙诒让于 1893 年写成《墨子间诂》，至 1907 年又增为定本。该书为当时治墨的"空前工作"，为深入研究墨家逻辑提供了十分有利的条件
公元 1853 年 （清文宗咸丰三年）	严复生。严复，字又陵，又字几道，福建侯官（今福建闽侯）人，近代启蒙思想家、翻译家。他十分重视作为科学方法的逻辑学的介绍，译著了《穆勒名学》《名学浅说》两本西方逻辑名著，有力地推动了西方逻辑在中国的传播，为我国逻辑科学的研究和发展做出重要贡献。其译著编为《侯官严氏丛刊》《严译名著丛刊》
公元 1869 年 （清穆宗同治八年）	章炳麟生。章炳麟，初名学乘，字枚叔，后改名绛，号太炎，浙江余杭人，近代民主革命家、思想家，其《国故论衡·原名》是一篇杰出的逻辑著作。在对中国名学的研究过程中，他对印度因明、中国名学、西方逻辑进行了比较分析。其著述编入《章氏丛书》《章氏丛书续编》《章氏丛书三编》
公元 1872 年 （清穆宗同治十年）	洋务派开始选送学生去西方留学
公元 1873 年 （清穆宗同治十二年）	梁启超生。梁启超，字卓如，号任公，又号饮冰室主人，广东新会人，近代资产阶级改良主义者。著有《墨子之论理学》《墨经校释》《墨子学案》等。他借鉴西方形式逻辑理论，研究墨家逻辑，并对因明、名学、西方逻辑作比较研究
公元 1884 年 （清德宗光绪十年）	熊十力生。熊十力，原名升恒，字子真，湖北黄冈人，现代学者。他融合儒释思想，提出"新唯识论"，对因明学很有研究，著有《因明大疏删注》等 刘师培生。刘师培，又名刘光汉，字申叔，江苏仪征人，精于文字训诂，重视逻辑与语言关系的分析。主张通过"析字辨名"研究逻辑。著有《正名论》等。近人辑有《刘申叔先生遗书》，凡七十四种

公元 1889 年 （清德宗光绪十五年）	英国传教士李提摩太和美国传教士林乐知组织广学会。传播西学，出版《西学启蒙》16 种，其中有《辨学启蒙》，比《穆勒名学》早出，但影响不大
公元 1891 年 （清德宗光绪十七年）	胡适生。胡适，字适之，安徽绩溪人，现代学者。他的《先秦名学史》是我国第一部中国逻辑史断代专著
公元 1895 年 （清德宗光绪二十一年）	金岳霖生。金岳霖，字龙荪，湖南长沙人，当代哲学家，逻辑学家。1937 年撰《逻辑》一书，系统地从西方引进演绎逻辑、数理逻辑，对逻辑的一些基本理论问题作了深入探索。其他著作有《论道》《知识论》
公元 1900 年 （清德宗光绪二十六年）	严复离开天津往上海讲演名学，开始使用"逻辑"一词，并着手翻译《穆勒名学》（原名《逻辑体系：演绎和归纳》），至 1902 年译成前半部，后半部终未译出
公元 1902 年 （清德宗光绪二十八年）	商务印书馆印行《论理学纲要》。作者为日人十时弥，译者为留日学生田吴炤。该书为日本当时流行的教科书。由于译本通俗易懂，在中国有较大的影响，其译名与现用术语差别不大。后来许多中国人自编的逻辑教材都以此书为蓝本。本书也是我国最早系统介绍西方逻辑体系的译本之一 其后，王国维所译的耶方斯的《辨学》出版。该书原名为《逻辑的基础教程：演绎和归纳》。该书简明扼要，所用译名也与今用术语相近，有较大的影响
公元 1903 年 （清德宗光绪二十九年）	杨荫杭所著《名学教科书》出版
公元 1904 年 （清德宗光绪三十年）	梁启超发表《墨子之论理学》，以西方逻辑作标准研究墨家逻辑思想
公元 1908 年 （清德宗光绪三十四年）	严复在天津讲授名学，取耶方斯的《名学浅说》为教材 孙诒让卒
公元 1909 年 （清宣统元年）	林可培的《论理学通义》由中国图书公司出版发行 韩述祖的《论理学》出版
公元 1910 年 （清宣统二年）	陈文等编译的《名学释例》由上海科学会编辑部出版发行

公元 1912 年 （中华民国元年）	蒋维乔的《论理学教科书》由商务印书馆出版。汤祖武的《论理学解剖图例》出版
公元 1914 年 （中华民国三年）	张子和的《新论理学》、张毓聪的《论理学》由商务印书馆出版同年，伍非佰开始撰写《中国古名家言》
公元 1917 年 （中华民国六年）	胡适在美国哥伦比亚大学用英文写成《先秦名学史》（博士学位论文）
公元 1919 年 （中华民国八年）	章炳麟的《国故论衡·原名》由浙江图书馆刊行

4—7

西方逻辑传入初期汉译作品中英汉词语对照表[*]

说明：本表所搜集的只是西方逻辑传入初期几本影响较大的英文逻辑学译著的译名。这包括严复的《穆勒名学》《名学浅说》及王国维的《辨学》三种。我们先列出英文词语，再依次列出严译、王译、今译，以资对照。

	严译	王译	今译
a posterior		后天的	后天的，后验的
a' priori	心成之说	先天的	先验的，先天的
a' priori science	心成之学		先验科学
a new property agents concerned	始伏之德		能动性
absolute term		绝对名辞	绝对概念
absolute name	独立之名		绝对名词
abstraction		抽象	抽象
abstract ideas	悬意		抽象观念
abstract name	□名		抽象名称
abstract term	玄名，抽象名辞		抽象概念
accident	偶性		偶然，偶性
accidentalproperty	寓德		偶有属性
accidens	寓，亚锡登斯		偶性
action	阿格知倭，为		活动，动作，作用
active	健		主动的，活动的

[*] 本表作为附录二载于国家教委"七五规划"教材《中国逻辑史教程》（温公颐主编，上海人民出版社1988年版，1992年获得第二届高等院校优秀教材奖）。

	严译	王译	今译
actual	效实		现实的
adequate		完备	充分的
adverb	形况字		副词
aequivocal	歧义		多义的
affirmative proposition		肯定命题	肯定判断（命题）
agent	能		动因，作用
ambiguous word	多歧之字		多义之字，多义词
ampliative proposition		扩张命题	扩展命题
analogical	引喻之义		类比的，比喻的
analogy		类推	类比（推理）类推
antecedent	提设，前事，安梯西登		前件
argument	辨		论证
Aristotle	雅里斯多德		亚里士多德
ars artium	学学		科学的科学
artful manipulation of language	縠言		狡辩
association of idea		联想	联想
astronomy	天官之学		天文学
attribute	鄂卜捷		属性
begging the question	丐词		窃取论点
being	庇音		存在
categorematic	有谓、加特歌勒马的		实指的，指称的
categorematic word		自用语	实词，指称词
categorical proposition	径达之词，定言		直言判断（命题）
canon		律令	规范，准则
causation	因果		因果关系
centaur	神驼		半人半马的怪物
cicero	凯克禄		西塞罗
classification		分类	分类
clear		明了	清楚、明白
coexistence	并有		共存
collateral	齐等		并列的
collection of facts	总挈事实		事实的集合
collective name	总名		集合名词

	严译	王译	今译
collective term	摄最之端	集合名辞	集合概念
combined or complete method		结合法或完全法	结合法或完全法
complex	繁		复杂的
complex idea	综错之意		复杂观念
concept	意，恭什布脱		概念
conceptualism	意综		概念论
conclusion	委	结论	结论
concrete term	察名	具体名辞	具体概念
concrete name	察名		具体名词
conditions	缘		条件
confused		淆乱	混乱的
conjunction	缀句学		联结词，连接词
connotative name	有涵之名		内涵名词
consciousness	觉性		意识
consequent	后承		后件
converse	转头		换位
conversion		转换	换位
conversion by contraposition	更端之转	对峙之转换	换质换位
conversion by limitation		限制之转换	有限制换位
conversion by negation		否定之转换	否定的换位
converse fallacy of accident		偶然性之反对的虚妄	偶然换位谬误
conversion per accidents	取寓之转		有限制换位
conversion of proposition	转词		判断换位，命题换位
converting proposition	转词		转换命题（判断）
contradiction	矛盾		矛盾
contradiction proposition	无驳之词		矛盾命题
contrary proposition	全反之词		反对命题
copula	缀词		联词，系词
counteracting cause	破果之因		反作用因
crucial instance	揭桓		决定性的事例
data	原，棣达		论据

	严译	王译	今译
Descartes, Ren'e	特嘉德，特嘉尔		笛卡儿
deduction	外籀		演绎
definition	界说	定义	定义
definition of names	名界说		名词定义，名义定义
definition of things	物界说		事物定义，实在定义
demonstration	符验		证明
denotation	外帜		外延
descriptive terminology		记述学语	描述性的术语
Dictum deomni et nullo	曲全公论		三段论公理
difference	差德	差别	属差
differentia	差，的甫连希亚		差别
differentiation		分化	区别，分化
dilemma		双管齐下法	二难推理，假言选言推理
discrimination		区别	区别，差别
disjunctive		选言的	选言的、析取的
disjunctive proposition	析取之词		选言判断，析取命题
distinct		剖析	各别的
distributed	普及、尽物、分配		周延的
distributive term		分配名辞	周延概念（名词，项）
division		区分	划分
efficient cause	造业之因		直接生效的原因
element	原行		元素，因素
elimination	汰冗		消除，消去
emotion	情		情绪，情感
empirical method	历验术		经验的方法
enthymeme		二段论法	省略三段论
entity	婴剔谛		实体，本质
epichirema		暗证	暗证
episyllogism		后推理式	后二段论
equivocal term		多义名辞	多义词
equipollence	等词		等值，均等之词
essence	额生恩		本质
essential proposition	常德之词		本质命题，必然命题

	严译	王译	今译
essential property	常德		本质属性，固有属性
Eteinne Bonnot Condillac	康智仑		孔狄亚克
exceptive proposition		例外命题	例外命题
exclusive proposition		专指命题	排斥（不相容）命题
existence	自在，额悉思定斯		存在
experiment	试验	实验	实验
experimentum crucis	揭桓试验		判决性实验
experience		经验	经验
explanation		说明	解释，说明
explicative proposition		明示命题	解释性的命题
extension	外举	外延	外延，外包
fact		事实	事实
fallacy	訾词，发拉屎	虚妄	谬误
of accent		读法之虚妄	读音的谬误
of accident		偶然性之虚妄	偶然性谬误
of consequent		结果之妄	结果谬误
of amphibology		问法混淆之虚妄	模棱两可谬误
of ambiguity	歧义訾词		歧义谬误
of begging the questions	丐问訾词		假设论题谬误
of composition		综合之虚妄	合称谬误，合成谬误
of division		区分之虚妄	划分谬误，分称谬误
of equivocation		名辞混淆之虚妄	模棱两可谬误
of four term		四名辞之虚妄	四名词谬误
of figure of speech		词类之虚妄	词类谬误
of illicit process		大名辞或小名辞泛溢之虚妄	大词扩大或小词扩大的谬误
of many questions		许多问题之虚妄	复杂问语谬误
of negative premises		否定的前提之虚妄	两否定前提谬误

	严译	王译	今译
of undistributed middle		中名辞不分配之虚妄	中词不周延谬误
falling into paralogism	对举		陷入谬误
false cause		原因之虚妄	假因谬误
feeling	意		感情，感觉
FivePredicabes	五旌		五概念，五范畴，五谓词
framing hypotheses	设复		做出假设
Francis bacon	贝根，柏庚，培根佛兰硕		弗兰西斯·培根
from the general to the special	由常推特		由普遍到特殊
from the special to the general	取特论常		由特殊到普遍
from the special to the special	由特言特		由特殊到特殊
general formula	公词		一般公式
general laws	公例		一般规律（定律）
general name	公名		普遍名词，一般名词
general notion or concept		概念	一般概念
general proposition	公词		一般命题
general substance	公性		共性
general term	普及之端	普遍名辞	普遍概念
generalization	会通	概括	归纳、概括
genus	类甄谱斯种		种
geometry	形学		几何学
grammatical ellipsis	文椭		语法省略
Greece	额里恩		希腊
habitus	哈辟塔思		领有
Hegel	希格尔，黑智尔		黑格尔
Houyhahnms	江宁杜		和人有同样理性的马
Humc	休蒙		休谟
hypothesis	希卜梯西，假说		假说
hypothetical		假言的	假言的
hypothetical proposition	相生之词，有待之词 未定之词，设言命题		假言命题
idealism	意综		唯心主义

	严译	王译	今译
idealism metaphysicians	意综爱智家		唯心主义哲学家
identical proposition	寓德之词		偶然命题
Immanuel Kant	汗特		康德
immediate inference		直接推理	直接推理
immediate inference by complex conception		由复语之直接推理	由复杂概念进行的直接推理
immediate inference by added determinant		由加语之直接推理	加附加限定的直接推理
immediate inference by privative conception		由反语之直接推理	由单独概念进行的直接推理
inadequate		不完备	不充分的
indefinite		不定命题	不定的（命题）
indefinite proposition	浑谓之词		不定命题（判断）
individual or singular name	专名		特殊名词或单独名词
individual cases	暌孤之事		单个事实
induction	内籀		归纳
induction by party of reasoning	依并内籀		同证归纳法
inductions improperly so called	有名内籀		名为归纳法，所谓的归纳
inference	推证，推论		推理，推论
intuition	元知		直觉，直观
intuitionism	元知宗		直觉主义
Intuitive		直观的	直觉的，直观的
inward consciousness	内主		内心世界
import	义蕴		意义，含义
intersion	内涵，内容		内涵，内包
interminture of effect	错综之果		混合结果
interjection	嗟叹字		感叹词
irrelevant conclusion		不相应之结论	不相干的结论
is	为		是
is not	非		不是
John Lock	洛克		洛克
joint method of agreement and difference		符合及差别之联合法	契合差异并用法求同求

	严译	王译	今译
judgment	比拟		判断
law of identity		同一之法则	同一律
law of contradiction		矛盾之法则	矛盾律
law of excluded middle		不容中立之法则	排中律
Leibnitz	来伯尼		莱布尼茨
limited conversion	限制掉头		有限制换位
logical fallacy		辩学上之虚妄	逻辑的谬误
logic	名学，论理学，逻辑	辩学	逻辑
logos	逻各斯		逻各斯，道
likeness	相似		相似（性）
magnitude	度		大小量值
making classification with genera and species	类族辨物，此事属词		区别类、种
marks	徽		记号，标志
mass	马司		质量
matter	质，马特尔		物质
materialcause	本质因		质料因
materialfallacy		实质上之虚妄	内容谬误
major premise	大原	大前提	大前提
major term	大端，大名辞		大词
mental analysis	心之析观		思想分析
mechanical combination	协和之合		机械的结合
meditation	睿		沉思
memory	识，孟摩利		记忆
metaphor		譬喻	比喻
metaphysics	理学，玄学		形而上学，玄学
method		方法	方法
of agreement		符合法	契合法，求同法
of difference		差别法	差异法，求异法
of concomitant variation		相伴变化之方法	共变法
of discovery		发明法	发现的方法

	严译	王译	今译
of deduction	演绎法		演绎法
of induction		综合法	归纳法
of analysis		分析法	分析法
of residues	余利之方法		剩余法
of synthesis		综合法	综合法
of instruction		教训法	指示法
metre	迈达，米达		米
mind	神		心，精神
minor term	小原，小端	小名辞	小词
minor premises		小前提	小前提
mixed term	杂端		混合名词
modal proposition		形状命题	形式命题
name	名		名，名称（词）
name of classes of thing	类物之名		事物的类名
negative proposition		否定命题	否定命题（判断）
negative name	负名		否定名词
negative term	负名	消极名辞	否定概念
Neues Organon	名学新论，新器		《新工具》
nominalism	名综		唯名论
non - connotative name	不涵之名		无内涵的名称
non - relative name	无对待之名		非相对名词
not distributed	未尝尽物		不周延的
nomenclature		名物学语	名词术语
noumenon	自在，美诺		本体，实在
noun	名物部字，名物字		名词
obscure		暗昧	含糊的，晦涩的
ontology	物性之学		本体论
observation		观察	观察
opposite		反对	反对
ordinary proposition	常词		一般命题（判断）
outward sense	外官		外部感官
patient	所		接受
particular	特别命题		特称的

	严译	王译	今译
particular proposition	遍及之词，偏谓之词	特别命题	特称命题
particular affirmative proposition	偏谓正词		特称肯定命题
particular negative proposition	偏及负词		特称否定命题
passive	顺		被动的
percept	觉，悲尔什布脱		知觉
perception	别见，波塞布知阿		知觉
per genus etdifferentiam	以差入类		属加种差
permanent cause	恒住因		永久因
periodic changes	相待之变		周期性变化
plurality of causes	众多之因		复合原因
phenomena	斐诺弥那		现象
philology	字学，斐洛逻支		语言学
philosophy of the inductive science	内籀科学通论		《归纳科学的哲学》
physical causes	迹象之因		质料因
physics	斐辑		物理学
plurative proposition	复数命题		复合命题，复杂判断
Porphyry	彼和利		波斐立
Positive name	正名		肯定名词
Positive term	正名	积极名辞	肯定概念
Possible	储能		可能的
Postulate	求作		假定
Port Royal logic	阿赖耶名学		《王港逻辑》
Predicables	宾性语		谓词，宾词
Predicate	所谓，布理狄桀	宾语	谓项，宾词，谓词
Predicaments	布理的加门		范畴
premise	前提		前提
preposition	缀名字，联名部字		前置词，介词
pretitio principii		循环证明	循环论证
privative name	缺憾之名	剥夺名辞	否定名词
principle of uniformity of nature		自然统一之原理	自然齐一性原理
pronoun	代名部字，代名字		代词

	严译	王译	今译
property	德	副性	性质，属性
proposition	词，首	命题	命题、判断
proprium	撰，波罗普利安		副性
proving the wrong conclusion	证所无涉		文不对题
prosyllogism	前推理式		前进三段论
psychology	心学，什可逻支		心理学
pure proposition	纯粹命题		纯命题
quality（qualitas）	品，性质（瓜力塔思）	质	质
quando	观度		时间
quantity（quantitas）	量（观特塔思阿）	分量	量
question–begging epithets	丐问名词		假设论题
rational	灵		有理性的
real proposition	真词		实在命题
real entity	真物		实有的事物，实体
realism	净宗		实在论，唯实论
reason	良知		理性
reasoning	思辨，思籀		推理
reasoning ordiscorse		推理	推理
reasoning by analogy	比拟		类比推理
reductio ad impossible	归非术		归谬法
relative name	对峙之名		相对名词
relative term	对峙互观之名	相对名辞	相对概念
relation	胡里勒底倭，伦理		关系
resemblance	相似		相似
semi–logical fallacy		半辩学上之虚妄	半逻辑上的谬误
sensible property	相		可感知的属性
sensation	感		感觉
simple	简		简单的
simple apprehension		简单了解	简单理解
simple conversion	互转，简易之转头法	单纯之转换	简单换位
simultaneity	并著		同时发生
singular proposition	独谓之词	单纯命题	单称命题

	严译	王译	今译
singular term	单及之端，单纯名辞		单独概念
sociology	群学，唆休逻支		社会学
sorites		浑证	（三段论）累进式
space	宇		空间
specialization		分析	特化
species	别，斯毕稀	种	种
situs	悉塔思		姿态
subalterns		从属	从属
sub–alternate proposition	兼容之词		从属或差等命题
subcontraries		次反对	下反对
sub–contrary proposition	偏反之词		下反对命题
subject	词主	主语	主词，主项
subordinate	属从		从属
succession	相承，不并有		接连发生
substantia	萨布斯坦思阿		实体，本质
substratum	萨布斯他丹		底质，基质
syllogism	连珠	推理式	三段论
symbolical		记号的	记号的，符号的
syncategorematic	合谓，沁加特歌勒马的		合谓
syncategorematic word		带用语	虚词
tangibleness	可触之德		可触性
tautologous or truistic proposition		同一命题	重言命题
Ten categories	十伦		（亚里士多德的）十范畴
tendency		倾向	倾向
term	端	名辞	概念、词（项）
the art of reasoning	思议之术		推理的艺术
the aposteriori method	逆推术		逆推法
the causes of events	因		事件的原因
the composition of cause	并因		复合原因
the explanation of the law of nature	解例		自然规律的解释
the general laws of nature	天然公例		自然规律
the inferring part	未得之推导		推导的部分
the laws of thought		思维之法则	思维规律

	严译	王译	今译
the law of association	意相守例		联想的规律
the method a' priori	顺推之术		顺推法
the method of agreement	统同术		契合法，求同法
the method of difference	别异术		差异法，求异法
the joint method of agreement and difference	同异合术		契合差异并用法，求同求异并用法
the method of concomitant variation	消息术		共变法
the method of residues	归余术		剩余法
the process of generalization	推概之法		概括的方法
the registrating part	既得之默识		已知部分
the residue of the phenomenon	余象		剩余现象
the same causes have the same effects	因同果同		同因同果
the science of reasoning	思辨之学		推理的科学
theory	说，理论		理论，学说
Thomas Hobbes	郝伯斯		霍布斯
thing	丁格		事物
things in themselves	万物本体		自在之物，物自体
thought	思		思想，思维
to seek stronger argument	更选一难		寻求更强有力的论证
time	宙		时间
to infer	推知		推导、推出、推理
to convert propositions	调换词头		判断换位，命题换位
to reason from like to like	以类为推		类比类推
undistributed		不普及	不周延的
universal affirmative proposition	普及正词统举正词		全称肯定命题（判断）
universal negative proposition	普及负词统举负词		全称否定判断
universal proposition	全谓之词，统举之词	普遍命题	全称判断（命题）
univocal	一义		单义
univocal term		单义名辞	单义词
unlikeness	不相似		不相似
upi	乌辟		地点
unwarranted generalization	妄概		错误的概括

	严译	王译	今译
verb	动作字玄谓部字		动词
verbal proposition	申词		语词命题、名义命题
verification	印证		验证
visibleness	可见之德		可见性
William Hamilton	罕木勒登，汉密登威廉		汉米尔顿
Williamwhewell	呼倚威勒		惠威尔